Kai Günster

Einführung in Java

Liebe Leserin, lieber Leser,

dieses Buch ist für jeden geeignet, der Java lernen und professionell anwenden möchte. Programmierkenntnisse werden nicht vorausgesetzt. Kai Günster führt Sie von den Sprachgrundlagen bis hin zu den Konzepten und Techniken zeitgemäßer Java-Programmierung. Sie lernen dabei grundlegende Programmierkonzepte kennen, die auch in anderen Sprachen eine tragende Rolle spielen, und erfahren viel über Designvarianten und Fragen des Programmierstils. So können Sie nach der Lektüre professionelle Java-Programme schreiben, die alle Ansprüche an moderne Programmierung erfüllen.

Als Entwicklungsumgebung wird in diesem Buch Netbeans verwendet. Sie können aber auch eine andere benutzen: Die verwendeten Funktionen stehen in allen bekannten IDEs zur Verfügung, und auch die Codebeispiele können Sie mit jeder IDE bearbeiten.

Um Sie beim Lernen zu unterstützen, enthalten die meisten Kapitel Übungsaufgaben. Die Lösungen zu allen Übungen finden Sie direkt im Buch. Die Codebeispiele aus dem Buch können Sie von der Webseite zum Buch *www.rheinwerk-verlag.de/4096* unter »Materialien zum Buch« herunterladen.

Sollten Sie trotz aller Sorgfalt in diesem Buch auf einen Fehler stoßen, nehmen Sie bitte Kontakt mit mir auf – ich stelle eine Verbesserung ggf. allen Lesern auf der genannten Webseite zur Verfügung. Auch für Feedback und konstruktive Kritik habe ich gern ein offenes Ohr.

Viel Erfolg mit Java,

Ihre Almut Poll
Lektorat Rheinwerk Computing

almut.poll@rheinwerk-verlag.de
www.rheinwerk-verlag.de
Rheinwerk Verlag · Rheinwerkallee 4 · 53227 Bonn

Auf einen Blick

1	Einführung	19
2	Variablen und Datentypen	67
3	Entscheidungen	95
4	Wiederholungen	115
5	Klassen und Objekte	125
6	Objektorientierung	155
7	Unit Testing	189
8	Die Standardbibliothek	207
9	Fehler und Ausnahmen	243
10	Arrays und Collections	259
11	Lambda-Ausdrücke	289
12	Dateien, Streams und Reader	325
13	Multithreading	351
14	Servlets – Java im Web	381
15	Datenbanken und Entitäten	419
16	GUIs mit JavaFX	449
17	Android	511
18	Hinter den Kulissen	547
19	Und dann?	569

Impressum

Wir hoffen, dass Sie Freude an diesem Buch haben und sich Ihre Erwartungen erfüllen. Ihre Anregungen und Kommentare sind uns jederzeit willkommen. Bitte bewerten Sie doch das Buch auf unserer Website unter **www.rheinwerk-verlag.de/feedback**.

An diesem Buch haben viele mitgewirkt, insbesondere:

Lektorat Almut Poll, Anne Scheibe
Fachlektorat Philip Ackermann, Jobst Eßmeyer, Mark Sebastian Fischer, Christoph Höller, Karsten Kegler, Christian Nüssgens, Ralf Saam
Korrektorat Petra Biedermann, Reken
Herstellung Jessica Boyken
Typografie und Layout Vera Brauner
Einbandgestaltung Eva Schmücker
Titelbilder iStockphoto: 49734178 © Georgijevic; Shutterstock: 345544142 © Bukhta Yurii
Satz SatzPro, Krefeld
Druck Beltz Bad Langensalza GmbH, Bad Langensalza

Dieses Buch wurde gesetzt aus der TheAntiquaB (9,35/13,7 pt) in FrameMaker.
Gedruckt wurde es auf chlorfrei gebleichtem Offsetpapier (90 g/m²).
Hergestellt in Deutschland.

Das vorliegende Werk ist in all seinen Teilen urheberrechtlich geschützt. Alle Rechte vorbehalten, insbesondere das Recht der Übersetzung, des Vortrags, der Reproduktion, der Vervielfältigung auf fotomechanischen oder anderen Wegen und der Speicherung in elektronischen Medien.

Ungeachtet der Sorgfalt, die auf die Erstellung von Text, Abbildungen und Programmen verwendet wurde, können weder Verlag noch Autor, Herausgeber oder Übersetzer für mögliche Fehler und deren Folgen eine juristische Verantwortung oder irgendeine Haftung übernehmen.

Die in diesem Werk wiedergegebenen Gebrauchsnamen, Handelsnamen, Warenbezeichnungen usw. können auch ohne besondere Kennzeichnung Marken sein und als solche den gesetzlichen Bestimmungen unterliegen.

Bibliografische Information der Deutschen Nationalbibliothek:
Die Deutsche Nationalbibliothek verzeichnet diese Publikation in der Deutschen Nationalbibliografie; detaillierte bibliografische Daten sind im Internet über *http://dnb.d-nb.de* abrufbar.

ISBN 978-3-8362-4095-6

2., aktualisierte und erweiterte Auflage 2017
© Rheinwerk Verlag, Bonn 2017

Informationen zu unserem Verlag und Kontaktmöglichkeiten finden Sie auf unserer Verlagswebsite **www.rheinwerk-verlag.de**. Dort können Sie sich auch umfassend über unser aktuelles Programm informieren und unsere Bücher und E-Books bestellen.

Inhalt

1 Einführung ... 19

- 1.1 Was ist Java? ... 20
  - 1.1.1 Java – die Sprache ... 20
  - 1.1.2 Java – die Laufzeitumgebung ... 21
  - 1.1.3 Java – die Standardbibliothek ... 22
  - 1.1.4 Java – die Community ... 23
  - 1.1.5 Die Geschichte von Java ... 24
- 1.2 Die Arbeitsumgebung installieren ... 26
- 1.3 Erste Schritte in NetBeans ... 28
- 1.4 Das erste Programm ... 30
  - 1.4.1 Packages und Imports ... 31
  - 1.4.2 Klassendefinition ... 33
  - 1.4.3 Instanzvariablen ... 33
  - 1.4.4 Der Konstruktor ... 35
  - 1.4.5 Die Methode »count« ... 35
  - 1.4.6 Die Methode »main« ... 37
  - 1.4.7 Ausführen von der Kommandozeile ... 38
- 1.5 In Algorithmen denken, in Java schreiben ... 40
  - 1.5.1 Beispiel 1: Fibonacci-Zahlen ... 41
  - 1.5.2 Beispiel 2: Eine Zeichenkette umkehren ... 43
  - 1.5.3 Algorithmisches Denken und Java ... 45
- 1.6 Die Java-Klassenbibliothek ... 46
- 1.7 Dokumentieren als Gewohnheit – Javadoc ... 49
  - 1.7.1 Den eigenen Code dokumentieren ... 49
  - 1.7.2 Package-Dokumentation ... 53
  - 1.7.3 HTML-Dokumentation erzeugen ... 53
  - 1.7.4 Was sollte dokumentiert sein? ... 54
- 1.8 JARs erstellen und ausführen ... 55
  - 1.8.1 Die Datei »MANIFEST.MF« ... 55
  - 1.8.2 JARs ausführen ... 57
  - 1.8.3 JARs erzeugen ... 57
  - 1.8.4 JARs einsehen und entpacken ... 59

1.9	**Mit dem Debugger arbeiten**		59
	1.9.1 Ein Programm im Debug-Modus starten		59
	1.9.2 Breakpoints und schrittweise Ausführung		60
	1.9.3 Variablenwerte und Call Stack inspizieren		61
	1.9.4 Übung: Der Debugger		63
1.10	**Das erste eigene Projekt**		64
1.11	**Zusammenfassung**		66

2   Variablen und Datentypen   67

2.1	**Variablen**	67
	2.1.1 Der Zuweisungsoperator	69
	2.1.2 Scopes	69
	2.1.3 Primitive und Objekte	70
2.2	**Primitivtypen**	70
	2.2.1 Zahlentypen	70
	2.2.2 Rechenoperationen	75
	2.2.3 Bit-Operatoren	78
	2.2.4 Übung: Ausdrücke und Datentypen	80
	2.2.5 Character-Variablen	81
	2.2.6 Boolesche Variablen	82
	2.2.7 Vergleichsoperatoren	82
2.3	**Objekttypen**	84
	2.3.1 Werte und Referenzen	84
	2.3.2 Der Wert »null«	85
	2.3.3 Vergleichsoperatoren	85
	2.3.4 Allgemeine und spezielle Typen	86
	2.3.5 Strings – primitive Objekte	88
2.4	**Objekt-Wrapper zu Primitiven**	88
	2.4.1 Warum?	89
	2.4.2 Explizite Konvertierung	89
	2.4.3 Implizite Konvertierung	90
2.5	**Array-Typen**	91
	2.5.1 Deklaration eines Arrays	92
	2.5.2 Zugriff auf ein Array	92
2.6	**Zusammenfassung**	93

3 Entscheidungen — 95

3.1 Entweder-oder-Entscheidungen — 95
- 3.1.1 Übung: Star Trek – sehen oder nicht? — 97
- 3.1.2 Mehrfache Verzweigungen — 99
- 3.1.3 Übung: Body-Mass-Index — 100
- 3.1.4 Der ternäre Operator — 101

3.2 Logische Verknüpfungen — 102
- 3.2.1 Boolesche Operatoren — 102
- 3.2.2 Verknüpfungen mit und ohne Kurzschluss — 103
- 3.2.3 Übung: Boolesche Operatoren — 105
- 3.2.4 Übung: Solitaire — 106

3.3 Mehrfach verzweigen mit »switch« — 108
- 3.3.1 »switch« mit Strings, Zeichen und Zahlen — 109
- 3.3.2 Übung: »Rock im ROM« — 110
- 3.3.3 Enumerierte Datentypen und »switch« — 111
- 3.3.4 Durchfallendes »switch« — 112
- 3.3.5 Übung: »Rock im ROM« bis zum Ende — 112
- 3.3.6 Übung: »Rock im ROM« solange ich will — 113
- 3.3.7 Der Unterschied zwischen »switch« und »if... else if ...« — 113

3.4 Zusammenfassung — 114

4 Wiederholungen — 115

4.1 Bedingte Wiederholungen mit »while« — 115
- 4.1.1 Kopfgesteuerte »while«-Schleife — 116
- 4.1.2 Übung: Das kleinste gemeinsame Vielfache — 117
- 4.1.3 Fußgesteuerte »while«-Schleifen — 117
- 4.1.4 Übung: Zahlen raten — 118

4.2 Abgezählte Wiederholungen – die »for«-Schleife — 119
- 4.2.1 Übung: Zahlen validieren — 120

4.3 Abbrechen und überspringen — 121
- 4.3.1 »break« und »continue« mit Labels — 122

4.4 Zusammenfassung — 124

5 Klassen und Objekte — 125

- **5.1 Klassen und Objekte** — 126
  - 5.1.1 Klassen anlegen — 126
  - 5.1.2 Objekte erzeugen — 127
- **5.2 Access-Modifier** — 128
- **5.3 Felder** — 130
  - 5.3.1 Felder deklarieren — 130
  - 5.3.2 Zugriff auf Felder — 130
- **5.4 Methoden** — 131
  - 5.4.1 Übung: Eine erste Methode — 133
  - 5.4.2 Rückgabewerte — 133
  - 5.4.3 Übung: Jetzt mit Rückgabewerten — 135
  - 5.4.4 Parameter — 135
  - 5.4.5 Zugriffsmethoden — 137
  - 5.4.6 Übung: Zugriffsmethoden — 139
- **5.5 Warum Objektorientierung?** — 140
- **5.6 Konstruktoren** — 142
  - 5.6.1 Konstruktoren deklarieren und aufrufen — 142
  - 5.6.2 Übung: Konstruktoren — 146
- **5.7 Statische Felder und Methoden** — 146
  - 5.7.1 Übung: Statische Felder und Methoden — 148
  - 5.7.2 Die »main«-Methode — 148
  - 5.7.3 Statische Importe — 148
- **5.8 Unveränderliche Werte** — 149
  - 5.8.1 Unveränderliche Felder — 150
  - 5.8.2 Konstanten — 151
- **5.9 Spezielle Objektmethoden** — 152
- **5.10 Zusammenfassung** — 154

6 Objektorientierung — 155

- **6.1 Vererbung** — 156
  - 6.1.1 Vererbung implementieren — 157

	6.1.2	Übung: Tierische Erbschaften	159
	6.1.3	Erben und Überschreiben von Membern	159
	6.1.4	Vererbung und Konstruktoren	164
	6.1.5	Übung: Konstruktoren und Vererbung	165
	6.1.6	Vererbung verhindern	165
	6.1.7	Welchen Typ hat das Objekt?	167
6.2	**Interfaces und abstrakte Datentypen**		**169**
	6.2.1	Abstrakte Klassen	170
	6.2.2	Interfaces	171
	6.2.3	Default-Implementierungen	174
6.3	**Übung: Objektorientierte Modellierung**		**177**
6.4	**Innere Klassen**		**178**
	6.4.1	Statische innere Klassen	178
	6.4.2	Nichtstatische innere Klassen	180
	6.4.3	Anonyme Klassen	183
6.5	**Enumerationen**		**185**
6.6	**Zusammenfassung**		**188**

7 Unit Testing — 189

7.1	**Das JUnit-Framework**		**191**
	7.1.1	Der erste Test	192
	7.1.2	Die Methoden von »Assert«	194
	7.1.3	Testfälle ausführen in NetBeans	194
	7.1.4	Übung: Den GGT-Algorithmus ändern	197
	7.1.5	Übung: Tests schreiben für das KGV	197
7.2	**Fortgeschrittene Unit Tests**		**197**
	7.2.1	Testen von Fehlern	198
	7.2.2	Vor- und Nachbereitung von Tests	199
	7.2.3	Mocking	201
7.3	**Besseres Design durch Testfälle**		**203**
	7.3.1	Übung: Testfälle für den BMI-Rechner	206
7.4	**Zusammenfassung**		**206**

8 Die Standardbibliothek

8.1 Zahlen
8.1.1 »Number« und die Zahlentypen
8.1.2 Mathematisches aus »java.lang.Math«
8.1.3 Übung: Satz des Pythagoras
8.1.4 »BigInteger« und »BigDecimal«
8.1.5 Übung: Fakultäten

8.2 Strings
8.2.1 Unicode
8.2.2 String-Methoden
8.2.3 Übung: Namen zerlegen
8.2.4 Übung: Römische Zahlen I
8.2.5 StringBuilder
8.2.6 Übung: Römische Zahlen II
8.2.7 StringTokenizer

8.3 Reguläre Ausdrücke
8.3.1 Einführung in reguläre Ausdrücke
8.3.2 String-Methoden mit regulären Ausdrücken
8.3.3 Reguläre Ausdrücke als Objekte
8.3.4 Übung: Flugnummern finden

8.4 Zeit und Datum
8.4.1 Zeiten im Computer und »java.util.Date«
8.4.2 Neue Zeiten – das Package »java.time«
8.4.3 Übung: Der Fernsehkalender

8.5 Internationalisierung und Lokalisierung
8.5.1 Internationale Nachrichten mit »java.util.ResourceBundle«
8.5.2 Nachrichten formatieren mit »java.util.MessageFormat«
8.5.3 Zeiten und Daten lesen
8.5.4 Zahlen lesen

8.6 Zusammenfassung

9 Fehler und Ausnahmen

9.1 Exceptions werfen und behandeln
9.1.1 try-catch

	9.1.2	Übung: Fangen und noch einmal versuchen	247
	9.1.3	try-catch-finally	248
	9.1.4	try-with-resources	249
	9.1.5	Fehler mit Ursachen	250
9.2	**Verschiedene Arten von Exceptions**		250
	9.2.1	Unchecked Exceptions	251
	9.2.2	Checked Exceptions	253
	9.2.3	Errors	255
9.3	**Invarianten, Vor- und Nachbedingungen**		256
9.4	**Zusammenfassung**		258

10 Arrays und Collections 259

10.1	**Arrays**		259
	10.1.1	Grundlagen von Arrays	260
	10.1.2	Übung: Primzahlen	262
	10.1.3	Mehrdimensionale Arrays	263
	10.1.4	Übung: Das pascalsche Dreieck	264
	10.1.5	Utility-Methoden in »java.util.Arrays«	264
	10.1.6	Übung: Sequenziell und parallel sortieren	268
10.2	**Die for-each-Schleife**		269
10.3	**Variable Parameterlisten**		269
10.4	**Collections**		271
	10.4.1	Listen und Sets	272
	10.4.2	Iteratoren	275
	10.4.3	Übung: Musiksammlung und Playlist	276
10.5	**Typisierte Collections – Generics**		276
	10.5.1	Generics außerhalb von Collections	278
	10.5.2	Eigenen Code generifizieren	279
	10.5.3	Übung: Generisches Filtern	286
10.6	**Maps**		286
	10.6.1	Übung: Lieblingslieder	288
10.7	**Zusammenfassung**		288

11 Lambda-Ausdrücke — 289

11.1 Was sind Lambda-Ausdrücke? — 290
11.1.1 Die Lambda-Syntax — 291
11.1.2 Wie funktioniert das? — 294
11.1.3 Übung: Zahlen selektieren — 297
11.1.4 Funktionale Interfaces nur für Lambda-Ausdrücke — 297
11.1.5 Übung: Funktionen — 302

11.2 Die Stream-API — 302
11.2.1 Intermediäre und terminale Methoden — 304
11.2.2 Übung: Temperaturdaten auswerten — 314
11.2.3 Endlose Streams — 314
11.2.4 Übung: Endlose Fibonacci-Zahlen — 315
11.2.5 Daten aus einem Stream sammeln – »Stream.collect« — 316
11.2.6 Übung: Wetterstatistik für Fortgeschrittene — 319

11.3 Un-Werte als Objekte – »Optional« — 319
11.3.1 Die wahre Bedeutung von »Optional« — 321

11.4 Eine Warnung zum Schluss — 322

11.5 Zusammenfassung — 323

12 Dateien, Streams und Reader — 325

12.1 Dateien und Verzeichnisse — 326
12.1.1 Dateien und Pfade — 326
12.1.2 Dateioperationen aus »Files« — 329
12.1.3 Übung: Dateien kopieren — 329
12.1.4 Verzeichnisse — 330
12.1.5 Übung: Musik finden — 331

12.2 Reader, Writer und die »anderen« Streams — 332
12.2.1 Lesen und Schreiben von Textdaten — 333
12.2.2 Übung: Playlisten – jetzt richtig — 340
12.2.3 »InputStream« und »OutputStream« – Binärdaten — 340
12.2.4 Übung: ID3-Tags — 342

12.3 Objekte lesen und schreiben — 344
12.3.1 Serialisierung — 344

12.4	Netzwerkkommunikation	347
	12.4.1 Übung: Dateitransfer	349
12.5	Zusammenfassung	350

13 Multithreading   351

13.1	Threads und Runnables	352
	13.1.1 Threads starten und Verhalten übergeben	352
	13.1.2 Übung: Multithreaded Server	356
	13.1.3 Geteilte Ressourcen	356
13.2	Atomare Datentypen	359
13.3	Synchronisation	360
	13.3.1 »synchronized« als Modifikator für Methoden	362
	13.3.2 Das »synchronized«-Statement	362
	13.3.3 Deadlocks	365
	13.3.4 Übung: Zufallsverteilung	367
13.4	Fortgeschrittene Koordination zwischen Threads	367
	13.4.1 Signalisierung auf dem Monitor-Objekt	368
	13.4.2 Daten produzieren, kommunizieren und konsumieren	371
	13.4.3 Threads wiederverwenden	373
13.5	Die Zukunft – wortwörtlich	374
	13.5.1 Lambdas und die Zukunft – »CompletableFuture«	376
13.6	Das Speichermodell von Threads	378
13.7	Zusammenfassung	380

14 Servlets – Java im Web   381

14.1	Einen Servlet-Container installieren	382
	14.1.1 Installation des Tomcat-Servers	382
	14.1.2 Den Tomcat-Server in NetBeans einrichten	386
14.2	Die erste Servlet-Anwendung	388
	14.2.1 Die Anwendung starten	390
	14.2.2 Was passiert, wenn Sie die Anwendung aufrufen?	393
14.3	Servlets programmieren	399
	14.3.1 Servlets konfigurieren	399

	14.3.2	Mit dem Benutzer interagieren	401
	14.3.3	Übung: Das Rechen-Servlet implementieren	404
14.4	**Java Server Pages**		**406**
	14.4.1	Übung: Playlisten anzeigen	411
	14.4.2	Übung: Musik abspielen	411
14.5	**Langlebige Daten im Servlet – Ablage in Session und Application**		**412**
	14.5.1	Die »HTTPSession«	413
	14.5.2	Übung: Daten in der Session speichern	414
	14.5.3	Der Application Context	414
14.6	**Fortgeschrittene Servlet-Konzepte – Listener und Initialisierung**		**415**
	14.6.1	Listener	415
	14.6.2	Übung: Die Playliste nur einmal laden	416
	14.6.3	Initialisierungsparameter	416
14.7	**Zusammenfassung**		**418**

15   Datenbanken und Entitäten   419

15.1	**Was ist eine Datenbank?**		**420**
	15.1.1	Relationale Datenbanken	420
	15.1.2	JDBC	424
	15.1.3	JPA	425
15.2	**Mit einer Datenbank verbinden über die JPA**		**427**
	15.2.1	Datenbank in NetBeans anlegen	427
	15.2.2	Das Projekt anlegen	428
	15.2.3	Eine Persistence Unit erzeugen	429
	15.2.4	Die »EntityManagerFactory« erzeugen	431
15.3	**Anwendung und Entitäten**		**432**
	15.3.1	Die erste Entität anlegen	432
	15.3.2	Übung: Personen speichern	435
15.4	**Entitäten laden**		**435**
	15.4.1	Abfragen mit JPQL	435
	15.4.2	Übung: Personen auflisten	437
	15.4.3	Entitäten laden mit ID	438
	15.4.4	Übung: Personen bearbeiten	438
	15.4.5	Benannte Queries	439
15.5	**Entitäten löschen**		**440**

15.6	Beziehungen zu anderen Entitäten	441
	15.6.1 Eins-zu-eins-Beziehungen	442
	15.6.2 Übung: Kontakte mit Adressen	444
	15.6.3 Eins-zu-vielen-Beziehungen	444
	15.6.4 Viele-zu-eins-Beziehungen	445
	15.6.5 Beziehungen in JPQL	447
15.7	Zusammenfassung	448

16 GUIs mit JavaFX 449

16.1	Einführung	449
16.2	Installation	450
16.3	Architektur von JavaFX	450
	16.3.1 Application	451
	16.3.2 Scenes	452
	16.3.3 Scene Graph	452
	16.3.4 Typen von Nodes	453
16.4	GUI-Komponenten	453
	16.4.1 Beschriftungen	454
	16.4.2 Schaltflächen	454
	16.4.3 Checkboxen und Choiceboxen	456
	16.4.4 Eingabefelder	458
	16.4.5 Menüs	458
	16.4.6 Sonstige Standardkomponenten	460
	16.4.7 Geometrische Komponenten	463
	16.4.8 Diagramme	463
16.5	Layouts	464
	16.5.1 BorderPane	464
	16.5.2 HBox	466
	16.5.3 VBox	466
	16.5.4 StackPane	467
	16.5.5 GridPane	468
	16.5.6 FlowPane	469
	16.5.7 TilePane	470
	16.5.8 AnchorPane	471
	16.5.9 Fazit	473
16.6	GUI mit Java-API – Urlaubsverwaltung	474
	16.6.1 Initialisierung des Menüs	475

16.6.2	Initialisierung der Tabs	475
16.6.3	Initialisierung des Inhalts von Tab 1	475
16.6.4	Initialisierung des Inhalts von Tab 2	477

16.7 Event-Handling ... 478

16.7.1	Events und Event-Handler	479
16.7.2	Typen von Events	481
16.7.3	Alternative Methoden für das Registrieren von Event-Handlern	484

16.8 JavaFX-Properties und Binding ... 485

16.8.1	JavaFX-Properties	485
16.8.2	JavaFX-Properties und Listener	487
16.8.3	JavaFX-Properties im GUI	488
16.8.4	JavaFX-Properties von GUI-Komponenten	489
16.8.5	Binding	490

16.9 Deklarative GUIs mit FXML ... 491

16.9.1	Vorteile gegenüber programmatisch erstellten GUIs	491
16.9.2	Einführung	493
16.9.3	Aufruf eines FXML-basierten GUI	494
16.9.4	Event-Handling in FXML	495

16.10 Layout mit CSS ... 497

16.10.1	Einführung in CSS	497
16.10.2	JavaFX-CSS	498
16.10.3	JavaFX-Anwendung mit CSS	498
16.10.4	Urlaubsverwaltung mit JavaFX-CSS	499

16.11 Transformationen, Animationen und Effekte ... 501

16.11.1	Transformationen	501
16.11.2	Animationen	504

16.12 Übungen ... 508

16.12.1	Eine kleine To-do-Anwendung	508
16.12.2	Logik für die To-do-Anwendung	509

16.13 Zusammenfassung ... 509

17 Android ... 511

17.1 Einstieg in die Android-Entwicklung ... 511

17.1.1	Die Entwicklungsumgebung	512
17.1.2	Die erste Anwendung	514

	17.1.3	Der Android Emulator	516
	17.1.4	Auf dem Telefon ausführen	521
	17.1.5	Die erste Android-Anwendung im Detail	522
17.2	Eine Benutzeroberfläche designen		525
	17.2.1	Layouts bearbeiten	528
	17.2.2	Auf Widgets reagieren	531
	17.2.3	Das Android-Thread-Modell	532
	17.2.4	Übung: Ein ganz einfacher Rechner	533
17.3	Anwendungen mit mehreren Activities		533
	17.3.1	Activity wechseln mit Intents	534
	17.3.2	Der Activity Stack	536
	17.3.3	An andere Anwendungen verweisen	538
17.4	Permissions und SystemServices		540
	17.4.1	Den Benutzer um Erlaubnis fragen	541
	17.4.2	Zugriff auf einen SystemService erlangen	542
	17.4.3	Den Vibrationsservice verwenden	543
	17.4.4	Übung: Die Samuel-Morse-Gedenkübung	543
17.5	Apps im Play Store veröffentlichen		544
17.6	Zusammenfassung		545

18   Hinter den Kulissen   547

18.1	Klassenpfade und Classloading		547
	18.1.1	Klassen laden in der Standardumgebung	548
	18.1.2	Ein komplexeres Szenario – Klassen laden im Servlet-Container	549
	18.1.3	Classloader und Klassengleichheit	550
	18.1.4	Classloader als Objekte	552
	18.1.5	Klassen laden mit Struktur: das Modulsystem von Java 9	553
18.2	Garbage Collection		555
	18.2.1	Speicherlecks in Java	558
	18.2.2	Weiche und schwache Referenzen	559
18.3	Flexibel codieren mit der Reflection-API		561
	18.3.1	Übung: Templating	566
18.4	Zusammenfassung		567

19 Und dann? — 569

19.1	Java Enterprise Edition	570
	19.1.1 Servlet	570
	19.1.2 JPA	572
	19.1.3 Enterprise Java Beans	572
	19.1.4 Java Messaging Service	573
	19.1.5 Java Bean Validation	574
19.2	Open-Source-Software	575
19.3	Ergänzende Technologien	576
	19.3.1 SQL und DDL	576
	19.3.2 HTML, CSS und JavaScript	577
19.4	Andere Sprachen	579
	19.4.1 Scala	579
	19.4.2 Clojure	580
	19.4.3 JavaScript	580
19.5	Programmieren Sie!	581

Anhang — 563

A	Java-Bibliotheken	585
B	Lösungen zu den Übungsaufgaben	593
C	Glossar	705
D	Kommandozeilenparameter	721

Index 729

Kapitel 1
Einführung

Mehr als eine Programmiersprache. Das klingt wie schlechte Fernsehwerbung, und es behauptet jeder von seiner Sprache. Bei Java ist es aber keine Werbeübertreibung, sondern schlicht die Wahrheit, denn zur Plattform Java gehören mehrere Komponenten, von denen die Programmiersprache nur eine ist. In diesem Kapitel lernen Sie die Bausteine kennen, aus denen die Plattform zusammengesetzt ist, sowie eine Entwicklungsumgebung, mit der sie schnell und einfach auf der Plattform Java programmieren.

Warum diese Sprache? Das ist wohl die Frage, die jede Einführung in eine Programmiersprache so schnell wie möglich beantworten sollte. Schließlich wollen Sie, lieber Leser, wissen, ob Sie im Begriff sind, auf das richtige Pferd zu setzen.

Also, warum Java? Programmiersprachen gibt es viele. Die Liste von Programmiersprachen in der englischsprachigen Wikipedia (*http://en.wikipedia.org/wiki/List_of_programming_languages*) hat im Juli 2017 mehr als 650 Einträge. Selbst wenn 90 % davon keine nennenswerte Verbreitung (mehr) haben, bleiben mehr Sprachen übrig, als man im Leben lernen möchte, manche davon mit einer längeren Geschichte als Java, andere jünger und angeblich hipper als Java. Warum also Java?

Java ist eine der meistgenutzten Programmiersprachen weltweit (Quelle: *http://www.tiobe.com/tiobe-index*, Juni 2017). Zwar ist »weil es schon so viele benutzen« nicht immer ein gutes Argument, aber im Fall von Java gibt es sehr gute Gründe für diese Popularität. Viele davon sind natürlich Vorteile der Sprache Java selbst und der Java-Plattform – dazu gleich mehr –, aber der vielleicht wichtigste Grund ist ein externer: Java hat eine unerreichte Breite von Anwendungsgebieten. Es kommt in kritischen **Geschäftsanwendungen** ebenso zum Einsatz wie in Googles mobilem Betriebssystem **Android**. Java ist eine beliebte Sprache für **serverseitige Programmierung im World Wide Web** wie auch für Desktopanwendungen. In Java geschriebene Programme laufen auf fast jedem Computer, egal, ob dieser mit Linux, Windows oder Mac OS betrieben wird – und im Gegensatz zu anderen Programmiersprachen gibt es dabei nur eine Programmversion, nicht eine für jedes unterstützte System, denn Java-Programme sind **plattformunabhängig**.

Neben dem breiten Einsatzgebiet hat die Sprache Java auch, wie oben bereits erwähnt, innere Werte, die überzeugen. Oder besser: Die Plattform Java hat auch innere Werte, denn zu Java gehört mehr als nur die Sprache.

1.1 Was ist Java?

Die Programmiersprache Java, um die es in diesem Buch hauptsächlich gehen soll, ist nur ein Bestandteil der Java-Plattform. Zur Plattform gehören neben der Sprache die *Laufzeitumgebung*, das Programm, das Java-Programme ausführt, und eine umfangreiche *Klassenbibliothek*, die in jeder Java-Installation ohne weiteren Installationsaufwand zur Verfügung steht. Betrachten wir die einzelnen Teile der Java-Plattform etwas näher.

1.1.1 Java – die Sprache

Das Hauptmerkmal der Programmiersprache Java ist, dass sie *objektorientiert* ist. Das ist heute nichts Besonderes mehr, fast alle neueren Programmiersprachen folgen diesem Paradigma. Aber als Java entstand, im letzten Jahrtausend, fand gerade der Umbruch von prozeduraler zu objektorientierter Programmierung statt. Objektorientierung bedeutet in wenigen Worten, dass zusammengehörige Daten und Operationen in einer *Datenstruktur* zusammengefasst werden. Objektorientierung werde ich in Kapitel 5, »Klassen und Objekte«, und Kapitel 6, »Objektorientierung«, eingehend beleuchten.

Viele Details der Sprache hat Java vom prozeduralen **C** und dessen objektorientierter Erweiterung **C++** geerbt. Es wurde aber für Java vieles vereinfacht, und häufige Fehlerquellen wurden entschärft – allen voran das Speichermanagement, für das in C und C++ der Entwickler selbst verantwortlich ist. Das Resultat ist eine Sprache mit einer sehr einfachen und einheitlichen Syntax ohne Ausnahmen und Sonderfälle. Dieser Mangel an »syntaktischem Zucker« wird gerne kritisiert, weil Java-Code dadurch eher etwas länger ist als Code in anderen Sprachen. Andererseits ist es dadurch einfacher, Java-Code zu lesen, da man im Vergleich zu diesen Sprachen nur eine kleine Menge an Sprachkonstrukten kennen muss, um ihn zu verstehen.

Aber Java ist eine lebendige Sprache, die mit neuen Versionen gezielt weiterentwickelt wird, um für bestimmte Fälle ebendiesen Zucker doch zu bieten. In Version 8 von Java hielt eine Erweiterung Einzug in die Sprache, nach der die Entwickler-Community seit Jahren gefleht hatte: Lambda-Ausdrücke (siehe Kapitel 11). Dabei handelt es sich um ein neues Sprachkonstrukt, das die syntaktische Einfachheit der Sprache nicht zerstört, sondern an vielen Stellen klareren, verständlicheren Code möglich macht. Ihre Einführung sind ein gutes Beispiel dafür, dass die Entwickler der Sprache

Java auf die Wünsche ihrer Community eingehen, dabei aber keine überstürzten Entscheidungen treffen – eine gute Kombination für langfristige Stabilität.

1.1.2 Java – die Laufzeitumgebung

Traditionell fallen Programmiersprachen in eine von zwei Gruppen: *kompilierte* und *interpretierte Sprachen*. Bei kompilierten Sprachen, zum Beispiel **C**, wird der Programmcode einmal von einem *Compiler* in Maschinencode umgewandelt. Dieser ist dann ohne weitere Werkzeuge ausführbar, aber nur auf einem Computer mit der Architektur und dem Betriebssystem, für die das Programm kompiliert wurde.

Im Gegensatz dazu benötigen interpretierte Sprachen wie **Perl** oder **Ruby** ein zusätzliches Programm, den *Interpreter*, um sie auszuführen. Die Übersetzung des Programmcodes in Maschinencode findet erst genau in dem Moment statt, in dem das Programm ausgeführt wird. Wer ein solches Programm nutzen möchte, muss den passenden Interpreter auf seinem Computer installieren. Dadurch sind Programme in interpretierten Sprachen auf jedem System ausführbar, für das der Interpreter vorhanden ist. Interpretierte Sprachen stehen aber im Ruf, langsamer zu sein als kompilierte Sprachen, da das Programm zur Laufzeit noch vom Interpreter analysiert und in Maschinencode umgesetzt werden muss.

Java beschreitet einen Mittelweg zwischen den beiden Ansätzen: Java-Code wird mit dem Java-Compiler `javac` kompiliert, dessen Ausgabe ist aber nicht Maschinencode, sondern ein Zwischenformat, der *Java-Bytecode*. Man braucht, um ein Java-Programm auszuführen, immer noch einen Interpreter, aber die Umsetzung des Bytecodes in Maschinencode ist weniger aufwendig als die Analyse des für Menschen lesbaren Programmcodes. Der Performance-Nachteil wird dadurch abgeschwächt. Dennoch stehen Java-Programme manchmal in dem Ruf, sie seien langsamer als Programme in anderen Sprachen, die zu Maschinencode kompiliert werden. Dieser Ruf ist aber nicht mehr gerechtfertigt, ein Performance-Unterschied ist im Allgemeinen nicht feststellbar.

Der Interpreter, oft auch als Java Virtual Machine (JVM) bezeichnet, ist ein Bestandteil der Java *Laufzeitumgebung* (Java Runtime Environment, JRE), aber die Laufzeitumgebung kann mehr. Sie übernimmt auch das gesamte Speichermanagement eines Java-Programms. C++-Entwickler müssen sich selbst darum kümmern, für alle ihre Objekte Speicher zu reservieren, und vor allem auch darum, ihn später wieder freizugeben. Fehler dabei führen zu sogenannten Speicherlecks, also zu Fehlern, bei denen Speicher zwar immer wieder reserviert, aber nicht freigegeben wird, so dass das Programm irgendwann mangels Speicher abstürzt. In Java muss man sich darüber kaum Gedanken machen, die Speicherfreigabe übernimmt der *Garbage Collector*. Er erkennt Objekte, die vom Programm nicht mehr benötigt werden, und gibt ihren Speicher automatisch frei – Speicherlecks sind dadurch zwar nicht komplett ausgeschlossen, aber fast. Details zum Garbage Collector finden Sie in Kapitel 18, »Hinter den Kulissen«.

Zur Laufzeitumgebung gehört außerdem der Java-Compiler HotSpot, der kritische Teile des Bytecodes zur Laufzeit in »echten« Maschinencode kompiliert und Java-Programmen so noch einen Performance-Schub gibt.

Implementierungen des Java Runtime Environments gibt es für alle verbreiteten Betriebssysteme, manchmal sogar mehrere. *Die* Implementierung der Laufzeitumgebung ist natürlich die von Oracle (ursprünglich Sun Microsystems, die aber im Jahre 2010 von Oracle übernommen wurden), aber daneben gibt es weitere, zum Beispiel von IBM, als Open-Source-Projekt (OpenJDK) oder bis Java 6 von Apple. Da das Verhalten der Laufzeitumgebung streng standardisiert ist, lassen sich Programme fast immer problemlos mit einer beliebigen Laufzeitumgebung ausführen. Es gibt zwar Ausnahmefälle, in denen sich Programme in verschiedenen Laufzeitumgebungen unterschiedlich verhalten, aber sie sind erfreulich selten.

> **Android**
>
> Die von Android verwendete ART-VM steht (wie ihr Vorgänger Dalvik) abseits der verschiedenen JRE-Implementierungen: Die verwendete Sprache ist zwar Java, aber der Aufbau der Laufzeitumgebung ist von Grund auf anders, und auch der vom Compiler erzeugte Bytecode ist ein anderer. Auch die Klassenbibliothek (siehe nächster Abschnitt) von ART unterscheidet sich von der Standardumgebung.

Die Java-Laufzeitumgebung genießt selbst unter Kritikern der Sprache einen sehr guten Ruf. Sie bietet ein zuverlässiges Speichermanagement, gute Performance und macht es so gut wie unmöglich, den Rechner durch Programmfehler zum Absturz zu bringen. Deshalb gibt es inzwischen eine Reihe weiterer Sprachen, die mit der Programmiersprache Java manchmal mehr, aber häufig eher weniger verwandt sind, die aber auch in Java-Bytecode kompiliert und vom JRE ausgeführt werden. Dazu gehören zum Beispiel Scala, Groovy und JRuby. Diese Sprachen werden zwar in diesem Buch nicht weiter thematisiert, aber es handelt sich um vollwertige, ausgereifte Programmiersprachen und nicht etwa um »Bürger zweiter Klasse« auf der JVM. Die Existenz und Popularität dieser Sprachen wird allgemein als gutes Omen für die Zukunft der Java-Plattform angesehen.

1.1.3 Java – die Standardbibliothek

Der dritte Pfeiler der Java-Plattform ist die umfangreiche Klassenbibliothek, die in jeder Java-Installation verfügbar ist. Enthalten sind eine Vielzahl von Werkzeugen für Anforderungen, die im Programmieralltag immer wieder gelöst werden müssen: mathematische Berechnungen, Arbeiten mit Zeit- und Datumsangaben, Dateien lesen und schreiben, über ein Netzwerk kommunizieren, kryptografische Verfahren, grafische Benutzeroberflächen ... Das ist nur eine kleine Auswahl von Lösungen, die die Java-Plattform schon von Haus aus mitbringt. Die Klassenbibliothek ist auch der Hauptunterschied zwischen den verschiedenen verfügbaren Java-Editionen:

- Die *Standard Edition (Java SE)*: Wie der Name schon sagt, ist dies die Edition, die auf den meisten Heimcomputern installiert ist. Die Klassenbibliothek enthält alles oben Genannte. Dieses Buch befasst sich, einige Ausblicke und Anmerkungen ausgenommen, mit der Standard Edition in der aktuellen Version 9. Die gesamte Klassenbibliothek ist Open Source, der Quellcode ist einsehbar und liegt einer Installation des Java Development Kits (JDK) bei.

- Die *Micro Edition (Java ME)*: Diese schlanke Java-Variante ist für Mobiltelefone ausgelegt, deren Hardware hinter der von aktuellen Smartphones mit iOS oder Android zurückbleibt, also ältere Telefone oder solche aus dem Niedrigpreissegment. Die Micro Edition ist auf die Sprachversion 1.3 aus dem Jahr 2000 eingefroren und bietet keine der neueren Sprachfeatures. Die Klassenbibliothek befindet sich auf einem ähnlichen Stand, enthält aber nicht alle Klassen und Funktionen, die in der Standard Edition 1.3 verfügbar waren. Java ME hat durch die aktuellen, leistungsstarken Handys stark an Bedeutung verloren und entwickelt sich nur noch schleppend bis gar nicht weiter.

- Die *Enterprise Edition (Java EE)*: Die Enterprise Edition erweitert die Standard Edition um viele Features für Geschäftsanwendungen, zum Beispiel für die Kommunikation in verteilten Systemen, für transaktionssichere Software oder für das Arbeiten mit Objekten in relationalen Datenbanken. In Kapitel 14, »Servlets – Java im Web«, werden wir uns mit dem Webanteil der Enterprise Edition, der *Java-Servlet-API*, beschäftigen.

1.1.4 Java – die Community

Neben den genannten Bestandteilen der Java-Plattform gibt es einen weiteren wichtigen Pfeiler, der zum anhaltenden Erfolg von Java beiträgt: die Community. Java hat eine sehr lebendige und hilfsbereite Entwicklergemeinschaft und ein riesiges Ökosystem an Open-Source-Projekten. Für fast alles, was von der Standardbibliothek nicht abgedeckt wird, gibt es ein Open-Source-Projekt (häufig sogar mehrere), das die Lücke füllt. In Java ist es häufig nicht das Problem, eine Open-Source-Bibliothek zu finden, die ein Problem löst, sondern eher aus den vorhandenen Möglichkeiten die passende auszuwählen.

Aber die Community leistet nicht nur im Bereich Open-Source-Software sehr viel, sie ist auch durch den *Java Community Process* (JCP) an der Entwicklung der Java-Plattform selbst beteiligt. Unter *https://www.jcp.org/en/home/index* kann jeder kostenlos Mitglied des JCPs werden (Unternehmen müssen einen Mitgliedsbeitrag zahlen) und dann Erweiterungen an der Sprache vorschlagen oder darüber diskutieren. Selbst wenn Sie nicht mitreden möchten, lohnt sich ein Blick in die offenen JSRs (*Java Specification Requests*), um sich über die Zukunft von Java zu informieren.

1.1.5 Die Geschichte von Java

Java hat es weit gebracht für eine Sprache, die 1991 für interaktive Fernsehprogramme erfunden wurde. Das damals von James Gosling, Mike Sheridan und Patrick Naughton unter dem Namen **Oak** gestartete Projekt erwies sich zwar für das Kabelfernsehen dieser Zeit als zu fortschrittlich, aber irgendwie wurde die Sprache ja trotzdem erfolgreich. Es sollten allerdings noch vier Jahre und eine Namensänderung ins Land gehen, bevor 1996 Java 1.0.2 veröffentlicht wurde: Oak wurde in Java umbenannt, das ist US-Slang für Kaffee, den die Entwickler von Java wohl in großen Mengen vernichteten.

Die Geschichte von Java ist seitdem im Wesentlichen einfach und linear, es gibt nur einen Strang von Weiterentwicklungen. Etwas verwirrend wirkt die Versionsgeschichte nur dadurch, dass sich das Schema, nach dem Java-Versionen benannt werden, mehrmals geändert hat. Tabelle 1.1 gibt einen Überblick.

Version	Jahr	Beschreibung
JDK 1.0.2 Java 1	1996	die erste stabile Version der Java-Plattform
JDK 1.1	1997	wichtige Änderungen: *inner classes* (siehe Kapitel 6, »Objektorientierung«) und *Reflection* (siehe Kapitel 4, »Wiederholungen«), Anbindung von Datenbanken durch *JDBC*
JDK 1.2 J2SE 1.2	1998	Die erste Änderung der Versionsnummerierung, JDK 1.2 wurde später in J2SE umbenannt, für Java 2 Standard Edition. Mit dem Sprung auf Version 2 wollte Sun den großen Fortschritt in der Sprache betonen, die Standard Edition wurde hervorgehoben, weil J2ME und J2EE ihrer eigenen Versionierung folgten. Wichtige Änderungen: Das *Swing-Framework* für grafische Oberflächen wurde Teil der Standard Edition, ebenso das *Collections-Framework* (siehe Kapitel 10, »Arrays und Collections«).
J2SE 1.3	2000	J2SE 1.3 war die erste Java-Version, die mit HotSpot ausgeliefert wurde.

Tabelle 1.1 Java-Versionen und wichtige Änderungen im Kurzüberblick

Version	Jahr	Beschreibung
J2SE 1.4	2002	J2SE 1.4 führte das `assert`-Schlüsselwort ein (siehe Kapitel 9, »Fehler und Ausnahmen«). Außerdem enthielt diese Version weitreichende Erweiterungen an der Klassenbibliothek, unter anderem Unterstützung für reguläre Ausdrücke (siehe Kapitel 8, »Die Standardbibliothek«) und eine neue, performantere I/O-Bibliothek (siehe Kapitel 12, »Dateien, Streams und Reader«).
J2SE 1.5 J2SE 5.0	2004	In dieser Version wurde das Schema für Versionsnummern erneut geändert, J2SE 1.5 und J2SE 5.0 bezeichnen dieselbe Version. Diese Version enthielt umfangreiche Spracherweiterungen: ▸ *Generics* für typsichere Listen (Kapitel 10, »Arrays und Collections«) ▸ *Annotationen* (siehe Kapitel 6, »Objektorientierung«) ▸ *Enumerations* (Typen mit aufgezählten Werten, siehe Abschnitt 6.5) ▸ *Varargs* (variable Parameterlisten, siehe Kapitel 10, »Arrays und Collections«) ▸ und mehr Die Klassenbibliothek wurde durch neue Werkzeuge für Multithreading (siehe Kapitel 13) erweitert.
Java SE 6	2006	Java SE 6 führte das heute noch verwendete Versionsschema ein. Änderungen an der Plattform waren weniger umfangreich als in den beiden vorherigen Versionen und betrafen fortgeschrittene Features, die in dieser Einführung zu sehr in die Tiefe gehen würden.
Java SE 7	2011	Trotz der langen Zeit zwischen Java SE 6 und 7 sind die Änderungen an der Sprache Java weniger umfangreich als in vorigen Versionen. Hauptsächlich zu nennen ist die neue, vereinfachte Syntax, um Ressourcen, wie zum Beispiel Dateien, nach Gebrauch zuverlässig zu schließen (das Konstrukt *try-with-resources* in Kapitel 9, »Fehler und Ausnahmen«). Unter der Haube wurde der Bytecode um eine neue Anweisung (`invokedynamic`) erweitert, die die JVM für bestimmte andere Sprachen zugänglicher macht. Treibende Kraft war hierbei das JRuby-Projekt (*http://www.jruby.org*).

Tabelle 1.1 Java-Versionen und wichtige Änderungen im Kurzüberblick (Forts.)

Version	Jahr	Beschreibung
Java SE 8	2014	Die große Neuerung im aktuellen Java 8 sind die *Lambda-Expressions*, ein neues Sprachelement, das an vielen Stellen kürzeren und aussagekräftigeren Code ermöglicht (siehe Kapitel 11). Inoffiziell wird auch der Ausdruck *Closure* verwendet, der aber eigentlich eine etwas andere Bedeutung hat, auch dazu später mehr.
Java SE 9	2017	In Java 9 haben Sie nun die Möglichkeit, große Programme in mehrere Module aufzuteilen, wodurch Sie mehr Kontrolle darüber haben, welche Klassen für andere Teile eines Programms sichtbar sind. Auch Javas eigene Klassenbibliothek wurde in Module aufgeteilt. (mehr zum Modulsystem in Kapitel 18, »Hinter den Kulissen«)
Java 10	2019?	Über diese Version kursieren Gerüchte, dass Primitivtypen (siehe Kapitel 2, »Variablen und Datentypen«) aus der Sprache entfernt werden sollen, um Java so endlich zu 100 % objektorientiert zu machen.

Tabelle 1.1 Java-Versionen und wichtige Änderungen im Kurzüberblick (Forts.)

1.2 Die Arbeitsumgebung installieren

Bevor Sie mit Java loslegen können, müssen Sie Ihre Arbeitsumgebung einrichten. Dazu müssen Sie Java installieren und sollten Sie eine integrierte Entwicklungsumgebung (IDE) installieren, einen Editor, der Ihnen das Programmieren in Java erleichtert: Die Entwicklungsumgebung prüft schon, während Sie noch schreiben, ob der Code kompiliert werden kann, zeigt Ihnen, auf welche Felder und Methoden Sie zugreifen können, und bietet Werkzeuge, die Code umstrukturieren und sich wiederholenden Code generieren.

In diesem Buch verwenden wir die NetBeans-Entwicklungsumgebung, weil sie in einem praktischen Paket mit Java verfügbar ist. Wenn Sie eine andere IDE verwenden möchten, müssen Sie an einigen wenigen Stellen des Buches selbst die beschriebenen Funktionen finden, aber die verwendeten Funktionen stehen generell in allen Java-Entwicklungsumgebungen zur Verfügung.

Sie brauchen als Erstes das Java-Installationsprogramm. Sie finden es in den Downloads zum Buch (*www.rheinwerk-verlag.de/4096*), können aber auch unter *http://www.oracle.com/technetwork/java/javase/downloads/index.html* die aktuellste Version herunterladen.

1.2 Die Arbeitsumgebung installieren

Wenn Sie es selbst herunterladen, stellen Sie sicher, dass Sie ein JDK herunterladen, denn es gibt zwei Pakete der Java Standard Edition. JRE bezeichnet das *Java Runtime Environment*, das alles Nötige enthält, um Java-Programme auszuführen, aber nicht, um sie zu entwickeln. Dazu benötigen Sie das *Java Development Kit* (JDK), das auch die Entwicklerwerkzeuge enthält. Praktischerweise gibt es genau das auch im Paket mit NetBeans (siehe Abbildung 1.1). Achten Sie außerdem darauf, dass Sie das JDK mindestens in der Version 9 herunterladen.

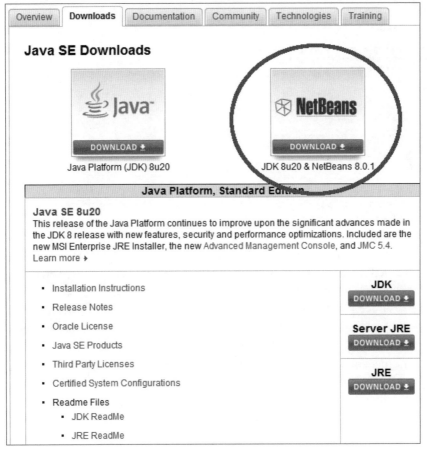

Abbildung 1.1 Java-Download von der Oracle-Website

Folgen Sie dann dem Installations-Wizard für Ihr System. Wenn der Wizard fragt, ob Sie die Lizenz von JUnit akzeptieren, dann antworten Sie mit »Ja« (siehe Abbildung 1.2). Sie benötigen JUnit in Kapitel 7, »Unit Testing«.

Merken Sie sich den Pfad, unter dem Sie Java installieren; Sie benötigen ihn im nächsten Schritt.

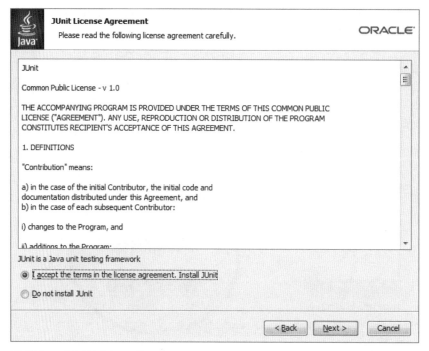

Abbildung 1.2 JUnit installieren

Sie müssen noch sicherstellen, dass die Umgebungsvariable JAVA_HOME gesetzt ist. Das geht leider von Betriebssystem zu Betriebssystem und von Version zu Version unterschiedlich. Finden Sie heraus, wie Sie Umgebungsvariablen für Ihr System setzen, und setzen Sie für die Variable JAVA_HOME den Installationspfad des JDKs als Wert. Wollen Sie Java-Programme von der Kommandozeile kompilieren und aufrufen, empfiehlt es sich außerdem, die PATH-Umgebungsvariable anzupassen. Dann können Sie die verschiedenen Kommandozeilentools aufrufen, ohne jedes Mal ihren vollständigen Pfad angeben zu müssen. Fügen Sie den absoluten Pfad zum Verzeichnis *bin* im JDK-Ordner hinzu.

Damit sind Sie jetzt bereit, sich in die Java-Entwicklung zu stürzen.

1.3 Erste Schritte in NetBeans

Sie haben nun das JDK und die Entwicklungsumgebung NetBeans installiert. Die wichtigsten im JDK enthaltenen Werkzeuge werden Sie im Laufe des Kapitels kennenlernen. Nun sollten Sie sich ein wenig mit NetBeans vertraut machen.

Starten Sie dazu NetBeans, und öffnen Sie das in den Downloads enthaltene Projekt WordCount, indem Sie aus dem Menü FILE • OPEN PROJECT auswählen, in das Verzeichnis *Kapitel 1* des Downloadpakets wechseln und dort das Projekt WORDCOUNT auswählen. Sie sollten anschließend ein zweigeteiltes Fenster sehen, ähnlich Abbildung 1.3.

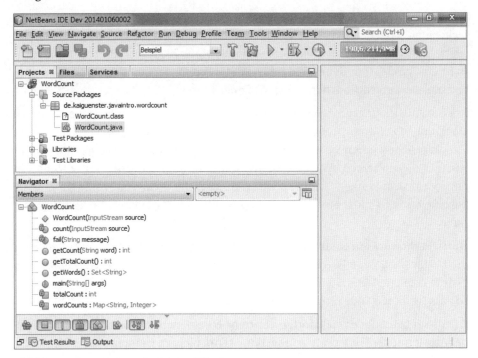

Abbildung 1.3 NetBeans: Projekt geöffnet

Der größere, rechte Bereich ist für die Codeansicht reserviert. Wenn Sie eine Java-Datei öffnen, wird ihr Inhalt hier angezeigt. Links oben sehen Sie den Tab PROJECTS und darunter das Projekt WORDCOUNT. Falls unterhalb des Projektnamens keine weitere Anzeige zu sehen ist, öffnen Sie diese bitte jetzt durch einen Klick auf das Pluszeichen vor dem Projektnamen. Sie sollten nun unterhalb von WORDCOUNT vier Ordner sehen: SOURCE PACKAGES, TEST PACKAGES, LIBRARIES und TEST LIBRARIES.

Die ersten beiden dieser Ordner enthalten den Java-Code Ihres Projekts. Unter SOURCE PACKAGES finden Sie den produktiven Code, das eigentliche Programm. Unter TEST PACKAGES liegen die dazugehörigen Testfälle. Die Testfälle eines Projekts sollen sicherstellen, dass der produktive Code keine Fehler enthält. Mehr zu Testfällen und testgetriebener Entwicklung erfahren Sie in Kapitel 7, »Unit Testing«. LIBRARIES und TEST LIBRARIES enthalten Softwarebibliotheken, die Ihr produktiver Code bzw. Ihr Testcode benötigt.

Öffnen Sie den Ordner SOURCE PACKAGES und dort die Datei *WordCount.java*. Sie sehen jetzt in der Codeansicht den Inhalt der Datei. Außerdem sollte spätestens jetzt unterhalb des Panels PROJECTS ein weiteres Panel mit dem Titel NAVIGATOR zu sehen sein. In diesem Panel sehen Sie Felder und Methoden der geöffneten Java-Klasse.

Durch Doppelklick auf eines dieser Elemente springen Sie in der Codeansicht sofort zu dessen Deklaration.

Die Codeansicht stellt den in der geöffneten Datei enthaltenen Quelltext dar. Zur einfachen und schnellen Übersicht werden viele Elemente farblich hervorgehoben. Das sogenannte *Syntax Highlighting* färbt Schlüsselwörter blau ein, Feldnamen grün usw. Es ist eine große Hilfe, denn viele Fehler sind sofort an der falschen Färbung erkennbar, und das Zurechtfinden im Code wird erleichtert.

Aus der Entwicklungsumgebung haben Sie außerdem die Möglichkeit, alle wichtigen Operationen auf Ihrem Code auszuführen: Durch Rechtsklick auf das Projekt in der Projektansicht können Sie es kompilieren und ein JAR-Archiv erzeugen (BUILD) sowie über Javadoc eine HTML-Dokumentation erzeugen lassen; durch Rechtsklick in die Codeansicht können Sie die Klasse ausführen oder debuggen (vorausgesetzt, sie hat eine `main`-Methode), Sie können die dazugehörigen Testfälle ausführen und vieles mehr.

Durch Rechtsklick auf einen Ordner oder ein Package in der Projektansicht haben Sie die Möglichkeit, neue Packages, Klassen, Interfaces und andere Java-Typen anzulegen. So erzeugte Java-Dateien enthalten schon die Deklaration des passenden Typs, so dass Sie diesen Code nicht von Hand schreiben müssen.

Darüber hinaus gibt es viele fortgeschrittene Funktionen, die Sie nach und nach bei der Arbeit mit der Entwicklungsumgebung kennenlernen werden.

1.4 Das erste Programm

Damit ist alles bereit für das erste Java-Programm. In den Downloads zum Buch finden Sie das NetBeans-Projekt WordCount, ein einfaches Programm, dass eine Textdatei liest und zählt, wie oft darin enthaltene Wörter jeweils vorkommen. Gleich werden wir die Elemente des Programms Schritt für Schritt durchgehen, aber zuvor sollen Sie das Programm in Action sehen. Öffnen Sie dazu das NetBeans-Projekt WordCount. In der Toolbar oben unterhalb der Menüleiste sehen Sie ein Dropdown-Menü mit ausführbaren Konfigurationen. Wählen Sie die Konfiguration BEISPIEL aus, und klicken Sie auf den grünen RUN-Button ❶ (siehe Abbildung 1.4).

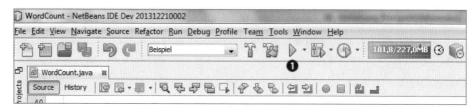

Abbildung 1.4 Das WordCount-Programm ausführen

Diese Konfiguration zählt Wortvorkommen in der mitgelieferten Datei *beispiel.txt*. Der Zählalgorithmus ist nicht perfekt, er zählt zum Beispiel »geht's« als »geht« und »s«, aber diese Sonderfälle einzubauen, würde das Programm viel komplexer machen. Die Ausgabe des Programms sieht etwa so aus wie in Abbildung 1.5.

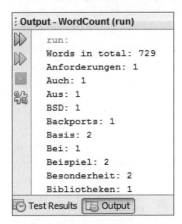

Abbildung 1.5 Die Ausgabe von WordCount

Um eine andere Datei zu verarbeiten, muss der Aufrufparameter des Programms geändert werden. Das geht entweder über den Punkt CUSTOMIZE... in der Konfigurationsauswahl oder indem Sie das Programm von der Kommandozeile aus aufrufen, dazu mehr am Ende dieses Abschnitts.

Jetzt aber zum Programmcode. Java-Programme bestehen immer aus einer oder mehreren Klassen. Genaues zu Klassen erfahren Sie, wenn wir zur Objektorientierung kommen. Für jetzt reicht es, zu wissen, dass Klassen die Bausteine von Java-Programmen sind. Normalerweise wird genau eine Klasse pro Quelldatei definiert, und die Datei trägt den Namen dieser Klasse mit der Erweiterung *.java*. Das Word-Count-Programm ist ein recht einfaches Programm, das mit einer Klasse und damit auch mit einer Quelldatei auskommt: der Datei *WordCount.java*. Und so sieht sie aus, Schritt für Schritt, von oben nach unten, mit Erklärungen. Machen Sie sich aber keine Sorgen, wenn Ihnen trotz der Erklärungen nicht sofort ein Licht aufgeht, was hier im Detail passiert – alles hier Verwendete werde ich im Laufe des Buches im Detail erklären.

1.4.1 Packages und Imports

```
package de.kaiguenster.javaintro.wordcount;

import java.io.*;
import java.util.*;
```

Das package-Statement ordnet die hier definierten Klassen in ein Package ein und muss die erste Anweisung in einer Java-Quelldatei sein, wenn es verwendet wird. Es besteht aus dem Schlüsselwort package und dem Package-Namen, abgeschlossen wie jedes Java-Statement mit einem Semikolon. Packages geben der Vielzahl von Java-Klassen eine Struktur, ähnlich wie Verzeichnisse es mit Dateien im Dateisystem tun. Genau wie Dateien im Dateisystem liegt eine Klasse in exakt einem Package, und ähnlich wie Verzeichnisse im Dateisystem bilden Packages eine hierarchische Struktur. Passend dazu ist es auch zwingend notwendig, dass das Package einer Klasse dem Pfad der Quelldatei entspricht. *WordCount.java* muss im Verzeichnis *de\kaiguenster\ javaintro\wordcount* unterhalb des Projektverzeichnisses liegen.

Das gezeigte package-Statement gibt also streng genommen nicht ein Package an, sondern vier: de, darin enthalten kaiguenster, darin wiederum javaintro und schließlich wordcount. Es ist üblich, für Packages eine umgekehrte Domain-Namen-Schreibweise zu verwenden, also zum Beispiel de.kaiguenster, abgeleitet von der Webadresse *kaiguenster.de*.

> **Defaultpackage**
>
> Das package-Statement kann weggelassen werden, die definierten Klassen befinden sich dann im namenlosen *Defaultpackage*. Ich rate aber davon ab: Immer ein Package anzugeben, schafft mehr Übersicht und reduziert außerdem das Risiko von Namenskonflikten.

Javas eigene Klassen weichen von dieser Konvention ab, sie liegen nicht etwa im Package com.sun.java, sondern einfach nur im Package java. Die nächsten beiden Zeilen des Programms *importieren* Klassen aus zwei verschiedenen Java-Packages: java.io und java.util. Klassen, die in dieser Datei verwendet werden und nicht in demselben Package liegen, müssen mit einem import-Statement bekanntgemacht werden.

Der Grund dafür ist einfach: Stünden immer alle Klassen zur Verfügung, könnte es nicht mehrere Klassen des gleichen Namens in verschiedenen Packages geben, denn es wäre nicht klar, ob zum Beispiel die Klasse java.io.InputStream oder die Klasse de.beispielpackage.InputStream gemeint ist. Durch das import-Statement wird eindeutig erklärt, welche Klasse verwendet werden soll. Gezeigt ist hier die umfassende Variante eines Imports: import java.io.* importiert *alle* Klassen aus dem Package java.io. Es wäre mit import java.io.InputStream auch möglich, nur genau die Klasse InputStream zu importieren. Da in WordCount aber aus beiden importierten Packages mehrere Klassen verwendet werden, ist die gezeigte Schreibweise übersichtlicher.

Ausgenommen von der Importpflicht sind Klassen aus dem Package java.lang. Diese sind für Java so grundlegend wichtig, dass sie immer zur Verfügung stehen.

1.4.2 Klassendefinition

```
/**
 * Ein einfacher Wortzähler, der aus einem beliebigen
 * {@see InputStream} Wörter zählt. Wörter sind alle Gruppen von
 * alphabetischen Zeichen. Das führt zum Beispiel beim
 * abgekürzten "geht's" dazu, dass es als "geht" und "s" gezählt
 * wird.
 * @author Kai
 */
public class WordCount {
```

Als Nächstes folgt die Klassendefinition. Es reicht das Schlüsselwort `class`, gefolgt vom Klassennamen. Meistens steht aber, wie auch hier, ein *Access-Modifier* (Zugriffsmodifikator) davor: Das Schlüsselwort `public` führt dazu, dass diese Klasse von überall verwendet werden kann (mehr zu Access-Modifiern in Abschnitt 5.2).

> **Voll qualifizierte Klassennamen**
>
> Innerhalb der Klasse selbst kann immer der einfache Klassenname (zum Beispiel `WordCount`) verwendet werden. Für die Klassendefinition muss er das sogar. Manchmal muss man aber auch den *voll qualifizierten Klassennamen* (*fully qualified class name*, *FQN*) verwenden: `de.kaiguenster.javaintro.wordcount.WordCount`. Das ist vor allem dann der Fall, wenn Sie mehrere Klassen des gleichen Namens aus unterschiedlichen Packages verwenden müssen, denn sie können dann nur so auseinandergehalten werden.

Nach dem Klassennamen folgt der *Klassenrumpf* in geschweiften Klammern. In diesem Bereich steht alles, was die Klasse kann.

Der Textblock vor der Klassendefinition, eingefasst in /** und */, ist das sogenannte *Javadoc*, das Kommentare und Dokumentation zum Programm direkt im Code enthält. Javadoc ist schon im Code praktisch, da man schnell und einfach erkennen kann, was eine Klasse oder Methode tut, noch praktischer ist aber, dass man daraus eine HTML-Dokumentation zu einem Projekt erzeugen kann.

1.4.3 Instanzvariablen

Als erstes Element innerhalb des Klassenrumpfs stehen die *Klassen- und Instanzvariablen*. In WordCount gibt es keine Klassenvariablen, es werden nur zwei Instanzvariablen definiert.

```
/*In dieser HashMap werden die Vorkommen der einzelnen Wörter gezählt.*/
private Map<String, Integer> wordCounts = new HashMap<>();
```

```
//Dies ist die Gesamtwortzahl
private int totalCount = 0;
//Aus diesem Stream wird der Text gelesen
private InputStream source;
```

Variablen sind benannte, typisierte Speicherstellen. Die Variable wordCounts zum Beispiel verweist auf ein Objekt des Typs java.util.Map (java.util. muss dabei aber nicht explizit angegeben werden, da java.util.* importiert wird; es reicht, als Typ Map anzugeben). Maps werden in Java verwendet, um Zuordnungen von Schlüsseln zu Werten zu verwalten, so dass man den Wert einfach nachschlagen kann, wenn man den Schlüssel kennt. In wordCounts werden als Schlüssel die im Text gefundenen Wörter verwendet, als Wert die Zahl, wie oft das Wort vorkommt. Die Variable totalCount enthält einen int-Wert, den gebräuchlichsten Java-Typ für Ganzzahlen. Darin wird gezählt, wie viele Wörter der Text insgesamt enthält.

Eine Variablendeklaration besteht aus mehreren Angaben: zunächst einem Access-Modifier, der optional ist und nur bei Klassen- und Instanzvariablen möglich, nicht bei lokalen Variablen (mehr dazu in Kapitel 2, »Variablen und Datentypen«, und Abschnitt 5.2, »Access-Modifier«). Dann folgt der Typ der Variablen. Eine Variable in Java kann niemals einen anderen Typ enthalten als den in der Deklaration angegebenen; es ist sichergestellt, dass wordCounts nie auf etwas anderes als eine Map verweisen wird. <String, Integer> gehört noch zur Typangabe und gibt an, welche Typen in wordCounts enthalten sind: Es werden Strings (Zeichenketten) als Schlüssel verwendet, um Integer (Ganzzahlen) als Werte zu finden (sogenannte Typparameter werde ich in Kapitel 10, »Arrays und Collections«, erläutern).

Schließlich wird den Variablen noch ein Initialwert zugewiesen. Das passiert mit dem Gleichheitszeichen, gefolgt vom Wert. Für totalCount ist das einfach die Zahl 0, bei wordCounts wird der new-Operator verwendet, um ein neues Objekt vom Typ HashMap zu erzeugen. Eine HashMap ist eine bestimmte Art von Map, denn nichts anderes darf wordCounts ja zugewiesen werden. Technisch korrekt sagt man: Die *Klasse* HashMap implementiert das *Interface* Map (siehe dazu Kapitel 6, »Objektorientierung«). Auch die Zuweisung eines Initialwertes ist optional: Sie sehen, dass source kein Wert zugewiesen wird, das passiert erst im *Konstruktor*.

Vor allen Variablendeklarationen wird jeweils in einem Kommentar erläutert, wozu die Variable verwendet wird. Der Unterschied zwischen den beiden Schreibweisen ist nur, dass ein Kommentar, der mit // eingeleitet wird, bis zum Zeilenende geht, und ein Kommentar, der mit /* beginnt, sich über mehrere Zeilen erstrecken kann bis zum abschließenden */. Es handelt sich in beiden Fällen um einfache Codekommentare, nicht um *Javadoc*, das würde mit /** beginnen. Codekommentare sind nur im Quellcode des Programms sichtbar, sie werden im Gegensatz zu *Javadoc* nicht in die erzeugte HTML-Dokumentation übernommen. Es gehört zum guten Programmierstil, ausführlich und korrekt zu kommentieren, denn ein Programm sollte immer leicht zu lesen sein, auch und vor allem dann, wenn es schwierig zu schreiben war.

1.4.4 Der Konstruktor

Konstruktoren sind eine besondere Art von Methoden, eine benannte Abfolge von Anweisungen, die Objekte initialisieren. Vereinfacht gesagt ist eine Klasse eine Vorlage für Objekte. Eine Klasse ist im laufenden Programm genau einmal vorhanden. Aus der Vorlage können aber beliebig viele Objekte erzeugt werden, in diesem Beispiel könnte es zum Beispiel mehrere WordCounts geben, die die Wortanzahl verschiedener Texte enthalten. Die Aufgabe eines Konstruktors ist es, zusammen mit dem new-Operator, basierend auf der Klasse, Objekte zu erzeugen.

```
public WordCount(InputStream source){
    this.source = source;
}
```

Ein Konstruktor trägt immer den Namen seiner Klasse, zum Beispiel WordCount, und kann in runden Klammern keinen, einen oder mehrere *Parameter* deklarieren. Das sind Werte, die vom Aufrufer des Konstruktors übergeben werden müssen und die vom Konstruktor dazu verwendet werden, das gerade erzeugte Objekt zu initialisieren. Der Konstruktor von WordCount erwartet einen java.io.InputStream als Parameter, einen Datenstrom, der Daten aus einer Datei enthalten kann, Daten, die über eine Netzwerkverbindung geladen werden, Daten aus Benutzereingaben oder auch aus anderen Quellen. Es wäre auch möglich gewesen, eine Datei (als Datentyp java.io.File) als Parameter zu übergeben, aber dadurch würde WordCount auf genau diesen Fall beschränkt, der InputStream dagegen kann auch aus anderen Quellen stammen.

In den geschweiften Klammern steht der Rumpf des Konstruktors, also der Code, der ausgeführt wird, wenn der Konstruktor aufgerufen wird. In diesem Fall wird im Konstruktor nur der übergebene InputStream source der Instanzvariablen source zugewiesen.

1.4.5 Die Methode »count«

Hier passiert nun endlich die Arbeit, es werden Wörter gezählt. Die Deklaration der Methode count sieht der Deklaration des Konstruktors ähnlich, es muss aber zusätzlich angegeben werden, welchen Datentyp die Methode an ihren Aufrufer zurückgibt. Das ist hier kein echter Datentyp, sondern die spezielle Angabe void für »es wird nichts zurückgegeben«.

```java
public void count(){
    try(Scanner scan = new Scanner(source)){
        scan.useDelimiter("[^\\p{IsAlphabetic}]");
        while (scan.hasNext()){
            String word = scan.next().toLowerCase();
            totalCount++;
            wordCounts.put(word, wordCounts.getOrDefault(word, 0) + 1);
        }
    }
}
```

In der Methode wird die Klasse `java.util.Scanner` benutzt, eines der vielen nützlichen Werkzeuge aus dem `java.util`-Package. Ein Scanner zerlegt einen Strom von Textdaten nach einstellbaren Regeln in kleine Stücke. Die Regel wird mit dem Aufruf der Methode `useDelimiter` eingestellt: Mittels eines regulären Ausdrucks (mehr dazu in Abschnitt 8.3, »Reguläre Ausdrücke«) geben wir an, dass alle nichtalphabetischen Zeichen Trennzeichen sind; dazu gehören Zahlen, Satzzeichen, Leerzeichen usw. Die Zeichenkette »Hallo Welt! Ich lerne Java« würde zerlegt in die fünf Wörter »Hallo«, »Welt«, »Ich«, »lerne« und »Java«.

Nachdem diese Einstellung gemacht ist, werden in einer `while`-Schleife (mehr zu Schleifen in Kapitel 4, »Wiederholungen«) so lange Wörter aus dem Scanner gelesen, wie dieser neue Wörter liefern kann, also zum Beispiel bis zum Dateiende. Geprüft wird das durch den Aufruf `scan.hasNext()`. Solange dieser ergibt, dass weitere Wörter zum Lesen verfügbar sind, wird der Schleifenrumpf ausgeführt. Auch der ist wieder, wie schon Klassen- und Methodenrumpf, in geschweifte Klammern gefasst.

Solange der Scanner weitere Wörter findet, wird in der Schleife das nächste Wort ausgelesen, mit der Methode `toLowerCase` in Kleinbuchstaben umgewandelt und der Variablen `word` zugewiesen. Die Umwandlung in Kleinbuchstaben ist nötig, damit »Hallo« und »hallo« nicht als unterschiedliche Wörter gezählt werden. Anschließend wird mit `totalCount++` die Gesamtzahl Wörter im Text um eins erhöht. Die letzte Zeile in der Schleife erhöht den Zähler für das gefundene Wort in `wordCounts` und rechtfertigt eine genauere Betrachtung. Um zu verstehen, was hier passiert, ist die Zeile von innen nach außen zu lesen: Zuerst wird `wordCounts.getOrDefault(word, 0)` ausgeführt. Dieser Aufruf liest den aktuellen Zähler für das Wort aus `wordCount` oder liefert 0 zurück, falls dies das erste Auftreten des Wortes ist und `wordCount` noch keinen Wert dafür enthält. Zum Ergebnis des Aufrufs wird 1 addiert, dann wird der so berechnete Wert mit `wordCounts.put` als neuer Wert für den Zähler nach `wordCounts` zurückgeschrieben.

Es folgen noch weitere Methoden, die aber keine Programmlogik enthalten. Sie dienen nur dazu, dem Benutzer eines WordCount-Objekts den Zugriff auf die ermittelten Daten zu ermöglichen, also wie viele Wörter insgesamt gefunden wurden, welche Wörter gefunden wurden und wie oft ein bestimmtes Wort vorkam. Verwendet werden sie in der main-Methode, dem letzten interessanten Teil des Programms.

1.4.6 Die Methode »main«

Die main-Methode ist eine besondere Methode in einem Java-Programm: Sie wird aufgerufen, wenn das Programm aus der Entwicklungsumgebung oder von der Kommandozeile gestartet wird. Die main-Methode muss immer genau so deklariert werden: public static void main(String[] args). Vieles an dieser Deklaration ist Ihnen schon von den anderen Methodendeklarationen her bekannt: public ist ein Access-Modifier, void gibt an, dass die Methode keinen Wert zurückgibt, main ist der Methodenname, und die Methode erwartet ein String-Array (String[], siehe Kapitel 10, »Arrays und Collections«) als Parameter. Neu ist das Schlüsselwort static. Eine static-Methode kann direkt an der Klasse aufgerufen werden, es muss nicht erst ein Objekt erzeugt werden (siehe Kapitel 5, »Klassen und Objekte«). Schauen wir uns an, was passiert, wenn Sie das Programm WordCount aufrufen:

```
public static void main(String[] args) throws FileNotFoundException {
    if (args.length != 1){
        fail("WordCount requires exactly one file name as argument");
    }
    File f = new File(args[0]);
    if (!f.exists())
        fail("File does not exist " + f.getAbsolutePath());
    if (!f.isFile())
        fail("Not a file " + f.getAbsolutePath());
    if (!f.canRead())
        fail("File not readable " + f.getAbsolutePath());
    try(FileInputStream in = new FileInputStream(f)){
        WordCount count = new WordCount(in);
        count.count();
        System.out.println("Words in total: " + count.getTotalCount());
        count.getWords().stream().sorted().forEach((word) -> {
            System.out.println(word + ": " + count.getCount(word));
        });
    }
}
```

Zunächst wird geprüft, ob dem Programm genau ein Aufrufparameter übergeben wurde, falls nicht, wird das Programm mit der Hilfsmethode fail mit einer Fehlermeldung abgebrochen.

Außerdem wird geprüft, ob dieser Parameter eine existierende (f.exists()), gültige (f.isFile()) und lesbare (f.canRead()) Datei bezeichnet, anderenfalls werden verschiedene Fehlermeldungen ausgegeben.

Sind alle Prüfungen erfolgreich, wird ein InputStream auf die Datei geöffnet, um sie zu lesen. Mit diesem InputStream wird nun endlich ein Objekt vom Typ WordCount erzeugt (new WordCount(in)). Dieses Objekt wird durch den Aufruf der Methode count dazu gebracht, die Wörter in der Datei zu zählen. Schließlich wird das Ergebnis ausgegeben. System.out bezeichnet die Standardausgabe des Programms, System.out.println gibt dort eine Zeile Text aus. Zunächst wird dort mit Hilfe von count.getTotalCount() die Gesamtwortzahl ausgegeben, dann in alphabethischer Reihenfolge die Vorkommen einzelner Wörter. Für die Ausgabe der einzelnen Wörter wird die Stream-API mit einem Lambda-Ausdruck (der Parameter für forEach) verwendet (mehr zu beidem in Kapitel 11, »Lambda-Ausdrücke«).

Die Formatierung mit eingerückten Zeilen, die Sie in diesem Beispiel sehen, ist übrigens die von Oracle empfohlene Art, Java-Code zu formatieren. Zur Funktion des Programms ist es nicht notwendig, Zeilen einzurücken oder auch nur Zeilenumbrüche zu verwenden, aber die gezeigte Formatierung macht den Code lesbar und übersichtlich.

1.4.7 Ausführen von der Kommandozeile

Sie haben nun gesehen, wie das Programm WordCount Schritt für Schritt funktioniert und wie Sie es aus der Entwicklungsumgebung heraus ausführen. Aber was, wenn Ihnen einmal keine Entwicklungsumgebung zur Verfügung steht? Selbstverständlich lassen sich auch Java-Programme von der Kommandozeile aus ausführen. Vorher ist allerdings noch ein Schritt notwendig, den NetBeans (und jede andere IDE) automatisch ausführt, wenn Sie den RUN-Knopf drücken: Das Programm muss zuerst kompiliert (in Bytecode übersetzt) werden.

Den Java-Compiler ausführen

Um ein Java-Programm zu kompilieren, benutzen Sie den Java-Compiler javac. Öffnen Sie dazu eine Konsole (im Windows-Sprachgebrauch Eingabeaufforderung), und wechseln Sie in das Verzeichnis *Kapitel01\WordCount\src*. Führen Sie den Befehl javac de\kaiguenster\javaintro\wordcount\WordCount.java aus. Damit dieser Aufruf funktioniert, müssen Sie die PATH-Umgebungsvariable erweitert haben (siehe Abschnitt 1.2, »Die Arbeitsumgebung installieren«). Haben Sie das nicht, müssen Sie statt schlicht javac den kompletten Pfad zu javac angeben.

Ist die Kompilation erfolgreich, so ist keine Ausgabe von javac zu sehen, und im Verzeichnis *de\kaiguenster\javaintro\wordcount* findet sich eine neue Datei *WordCount.class*. Dies ist die kompilierte Klasse WordCount im Java-Bytecode.

> **Kompilieren größerer Projekte**
>
> javac von Hand aufzurufen, ist für ein Projekt mit einer oder wenigen Klassen praktikabel, es wird aber bei größeren Projekten schnell unpraktisch, da alle Quelldateien angegeben werden müssen; es gibt keine Möglichkeit, ein ganzes Verzeichnis mit Unterverzeichnissen zu kompilieren. Die Entwicklungsumgebung kann das komfortabler, aber viele große Java-Projekte setzen auch ein Build-Tool ein, um das Kompilieren und weitere Schritte, zum Beispiel JARs (Java-**Ar**chive) zu packen, zu automatisieren. Verbreitete Build-Tools sind Ant (*http://ant.apache.org*) und Maven (*http://maven.apache.org*). Diese näher zu erläutern, würde den Rahmen des Buches sprengen, aber wenn Sie größere Java-Projekte angehen wollen, führt kein Weg an einem dieser Werkzeuge vorbei.

.class-Dateien zu erzeugen ist aber nicht das Einzige, was der Java-Compiler tut. Er erkennt auch eine Vielzahl an Fehlern, von einfachen Syntaxfehlern wie vergessenen Semikola oder geschweiften Klammern bis hin zu Programmfehlern wie der Zuweisung eines Objekts an eine Variable des falschen Typs. Das ist ein großer Vorteil von kompilierten gegenüber interpretierten Sprachen: Dort würde ein solcher Fehler erst auffallen, wenn die fehlerhafte Programmzeile ausgeführt wird. Fehler zur Laufzeit sind zwar auch in Java-Programmen alles andere als selten (Kapitel 9 beschäftigt sich mit Fehlern und Fehlerbehandlung), aber viele Fehler werden schon früher vom Compiler erkannt.

Das Programm starten

Im Gegensatz zu anderen kompilierten Sprachen erzeugt der Java-Compiler keine ausführbaren Dateien. Um WordCount von der Kommandozeile aus auszuführen, müssen Sie java aufrufen und die auszuführende Klasse übergeben. Dazu führen Sie, immer noch im Verzeichnis *src*, folgendes Kommando aus:

```
java de.kaiguenster.javaintro.wordcount.WordCount ../beispiel.txt
```

Dieser Befehl startet eine Java-VM und führt die main-Methode der Klasse de.kaiguenster.javaintro.wordcount.WordCount aus. Beachten Sie, dass dem java-Kommando nicht der Pfad zur class-Datei übergeben wird, sondern der voll qualifizierte Klassenname. Alle Backslashes sind durch Punkte ersetzt, und die Dateiendung *.class* wird nicht angegeben. Das Kommando kann nur so aufgerufen werden, es ist nicht möglich, statt des Klassennamens einen Dateipfad zu übergeben. Der zweite Parameter, ../beispiel.txt, ist der Aufrufparameter für das WordCount-Programm, also die Datei, deren Wörter gezählt werden sollen. Alle Parameter, die nach dem Klassennamen folgen, werden an das Programm übergeben und können in dem String[] gefunden werden, der an main übergeben wird (args im obigen Beispiel). Parameter, die für java selbst gedacht sind, stehen zwischen java und dem Klassennamen. Abbildung 1.6 zeigt die Ausgabe.

Abbildung 1.6 Beispielausgabe von WordCount in der Eingabeaufforderung

1.5 In Algorithmen denken, in Java schreiben

Ein Programm mit Erklärungen nachzuvollziehen, ist nicht schwer, selbst ohne Vorkenntnisse haben Sie eine ungefähre Ahnung, wie WordCount funktioniert. Aber ein erstes eigenes Programm zu schreiben, ist eine Herausforderung. Das liegt nicht in erster Linie daran, dass die Programmiersprache noch unbekannt ist, es wäre ein Leichtes, sämtliche Sprachelemente von Java auf wenigen Seiten aufzuzählen. Die Schwierigkeit ist vielmehr, in *Algorithmen* zu denken.

> **Definition Algorithmus**
> Ein Algorithmus ist eine eindeutige Handlungsvorschrift zur Lösung eines Problems in endlich vielen Einzelschritten.

Um ein Problem mittels eines Programms zu lösen, benötigt man immer einen Algorithmus, also eine Liste von Anweisungen, die, in der gegebenen Reihenfolge ausgeführt, aus der Eingabe die korrekte Ausgabe ableitet. Diese Handlungsvorschrift muss eindeutig sein, denn ein Computer kann Mehrdeutigkeiten nicht auflösen, und sie muss aus endlich vielen Einzelschritten bestehen, denn sonst würde das Programm endlos laufen.

Die Methode count aus dem WordCount-Beispiel enthält einen Algorithmus, der Wortvorkommen in einem Text zählt. »Einen« Algorithmus, nicht »den« Algorithmus, denn zu jedem Problem gibt es mehrere Algorithmen, die es lösen. Einen Algorithmus zu finden, ist der schwierigere Teil des Programmierens. Wie gelangt man aber zu einem Algorithmus? Leider gibt es darauf keine universell gültige Antwort, es bedarf ein wenig Erfahrung. Aber die folgenden zwei Beispiele geben Ihnen einen ersten Einblick, wie ein Algorithmus entwickelt und anschließend in Java umgesetzt wird.

1.5.1 Beispiel 1: Fibonacci-Zahlen

Die Fibonacci-Folge ist eine der bekanntesten mathematischen Folgen überhaupt. Elemente der Folge werden berechnet, indem die beiden vorhergehenden Elemente addiert werden: *fibonacci$_n$ = fibonacci$_{n-1}$ + fibonacci$_{n-2}$*. Die ersten zehn Zahlen der Folge lauten 0, 1, 1, 2, 3, 5, 8, 13, 21, 34.

Da mathematische Formeln eine Schreibweise für Algorithmen sind – sie erfüllen die oben angegebene Definition –, ist es sehr einfach, daraus eine Liste von Operationen zu erstellen, die anschließend in ein Java-Programm umgesetzt werden können.

Berechnung der n-ten Fibonacci-Zahl

1. Berechne die (n–1)-te Fibonacci-Zahl.
2. Berechne die (n–2)-te Fibonacci-Zahl.
3. Addiere die Ergebnisse aus 1. und 2., um die n-te Fibonacci-Zahl zu erhalten.

In Schritt 1 und 2 ruft der Algorithmus sich selbst auf, um die (n–1)-te und (n–2)-te Fibonacci-Zahl zu berechnen. Das widerspricht nicht der Definition, denn wenn der Algorithmus keine Fehler enthält, schließt die Berechnung trotzdem in endlich vielen Schritten ab. Einen Algorithmus, der sich in dieser Art auf sich selbst bezieht, nennt man *rekursiv*.

Der Algorithmus wie gezeigt ist aber noch nicht vollständig. Die 0. und 1. Fibonacci-Zahl können nicht nach dieser Rechenvorschrift berechnet werden, ihre Werte sind als 0 und 1 festgelegt. Wenn Sie selbst Fibonacci-Zahlen berechnen und dies nicht Ihr erster Kontakt mit der Fibonacci-Folge ist, dann haben Sie diese Information als Vorwissen. Ein Algorithmus hat aber kein Vorwissen. Dies ist eine wichtige Grundlage bei der Entwicklung von Algorithmen: Ein Algorithmus hat niemals Vorwissen. Der gezeigte Algorithmus würde versuchen, die 0. Fibonacci-Zahl zu berechnen, indem er die –1. und die –2. Fibonacci-Zahl addiert usw. Der Algorithmus würde nicht enden, sondern würde sich immer weiter in die negativen Zahlen begeben. Damit der Algorithmus vollständig und korrekt ist, muss er also die beiden Startwerte der Folge berücksichtigen. Außerdem ist das Ergebnis für n < 0 nicht definiert, in diesem Fall sollte die Berechnung also sofort mit einer Fehlermeldung abgebrochen werden. So ergibt sich der korrekte Algorithmus.

Berechnung der n-ten Fibonacci-Zahl

1. Wenn n < 0, dann gib eine Fehlermeldung aus.
2. Wenn n = 0, dann ist die n-te Fibonacci-Zahl 0.
3. Wenn n = 1, dann ist die n-te Fibonacci-Zahl 1.
4. Wenn n > 1, dann:
   - Berechne die (n–1)-te Fibonacci-Zahl.
   - Berechne die (n–2)-te Fibonacci-Zahl.
   - Addiere die beiden Zahlen, um die n-te Fibonacci-Zahl zu erhalten.

Dieser Algorithmus kann nun korrekt alle Fibonacci-Zahlen berechnen. Die Umsetzung des Algorithmus in Java ist nun vergleichsweise einfach, es wird Schritt für Schritt der obige Pseudocode umgesetzt. So entsteht die folgende Java-Methode zur Berechnung von Fibonacci-Zahlen:

```java
public static int fibonacci(int n){
    if (n < 0)
        throw new IllegalArgumentException("Fibonacci-Zahlen sind für
            negativen Index nicht definiert.");
    else if (n == 0)
        return 0;
    else if (n == 1)
        return 1;
    else
        return fibonacci(n - 1) + fibonacci(n - 2);
}
```

Listing 1.1 Berechnung von Fibonacci-Zahlen

Es wird eine Methode mit dem Namen `fibonacci` definiert, die eine Ganzzahl als Parameter erwartet. Die Methodendeklaration kennen Sie schon aus dem WordCount-Beispiel. Innerhalb der Methode werden dieselben vier Fälle geprüft wie im Pseudocode. In Java wird das `if`-Statement benutzt, um Wenn-dann-Entscheidungen zu treffen. Die `else`-Klausel des Statements gibt einen Sonst-Fall an. Die Bedingung, nach der `if` entscheidet, wird in Klammern geschrieben. Die Vergleiche »größer als« und »kleiner als« funktionieren genau, wie man es erwartet, die Prüfung auf Gleichheit muss mit einem doppelten Gleichheitszeichen erfolgen. Der Code wird von oben nach unten ausgeführt. Zuerst wird geprüft, ob n < 0 ist, falls ja, wird mit `throws` ein Fehler, in Java *Exception* genannt, »geworfen« (mehr dazu in Kapitel 9, »Fehler und Ausnahmen«). Anderenfalls wird als Nächstes geprüft, ob n = 0 ist. In diesem Fall wird mit `return` das Ergebnis 0 zurückgegeben, das heißt, der Aufrufer der Methode erhält als Resultat seines Aufrufs den Wert 0. Traf auch das nicht zu, wird als Nächstes n = 1 geprüft und im Positivfall 1 zurückgegeben. Schließlich, wenn alle anderen Fälle nicht zutreffen, wird auf die Rechenvorschrift für Fibonacci-Zahlen zurückgegriffen: Die `fibonacci`-Methode wird mit den Werten n−1 und n−2 aufgerufen, die Ergebnisse werden addiert, und die Summe wird als Gesamtergebnis zurückgegeben.

Damit ist die Berechnung vollständig, aber eine Methode kann in Java nicht für sich stehen, sie **muss** immer zu einer Klasse gehören. Der Vollständigkeit halber sehen Sie hier die Klasse `Fibonacci`:

```
public class Fibonacci {

    public static int fibonacci(int n){…}

    public static void main(String[] args) {
        if (args.length != 1) {
            System.out.println(
                "Aufruf: java de.kaiguenster.javaintro.fibonacci.Fibonacci <n>");
            System.exit(1);
        }
        int n = Integer.parseInt(args[0]);
        int result = fibonacci(n);
        System.out.println("Die " + n + ". Fibonacci-Zahl ist: " + result);
    }
}
```

Die Klassendeklaration ist Ihnen bereits bekannt. In der `main`-Methode wird wieder zuerst geprüft, ob die richtige Zahl von Aufrufparametern übergeben wurde, anschließend wird mit diesen Parametern die `fibonacci`-Methode aufgerufen und schließlich das Ergebnis ausgegeben.

Neu ist lediglich die Umwandlung einer Zeichenkette in eine Zahl. Die Aufrufparameter liegen immer als Zeichenkette vor, die Methode `fibonacci` benötigt aber eine Zahl als Eingabe. Diese Umwandlung leistet die Zeile `int n = Integer.parseInt(args[0])`: Der erste Aufrufparameter wird an die Methode `Integer.parseInt` übergeben, die genau diese Umwandlung durchführt. Das Ergebnis, nun eine Zahl, wird der Variablen n zugewiesen und dann endlich an die Methode `fibonacci` übergeben.

1.5.2 Beispiel 2: Eine Zeichenkette umkehren

Mathematische Formeln sind wie gesehen nicht schwer in ein Java-Programm umzusetzen. Aber was, wenn eine andere Art von Problem zu lösen ist? Als zweites Beispiel wollen wir eine beliebige Zeichenkette Zeichen für Zeichen umdrehen. Aus »Hallo Welt!« soll zum Beispiel »!tleW ollaH« werden.

Ein Algorithmus für diese Aufgabe ist sofort offensichtlich: Angefangen bei einem leeren Ergebnis wird das letzte Zeichen der Eingabe abgeschnitten und so lange an das Ergebnis gehängt, bis die Eingabe abgearbeitet ist. Leider ist das Abschneiden des letzten Zeichens in Java nicht die einfachste Lösung, dadurch sieht der Algorithmus ein wenig umständlicher aus.

Eine Zeichenkette umkehren

1. Beginne mit einer leeren Zeichenkette als Ergebnis.
2. Lies die Eingabe von hinten nach vorn. Für jedes Zeichen der Eingabe:
   - Hänge das Zeichen hinten an das Ergebnis an.
3. Gib das Ergebnis aus.

Der Algorithmus ist sogar einfacher als die Berechnung der Fibonacci-Zahlen. Das spiegelt sich auch im Java-Code wider:

```java
public static String reverse(String in){
    if (in == null)
        throw new IllegalArgumentException("Parameter in muss
            übergeben werden.");
    StringBuilder out = new StringBuilder();
    for (int i = in.length() - 1; i >= 0; i--){
        out.append(in.charAt(i));
    }
    return out.toString();
}
```

Listing 1.2 Eine Zeichenkette umkehren

Die Implementierung des Algorithmus ist kurz und bündig. Die Methode reverse erwartet als Eingabe eine Zeichenkette, in Java *String* genannt. Auch in dieser Methode prüft die erste Anweisung, ob der übergebene Parameter einen gültigen Wert hat. Die sogenannte defensive Programmierung, also die Angewohnheit, Eingaben und Parameter immer auf ihre Gültigkeit hin zu überprüfen, ist guter Stil für eine fehlerfreie Software. Hier wird geprüft, ob der übergebene String den speziellen Wert null hat. null bedeutet in Java, dass eine Variable keinen Wert hat, sie ist nicht mit einem Objekt gefüllt. Es ist wichtig, dass Sie den Wert null und die Zeichenkette "null", in Anführungszeichen, auseinanderhalten. Der String "null" ließe sich natürlich zu "llun" umkehren, aber null ist kein String und somit keine gültige Eingabe für die Methode.

Als Nächstes wird die Ergebnisvariable vom Typ StringBuilder initialisiert. Wie der Name schon klarmacht, ist die Klasse StringBuilder dazu da, Strings zu bauen. Es wäre auch möglich, als Ergebnis direkt einen String zu verwenden, aber wie Sie später sehen werden, hat der `StringBuilder` Vorteile, wenn ein String wie hier aus Fragmenten oder einzelnen Zeichen zusammengesetzt wird.

Es folgt die eigentliche Arbeit der Methode: den String umzukehren. Dazu kommt eines der in Java zur Verfügung stehenden Schleifenkonstrukte zum Einsatz: die `for`-Schleife. Allen Schleifen ist gemein, dass ihr Rumpf mehrfach ausgeführt wird. Die Besonderheit der `for`-Schleife ist, dass sie eine Zählvariable zur Verfügung stellt, die zählt, wie oft die Schleife bereits durchlaufen wurde. Diese Variable wird traditionell schlicht `i` benannt und zählt in diesem Fall von der Anzahl Zeichen im Eingabe-String bis 0 herunter. In einem String mit fünf Zeichen hat `i` im ersten Schleifendurchlauf den Wert 4, danach die Werte 3, 2, 1 und schließlich den Wert 0. Der Wert im ersten Durchlauf ist 4, nicht 5, weil das erste Zeichen im String den Index 0 hat, nicht 1. In jedem Durchlauf wird mit `in.charAt(i)` das i-te Zeichen aus der Eingabe ausgelesen und mit `out.append()` an das Ergebnis angehängt.

Nach dem Ende der Schleife wird aus `out` durch die Methode `toString()` ein String erzeugt und dieser mit `return` an den Aufrufer zurückgegeben.

Auch in diesem Beispiel ist die Methode, die die Aufgabe löst, nicht alles. Dazu gehören wieder eine Klassendeklaration und eine `main`-Methode, die aber keine großen Neuerungen mehr enthalten:

```java
public static void main(String[] args) {
    if (args.length != 1){
        System.out.println("Aufruf: java de.kaiguenster.javaintro
                            .reverse.Reverse <text>");
        System.exit(1);
    }
    String reversed = reverse(args[0]);
    System.out.println(reversed);
}
```

Listing 1.3 Die »main«-Methode

Für den Aufruf des Programms ist nur noch ein Sonderfall zu beachten: Wenn im Eingabe-String Leerzeichen vorkommen, dann müssen Sie ihn beim Aufruf in Anführungszeichen setzen. Ohne Anführungszeichen wäre jedes Wort ein eigener Eintrag in `args`; mit den Anführungszeichen wird die gesamte Zeichenkette als ein Parameter behandelt und so zu einem Eintrag in `args`.

1.5.3 Algorithmisches Denken und Java

Diese zwei Beispiele zeigen, dass die Umsetzung eines Algorithmus in Java keine Schwierigkeit ist, wenn Sie die passenden Sprachelemente kennen. In den nächsten Kapiteln werden Sie sämtliche Sprachelemente von Java kennenlernen.

Anspruchsvoller ist es, einen Algorithmus zur Lösung eines Problems zu entwerfen. Dieser Teil des Programmierens kann nur begrenzt aus einem Buch gelernt werden, es gehört Erfahrung dazu. Die Möglichkeiten der Sprache zu kennen, hilft allerdings sehr dabei, einen effektiven Algorithmus zu entwerfen, und durch die Beispiele und Aufgaben in diesem Buch werden Sie Muster kennenlernen, die Sie immer wieder einsetzen können, um neue Probleme zu lösen.

1.6 Die Java-Klassenbibliothek

In den vorangegangenen Beispielen haben Sie schon einige Klassen aus der Java-Klassenbibliothek kennengelernt. Dieser kleine Einblick kratzt jedoch kaum an der Oberfläche, die Klassenbibliothek von Java 9 enthält mehr als 4.000 Klassen. Glücklicherweise ist die Klassenbibliothek in Packages unterteilt. Wenn Sie die wichtigsten Packages und ihre Aufgaben kennen, so haben Sie dadurch einen guten Ausgangspunkt, nützliche Klassen zu finden. Tabelle 1.2 listet Ihnen die wichtigsten Packages auf.

Package	Inhalt
java.lang	Das Package java.lang enthält die Grundlagen der Plattform. Hier finden Sie zum Beispiel die Klasse Object, von der alle anderen Klassen erben (siehe Kapitel 5, »Klassen und Objekte«), aber auch die grundlegenden Datentypen wie String und die verschiedenen Arten von Number (Integer, Float ...). Ebenfalls hier zu finden sind die Klasse Thread, die parallele Programmierung in Java ermöglicht (siehe Kapitel 13, »Multithreading«), und einige Klassen, die direkt mit dem Betriebssystem interagieren, allen voran die Klasse System. Außerdem finden Sie hier die Klasse Math, die Methoden für mathematische Operationen über die vier Grundrechenarten hinaus enthält (Potenzen, Wurzeln, Logarithmen, Winkeloperationen usw.).
	Eine Besonderheit des java.lang-Packages ist es, dass die darin enthaltenen Klassen nicht importiert werden müssen, java.lang.* steht immer ohne Import zur Verfügung.
java.util	Dieses Package und seine Unter-Packages sind eine Sammlung von diversen Werkzeugen, die in vielen Programmen nützlich sind. Dazu gehören zum Beispiel Listen und Mengen, ein Zufallszahlengenerator, Scanner und StringTokenizer zum Zerlegen einer Zeichenkette und vieles mehr.

Tabelle 1.2 Die wichtigsten Packages der Java 8 Standard Edition

Package	Inhalt
java.util (Forts.)	In Unter-Packages finden Sie unter anderem reguläre Ausdrücke (java.util.regex), Werkzeuge zum Umgang mit ZIP-Dateien (java.util.zip) und eine Werkzeugsammlung zum Schreiben konfigurierbarer Logdateien (java.util.logging). Viele Klassen aus diesem Package werden Sie im Laufe des Buches kennenlernen, vor allem in Kapitel 8, »Die Standardbibliothek«.
java.awt	java.awt und seine Unter-Packages enthalten das erste und älteste von inzwischen drei Frameworks, mit denen Sie grafische Benutzeroberflächen in Java entwickeln können. Die neueren Alternativen sind das *Swing-Framework* aus dem Package javax.swing und das neue *JavaFX*, das sich bereits großer Beliebtheit erfreut. Mehr zu JavaFX erfahren Sie in Kapitel 16, »GUIs mit JavaFX«.
java.io	Unter java.io finden Sie Klassen, die Lesen aus und Schreiben in Dateien ermöglichen. Dabei sind die verschiedenen Varianten von InputStream und OutputStream für das Lesen bzw. Schreiben von Binärdateien zuständig, Reader und Writer erledigen dieselben Aufgaben für Textdateien. Es gibt auch Varianten von allen vier Klassen, die Daten aus anderen Quellen lesen bzw. dorthin schreiben, diese finden Sie aber in anderen Packages. Details zu I/O (Input/Output) in Java finden Sie in Kapitel 12, »Dateien, Streams und Reader«.
java.nio	NIO steht für *New I/O* oder *Non-Blocking I/O*, je nachdem, welcher Quelle man glaubt. Es handelt sich hier um eine Alternative zum java.io-Package. Traditionelles I/O wird auch als *Blocking I/O* bezeichnet, weil ein Thread auf das Ergebnis dieser Operationen warten muss. Bei Anwendungen mit sehr vielen und/oder großen I/O-Operationen führt dies zu Problemen. Mit NIO werden keine Threads mit Warten blockiert, die Anwendung ist stabiler und performanter. Allerdings ist das Programmiermodell von NIO um vieles komplexer als traditionelles I/O, und nur die wenigsten Anwendungen bedürfen wirklich der gebotenen Vorteile.
java.math	Das kleinste Package in der Klassenbibliothek, java.math, enthält nur vier Klassen. Die zwei wichtigen Klassen, BigInteger und BigDecimal, dienen dazu, mit beliebig großen und beliebig genauen Zahlen zu arbeiten.

Tabelle 1.2 Die wichtigsten Packages der Java 8 Standard Edition (Forts.)

Package	Inhalt
java.math (Forts.)	Die regulären numerischen Typen wie int und float unterliegen Begrenzungen, was Größe und Genauigkeit angeht (dazu mehr in Kapitel 2, »Variablen und Datentypen«), BigInteger und BigDecimal sind nur vom verfügbaren Speicher begrenzt.
java.net	Enthält Klassen zur Netzwerkkommunikation. Hier finden Sie Klassen, mit denen Sie Kommunikation per UDP oder TCP als Client oder als Server realisieren. Ebenfalls hier enthalten sind Klassen, um auf einer höheren Abstraktionsebene mit URLs und Netzwerkprotokollen zu arbeiten.
java.security	Unter java.security finden Sie Werkzeuge für zwei sehr unterschiedliche Sicherheitsbelange. Einerseits sind das Klassen für kryptografische Operationen (Verschlüsselung, Signierung, Key-Generierung), andererseits ein sehr mächtiges, konfigurierbares *Permission-Framework*, mit dem sich sehr fein abstimmen lässt, auf welche Ressourcen eine Java-Anwendung welche Art von Zugriff haben soll.
java.sql	Dieses Package dient der Anbindung von Java-Anwendungen an SQL-Datenbanken wie MySQL. Sie benötigen dazu einen Datenbanktreiber, der inzwischen von allen Datenbankherstellern zur Verfügung gestellt wird, und können dann sehr einfach SQL-Anfragen an die Datenbank stellen.
java.text	Hilfsmittel zur Textformatierung. Mit den hier enthaltenen Klassen können Sie Zahlen und Daten konfigurierbar und sprachabhängig formatieren, zum Beispiel um in einer mehrsprachigen Anwendung das zur Sprache passende Datumsformat zu verwenden. Ebenso können Sie im regionalen Format eingegebene Daten in die entsprechenden Java-Datentypen umwandeln.
java.time	Dieses in Java 8 neu hinzugekommene Package bietet Datentypen und Werkzeuge für die Arbeit mit Zeit- und Datumswerten sowie für den Umgang mit Zeitzonen.
javax.swing	Das zweite Package für das Erstellen grafischer Benutzeroberflächen. Das Swing-Framework ist moderner und leichtgewichtiger als das ältere AWT. Inzwischen ist aber auch Swing nicht mehr das neueste GUI-Framework, dieser Titel gebührt nun JavaFX.
javafx	In diesem Package liegt das neueste GUI-Framework von Java, das ich in Kapitel 16, »GUIs mit JavaFX«, ausführlich besprechen werde.

Tabelle 1.2 Die wichtigsten Packages der Java 8 Standard Edition (Forts.)

Dies sind nur die wichtigsten Packages der Klassenbibliothek, es gibt noch viele weitere, vor allem im Haupt-Package `javax`, dessen Einsatzgebiet aber spezieller ist. Auch haben viele der aufgeführten Packages wiederum Unter-Packages. Eine komplette Übersicht über alle verfügbaren Packages und Klassen bietet Ihnen die aktuelle Version des *Javadocs*.

1.7 Dokumentieren als Gewohnheit – Javadoc

Sie haben Javadoc oben bereits kennengelernt – es dient dazu, Ihre Programme direkt im Quelltext zu dokumentieren und daraus ganz einfach eine HTML-Dokumentation zu erzeugen. Dieses Instrument zur Dokumentation wird auch wirklich genutzt, die meisten Open-Source-Bibliotheken in Java enthalten auch Javadoc-Dokumentation. Und die Java-Klassenbibliothek geht mit gutem Beispiel voran: Jede Klasse und Methode ist ausführlich beschrieben. Wenn Sie also Fragen haben, wie eine Klasse der Standardbibliothek zu verwenden ist, oder sich einfach umschauen wollen, welche Möglichkeiten Ihnen Java noch bietet, dann ist das Javadoc der richtige Ort. Sie finden es für die aktuelle Version 9 unter der URL *http://download.java.net/jdk9/docs/api/*.

1.7.1 Den eigenen Code dokumentieren

Wie Sie in den Beispielen schon gesehen haben, ist es sehr einfach, mit Javadoc zu dokumentieren. Es reicht, die Dokumentation zwischen /** und */ zu fassen. Aber Javadoc bietet Möglichkeiten über diese einfache Dokumentation hinaus. Sie können in Ihrer Dokumentation HTML-Tags benutzen, um den Text zu formatieren, zum Beispiel können Sie mit dem `<table>`-Tag eine Tabelle integrieren, wenn Sie tabellarische Daten in der Dokumentation aufführen. Außerdem gibt es eine Reihe spezieller Javadoc-Tags, die bestimmte Informationen strukturiert wiedergeben. Diese Tags sind mit dem Präfix @ markiert. Betrachten Sie zum Beispiel die Dokumentation der `reverse`-Methode aus dem obigen Beispiel:

```
/**
 * Kehrt einen <code>String</code> zeichenweise um. Zum Beispiel
 * wird "Hallo, Welt!" zu "!tleW ,ollaH"
 * @param in - der umzukehrende <code>String</code>
 * @return den umgekehrten <code>String</code>
 * @throws IllegalArgumentException wenn in == <code>null</code>
 */
```

Listing 1.4 Javadoc einer Methode

Und so wie in Abbildung 1.7 sieht die daraus erzeugte Dokumentation im HTML-Format aus.

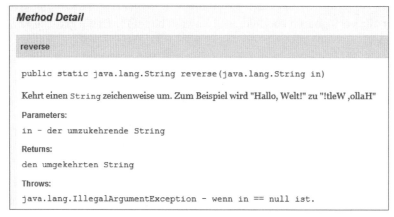

Abbildung 1.7 Die generierte HTML-Dokumentation

Hier wurden drei Javadoc-Tags verwendet: @param, @return und @throws. Alle drei dokumentieren Details über die Methode (siehe Tabelle 1.3).

Tag	Bedeutung
@param	Beschreibt einen Parameter der Methode. Dem Tag @param muss immer der Name des Parameters folgen, anschließend dessen Bedeutung. Bei Methoden mit mehreren Parametern kommt @param für jeden Parameter einmal vor.
@return	Beschreibt den Rückgabewert der Methode. Dieses Tag darf nur einmal auftreten.
@throws (oder @exception)	Beschreibt, welche Fehler die Methode werfen kann und unter welchen Umständen. Es ist nicht nötig, alle Fehler zu dokumentieren, die möglicherweise auftreten könnten. Üblicherweise führen Sie nur solche Fehler auf, die Sie selbst mit throw werfen, und solche, die als *Checked Exception* (siehe Kapitel 9, »Fehler und Ausnahmen«) deklariert wurden. Auch dieses Tag kann mehrfach auftreten.

Tabelle 1.3 Javadoc-Tags speziell für Methoden

Die Bedeutung von Parametern und Rückgabewert ist häufig schon aus dem Beschreibungstext ersichtlich, deswegen ist es hier in Ordnung, keinen vollständigen Satz anzugeben oder die Beschreibung sogar gänzlich leer zu lassen. Das @param-Tag muss aber für jeden Parameter vorhanden sein.

Für diese Elemente Tags zu verwenden, anstatt sie nur im Text zu beschreiben, hat den Vorteil, dass manche Entwicklerwerkzeuge die Beschreibungen auswerten und zum Beispiel den Text des @param-Tags anzeigen, wenn Sie gerade diesen Parameter eingeben.

Diese Tags ergeben natürlich nur im Kontext von Methoden einen Sinn, denn nur diese haben Parameter und Rückgabewerte, und nur diese werfen Fehler. Es gibt einige andere Tags, die nur bei Klassen (und äquivalenten Elementen wie Interfaces, Enums etc.) zum Einsatz kommen.

```
/**
 * Programm zum Umkehren von Strings in der Kommandozeile.
 * @author Kai
 * @version 1.0
 */
```

Listing 1.5 Javadoc einer Klasse

Die Tags in Tabelle 1.4 sind eher als Metainformationen zu verstehen. Sie haben keine direkte Relevanz für das Arbeiten mit der Klasse.

Tag	Bedeutung
@author	Nennt den oder die Autoren der Klasse. Für mehrere Autoren wird das @author-Tag wiederholt.
@version	Die aktuelle Version des vorliegenden Quellcodes. Die Version muss keinem bestimmten Format folgen, sie kann eine typische Versionsnummer (zum Beispiel »1.3.57«) oder eine fortlaufende Nummer sein, aber auch ein beliebiger anderer Text.

Tabelle 1.4 Beispiele für Javadoc-Tags mit Metainformationen

Über diese speziellen Tags für Methoden und Klassen hinaus gibt es allgemeine Tags, die an beliebigen Elementen erlaubt sind (siehe Tabelle 1.5).

Tag	Bedeutung
@deprecated	Dieses wichtige Tag markiert ein Element, das aktuell noch existiert, aber in einer zukünftigen Version entfernt werden wird. Der Text hinter dem @deprecated-Tag kann erläutern, warum das Element entfernt wird, und vor allem, was stattdessen genutzt werden kann.

Tabelle 1.5 Allgemeine Javadoc-Tags

Tag	Bedeutung
@deprecated (Forts.)	*Deprecation* stellt einen Weg zur sanften Migration von APIs dar: Anwendungen, die mit einer alten Version einer API entwickelt wurden, funktionieren mit der neuen Version weiter, aber dem Entwickler wird ein Hinweis gegeben, dass er die Anwendung anpassen sollte, weil eine zukünftige Version der API nicht mehr kompatibel sein wird.
	Seit Java 5 kann auch die @Deprecated-Annotation genutzt werden (Näheres zu Annotationen in Kapitel 6, »Objektorientierung«), aber das Javadoc-Tag wird nach wie vor unterstützt.
@see	Erzeugt einen »Siehe auch«-Link am Ende der Dokumentation. Als Wert des @see-Tags kann Text in Anführungszeichen angegeben werden, ein HTML-Link (<a href="..."›) oder eine Klasse, Methode oder ein Feld aus dem aktuellen Projekt. Das Format für den letzten Fall wird im Kasten unter dieser Tabelle beschrieben.
@link	Dieses Tag erfüllt eine ähnliche Funktion wie das @see-Tag, kann aber im Fließtext verwendet werden. Das Format für das Linkziel entspricht dem von @see. Um das Linkziel vom Fließtext abzugrenzen, müssen das @link-Tag und sein Wert in geschweifte Klammern gefasst werden, zum Beispiel so: {@link java.lang.Object#toString}.
@since	@since gibt an, seit welcher Version ein Element verfügbar ist. Dieses Tag ist besonders wertvoll im Javadoc des JDKs selbst, denn es kennzeichnet, seit welcher Java-Version eine Klasse oder Methode existiert.

Tabelle 1.5 Allgemeine Javadoc-Tags (Forts.)

Javadoc: Links auf andere Elemente

Links mit @see und @link auf ein anderes Programmelement müssen einem bestimmten Format folgen. Voll ausgeschrieben lautet dieses Format: *<voll qualifizierter Klassenname>#<Feld oder Methode>*, zum Beispiel: @see de.kaiguenster.javaintro.reverse.Reverse#reverse(String), was einen Link auf die Methode reverse der Klasse Reverse erzeugt. Genau wie im Java-Code kann der einfache Klassenname ohne Package verwendet werden, wenn die Zielklasse importiert wird: @see Reverse#reverse(String). Für Links auf eine Klasse statt auf ein Feld oder eine

Methode der Klasse entfallen das #-Zeichen und der darauffolgende Text. Bei Links auf eine Methode oder ein Feld in derselben Klasse kann die Klassenangabe entfallen: `@see #reverse(String)`. Für Links auf Methoden müssen wie gezeigt die Parametertypen der Methode aufgelistet werden. Das ist deshalb notwendig, weil eine Java-Klasse mehrere Methoden mit demselben Namen enthalten kann, die sich nur durch ihre Parametertypen unterscheiden. Für einen Link auf ein Feld (eine Klassen- oder Instanzvariable) wird hinter der Raute nur der Name angegeben.

1.7.2 Package-Dokumentation

Genau wie Klassen, Methoden und Felder lassen sich auch Packages mit Javadoc dokumentieren. Da Packages aber nicht in einer eigenen Datei liegen, muss für die Dokumentation eine Datei angelegt werden. Dazu gibt es zwei Möglichkeiten.

Für reine Dokumentationszwecke kann eine HTML-Datei mit dem Namen *package.html* im zum Package passenden Verzeichnis abgelegt werden. Im `<body>`-Element dieser HTML-Datei steht die Beschreibung des Packages, es stehen dort alle Möglichkeiten zur Verfügung, die auch an anderen Stellen im Javadoc erlaubt sind.

Es gibt auch die neuere Möglichkeit, eine vollwertige Package-Deklaration in einer eigenen Quellcodedatei namens *package-info.java* zu verwenden. In dieser Datei steht nur ein `package`-Statement mit einem Javadoc-Block, wie er auch an einer Klasse angegeben würde. Der Vorteil dieser Variante ist, dass auch *Annotationen* für das Package angegeben werden können – ein Vorteil, der, zugegeben, nur selten zum Tragen kommt.

```
/**
 * Hier steht die Package-Beschreibung.
 */
package de.kaiguenster.beispiel;
```

Listing 1.6 Eine Package-Deklaration: »package-info.java«

1.7.3 HTML-Dokumentation erzeugen

Wenn die Dokumentation im Quellcode vorliegt, lässt sich darauf schnell und einfach die HTML-Dokumentation erzeugen. Das dafür benötigte Programm `javadoc` wird mit dem JDK ausgeliefert. Um die Dokumentation eines Projekts zu erzeugen, sieht der Aufruf typischerweise so aus:

```
javadoc -d C:\javadoc -charset UTF-8 -subpackages de
```

Der Parameter `-d` gibt dabei an, wo die generierten HTML-Dateien abgelegt werden. `-charset` legt den Zeichensatz fest, in dem die Quelldateien gespeichert sind. Vor allem unter Windows ist dieser Parameter wichtig, denn für NetBeans und die meisten anderen Entwicklungsumgebungen ist UTF-8 der Standardzeichensatz, Windows verwendet aber einen anderen Zeichensatz als Default. Ohne -charset werden Umlaute nicht korrekt in die HTML-Dateien übernommen. Der Parameter -subpackages bedeutet schließlich, dass Dokumentation für das Package de und alle darunterliegenden Packages erzeugt werden soll.

Das javadoc-Programm bietet eine Vielzahl weiterer Optionen, mit denen Sie steuern, aus welchen Quelldateien Dokumentation erzeugt werden soll und wie die Ausgabe aussieht. Diese Optionen können Sie in der Dokumentation des Programms nachlesen. An dieser Stelle erwähnenswert sind lediglich noch die vier Optionen -public, -protected, -package und -private. Sie entsprechen den vier Access-Modifiern (public, protected, private und ohne Angabe für Package-Sichtbarkeit, siehe Abschnitt 5.2, »Access-Modifier«). Wird einer dieser Parameter angegeben, so wird Dokumentation für alle Klassen, Methoden und Felder generiert, die diesen Access-Modifier oder einen »öffentlicheren« haben. Der Default-Wert, falls keiner dieser Parameter gesetzt wird, ist -protected. Das bedeutet, dass Dokumentation für alle Programmelemente die Sichtbarkeit public oder protected haben. Eine komplette Dokumentation aller Elemente entsteht mit -private.

1.7.4 Was sollte dokumentiert sein?

Sie haben nun gesehen, wie Sie Ihren Java-Code dokumentieren können. Aber **was** sollte dokumentiert werden? Welche Programmelemente sollten Sie mit Javadoc versehen?

Wie bei so vielen Dingen gibt es auch darüber unterschiedliche Meinungen, von »absolut alles« bis hin zu »Dokumentation ist überflüssig.« Gar nicht zu dokumentieren, ist allerdings eine unpopuläre Meinung, die kaum jemand ernsthaft vertritt. Man ist sich allgemein einig darüber, dass zumindest sämtliche Klassen sowie Methoden mit dem Access-Modifier public dokumentiert werden sollten. Meist werden auch protected-Methoden noch als unbedingt zu dokumentieren erwähnt. Methoden mit eingeschränkterer Sichtbarkeit zu dokumentieren, wird dagegen häufig als nicht notwendig angesehen, eine Meinung, die ich nur begrenzt teile, denn selbst der eigene Code ist nach einem halben Jahr nicht mehr offensichtlich. Javadoc an allen Methoden erleichtert es enorm, Code zu verstehen. Und wenn Sie eine übersichtlichere HTML-Dokumentation erzeugen wollen oder die Interna Ihres Codes nicht komplett preisgeben möchten, dann können Sie beim Generieren der Dokumentation den Schalter -protected verwenden.

Wirklich unnötig, darüber besteht wieder mehr Einigkeit, ist die Dokumentation von privaten Feldern, also Instanz- oder Klassenvariablen. Diese alle zu dokumentieren, bläht die Dokumentation auf und trägt meist wenig zum Verständnis bei. Wenn die

Bedeutung eines Feldes nicht offensichtlich ist, dann ist hier ein einfacher Codekommentar angebracht.

1.8 JARs erstellen und ausführen

Damit ist der Überblick über die wichtigsten mit dem JDK installierten Kommandozeilenwerkzeuge beinahe abgeschlossen, zuletzt bleibt noch, jar zu erwähnen. Dieses Werkzeug dient dem Umgang mit JAR-Dateien, einem Archivformat speziell für Java-Anwendungen und Bibliotheken. JARs sind im Wesentlichen ZIP-Dateien, die Java-Klassen enthalten. Sie lassen sich auch mit jedem Programm, das mit ZIP-Dateien umgehen kann, einsehen und verarbeiten. Genau wie im Dateisystem müssen die Klassen im Archiv in einer Verzeichnisstruktur liegen, die ihrem Package entspricht. Außerdem enthält ein korrektes JAR immer die Datei *META-INF/MANIFEST.MF*, sie enthält Metainformationen über die im JAR enthaltenen Klassen.

1.8.1 Die Datei »MANIFEST.MF«

Das Manifest einer JAR-Datei kann Informationen über die Klassen im JAR enthalten. Im einfachsten Fall muss es aber nicht einmal das, das einfachste Manifest deklariert nur, dass es sich um ein Manifest handelt:

```
Manifest-Version: 1.0
Created-By: 1.8.0-ea (Oracle Corporation)
```

Listing 1.7 Das einfachste Manifest

Wie Sie sehen, sind die Daten im Manifest als Schlüssel-Wert-Paare hinterlegt. Jede Zeile hat das Format <Schlüssel>:<Wert>. Die beiden Einträge in diesem Manifest sagen lediglich aus, dass es sich um ein Manifest der Version 1.0 handelt, das vom JDK 1.8.0 Early Access (*ea*) erstellt wurde.

> **Vorsicht beim Editieren von Manifesten**
>
> Manifeste sind empfindliche Dateien, die durch unvorsichtiges Editieren leicht zu beschädigen sind. Beachten Sie daher immer zwei grundlegende Probleme, wenn Sie ein Manifest bearbeiten:
>
> 1. Eine Zeile darf nie länger als 72 Byte sein. Das entspricht nicht immer 72 Zeichen, da viele Unicode-Zeichen mehr als ein Byte belegen. Solange Sie nur Zeichen aus dem ASCII-Zeichensatz verwenden, sind 72 Zeichen aber genau 72 Byte. Sollte eine Zeile länger sein, so müssen Sie nach 72 Zeichen einen Zeilenumbruch einfügen und die nächste Zeile mit einem einzelnen Leerzeichen beginnen, um sie als Fortsetzung zu markieren.

> 2. Jede Zeile des Manifests muss mit einem Zeilenumbruch abgeschlossen werden. Das bedeutet, dass die letzte Zeile des Manifests immer leer ist, da auch die letzte »echte« Zeile mit einem Zeilenumbruch endet. Fehlt der Zeilenumbruch, wird die Zeile ignoriert. Je nachdem, welcher Eintrag des Manifests betroffen ist, kann dies zu Fehlern führen, die nur sehr schwer zu finden sind.
>
> Da das Editieren des Manifests so fehleranfällig ist, ist meistens davon abzuraten. Ein einfaches Manifest wird von jar erstellt, dazu mehr in Abschnitt 1.8.3, »JARs erzeugen«. Ein Projekt, das komplex genug ist, um spezielle Manifest-Einträge zu benötigen, kann normalerweise auch in anderer Hinsicht von einem Build-Tool (siehe Kasten »Kompilieren größerer Projekte« in Abschnitt 1.4.7) profitieren.

Es gibt neben diesen beiden Attributen noch viele weitere, die rein informativer Natur sind, es gibt aber auch Attribute, die technische Auswirkungen haben. Zwei davon seien hier besonders erwähnt.

Das Attribut »Class-Path«

Das Attribut Class-Path enthält eine Liste weiterer JARs, die vorhanden sein müssen, weil sie Klassen enthalten, die in diesem JAR verwendet werden. Dieses Attribut ist besonders wertvoll für Applets, da die in Class-Path aufgeführten JARs automatisch heruntergeladen werden. Jeder Eintrag wird dabei als URL relativ zur URL dieses JARs interpretiert. Mehrere Einträge werden durch Leerzeichen getrennt. Dieses Attribut überschreitet besonders häufig das Limit für die Zeilenlänge.

```
Manifest-Version: 1.0
Created-By: 1.8.0-ea (Oracle Corporation)
Class-Path: utils.jar otherjar.jar verzeichnis/jar.jar
```

Listing 1.8 Manifest mit »Class-Path«-Eintrag

Das Attribut »Main-Class«

JARs dienen nicht nur dem einfachen Transport von Java-Klassen, sie können auch eine Anwendung enthalten, die direkt aus dem JAR ausgeführt werden kann. Dies wird durch den Manifest-Eintrag Main-Class gesteuert.

```
Manifest-Version: 1.0
Created-By: 1.8.0-ea (Oracle Corporation)
Main-Class: de.kaiguenster.javaintro.reverse.Reverse
```

Listing 1.9 Manifest mit »Main-Class«-Eintrag

Das Attribut Main-Class enthält den voll qualifizierten Namen einer Klasse, die im JAR eingepackt ist. Diese Klasse muss eine main-Methode enthalten. Ein so präpariertes JAR kann ausgeführt werden, wie im nächsten Abschnitt beschrieben. Es ist zwar möglich, ein Java-Programm direkt aus dem JAR auszuführen, wenn `Main-Class` nicht gesetzt ist, der Benutzer muss dann aber den Namen der Klasse kennen, die die `main`-Methode enthält. Mit dem `Main-Class`-Attribut ist dieses Wissen nicht notwendig, der Name des JARs reicht aus.

1.8.2 JARs ausführen

Es gibt zwei Szenarien, ein JAR auszuführen: Entweder es hat einen `Main-Class`-Eintrag im Manifest oder nicht.

JAR mit Main-Class-Eintrag

Der einfachere Fall ist, dass im Manifest, wie oben beschrieben, eine `Main-Class` konfiguriert ist. In diesem Fall kann `java` mit dem Parameter `-jar` das Programm sofort ausführen:

`java -jar meinjar.jar <Aufrufparameter>`

Mit diesem Aufruf wird die `main`-Methode in der Hauptklasse von `meinjar.jar` ausgeführt. Die Aufrufparameter werden wie gewohnt übergeben. Wenn das Manifest das Attribut `Class-Path` enthält, werden die dort aufgeführten JARs dem Klassenpfad hinzugefügt und stehen dem Programm zur Verfügung.

JAR ohne Main-Class-Eintrag

Ist für das JAR keine Hauptklasse konfiguriert, muss ihr Klassenname bekannt sein. Beim Aufruf von Java wird das JAR dem Klassenpfad hinzugefügt, ansonsten ist der Aufruf derselbe wie bei einer nicht archivierten Klasse.

`java -cp meinjar.jar package.Klasse <Aufrufparameter>`

Der Parameter `-cp` steht für Klassenpfad (*class path*) und teilt der JVM mit, wo nach Klassen gesucht werden soll. Da die Klasse in der JAR-Datei liegt, muss diese dem Klassenpfad hinzugefügt werden. Ist im Manifest des JARs das Attribut `Class-Path` gesetzt, werden die dort aufgeführten Dateien auch in diesem Fall dem Klassenpfad hinzugefügt.

1.8.3 JARs erzeugen

Wenn Sie mit NetBeans arbeiten, wird automatisch ein JAR Ihres Projekts erzeugt und im Unterverzeichnis *dist* abgelegt. Aber Sie können ein JAR auch von der Kommandozeile aus erzeugen. Dazu rufen Sie im Ausgabeverzeichnis Ihres Projekts

`jar -cvf meinjar.jar de`

auf. Vorausgesetzt, das oberste Package Ihres Projekts heißt de, ansonsten setzen Sie den letzten Parameter entsprechend. Der erste Parameter enthält diverse Optionen für den jar-Befehl (siehe Tabelle 1.6).

Option	Bedeutung
-c	Es soll ein neues JAR erzeugt werden.
-v	Schreibt ausführliche Ausgaben auf die Konsole.
-f	Es wird eine JAR-Datei angegeben, die von jar erzeugt werden soll. Der Dateiname wird als weiterer Parameter übergeben.

Tabelle 1.6 Allgemeine »jar«-Optionen

Der jar-Befehl erzeugt automatisch ein Manifest und legt es an der richtigen Stelle im erstellten Archiv ab. Der Inhalt dieses Manifests entspricht dem oben gezeigten minimalen Manifest. Es gibt aber noch weitere Optionen für jar, die steuern, wie das Manifest erzeugt wird (siehe Tabelle 1.7).

Option	Bedeutung
-e	Es wird als zusätzlicher Parameter ein voll qualifizierter Klassenname übergeben, der als Wert des Attributs Main-Class ins Manifest geschrieben wird.
-m	Es wird als zusätzlicher Parameter der Name einer Manifest-Datei angegeben, deren Inhalt in das erzeugte Manifest übernommen wird.
-M	Es wird kein Manifest erzeugt.

Tabelle 1.7 Spezielle »jar«-Optionen

Leider folgt der Aufruf von jar nicht der Konvention, die Sie vielleicht von anderen Kommandozeilentools her kennen, vor allem aus der UNIX-Welt. Dort wäre es üblich, die Parameter -f, -e und -m, jeweils direkt gefolgt von ihrem Wert, zu verwenden. Der Aufruf sähe zum Beispiel so aus:

jar -cvf meinjar.jar -e de.kaiguenster.Beispiel de

Das ist aber **falsch**, jar versteht die Parameter so nicht. Die Optionen, die einen zusätzlichen Parameter erwarten, müssen alle in der Folge von Optionen stehen, die dazugehörigen Werte müssen danach in derselben Reihenfolge übergeben werden. Der korrekte Aufruf lautet also:

jar -cvfe meinjar.jar de.kaiguenster.Beispiel de

1.8.4 JARs einsehen und entpacken

Der `jar`-Befehl kann auch den Inhalt einer JAR-Datei auflisten oder die Datei entpacken. Dafür muss beim Aufruf lediglich anstelle von -c eine andere Operation angegeben werden. Zum Listen des Inhalts lautet die Option -t, zum Entpacken -x. Um den Inhalt einer JAR-Datei anzeigen zu lassen, lautet der Aufruf also:

`jar -tf meinjar.jar`

Zum Entpacken rufen Sie folgenden Befehl auf:

`jar -xf meinjar.jar`

In beiden Fällen können Sie aber auch ein grafisches Tool verwenden, das mit ZIP-Dateien umgeht, diese Lösung ist meist komfortabler.

1.9 Mit dem Debugger arbeiten

Es gibt noch ein weiteres Werkzeug, das die Entwicklung von und vor allem die Fehlersuche in Java-Programmen enorm erleichtert: den Debugger. Der Debugger selbst ist kein Bestandteil der JVM. Sie stellt aber eine Schnittstelle bereit, mit der sich andere Programme verbinden können, um diese Funktionalität zur Verfügung zu stellen. Alle Java-Entwicklungsumgebungen enthalten einen Debugger.

Ein Debugger wird dazu verwendet, in einem laufenden Java-Prozess Programmzeile für Programmzeile zu beobachten, was das Programm tut, welche Methoden es aufruft, welche Werte in seinen Variablen gespeichert sind und mehr. Der Debugger ist ein mächtiges Werkzeug.

1.9.1 Ein Programm im Debug-Modus starten

In jeder verbreiteten Entwicklungsumgebung gibt es eine einfache Möglichkeit, ein Programm im Debug-Modus zu starten, so auch in NetBeans. Aber es gibt vorher eine wichtige Einstellung zu prüfen: Stellen Sie in den Projekteigenschaften (zu finden unter FILE • PROJECT PROPERTIES) in der Kategorie COMPILING sicher, dass der Haken bei der Option COMPILE ON SAVE **nicht** gesetzt ist (siehe Abbildung 1.8). Ist die Option aktiviert, so stehen einige Optionen beim Debugging nicht zur Verfügung.

Um ein Programm aus der Entwicklungsumgebung zu debuggen, müssen Sie nur anstelle des Knopfes RUN PROJECT den Knopf DEBUG PROJECT rechts daneben benutzen. Wenn Sie die Funktion jetzt ausprobieren, werden Sie aber noch keinen Unterschied zur normalen Ausführung feststellen. Dazu benötigen Sie noch einen Breakpoint.

1 Einführung

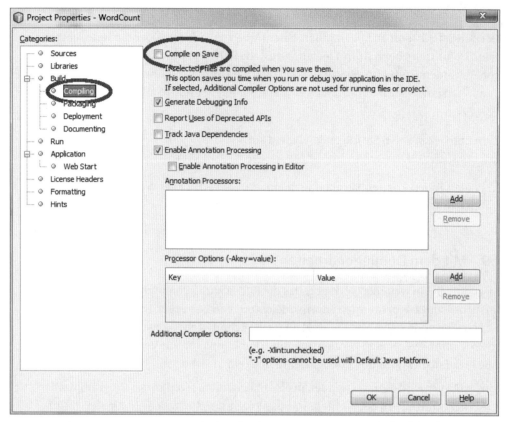

Abbildung 1.8 »Compile on Save« deaktiviert

1.9.2 Breakpoints und schrittweise Ausführung

Ein *Breakpoint* (Unterbrechungspunkt) ist eine Stelle im Code, an der die Ausführung des Programms angehalten wird. Sie setzen einen Breakpoint, indem Sie auf die Zeilennummer klicken, in der Sie das Programm anhalten möchten. Breakpoints können schon gesetzt werden, bevor Sie das Programm ausführen – gerade bei kurzen Programmen wie den Beispielen aus diesem Kapitel ein großer Vorteil.

Ist das Programm an einem Breakpoint angehalten, so können Sie es mit den Funktionen aus der Debug-Toolbar Schritt für Schritt ausführen und an jeder Stelle den aktuellen Zustand des Programms einsehen (siehe Abbildung 1.9), wie im nächsten Abschnitt gezeigt.

Abbildung 1.9 NetBeans Debug-Toolbar

Von links nach rechts haben die Knöpfe der Toolbar folgende Bedeutungen:

- FINISH DEBUGGER SESSION: Das Programm wird sofort beendet, der restliche Code wird nicht ausgeführt.
- PAUSE: Es werden alle Threads des Programms angehalten. Die ist eine Fortgeschrittenenfunktion, die an dieser Stelle noch keinen Nutzen hat.
- CONTINUE: Das Programm wird weiter ausgeführt bis zum Programmende oder zum nächsten Breakpoint.
- STEP OVER: Die aktuelle Zeile des Programms, in NetBeans zu erkennen am grünen Hintergrund, wird ausgeführt. In der nächsten Zeile wird das Programm wieder angehalten.
- STEP OVER EXPRESSION: Es wird der nächste Ausdruck ausgeführt. Dies ermöglicht eine feinere Kontrolle als die Funktion STEP OVER, da eine Zeile mehrere Ausdrücke enthalten kann. Nehmen Sie zum Beispiel diese Zeile aus dem WordCount-Programm: wordCounts.put(word, wordCounts.getOrDefault(word, 0) + 1). Der erste Aufruf von STEP OVER EXPRESSION führt wordCounts.getOrDefault aus, der zweite wordCounts.put. STEP OVER würde beides gleichzeitig ausführen.
- STEP INTO: Ist der nächste Ausdruck ein Methodenaufruf, dann steigt STEP INTO in diese Methode ab und hält den Programmablauf in der ersten Zeile der Methode an.
- STEP OUT: Führt die aktuelle Methode bis zum Ende aus und kehrt in die aufrufende Methode zurück. Dort wird der Ablauf erneut angehalten.
- RUN TO CURSOR: Führt das Programm bis zu der Zeile aus, in der der Cursor steht. Dort wird der Ablauf angehalten.
- APPLY CODE CHANGES: Seit Version 1.4.2 beherrscht Java das sogenannte *Hot Swapping*. Dadurch ist es möglich, Code in einem laufenden Programm durch die Debug-Schnittstelle zu ersetzen. So ist es nicht mehr nötig, das Programm neu zu kompilieren, um eine Änderung zu testen. Hot Swapping kann allerdings nicht alle Änderungen übernehmen.

1.9.3 Variablenwerte und Call Stack inspizieren

Wenn der Programmablauf angehalten ist, können Sie den Zustand des Programms im Detail betrachten. Zu diesem Zweck öffnet NetBeans, wenn der Debugger gestartet wird, zwei neue Ansichten.

Am unteren Fensterrand finden Sie die Ansicht VARIABLES (siehe Abbildung 1.10). Hier können Sie die Werte sämtlicher Variablen einsehen, die an dieser Stelle im Programm zur Verfügung stehen.

Abbildung 1.10 Die Variablenansicht des Debuggers

In der linken Spalte sehen Sie den Namen der Variablen, daneben ihren Typ und schließlich, für ausgewählte Typen wie Strings und Zahlen, ihren Wert. Mit dem Pluszeichen neben dem Variablennamen können Sie die »inneren Werte« eines Objekts inspizieren, ein Klick darauf öffnet die Sicht auf alle Instanzvariablen des Objekts.

Im Screenshot und bei Verwendung des Debuggers fällt eine Variable namens this auf, die nirgends deklariert wird, aber trotzdem fast immer vorhanden ist. this ist keine echte Variable, sondern ein Schlüsselwort, über das Sie immer auf das Objekt zugreifen können, in dem sich die aktuelle Methode befindet, und zwar nicht nur im Debugger, sondern auch im Code. Wofür das gut ist, wird in Kapitel 5, »Klassen und Objekte«, ein Thema werden. Für den Moment können Sie darüber im Debugger auf Instanzvariablen zugreifen.

Die zweite wichtige Ansicht des Debuggers befindet sich am linken Fensterrand unter dem Titel DEBUGGING. Hier können Sie den CALL STACK (zu Deutsch: Aufrufstapel) einsehen (siehe Abbildung 1.11).

Analyzer	Variables	Call Stack
Name		
Scanner.<init>:563		
WordCount.count:32		
WordCount.main:80		

Abbildung 1.11 Die Stackansicht des Debuggers

Der Call Stack ist der Pfad von Methoden, der zur aktuellen Stelle im Programm führt. Wird eine Methode aufgerufen, so wird sie auf den Stack gelegt. Ruft diese Methode nun eine weitere Methode auf, so wird die neue Methode auf dem Stack über ihren Aufrufer gelegt. Die aufrufende Methode mit allen ihren Variablen bleibt unverändert auf dem Stack liegen, sie wird lediglich vorübergehend durch die neue Methode verdeckt. Endet die oberste Methode auf dem Stack, kehrt die Ausführung sofort zur nächsten Methode zurück und setzt diese an der Stelle fort, wo der Methodenaufruf erfolgte. Durch den Call Stack weiß Java überhaupt, wo die Ausführung fortzusetzen ist, nachdem eine Methode endet.

Schauen Sie sich beispielsweise den Screenshot in Abbildung 1.11 an. Als unterste Methode auf dem Stack sehen Sie die `main`-Methode der Klasse `WordCount`. Die Zahl nach dem Methodennamen gibt an, in welcher Zeile der Datei die Ausführung gerade steht. Von der `main`-Methode wurde die Methode `count` der Klasse `WordCount` gerufen. Diese wiederum ruft den Konstruktor der Klasse `Scanner` auf, der zurzeit oben auf dem Stack liegt. In der Stackansicht werden Konstruktoren immer als `<init>` dargestellt.

Durch einen Doppelklick auf einen Eintrag können Sie zu einer anderen Methode auf dem Stack springen und die Variablenwerte in dieser Methode einsehen.

1.9.4 Übung: Der Debugger

Damit kennen Sie nun die wichtigsten Funktionen des Debuggers. Das gibt Ihnen die Möglichkeit, den Ablauf eines Java-Programms im Detail nachzuvollziehen. Dies sollen Sie jetzt an zwei Beispielen aus diesem Kapitel ausnutzen, um zum einen das Arbeiten mit dem Debugger kennenzulernen und zum anderen ein Gefühl für den Ablauf eines Programms zu entwickeln, bevor Sie dann in Kapitel 3 selbst anfangen zu programmieren.

Reverse

Öffnen Sie zunächst das Projekt Reverse und dort die Klasse `Reverse`. Tragen Sie in der Aufrufkonfiguration (der Punkt CUSTOMIZE im Dropdown-Menü neben dem RUN-Knopf) die Zeichenkette »Hallo, Welt!« als Aufrufparameter im Feld ARGUMENTS ein.

Setzen Sie einen Breakpoint in der ersten Zeile der `main`-Methode. Führen Sie das Programm im Debug-Modus aus, indem Sie den Knopf DEBUG PROJECT betätigen. Gehen Sie das Programm mit STEP OVER in Einzelschritten durch. Wenn Sie den Aufruf der Methode `reverse` erreichen, folgen Sie diesem Aufruf mit STEP INTO. Beobachten Sie, welche Zeilen ausgeführt und welche übersprungen werden und wie sich die Werte der Variablen verändern. Achten Sie besonders auf diese Punkte:

- Der Rumpf des `if`-Statements `if (args.length < 1)` wird nicht ausgeführt. Das liegt natürlich daran, dass seine Bedingung nicht erfüllt ist.
- Beobachten Sie die Variablen, während die `for`-Schleife in der `main`-Methode ausgeführt wird. Die Zählvariable `i` wird nach jedem Durchlauf um 1 erhöht. Die Variable `parameter` wird mit den Inhalten von `args` befüllt.
- Beobachten Sie auch die `for`-Schleife in der Methode `reverse`. Achten Sie auch hier auf die Zählvariable und darauf, wie `out` Zeichen für Zeichen wächst.

Fibonacci

Öffnen Sie nun die Klasse Fibonacci im gleichnamigen Projekt (siehe Abschnitt 1.5.1). Setzen Sie einen Breakpoint in der ersten Zeile der Methode fibonacci, und starten Sie das Programm im Debug-Modus mit dem Aufrufparameter 4. Verfolgen Sie auch dieses Programm Schritt für Schritt, folgen Sie jedem Aufruf von fibonacci mit STEP INTO, und beobachten Sie dabei den Call Stack auf der linken Seite des Fensters.

Sie sehen dort, dass mit jedem Aufruf von fibonacci die Methode wieder auf dem Stack hinzugefügt wird und dort bis zu viermal vorkommen kann. Wechseln Sie durch Doppelklick in die verschiedenen Aufrufe der Methode, und achten Sie auf die Variablen. Sie werden feststellen, dass die Variablenwerte in jedem Aufruf unterschiedlich sind. Die verschiedenen Aufrufe haben ihre eigenen Variablen und sind auch ansonsten völlig unabhängig voneinander.

Vollziehen Sie anhand des Debuggers nach, mit welchen Parametern die Methode von wo gerufen wird. Zeichnen Sie es zur besseren Übersicht auf. Da fibonacci sich selbst zweimal rekursiv aufruft, sollte Ihre Skizze einem Baum ähnlich sehen (siehe Abbildung 1.12).

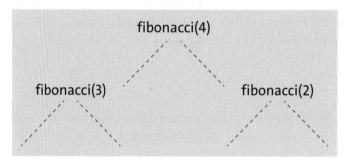

Abbildung 1.12 Rekursive Aufrufe von »fibonacci«

Spätestens durch das Diagramm werden Sie bemerkt haben, dass der Algorithmus einige Fibonacci-Zahlen mehrfach berechnet, um zu seinem endgültigen Ergebnis zu gelangen. Es ist nicht weiter schwierig, dieses Problem zu beheben, indem Sie einmal berechnete Werte in einem Array speichern und sie beim zweiten Mal von dort lesen, anstatt sie erneut zu berechnen. Dadurch würde aber der Algorithmus weniger klar und verständlich.

1.10 Das erste eigene Projekt

Damit kann es nun auch fast losgehen, es fehlt nur noch ein eigenes Projekt, um Ihre ersten Programmiererfolge zu verwirklichen. Wählen Sie dazu in NetBeans den Menüpunkt FILE • NEW PROJECT.

1.10 Das erste eigene Projekt

Der Dialog, in dem Sie ein neues Projekt anlegen, bietet eine Vielzahl von Projekttypen, Vorlagen, aus denen ein Projekt erzeugt werden kann. Für den Anfang ist davon aber nur der Typ JAVA APPLICATION aus dem Ordner JAVA interessant. Wählen Sie ihn aus, und klicken Sie auf NEXT (siehe Abbildung 1.13).

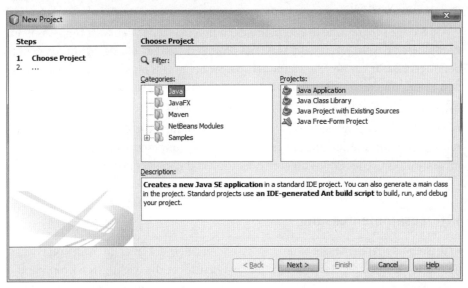

Abbildung 1.13 Neues Projekt anlegen – Schritt 1

Auf der zweiten Seite des Dialogs geben Sie Ihrem Projekt einen Namen, wählen einen Speicherort aus und geben den voll qualifizierten Namen Ihrer Hauptklasse an (siehe Abbildung 1.14). Fertig.

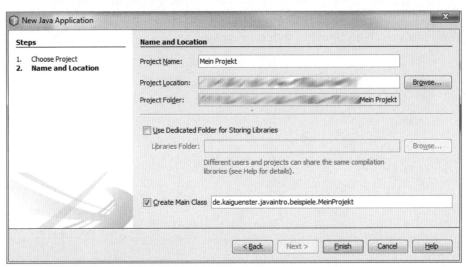

Abbildung 1.14 Neues Projekt anlegen – Schritt 2

Wenn Sie die Beispiele und Übungen der nächsten Kapitel angehen, haben Sie die Wahl, ob Sie für jedes Programm ein neues Projekt anlegen oder alle Programme in einem Projekt bündeln. Es kann in einem Projekt mehrere Klassen mit `main`-Methode geben, ohne dass es deswegen zu Problemen kommt. Beide Ansätze haben aber kleine Vor- und Nachteile.

Wenn Sie alle Programme in einem Projekt bündeln, hat das den Nachteil, dass beim Kompilieren des Projekts mehr Klassen kompiliert werden, als Sie eigentlich gerade benötigen. Dafür können Sie Methoden, die Sie bereits für eine Übung entwickelt haben, später für andere Übungen wiederverwenden. Wenn Sie diesen Ansatz wählen, legen Sie bitte im Projekt ein eigenes Package je Übung oder Beispiel an.

Für jede Übung ein eigenes Projekt anzulegen, minimiert die Zeit, die zum Kompilieren benötigt wird. Aber um auf fertigen Code aus anderen Übungen zuzugreifen, müssen Sie entweder Code kopieren oder Projektabhängigkeiten einrichten.

1.11   Zusammenfassung

In diesem Kapitel haben Sie einen umfassenden Überblick über die Welt von Java erhalten. Sie kennen die Bestandteile der Java-Plattform, die wichtigsten Kommandozeilenwerkzeuge und die wichtigsten Packages der Klassenbibliothek. Sie haben den grundlegenden Umgang mit der Entwicklungsumgebung NetBeans und mit dem Debugger kennengelernt. Sie wissen, wie Sie Java-Programme ausführen und wie Sie Javadoc schreiben und daraus die HTML-Dokumentation generieren. Vor allem haben Sie an ersten Beispielen gesehen, wie ein Algorithmus aufgebaut wird und wie Sie vom abstrakten Algorithmus zu einer Implementierung in Java gelangen. Als Nächstes werden Sie lernen, mit Zahlen und Zeichenketten zu arbeiten, Variablen zu verwenden und Berechnungen durchzuführen.

Kapitel 2
Variablen und Datentypen

In jedem Programm geht es auf die eine oder andere Art um die Verarbeitung von Daten. Eine wichtige Voraussetzung dazu ist, Daten zunächst im Speicher halten zu können. Dazu dienen Variablen. In diesem Kapitel werden Sie lernen, wie Sie Variablen deklarieren und mit ihnen arbeiten. Außerdem werde ich Ihnen die sogenannten primitiven Datentypen erläutern und wie Sie mit ihnen einfache Berechnungen durchführen sowie den Unterschied zwischen primitiven Datentypen und Objekttypen zeigen.

Bevor Sie mit einem ersten Programm loslegen können, müssen Sie wissen, wie Sie mit Daten arbeiten; schließlich ist es der Zweck eines jeden Programms, Daten zu verarbeiten.

2.1 Variablen

In Kapitel 1, »Einführung«, haben Sie bereits kurz gelesen, was Variablen sind: benannte Speicherstellen, in denen Sie Ergebnisse von Berechnungen und Methodenaufrufen speichern können. Der Nutzen ist offensichtlich, viele Algorithmen sind ohne ein »Gedächtnis« nicht umzusetzen.

> **Variablennamen**
>
> Variablennamen, genau wie Methoden- und Klassennamen, dürfen beliebige Unicode-Buchstaben und Ziffern enthalten, ebenso wie die Zeichen _ und $. Das erste Zeichen darf dabei keine Ziffer sein, und der Name darf nicht nur aus einem einzelnen Unterstrich bestehen. Per Konvention werden aber nur Buchstaben und Ziffern verwendet, und das erste Zeichen ist immer ein Kleinbuchstabe, zum Beispiel summand1 oder summe.
>
> Leerzeichen sind in Variablennamen nicht gestattet. Soll ein Name aus mehreren Wörtern bestehen, wird dies durch *CamelCasing* umgesetzt: Leerzeichen werden einfach ausgelassen, die Anfangsbuchstaben aller Wörter außer dem ersten werden großgeschrieben. Zum Beispiel: summeGesamt, meinAuto.

> Sie dürfen für Bezeichner zwar beliebige Unicode-Buchstaben verwenden, empfehlenswert ist aber, sich auf ASCII-Zeichen zu beschränken. So vermeiden Sie Schwierigkeiten, wenn Ihr Code in einer anderen Umgebung bearbeitet werden soll.

Jede Variable in Java hat zwei definierende Eigenschaften, ihren Namen und ihren Typ. Der Variablenname ist ein fast beliebiger Bezeichner, mit dem Sie auf die Variable zugreifen. Der Typ definiert, welche Art von Daten in dieser Variablen gespeichert wird. Bevor eine Variable benutzt werden kann, muss sie deklariert werden, zum Beispiel so:

```
int zahl;
```

Der Name dieser Variablen ist zahl, ihr Datentyp ist int, also eine Ganzzahl. Mehr zu den verschiedenen Datentypen folgt im Laufe dieses Kapitels. Wenn eine Variable deklariert ist, können Sie ihr einen Wert des richtigen Typs zuweisen und die Variable überall verwenden, wo Sie auch ihren Wert direkt verwenden könnten.

```
int summand1;
summand1 = 5;
int summand2 = 17;
int summe = summand1 + summand2;
```

Listing 2.1 Einfache Addition mit drei Variablen

Dieses kurze Codefragment zeigt sowohl, wie Sie einer Variablen einen Wert zuweisen, als auch, wie Sie mit diesem Wert weiterrechnen. In den ersten beiden Zeilen sehen Sie, wie die Variable summand1 deklariert und ihr anschließend ein Wert zugewiesen wird. Zeile 3 tut das Gleiche für die Variable summand2, Deklaration und Zuweisung sind lediglich in einer Zeile zusammengefasst. In der letzten Zeile werden die Werte der beiden Summanden addiert, und das Ergebnis dieser Addition wird in der neuen Variablen summe gespeichert.

Es ist auch möglich, mehrere Variablen gleichen Typs in einer Zeile zu deklarieren.

```
int zahl1, zahl2 = 5, zahl3;
```

Die Zuweisung gilt dabei nur für die Variable, für die sie auch ausgeschrieben wird: zahl2 hat den Wert 5.

Ob zahl1 und zahl3 nach der Deklaration bereits einen Wert haben, hängt davon ab, wo sich die Deklaration befindet. Felder, also Variablen, die zu einem Objekt gehören, erhalten den Default-Wert 0. Lokale Variablen, also solche, die innerhalb einer Methode deklariert werden, haben keinen Default-Wert. Bevor Sie mit einer lokalen Variablen arbeiten, müssen Sie ihr einen Wert zuweisen, sonst meldet der Compiler den Fehler: »Variable might not have been initialized.«

2.1.1 Der Zuweisungsoperator

Es ist wichtig, zu verstehen, dass sich das Gleichheitszeichen als *Zuweisungsoperator* vom Gleichheitszeichen, das Sie aus der Mathematik kennen, unterscheidet. Das mathematische Gleichheitszeichen sagt aus, dass die linke Seite und die rechte Seite gleich sind. Der Zuweisungsoperator schreibt den Wert von der rechten Seite in die Variable auf der linken Seite. Dabei ist er nicht symmetrisch, auf der linken Seite muss eine – und nur eine – Variable stehen, auf der rechten Seite der Wert, der in dieser Variablen gespeichert werden soll. Es ist deshalb falsch zu schreiben 17 = int zahl, der Compiler lehnt dies mit einer Fehlermeldung ab. Durch diese Asymmetrie ist auch die Bedeutung des folgenden Codefragments eindeutig. Welchen Wert hat am Ende die Variable zahl1?

```
int zahl1 = 7;
int zahl2 = 29;
zahl1 = zahl2;
```

Listing 2.2 Asymmetrie des Zuweisungsoperators

Die richtige Antwort lautet 29. In der letzten Zeile steht zahl1 auf der linken Seite, so wird ihr ein neuer Wert zugewiesen. Auf der rechten Seite steht ebenfalls eine Variable, ihr Wert (29) wird ausgelesen und in der Variablen links gespeichert.

2.1.2 Scopes

Neben Name und Typ gibt es eine dritte Eigenschaft für Variablen, die Sie nicht explizit deklarieren, die aber dennoch sehr wichtig ist: den *Scope*. Der Scope einer Variablen legt ihre Sichtbarkeit fest, also von wo aus auf sie zugegriffen werden kann. Die Sichtbarkeit von Klassen- und Instanzvariablen wird uns erst in Kapitel 5, »Klassen und Objekte«, beschäftigen, aber auch *lokale Variablen*, also solche, die innerhalb einer Methode definiert werden, haben einen Scope. In den Beispielen des vorigen Kapitels haben Sie bereits gesehen, dass Sie mit geschweiften Klammern Codeblöcke definieren. Die geschweiften Klammern der Methodendeklaration umschließen einen Block, die geschweiften Klammen um den Rumpf eines if-Konstrukts umschließen einen Block. Daran sehen Sie bereits, dass Blöcke ineinander verschachtelt werden können.

Auf eine Variable zugreifen können Sie innerhalb des Blocks, in dem sie deklariert wurde, sowie in allen darin verschachtelten Blöcken.

```
public Zeit liesZeit(){
    int stunden = liesStunde();
    if (stunden != null){
        int minuten = liesMinute();
```

```
        return new Zeit(stunden, minuten);
    }
    return new Zeit(stunden, minuten); //<-Compilerfehler!!!
}
```
Listing 2.3 Variablen-Scopes

Im Beispiel ist die Variable `stunden` in der ganzen Methode sichtbar, `minuten` aber nur innerhalb des `if`-Blocks. Der Versuch, in der letzten Zeile der Methode auf `minuten` zuzugreifen, egal, ob lesend oder schreibend, führt zu einem Compilerfehler.

2.1.3 Primitive und Objekte

Es gibt in Java zwei Gruppen von Typen, die Sie zwar im Wesentlichen gleich behandeln können, zwischen denen es aber Unterschiede gibt. Das ist zum einen die offene Gruppe der Objekttypen. Offen deshalb, weil Sie neue Objekttypen definieren können und werden (mehr dazu folgt in Abschnitt 2.3, »Objekttypen«). Zum anderen gibt es die geschlossene Gruppe der Primitivtypen.

2.2 Primitivtypen

Die Primitivtypen in Java bilden eine geschlossene Gruppe, das heißt, es ist nicht möglich, neue Primitivtypen zu definieren. Es gibt acht Typen und nicht mehr. Dies sind die verschiedenen numerischen Typen `byte`, `short`, `int`, `long`, `float` und `double`, der Zeichentyp `char` und der Wahrheitswert `boolean`.

> **Die Zukunft der Primitivtypen**
>
> Die Primitivtypen stellen einen Makel in Javas Objektorientierung dar, denn Primitive sind keine Objekte. Durch sie kann Java nicht als rein objektorientierte Sprache angesehen werden.
>
> Sie werden in Abschnitt 2.4.3, »Implizite Konvertierung«, sehen, dass die Grenzen zwischen Primitivtypen und Objekttypen bereits verwischt sind. Vor diesem Hintergrund ist es nicht ausgeschlossen, dass Primitivtypen in Java 10 völlig abgeschafft werden, wie Gerüchte es behaupten. Ob es aber wirklich so kommt und wie das dann im Detail umgesetzt wird, bleibt abzuwarten.

2.2.1 Zahlentypen

Sechs der acht Primitivtypen sind numerische Typen. Vier von ihnen sind ganzzahlig, zwei für Dezimalzahlen. Sie unterscheiden sich jeweils in ihrem Wertebereich.

Ganzzahlige Typen

Die verschiedenen ganzzahligen Typen unterscheiden sich in den Werten, die sie aufnehmen können, und im Speicher, den sie belegen (siehe Tabelle 2.1). In einem modernen Computer, der über mehrere Gigabyte Speicher verfügt, scheint es unnötig, sich über den Unterschied zwischen 1, 2, 4 oder sogar 8 Byte Gedanken zu machen. Selbst ein handelsübliches Smartphone hat zurzeit 2 GB Speicher; welchen Sinn hat es noch, ein byte anstelle eines int zu verwenden?

Typ	Belegter Speicher	Minimalwert	Maximalwert
byte	8 Bit/1 Byte	–128	127
short	16 Bit/2 Byte	–32.768	32.767
int	32 Bit/4 Byte	–2.147.483.648	2.147.483.647
long	64 Bit/8 Byte	-2^{63}	$2^{63}-1$

Tabelle 2.1 Ganzzahlige Typen und ihre Wertebereiche

Obwohl Speicher in den letzten Jahren preiswert geworden ist, sind die verschiedenen Zahlentypen kein Relikt aus der Vergangenheit – es gibt nach wie vor gute Gründe, sie zu verwenden:

- Computer und Smartphones sind nicht die einzigen Umgebungen, in denen Java ausgeführt wird. Java-ME- und Embedded-Java-Anwendungen werden auf Hardware ausgeführt, auf denen Speicher viel stärker begrenzt ist.
- Auch wenn es für eine einzelne Variable selten einen Unterschied macht, ob sie 1 Byte belegt oder 4, so sieht es doch ganz anders aus, wenn Sie viele solcher Variablen haben. Ein maximal großes Array in Java hat 2.147.483.647 Einträge. Das sind für ein byte-Array 2 GB, für ein int-Array 8 GB. Es ist zwar nicht alltäglich, mit Arrays in dieser Größe umgehen zu müssen, aber es kommt vor.
- Es ist in Java sehr einfach, Objekte über ein Netzwerk zu verschicken. Auch wenn Speicherverbrauch kein Problem darstellt, ist Datenübertragung immer noch ein Engpass, den Sie durch passende Datentypen etwas entschärfen können, vor allem in Verbindung mit dem vorigen Punkt.

Alle vier ganzzahligen Typen können Sie, wie Sie in den Beispielen bereits gesehen haben, im Code als Literal verwenden – eine umständliche Art, auszudrücken, dass Sie Zahlen einfach in den Code schreiben können:

```
int summe = 145355 + 67443355;
```

Listing 2.4 Addition von zwei »int«-Literalen

Literale haben immer den Typ int, können aber ohne Probleme auch den anderen Zahlentypen zugewiesen werden, wenn sie in deren Wertebereich liegen. Wenn Sie versuchen, ein unpassendes Literal einer Variablen zuzuweisen, bemängelt dies der Compiler. Um ein long-Literal zu erzeugen, dessen Wert über den Wertebereich von int hinausgeht, müssen Sie dies explizit anfordern, indem Sie ein l oder L der Zahl anhängen:

```
long grosseZahl = 10000000001000000000L;
```

Normalerweise geben Sie Zahlenwerte im Dezimalsystem an. In manchen Situationen ist es aber sinnvoller und verständlicher, ein anderes Zahlensystem zu verwenden. In Java können Sie Zahlen im Binär- und im Hexadezimalsystem verwenden, indem Sie sie mit dem Präfix 0b bzw. 0x versehen. Für Berechnungen mit dem Wert macht das natürlich keinen Unterschied, es dient lediglich der Verständlichkeit des Codes.

```
//Binär
int binaer = 0b1001101;
//Dezimal
int dezimal = 17455;
//Hexadezimal
int hex = 0x5FE;
```

Listing 2.5 »int«-Literale in verschiedenen Zahlensystemen

Dezimalzahlen

Genau wie die ganzzahligen Typen unterscheiden sich die Zahlentypen mit Fließkomma, float und double, in Speicherbedarf und Wertebereich (siehe Tabelle 2.2). Sie unterscheiden sich aber auch in ihrer Genauigkeit, also in der Anzahl der Nachkommastellen, die sie zuverlässig darstellen können. Durch die interne Darstellung dieser Typen (für die Interessierten: Es handelt sich um Fließkommazahlen nach dem Standard IEEE 754 mit einfacher [float] bzw. doppelter [double] Genauigkeit) lassen sich nicht alle Werte exakt darstellen, was zu mathematischen Unannehmlichkeiten führt. Mit double berechnet ist zum Beispiel 0,3 − 0,1 = 0,19999999999999998.

Typ	Belegter Speicher	Kleinster positiver Wert	Maximalwert
float	32 Bit/4 Byte	$1{,}4 \cdot 10^{-45}$	$3{,}4 \cdot 10^{38}$
double	64 Bit/8 Byte	$4{,}9 \cdot 10^{-324}$	$1{,}7 \cdot 10^{308}$

Tabelle 2.2 Dezimale Typen und ihre Wertebereiche

Und um alles noch verwirrender zu machen, ist die Anzahl der korrekten Nachkommastellen nicht für alle Werte gleich, manche Zahlen lassen sich von float und double genauer annähern als andere. Für viele Anwendungen ist die Ungenauigkeit aber nicht relevant, da es immer nur zu sehr geringen Abweichungen kommt. Trotzdem sollten Sie einige wichtige Punkte beachten:

- Um einen `float`- oder `double`-Wert auszugeben, sollten Sie ihn immer mit der passenden Anzahl an Nachkommastellen formatieren. Das geht sehr einfach mit der Klasse `java.text.DecimalFormat` (siehe Kapitel 8, »Die Standardbibliothek«) und vermeidet Ausgaben wie: »Fügen Sie 199,98639552124533 g Butter hinzu.«

- Prüfen Sie `float`- und `double`-Werte niemals mit dem `==`-Operator auf Gleichheit. Die Bedingung von `if (einDouble == 3)` kann unter Umständen nicht erfüllt werden, denn der Wert von `einDouble` könnte als Ergebnis einer Berechnung 2,99999999999 sein. Um die `if`-Bedingung korrekt umzusetzen, ist zu prüfen, ob die Differenz der beiden Werte unterhalb einer Grenze liegt: `if (Math.abs(einDouble - 3) < 0.00001)`. Die Methode `Math.abs` ermittelt den Betrag des übergebenen Parameters, so ist es egal, ob die Differenz positiv oder negativ ist.

- Wenn Sie auf genaue Ergebnisse angewiesen sind und sich keine Rundungsfehler erlauben können, benutzen Sie statt `float` oder `double` die Klasse `BigDecimal`. `BigDecimal`-Objekte belegen zwar mehr Speicher als ein `double`-Wert, und Berechnungen mit ihnen sind weniger performant, dafür können sie aber mit beliebig vielen Nachkommastellen fehlerfrei umgehen.

Die lange Liste an Warnungen sollte Sie aber nicht davon abschrecken, Fließkommatypen zu benutzen. In den meisten Fällen, in denen Sie mit Dezimalzahlen umgehen müssen, ist `double` dennoch die richtige Wahl. Wenn es keinen guten Grund gibt, das speichersparendere `float` zu verwenden, sollten Sie auch immer die genaueren `double`-Werte vorziehen. Diesem Grundsatz entsprechend sind auch Fließkommaliterale in Java vom Typ `double`, wenn nicht anders angegeben. Für ein `float`-Literal ist ein `f` oder `F` der Zahl anzuhängen. In beiden Fällen ist das Trennzeichen für die Dezimalstellen der Punkt, wie im englischsprachigen Raum üblich, nicht das Komma.

```
double d = 0.1234567;
float f = 0.1234567f;
```

Listing 2.6 »float«- und »double«-Literale

Typumwandlung

Wie Sie oben bereits gesehen haben, können Sie ein Literal, das formal vom Typ `int` ist, einer Variablen vom Typ `short` oder `byte` zuweisen, wenn es in ihren Wertebereich fällt. Das ist nicht möglich, wenn der zuzuweisende Wert in einer Variablen steht. Selbst wenn der Wert in die Zielvariable passen würde, kann der Compiler dies nicht mit Sicherheit bestimmen und gibt für den folgenden Code eine Fehlermeldung aus:

```
int i = 1;
short s = i;
```

Listing 2.7 Fehlerhafte Zuweisung an eine »short«-Variable

Umgekehrt ist eine Zuweisung von short nach int möglich, da jeder short-Wert auch in einer int-Variablen Platz findet. Auf das gleiche Problem treffen Sie auch zwischen float und double: Sie können den Inhalt einer float-Variablen einer double-Variablen zuweisen, nicht jedoch umgekehrt.

Es gibt aber die Möglichkeit, diese Einschränkung zu umgehen, indem Sie eine *Typumwandlung* (engl. *cast*) erzwingen. Dazu geben Sie nur den Zieltyp in Klammern vor der Quellvariablen an:

```
int i = 1;
short s = (short)i;
```

Listing 2.8 Zuweisung mit Cast

So gibt es keine Compilerfehler mehr, die Zuweisung wird problemlos durchgeführt. Es findet allerdings keine Prüfung statt, ob die Variable den neuen Wert aufnehmen kann, weder durch den Compiler noch durch die Laufzeitumgebung. Das führt zu interessanten und schwer zu findenden Fehlern. Was ist zum Beispiel die Ausgabe des folgenden Codefragments?

```
int i = 1000000000;
short s = (short) i;
System.out.println(s);
```

Listing 2.9 Cast mit unpassendem Wertebereich

Dieser Code gibt die Zahl –13.824 aus. Der Grund dafür ist alles andere als offensichtlich: Bei der Umwandlung von int (4 Byte) nach short (2 Byte) werden die höherwertigen 2 Byte des int-Wertes verworfen. Dass das Ergebnis dieser Operation eine negative Zahl ist, liegt an der internen Darstellung von negativen Zahlen: Ist das höchste Bit einer Zahl auf 1 gesetzt, wird die Zahl als negative Zahl (im Zweierkomplement) interpretiert. War das 16. Bit des int-Wertes eine 1, so ist der short-Wert nach dem Cast eine negative Zahl. Deshalb sollten Sie sich über den Wertebereich sicher sein, wenn Sie Zahlen casten.

Auf die gleiche Art funktioniert auch die Umwandlung von Dezimalzahlen und sogar von Dezimalzahlen in Ganzzahlen. Dabei werden Nachkommastellen verworfen, ohne dass negative Seiteneffekte auftreten. Auch hier gilt aber, dass der Versuch, eine Zahl außerhalb des Wertebereichs zu casten, zu unerwünschten Ergebnissen führt.

2.2.2 Rechenoperationen

Mit allen Zahlentypen können Sie die vier Grundrechenarten anwenden sowie eine weitere Berechnung, die in der Schule nicht zu den Grundrechenarten gezählt wird. Java kennt sie als Operatoren (siehe Tabelle 2.3).

Operation	Operator	Bemerkung
Addition	+	Der +-Operator wird neben der Addition auch für die String-Konkatenation verwendet, also um zwei Zeichenketten zu einer zusammenzufügen (siehe unten).
Subtraktion	-	
Multiplikation	*	
Division	/	
Modulo	%	Die Modulo-Operation gibt den Divisionsrest zurück. Zum Beispiel ist 5 % 3 = 2. In Java ist Modulo auch für Dezimalzahlen definiert, 0.5 % 0.3 ergibt wie erwartet 0.2.

Tabelle 2.3 Rechenoperatoren in Java

Die Anwendung der Operatoren entspricht der gewohnten Anwendung aus der Mathematik: in Infixschreibweise. Sehen Sie sich dazu das folgende Beispiel an:

```java
public static void main(String[] args) {
    ...
    int zahl1 = Integer.parseInt(args[0]);
    int zahl2 = Integer.parseInt(args[1]);
    System.out.println("Summe: " + (zahl1 + zahl2));
    System.out.println("Differenz: " + (zahl1 - zahl2));
    System.out.println("Produkt: " + (zahl1 * zahl2));
    System.out.println("Quotient: " + (zahl1 / zahl2));
    System.out.println("Divisionsrest: " + (zahl1 % zahl2));
}
```

Listing 2.10 Grundrechenarten in Java

Neben der offensichtlichen Anwendung der Rechenoperatoren gibt es im Code zwei erwähnenswerte Dinge. Das erste Pluszeichen in den Ausgabezeilen ist jeweils keine Addition, sondern eine String-Konkatenation: Die Zeichenkette links wird mit dem Ergebnis der Berechnung rechts zu einer einzigen Zeichenkette verknüpft, die mit System.out.println ausgegeben wird.

Dadurch, dass Konkatenation und Addition in einer Anweisung verwendet werden, wird es notwendig, die Addition in Klammern zu schreiben, um die Reihenfolge der Operationen zu erzwingen. Bei den anderen Berechnungen wäre dies nicht notwendig, nur das Pluszeichen hat in Java mehrere Funktionen. Diese Klammern dienen der Einheitlichkeit und Übersichtlichkeit. Warum die Klammern bei der Addition notwendig sind, wird am Beispiel klar. Nehmen Sie für zahl1 und zahl2 die Werte 1 und 2 an.

Mit Klammern:

1. "Summe: " + (1 + 2) – es wird zunächst der Inhalt der Klammern berechnet, das Pluszeichen ist eindeutig als Addition zu erkennen.
2. "Summe: " + 3 – ein Operand des verbleibenden Pluszeichens ist ein String, es muss sich um eine Konkatenation handeln.
3. Ausgabe: "Summe: 3"

Ohne Klammern:

1. "Summe: " + 1 + 2 – die beiden Operationen Addition und Konkatenation haben dieselbe Priorität, die gesamte Anweisung wird von links nach rechts ausgewertet. Das erste Pluszeichen hat einen String als Operand und muss somit als Konkatenation interpretiert werden.
2. "Summe: 1" + 2 – nun hat auch das zweite Pluszeichen einen String-Operanden, also wird erneut konkateniert.
3. Ausgabe: "Summe: 12"

Die zweite Auffälligkeit des Beispiels ist nicht im Code zu erkennen, fällt aber sofort auf, wenn Sie das Programm mit den richtigen Parametern ausführen. Versuchen Sie es zum Beispiel mit den Zahlen 5 und 3.

Die Ergebnisse von Addition, Subtraktion, Multiplikation und Modulo sind genau wie erwartet, aber das Ergebnis der Division überrascht: Ausgegeben wird das ganzzahlige Divisionsergebnis 1. Der Grund dafür ist die Art, wie Java den Ergebnistyp der Rechenoperationen bestimmt.

Typkonvertierung bei Rechenoperationen

Bei allen Rechenoperationen werden zunächst die Operanden in kompatible Datentypen umgewandelt. Die JVM geht dabei immer wie folgt vor:

- Wenn einer der Operanden vom Typ double ist, so wird der andere in double umgewandelt.
- Ansonsten wird, wenn einer der Operanden vom Typ float ist, auch der andere in float umgewandelt.

- Ansonsten wird, wenn einer der Operanden vom Typ `long` ist, auch der andere in `long` umgewandelt.
- Ansonsten werden beide Operanden in `int` umgewandelt.

Das Ergebnis der Rechenoperation hat immer den Typ, den beide Operanden nach der Umwandlung haben. Der Grund für das unerwartete Divisionsergebnis wird so klar: Beide Operanden sind vom Typ `int`, deshalb ist auch das Ergebnis vom Typ `int`. Java rundet in diesem Fall übrigens nicht kaufmännisch, sondern verwirft die Nachkommastellen, es handelt sich um echte Ganzzahldivision.

Es gibt einen weiteren Fallstrick in diesem System von Konvertierungen, wenn Sie mit großen `int`-Werten rechnen. Betrachten Sie die Rechnung `Integer.MAX_VALUE + Integer.MAX_VALUE`. Die Konstante `Integer.MAX_VALUE` enthält den größtmöglichen Wert für eine `int`-Variable. Da beide Operanden den Typ `int` haben, hat auch das Ergebnis den Typ `int`. Offensichtlich passt der doppelte Maximalwert eines `int` nicht in einen `int`, es kommt bei der Rechnung zu einem Überlauf. Das Ergebnis lautet –2. Der Grund, warum das Ergebnis eine negative Zahl ist, ist wie auch schon bei Typumwandlungen in der internen Darstellung von Ganzzahlen zu suchen. Die Berechnung kann korrekt ausgeführt werden, wenn Sie einen der Operanden nach `long` casten: `Integer.MAX_VALUE + (long)Integer.MAX_VALUE`. Dadurch wird auch der Ergebnistyp `long` und kann das Rechenergebnis aufnehmen. Es reicht nicht aus, erst das Ergebnis zu casten, denn dann wurde es bereits mit einem Überlauf berechnet, und das falsche Ergebnis wird auf den richtigen Datentyp gecastet.

Beachten Sie außerdem, dass bei verketteten Operationen die Konvertierung je Operator ausgeführt wird, nicht für die gesamte Kette. Auch die Bedeutung dieses Details wird am Beispiel schnell klar: das Ergebnis von `(2 / 5) + 0.3` ist 0,3, da die Division ganzzahlig ausgeführt wird und das Ergebnis 0 hat.

Es ist nicht notwendig, die Feinheiten der Konvertierung auswendig zu kennen. Sie sollten aber immer im Hinterkopf behalten, wann eine Konvertierung stattfindet und wann nicht, denn auch hieraus entstehen Fehler, die nur schwer zu finden sind. Bedenken Sie außerdem immer: **Der Typ der Variablen, der das Ergebnis zugewiesen wird, hat keinen Einfluss auf den Typ des Rechenergebnisses.** Um im Divisionsergebnis Dezimalstellen zu erhalten, reicht es nicht aus, es einer `double`-Variablen zuzuweisen.

Kurzschreibweisen

Es gibt eine Kurzschreibweise für den häufigen Fall, dass eine Berechnung mit einer Variablen durchgeführt und das Ergebnis wieder in derselben Variablen gespeichert wird. Ein häufiger Fall ist, Schleifendurchläufe zu zählen: `durchlauf = durchlauf + 1`.

Erinnern Sie sich an den Unterschied zwischen dem mathematischen Gleichheitszeichen und dem Zuweisungsoperator in Java: In Java ist diese Berechnung sinnvoll, es wird zuerst die rechte Seite der Zuweisung berechnet, das Ergebnis wird in der Variablen links gespeichert.

Da dieser Fall so häufig ist (und Programmierer notorisch schreibfaul sind), gibt es dafür die Kurzschreibweise `durchlauf += 1`. Beide Anweisungen haben dieselbe Bedeutung. Analoge Kurzschreibweisen existieren auch für die anderen Rechenoperatoren, aber nicht alle kommen häufig zum Einsatz. Ich warte bis heute auf eine Gelegenheit, den %=-Operator einzusetzen ...

Für die besonders häufigen Fälle Addition und Subtraktion von 1 gibt es mit den Operatoren ++ und -- eine noch kürzere Schreibweise: i++ hat dieselbe Bedeutung wie i = i + 1, i-- wie i = i - 1.

Beide Operatoren haben gegenüber ihren Langschreibweisen eine weitere Einsatzmöglichkeit, sie können auch innerhalb einer anderen Berechnung als Seiteneffekt verwendet werden. So führt zum Beispiel die Anweisung `int j = i++ * 2` dazu, dass der alte Wert von i verdoppelt und das Ergebnis der Variablen j zugewiesen wird. Es wird aber auch der Wert von i um eins inkrementiert. Wie gezeigt findet das Inkrementieren von i nach der Berechnung statt. Der ++-Operator kann aber auch vor der Variablen stehen; in diesem Fall wird zuerst inkrementiert und dann mit dem neuen Wert weitergerechnet. Vergleichen Sie dazu die beiden Codefragmente:

```
int i = 5;
int j = i++ * 2;
```

Listing 2.11 Inkrementieren mit Suffix

```
int i = 5;
int j = ++i * 2;
```

Listing 2.12 Inkrementieren mit Präfix

Im ersten Fragment wird zuerst der Wert für j berechnet, anschließend wird i um 1 erhöht. Die Werte der Variablen sind j = 10 und i = 6. Im zweiten Fragment wird zuerst i inkrementiert und anschließend die Multiplikation ausgeführt, das Resultat ist j = 12 und i = 6. Das Gleiche gilt für den Operator --.

2.2.3 Bit-Operatoren

Für ganzzahlige Typen existieren weitere Operatoren, die auf der Binärdarstellung der Zahl operieren. Die Effekte dieser Operatoren sind gut zu veranschaulichen, wenn Sie die Zahlenwerte in Binärschreibweise angeben. Alle diese Operatoren führen dieselbe Typumwandlung durch, die auch bei den Rechenoperationen durchgeführt werden. Konkret bedeutet das, dass die Ergebnisse immer vom Typ `int` oder `long` sind, auch wenn die Eingabetypen `short` oder `byte` waren.

Bitweise Negation

Der Operator ~ schaltet jedes Bit einer Zahl um, setzt also eine 1 für jede 0 und eine 0 für jede 1. Aus ~0b101 wird so die etwas unhandliche Zahl 0b1111111111111111 1111111111111010. Würden Sie für das Literal den Typ long erzwingen, also ~0b101L angeben, so wäre das 64-bittige Ergebnis noch unhandlicher.

Bitweise Verknüpfungen

Diese Gruppe von Operatoren verknüpft zwei Ganzzahlen Bit für Bit mit den logischen Verknüpfungen AND, OR und XOR. Das Ergebnis ist eine Zahl, deren n-tes Bit das Ergebnis der Verknüpfung der n-ten Bits der Operanden ist.

Operator	Verknüpfung	Bedeutung	Beispiel
&	AND	Ein Bit im Ergebnis ist gesetzt, wenn das entsprechende Bit in beiden Operanden gesetzt ist.	0b0011 & 0b0101 = 0b0001
|	OR	Ein Bit im Ergebnis ist gesetzt, wenn das entsprechende Bit in einem oder beiden Operanden gesetzt ist.	0b0011 | 0b0101 = 0b0111
^	XOR	Ein Bit im Ergebnis ist gesetzt, wenn das entsprechende Bit in genau einem der Operanden gesetzt ist.	0b0011 ^ 0b0101 =0b0110

Tabelle 2.4 Übersicht über die bitweisen Verknüpfungen

Shift-Operatoren

Die Shift-Operatoren verschieben die Bits innerhalb einer Zahl nach links (<<) oder rechts (>>), machen also aus 0b0110 entweder 0b1100 oder 0b0011. Dabei wird jeweils um so viele Bits verschoben, wie der zweite Operand angibt:

▶ 0b00011010 << 2 = 0b01101000 (Verschiebung um 2 Bit nach links)
▶ 0b00011010 >> 3 = 0b00000011 (Verschiebung um 3 Bit nach rechts)

Bits, die dabei herausgeschoben werden, gehen verloren. Beim *shift left* wird an der rechten Seite immer mit 0 aufgefüllt. Beim *shift right* dagegen wird links mit dem Wert des Vorzeichen-Bits aufgefüllt. Der Grund dafür liegt in der mathematischen Bedeutung der Operation, denn mathematisch gesehen entspricht jedes Verschieben nach links einer Multiplikation mit zwei, Verschieben nach rechts einer Division durch zwei. Damit das auch mit negativen Zahlen funktioniert, ist es notwendig, negative Zahlen von links mit 1 aufzufüllen, positive aber mit 0. Das liegt an der Darstellung negativer Zahlen im Zweierkomplement.

Sollten Sie das Vorzeichen ignorieren und auch von links immer mit 0 auffüllen wollen, so gibt es dafür den Operator >>>, der genau das tut.

Auch für die Shift-Operatoren gibt es übrigens eine Kurzschreibweise: eineVariable <<= 2 entspricht eineVariable = eineVariable << 2.

[!] **Achtung: Zweierkomplement und negative Zahlen**

Ganzzahlen werden im Zweierkomplement dargestellt. Das höchste Bit jeder Zahl dient dabei als Vorzeichen-Bit; steht dort eine 0, handelt es sich um eine positive, bei einer 1 um eine negative Zahl. Es reicht aber nicht, das Vorzeichen-Bit umzustellen, um eine Zahl in ihr negatives Gegenstück umzustellen. Um eine positive Zahl ins Negative umzukehren, lautet der Algorithmus:

1. alle Bits der Zahl negieren, also 0 in 1 und 1 in 0 wandeln
2. 1 addieren

In 8 Bit wird so aus 01111111 = 127 die negative Zahl 10000001 = –127.

Wenn Sie negative Zahlen in Binärschreibweise angeben, dann müssen Sie sie aber nicht selbst ins Zweierkomplement umrechnen, das Minuszeichen funktioniert auch. Möchten oder müssen Sie es doch tun, müssen Sie die volle Bit-Länge des Datentyps angeben, also zum Beispiel 32 Bit für einen int-Wert:

–2 = –0b10 = 0b11111111111111111111111111111110

2.2.4 Übung: Ausdrücke und Datentypen

Welchen Datentyp und Wert haben die folgenden Ausdrücke? Lösungen zu allen Übungen finden Sie im Anhang.

1. 7
2. 7.0
3. 7L
4. 5 + 9
5. 5 + 9.0
6. 5 + 9.0f
7. 5d + 9.0f
8. (byte)5 + (short) 9
9. 17 << 2
10. 7L * 2
11. 5 / 2
12. 5 / 2.0
13. int i = 0; **i--**;

2.2.5 Character-Variablen

Ein Character (Datentyp char) ist ein einzelnes Unicode-Zeichen, sei es ein Buchstabe, eine Ziffer, ein Satzzeichen oder Sonstiges. Eine char-Variable belegt 16 Bit und ist vorzeichenlos, das heißt, sie kann 65.535 mögliche Werte annehmen. char verwendet also UTF-16, so wie Java es intern insgesamt tut.

> **Unicode**
>
> Unicode ist eine Sammlung von *Character Encoding*s, also von Übersetzungstabellen, die dazu dienen, Buchstaben, Ziffern usw. in eine Reihe von Nullen und Einsen umzuwandeln, die ein Computer verarbeiten kann. Es gibt weltweit eine Vielzahl von Schriftsystemen, Sonderzeichen, Zeichenkombinationen sowie wissenschaftlichen und anderen Symbolen, die Unicode versucht, alle in einer Zeichentabelle zu vereinen. Unicode umfasst alle in der Welt gebräuchlichen Zeichen, von unserem lateinischen über das kyrillische und arabische Alphabet bis hin zu chinesischen und japanischen Zeichen und weit darüber hinaus.
>
> Dadurch, dass sich alle in der Welt gebräuchlichen Zeichen darin finden, schaffte Unicode es endlich, einen weltweiten Standard für Zeichencodierung zu etablieren. Datenaustausch wurde dadurch immens vereinfacht. Es gibt verschiedene Ausprägungen von Unicode, die wichtigsten sind UTF-8, UTF-16 und UTF-32. Die Zahl gibt jeweils an, wie viel Bit zur Codierung eines Zeichens benötigt werden.

Um im Code char-Literale anzugeben, setzen Sie das Zeichen in **einfache** Anführungszeichen:

char beispiel = 'A';

Sie können auch Zeichen angeben, die Sie auf Ihrem Computer nicht eingeben oder nicht darstellen können, indem Sie direkt den Unicode des Zeichens mit dem Präfix \u angeben. Den Code des Zeichens können Sie den Zeichentabellen des Unicode Consortiums auf *http://unicode.org/* entnehmen.

//der arabische Buchstabe Alef
char arabischesBeispiel = '\u0627';

Ein char kann nur genau ein Unicode-Zeichen aufnehmen. Das heißt, dass nicht alles, was Sie im Alltag als ein Zeichen ansehen würden, auch in einen char passt. Betroffen sind zwei Gruppen von Zeichen: kombinierte Zeichen, zum Beispiel Zeichen mit Diakritika wie »ž«, und Zeichen, die in UTF-16 als mehrere Zeichen umschrieben werden müssen. Dieser zweite Fall ist leider notwendig, da Unicode mehr als 65.535 Zeichen umfasst. Im Alltag kommen Sie damit allerdings nur selten in Berührung.

char-Werte sind zwar Zeichenvariablen, aber sie lassen sich auch begrenzt als Zahlenwerte behandeln. Sie können zwei char-Werte oder auch einen char und einen int addieren oder subtrahieren. Das klingt zunächst wenig nützlich, es gibt aber durchaus häufige Anwendungen, zum Beispiel eine Schleife über alle Kleinbuchstaben.

```
for (char c = 'a'; c <= 'z'; c++){
    System.out.println(c);
}
```

Listing 2.13 Eine »for«-Schleife über alle Kleinbuchstaben

2.2.6 Boolesche Variablen

Der letzte primitive Datentyp ist gleichzeitig der eingeschränkteste. boolean-Variablen enthalten Wahrheitswerte, es gibt also nur true (wahr) und false (falsch).

> **Speicherbedarf eines Boolean-Werts**
> Obwohl klar ist, dass ein boolean-Wert genau 1 Bit darstellt, beträgt der wirklich belegte Speicher auf den meisten JVMs stolze 4 Byte.

```
boolean wahr = true;
boolean falsch = false;
```

Listing 2.14 Die zwei möglichen »boolean«-Werte

Es gibt eine Reihe von Operatoren speziell für boolean-Werte, die uns in Kapitel 3, »Entscheidungen«, ausführlich beschäftigen werden.

2.2.7 Vergleichsoperatoren

Es gibt eine weitere Gruppe von Operatoren, die Sie auf Primitivtypen anwenden können: die Vergleichsoperatoren (siehe Tabelle 2.5).

Operator	Bedeutung	Zieldatentypen
==	gleich	alle Datentypen
!=	ungleich	alle Datentypen
<	kleiner als	byte, short, int, long, char, float, double
<=	kleiner als oder gleich	byte, short, int, long, char, float, double
>=	größer als oder gleich	byte, short, int, long, char, float, double
>	größer als	byte, short, int, long, char, float, double

Tabelle 2.5 Vergleichsoperatoren in der Übersicht

Vergleiche haben immer ein boolesches Ergebnis, das heißt, ein Vergleich ist immer wahr oder falsch. Verwendet werden sie hauptsächlich im Zusammenhang mit Entscheidungen, die Sie in Kapitel 3 kennenlernen werden. Ein kurzes, vorgezogenes Beispiel macht diese Verwendung von Vergleichen klarer:

```
int zahl = …;
if (zahl < 0){
    //dieser Block wird nur ausgeführt, wenn zahl negativ ist.
}
```

Listing 2.15 Ein »if«-Statement mit Vergleich

Sie können das Ergebnis eines Vergleichs aber auch einer boolean-Variablen zuweisen, genau wie Sie das Ergebnis einer anderen Operation einer passenden Variablen zuweisen:

```
boolean positiv = zahl > 0;
```

Die Vergleichsoperatoren halten keine großen Überraschungen bereit. Die einzige Stolperfalle betrifft die Typen float und double. Für diese ist der Test auf Gleichheit mit == zwar möglich, führt aber häufig nicht zum gewünschten Ergebnis. Betrachten Sie dazu das folgende Beispiel:

```
if (1.000001 - 0.000001 == 1){
    System.out.println("Es funktioniert");
}
```

Listing 2.16 Vergleich von »float« und »double«: So geht es nicht.

Obwohl ohne Taschenrechner zu erkennen ist, dass die Differenz 1 ist, scheitert der Vergleich. Der Rumpf des if-Statements wird nicht ausgeführt. Das liegt daran, dass die Fließkommatypen nicht jeden Wert exakt darstellen können, manche Werte werden nur angenähert. Das Ergebnis der gezeigten Rechnung ist dadurch nicht 1, sondern 0,9999999999999999. Aus diesem Grund sollten Sie float und double nie auf Gleichheit prüfen, sondern immer einen Deltavergleich durchführen:

```
if (Math.abs((1.000001 - 0.000001) - 1) < 0.000000001){
    System.out.println("Es funktioniert");
}
```

Listing 2.17 Vergleich von »float« und »double«: So wird's gemacht.

Sie prüfen so, ob das Ergebnis mit einer für Sie akzeptablen Genauigkeit dem Vergleichswert entspricht.

2.3 Objekttypen

Alle Typen außer den acht oben beschriebenen sind Objekte. Objekte sind, wie bereits in Kapitel 1, »Einführung«, erläutert, Datenstrukturen, die zusammengehörige Daten und Methoden zusammenfassen, die auf diesen Daten arbeiten. Wie Sie bereits in den Beispielen in Kapitel 1, »Einführung«, gesehen haben, werden Objekte mit dem new-Operator aus einer Klasse erzeugt. (Die einzige Ausnahme davon sind String-Literale und Wrapper-Typen, die durch Autoboxing erzeugt wurden. Zu beidem folgt noch mehr in diesem Kapitel.)

Eine Variable eines Objekttyps deklarieren Sie auf dieselbe Art wie eine primitive Variable: Variablentyp, gefolgt vom Namen.

```
Object meinErstesObjekt = new Object();
```

Listing 2.18 Deklaration und Zuweisung einer Objektvariablen

Trotz der gleichen Syntax unterscheiden sich Objektvariablen aber grundsätzlich von primitiven Variablen: Primitive Variablen speichern Werte, Objektvariablen speichern Referenzen.

2.3.1 Werte und Referenzen

Variablen sind, wie bereits gesagt, benannte Speicherstellen. Für primitive Typen bedeutet das, dass an dieser Speicherstelle der aktuelle Wert der Variablen gespeichert wird. Bei einer Objektvariablen steht an dieser Speicherstelle aber nicht das Objekt, sondern nur eine weitere Speicheradresse, an der sich das Objekt befindet. Man spricht von einer *Referenz* oder einem *Zeiger* auf das Objekt.

Auf den ersten Blick erscheint dieser Unterschied für Sie als Anwendungsentwickler nicht relevant, aber daraus folgt der wichtige Unterschied zwischen den beiden Arten von Variablen. Betrachten Sie dazu die folgenden Beispiele.

```
int zahl1 = 5;
int zahl2 = zahl1;
```

Listing 2.19 Zuweisung von Primitivtypen

```
BeispielObjekt objekt1 = new BeispielObjekt();
BeispielObjekt objekt2 = objekt1;
```

Listing 2.20 Zuweisung von Objekten

In beiden Fällen wird zuerst einer Variablen ein Wert zugewiesen und dann der Wert dieser Variablen einer weiteren Variablen zugewiesen. Die Variable zahl2 enthält anschließend eine Kopie des Wertes von zahl1, also 5. objekt2 enthält eine Kopie des in objekt1 gespeicherten *Zeigers*, es wird aber keine Kopie des *Objekts* erstellt.

Dieser Unterschied wird dadurch wichtig, dass Objekte Daten enthalten, die von außen verändert werden können. Nehmen Sie an, die Klasse BeispielObjekt deklariert ein Feld namens zahl vom Typ int. Sie können auf dieses Feld mit dem Punktoperator zugreifen und es genauso behandeln wie jede andere Variable. Zum Beispiel können Sie einen Wert zuweisen:

```
objekt2.zahl = 21;
```

Was ist nun das Ergebnis, wenn Sie den Wert von objekt1.zahl auslesen? Bedenken Sie, dass keine Kopie des Objekts erstellt wurde, es existiert nur ein Exemplar von BeispielObjekt im Speicher – man spricht von einer *Instanz* –, und beide Variablen zeigen darauf. Der Wert von objekt1.zahl ist demnach 21.

2.3.2 Der Wert »null«

Die Funktionsweise von Objektvariablen als Referenz auf ein Objekt erklärt auch den Sinn des speziellen Wertes null. Er bedeutet, dass eine Variable auf kein Objekt zeigt. Mit einem null-Wert in einer Variablen können Sie nicht viel anfangen. Jeder Versuch, auf Felder oder Methoden zuzugreifen, führt zum wahrscheinlich häufigsten Laufzeitfehler beim Arbeiten mit Java: der NullPointerException. Der Compiler kann Sie vor diesem Fehler nicht schützen, er führt keine Analyse auf null-Werte durch.

```
Object obj = null;
obj.toString();
```

Listing 2.21 Der schnellste Weg zur »NullPointerException«

Dieses Codefragment wird problemlos kompiliert. Der Compiler prüft nur, ob der deklarierte Typ der Variablen obj die Methode toString enthält. Das tut er, toString ist eine der Methoden, die an jedem Objekt existieren. Erst zur Laufzeit kommt es zur NullPointerException.

Ist eine Variable null, so bedeutet das ganz allgemein, dass sie keinen Wert hat, aber man erfährt nicht, warum das so ist. Es kann bedeuten, dass die Variable schlicht noch nicht initialisiert wurde oder dass eine Operation kein Ergebnis hat, zum Beispiel weil bei einer Suche keine passenden Ergebnisse gefunden wurden.

2.3.3 Vergleichsoperatoren

Auch für Objekttypen existieren die Vergleichsoperatoren == und !=. Allerdings bedeuten Gleichheit und Ungleichheit für Objekte nicht, dass sie wertgleich sind, sondern dass die beiden Zeiger dasselbe Objekt referenzieren. Auch wenn zwei Objekte vom selben Typ sind und alle ihre Felder wertgleich, so sind die Objekte doch nicht gleich im Sinne des Gleichheitsoperators, sondern nur in diesem Fall:

```
Object obj1 = new Object();
Object obj2 = new Object();
if (obj1 == obj2){
    //dieser Block wird nicht ausgeführt
}
```

Listing 2.22 Wertgleich, aber nicht dasselbe Objekt

```
Object obj1 = new Object();
Object obj2 = obj1;
if (obj1 == obj2){
    …
}
```

Listing 2.23 Nur so sind zwei Objekte gleich.

Die Prüfung auf Wertgleichheit zweier Objekte wird in Java nicht mit einem Operator umgesetzt, sondern mit der equals-Methode, die Sie in Kapitel 5, »Klassen und Objekte«, kennenlernen werden.

2.3.4 Allgemeine und spezielle Typen

Bisher haben alle Beispiele nahegelegt, dass eine Variable nur auf Objekte genau des Typs verweisen kann, mit dem sie deklariert wurde. Das ist nicht die ganze Wahrheit. Es gibt unter Klassen Vererbungsbeziehungen, die uns beim Thema Objektorientierung (siehe Kapitel 6) ausführlich beschäftigen werden. Eine Klasse, die von einer anderen erbt, enthält alle Felder und Methoden dieser Klasse, kann aber noch eigene hinzufügen. Man sagt deshalb auch, dass sie die Klasse, von der sie erbt, *erweitert*.

Ein klassisches Beispiel, das Vererbung veranschaulicht, sind Fahrzeuge. Ein Auto ist eine spezielle Art von Fahrzeug; wenn Sie diesen Sachverhalt objektorientiert darstellen wollen, dann lassen Sie die Klasse Auto von der Klasse Fahrzeug erben. Von Auto kann es wiederum eine weitere Spezialisierung geben, zum Beispiel den Sportwagen. Die Klasse Sportwagen erbt von Auto und dadurch indirekt auch von Fahrzeug. Im Java-Code ermöglicht dieser Zusammenhang folgendes Codefragment:

```
Sportwagen meinSportwagen = new Sportwagen();
Auto auchMeins = meinSportwagen;
Fahrzeug immerNochMeins = meinSportwagen;
```

Listing 2.24 Objektvariablen und Vererbung

Diese Zuweisungen sind möglich, obwohl die Variablen verschiedene Typen haben, weil diese Typen in einer Vererbungsbeziehung stehen. Beachten Sie aber, dass dies nur in eine Richtung funktioniert – der folgende Code ist falsch:

```
Auto meinAuto = new Auto();
Sportwagen meinSchnellesAuto = meinAuto;
```

Listing 2.25 Diese Zuweisung funktioniert nicht.

Warum die Zuweisung in eine Richtung funktioniert und in die andere nicht, ist mit Alltagswissen leicht zu erklären: Jeder Sportwagen ist auch ein Auto, aber nicht jedes Auto ist ein Sportwagen. Deshalb können Sie von Sportwagen an Auto zuweisen, nicht aber von Auto an Sportwagen, denn eine Variable vom Typ Auto kann zwar auf ein Objekt vom Typ Sportwagen verweisen, muss es aber nicht.

Im JDK kommen zwar nur wenige Autos vor, aber derselbe Zusammenhang besteht auch zwischen Klassen aus der Klassenbibliothek. Ein Beispiel haben Sie in Kapitel 1, »Einführung«, schon gesehen:

```
private Map wordCounts = new HashMap();
```

Diese Zeile können Sie sich jetzt sofort erklären: HashMap erbt von Map, deshalb ist diese Zuweisung möglich (streng genommen implementiert HashMap das Interface Map, aber zu diesem Zeitpunkt ist der Unterschied noch nicht relevant).

Typumwandlung

Was kann man aber tun, wenn man doch ein Auto einer Sportwagen-Variablen zuweisen möchte und sich völlig sicher ist, dass es auch ein Sportwagen ist?

Dafür gibt es auch bei Objekten die Möglichkeit, zu casten, indem Sie in Klammern den Zieltyp angeben.

```
Auto meinAuto = new Sportwagen();
Sportwagen schnellesAuto = (Sportwagen) meinAuto;
```

Listing 2.26 Casten von Objekten

Im Gegensatz zum Casten bei primitiven Typen wird das Objekt aber hierdurch nicht in einen anderen Typ konvertiert. Dazu gibt es keine Möglichkeit. Damit der Cast funktioniert, muss das Objekt schon vom richtigen Typ sein.

Aber wozu ist ein Cast bei Objekttypen dann überhaupt gut? Wie oben bereits erwähnt, kann eine Klasse von einer anderen erben und sie um eigene Felder und Methoden erweitern. Wenn das Objekt aber in einer Variablen vom Typ der Oberklasse gespeichert ist, kann auf diese Erweiterungen nicht zugegriffen werden, denn der Compiler lässt nur Zugriffe zu, die zum *deklarierten* Typ der Variablen passen. Auch hierzu wieder ein Beispiel. Nehmen Sie an, dass Fahrzeug die Methode fahre() implementiert. Durch die Vererbung kennt auch Sportwagen diese Methode. Zusätzlich kennt Sportwagen, und nur Sportwagen, die Methode fahreSchnell().

```
Auto meinAuto = new Sportwagen();
meinAuto.fahre(); //Dieser Aufruf funktioniert
meinAuto.fahreSchnell(); //Kompiliert nicht
((Sportwagen)meinAuto).fahreSchnell(); //funktioniert
```

Listing 2.27 Wozu braucht man Casts bei Objekten?

In diesem Fall funktioniert der Cast, da meinAuto wirklich einen Sportwagen referenziert. Würde die Variable auf ein einfaches Auto oder auf eine andere Subklasse von Auto verweisen, dann käme es zur Laufzeit zu einer ClassCastException.

2.3.5 Strings – primitive Objekte

Unter den Objekten genießen Strings, also Zeichenketten, eine Sonderstellung. Als einziger Objekttyp gibt es für sie eine Literalschreibweise und einen eigenen Operator, die Konkatenation mit +. String-Literale haben Sie in vielen Beispielen bereits gesehen, die Zeichenkette wird in doppelten Anführungszeichen angegeben. Aus dem String-Literal wird ein Objekt vom Typ String erzeugt.

Der Konkatenationsoperator erzeugt aus zwei Strings eine neuen, indem er beide Strings hintereinanderschreibt. Ausführlich werden wir uns mit Strings in Abschnitt 8.2 beschäftigen. Merken Sie sich aber schon jetzt, dass Strings Objekte sind, denn die Warnung über Objektvergleiche mit == gilt auch für Strings.

2.4 Objekt-Wrapper zu Primitiven

Die Trennung zwischen Primitivtypen und Objekttypen ist auf den ersten Blick total. Auf der einen Seite stehen die Primitiven, auf der anderen Seite die Objekte. Das ist zwar richtig, aber es gibt eine Brücke zwischen den beiden Welten, die sogenannten *Wrapper-Klassen*. Schon seit Java 1.0 (1.1 für byte und short) gibt es zu jedem Primitivtyp eine Klasse, die diesen Typ in ein Objekt »verpacken« kann, um damit objektorientiert arbeiten zu können (siehe Tabelle 2.6).

Primitivtyp	Klasse
byte	java.lang.Byte
short	java.lang.Short

Tabelle 2.6 Primitivtypen und ihre Wrapper-Klassen

Primitivtyp	Klasse
int	java.lang.Integer
long	java.lang.Long
float	java.lang.Float
double	java.lang.Double
char	java.lang.Character
boolean	java.lang.Boolean

Tabelle 2.6 Primitivtypen und ihre Wrapper-Klassen (Forts.)

2.4.1 Warum?

Dieses Doppelleben der Primitivtypen ist nicht so sinnlos, wie es zunächst den Anschein hat. Sowohl Primitive als auch Objekte haben ihre Vorteile. Die Primitiven sind speichersparender und performanter als Objekte, für die am häufigsten genutzten Datentypen nicht unwichtig. Andererseits können Objekte nützliche Methoden enthalten und Klassen wichtige Konstanten definieren. Zum Beispiel enthalten die Wrapper zu den numerischen Typen jeweils die Konstanten MIN_VALUE und MAX_VALUE, die den kleinsten bzw. größten Wert des Typs enthalten. Auch finden Sie in den Wrapper-Klassen der Zahlentypen die sehr nützlichen parse*-Methoden (Integer.parseInt(), Short.parseShort(), Double.parseDouble() ...), die einen String in den jeweiligen Zahlentyp umwandeln, soweit möglich.

Die Spaltung in Primitive und Objekte war in den Anfängen von Java der Weg, das Beste beider Welten zu erhalten. Um die Vorteile beider Seiten nutzen zu können, ist natürlich ein Weg notwendig, zwischen Primitiven und ihren Wrappern zu konvertieren.

2.4.2 Explizite Konvertierung

Alle Wrapper-Klassen enthalten Methoden, die zwischen Primitiven und Wrappern konvertieren. Vom Primitiven zum Objekt kommen Sie immer mit der statischen Methode valueOf der jeweiligen Wrapper-Klasse (Sie erinnern sich, statische Methoden sind solche, die direkt an einer Klasse aufgerufen werden können). Integer.valueOf(21) erzeugt ein Integer-Objekt, das den Wert 21 enthält. Boolean.valueOf(false) tut dasselbe mit dem Wert false in einem Boolean-Objekt usw.

In die andere Richtung gibt es am Objekt – diese Methoden sind nicht statisch – jeweils eine Methode *Value() (zum Beispiel intValue(), charValue(), ...), die wieder einen Primitivwert daraus macht.

> **Konvertieren von Primitiven in Wrapper-Objekte**
> Es gibt an den Wrapper-Klassen auch jeweils einen Konstruktor, um aus einem Primitiven ein Objekt zu erzeugen. Verwenden Sie diesen nicht. Er funktioniert zwar, aber die `valueOf`-Methoden können Objekte wiederverwenden. Wenn Sie mehrmals `Integer.valueOf(21)` rufen, dann bekommen Sie möglicherweise dasselbe Objekt zurück, so wird Speicher gespart. Mit dem Konstruktor ist das nicht möglich, er *muss* immer ein neues Objekt erzeugen. Da Instanzen der Wrapper-Klassen unveränderlich sind, können keine Probleme dadurch auftreten, dass sie wiederverwendet werden.

2.4.3 Implizite Konvertierung

Seit Java 5 müssen Sie die Konvertierung in vielen Fällen nicht mehr selbst durchführen. Seit dieser Version gibt es *Autoboxing* bzw. *Autounboxing*, einen Mechanismus, der die Umwandlung nach Bedarf durchführt. Seitdem können Sie zum Beispiel Zuweisungen wie `Integer zahlenObjekt = 5` ausführen, aus dem `int`-Wert 5 wird automatisch ein `Integer`-Objekt erzeugt. Auch andersherum funktioniert es:

```
Integer zahl = 5;
int summe = zahl + 1;
```

Listing 2.28 Autoboxing und -unboxing

In der zweiten Zeile des Codefragments wird `zahl` automatisch in einen `int` umgewandelt, denn `Integer`-Objekte können nicht mit + addiert werden. Allerdings funktioniert die Umwandlung nicht in allen Situationen, `13.toString()` ist beispielsweise nach wie vor nicht möglich.

Implizite Konvertierung und null-Werte

Besondere Vorsicht ist nötig, wenn Sie mit Wrapper-Objekten und `null`-Werten arbeiten. Wie bei allen anderen Objekttypen ist `null` auch für die Wrapper ein gültiger Wert. Primitive können aber nie `null` sein. Das ist sogar ein weiterer Grund, die Wrapper zu benutzen: `null`-Werte sind wertvoll, sie können zum Beispiel aussagen, dass eine Berechnung noch nicht ausgeführt wurde. Mit Primitiven lässt sich das nicht ausdrücken. Da es aber keine primitive Entsprechung zu `null` gibt, schlägt der Versuch, zu »unboxen«, mit einer `NullPointerException` fehl:

```
Integer zahl = null;
Integer zahl2 = zahl +1;
```

Listing 2.29 NullPointerException beim Unboxing

Dieser Code kompiliert problemlos, der Fehler tritt erst zur Laufzeit auf. Als Entwickler müssen Sie entscheiden, wie Sie damit umgehen. Wenn Ihre Anwendung null an dieser Stelle nicht erlaubt, dann können Sie auf die Prüfung verzichten und die NullPointerException auftreten lassen. Der Aufrufer der Methode erhält dann einen Fehler, den er behandeln kann. Sauberer ist es aber, die Prüfung selbst vorzunehmen, um eine bessere Fehlermeldung erzeugen zu können. Das funktioniert ganz ähnlich wie die Parameterprüfung, die Sie in den verschiedenen main-Methoden der bisherigen Beispiele gesehen haben.

```java
public Integer verdopple(Integer in){
    if (in == null)
        throw new IllegalArgumentException("Null is not allowed");
    return in * 2
}
```

Listing 2.30 Prüfung auf »null«-Werte mit Werfen einer Exception

Ist null aber ein Wert, den Ihre Anwendung an dieser Stelle erlaubt, dann sollten Sie auch keine Fehler werfen. Stattdessen könnten Sie selbst wiederum null zurückgeben: Das Doppelte einer undefinierten Zahl ist undefiniert.

```java
public Integer verdopple(Integer in){
    if (in == null)
        return null;
    return in * 2
}
```

Listing 2.31 Prüfung auf »null«-Werte mit »null« beantworten

Egal, wie Sie auf null-Werte reagieren, Sie sollten diese Reaktion im Javadoc der Methode festhalten.

2.5 Array-Typen

Alle gezeigten Typen, Objekte wie Primitive, haben gemeinsam, dass sie genau einen Wert des deklarierten Typs enthalten. Häufig wollen Sie aber auch mit mehreren zusammengehörigen Variablen desselben Typs arbeiten, zum Beispiel mit einer Liste von Namen oder einer Liste von Zahlenwerten, die die Koordinaten eines Punktes darstellen, oder mit einer Liste von Point-Objekten, die ein Polygon definieren.

In all diesen Fällen bietet es sich an, ein *Array* zu verwenden. Ausführlich werden wir uns mit Arrays (und ihren Cousins, den Collections) in Kapitel 10 beschäftigen. Da es sich aber um einen grundlegenden Java-Datentyp handelt, sollen sie auch in diesem Kapitel nicht fehlen.

2.5.1 Deklaration eines Arrays

Arrays sind in Java immer an den eckigen Klammern [ ] zu erkennen. Sie werden sowohl in der Deklaration des Datentyps als auch zum Erzeugen eines neuen Arrays benötigt.

Sie können ein leeres Paar eckiger Klammern an jeden beliebigen Datentyp hängen, um ein Array dieses Typs zu bezeichnen, egal, ob es sich um einen primitiven Typ oder einen Objekttyp handelt. So ist int[] ein Array von Ganzzahlen, String[] ein Array von Zeichenketten und MeineKlasse[] ein Array von Objekten Ihrer selbst implementierten Klasse MeineKlasse. (Sie können die eckigen Klammern auch an den Variablennamen hängen, etwa so: int meinArray[]. Dies ist in Java aber extrem unüblich, tun Sie es nicht.)

Genau wie Objekte werden Arrays mit dem new-Operator erzeugt. Wenn Sie ein neues Array erzeugen, um es Ihrer Array-Variablen zuzuweisen, geben Sie in eckigen Klammern die Länge des Arrays an. Arrays haben eine feste, unveränderliche Länge zwischen 0 und 2.147.483.647. (Um genau zu sein, sind es, je nachdem, welche Laufzeitumgebung Sie verwenden, maximal 2.147.483.639–2.147.483.645 Einträge. Auch wenn es an vielen Stellen so zu lesen ist, können Sie normalerweise nicht die volle Länge von 2.147.483.647 ausschöpfen.)

```
int[] zahlen = new int[100];
String[] namen = new String[512];
double[] koordinaten = new double[3];
```

Listing 2.32 Array-Deklarationen

Ein so deklariertes Array enthält an jeder Stelle den Default-Wert für den zugrunde liegenden Datentyp, also null für Objekte, 0 für Zahlenwerte und false für boolean.

Sie können aber auch für ein Array einen Startwert angeben, indem Sie in geschweiften Klammern die Werte auflisten. In diesem Fall müssen Sie keine Länge angeben.

```
double[] koordinaten = new double[]{1.5, 3.2, 1.0};
```

Listing 2.33 Array-Deklarationen mit Startwert

2.5.2 Zugriff auf ein Array

Auch beim Zugriff auf ein Array kommen die eckigen Klammern zum Einsatz. Sie hängen dem Namen der Array-Variablen in eckigen Klammern den Index des Elements an, auf das Sie zugreifen möchten. So können Sie Werte in einem Array genauso behandeln wie eine einfache Variable.

```
int[] zahlen = new int[]{1, 2, 3, 4, 5};
int ersteZahl = zahlen[0]; // den ersten Wert des Arrays lesen
zahlen[0] = 17; // den ersten Wert des Arrays schreiben
```

Listing 2.34 Zugriff auf Werte im Array

Beachten Sie, dass die erste Stelle des Arrays den Index 0 hat, nicht 1. Dadurch hat die letzte Stelle den Index Array-Länge –1 und **nicht** etwa Array-Länge. Wenn Sie versuchen, auf einen Index außerhalb des Arrays zuzugreifen, wird dies mit einer Index-OutOfBoundsException **verhindert**.

Die Länge des Arrays finden Sie in der Eigenschaft length. Sie können den Wert allerdings nur auslesen, nicht neu setzen.

```
int[] zahlen = new int[]{1, 2, 3, 4, 5};
System.out.println(zahlen.length + " Zahlen im Array");
```

Listing 2.35 Die Array-Länge auslesen

2.6 Zusammenfassung

In diesem Kapitel haben Sie gelernt, wie Sie Variablen deklarieren und mit ihnen arbeiten. Sie haben die acht primitiven Datentypen kennengelernt und gesehen, wie sie sich voneinander unterscheiden, wie Sie mit ihnen einfache Berechnungen anstellen und was der Unterschied zwischen den primitiven Typen und den Objekttypen ist. Im nächsten Kapitel werden Sie endlich beginnen, eigene Programme zu schreiben, und lernen, wie Sie in Ihrem Programm Entscheidungen treffen können.

Kapitel 3
Entscheidungen

Es wäre übertrieben, zu sagen, dass ein Computer ohne die Möglichkeit, Entscheidungen zu treffen, wertlos ist. Er wäre immer noch eine extrem schnelle Rechenmaschine. Aber alles, was darüber hinausgeht, ist ohne Entscheidungen nicht möglich. Von Minesweeper bis World of Warcraft, vom Dateisystem bis zum Webbrowser, alle Anwendungen, egal, welcher Komplexität, brauchen die Möglichkeit, den Programmablauf zu verzweigen.

Eine Möglichkeit, den Programmablauf zu verzweigen und entweder den einen Programmteil oder den anderen auszuführen, ist für jede Programmiersprache unverzichtbar. Sei es, um auf Benutzereingaben zu reagieren oder auf interne Zustände, nur sehr wenige nützliche Programme führen ihren Code linear vom Anfang bis zum Ende aus. Java bietet verschiedene Sprachkonstrukte, die den Programmablauf verzweigen und die Sie in diesem Kapitel kennenlernen werden.

3.1 Entweder-oder-Entscheidungen

Das häufigste Konstrukt, das den Programmablauf verzweigt, ist das `if`-Statement. Es trifft die Entscheidung, welcher Programmzweig ausgeführt werden soll, aufgrund eines booleschen Wertes. Das kann eine `boolean`-Variable oder -Methode sein oder ein Ausdruck mit dem Ergebnistyp `boolean` durch die Anwendung der Vergleichsoperatoren.

```java
public int betrag(int x){
    if (x < 0){
        x = -x;
    }
    return x;
}
```

Listing 3.1 Den Betrag einer Zahl berechnen mit »if«

Die Bedingung, nach der entschieden wird, steht in Klammern nach dem Schlüsselwort if. Darauf folgt der Code, der ausgeführt werden soll, wenn die Bedingung wahr ist. Normalerweise ist das ein Codeblock in geschweiften Klammern, wie im Beispiel gezeigt. Aber wenn nur eine Anweisung folgt, und nur dann, können Sie auf die geschweiften Klammern verzichten. Das folgende Beispiel ist mit dem in Listing 3.1 völlig gleichwertig.

```
public int betrag(int x){
    if (x < 0)
        x = -x;
    return x;
}
```

Listing 3.2 Betragsberechnung ohne Codeblock

Obwohl es möglich ist, auf die geschweiften Klammern zu verzichten, zeigt die Erfahrung aus dem Alltag, dass es besser ist, sie immer zu setzen, auch wenn der Block nur ein Statement enthält. Der Grund dafür ist kein technischer, sondern Übersichtlichkeit und Fehlervermeidung: Will man später ein zweites Statement hinzufügen, vergisst man leicht, die Klammern zu setzen. Deshalb lautet meine Empfehlung, auch einzelne Statements zu klammern, um diesen Fehlern vorzubeugen. Das Gleiche gilt für andere Sprachkonstrukte wie else-Blöcke und Schleifen, aber **nicht** für Klassen- und Methodendeklarationen. Bei diesen müssen die geschweiften Klammern immer gesetzt werden.

So wie in den Beispielen gezeigt, wird ein Codeblock entweder ausgeführt oder nicht. Sie haben aber auch die Möglichkeit, entweder den einen Codeblock auszuführen oder den anderen. Dazu dient die optionale else-Klausel des if-Statements.

```
public void begruesse(String name){
    if (name != null){
        System.out.println("Hallo, " + name);
    } else {
        System.out.println("Hallo, Fremder");
    }
}
```

Listing 3.3 Persönliche Begrüßung mit »if«-»else«

Der else-Block wird ausgeführt, wenn die Bedingung nicht zutrifft. Es wird also immer genau einer der Codeblöcke ausgeführt, entweder der if-Block oder der else-Block.

3.1.1 Übung: Star Trek – sehen oder nicht?

Schon mit diesen einfachen Entscheidungsmöglichkeiten kann Ihnen ein Computerprogramm helfen, schwierige und wichtige Alltagsentscheidungen zu treffen. Sicherlich haben Sie bereits vom Fluch der alten Star-Trek-Filme gehört? Die Filme mit geraden Nummern (»Der Zorn des Khan«, »Zurück in die Gegenwart«, »Das unentdeckte Land«, »Der erste Kontakt«) sind sehr gute Filme, die Filme mit ungeraden Nummern ... nicht. »Nemesis« fällt aus diesem Muster heraus, der Film hat zwar eine gerade Nummer, ist aber trotzdem nicht gut. Aber darum kümmern wir uns später. Für den Moment ist Ihre Aufgabe, ein Programm zu schreiben, das vom Benutzer erfragt, welchen Teil der Star-Trek-Reihe er ansehen möchte, und ihn bei Eingabe einer geraden Zahl dazu ermutigt, bei Eingabe einer ungeraden Zahl aber davon abhält.

Ein- und Ausgabe

In dieser Übung, und auch in vielen weiteren, müssen Sie mit dem Benutzer über die Kommandozeile kommunizieren. Sie haben in den Beispielen bereits gesehen, wie Ihr Programm Text auf die Kommandozeile ausgeben kann: Die Methode `System.out.println` erwartet einen String-Parameter und gibt ihn auf die Standardausgabe aus, gefolgt von einem Zeilenumbruch:

```
System.out.println("Ausgabetext");
```

Eine Eingabe von der Kommandozeile zu lesen, ist etwas schwieriger. Die Standardeingabe finden Sie ebenfalls im `System`-Objekt, unter dem Namen `System.in`. Die Standardeingabe liefert allerdings Binärdaten an das Programm, das ist für unsere Zwecke nicht nützlich. Um aus dem `byte`-Strom einen `char`-Strom zu machen, aus dem Sie dann Text lesen können, ist ein kleiner Vorgriff auf Kapitel 12, »Dateien, Streams und Reader«, notwendig. Sie können die Klasse `java.io.InputStreamReader` verwenden, um die Standardeingabe zu transformieren. Damit können Sie einzelne Zeichen von der Standardeingabe lesen. Noch viel praktischer wäre es aber, die Eingabe zeilenweise lesen zu können, also darauf zu warten, dass der Benutzer die ⏎-Taste drückt, und dann die gesamte Eingabe in einem Schritt zu lesen. Das leistet die Klasse `java.io.BufferedReader`, die diese Funktionalität mit der Methode `readLine` zur Verfügung stellt. Der Code, mit dem Sie an die Benutzereingabe gelangen, sieht also insgesamt so aus:

```
package de.kaiguenster.javaintro;
import java.io.*;
public class StarTrek {
    public static void main(String[] args) throws IOException {
        BufferedReader reader = new BufferedReader(
            new InputStreamReader(System.in));
        ...
```

```
        String eingabe = reader.readLine();
        …
    }
}
```

Listing 3.4 Benutzereingabe lesen

Sie können dieses Beispiel als Vorlage für Ihre eigenen Klassen verwenden. Es wird Ihnen nicht entgangen sein, dass, abweichend von den vorherigen Beispielen, die Deklaration der main-Methode um den Zusatz throws IOException erweitert wurde. Das ist notwendig, da die readLine-Methode eine IOException werfen kann, also einen Ein-/Ausgabefehler. Diese ist, im Gegensatz zu den anderen Exceptions, die Sie bislang gesehen haben, eine *Checked Exception*, ein Fehler, der in der Methodensignatur angegeben werden **muss**. Mehr dazu erfahren Sie in Kapitel 9 beim Thema Fehler und Fehlerbehandlung; für den Moment genügt es, zu wissen, dass Sie throws IO-Exception angeben müssen, wenn Sie von der Standardeingabe lesen.

Ein letzter Hinweis, bevor Sie mit der Aufgabe loslegen: Erinnern Sie sich an die Methode Integer.parseInt(), die einen String in eine Zahl umwandelt. Die Eingabe sollte dafür in herkömmlichen arabischen Ziffern erfolgen, nicht wie in den Filmtiteln in römischen Zahlen. Diese sind etwas aufwendiger zu verarbeiten, und Sie werden sich später im Buch noch damit beschäftigen.

Und nun versuchen Sie sich an der Lösung Ihrer ersten Programmieraufgabe. Und bitte versuchen Sie es, bevor Sie bis zur Lösung weiterlesen.

Die Lösung

Da es sich um die erste Aufgabe zum Themengebiet handelt, finden Sie eine ausführliche Lösung direkt hier statt im Anhang. Betrachten Sie zunächst den Code der Beispiellösung:

```
package de.kaiguenster.javaintro;
import java.io.*;

public class StarTrek {
    public static void main(String[] args) throws IOException {
        BufferedReader reader = new BufferedReader(
            new InputStreamReader(System.in));
        System.out.println("Welchen Star-Trek-Film willst du anschauen?");
        int film = Integer.parseInt(reader.readLine());
        if (film % 2 == 0){
            System.out.println("Cool! Los geht's.");
```

```
        } else {
            System.out.println("Nein, tu es nicht!");
        }
    }
}
```

Listing 3.5 Welcher Star-Trek-Film ist sehenswert? Eine Beispiellösung

Dies ist natürlich nur eine mögliche Lösung. Wenn Ihre Lösung anders aussieht, aber die Anforderungen erfüllt, ist sie deswegen nicht falsch. Vorausgesetzt natürlich, Sie haben ein `if-else`-Statement verwendet, denn darum ging es ja schließlich. Vieles war bereits im Beispielcode zum Lesen der Benutzereingabe vorgegeben, der interessante Teil ist das `if`-Statement. Um zu prüfen, ob die Zahl gerade oder ungerade ist, kommt der Modulo-Operator zum Einsatz: Offensichtlich hat eine gerade Zahl geteilt durch 2 den Teilungsrest 0, eine ungerade Zahl den Rest 1. Als Bedingung für das `if`-Statement formuliert heißt das: `film % 2 == 0` (oder natürlich `film % 2 == 1`, wenn Sie die beiden Codeblöcke vertauschen).

In jedem Codeblock wird eine Ausgabe gemacht, die dem Benutzer mitteilt, ob er dabei ist, einen Fehler zu begehen oder nicht.

3.1.2 Mehrfache Verzweigungen

Mit `if-else` lassen sich auch schon Mehrfachverzweigungen umsetzen. Dazu geben Sie in der `else`-Klausel wieder ein `if`-Statement an:

```
if (Bedingung1){
    Block1
} else if (Bedingung2){
    Block2
} else if (Bedingung3){
    Block3
} else {
    else-Block
}
```

Listing 3.6 Mehrfachverzweigung mit »else if«

Wenn Sie auf diese Art mehrere `if`-Statements verketten, dann ist sichergestellt, dass nur genau einer der gegebenen Codeblöcke ausgeführt wird. Trifft `Bedingung1` zu, wird `Block1` ausgeführt, dann wird die Programmausführung nach dem abschließenden `else`-Block fortgesetzt. Trifft `Bedingung1` nicht zu, wird `Bedingung2` geprüft usw. Nur wenn keine der Bedingungen zutraf, wird der finale `else`-Block ausgeführt. Bei dieser Konstruktion ist es wichtig, Ihre Bedingungen in der richtigen Reihenfolge anzuordnen. Betrachten Sie folgendes Beispiel:

```
int i = …
if (i > 1){
   System.out.println("i > 1");
} else if (i > 2){
    System.out.println("i > 2");
} else if …
```

Listing 3.7 Falsche Reihenfolge von »if«-Prüfungen

In diesem Codefragment ist die Reihenfolge problematisch: Der zweite Codeblock wird niemals ausgeführt. Da jede Zahl größer als 2 auch größer als 1 ist, wird der erste Block ausgeführt, und die weiteren Bedingungen werden erst gar nicht mehr geprüft.

3.1.3 Übung: Body-Mass-Index

In dieser Übung sollen Sie einen BMI-(Body-Mass-Index-)Rechner implementieren. Dazu müssen zunächst Größe und Gewicht des Benutzers abgefragt werden. Aus diesen Angaben können Sie den BMI nach der Formel *BMI = Gewicht ÷ Größe^2* berechnen. Sie benötigen das Gewicht in Kilogramm und die Größe in Metern, aber es ist etwas einfacher, die Größe in Zentimetern eingeben zu lassen und umzurechnen, Sie müssen sich so nicht um das Eingabeformat der Dezimalzahl kümmern. Das Programm soll den berechneten BMI und eine Einordnung nach Tabelle 3.1 ausgeben.

BMI	Kategorie
< 18,5	Untergewicht
18,5–25	Normalgewicht
25–30	Übergewicht
> 30	schweres Übergewicht

Tabelle 3.1 BMI-Kategorien

Die Kategorisierung soll natürlich mit einem `if-else`-Statement realisiert werden. Denken Sie auch darüber nach, welche Datentypen Sie verwenden sollten, und bedenken Sie, welche Ergebnistypen Ihre Berechnungen haben. Die Lösung zu dieser Übung finden Sie im Anhang.

3.1.4 Der ternäre Operator

Neben dem if-Statement gibt es ein weiteres Sprachkonstrukt für Entweder-oder-Entscheidungen: Der sogenannte *ternäre Operator* heißt so, weil er drei Operanden statt der üblichen zwei benötigt.

```
Bedingung ? Wert1 : Wert2
```

Listing 3.8 Der ternäre Operator

Die Bedingung wird zu einem boolean-Wert ausgewertet. Ist dieser Wert true, so ist der Wert des gesamten Ausdrucks Wert1, ansonsten Wert2. Das der Ausdruck einen Wert hat, unterscheidet ihn vom if-Statement. Er kann dadurch in einen größeren Ausdruck eingebettet werden, was mit if nicht möglich ist. Der ternäre Operator kann dafür nur zwischen zwei Werten auswählen, nicht wie if zwischen zwei Codeblöcken.

Beide Konstrukte können also dieselben Entscheidungen treffen, haben aber unterschiedliche Einsatzgebiete.

```
int maximum = a > b ? a : b;
```

Listing 3.9 Die größere Zahl auswählen mit ternärem Operator

```
System.out.println("Die Zahl ist " + (zahl % 2 == 0 ? "gerade" : "ungerade"));
```

Listing 3.10 Ausgabe gerade/ungerade mit ternärem Operator

Beide Beispiele ließen sich natürlich auch mit if-else umsetzen. Das gilt für alle Anwendungen des ternären Operators, er kann immer durch if-else ersetzt werden. Allerdings wird der Code dadurch länger und unübersichtlicher.

```
int maximum;
if (a > b){
    maximum = a;
} else {
    maximum = b;
}
```

Listing 3.11 Die größere Zahl auswählen mit »if«-»else«

Aus einer Zeile werden sechs, und es ist so nicht mehr auf den ersten Blick offensichtlich, dass es der Zweck des Codes ist, der Variablen maximum einen Wert zuzuweisen. Beachten Sie auch die Deklaration von maximum vor dem if-Statement: Sie ist notwendig, damit die Variable im richtigen Scope liegt. Würden Sie die Variable erst im if-

und `else`-Block deklarieren, könnten Sie sie außerhalb des Blocks nicht sehen. Die größere Zahl zu finden, wäre so sinnlos, weil Ihnen das Ergebnis nicht zur Verfügung stünde.

3.2 Logische Verknüpfungen

Bisher haben Sie Entscheidungen aufgrund einer einzelnen Bedingung getroffen: Ist Variable a größer als Variable b, ist der BMI kleiner als 18,5, hat der Star-Trek-Film eine gerade oder ungerade Zahl? Aber was, wenn eine Entscheidung von mehreren Bedingungen abhängt? Genau wie für Zahlen gibt es auch für `boolean`-Werte Operatoren. Sie ermöglichen es, mehrere Bedingungen logisch zu einer zu verknüpfen.

3.2.1 Boolesche Operatoren

Java kennt für `boolean`-Werte vier Operationen aus der booleschen Logik: AND, OR, XOR und die Negation (siehe Tabelle 3.2).

Boolesche Operation	Java-Operator	Beschreibung
Negation	!	Negiert den Wert; aus wahr wird falsch und umgekehrt.
AND	&, &&	Der gesamte Ausdruck ist genau dann wahr, wenn beide Operanden wahr sind.
OR	|, ||	Der gesamte Ausdruck ist dann wahr, wenn einer oder beide Operanden wahr sind.
XOR (exklusives Oder)	^	Der gesamte Ausdruck ist dann wahr, wenn genau einer der Operanden wahr ist. Er ist falsch, **wenn beide Operanden falsch oder beide Operanden wahr sind.**

Tabelle 3.2 Boolesche Operatoren

Für die Operationen AND und OR sind jeweils zwei Operatoren angegeben, weil sie mit oder ohne »Kurzschluss« ausgeführt werden können (mehr dazu im nächsten Abschnitt).

Genau wie bei anderen Operationen können Sie das Ergebnis der Operation einer Variablen zuweisen oder es gleich anstelle einer Variablen verwenden. Formulieren Sie komplexe Bedingungen, und prüfen Sie beispielsweise, ob ein Wert innerhalb eines Bereichs liegt:

```
double bmi = …;
if (bmi >= 18.5 && bmi < 25){
    System.out.println("Sie haben Normalgewicht.");
}
```

Listing 3.12 Prüfung, ob ein Wert in einen Bereich fällt

So können Sie nun auch noch bessere Empfehlungen geben, welchen Star-Trek-Film man anschauen sollte:

```
if (film % 2 == 0 && film != 10){
    System.out.println("Cool! Los geht's.");
} else {
    System.out.println("Nein, tu es nicht!");
}
```

Listing 3.13 Nun wird auch vor »Nemesis« gewarnt.

Und genau wie andere Operatoren können Sie auch boolesche Operationen zu längeren Ausdrücken verketten. Wenn Sie in einem Ausdruck mehrere Operatoren verwenden, sollten Sie immer Klammern setzen: Es gibt zwar eine Rangfolge unter den booleschen Operatoren (AND wird vor OR ausgewertet), im Gegensatz zur Regel »Punkt- vor Strichrechnung« kennt aber kaum jemand sie auswendig. Setzen Sie also Klammern, und machen Sie sich und jedem, der Ihren Code liest, das Leben leichter.

```
if ((film % 2 == 0 && film != 10) || isReboot){
    …
}
```

Listing 3.14 Die neuen Star-Trek-Filme sind (bisher) alle unterhaltsam.

3.2.2 Verknüpfungen mit und ohne Kurzschluss

Wenn der erste Operand einer AND-Verknüpfung `false` ist, dann ist der Wert des zweiten Operanden egal: Der Ausdruck kann nur noch `false` werden. Dasselbe gilt, wenn der erste Operand bei OR `true` ist: Der ganze Ausdruck ist unabhängig vom zweiten Operanden `true`.

Hier liegt der Unterschied zwischen den Operatoren mit und ohne Kurzschluss. Die Operatoren mit Kurzschluss (&& und ||) werten ihren zweiten Operanden nicht aus, wenn es nicht notwendig ist. Die Operatoren ohne Kurzschluss (& und |) werten immer beide Operanden aus. Für die XOR-Operation gibt es keinen Kurzschluss-Operator, da immer beide Operanden ausgewertet werden müssen.

Für den Wert des Ausdrucks macht es keinen Unterschied, ob Sie einen Operator mit oder ohne Kurzschluss verwenden. Einen Unterschied finden Sie erst dann, wenn Ihre Bedingungen Seiteneffekte haben, normalerweise nach mehreren Stunden Fehlersuche. Vergleichen Sie die beiden folgenden Beispiele:

```
int zahl = 2;
if (zahl % 2 != 0 & zahl++ < 5){
    ...
}
```

Listing 3.15 Verknüpfung ohne Kurzschluss

```
int zahl = 2;
if (zahl % 2 != 0 && zahl++ < 5){
    ...
}
```

Listing 3.16 Verknüpfung mit Kurzschluss

In beiden Fällen wird der Rumpf des `if`-Statements nicht ausgeführt, da `zahl % 2 != 0` falsch ist. Es unterscheidet sich aber der Wert, den `zahl` anschließend hat. Im ersten Beispiel hat `zahl` am Ende des Fragments den Wert 3, denn die Anweisung `zahl++` wurde ausgeführt. Im zweiten Beispiel wird die rechte Seite des `&&` nicht ausgeführt, deshalb hat `zahl` nach wie vor den Wert 2.

Am besten sollten Sie Seiteneffekte dieser Art insgesamt vermeiden.

Welchen Zweck hat der Kurzschlussoperator dann überhaupt? Er kann zum Beispiel teure Operationen vermeiden, wenn ihr Ergebnis gar nicht benötigt wird.

```
if (filmImCache() || downloadFilm()){
    starteFilm();
}
```

Listing 3.17 Teure Operationen vermeiden mit Kurzschluss

Das gezeigte Beispiel aus einem hypothetischen Videoplayer veranschaulicht dies. Wenn der Film, den Sie sehen wollen – zum Beispiel ein Teil der Star-Trek-Reihe mit gerader Zahl –, schon im Cache liegt oder erfolgreich heruntergeladen wurde, dann soll er abgespielt werden. Selbstverständlich wollen Sie den Film nicht herunterladen, wenn er schon im lokalen Cache vorhanden ist. Der Kurzschlussoperator verhindert das.

In der Praxis kommen meist die Operatoren mit Kurzschluss zum Einsatz: Auch wenn auf der rechten Seite des Operators nur ein einfacher Vergleich steht, so ist es immer noch eine Anweisung, die nicht ausgeführt werden muss, wenn sie nicht notwendig ist. Und Seiteneffekte sollen innerhalb einer if-Bedingung sowieso vermieden werden, dann kann auch mit Kurzschluss nichts schiefgehen.

3.2.3 Übung: Boolesche Operatoren

Für alle folgenden Codefragmente gilt, dass i, j und k int-Variablen mit den Werten i = 0, j = 7 und k = 13 sind. Welchen Wert haben die drei Variablen, nachdem die Fragmente ausgeführt wurden?

- Fragment 1
  ```
  if (i > 0 || j > 5){
      k = 10;
  }
  ```

- Fragment 2
  ```
  if (i > 0 && j > 5){
      k = 10;
  }
  ```

- Fragment 3
  ```
  if ((i > 0 && j > 5) || k < 15){
      k = 10;
  }
  ```

- Fragment 4
  ```
  if ((i > 0 || j > 5) && k > 15){
      k = 10;
  }
  ```

- Fragment 5
  ```
  if (i == 0 & j++ < 5){
      k = 10;
  }
  ```

- Fragment 6
  ```
  if (i == 0 && j++ < 5){
      k = 10;
  }
  ```

- Fragment 7
  ```
  if (i != 0 && j++ < 5){
      k = 10;
  }
  ```

▶ **Fragment 8**
```
if (i != 0 & j++ < 5){
    k = 10;
}
```

Die Lösung zu dieser Übung finden Sie im Anhang.

3.2.4 Übung: Solitaire

Sie sind sicher mit der Windows-Variante des Kartenspiels Solitaire vertraut. Ihre Aufgabe in diesem Spiel ist es, Karten in Stapel zu sortieren. Dabei dürfen Sie eine Karte an eine andere anlegen, wenn der Wert der neuen Karte um genau eins niedriger ist und die Farbe der beiden Karten (Rot oder Schwarz) nicht übereinstimmt. Sie dürfen also beispielsweise Karo 7 an eine Pik 8 anlegen.

In dieser Übung sollen Sie eine Methode entwickeln, der Kartenfarbe (Kreuz, Pik, Herz, Karo) und Wert einer »alten« und einer »neuen« Karte übergeben werden. Die Methode soll `true` zurückgeben, wenn die neue Karte an die alte Karte angelegt werden kann. Verwenden Sie dazu die abgedruckte Vorlage oder die Klasse `Solitaire-Rumpf` aus den Downloads zum Buch (*www.rheinwerk-verlag.de/4096*). Dort finden Sie bereits eine `main`-Methode mit einer Reihe von Prüfungen, die Ihren Algorithmus testen. (In Kapitel 7, »Unit Testing«, werden Sie eine bessere Methode kennenlernen, diese Art automatische Tests zu realisieren.)

Der Einfachheit halber wird für den Kartenwert eine `int`-Variable verwendet. Die Werte von 2 bis 10 entsprechen direkt den Kartenwerten, daneben gilt As = 1, Bube = 11, Dame = 12, König = 13. Sie können sich darauf verlassen, dass nur gültige Werte übergeben werden. Für die Kartenfarbe werden die String-Werte `"Kreuz"`, `"Pik"`, `"Herz"` und `"Karo"` verwendet.

> **String-Vergleiche**
>
> Wie Sie bereits im vorherigen Kapitel gelernt haben, hat es meist nicht den gewünschten Effekt, Objekte mit dem `==`-Operator zu vergleichen. Das gilt auch für Strings. Statt des Vergleichsoperators verwenden Sie die Methode `equals`, um Objekte zu vergleichen. Der Vergleich einer String-Variablen mit einem String-Literal sieht so aus:
>
> `if ("Herz".equals(stringvariable)){…}`
>
> Speziell bei Strings sollten Sie dabei immer wie gezeigt vergleichen und niemals mit `stringvariable.equals("Herz")`. Die empfohlene Art zu vergleichen hat den Vorteil, dass keine Gefahr von `null`-Werten ausgeht. `stringvariable` könnte `null` enthalten, der Aufruf `stringvariable.equals("Herz")` würde dann eine `NullPointerException`

3.2 Logische Verknüpfungen

> verursachen. Umgekehrt verursacht "Herz".equals(stringvariable) keinen Fehler, auch wenn stringvariable null enthält. Der Aufruf liefert in diesem Fall das korrekte Ergebnis false.

In dieser Übung müssen Sie zum ersten Mal das Ergebnis eines Methodenaufrufs zurückgeben. Das geschieht mit dem Schlüsselwort return und ist bereits vorgegeben, Sie müssen das Ergebnis Ihrer Prüfung nur der Variablen ergebnis zuweisen. Mehr zu Rückgabewerten erfahren Sie in Kapitel 5, »Klassen und Objekte«. Die Lösung zu dieser Übung finden Sie im Anhang.

```java
package de.kaiguenster.javaintro.solitaire;

public class SolitaireRumpf {

    public static boolean kannAnlegen(String farbeAlt, int wertAlt,
      String farbeNeu, int wertNeu){
        //implementieren Sie hier Ihre Lösung
        boolean ergebnis = false;
        return ergebnis;
    }

    public static void pruefeKarte(String farbeAlt, int wertAlt,
      String farbeNeu, int wertNeu, boolean erwartet){
        boolean ergebnis = kannAnlegen(farbeAlt, wertAlt, farbeNeu, wertNeu);
        System.out.print(farbeNeu + " " + wertNeu + " auf " + farbeAlt + " "
          + wertAlt + " ");
        System.out.print(ergebnis ? "ist möglich " : " ist nicht möglich");
        if (erwartet == ergebnis){
            System.out.println(" ===> RICHTIG");
        } else {
            System.out.println(" ===> FALSCH");
        }
    }

    public static void main(String[] args) {
        pruefeKarte("Herz", 8, "Pik", 7, true);
        pruefeKarte("Herz", 9, "Pik", 7, false);
        pruefeKarte("Herz", 8, "Kreuz", 7, true);
        pruefeKarte("Karo", 6, "Pik", 7, false);
        pruefeKarte("Herz", 2, "Pik", 1, true);
        pruefeKarte("Karo", 8, "Herz", 7, false);
        pruefeKarte("Karo", 6, "Herz", 7, false);
        pruefeKarte("Herz", 11, "Kreuz", 10, true);
```

```
        pruefeKarte("Pik", 8, "Karo", 7, true);
        pruefeKarte("Kreuz", 7, "Pik", 5, false);
    }
}
```
Listing 3.18 Die Vorlage für die »Solitaire«-Klasse

3.3 Mehrfach verzweigen mit »switch«

Neben if … else if … gibt es in Java mit dem switch-Statement eine weitere Möglichkeit, Mehrfachverzweigungen umzusetzen. switch verzweigt nach dem Wert einer einzelnen Variablen. Für jeden erwarteten Wert wird ein Codeblock angegeben.

```
switch (variable){
    case wert1:
        anweisung1;
        anweisung2;
        break;
    case wert2:
        …
        break;
    case wert3:
        …
        break;
    …
    default:
        …
}
```
Listing 3.19 Aufbau des »switch«-Statements

Die Variable, nach der die Entscheidung getroffen werden soll, wird in Klammern nach dem Schlüsselwort switch angeführt. Die Syntax des switch-Statements unterscheidet sich leider von der sonst in Java üblichen. Die verschiedenen Codezweige werden nicht jeweils von einem Paar geschweifter Klammern umschlossen, der gesamte Rumpf des switch-Statements steht in einem Paar geschweifter Klammern, und die verschiedenen Zweige werden durch das Schlüsselwort case und einen möglichen Variablenwert getrennt. Eine wichtige Einschränkung ist dabei, dass die case-Werte keine Variablen sein dürfen, es müssen konstante Werte verwendet werden.

Die Ausführung beginnt mit dem case, dessen Wert dem Variablenwert entspricht. Sie endet aber nicht automatisch dort, wo der nächste case beginnt. switch muss explizit mit dem Befehl break unterbrochen werden, oder es führt auch alle weiteren

Fälle aus, die nach dem richtigen Fall noch folgen. Das klingt zunächst nur verwirrend und unnütz, aber in Abschnitt 3.3.4, »Durchfallendes ›switch‹«, werden Sie sehen, dass es für dieses eigenartige Verhalten durchaus sinnvolle Anwendungen gibt.

Am Ende kann noch ein default-Block stehen, der ausgeführt wird, wenn keiner der anderen Fälle zutrifft.

3.3.1 »switch« mit Strings, Zeichen und Zahlen

Das switch-Statement funktioniert nicht mit jedem Datentyp; die Variable, anhand derer entschieden wird, muss eine Ganzzahl (byte, short, int, aber *nicht* long), ein Zeichen (char), ein enumerierter Datentyp (enum, siehe Listing 3.22) oder, seit Java 7, ein String sein. Fließkommazahlen können mit switch nicht verwendet werden, da sie, wie oben beschrieben, nicht problemlos auf Gleichheit geprüft werden können, und für boolesche Werte wäre switch einfach sinnlos, weil es nur zwei mögliche Werte gibt.

Mit allen diesen Datentypen lassen sich Entscheidungen treffen, die auf einzelnen Werten beruhen. Zum Beispiel können Sie im oben erklärten Solitaire-Spiel die Zahlenwerte für Bildkarten wieder in den echten Kartenwert umsetzen und so den Namen einer Karte bestimmen:

```java
public static String kartenName(String farbe, int wert){
    String name = farbe + " ";
    switch(wert){
        case 1:
            name += "As";
            break;
        case 11:
            name += "Bube";
            break;
        case 12:
            name += "Dame";
            break;
        case 13:
            name += "König";
            break;
        default:
            name += wert;
    }
    return name;
}
```

Listing 3.20 Kartennamen berechnen mit »switch«

Der gezeigte Code tut nur das Nötigste: Für As (1), Bube (11), Dame (12) und König (13) wird jeweils ein Codezweig definiert, der den Kartenwert an den String hängt, der bereits die Farbe enthält. Das Ergebnis lautet zum Beispiel "Karo Dame". Für alle Werte, die direkt dem Kartenwert entsprechen (die Zahlen 2–10), wird im default-Zweig die Zahl an den String gehängt.

Mit char-Werten ist switch gut geeignet, die Tastatursteuerung für ein Spiel umzusetzen:

```
switch(eingabe){
    case 'w': vorwaerts(); break;
    case 'a': links(); break;
    case 's': rueckwaerts(); break;
    case 'd': rechts(); break;
}
```

Listing 3.21 Tastendruck verarbeiten mit »switch«

In diesem Fall fehlt der default-Fall, denn wenn der gedrückten Taste kein Kommando zugeordnet ist, dann muss auch nichts getan werden. Die Technik eignet sich leider nicht für Spiele, in denen der Spieler die Tastenbelegung ändern kann, da die einzelnen case mit Konstanten identifiziert werden müssen, aber für viele einfache Spiele reicht der Code vollkommen aus.

3.3.2 Übung: »Rock im ROM«

Jedes Jahr findet eine Woche lang das berühmte Musikfestival »Rock im ROM« statt. Jeden Tag spielt dort ein anderer Headliner, und jeder Tag hat einen anderen Eintrittspreis. Tabelle 3.3 zeigt das Programm in diesem Jahr:

Tag	Headliner	Preis
Montag	Rage against the Compiler	37,50 €
Dienstag	if/else	22 €
Mittwoch	The Falling Cases	17,50 €
Donnerstag	Blinkenlichten	21 €
Freitag	Compilaz	32,55 €
Samstag	Real Class	45 €
Sonntag	Delphi and the Oracles	35 €

Tabelle 3.3 »Rock im ROM 2014« – das Programm

Für diese Aufgabe sollen Sie ein Programm schreiben, das vom Benutzer abfragt, für welchen Tag er eine Karte kaufen möchte. Für den Moment gibt es nur Tageskarten. Das Programm soll ausgeben, wer am ausgewählten Tag Headliner ist und was die Karte kostet. Die Lösung zu dieser Übung finden Sie im Anhang.

3.3.3 Enumerierte Datentypen und »switch«

Neben den oben genannten gibt es eine ganze Gruppe von weiteren Datentypen, die Sie für das `switch`-Statement verwenden können: *enumerierte Datentypen*, sogenannte *Enums*. Enums sind Objekttypen, die nur eine definierte Menge von Werten annehmen können. Ihre Werte sind also aufzählbar oder auch enumerierbar.

Enumerierte Typen haben den Vorteil, dass keine ungültigen Werte übergeben werden können. Denken Sie an das Solitaire-Beispiel zurück. Kartenfarben wurden dort als Strings übergeben, Sie hätten in einem Anfall plötzlicher Verwirrung also auch "Eichel" oder "Schellen" übergeben können. Das hätte mit Sicherheit Fehler zur Folge gehabt. Um diese Möglichkeit sicher auszuschließen, könnten Sie die gültigen Farben als `enum` definieren:

```
public enum Farbe {
    KREUZ, PIK, HERZ, KARO;
}
```

Listing 3.22 Eine ganz einfache Enum

Enums werden normalerweise, genau wie Klassen, in einer eigenen Datei definiert, die den Namen der `enum` tragen muss, zum Beispiel *Farbe.java*. Sie enthalten im einfachen Fall nichts anderes als eine Aufzählung aller möglichen Werte, die nach Konvention in Großbuchstaben geschrieben werden. Die Werte einer `enum` sind Objekte, Sie können sie verwenden wie jedes andere Objekt.

```
Farbe alteFarbe = Farbe.KREUZ;
```

Warum sind enumerierte Datentypen an dieser Stelle interessant? Weil auch mit ihnen das `switch`-Statement funktioniert. Sie können also eigene Datentypen definieren, mit denen Sie »switchen« können.

```
Farbe kartenfarbe = …;
switch (kartenfarbe){
    case KREUZ: …; break;
    case PIK: …; break;
    …
```

```
        default: …;
}
```

Listing 3.23 »switch« mit enumerierten Typen

Mehr Details zu Enums finden Sie in Abschnitt 6.5, »Enumerationen«.

3.3.4 Durchfallendes »switch«

Eine letzte Erklärung fehlt noch zum switch-Statement: Warum muss jeder case mit einem break unterbrochen werden? Wieso wird ohne diese Unterbrechung der nächste Fall ausgeführt, anstatt beim nächsten case automatisch abzubrechen? Welchen Vorteil hat es, dass in Java die Ausführung durch die Cases »durchfällt«?

Wie weiter oben bereits angekündigt, gibt es Fälle, in denen genau dieses Verhalten nützlich ist. Zum Beispiel wenn mehrere Möglichkeiten zum gleichen Verhalten führen sollen:

```
switch(eingabe){
    case "ja": //fällt durch
    case "j": //fällt durch
    case "yes": //fällt durch
    case "y": bestaetigen(); break;
    case "nein": //fällt durch
    case "no": //fällt durch
    case "n": abbrechen(); break;
}
```

Listing 3.24 Durchfallende Switches: mehrere Eingaben

Im Beispiel sehen Sie, dass alle Fälle, in denen die Ausführung durchfällt, mit einem entsprechenden Kommentar markiert sind. Wenn Sie mit durchfallenden Cases arbeiten, ist das eine enorm hilfreiche Praxis; sie sorgt für Übersicht und unterscheidet absichtliches Durchfallen klar von unabsichtlichem, wenn ein break einfach vergessen wurde.

Eine weitere Anwendung für diese Technik ist es, in einer Reihe von Aktionen an einer beliebigen Stelle einzusteigen, aber alle folgenden Aktionen bis zu einem definierten Endpunkt auszuführen, so zum Beispiel in der nächsten Übung.

3.3.5 Übung: »Rock im ROM« bis zum Ende

Zurück zum Musikfestival »Rock im ROM«. Nehmen Sie für diese Übung an, dass alle Besucher bis zum Ende bleiben. Interpretieren Sie die Eingabe des Benutzers als seinen Anreisetag. Auch dafür sind durchfallende Switches sehr nützlich: Sie können nun alle Headliner, die ein Besucher sehen wird, mit String-Konkatenation zusammenschreiben und seinen Gesamtpreis berechnen.

Geben Sie die Bandnamen jeweils auf einer eigenen Zeile aus. Um im String einen Zeilenumbruch zu erzeugen, verwenden Sie die Zeichenkombination \n. Geben Sie alle Bandnamen aus und danach, in einer neuen Zeile, den Gesamtpreis. Die Lösung zu dieser Übung finden Sie im Anhang.

3.3.6 Übung: »Rock im ROM« solange ich will

Das Programm von »Rock im ROM« sieht jetzt schon gut aus, aber nicht jeder ist ein Fan der Compilaz oder von Delphi and the Oracles. Es sollte deshalb auch noch möglich sein, ein Ticket von einem beliebigen Tag bis zu einem beliebigen Tag zu bekommen.

Das ist nicht so schwierig, wie es sich zunächst anhört. Sie müssen lediglich wissen, dass auch die break-Anweisung mit if bedingt ausgeführt werden kann. Sie können also immer noch mit switch beim Starttag einsteigen und dann mit einem bedingten break am Endtag abbrechen. Die Lösung zu dieser Übung finden Sie im Anhang.

3.3.7 Der Unterschied zwischen »switch« und »if... else if ...«

Warum gibt es in Java zwei Konstruktionen, die Entscheidungen treffen, if und switch? Alles, was Sie mit switch tun können, könnten Sie auch mit if realisieren.

Gerade bei durchfallenden Switches und bedingten Unterbrechungen führt es aber zu langem und unübersichtlichem Code, sie mit if-else umzusetzen, weil Sie viele Möglichkeiten mit OR verknüpft angeben müssen. Versuchen Sie, die letzte Variante des Programms von »Rock im ROM« mit if umzusetzen statt mit switch, und Sie werden schnell sehen, wo das Problem liegt.

Über den kurzen und lesbaren Code hinaus gibt es aber noch einen weiteren Unterschied: Für die Anwendungsfälle, für die switch gedacht ist, ist es schlicht schneller als if. Mit if-Statements muss für jede Bedingung wieder geprüft werden, ob sie wahr oder falsch ist. Bei einem switch-Statement erzeugt der Compiler eine sogenannte Sprungtabelle, in der für jeden case steht, wo die Ausführung fortgesetzt werden muss. Mit dem Wert, nach dem entschieden wird, muss so nur einmal die Sprungadresse in der Tabelle gefunden werden. Der Geschwindigkeitsunterschied ist allerdings, zugegeben, so gering, dass er für mehr als 99 % aller Java-Programme keinen Unterschied macht.

3.4 Zusammenfassung

Mit if, switch und dem ternären Operator haben Sie in diesem Kapitel drei Möglichkeiten kennengelernt, die Programmausführung zu verzweigen. Sie haben gesehen, was die Einsatzgebiete der verschiedenen Konstrukte sind und wie Sie mit logischen Operatoren mehrere Bedingungen zu einer verknüpfen.

Im nächsten Kapitel werden Sie sehen, wie Sie Codeblöcke in Java beliebig oft wiederholen können.

Kapitel 4
Wiederholungen

Es fehlt Ihnen jetzt noch ein Sprachkonstrukt, um jedes Programm in Java umsetzen zu können: Schleifen. Sie machen es möglich, einen Codeblock beliebig oft zu wiederholen, und bieten Ihnen damit neue Möglichkeiten, die Sie mit einem Programm, das nur einmal von Start bis Ende läuft, nicht haben.

Nur sehr wenige Programme laufen genau einmal, Zeile für Zeile, vom Anfang bis zum Ende. Fast immer gibt es Codestellen, die mehrmals durchlaufen werden müssen, zum Beispiel um alle Elemente eines Arrays zu verarbeiten, um in einem Spiel mehr als nur eine Runde zu spielen, und für viele, viele andere Fälle.

Java bietet drei verschiedene Sprachkonstrukte für Wiederholungen: zwei verschiedene Varianten der while-Schleife, die starke Ähnlichkeit mit dem if-Statement haben, und die for-Schleife mit Zählvariable. Alle drei Arten von Schleifen leisten zwar im Wesentlichen das Gleiche, aber sie haben ihre eigenen, speziellen Einsatzgebiete.

4.1 Bedingte Wiederholungen mit »while«

Die while-Schleife hat, genau wie das if-Statement, eine Bedingung und einen Codeblock, und wenn die Bedingung wahr ist, wird der Codeblock ausgeführt. Wo aber bei if die Bedingung einmal geprüft und der Codeblock einmal oder keinmal ausgeführt wird, wird bei einer while-Schleife die Bedingung immer wieder geprüft und der Codeblock so lange ausgeführt, wie die Bedingung wahr bleibt. So kann der Codeblock nicht ausgeführt werden, einmal ausgeführt werden, mehrmals ausgeführt werden oder unendlich oft ausgeführt werden, wenn die Bedingung immer wahr bleibt. Den letzten Fall wollen Sie aber normalerweise vermeiden. Die zwei erwähnten Varianten der while-Schleife sind die *kopfgesteuerte* und die *fußgesteuerte* Variante, benannt danach, an welcher Stelle die Bedingung geprüft wird.

4.1.1 Kopfgesteuerte »while«-Schleife

Bei der kopfgesteuerten while-Schleife wird die Bedingung am Anfang der Schleife geprüft. Ist die Bedingung schon vor dem ersten Schleifendurchlauf falsch, wird eine kopfgesteuerte while-Schleife gar nicht ausgeführt.

```
while (Bedingung){
    //Dieser Code wird wiederholt
}
```

Listing 4.1 Syntax einer »while«-Schleife

Mit dieser einfachen Schleife können Sie bereits viele Probleme lösen, die ohne Wiederholungen nur schwer oder gar nicht zu lösen sind. Ohne Schleifen ist es zum Beispiel nicht möglich, den größten gemeinsamen Teiler (ggT) zweier Zahlen zu bestimmen. Mit einer while-Schleife braucht die Berechnung nicht einmal viel Code:

```
private static int ggt(int zahl1, int zahl2) {
    if (zahl1 <= 0 || zahl2 <= 0)
      throw new IllegalArgumentException("Beide Zahlen müssen >0 sein.");
    int kandidat = zahl1 < zahl2 ? zahl1 : zahl2;
    while(zahl1 % kandidat != 0 || zahl2 % kandidat != 0){
        kandidat--;
    }
    return kandidat;
}
```

Listing 4.2 Berechnung des größten gemeinsamen Teilers mit einer »while«-Schleife

Dieser Algorithmus zur Berechnung des ggTs ist zwar primitiv – es gibt viel effizientere Möglichkeiten –, aber er illustriert, wie Sie eine while-Schleife verwenden. Was passiert also in diesem Algorithmus?

- Zuerst wird geprüft, ob beide Zahlen größer 0 sind. Theoretisch ist die Berechnung des ggTs auch für negative Zahlen möglich, und nur eine der beiden Zahlen muss ungleich 0 sein, aber das würde hier vom wichtigen Teil des Codes nur ablenken.
- Als Nächstes wird der erste Wert bestimmt, der als ggT in Frage kommt. Da ein Teiler keinesfalls größer sein kann als die Zahl, die er teilen soll, ist der größtmögliche Kandidat die kleinere der beiden Zahlen.
- Es folgt der interessante Teil, die Schleife. Sie wird so lange ausgeführt, wie kandidat zahl1 oder zahl2 *nicht* ohne Rest teilt. Dann wird der Rumpf der Schleife ausgeführt und kandidat um 1 verringert. Dann wird die Bedingung erneut geprüft usw., bis ein gemeinsamer Teiler gefunden wird und damit die Bedingung nicht mehr erfüllt ist.

Vollziehen Sie den Ablauf an einem einfachen Beispiel nach, zahl1 sei 4 und zahl2 sei 6:

- zahl1 ist kleiner als zahl2, der größtmögliche Kandidat ist deshalb zahl1, also 4.
- Bei der ersten Prüfung ist 4 % 4 = 0 und 6 % 4 = 2, die Schleifenbedingung ist damit erfüllt. Der Rumpf wird ausgeführt und kandidat um 1 verringert.
- Bei der zweiten Prüfung ist 4 % 3 = 1 und 6 % 3 = 0. Die Schleifenbedingung ist immer noch erfüllt, der Rumpf wird ausgeführt.
- Im dritten Durchlauf ist 4 % 2 = 0 und 6 % 2 = 0. Die Schleifenbedingung ist nicht mehr erfüllt, der Schleifenrumpf wird nicht erneut ausgeführt. Das Ergebnis wird mit return zurückgegeben.

Es ist vielleicht nicht sofort offensichtlich, dass diese Schleife wirklich immer ein Ende hat. Es wird aber früher oder später immer die Zahl 1 als letzter möglicher Kandidat erreicht, womit die Bedingung in jedem Fall erfüllt ist. Wenn kein anderer Teiler gefunden werden kann, ist 1 das richtige Ergebnis.

4.1.2 Übung: Das kleinste gemeinsame Vielfache

Das kleinste gemeinsame Vielfache (kgV) zweier Zahlen ist die kleinste Zahl, die beide Zahlen als Teiler hat. Auch für die Berechnung des kgV gibt es effiziente Algorithmen, aber eine primitive Variante können Sie mit einer while-Schleife implementieren. Schreiben Sie ein Programm, das zwei Zahlen vom Benutzer abfragt, ihr kgV findet und es ausgibt. Es sind auch hier nur positive Zahlen erlaubt, negative Zahlen sollen einen Fehler verursachen. Die Lösung zu dieser Übung finden Sie im Anhang.

4.1.3 Fußgesteuerte »while«-Schleifen

Bei der fußgesteuerten Variante der while-Schleife, auch bekannt als do-while-Schleife, wird erst am Ende der Schleife geprüft, ob die Bedingung erfüllt ist. Dadurch wird der Rumpf der Schleife immer mindestens einmal ausgeführt, selbst wenn die Bedingung schon vor dem ersten Durchlauf falsch ist.

```
do {
    //dieser Code wird wiederholt
} while (Bedingung);
```

Listing 4.3 Die fußgesteuerte »while«-Schleife

Beachten Sie das Semikolon nach der Bedingung, das es so nur bei der do-while-Schleife gibt. Die fußgesteuerte Schleife wird dann verwendet, wenn erst nach dem ersten Schleifendurchlauf überhaupt feststeht, ob die Bedingung erfüllt ist. So lässt der folgende Code einen Benutzer so lange sein Passwort eingeben, bis er es endlich fehlerfrei tippt:

```
String passwort = null;
BufferedReader in = new BufferedReader(new InputStreamReader(System.in));
do {
    System.out.println("Bitte geben Sie Ihr Passwort ein");
    passwort = in.readLine();
} while (!pruefePasswort(passwort));
```

Listing 4.4 Passwortprüfung mit »do«-»while«

Aus Sicherheitsgründen sollten Sie einem Benutzer zwar nicht unbegrenzt viele Versuche geben, sein Passwort einzugeben, aber darum geht es hier ja nicht. Sie könnten denselben Effekt natürlich auch mit einer kopfgesteuerten while-Schleife erreichen, aber dann müssten Sie das Passwort einmal vor der Schleife einlesen und in der Schleife noch einmal:

```
System.out.println("Bitte geben Sie Ihr Passwort ein");
String passwort = in.readLine();
while (!pruefePasswort(passwort)) {
    System.out.println("Falsches Passwort");
    System.out.println("Bitte geben Sie Ihr Passwort ein");
    passwort = in.readLine();
}
```

Listing 4.5 Passwortprüfung mit »while« und redundantem Code

4.1.4 Übung: Zahlen raten

Sie kennen jetzt alle nötigen Sprachkonstrukte, um einfache Spiele zu entwickeln, zum Beispiel ein einfaches Ratespiel. In diesem Spiel soll der Computer eine zufällige Zahl zwischen 1 und 100 auswählen und der menschliche Spieler so lange raten, bis er die richtige Zahl rät. Nach jedem Tipp verrät ihm das Programm, ob die gesuchte Zahl größer oder kleiner ist.

Zufallszahlen generieren Sie in Java mit der Klasse java.util.Random. Sie müssen zunächst eine Instanz von Random erzeugen. An dieser können Sie mit der Methode nextInt eine zufällige Ganzzahl erzeugen. Die Methode nimmt als Parameter eine Obergrenze, die generierte Zufallszahl liegt zwischen 0 (inklusiv) und der Obergrenze (exklusiv). Die Lösung zu dieser Übung finden Sie im Anhang.

4.2 Abgezählte Wiederholungen – die »for«-Schleife

Sie können jetzt Code beliebig wiederholen. Aber in manchen Fällen sind while-Schleifen nicht optimal, nämlich immer dann, wenn die Anzahl der Schleifendurchläufe wichtig ist. Wenn Sie die Schleife von Anfang an auf eine bestimmte Anzahl Durchläufe festlegen wollen oder wenn Sie wissen müssen, im wievielten Durchlauf Sie sich gerade befinden, ist die for-Schleife das Mittel der Wahl. Ihre Syntax ist allerdings ein wenig komplexer als die der while-Schleifen.

```
for (Initialisierung; Bedingung; Schrittmacher){
    //Schleifenrumpf
}
```

Listing 4.6 Die »for«-Schleife

Im Schleifenrumpf gibt es nichts Neues, aber wo bei while eine einfache Bedingung steht, sind bei for drei getrennte Anweisungen zu sehen:

- Initialisierung: Diese Anweisung wird vor Beginn der Schleife einmal ausgeführt.
- Bedingung: Sie wird vor jedem Schleifendurchlauf geprüft und die Schleife fortgesetzt, solange die Bedingung erfüllt ist.
- Schrittmacher: Diese Anweisung wird nach jedem Schleifendurchlauf, **aber vor der Prüfung der Bedingung**, ausgeführt.

Wie diese drei Elemente zusammenspielen, wird an einem Beispiel schnell klar. Dies ist die weitaus häufigste Form der for-Schleife:

```
for (int i = 1; i <= 10; i++){
    System.out.println(i + "* 7 = " + (i * 7) );
}
```

Listing 4.7 Das Einmaleins mit 7

Der Rumpf dieser Schleife wird zehnmal ausgeführt, und die Variable i nimmt dabei die Werte von 1 bis 10 an. Die Zählvariable steht in der Schleife so zur Verfügung, als wäre sie dort deklariert, Sie können ihren Wert auslesen, Sie können ihren Wert aber auch schreiben und dadurch beeinflussen, wie oft die Schleife ausgeführt wird. i ist übrigens eine Ausnahme von der Regel, dass Variablen sprechende Namen haben sollten: Die Zählvariablen in for-Schleifen wurden schon immer i, j, k usw. benannt, sie sind sozusagen sprechende Namen aus Tradition.

Ein weiterer, sehr häufiger Anwendungsfall der for-Schleife ist es, alle Elemente eines Arrays zu bearbeiten:

```
public void verdoppleAlle(int[] zahlen){
    for (int i = 0; i < zahlen.length; i++){
        zahlen[i] *= 2;
    }
}
```
Listing 4.8 Alle Zahlen in einem Array verdoppeln

Dank der Schleife müssen Sie nicht wissen, wie lang das Array ist. Es werden immer alle Einträge bearbeitet. Beachten Sie übrigens, dass die Methode die Änderungen direkt im Parameter-Array macht. Auch Arrays werden als Referenzen übergeben, die verdoppelten Werte erreichen also auch den Aufrufer.

> **»for«-Schleifen müssen nicht zählen**
>
> Eine for-Schleife muss aber nicht unbedingt zählen; alles, was in das Format Initialisierung – Bedingung – Schrittmacher passt, lässt sich in einer for-Schleife umsetzen. Initialisierung und Schrittmacher dürfen dabei sogar leer sein, wenn es nichts zu tun gibt, wichtig ist dann nur, dass die Semikola dennoch vorhanden sind.
>
> ```
> for (Random wuerfel = new Random();wuerfel.nextInt(6) + 1 != 6;){
>     ...
> }
> ```
> **Listing 4.9** Weitermachen, bis eine Sechs gewürfelt wird
>
> Dieses Beispiel macht etwas ganz anderes mit einer for-Schleife: In der Initialisierung wird ein Random-Objekt erzeugt, und die Schleife läuft, bis dieses eine 6 »würfelt«. Ein Schrittmacher wird nicht gebraucht, deshalb bleibt der dritte Teil der Schleife leer.

4.2.1 Übung: Zahlen validieren

Wenn Sie in den bisherigen Beispielen eine Zahl eingeben sollten, aber dann etwas anderes eingegeben haben, kam es zu einer sehr unschönen NumberFormatException. In Kapitel 9, »Fehler und Ausnahmen«, werden Sie zwar lernen, mit dieser Fehlermeldung umzugehen, aber schon jetzt können Sie in einem String Zeichen für Zeichen prüfen, ob es sich um eine Zahl handelt.

Sie können Strings ähnlich wie Arrays behandeln: Die Methode length – Vorsicht, bei Strings ist es eine Methode – gibt an, wie viele Zeichen im String enthalten sind, die Methode charAt gibt das Zeichen an der angegebenen Stelle zurück.

Schreiben Sie ein Programm, das den Benutzer einen String eingeben lässt, das prüft, ob dieser String eine gültige Zahl ist, und das eine entsprechende Meldung ausgibt. Die Lösung zu dieser Übung finden Sie im Anhang.

4.3 Abbrechen und überspringen

Normalerweise läuft eine Schleife so lange, bis ihre Bedingung nicht mehr erfüllt ist. In der Beispiellösung zur vorherigen Übung haben Sie aber schon gesehen, dass eine Schleife auch vorher unterbrochen werden kann, dort mit einem return. Sie können eine Schleife aber auch unterbrechen, ohne gleich die ganze Methode zu beenden, indem Sie break rufen. break unterbricht die Schleife sofort; es wird weder der verbleibende Code des Rumpfes für diesen Durchlauf ausgeführt noch die weiteren Durchläufe.

```java
boolean passwortRichtig = false;
for (int i = 0; i < 3; i++){
    System.out.println("Bitte geben Sie Ihr Passwort ein");
    String passwort = in.readLine();
    if (pruefePasswort(passwort)){
        passwortRichtig = true;
        break;
    }
}
```

Listing 4.10 Passwortprüfung mit mehr Sicherheit

So ist die Passwortprüfung viel sicherer als die vom Anfang dieses Kapitels. Der Benutzer hat drei Versuche, und nach der Schleife können Sie anhand der Variablen passwortRichtig damit umgehen, ob eine richtige Eingabe dabei war. Nach einer richtigen Eingabe wird die Schleife unterbrochen, denn weiter nach dem Passwort zu fragen, würde den Benutzer schon sehr verwirren. Sie kämen auch ohne break aus, beispielsweise indem Sie die Schleife so umformulieren:

```java
for (int i = 0; i < 3 && !passwortRichtig; i++)
```

Aber in diesem Fall würde das nicht zur Lesbarkeit des Codes beitragen, jeder Leser müsste darüber nachdenken, wann die Schleife genau endet. Mit break hingegen ist es völlig klar.

Eine häufig geäußerte Kritik an den Anweisungen break und continue (siehe nächster Absatz) ist es, dass Code durch sie unstrukturiert würde, weil man dem Ablauf des Programms nicht mehr von oben nach unten folgen könne, sondern herausfinden müsse, wo es nach dem break weitergeht. In vielen Fällen ist das richtig, aber wie Sie am Beispiel gesehen haben, gibt es auch den umgekehrten Fall. Wenn Sie sich entscheiden müssen, ob Sie break verwenden oder eine herkömmliche Abbruchbedingung, denken Sie darüber nach, was Ihre Absicht besser zum Ausdruck bringt.

Das Gleiche gilt für die continue-Anweisung. Sie unterbricht den aktuellen Durchlauf der Schleife, aber fährt dann mit der Prüfung der Bedingung (bzw. dem Schrittmacher bei einer for-Schleife) fort und führt gegebenenfalls den nächsten Durchlauf aus.

```
for (int i = 0; i < zeilen.length; i++){
    String zeile = zeilen [i];
    if (zeile.startsWith("//")) continue;
    //Es folgt viel Code, um Befehle zu bearbeiten.
}
```

Listing 4.11 Weitermachen mit »continue«

Dieses Beispiel könnte ein Java-Programm zeilenweise einlesen und dabei Kommentarzeilen überspringen. Ein if (!zeile.startsWith("//")) um den gesamten Rumpf der Schleife würde dasselbe bewirken, aber auch hier geht es wieder um Lesbarkeit und Übersicht: Mit dem if-Statement müssen Sie suchen, wo die schließende geschweifte Klammer ist, mit continue ist sofort klar, wo es weitergeht.

Auch für die Entscheidung continue oder if gilt: Wählen Sie das, was Ihre Absicht besser ausdrückt. In diesem Fall sollen Kommentarzeilen **übersprungen** werden, das wird durch continue klarer.

4.3.1 »break« und »continue« mit Labels

Es spricht nichts dagegen, mehrere Schleifen ineinander zu verschachteln. Die Ausführung einer solchen Konstruktion ist so, wie man sie erwartet: Für jeden Durchlauf der äußeren Schleife wird die innere komplett durchlaufen. So funktioniert der folgende Codeabschnitt über ein zweidimensionales Array:

```
int[][] tabelle = new int[8][8];
for (int x = 0; x < tabelle.length; x++){
    for (int y = 0; y < tabelle[x].length; y++){
        int wert = tabelle[x][y];
        …
    }
}
```

Listing 4.12 Iterieren über ein zweidimensionales Array

Ein zweidimensionales Array kann eine Tabelle repräsentieren, es besteht aus Zeilen und Spalten. Im gezeigt Code iteriert die äußere Schleife über alle Spalten, die innere Schleife iteriert in einer Spalte über alle Zeilen.

Wenn Sie nun in der inneren Schleife break oder continue rufen, dann wird auch die innere Schleife unterbrochen oder beim nächsten Durchlauf fortgesetzt. Es gibt aber

Fälle, in denen Sie aus der inneren Schleife die äußere abbrechen oder fortsetzen wollen. Nehmen Sie zum Beispiel an, Sie wollen feststellen, ob in einem zweidimensionalen int-Array eine 0 vorkommt. Diese Stelle zu finden ist nicht schwer – Sie iterieren durch das Array, wie oben gezeigt; aber wie brechen Sie die äußere Schleife ab, wenn Sie einen Treffer erzielt haben? Die Antwort heißt *Labels*. Sie können der äußeren Schleife einen Namen geben und dann gezielt diese Schleife abbrechen oder fortsetzen:

```
boolean gefunden = false;
aussen: for (int x = 0; x < tabelle.length; x++){
    for (int y = 0; y < tabelle[x].length; y++){
        int wert = tabelle[x][y];
        if (wert == 0){
            gefunden = true;
            break aussen;
        }
    }
}
```

Listing 4.13 Schleifen unterbrechen mit Label

Labels geben Sie im Code mit einem Doppelpunkt an, zum Beispiel aussen:. Um dann die Schleife, die mit diesem Label gekennzeichnet ist, zu unterbrechen oder fortzusetzen, rufen Sie break oder continue mit dem Namen des Labels: break aussen.

Mit Labels wird Ihr Code aber wirklich unübersichtlich, und nur in großen Ausnahmefällen gibt es Argumente dafür, sie überhaupt in Erwägung zu ziehen. Wenn Sie verschachtelte Schleifen unterbrechen müssen, sollten Sie sie eher in eine Methode auslagern und das gefundene Ergebnis sofort mit return zurückgeben, diese Lösung ist um vieles einfacher nachzuvollziehen:

```
private boolean enthaeltNull(int[][] tabelle){
    for (int x = 0; x < tabelle.length; x++){
        for (int y = 0; y < tabelle[x].length; y++){
            int wert = tabelle[x][y];
            if (wert == 0){
                return true;
            }
        }
    }
    return false;
}
```

Listing 4.14 Es geht auch ohne Labels.

Auch in dieser Variante wird die Schleife unterbrochen, wenn ein Ergebnis gefunden wird, aber es ist auf Anhieb verständlicher, was der Code macht: Wenn ein Eintrag mit dem Wert 0 gefunden wird, wird sofort `true` zurückgegeben, wenn die Schleife aber bis zum Ende durchläuft, ist der Rückgabewert `false`.

4.4 Zusammenfassung

In diesem Kapitel haben Sie weitere unverzichtbare Sprachkonstrukte kennengelernt. Sie wissen jetzt, wie Sie Ihren Code auf verschiedene Arten beliebig oft wiederholen, und haben eine Vorstellung davon, welche Art von Schleife in welcher Situation nützlicher ist.

Im nächsten Kapitel kommen wir endlich zum Herzstück von Java: zu Klassen und Objekten.

Kapitel 5
Klassen und Objekte

Java ist eine objektorientierte Sprache, Objekte sind das Herzstück der Sprache. In diesem Kapitel kommen Sie endlich dazu, eigene Objekte anzulegen und mit ihnen zu arbeiten. Außerdem werden Sie endlich mehr zu Themen erfahren, die Sie in den Beispielen der vorigen Kapitel noch als gegeben hinnehmen mussten: Methoden, Access-Modifier und mehr.

Objekte sind, wie unschwer am Wort zu erkennen ist, die Grundlage einer objektorientierten Sprache wie Java. Sie sind Datenstrukturen, die mehr können als nur Daten speichern. Natürlich tun sie auch das, die gespeicherten Daten heißen der *Zustand* des Objekts. Aber sie bieten außerdem *Operationen* an, Möglichkeiten, auf den Zustand zuzugreifen und ihn zu verändern. Das geschieht über eine wohldefinierte Schnittstelle.

Ein Beispiel für eine Datenstruktur, die Sie vielleicht schon kennen, ist die Liste: Sie speichert beliebig viele Datensätze in der Reihenfolge, in der sie der Liste hinzugefügt wurden. Ohne auf Details einzugehen, wie eine solche Liste implementiert wird – eine Liste kann als Datenstruktur auch in nicht objektorientierten Sprachen implementiert werden. Diese Liste enthält dann nur ihre Daten, aber die Operationen – ein Element hinzufügen, entfernen, prüfen, ob ein Element enthalten ist – werden außerhalb der Datenstruktur definiert, als Funktionen, denen eine Liste als Parameter übergeben wird. Das funktioniert, hat aber Nachteile. So können Sie an der Datenstruktur nicht sehen, welche Operationen sie kennt, sondern müssen passende Funktionen selbst suchen. Und wenn es mehrere Arten von Listen gibt, beispielsweise *Linked Lists* (verkettete Listen) und *Array Lists* (dynamische Arrays), dann können Sie diese nicht einfach gleich behandeln, sondern müssen selbst entscheiden, um welche Art von Liste es sich handelt, und müssen die passende Funktion dazu finden.

Im Gegensatz dazu führt eine Liste als Objekt die Operationen, die sie unterstützt, selbst mit. So fällt es leicht, herauszufinden, welche Operationen das sind, und dank der Polymorphie-Eigenschaft (siehe nächstes Kapitel) müssen Sie auch keinen Unterschied mehr machen, welche Art von Liste Sie gerade betrachten.

Dadurch, dass der Zugriff auf den Zustand nur durch die definierte Schnittstelle möglich ist, können die gespeicherten Daten auch nicht mehr in unerlaubter Weise verändert werden. In einer reinen Datenstruktur, auf deren Inhalt voller Zugriff von außen möglich ist, kann ein fehlerhafter Zugriff dazu führen, dass die Struktur beschädigt wird. Bei Objekten ist dies so gut wie ausgeschlossen, wenn sie korrekt definiert sind.

5.1 Klassen und Objekte

Es gibt zwei grundlegende Konzepte für die Objektorientierung in Java: *Klassen* und *Objekte*. Beim Thema Objekttypen haben Sie bereits kurz gelesen, was ein Objekt überhaupt ist: eine Datenstruktur, die zusammengehörige Daten und Operationen zusammenfasst.

Eine Klasse ist die Definition eines Objekttyps. Die Klasse beschreibt, welche Daten und Operationen ein Objekt hat. Sie ist eine Blaupause für alle Objekte dieses Typs. Die Klasse ist das, was Sie programmieren. Objekte werden mit dem new-Operator auf Basis einer Klasse erzeugt.

Im Gegensatz dazu kann es beliebig viele Objekte eines Typs geben. Man nennt ein Objekt, das mit new aus einer Klasse erzeugt wurde, eine *Instanz* dieser Klasse.

Die Daten eines Objekts werden in *Feldern* gespeichert. So heißen Variablen, die zu einem Objekt gehören und nicht, wie die bisher verwendeten lokalen Variablen, zu einer Methode. Die Operationen eines Objekts werden durch die *Methoden* des Objekts zur Verfügung gestellt. Methoden arbeiten mit den Daten des Objekts, sie können die Daten verändern und sie dem Aufrufer der Methode zugänglich machen. Felder und Methoden heißen auch die *Member* einer Klasse.

Die Felder eines Objekts sind unabhängig von den Feldern aller anderen Objekte. Änderungen, die Sie an den Daten eines Objekts vornehmen, haben keine Auswirkung auf andere Objekte.

5.1.1 Klassen anlegen

Eine Klasse anzulegen, ist nichts Neues mehr für Sie, bei der Lösung jeder Übung haben Sie bereits genau das getan. Eine Klassendeklaration besteht einfach aus dem Schlüsselwort class, gefolgt vom Klassennamen, gefolgt vom Rumpf der Klasse in geschweiften Klammern:

```
public class Song {
    //hier stehen Ihre Felder und Methoden
}
```

Listing 5.1 Klassendeklaration

In diesem Beispiel und auch in allen bisherigen Übungen geht der Klassendeklaration der Access-Modifier `public` voran: Diese Klasse kann in jeder beliebigen anderen Klasse verwendet werden, zum Beispiel können dort Felder vom Typ dieser Klasse deklariert werden.

Das trifft für die Mehrheit der Klassendeklarationen zu, muss aber nicht so sein, Sie können auch Klassen mit anderen Sichtbarkeiten deklarieren. Von dieser Möglichkeit werden Sie vorwiegend bei *inneren Klassen* Gebrauch machen, Klassen, die innerhalb von anderen Klassen deklariert werden, zu denen Sie mehr in Abschnitt 6.4, »Innere Klassen«, finden.

Klassen mit dem Access-Modifier `public` müssen in einer Datei definiert werden, deren Namen dem Klassennamen entspricht (Ausnahmen sind die eben erwähnten inneren Klassen). Da Klassennamen innerhalb eines `package` eindeutig sein müssen, folgt daraus, dass eine Datei nur eine öffentliche (`public`) Klasse enthalten kann.

5.1.2 Objekte erzeugen

Ein Objekt zu instanziieren ist eine Kleinigkeit, Sie brauchen dazu bloß den `new`-Operator:

```
Song aSong = new Song();
```

Listing 5.2 Objektinstanziierung

Beachten Sie, dass dem Klassennamen Klammern folgen. Runde Klammern deuten auf einen Methodenaufruf hin, und genau darum handelt es sich hier auch: Mit dem `new`-Operator rufen Sie einen *Konstruktor* auf, eine spezielle Art von Methode, deren Aufgabe es ist, das neue Objekt zu initialisieren. Wird ein neues Objekt erzeugt, geschieht dies *immer* durch einen Konstruktor, selbst wenn Sie in Ihrer Klasse keinen deklarieren.

Namenskonventionen

Es gibt in Java Namenskonventionen, die zwar nicht vom Compiler erzwungen werden, die Sie aber dennoch einhalten sollten, um Ihren Code möglichst leicht verständlich zu halten:

- **Klassen** werden immer mit einem führenden Großbuchstaben benannt. Besteht ein Klassenname aus mehreren Wörtern, werden diese zusammengeschrieben, und der erste Buchstabe jedes Wortes wird großgeschrieben. Leerzeichen werden nicht durch Unterstriche oder sonstige Zeichen ersetzt. Diese Schreibweise wird als *CamelCase* bezeichnet. Beispiele: `Song`, `KaraokeSong`.
- **Feldnamen** beginnen immer mit einem Kleinbuchstaben, ansonsten wird auch für sie CamelCase angewendet. Beispiel: `titel`, `laengeInSekunden`.

- **Methoden** werden nach denselben Konventionen benannt wie Felder. Ein Methodenname sollte außerdem im Imperativ stehen, zum Beispiel `ladeDaten`, `starte`, `tuEtwas` oder auf Englisch `loadData`, `start`, `doStuff`.
- **Konstanten** (siehe Abschnitt 5.8.2, »Konstanten«) werden nur in Großbuchstaben benannt, Leerzeichen werden durch Unterstriche ersetzt. Beispiel: `UNBEKANNTER_KUENSTLER`, `MAX_VALUE`.

5.2 Access-Modifier

Bei der Arbeit mit Objekten werden die verschiedenen Access-Modifier wichtig, denn sie steuern, von wo auf Felder und Methoden eines Objekts zugegriffen werden kann (siehe Tabelle 5.1).

Modifier	Wer darf zugreifen?
`public`	Auf Member mit dem `public`-Modifier darf ohne Einschränkungen von überall aus zugegriffen werden.
`protected`	Zugriff ist möglich für Klassen, die im gleichen Package liegen, sowie für Klassen, die von dieser Klasse erben. Mehr zu Vererbung finden Sie in Kapitel 6, »Objektorientierung«.
- (Package-Zugriff)	Wenn Sie keinen Access-Modifier angeben, dann ist das Feld oder die Methode für alle Klassen sichtbar, die im gleichen Package liegen.
	Das ist aber kein Schutz gegen Zugriffe von außerhalb auf Ihre Klasse: Packages in Java sind offen, jeder kann eine weitere Klasse in Ihrem Package deklarieren und von dort auf diese Felder zugreifen.
`private`	Nur die Klasse selbst darf auf `private`-Felder zugreifen. Wie alle Access-Modifier wirkt auch `private` auf Klassenebene. Das bedeutet, dass ein Objekt auf `private`-Member eines anderen Objekts des gleichen Typs zugreifen kann.

Tabelle 5.1 Die vier Access-Modifier

Im Zusammenhang mit Access-Modifiern spricht man oft auch von der Sichtbarkeit von Feldern und Methoden. Das bedeutet bei Feldern aber nicht, dass auf sie nur lesend zugegriffen werden kann. Dass ein Feld sichtbar ist, bedeutet in diesem Zusammenhang immer, dass es gelesen und beschrieben werden kann. Es gibt über Access-Modifier keine Möglichkeit, die *Art* des Zugriffs auf ein Feld einzuschränken. Wenn Sie den Zugriff derart einschränken wollen, dann verwenden Sie dazu *Zugriffsmethoden* (siehe Abschnitt 5.4.5).

Die Frage, welche Sichtbarkeit ein Member haben sollte, ist nicht immer einfach zu beantworten, aber es gibt einige solide Faustregeln. Alles, was zur *öffentlichen API* (Application Programming Interface) Ihrer Klasse gehört, sollte den Modifier public tragen.

> **Was ist eine API?**
>
> Die API einer Klasse ist die am Anfang des Kapitels angesprochene wohldefinierte Schnittstelle, die Gesamtheit aller Operationen, die die Klasse anbietet. Dazu gehören alle Methoden, die ein Benutzer der Klasse verwenden kann, um auf ihren Zustand zuzugreifen (»Benutzer« bedeutet in diesem Zusammenhang eine andere Klasse, die diese Klasse verwendet).
>
> Dabei handelt es sich um Methoden, nur selten auch um Felder, die die Kernaufgabe Ihrer Klasse widerspiegeln. Um das musikalische Beispiel fortzusetzen: Wenn Sie nach Song als Nächstes eine Klasse Playlist implementieren, dann wären die Methoden, die einen Song hinzufügen, den aktuellen Song auslesen und zum nächsten oder vorigen Song springen, ein Teil der API von Playlist, denn mit diesen Methoden steuern Sie die Playlist in ihrer Kernaufgabe.

Am anderen Ende der Skala benutzen Sie die private-Sichtbarkeit für alles, was nur intern von der Klasse benötigt wird. Dies betrifft Implementierungsdetails, die außerhalb der Klasse nicht von Interesse sind. Die Klasse Song kann in ihrer öffentlichen API die Methode play() enthalten. Dazu muss sie intern eine Datei öffnen, den Inhalt der Datei decodieren und mehr. Diese Details interessieren die Außenwelt aber nicht, die Methoden oeffneDatei() und decodiere() können private sein. Außerdem ist es in Java ein verbreitetes Muster, alle Felder private zu deklarieren und Zugriff auf sie nur durch Methoden mit breiterer Sichtbarkeit zu erlauben (siehe Abschnitt 5.4.5, »Zugriffsmethoden«).

protected wird verwendet, um das Verhalten einer Oberklasse in Unterklassen zu verändern, indem sie dort *überschrieben* werden. Mehr dazu finden Sie in Kapitel 6, »Objektorientierung«, unter den Stichwörtern »Vererbung« und »Polymorphie«.

Package-Zugriff verwenden Sie dann, wenn mehrere Klassen in einem Package eng zusammenarbeiten, um ihre Aufgabe zu erfüllen. In diesem Fall kann es sinnvoll sein, dass sie direkten Zugriff auf Implementierungsdetails der jeweils anderen Klassen im Package haben, die aber nicht für den Rest der Welt zugänglich sein sollen.

5.3 Felder

Ein Objekt kann zusammengehörige Daten und Operationen gruppieren, aber es muss nicht notwendigerweise beides enthalten. Ein Objekt kann auch ein reiner Datencontainer sein. Um solche Objekte zu erzeugen, deklarieren Sie in Ihrer Klasse lediglich Felder, keine Methoden, und greifen von außen auf diese Felder zu.

5.3.1 Felder deklarieren

Die Deklaration eines Feldes unterscheidet sich nicht wesentlich von der einer lokalen Variablen. Genau wie dort geben Sie einen Datentyp und einen Namen an. Anders als bei lokalen Variablen können Sie für Felder aber auch einen Access-Modifier angeben.

```java
public class Song {
    public String titel;
    public String interpret;
    public int laengeInSekunden;
}
```

Listing 5.3 Eine reine Datenklasse für die Musiksammlung

In einer Klasse ohne Operationen, wie es Song momentan noch ist, ist es natürlich nicht sinnvoll, die Felder `private` zu deklarieren. In diesem Fall sind die Felder `public`, Zugriff ist von überall erlaubt.

Ein weiterer Unterschied zwischen Feldern und lokalen Variablen ist, dass Felder einen *Default-Wert* erhalten. Sie müssen deshalb nicht jedes Feld explizit auf `null`, 0 oder `false` setzen, bevor Sie damit arbeiten.

5.3.2 Zugriff auf Felder

Um von außerhalb des Objekts auf Felder (oder Methoden) zuzugreifen, verwenden Sie den Punktoperator. Der Zugriff funktioniert damit genauso wie auf eine lokale Variable.

```java
Song cupOfJava = new Song();
cupOfJava.title = "Cup of Java";
cupOfJava.interpret = "Compilaz";
cupOfJava.laengeInSekunden = 217;
if (cupOfJava.laengeInSekunden > 180){
    ...
}
```

Listing 5.4 Zugriff auf Felder

5.4 Methoden

Objekte, die Daten thematisch gruppieren, haben eine Existenzberechtigung, aber was die Objektorientierung ausmacht, ist die Zusammenfassung der Daten mit den dazugehörigen Operationen. Reine Datenstrukturen gab es bereits vorher. Erst mit Methoden wird es wirklich objektorientierte Programmierung.

Sie haben nun bereits einige Methoden gesehen, es gab sie in jeder Übung. Es wird Zeit, sie detaillierter zu betrachten. Eine Methode ist eine Abfolge von Instruktionen, die unter dem Methodennamen zusammengefasst werden. So können Sie diese spezielle Instruktionsfolge an jeder beliebigen Stelle Ihres Programms aufrufen, ohne sie wiederholen zu müssen.

Eine Methode kann einen *Rückgabewert* haben, ein Ergebnis, das an den Aufrufer der Methode weitergegeben wird. Außerdem kann eine Methode einen oder mehrere *Parameter* haben: Werte, die der Methode beim Aufruf übergeben werden und die sie zur Erfüllung ihrer Aufgabe benötigt.

In der Deklaration einer Methode müssen alle diese Eigenschaften auftauchen: der Typ des Rückgabewertes, der Methodenname, Typen und Namen der Parameter (soweit vorhanden) und ein optionaler Access-Modifier. Ein kleiner Stolperstein ist dabei, dass auch eine Methode, die keinen Rückgabewert hat, den Typ ihres Rückgabewertes deklarieren muss. Was zunächst paradox klingt, ist in der Praxis leicht umgesetzt: Wenn eine Methode keinen Rückgabewert hat, dann wird der Typ ihres Rückgabewertes mit dem Schlüsselwort `void` deklariert. Eine Methodendeklaration sieht damit beispielsweise so aus:

```
public void play(){
    ...
}
```

Listing 5.5 Methodendeklaration

Die Deklaration beginnt mit dem Access-Modifier, gefolgt von Rückgabewert, Methodenname und der Parameterliste in Klammern. Selbst wenn die Methode keine Parameter annimmt, müssen Sie das leere Klammerpaar schreiben. In geschweiften Klammern folgt dann der Methodenrumpf, die Liste von Instruktionen, die die Methode ausführen soll.

Ich muss Sie übrigens insofern enttäuschen, als Sie in diesem Buch keine Musikdateien abspielen werden, sondern lediglich Ihre Musiksammlung verwalten.

Felder, lokale Variablen und »this«

Sie haben bereits gesehen, wie Sie mit dem Punktoperator von außerhalb des Objekts auf dessen Felder zugreifen. Innerhalb des Objekts brauchen Sie den Punktoperator nicht, Sie können auf Felder einfach mit ihrem Namen zugreifen, genau wie auf lokale Variablen. Das hat aber einen kleinen Nachteil: Wenn es eine lokale Variable desselben Namens gibt, dann können Sie so nicht mehr auf das Feld zugreifen, es wird immer die lokale Variable verwendet. Man sagt, die lokale Variable *verdeckt* das Feld. Im Englischen spricht man von *Variable Shadowing*.

```java
public class ImSchatten {
    public int zahl = 11;

    public void rechne(){
        int zahl = 17;
        System.out.println("Zahl: " + zahl);
    }
}
```

Listing 5.6 Ein verdecktes Feld

Aber auch verdeckte Felder sind nicht komplett unzugänglich. Um auf Sie zuzugreifen, können Sie das Schlüsselwort this verwenden. Es verhält sich genau wie jede andere Objektreferenz, aber es referenziert immer das Objekt, in dem Sie sich gerade befinden. Insbesondere erlaubt es den Zugriff auf alle Felder oder Methoden des Objekts, auch wenn Felder von lokalen Variablen verdeckt werden.

```java
public class AusDemSchatten {
    public int zahl = 11;

    public void rechne(){
        int zahl = 17;
        System.out.println("Zahl (lokal): " + zahl);
        System.out.println("Zahl (Feld): " + this.zahl);
    }
}
```

Listing 5.7 Ein verdecktes Feld – so geht der Zugriff doch

Manche Java-Programmierer sind der Meinung, dass der Zugriff auf ein Feld immer über this erfolgen sollte, weil so auf den ersten Blick sichtbar ist, dass auf ein Feld zugegriffen wird und nicht auf eine lokale Variable. Da aber jede IDE diesen Unterschied hervorhebt – NetBeans schreibt zum Beispiel Feldnamen in Grün und lokale Variablen in Schwarz –, ist dies nicht mehr so wichtig, wie es vielleicht einmal war. In diesem Punkt gibt es keine allgemein anerkannte Empfehlung.

Der Zugriff auf verdeckte Felder ist zwar ein wichtiger Zweck von this, aber nicht der einzige. this verhält sich wirklich in jeder Hinsicht so wie eine Objektvariable des richtigen Typs, und Sie können es auch als Parameter an eine Methode übergeben oder als Rückgabewert einer Methode verwenden.

5.4.1 Übung: Eine erste Methode

Schreiben Sie nun Ihre erste Methode. Beginnen Sie mit der Klasse Song, wie abgedruckt, mit zwei String-Feldern interpret und titel und einem int-Feld laengeInSekunden. Fügen Sie eine Methode drucke hinzu, die die Daten des Songs auf die Kommandozeile ausgibt.

Schreiben Sie dann eine Klasse Musicplayer, die ein Song-Objekt erzeugt, seine Felder mit Werten befüllt und es schließlich mit Hilfe Ihrer Methode ausgibt. Die Lösung zu dieser Übung finden Sie im Anhang.

5.4.2 Rückgabewerte

Eine Methode kann ihrem Aufrufer ein Ergebnis zurückgeben, man spricht von einem *Rückgabewert*. Um einen Wert zurückzugeben, müssen Sie den Typ des Rückgabewertes in der Methodendeklaration angeben.

Die Beispiele oben haben für ihren Rückgabewert den Typ void verwendet, was so viel bedeutet wie »kein Rückgabewert«. An derselben Stelle können Sie aber jeden beliebigen Typ angeben, den Ihre Methode zurückgibt.

```java
public class Song {
    ...
    public String toString(){
        ...
    }
}
```

Listing 5.8 Eine Methode mit Rückgabewert

Die Methode toString liefert ihrem Aufrufer einen String. Einen Wert zurückgeben kann die Methode mit dem Schlüsselwort return, gefolgt von dem Wert, der zurückgegeben werden soll. Die Ausführung der Methode wird sofort unterbrochen, und die aufrufende Methode wird mit dem Rückgabewert fortgesetzt.

> **Die »toString«-Methode**
>
> Es handelt sich bei toString übrigens um eine besondere Methode, denn genau diese Methode wird von der JVM gerufen, wenn sie eine textuelle Repräsentation eines Objekts benötigt, zum Beispiel um es mit System.out.println() auf die Kommandozeile zu schreiben.

Anweisungen, die in der Methode nach dem return stehen, werden nicht ausgeführt. Wenn eine Methode dadurch Anweisungen enthält, die niemals zur Ausführung kommen können, dann führt das zu einem Compiler-Fehler.

```
public String machEinenString(){
    return "Ein String";
    System.out.println("Nach dem return");
}
```

Listing 5.9 Diese Methode wird nicht kompilieren.

> **»return« und »void«-Methoden**
>
> Auch in void-Methoden können Sie return verwenden, hier allerdings ohne einen Wert. Sie können so zwar keinen Wert zurückgeben, aber die Ausführung der Methode wird dennoch unterbrochen. So können Sie eine Methode abbrechen, bevor ihr Ende erreicht ist, aber ohne einen Fehler zu werfen. Man spricht von einem *Early Return*. Am Ende einer void-Methode muss niemals ein return stehen, sie endet hier auch von selbst.
>
> Der Aufrufer der Methode kann nicht unterscheiden, ob die Methode bis zum Ende gelaufen ist oder schon vorher von einem return unterbrochen wurde.

Wenn eine Methode einen Rückgabewert deklariert, dann **muss** sie auch einen Wert zurückliefern. Es ist nicht zulässig, in einer Methode mit Rückgabewert das return-Statement auszulassen. Ist ein Rückgabewert deklariert, dann müssen Sie auch einen Wert zurückgeben. Sie können aber bei Methoden, die ein Objekt zurückgeben, mit return null einen null-Wert liefern. Im Beispiel Musicplayer könnte das der Fall sein, wenn Sie den sechsten Titel aus einer Playlist mit nur fünf Einträgen auslesen wollen. Sie geben null zurück mit der Bedeutung »dieser Eintrag existiert nicht«.

> **Referenzen!**
>
> Auch bei Rückgabewerten gilt, dass Sie bei Objekttypen grundsätzlich mit Referenzen arbeiten. Wenn Sie also ein Objekt zurückgeben, das auch in einem Feld gespeichert ist, dann erhält der Aufrufer eine Referenz auf dasselbe Objekt. Die Konsequenzen sind dieselben, die Sie bereits beobachtet haben, wenn zwei Variablen dasselbe Objekt referenzieren: Änderungen, die Sie durch eine Referenz machen, sind durch die andere Referenz sichtbar, weil hinter den zwei Referenzen nur ein Objekt steht.

5.4.3 Übung: Jetzt mit Rückgabewerten

Implementieren Sie in der Klasse Song eine Methode mit dem Namen formatiereZeit und dem Rückgabetyp String. Diese Methode soll aus dem Feld laengeInSekunden eine Zeitangabe im Format Minuten:Sekunden berechnen und diese zurückgeben.

Implementieren Sie außerdem die oben angesprochene toString-Methode für die Klasse Song. Der String, den sie zurückgibt, soll alle wichtigen Felder des Songs enthalten: Titel, Interpret und die formatierte Zeit. Dann passen Sie die Methode drucke an, so dass sie die toString-Methode benutzt, anstatt ihren Ausgabe-String selbst zusammenzusetzen. Die Lösung zu dieser Übung finden Sie im Anhang.

5.4.4 Parameter

Genau wie ein Rückgabewert das ist, was aus einer Methode herauskommt, ist ein Parameter das, was Sie in eine Methode hineingeben. Wenn Sie Addition als Methode definieren wollen, dann sind die Summanden die Parameter.

Eine Methode kann beliebig viele Parameter haben, die jeweils mit Typ und Namen in den Klammern der Methodendeklaration angegeben werden. Mehrere Parameter werden durch Kommata getrennt:

```
public int summe(int summand1, int summand2){…}
```

Listing 5.10 Methodendeklaration

Innerhalb der Methode verhalten sich Parameter genau wie eine lokale Variable. Sie können ihre Werte auf die gleiche Art auslesen.

```
public int summe(int summand1, int summand2){
    return summand1 + summand2;
}
```

Listing 5.11 Verwendung von Parametern

Sie können Parametern auch neue Werte zuweisen. Diese neuen Werte werden **nicht** nach außen weitergegeben. Wenn Sie allerdings Objekte als Parameter akzeptieren und die Felder dieser Objekte ändern, dann sind diese Änderungen sehr wohl außerhalb der Methode sichtbar. Auch als Parameter werden bei Objekten nur Referenzen übergeben, der Fachbegriff dafür ist *Pass by Reference*.

Erst durch Parameter werden Ihre Methoden wirklich wiederverwendbar. Was wäre der Sinn einer Additionsmethode ohne Parameter? Sie könnte immer nur die zwei gleichen, konstanten Zahlen addieren. Oder denken Sie an eine Playlist-Klasse für

Ihren Musikspieler. Sie können ihr eine Methode `fuegeHinzu` geben, eine Methode `entferne`, aber was würden Sie hinzufügen und entfernen, wenn Sie keine Parameter übergeben könnten?

Methodensignaturen

Eine Methode wird in Java an zwei Merkmalen identifiziert: dem Methodennamen und der Parameterliste. Diese Kombination nennt man die *Signatur* der Methode.

Das bedeutet insbesondere, dass es in Java möglich ist, in einer Klasse mehrere Methoden mit demselben Namen zu deklarieren, solange sich ihre Parametertypen unterscheiden. Es müssen die Parametertypen sein, die sich unterscheiden, nicht die Parameternamen, denn nur anhand der Typen kann der Compiler unterscheiden, welche Methode mit einem Aufruf gemeint ist.

Der Rückgabewert ist **nicht** Teil der Methodensignatur, und entsprechend ist es auch nicht erlaubt, dass sich zwei Methoden nur in ihrem Rückgabewert unterscheiden. Auch das liegt daran, dass der Compiler Aufrufe dieser Methoden nicht unterscheiden könnte.

Wenn sich mehrere Methoden einer Klasse nur durch ihre Parametertypen unterscheiden, spricht man von *überladenen Methoden* (*Method Overloading*).

Dieses Beispiel mit überladenen Methoden würde kompilieren:

```
public class Playlist{
    public void fuegeHinzu (Song einSong){…}
    public void fuegeHinzu (Song einSong, int anStelle){…}
    public void fuegeHinzu (List songs){…}
}
```

Listing 5.12 »Playlist« mit überladenen Methoden

Dieses Beispiel zeigt den üblichen Zweck von überladenen Methoden: Mehrere Methoden erfüllen dieselbe Aufgabe, aber mit unterschiedlichen Parametern. `fuegeHinzu(Song)` würde einen Song am Ende der Playlist hinzufügen, `fuegeHinzu(Song, int)` ihn an einer beliebigen Stelle in der Liste einfügen und `fuegeHinzu(List)` mehrere Songs auf einmal hinzufügen.

Dieses Beispiel hingegen ist nicht funktionsfähig:

```
public class Playlist{
    public int groesse(){…}
    public long groesse(){…}
}
```

Listing 5.13 Fehlerhaftes Method Overloading

Die beiden Methoden unterscheiden sich nur durch den Rückgabewert. Das quittiert der Compiler mit der Fehlermeldung: »Method groesse is already defined in class.«

5.4.5 Zugriffsmethoden

Es ist eine in Java weit verbreitete Praxis, Felder eines Objekts nicht nach außen sichtbar zu machen. Alle Felder werden nach diesem Muster private deklariert, und Zugriff auf sie wird nur durch *Zugriffsmethoden* ermöglicht.

```
public class Song {
    private int laengeInSekunden;

    public int getLaengeInSekunden(){
        return laengeInSekunden;
    }

    public void setLaengeInSekunden (int laengeInSekunden){
        this.laengeInSekunden = laengeInSekunden;
    }
}
```

Listing 5.14 Zugriffsmethoden

So wird ein Feld durch Zugriffsmethoden vor der Außenwelt verborgen. Selbst wenn Sie, wie es in diesem Buch der Fall ist, Feld- und Methodennamen auf Deutsch vergeben, dann sollten die Zugriffsmethoden trotzdem set... zum Schreiben und get... zum Lesen heißen. Die einzige Ausnahme sind boolean-Felder, die Methode für lesenden Zugriff heißt bei ihnen is...

Diese Konvention wird von vielen Frameworks und Komponenten, auch in der Standardbibliothek, vorausgesetzt, damit diese auf Eigenschaften zugreifen können. Wenn Sie versuchen, diese Präfixe einzudeutschen, können diese Komponenten nicht mehr mit Ihren Klassen arbeiten. Weil die Präfixe so festgesetzt sind, spricht man häufig auch von *Gettern* und *Settern*.

Aber wofür soll das gut sein, warum sollte man nicht von außen direkt auf die Felder zugreifen? Man möchte so die öffentliche API einer Klasse von ihren Implementierungsdetails abstrahieren (*Datenkapselung*, *Encapsulation* oder *Implementation Hiding*). So möchten Sie zum Beispiel, dass die Klasse Song nach außen hin die Eigenschaft laengeInSekunden besitzt. Aber Sie müssen deswegen nicht unbedingt die Sekundenzahl in einem Feld speichern, vielleicht gibt es gute Gründe dafür, stattdessen die Länge in Millisekunden als einen long-Wert zu speichern oder ein Objekt vom Typ java.time.Duration. Durch Zugriffsmethoden können Sie den intern gespeicherten Datentyp von der Außendarstellung trennen.

```
import java.time.Duration;
public class Song {
    private Duration laenge;

    public int getLaengeInSekunden(){
        return (int) laenge.getSeconds();
    }

    public void setLaengeInSekunden (int laengeInSekunden){
        this.laengeInSekunden = Duration.ofSeconds(laengeInSekunden);
    }
}
```

Listing 5.15 Trennung von API und Implementierung

Nach außen hin hat sich gegenüber dem vorherigen Beispiel nichts geändert, aber innerhalb von Song verwenden Sie jetzt die Duration-Klasse, um die Dauer des Stücks zu speichern. Würden Sie ohne Zugriffsmethoden arbeiten und anderen Klassen direkten Zugriff auf die Felder gewähren, dann müssten jetzt alle Klassen angepasst werden, die Song verwenden. Das ist schon ärgerlich, wenn Sie die Klasse nur in Ihrem eigenen Projekt benutzen. Ist die Klasse Bestandteil einer Bibliothek, die auch von anderen eingesetzt wird, dann macht Ihnen eine solche Änderung nur wenige Freunde. Mit Zugriffsmethoden passiert das nicht, die öffentliche API bleibt unverändert, andere Programmierer, die Ihre Klassen verwenden, bleiben glücklich, und was Sie in Ihrer Klasse tun, ist Ihre eigene Sache.

Ein weiterer Vorteil von Zugriffsmethoden ist, dass Sie neue Werte, die durch einen Setter gesetzt werden, *validieren* können, also Einschränkungen für die gesetzten Werte erzwingen können, die über den Datentyp hinausgehen. Sie können verhindern, dass für einen Objekttyp null gesetzt wird, für einen Zahlentyp ein Wert außerhalb des zulässigen Bereichs oder was auch immer sonst in Ihrer Anwendung sinnvoll ist. Wenn Sie direkten Zugriff auf die Felder zulassen, haben Sie diese Möglichkeit nicht.

Wird ein ungültiger Wert übergeben, haben Sie zwei Möglichkeiten, damit umzugehen. Sie können den Wert ignorieren und nicht ins Feld speichern. Diese Lösung ist zwar einfach, aber unschön, denn der Aufrufer erhält keinen Hinweis darauf, dass der Wert ungültig war, und wird überrascht, wenn das Objekt nach wie vor den alten Wert enthält. Die bessere Lösung ist, einen Fehler zu werfen. Dies ist ein kleiner Vorgriff auf Kapitel 9, »Fehler und Ausnahmen«, wo wir uns ausführlich mit Fehlern beschäftigen werden.

```java
public class Song {
    private String interpret;
    public String getInterpret(){
        return this.interpret;
    }
    public void setInterpret(String interpret){
        if (interpret == null){
            throw new IllegalArgumentException("Interpret ist null");
        }
        this.interpret = interpret;
    }
}
```

Listing 5.16 Validierung im Setter

Wie Sie im Beispiel sehen, wird ein Fehler mit der throw-Anweisung geworfen. Sie unterbricht die Methode sofort und gibt den Fehler an die aufrufende Methode weiter. Die spezielle Fehlerart IllegalArgumentException ist genau für den Fall gedacht, dass ein ungültiger Wert als Parameter übergeben wurde. Der Text "Interpret ist null" hat keine Bedeutung im Programm, sondern ist rein informativ, er klärt lediglich darüber auf, was genau schiefgegangen ist. Momentan können Sie diesen Fehler noch nicht behandeln, das lernen Sie in Kapitel 9, »Fehler und Ausnahmen«. Wenn der Fehler also geworfen wird, bricht das Programm sofort mit einer Fehlermeldung ab.

Als letzten hier erwähnenswerten Vorteil von Zugriffsmethoden können Sie so Eigenschaften implementieren, die von außen nur gelesen werden können, aber nicht geschrieben. Dazu implementieren Sie einfach keinen Setter oder geben auch dem Setter eine eingeschränkte Sichtbarkeit. Andersherum können Sie natürlich auch Eigenschaften von außen nur schreibbar machen, dafür ist es allerdings schwieriger, eine sinnvolle Anwendung zu finden.

5.4.6 Übung: Zugriffsmethoden

Stellen Sie jetzt Ihre Song-Klasse auf Zugriffsmethoden um. Ändern Sie dafür alle Felder auf private-Sichtbarkeit, schreiben Sie dann die dazu passenden Zugriffsmethoden.

Alle Setter sollen die gesetzten Werte validieren: Titel und Interpret dürfen nicht null sein, für die Länge darf kein negativer Wert gesetzt werden. Wenn falsche Werte übergeben werden, werfen Sie, wie oben gezeigt, einen Fehler.

Zugriffsmethoden erlauben es Ihnen nicht nur, die öffentliche API vom internen Datenformat unabhängig zu halten, sondern auch, ein Feld in mehreren verschiedenen

Formaten zugänglich zu machen. Schreiben Sie, zusätzlich zu den vorhandenen Gettern und Settern, eine Methode `setLaenge`, die die drei Parameter `stunden`, `minuten` und `sekunden` erwartet und aus ihnen die neue Länge berechnet und setzt. Schreiben Sie drei Methoden `getStunden`, `getMinuten` und `getSekunden`, die den jeweiligen Teil der Länge zurückgeben. Da Sie jetzt eine Methode anbieten, in der explizit Stunden gesetzt werden können, sollten diese auch in der Ausgabe auftauchen. Erweitern Sie die Methode `formatiereZeit`, so dass sie die Stunden angibt, wenn der Song eine Stunde lang oder länger ist. Die Lösung zu dieser Übung finden Sie im Anhang.

5.5 Warum Objektorientierung?

Bevor wir tiefer in die Objektorientierung einsteigen, möchte ich eine Frage beantworten, die viele von Ihnen sich gerade stellen. Was ist eigentlich so toll an Objektorientierung? Es gab auch schon komplexe Programme, bevor die objektorientierte Programmierung das verbreitetste Programmierparadigma wurde, und auch heute ist objektorientiert nicht die einzige Art zu programmieren. Warum also objektorientierte Programmierung und nicht prozedurale, funktionale oder sonstige?

Einer der wichtigsten Gründe hat interessanterweise nichts mit dem Computer zu tun, sondern mit dem Menschen. In Objekten zu denken, ist für uns von frühester Kindheit an natürlich. Wir nehmen die Welt nicht als eine Menge von abstrakten, unzusammenhängenden Daten wahr, sondern als Objekte, die etwas sind und etwas tun (die Eigenschaften und Operationen haben) und miteinander interagieren. Schon bei einem einfachen Beispiel wie einem Fußball ist es uns gar nicht möglich, ihn *nicht* als ein Objekt zu betrachten. Natürlich können Sie versuchen, die Eigenschaften und Fähigkeiten des Balls abstrakt aufzuzählen, ohne dabei an einen Ball zu denken: »etwas Kugelrundes«, »etwas aus Leder«, »etwas mit Luft Gefülltes«, »etwas, was hüpfen kann«. Aber machen Sie das Experiment: Nehmen Sie einen Freund zur Seite, lesen Sie ihm diese Liste vor, und ich bin beinahe sicher, Ihr Freund wird sagen: »Ein Ball!«, bevor Sie das Ende der Liste erreichen. Denn wir können nicht anders, als in Objekten zu denken.

In Objekten zu programmieren ist deshalb eine Metapher, die unserem natürlichen Denken angepasst ist und es uns so einfach macht, über Programme nachzudenken. Auch wenn auf technischer Ebene mit Zeigern, Speicheradressen, Nullen und Einsen gearbeitet wird, die Objektmetapher macht das Programm verständlich.

Aber Neuropsychologie ist nicht der einzige Vorteil der Objektorientierung, es gibt auch greifbarere Gründe. So gruppieren Objekte zusammengehörige Daten auf eine Art, die diese nicht durcheinandergeraten lässt: Titel und Interpret sind in einem Song-Objekt gespeichert, es ist so gut wie unmöglich, dass ein Titel plötzlich versehentlich einem anderen Interpreten zugeordnet wird.

Objekte sind leicht wiederverwendbar. Wenn Sie ein weiteres Projekt entwickeln, in dem es sich um Musik dreht, können Sie die Klassen Song, Playlist usw. sehr leicht in eine Bibliothek auslagern, die sowohl von dem hier entwickelten Projekt wie auch dem neuen Projekt genutzt wird. Sie müssen die Klassen nicht kopieren oder gar neu entwickeln. Und wenn Sie für ein Projekt eine neue Methode hinzufügen, steht sie sofort überall zur Verfügung, wo Sie die Klasse bereits einsetzen.

Objekte bewahren Sie vor doppeltem Code. Eine Methode, die mit den Daten eines Objekts arbeitet, wird in dessen Klasse implementiert und steht damit überall zur Verfügung. Sie müssen Code nicht kopieren, nur weil Sie an einer anderen Stelle des Programms dieselbe Funktionalität benötigen. Überall, wo Sie die Daten haben, haben Sie auch die Methode, die mit ihnen arbeitet.

Zusammen bringen diese Vorteile eine enorme Produktivitätssteigerung, die durch ein weiteres sehr wichtiges Merkmal der Objektorientierung noch größer ausfällt. Klassen können Funktionalität von anderen Klassen übernehmen und erweitern, indem sie von ihnen *erben*.

Wie Sie Ihre Klassen von anderen Klassen erben lassen, lernen Sie ausführlich in Kapitel 6, »Objektorientierung«, aber warum das eine tolle Idee ist, ist schon hier interessant: Vererbung macht Klassen noch wiederverwendbarer, als sie es sowieso schon sind. Indem Sie eine Klasse erweitern, also von ihr erben, können Sie alle Möglichkeiten nutzen, die die Oberklasse bietet, und sie zusätzlich um Ihre eigenen erweitern. Ein Beispiel:

```
public class KaraokeSong extends Song {
    private String text;
    public String getText(){…}
    public void setText(String text){…}
}
```

Listing 5.17 »Song« erweitert

Ein Objekt vom Typ KaraokeSong ist in jeder Beziehung ein Song, es kann überall verwendet werden, wo ein normaler Song erwartet wird, aber zusätzlich können Sie auf den Liedtext zugreifen. Sie müssen es mir nicht jetzt sofort glauben, aber ich bin sicher, Sie werden zum Ende dieses Buches überzeugt sein, dass Vererbung großartig ist.

Eine Kleinigkeit zum Thema Vererbung habe ich Ihnen übrigens verschwiegen: Auch wenn Ihre Klassen nicht explizit mit extends von einer anderen Klasse erben, haben sie dennoch *immer* eine Oberklasse. Diese Oberklasse heißt Object, und sie steht für jedes Java-Objekt an oberster Stelle des Stammbaums.

Object kann nicht viel, aber was es kann, steht durch die Vererbungsbeziehung jeder Ihrer Klassen zur Verfügung. Eine Methode von Object haben Sie in diesem Kapitel bereits kennengelernt: toString ist ursprünglich in Object implementiert, und wenn Ihre Klasse die Methode nicht überschreibt, also eine eigene Methode mit derselben Signatur deklariert, dann erbt sie die toString-Methode von Object. Für Song sähe die Ausgabe dann so aus:

```
de.kaiguenster.javaintro.music.Song@106d69c
```

5.6 Konstruktoren

Eine weitere Art von Methode ist wichtig, um Objekte zu deklarieren: *Konstruktoren*. Wie der Name, mit etwas Fantasie, verrät, ist es deren Aufgabe, neue Objekte zu konstruieren. Konstruktoren initialisieren ein neues Objekt, sie setzen Anfangswerte für Felder, bereiten Ressourcen vor, die das Objekt benötigen wird, und sorgen dafür, dass ein neues Objekt sofort in einem validen Zustand ist.

Nehmen Sie als Beispiel einmal mehr die Klasse Song, die Sie schon durch das ganze Kapitel begleitet. Die Setter für Titel und Interpret erlauben es nicht, einen null-Wert für diese Felder zu setzen. null ist für diese Felder ein ungültiger Wert. Wenn Sie aber mit new Song() ein neues Objekt vom Typ Song erzeugen, dann haben die Felder zunächst den Wert null, und das Objekt ist damit in einem ungültigen Zustand. Das lässt sich zum Beispiel mit einem Konstruktor verhindern.

5.6.1 Konstruktoren deklarieren und aufrufen

Sie deklarieren einen Konstruktor wie jede andere Methode auch, mit zwei Abweichungen. Zum einen geben Sie für einen Konstruktor niemals einen Rückgabewert an, auch nicht void, diese Stelle in der Deklaration entfällt. Zum anderen trägt ein Konstruktor immer den Namen der Klasse, zu der er gehört. Insbesondere gilt das auch für Groß- und Kleinschreibung. Der Name eines Konstruktors beginnt entgegen der Namenskonvention für andere Methoden mit einem Großbuchstaben, weil der Klassenname mit einem Großbuchstaben beginnt.

```java
public class Song {
    public Song(){
        this.titel = "";
        this.interpret = "";
    }
    …
}
```

Listing 5.18 Ein Konstruktor für »Song«

Dieser Konstruktor setzt die Felder `titel` und `interpret` auf gültige Anfangswerte. Wie der Konstruktor aufgerufen wird, haben Sie vielleicht schon erraten, nachdem Sie nun die Deklaration gesehen haben. Der Konstruktoraufruf gehört zum Schlüsselwort `new`, so wie in `new Song()`. Das sieht so aus, als habe es den gezeigten Konstruktor schon gegeben, bevor Sie ihn deklariert haben. Und es sieht nicht nur so aus. Wenn in einer Klasse kein Konstruktor deklariert wird, dann wird von Java automatisch ein Konstruktor ohne Parameter erzeugt. Deshalb heißt der Konstruktor ohne Parameter auch *Default-Konstruktor*.

Es ist häufig sinnvoll, einen Default-Konstruktor anzubieten, der vom Objekt benötigte Ressourcen vorbereitet, zum Beispiel Netzwerkverbindungen öffnet oder Dateiinhalte einliest. Im gezeigten Fall ist der Default-Konstruktor allerdings nicht notwendig, derselbe Effekt lässt sich auch so erreichen:

```java
public class Song {
    private String titel = "";
    private String interpret = "";
    …
}
```

Listing 5.19 Default-Werte ohne Konstruktor

Dieser Code hat den gleichen Effekt; nur um Default-Werte zu setzen, brauchen Sie keinen Default-Konstruktor. Außerdem ist ein Leer-String nicht wirklich sinnvoller als `null`. Er vermeidet zwar eine `NullPointerException`, aber inhaltlich verbessert er die Situation kaum, ein neuer Song hat immer noch keinen Titel oder Interpreten.

Aber wie anderen Methoden auch können Sie einem Konstruktor Parameter übergeben, damit lässt sich sicherstellen, dass auch ein ganz frischer `Song` richtig initialisiert wird.

```java
public class Song {
    public Song(String titel, String interpret, int laengeInSekunden){
        this.setTitel(titel);
        this.setInterpret(interpret);
        this.setLaengeInSekunden(laengeInSekunden);
    }
}
```

Listing 5.20 Konstruktor mit Parametern

Nun können Sie, wenn Sie einen neuen Song erstellen, die Feldwerte gleich mitgeben:

```java
new Song("Iffy and the Elses", "Decide!", 345);
```

Genau genommen können Sie jetzt nicht nur die Feldwerte mitgeben, Sie müssen es. Ein Default-Konstruktor wird wirklich nur dann automatisch erzeugt, wenn die Klasse *keinen* Konstruktor deklariert. Sobald es einen gibt, egal, ob mit oder ohne Parameter, wird kein Konstruktor mehr automatisch erzeugt. Möchten Sie, dass der Default-Konstruktor weiterhin existiert, dann müssen Sie ihn selbst deklarieren.

Sie sehen, dass der Konstruktor im Beispiel nicht direkt auf die Felder zugreift, sondern die Zugriffsmethoden verwendet. Der Konstruktor könnte natürlich direkt auf die private-Felder zugreifen, aber durch die Zugriffsmethoden wird schon sichergestellt, dass keine null-Werte gesetzt werden können. Diese Validierung machen wir uns auch im Konstruktor zunutze, denn das Ziel war es schließlich, alle Felder von Anfang an mit gültigen Werten befüllt zu haben.

Mehrere Konstruktoren für eine Klasse

Sie sind für Ihre Klassen nicht auf einen einzigen Konstruktor beschränkt. Sie können für eine Klasse mehrere Konstruktoren anbieten, und sehr viele Klassen des JDKs tun das ebenfalls. Genau wie bei Methoden gilt auch bei Konstruktoren, dass Konstruktoren einer Klasse unterschiedliche Signaturen haben müssen. Der Name eines Konstruktors ist aber vorgeschrieben, alle Konstruktoren müssen sich daher in ihrer Parameterliste unterscheiden.

Es gibt zwei gute Gründe für eine Klasse, mehrere Konstruktoren zu deklarieren. Zum einen können Sie, wie Sie es auch schon bei Zugriffsmethoden gesehen haben, Daten in verschiedenen Formaten entgegennehmen, zum Beispiel die Länge als Sekundenzahl in einem int-Parameter oder in einem Duration-Objekt. Sie können aber auch mehrere Konstruktoren deklarieren, um Default-Werte für Ihre Felder vorzugeben. So können Sie in der Klasse Song, falls kein Interpret angegeben wurde, den Default-Wert »Unbekannter Künstler« in das Feld schreiben. Das ginge zwar auch mit einem einfachen if (interpret == null) im Konstruktor, aber die Klasse wird dadurch schwerer zu benutzen: Wenn Sie den Konstruktor aufrufen, müssen Sie nachdenken oder im Javadoc nachlesen, ob null ein erlaubter Wert für den Parameter interpret ist. Steht ein Konstruktor mit der Signatur public Song(String titel, int laenge) zur Verfügung, dann stellt sich diese Frage gar nicht erst.

Wenn Sie mehrere Konstruktoren verwenden, um verschiedene Datenformate zu akzeptieren oder um Default-Werte zu setzen, dann sollten Sie nicht jeden Konstruktor ausimplementieren, sondern einen weiteren Konstruktor mit dem Default-Wert oder dem transformierten Datenformat aufrufen. Um aus einem Konstruktor einen anderen Konstruktor derselben Klasse aufzurufen, verwenden Sie das Schlüsselwort this als Methode.

```java
public Song(String titel, String interpret, int laengeInSekunden) {
    this.setTitel(titel);
    this.setInterpret(interpret);
    this.setLaengeInSekunden(laengeInSekunden);
}

public Song(String titel, int laengeInSekunden) {
    this(titel, "Unbekannter Künstler", laengeInSekunden);
}
```

Listing 5.21 Constructor Chaining

Diese Technik heißt *Constructor Chaining* und dient einmal mehr dazu, doppelten Code zu vermeiden. Jeder Konstruktor erfüllt genau eine Aufgabe, er setzt einen Default-Wert oder wandelt Daten in ein anderes Format um und leitet dann an einen anderen Konstruktor weiter. Im Idealfall gibt es nur einen Konstruktor, der am Ende wirklich Daten in die Felder schreibt. Wenn Sie this aufrufen, dann muss dieser Aufruf die erste Anweisung des Konstruktors sein. Das führt zu der etwas abstrusen Situation, dass der oben gezeigte Konstruktor kompiliert, dieser hier aber nicht:

```java
public Song(String titel, int laengeInSekunden) {
    String defaultKuenstler = "Unbekannter Künstler";
    this(titel, defaultKuenstler, laengeInSekunden);
}
```

Listing 5.22 Dieser Konstruktor kompiliert nicht.

Diese Einschränkung macht es zwar manchmal schwieriger, Konstruktoren sinnvoll zu verketten, aber sie gibt es in Java von Anfang an und wird sich wohl auch in Zukunft nicht ändern.

> **Nicht öffentliche Konstruktoren**
>
> Auch bei Konstruktoren können Sie alle Access-Modifier verwenden. Manche Klassen sollen nicht von überall instanziierbar sein, und durch eingeschränkte Sichtbarkeit des Konstruktors können Sie das steuern.
>
> Zum Beispiel können Sie eine Klasse nur mit package-sichtbaren Konstruktoren versehen und so sicherstellen, dass nur Klassen im selben Package – also normalerweise Ihre Klassen – Instanzen erzeugen können. Jedes andere Package kann die Klasse dennoch verwenden, aber Sie kontrollieren das Erzeugen von Objekten.

5.6.2 Übung: Konstruktoren

Implementieren Sie in Song drei Konstruktoren:

- einen, der alle drei Feldwerte als Parameter erhält und setzt
- einen, der Titel und Länge als Parameter erhält und für den Interpreten den Default-Wert »Unbekannter Künstler« setzt
- einen, der Titel und Stunden, Minuten und Sekunden der Länge als Parameter erhält

Implementieren Sie keinen Default-Konstruktor. Passen Sie die Klasse Musicplayer so an, dass sie einen der Konstruktoren ruft, um neue Songs zu erzeugen. Die Lösung zu dieser Übung finden Sie im Anhang.

> **Javas lange Klassen**
>
> Die Klasse Song, die im Wesentlichen drei Felder und eine Methode zur Zeitformatierung enthält, ist inzwischen auf stolze 84 Zeilen angewachsen. Einige davon könnte man natürlich einsparen; dass Sie die Länge auf verschiedene Arten setzen können, ist beispielsweise ein nettes Detail, aber alles andere als notwendig.
>
> Das ändert aber nichts daran, dass Java-Klassen, die den hier gezeigten typischen Mustern folgen, also Zugriffsmethoden und mehrere Konstruktoren deklarieren, viel uninteressanten Code enthalten. Das ist ein häufiger Kritikpunkt an der Sprache Java, ein großer Teil des Codes ist dieser sogenannte *Boilerplate Code*.
>
> Bei aller Liebe zur Sprache Java kann ich nur sagen: Das ist nun mal leider so. Natürlich können Sie diesen Code einsparen, indem Sie die Konventionen ignorieren, aber wie im Laufe dieses Kapitels dargelegt, gibt es gute Gründe für diese Konventionen. Als kleiner Trost kann vielleicht gelten, dass Sie diesen Code nicht von Hand schreiben müssen: Jede IDE bietet Ihnen die Möglichkeit, Zugriffsmethoden und Konstruktoren automatisch zu erzeugen. In NetBeans verbirgt sich diese Funktion hinter der Tastenkombination `Alt` + `Einfg`.

5.7 Statische Felder und Methoden

Bisher hat sich alles in diesem Kapitel um Eigenschaften und Methoden gedreht, die zu einem Objekt gehören. Das trifft aber nicht auf alle Felder und Methoden zu. In Java muss alles zu einer Klasse gehören, aber nicht unbedingt zu einem Objekt.

Klassen dienen zwar hauptsächlich als Vorlagen für Objekte, aber sie haben auch eine unabhängige Existenz. Klassen können Felder und Methoden haben, die nicht zu einem Objekt gehören. Alle diese Elemente werden mit dem Schlüsselwort static gekennzeichnet. Diese Elemente gibt es genau einmal, unabhängig davon, wie viele Instanzen der Klasse erzeugt wurden.

```
public class Song {
    private static long gesamtLaenge;
    public static long getGesamtLaenge(){
        return Song.gesamtLaenge;
    }
    …
}
```

Listing 5.23 Statische Felder und Methoden

Da statische Methoden nicht zu einem Objekt gehören, haben sie auch keinen Zugriff auf nichtstatische Elemente der Klasse.

Wenn statische Elemente von außen sichtbar sind, so kann auf sie mit dem Punktoperator direkt am Klassennamen zugegriffen werden: `Song.getGesamtLaenge()`. Es ist dazu nicht notwendig, ein Objekt zu instanziieren.

Statische Felder zeichnen sich dadurch aus, dass sie nur einen Wert auf Ebene der Klasse haben, unabhängig von deren Instanzen und sogar, wenn niemals eine Instanz erzeugt wird. Sie sind deshalb gut geeignet, Daten zu halten, die nicht zu einem Objekt gehören oder die von allen Instanzen der Klasse gemeinsam genutzt werden. Genau wie auf statische Methoden greifen Sie auch auf statische Felder über den Punktoperator direkt an der Klasse zu: `Song.gesamtLaenge`.

Aus einem Objekt der Klasse können Sie auch direkt auf statische Felder und Methoden zugreifen, ohne Klassenname und Punkt.

> **Statische Initialisierung**
>
> Es gibt neben statischen Methoden und Feldern ein weiteres statisches Konstrukt, das allerdings viel seltener genutzt wird: den *Static Initializer*. Er ist für die Klasse ungefähr das, was der Konstruktor für die Instanz ist: Er führt notwendige Initialisierungsarbeiten aus.
>
> ```
> public class StatischInitialisiert {
>     static {
>         //hier steht Initialisierungscode
>     }
> }
> ```
>
> Ein Programm braucht normalerweise keine statische Initialisierung, um statische Felder mit einem Startwert zu versehen, genau wie bei jeder anderen Variablen können Sie den bei der Deklaration angeben. Aber wenn der Startwert beispielsweise

aus einer Datei gelesen werden soll, dann kann das in der Initialisierung passieren. Besonders wichtig ist das bei Konstanten (siehe Abschnitt 5.8, »Unveränderliche Werte«), denn sie können im Static Initializer noch gesetzt werden, danach ist ihr Wert für immer unveränderlich.

Häufig werden Static Initializer aber aus einem anderen Grund verwendet: Die Laufzeitumgebung garantiert, dass sie genau einmal ausgeführt werden, nämlich genau dann, wenn die Klasse geladen wird. Wenn also ein bestimmtes Stück Code nur einmal ausgeführt werden darf und auf gar keinen Fall öfter, dann wird das meistens auf diese Art sichergestellt.

5.7.1 Übung: Statische Felder und Methoden

Erweitern Sie die Klasse Song um das oben gezeigte Feld gesamtLaenge und die zugehörige Zugriffsmethode getGesamtLaenge. Das Feld soll immer die Länge aller erzeugten Songs enthalten. Achten Sie vor allem darauf, diesen Wert anzupassen, wenn die Länge eines Songs nachträglich geändert wird. Die Lösung zu dieser Übung finden Sie im Anhang.

5.7.2 Die »main«-Methode

Mit diesem neuen Wissen über statische Methoden wird jetzt auch die Deklaration der main-Methode klarer. Es handelt sich um eine einfache statische Methode, die nur dadurch besonders ist, dass die Laufzeitumgebung sie aufruft, wenn sie mit der Klasse als Hauptklasse gestartet wird.

Die main-Methode wird nicht nur an ihrem Namen erkannt, ihre gesamte Signatur *muss* so lauten, wie Sie sie bisher auch deklariert haben:

```
public static void main (String[] args)
```

Lediglich den Namen des Parameters dürfen Sie beliebig ändern. Der Name args hat allerdings Tradition, und es gibt selten einen Grund, ihn zu ändern.

5.7.3 Statische Importe

Sie können auf statische Felder und Methoden auch aus einer anderen Klasse zugreifen, ohne den Punktoperator zu verwenden, indem Sie die Elemente *statisch importieren*.

Genau wie das import-Statement eine Klasse aus einem Package in Ihren Code importiert, importiert import static statische Member aus einer anderen Klasse in Ihre Klasse. Diese statischen Importe geben Sie an derselben Stelle an, an der Sie auch andere Importe machen, und führen nach dem Klassennamen noch die statischen Member auf, die Sie aus dieser Klasse importieren möchten:

```
import static de.kaiguenster.javaintro.music.Song.getGesamtLaenge;
```

Oder auch alle statischen Elemente:

```
import static de.kaiguenster.javaintro.music.Song.*;
```

Auf die importierten Member können Sie dann so zugreifen, als seien sie in dieser Klasse deklariert.

```
import static de.kaiguenster.javaintro.music.Song.*;
public class Musicplayer {
    ...
    public void druckeGesamtLaenge(){
        System.out.println(getGesamtLaenge());
    }
}
```

Listing 5.24 Eine statisch importierte Methode verwenden

Am nützlichsten sind statische Importe für Konstanten (siehe Abschnitt 5.8.2), die Sie so verwenden können, ohne immer wieder die Klasse anzugeben, aus der die Konstante stammt. Auch für allgemein nützliche Hilfsmethoden, die Sie an vielen Stellen im Programm benutzen, sind statische Importe hilfreich, denn nachdem eine solche Methode einmal importiert ist, müssen Sie nicht immer wieder die Ursprungsklasse dazuschreiben oder sich auch nur daran erinnern, wo die Methode wirklich steht.

5.8 Unveränderliche Werte

Neben den veränderlichen Variablen und Feldern, die Sie bisher kennengelernt haben, gibt es in Java auch die Möglichkeit, sie permanent auf einen Wert festzuschreiben. Dazu müssen Sie der Deklaration nur das Schlüsselwort `final` voranstellen.

```
final String titel = "The Final Countdown";
```

Der Compiler lässt dann nicht zu, dass der Variablen ein neuer Wert zugewiesen wird. Sie müssen einer solchen Variablen ihren Wert bei der Deklaration geben, ein späterer Schreibzugriff führt zu einem Compiler-Fehler.

Sie können lokale Variablen und Parameter `final` deklarieren, das bewahrt Sie davor, ihnen versehentlich einen neuen Wert zuzuweisen, aber der Hauptnutzen davon ist, dass Sie auf diese Variablen in inneren Klassen zugreifen können (siehe dazu Abschnitt 6.4, »Innere Klassen«).

Auch jetzt können Sie aber schon einen Nutzen aus unveränderlichen statischen und nichtstatischen Feldern ziehen.

> **Unveränderlich heißt nicht unveränderlich**
>
> final bedeutet, dass einer Variablen kein neuer Wert zugewiesen werden kann. Für Objektvariablen bedeutet das, dass sie niemals ein anderes Objekt referenzieren können. Wenn das referenzierte Objekt aber selbst einen veränderlichen Zustand hat, also Felder, deren Wert Sie ändern können, dann ändert final nichts daran.
>
> Das Gleiche gilt für Arrays: Einer als final deklarierten Array-Variablen können Sie kein anderes Array mehr zuweisen, aber die Werte im Array können Sie beliebig verändern.

5.8.1 Unveränderliche Felder

Felder mit dem Modifier final können nicht nur bei der Deklaration ihren Wert erhalten, sondern auch noch im Konstruktor, aber nicht später. Dadurch ist es möglich, im Konstruktor übergebene Parameter in ihnen zu speichern und gleichzeitig sicherzustellen, dass sich ihr Wert danach nicht mehr verändert.

```java
public class Song {
    private final String titel;
    private final String interpret;
    private final int laengeInSekunden;
    public Song(String titel, String interpret, int laengeInSekunden) {
        //die Parameter hier validieren
        this.titel = titel;
        this.interpret = interpret;
        this.laengeInSekunden = laengeInSekunden;
    }
}
```

Listing 5.25 Der unveränderliche »Song«

Am Beispiel der Song-Klasse bedeutet das, dass Titel, Interpret und Länge nie mehr geändert werden können. Ein Song hat so eine unveränderliche Identität und kann zum Beispiel nicht nachträglich umbenannt werden. Sollten Sie später feststellen, dass sich ein Tippfehler eingeschlichen hat, dann können Sie nur ein neues Objekt mit den geänderten Werten erzeugen.

> **Unveränderliche Objekte (»Immutable Objects«)**
>
> Auf den ersten Blick findet sich kein großer Vorteil darin, Felder unveränderlich zu machen. Erst mit etwas vertieftem Wissen treten einige Vorteile hervor.

Sie müssen sich zum Beispiel bei Objekten, deren Felder **alle** final sind, keine Sorgen machen, dass sie durch eine andere Referenz geändert werden. Ein solches *Immutable Object* kann einfach nicht mehr verändert werden. In diese Kategorie fallen auch Strings und die Wrapper-Klassen der primitiven Typen: Sie sind unveränderlich. Methoden, die so aussehen, als würden sie den Wert verändern, geben stattdessen ein neues Objekt zurück.

5.8.2 Konstanten

Felder, die sowohl static als auch final sind, heißen *Konstanten*. Sie haben für die gesamte Laufzeit eines Programms einen gleichbleibenden Wert, auf den entweder alle Objekte der Klasse zugreifen können oder sogar das ganze Programm, je nach Access-Modifier.

Konstanten kommen dann zum Einsatz, wenn ein Wert im Code immer wieder und an mehreren Stellen benötigt wird, und tragen viel dazu bei, Code lesbar zu machen. Denken Sie zum Beispiel an den BMI-Rechner aus Abschnitt 3.1.3 zurück, in dem der berechnete BMI mit mehreren Zahlen verglichen wurde, die für sich genommen vollkommen willkürlich scheinen. Hier folgt der gleiche Code, aber mit Konstanten:

```java
public class BMIRechner {
    public static final double OBERGRENZE_UNTERGEWICHT = 18.5;
    public static final double OBERGRENZE_NORMALGEWICHT = 25;
    public static final double OBERGRENZE_UEBERGEWICHT = 30;

    public static void main(String[] args) throws IOException {
        ...
        if (bmi < OBERGRENZE_UNTERGEWICHT){
            System.out.println("Damit haben Sie Untergewicht");
        } else if (bmi < OBERGRENZE_NORMALGEWICHT){
            System.out.println("Damit haben Sie Normalgewicht");
        } else if (bmi < OBERGRENZE_UEBERGEWICHT){
            System.out.println("Damit haben Sie Übergewicht");
        } else {
            System.out.println("Damit haben Sie starkes Übergewicht");
        }
    }
}
```

Listing 5.26 BMI-Rechner mit Konstanten

Durch diese kleine Änderung sieht der Code viel lesbarer aus, es ist auf einen Blick klar, warum die Vergleiche so gemacht werden, wie sie gemacht werden. Und dadurch, dass die Konstanten `public` sind, können Sie von überall auf sie zugreifen. Wäre der `BMIRechner` ein Teil eines größeren Programms, dann könnten Sie überall die Konstanten nutzen, anstatt immer wieder die gleichen Zahlen in den Code zu schreiben. Der Vorteil davon wird klar, wenn Sie sich vorstellen, dass diese Werte geändert würden und zum Beispiel Übergewicht erst bei einem BMI von 27 begönne statt wie bisher bei 25. Ohne die Konstante müssten Sie alle Vorkommen der Zahl 25 suchen und bei jedem einzelnen prüfen, ob es sich hier um einen BMI-Wert handelt oder nicht, und wenn ja, den Wert ändern. Mit der Konstanten ändern Sie nur einmal den Konstantenwert, und es wird mit einfachem Neukompilieren überall der neue Wert benutzt.

Im Code sehen Sie auch die übliche Namenskonvention für Konstanten: Sie werden in Großbuchstaben und mit Unterstrichen anstelle von Leerzeichen benannt.

5.9 Spezielle Objektmethoden

Es gibt drei wichtige Methoden, die alle Ihre Klassen von `Object` erben, die Sie aber häufig überschreiben, also in Ihrer Klasse selbst neu implementieren werden.

Eine dieser Methoden haben Sie in `Song` bereits implementiert: `toString`, die Methode, die zur Ausgabe Ihrer Objekte als Zeichenkette gerufen wird.

Eine weitere Methode haben Sie noch nicht implementiert, aber zumindest schon genutzt: `equals` oder, um genau zu sein, `public boolean equals(Object other)`. Die Implementierung von `equals` in `Object` liefert genau dann `true` zurück, wenn `this` und `other` dasselbe Objekt referenzieren, sie verhält sich also genauso wie der `==`-Operator.

Für Ihre eigenen Klassen ist das aber häufig nicht das gewünschte Verhalten. Wenn zwei Songs den gleichen Titel haben, vom gleichen Interpreten stammen und gleich lang sind, dann sollte es sich auch um den gleichen Song handeln. Um genau diese Definition von Gleichheit für Java-Objekte zu verwirklichen, würden Sie die `equals`-Methode überschreiben. Es gibt drei Grundregeln für die `equals`-Methode:

▶ Ein Objekt ist immer gleich sich selbst. Wenn `this == other` wahr ist, dann muss auch `this.equals(other)` wahr sein.

▶ Ein Objekt ist niemals gleich `null`. `anObject.equals(null)` muss `false` zurückgeben, aber keine `NullPointerException` werfen.

▶ Ansonsten sind zwei Objekte dann gleich, wenn sie Ihre Definition von Gleichheit erfüllen. Das kann bedeuten, dass alle Feldwerte identisch sind, muss es aber nicht. Im Fall von `Song` könnten Sie zum Beispiel festlegen, dass nur Titel und Interpret verglichen werden, weil die Länge aus rein technischen Gründen abweichen kann, ohne dass es deswegen ein anderes Stück wäre. Ich empfehle, alle Felder, die in equals verglichen werden, auch final zu deklarieren. So ist sichergestellt, dass zwei Objekte, die einmal gleich waren, auch gleich bleiben.

Ein viertes Kriterium, nämlich ob zwei Objekte Instanzen derselben Klasse sein müssen, um gleich zu sein, ist etwas strittiger. Manchmal ist es sinnvoll, dass auch zwei Objekte, deren Klassen lediglich eine gemeinsame Oberklasse haben, gleich sein können.

Für die Klasse Song kann die equals-Methode zum Beispiel so aussehen:

```
public boolean equals(Object obj) {
    if (obj == null) {
        return false;
    }
    if (getClass() != obj.getClass()) {
        return false;
    }
    final Song other = (Song) obj;
    if (!Objects.equals(this.titel, other.titel)) {
        return false;
    }
    if (!Objects.equals(this.interpret, other.interpret)) {
        return false;
    }
    return true;
}
```

Listing 5.27 Die »equals«-Methode der »Song«-Klasse

Diese equals-Methode ist sehr typisch, und Sie können an ihr die oben genannten Kriterien nachvollziehen:

- Zuerst wird geprüft, ob das andere Objekt null ist. Falls ja, wird false zurückgegeben.
- Als Nächstes wird geprüft, ob beide Objekte Instanzen derselben Klasse sind. Die Methode getClass, die an jedem Objekt zur Verfügung steht, gibt die Klasse des Objekts zurück, und da Klassen garantiert nur einmal vorhanden sind, können sie getrost mit != verglichen werden.
- Wenn diese beiden Bedingungen erfüllt sind, werden die Felder verglichen. Dazu wird die statische Methode Objects.equals benutzt. Sie verwendet die equals-Methoden der Feldwerte, prüft aber vorher, ob diese null sind. So kann keine NullPointerException auftreten, und Sie müssen die null-Prüfung nicht immer wieder selbst schreiben.

▶ Es wird nicht explizit geprüft, ob das übergebene Objekt `obj` mit `this` identisch ist. Diese Prüfung ist nicht notwendig, denn auch die gezeigte Methode gibt in dem Fall `true` zurück. Häufig sieht man dennoch am Anfang der `equals`-Methode die Phrase `if (this == obj) return true`, da so die weiteren Prüfungen übersprungen werden und die Methode schneller endet.

Die dritte Methode, die Sie häufig überschreiben werden, ist `hashCode`. Diese Methode hat einen etwas merkwürdigen Status, weil Sie fachlich eigentlich keinen Grund haben, sie zu überschreiben. Sie berechnet einen Zahlenwert zu dem Objekt, der »einigermaßen eindeutig« sein sollte und der benutzt wird, wenn das Objekt als Schlüssel in einer `HashMap` verwendet wird. Dazu mehr in Kapitel 10, »Arrays und Collections«.

Der einzige Grund, diese Methode hier überhaupt schon zu erwähnen, ist der, dass Sie sie immer – immer! – zusammen mit `equals` überschreiben müssen. Damit einige Komponenten der Klassenbibliothek funktionieren, vor allem die schon angesprochene `HashMap`, ist es unbedingt notwendig, dass zwei Objekte, die laut `equals` gleich sind, auch den gleichen Hashcode haben.

Sie sollten sich aber, um ganz ehrlich zu sein, nicht allzu viele Gedanken über `equals` und `hashCode` machen. Es sind zwei sehr wichtige Methoden, die Sie unbedingt kennen müssen, aber Sie werden sie nur selten selbst schreiben: Jede moderne IDE bietet eine Funktion, die diese Methoden generiert. In NetBeans finden Sie diese Funktion neben den Zugriffsmethoden unter ⟨Alt⟩ + ⟨Einfg⟩.

5.10 Zusammenfassung

Sie haben in diesem Kapitel gelernt, wie Sie eigene Klassen definieren und Instanzen dieser Klassen erzeugen. Sie haben gelernt, einer Klasse Felder und Methoden hinzuzufügen, was der Unterschied zwischen statischen und nichtstatischen Membern ist und wie Sie ein Feld unveränderbar machen. Zur objektorientierten Programmierung fehlt Ihnen jetzt noch die Vererbung.

Das nächste Kapitel vertieft Ihr Wissen über Objekte. Sie wissen nun bereits, wie Sie Klassen und Objekte anlegen, aber damit sind Ihre Programme noch nicht vollständig objektorientiert. Sie werden lernen, wie Klassen voneinander erben können und welche Vorteile Ihnen das bringt.

Kapitel 6
Objektorientierung

Sie kennen Objekte jetzt schon im Detail, kennen den Unterschied zwischen einer Klasse und einem Objekt, wissen alles über Felder und Methoden und verstehen auch grundsätzlich, warum Objekte gut für Sie sind. In diesem Kapitel kommen Sie nun vom einfachen »Programmieren mit Objekten« zur echten Objektorientierung. Denn Objekte können noch mehr, und in diesem Kapitel werden Sie sehen, was dieses Mehr für Sie bedeutet.

Im vorigen Kapitel haben Sie schon einiges über Objekte und Klassen gelernt. Bevor es nun mit der Objektorientierung richtig losgeht, denken Sie kurz zurück, und erinnern Sie sich an die wichtigsten Konzepte von dort:

- Ein *Objekt* ist eine Datenstruktur, die zusammengehörige Daten zusammenfasst und Operationen anbietet, die mit diesen Daten arbeiten.
- *Felder* sind Variablen innerhalb eines Objekts. In Feldern werden die Daten des Objekts gespeichert.
- *Methoden* stellen die Operationen auf diesen Daten dar. Sie können den internen Zustand eines Objekts – den Inhalt der Felder – verändern, nach außen zugänglich machen oder Berechnungen damit durchführen.
- *Konstruktoren* sind spezielle Methoden, die ein neues Objekt initialisieren, wenn es mit dem new-Operator erzeugt wird.
- *Klassen* sind Definitionen von Objekttypen. Sie legen fest, welche Felder und Methoden jedes Objekt hat, das aus dieser Klasse erzeugt wird. Ein Objekt, das aus einer Klasse erzeugt wurde, nennt man eine *Instanz* dieser Klasse.
- *Statische Felder* und *Methoden* sind Felder und Methoden, die nicht zu einer Instanz gehören, sondern zur Klasse selbst und auf die Sie auch direkt über die Klasse zugreifen können.

Klassen und Objekte helfen, Ihren Code übersichtlich und verständlich zu machen, weil sie unser Alltagsverständnis der Welt im Programm widerspiegeln. Das vielleicht wichtigste Konzept der Objektorientierung nähert Objekte noch mehr an die reale Welt an und ist gleichzeitig das Instrument, das objektorientierte Programmierung so mächtig macht: Vererbung.

6.1 Vererbung

Nachdem Vererbung bisher immer wieder einmal erwähnt wurde, ist es nun an der Zeit, sich im Detail damit auseinanderzusetzen. Aber bevor es damit losgeht, was Vererbung ist und wie Sie sie anwenden, eine kurze Abgrenzung, was Vererbung **nicht** ist.

Die erste Assoziation bei Nennung des Begriffs Vererbung ist für die meisten die Genetik. Nach der Genetik wird Ihnen zum Beispiel Ihre Augenfarbe von Ihren Eltern vererbt. Für dieses einfache Beispiel nehmen Sie einmal an, die Augenfarbe würde exakt von einem Elternteil vererbt; das ist zwar nicht korrekt, aber dies ist auch kein Buch über Genetik. Wichtig ist, dass die Augenfarbe eine Eigenschaft ist, die Sie erben. Über einen längeren Zeitraum gesehen, erbt die moderne Menschheit von ihren entfernten Vorfahren wie Homo erectus.

Sie werden sicherlich zustimmen, dass es zwischen Ihnen und Ihren Eltern eine Vererbungsbeziehung gibt, ebenso zwischen Homo sapiens und Homo erectus. Aber Sie würden ganz sicher nicht zustimmen, dass Sie deswegen Ihr eigener Vater sind oder jeder moderne Mensch ein Homo erectus ist.

Genau so ist aber die Vererbung im Sinne der objektorientierten Programmierung zu verstehen. Deswegen ist ein anderer Begriff für die Beziehung zwischen Klassen eigentlich zutreffender: *Spezialisierung*. Eine Klasse, die von einer anderen Klasse erbt, ist eine spezielle Ausprägung dieser anderen Klasse.

Eine bessere Analogie als die genetische Vererbung sind deshalb semantische Kategorien. Es gibt beispielsweise eine Kategorie Tier. Ein Teil dieser Kategorie ist die Kategorie Hund, ein anderer Teil die Kategorie Katze usw. Ein Hund ist eine spezielle Ausprägung eines Tiers. Es ist deshalb vollkommen richtig zu sagen, dass ein Hund ein Tier ist. Die Kategorie Hund enthält wiederum viele weitere Kategorien: Dackel, Dobermann, Dogge etc. Wenn Sie nun einen bestimmten Dackel betrachten, sozusagen ein Objekt vom Typ Dackel, dann sind alle drei Aussagen richtig:

- Dieser Dackel ist ein Dackel.
- Dieser Dackel ist ein Hund.
- Dieser Dackel ist ein Tier.

Das ist genau die Art Beziehung, die Vererbung zwischen Klassen ausdrückt. In den Begriffen der Objektorientierung bedeutet dies:

- Die Klasse Dackel erbt von der Klasse Hund. Die Klasse Hund erbt von der Klasse Tier.
- Dackel ist eine *Spezialisierung/Unterklasse/Subclass* von Hund und von Tier.
- Tier ist die *Oberklasse/Superclass* von Hund und von Dackel. Hund ist die direkte Oberklasse von Dackel.
- Jeder Dackel ist auch ein Hund, jeder Hund ist auch ein Tier.

- Ein Objekt vom Typ Dackel kann einer Variablen vom Typ Dackel zugewiesen werden, aber auch einer Variablen vom Typ Hund oder einer Variablen vom Typ Tier.
- Ein Objekt vom Typ Hund (also eins, das mit new Hund() erzeugt wurde), kann einer Variablen vom Typ Hund und einer Variablen vom Typ Tier zugewiesen werden. Sie können es aber *nicht* einer Variablen vom Typ Dackel zuweisen, denn es ist zwar jeder Dackel ein Hund, aber nicht jeder Hund ein Dackel.

Diese beiden letzten Eigenschaften haben Sie in Kapitel 2, »Variablen und Datentypen«, bereits kennengelernt: Sie können ein Objekt, das Typ A hat, einer Variablen vom Typ B zuweisen, wenn A von B erbt.

```
Hund einHund = new Hund();
Tier derselbeHund = einHund;
Hund wiederDerHund = (Hund) derselbeHund;
Dackel derHundAlsDackel = (Dackel) einHund; //FEHLER
```

Listing 6.1 Zuweisungen mit Vererbung

Das Codefragment zeigt deutlich, welche Zuweisungen wie möglich sind. Von Hund kann ohne weiteres an Tier zugewiesen werden. Die Zuweisung von Tier zurück an Hund ist nur möglich, weil in der Variablen derselbeHund auch wirklich ein Hund gespeichert ist. Und selbst dann ist ein Cast nötig, um dem Compiler zu sagen, dass Sie wissen, was Sie tun. Selbst mit einem Cast können Sie eine Instanz der Klasse Hund aber nicht einer Variablen vom Typ Dackel zuweisen. Ein Hund, der nicht als Dackel geboren wurde, wird auch später keiner werden.

6.1.1 Vererbung implementieren

Ihre Klassen von einer anderen Klasse erben zu lassen, ist viel einfacher, als sich das Konzept anhört. Sie geben in der Klassendeklaration nach dem Namen Ihrer Klasse an, von welcher Klasse sie erben soll. Dazu verwenden Sie das Schlüsselwort extends. Die tierische Klassenhierarchie von oben sieht damit so aus:

```
public class Tier {…}
public class Hund extends Tier {…}
public class Dackel extends Hund {…}
```

Listing 6.2 Klassendeklarationen aus dem Tierreich

Und das war es auch schon. Unabhängig davon, was Sie in den Rümpfen der einzelnen Klasse noch implementieren, haben Sie so schnell und einfach definiert, dass jeder Dackel ein Hund und jeder Hund ein Tier ist. Darüber hinaus gilt übrigens, dass jedes Tier ein Object ist, denn wenn Sie in einer Klassendeklaration keine extends-Klausel angeben, dann erbt diese Klasse automatisch von Object. Object ist die Wurzel von

Javas Klassenhierarchie, jede Klasse, die Sie deklarieren, erbt direkt oder indirekt davon.

Häufig werden Vererbungsbeziehungen auch in einem *Klassendiagramm* dargestellt (siehe Abbildung 6.1). Damit kann der Compiler zwar nichts anfangen, aber für den Entwickler ist es sehr übersichtlich, Vererbungsbeziehungen auf einen Blick zu durchschauen.

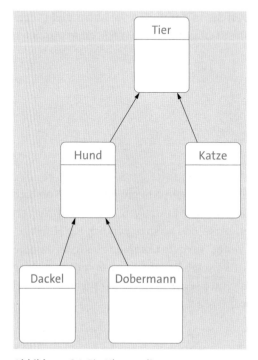

Abbildung 6.1 Ein Klassendiagramm

Im Klassendiagramm wird die Vererbung durch einen Pfeil dargestellt, der von der Unterklasse auf die Oberklasse zeigt. Im Diagramm sehen Sie mehr Klassen, als oben im Code abgedruckt sind. Diese können genauso deklariert werden wie die abgedruckten Klassen, denn mehrere Klassen können dieselbe Oberklasse haben. Von oben nach unten kann die Klassenhierarchie beliebig verzweigt sein. Von unten nach oben gilt das aber nicht. Eine Klasse kann immer nur genau eine Oberklasse haben, es ist in Java nicht möglich, von mehreren Klassen zu erben.

Einfach- und Mehrfachvererbung

In anderen Programmiersprachen ist es möglich, von mehreren Klassen zu erben. In Java hat man sich aber bewusst gegen Mehrfachvererbung *bei Klassen* entschieden, weil damit bestimmte Probleme einhergehen, die mit Javas Einfachvererbung nicht auftreten. Diese Probleme drehen sich hauptsächlich um mehrfach geerbte Felder und Methoden. Wenn Ihre Klasse von zwei verschiedenen Klassen erben könnte, dann wäre es möglich, dass beide Oberklassen eine Methode mit derselben Signatur definieren. Wenn Sie jetzt diese Methode an einer Instanz Ihrer Klasse aufrufen, dann ist nicht eindeutig, welche der beiden Methoden gemeint ist. Mit Einfachvererbung tritt dieses Problem gar nicht erst auf.

6.1.2 Übung: Tierische Erbschaften

Legen Sie in einem neuen Projekt die fünf Klassen an, die im Diagramm zu sehen sind (siehe Abbildung 6.1), inklusive ihrer Vererbungsbeziehungen. Legen Sie in der Klasse Tier drei Felder an:

- name vom Typ String
- gewicht vom Typ int. Das Gewicht wird in Gramm angegeben.
- geschlecht vom Typ char. Hier wird entweder das Zeichen 'm' für männlich oder 'w' für weiblich gespeichert. Legen Sie in Tier außerdem zwei Konstanten für diese Werte an: MAENNLICH und WEIBLICH.

Alle drei Felder sollen von außen nur über Zugriffsmethoden zugänglich sein. Implementieren Sie in Tier außerdem die toString-Methode, die diese drei Werte ausgibt.

Schreiben Sie anschließend ein Programm, das einen Dackel, einen Dobermann und eine Katze instanziiert, diese drei Felder über die Zugriffsmethoden befüllt und die Objekte auf die Kommandozeile ausgibt. Die Lösung zu dieser Übung finden Sie im Anhang.

6.1.3 Erben und Überschreiben von Membern

In der Übung haben Sie einen weiteren, wichtigen Aspekt der Vererbung gesehen: Wenn die Oberklasse ein Feld oder eine Methode deklariert, dann steht diese auch in allen abgeleiteten Klassen zur Verfügung. Das leuchtet sofort ein, denn:

1. Alle Hunde können bellen.
2. Ein Dackel ist ein Hund.
3. Es folgt: Dackel können bellen.

Genau das trifft auch bei Klassen zu. Eine Klasse, die von einer anderen erbt, hat alle Felder und Methoden dieser Klasse. Das gilt selbst dann, wenn sie auf diese Felder nicht zugreifen darf. Betrachten Sie dazu folgendes Beispiel:

```java
public class Tier {
    private String name;
    public String getName(){
```

```
        return name;
    }
}
public class Hund extends Tier {
    public String toString(){
        return name;
    }
}
```

Listing 6.3 Zugriff auf »private«-Felder der Oberklasse ist nicht erlaubt.

Der gezeigte Code kompiliert nicht, denn das Feld name hat in Tier die Sichtbarkeit private. Der Zugriff aus einer Unterklasse ist deshalb nicht möglich. Dennoch ist das Feld auch in einem Hund vorhanden, das können Sie leicht daran sehen, dass die Zugriffsmethode getName den richtigen Wert liefert. Eine Unterklasse kann auf Member ihrer Oberklasse nur zugreifen, wenn diese als public oder protected deklariert sind (oder auch package-sichtbar, also ohne Modifier, aber nur wenn beide Klassen auch im selben Package liegen).

Sie können ein in der Oberklasse deklariertes Member in einer Unterklasse niemals entfernen. Wenn Hund bellen kann, dann auch alle Ableitungen davon. Sie können allerdings das Verhalten einer Methode ändern. Sie können eine Methode der Oberklasse ersetzen, indem Sie in der abgeleiteten Klasse eine Methode mit **derselben Signatur** deklarieren. An einer Instanz Ihrer abgeleiteten Klasse wird dann nur noch diese Methode ausgeführt. Die Methode der Oberklasse wird *überschrieben*. Bleiben wir für das Beispiel noch etwas länger bei den zugegeben albernen Hunden. Ich verspreche Ihnen, es gibt für alles auch ernsthafte Anwendungen.

```
public class Hund extends Tier {
    public String belle(){
        return "Wuff!";
    }
}
public class Chihuahua extends Hund {
    @Override
    public String belle(){
        return "Yip! Yip! Yip!";
    }
}
```

Listing 6.4 Überschriebene Methoden

Ich entschuldige mich bei allen Chihuahua-Besitzern. Ich möchte nicht auf Ihren Lieblingen herumhacken, sie dienen hier nur als Beispiel. Es besteht jetzt kaum ein

Zweifel, was der Rückgabewert von `new Chihuahua().belle()` sein wird. Aber was ist mit dem folgenden Code?

```
Hund[] hunde = new Hund[3];
hunde[0] = new Dackel();
hunde[1] = new Dobermann();
hunde[2] = new Chihuahua();
for (int i = 0; i < hunde.length; i++){
    System.out.println(hunde[i].belle());
}
```

Listing 6.5 Alle Hunde bellen – aber wie?

Bei den ersten beiden Hunden ist völlig klar, was passiert. Aber was ist mit dem dritten Hund? Es ist zwar ein Chihuahua, aber er ist in diesem Moment in einem Array von Hunden gespeichert. Was wird also ausgegeben? Die richtige Antwort lautet: »Yip! Yip! Yip!« (Sie werden diesen Satz nur in sehr wenigen Einführungen in die Programmierung finden.) Das Array ist zwar vom Typ Hund, aber das referenzierte Objekt ist nach wie vor ein Chihuahua. Wenn belle aufgerufen wird, dann wird die Methode der Klasse Chihuahua gefunden.

> **Die »@Override«-Annotation**
>
> Sie werden häufig sehen, dass überschriebene Methoden die Annotation @Override tragen. Sie ist nicht notwendig, um eine Methode zu überschreiben, auch ohne die Annotation wird die Methode der Oberklasse überschrieben. Die Annotation hat zum einen Informationscharakter, Sie sehen an ihr auf einen Blick, dass die Methode von der Oberklasse geerbt und hier überschrieben wird. Viel wichtiger ist aber, dass @Override Ihnen als Sicherung dient. Wenn die so annotierte Methode **keine** Methode der Oberklasse überschreibt, dann führt das zu einem Compilerfehler. Das schützt Sie zum Beispiel davor, beim Methodennamen der überschriebenen Methode einen Fehler zu machen.
>
> Noch wichtiger: Wenn Sie die Methodensignatur in der Oberklasse nachträglich ändern, können Sie leicht vergessen, die überschreibenden Methoden nachzuziehen. Dadurch haben Sie bei Aufruf dieser Methode plötzlich nicht mehr das geänderte Verhalten der Unterklasse, sondern das allgemeine Verhalten der Oberklasse, denn die Methode wird nicht mehr überschrieben. Mit @Override bemerkt schon der Compiler, dass an dieser Stelle etwas nicht stimmt. Meine Empfehlung ist deshalb, jede überschriebene Methode auch mit @Override zu versehen.

An den Hunden wird leider nicht klar, wie mächtig dieses Verhalten in einem Programm wirklich ist. Kehren wir deshalb kurz zur Musik zurück. Nehmen Sie an, die Klasse Song habe folgende Methode hinzugewonnen:

```
public class Song{
    public InputStream lade(){
        //Hier wird eine Datei im Dateisystem geöffnet.
    }
}
```

Listing 6.6 Songs von der Festplatte

Die Details, wie diese Datei geöffnet wird, sind gar nicht wichtig. Wichtig ist nur, dass die Methode `lade` eine Datei öffnet und ihren Inhalt als einen Datenstrom zurückgibt, der als Musik abgespielt werden kann. So weit, so gut.

Aber nun erweitern Sie `Song`. Zum einen erzeugen Sie eine Unterklasse `WebSong`, die `lade` überschreibt und die Musikdaten aus dem Netz herunterlädt, um sie abzuspielen. Zum anderen erzeugen Sie eine Klasse `GenerierterSong`, die ebenfalls `lade` überschreibt und die Musikdaten nicht von irgendwo lädt, sondern einen Datenstrom mit Musikdaten algorithmisch (oder algorhythmisch?) erzeugt. Wenn Sie nicht glauben, dass das möglich ist, dann schalten Sie einfach das Radio an.

Ihr fertiger Musikspieler kann Songs abspielen, indem er an einem `Song` die `lade`-Methode ruft und den zurückgegebenen Datenstrom decodiert und über den Lautsprecher ausgibt. Und jetzt kommt das Tolle: Der Musikspieler muss nicht wissen, ob ein `Song` vom Dateisystem geladen wird, aus dem Netz oder automatisch generiert wurde. Der Musikspieler muss nicht einmal wissen, dass Songs aus dem Netz geladen oder automatisch generiert werden *können*. Der Musikspieler ruft nur `lade`, und dass dann bei manchen Objekten das eine und bei anderen Objekten das andere passiert, ist ihm völlig egal. Der gesamte Unterschied ist in den verschiedenen `Song`-Klassen verborgen, und ein Programm, das sie benutzt, muss sich nicht darum kümmern, wie genau die Daten geladen werden. Dieses Verhalten trägt den Namen *Polymorphie*, Vielförmigkeit, vom griechischen »polys« (viele) und »morphe« (Form). Es gibt mehrere Formen von `Song`, die Sie alle genau gleich verwenden, und je nachdem, mit welcher Form Sie gerade arbeiten, verhält sie sich unterschiedlich.

Damit sind Sie nun wirklich beim Hauptpunkt der Objektorientierung angekommen: Sie müssen von »außerhalb« nicht wissen, wie ein Objekt seine Aufgaben erledigt. Mehrere Objekte können ihre Aufgaben auf vollkommen unterschiedliche Arten erledigen, aber für Sie als Benutzer macht es keinen Unterschied. Dieses Verhalten macht objektorientierte Programmierung zu einem ebenso mächtigen wie beliebten Paradigma.

Methoden überschreiben und Access-Modifier

Wenn Sie eine Methode überschreiben, müssen Sie ihre Signatur übernehmen. Es gibt eine Ausnahme davon: Sie können eine Methode »öffentlicher« machen, als sie

> in der Oberklasse ist. Hat eine Methode der Oberklasse protected-Zugriff, so kann sie in der Unterklasse public sein. Umgekehrt funktioniert das nicht, Sie können eine public-Methode nicht mit einer protected-Methode überschreiben. Warum das eine möglich ist, aber das andere nicht, wird schnell klar: Jeder Aufruf, der an der Oberklasse möglich ist, muss auch an der Unterklasse möglich sein. Wenn die überschreibende Methode sichtbarer ist, ist das in jedem Fall möglich. Wäre sie aber weniger sichtbar, wären manche Zugriffe an der Unterklasse nicht mehr möglich, deswegen können Sie den Zugriff nicht einschränken.

Zugriff auf überschriebene Methoden

Nur weil eine Methode überschrieben wird, heißt das nicht, dass sie nicht mehr erreichbar ist. Manchmal ist es nützlich, auf überschriebene Methoden zuzugreifen. Häufig ist das zum Beispiel der Fall, wenn Sie das Verhalten einer Methode nur erweitern wollen, nicht komplett ersetzen.

Zugriff auf überschriebene Methoden erhalten Sie durch das Schlüsselwort super. Daran finden Sie alle Methoden und Felder der Oberklasse und können sie aufrufen. Damit wird es als einfaches Beispiel möglich, den erlaubten Werten für ein Feld zusätzliche Einschränkungen aufzuerlegen. Sie können zum Beispiel erzwingen, dass keine Katze schwerer als 10 kg sein kann:

```java
public class Katze extends Tier{
    @Override
    public void setGewicht(int gewicht){
        if (gewicht > 10000)
            throw new IllegalArgumentException(
                "Katzen können nicht mehr als 10 kg wiegen");
        super.setGewicht(gewicht);
    }
}
```

Listing 6.7 Zugriff auf eine Methode der Oberklasse

Das ist hier sogar die einzige Möglichkeit, diese zusätzliche Prüfung zu realisieren, ohne auch Tier anzupassen. Das Feld gewicht ist in Tier private, Sie könnten also aus Katze das Feld nicht direkt setzen. Der Aufruf von setGewicht an der Oberklasse umgeht dieses Problem, denn diese Methode befindet sich in der richtigen Klasse, um auf das Feld zuzugreifen.

Als positiven Nebeneffekt müssen Sie auch die Prüfungen, die in setGewicht von Tier schon implementiert sind, nicht noch einmal implementieren. Sie werden beim Aufruf von super.setGewicht ausgeführt.

6.1.4 Vererbung und Konstruktoren

Auch bei der Vererbung genießen Konstruktoren eine Sonderrolle gegenüber anderen Methoden. Im Gegensatz zu diesen werden Konstruktoren nämlich nicht vererbt. Nur weil Tier einen Konstruktor Tier(name, gewicht, geschlecht) deklariert, können Sie also nicht new Hund("Fido, 10000, Tier.MAENNLICH) aufrufen; die Klasse Hund hat diesen Konstruktor nicht.

Es kommt aber noch schlimmer: Wenn die Oberklasse nur Konstruktoren mit Parametern deklariert, dann werden alle ihre Spezialisierungen gezwungen, eigene Konstruktoren zu deklarieren, die einen Konstruktor der Oberklasse aufrufen.

Die Notwendigkeit leuchtet aber ein: Wenn ein Hund auch ein Tier ist, dann müssen für ihn auch alle Initialisierungen ausgeführt werden, die für ein Tier notwendig sind. Wäre das nicht der Fall, dann würden geerbte Methoden unter Umständen nicht richtig funktionieren, denn das Objekt könnte sich in einem ungültigen Zustand befinden, wenn beispielsweise seine Felder nicht initial befüllt werden.

Deshalb müssen Sie, wenn die Oberklasse nur Konstruktoren mit Parametern bereitstellt, einen dieser Konstruktoren aufrufen. Dazu verwenden Sie den speziellen Aufruf super, genau wie Sie es schon von this her kennen. Und wie schon bei this muss auch der Aufruf von super die erste Anweisung im Konstruktor sein.

```java
public class Hund extends Tier(){
    public Hund(String name, int gewicht, char geschlecht){
        super(name, gewicht, geschlecht);
    }
}
```

Listing 6.8 Aufruf des »super«-Konstruktors

> **»this« und »super« – der feine Unterschied**
>
> Trotz der Gemeinsamkeiten zwischen this und super (Konstruktoraufrufe, Zugriff auf Methoden dieser Klasse/der Oberklasse) gibt es einen wichtigen Unterschied: Sie können this auch als Objektreferenz verwenden und als Parameter an einen Methodenaufruf übergeben. Das ist mit super nicht möglich.
>
> ```
> System.out.println(this);   //funktioniert
> System.out.println(super);  //kompiliert nicht
> ```

Der Konstruktor der Oberklasse wird dabei nicht überschrieben, schließlich wurde er auch nicht geerbt. Das bedeutet, dass die Signaturen der beiden Konstruktoren nicht übereinstimmen müssen. Sie müssen zwar super mit der korrekten Parameterliste aufrufen, aber Ihr eigener Konstruktor kann andere Parameter deklarieren.

```
public Hund(int gewicht, char geschlecht){
    super("Bello", gewicht, geschlecht);
}
```

Listing 6.9 In einer seltsamen Welt, in der alle Hunde Bello heißen ...

Solange in der Oberklasse nur Konstruktoren mit Parametern zur Verfügung stehen, ist der Aufruf eines davon mit `super` verpflichtend. Das ändert sich, sobald in der Oberklasse ein Konstruktor ohne Parameter deklariert ist. Dann müssen Sie `super` nicht mehr aufrufen, Sie müssen nicht einmal mehr einen eigenen Konstruktor deklarieren. Aber das bedeutet nicht, dass `super` nicht aufgerufen wird: Wenn kein Aufruf eines anderen `super`-Konstruktors erfolgt, dann wird implizit immer der parameterlose Konstruktor der Oberklasse aufgerufen.

Das bedeutet: immer, wenn Sie ein Objekt instanziieren, wird die gesamte Kette von Konstruktoren der Klassenhierarchie dieses Objekts, durch sämtliche Oberklassen bis hin zu `Object`, aufgerufen.

6.1.5 Übung: Konstruktoren und Vererbung

Stellen Sie `Tier` so um, dass Name und Geschlecht unveränderlich sind. Sie werden einmal im Konstruktor gesetzt und danach nie wieder. Der Konstruktor soll aber trotzdem alle drei Eigenschaften als Parameter entgegennehmen und setzen. Die Lösung zu dieser Übung finden Sie im Anhang.

6.1.6 Vererbung verhindern

Es gibt in Java auch die Möglichkeit, Vererbung zu verhindern. Dazu kommt das schon bekannte Schlüsselwort `final` zum Einsatz. Bei Variablen bedeutete `final`, dass eine Variable unveränderlich ist, und bei Klassen und Methoden ist es nicht anders.

Ist eine Klasse `final`, kann von ihr nicht geerbt werden. Ein prominentes Beispiel dafür ist der `String`. Er ist deklariert als `public final class String`, und dadurch wird jeder Versuch, eine neue Unterklasse mit `extends String` zu deklarieren, vom Compiler abgewiesen.

Eine `final`-Methode verhält sich ähnlich, nur eben etwas granularer. Sie können zwar von ihrer Klasse erben, aber Methoden mit dem `final`-Modifier können nicht überschrieben werden. Konstruktoren können nicht `final` deklariert werden. Da sie nicht vererbt werden, hätte das aber ohnehin keinen Sinn.

Und warum?

Wenn Vererbung so ein tolles Feature ist und Polymorphie ein so mächtiges Werkzeug, warum sollte man es unterbinden? Die Frage ist berechtigt; `final`-Klassen und final-Methoden kommen in der Praxis eher selten vor. Es gibt aber durchaus Anwendungsfälle:

- Sie wollen Ihr Programm gegen Erweiterung durch Dritte schützen. Bei kommerzieller Software kann es vorkommen, dass jemand anders als der Hersteller das Verhalten des Programms ändern will, indem er einige zentrale Klassen ableitet und modifiziert. Wenn Sie mit dem Verkauf des Programms Geld verdienen, ist es Ihnen eher nicht recht, dass jemand anders es erweitert. Mit final machen Sie unerlaubte Erweiterungen zumindest ein ganzes Stück schwieriger.
- Ein bestimmter Aspekt des Verhaltens Ihrer Klasse darf auf keinen Fall verändert werden, weil eine Änderung durch einen unvorsichtigen Programmierer zu Fehlern führen würde. Das Argument »das ist doch dann sein Problem« ist zwar an dieser Stelle nicht völlig falsch, aber bei wichtigen, zentralen Klassen kann es besser sein, die Vererbung einfach zu verhindern. Das ist zum Beispiel ein Grund, warum String final ist.

Als weiterer Grund wird selbst von erfahrenen Java-Entwicklern gerne Performanz angegeben. Das Gerücht, final-Methoden können schneller ausgeführt werden, weil die Laufzeitumgebung nicht prüfen muss, ob die Methode überschrieben wurde, hält sich hartnäckig. Wenn das überhaupt jemals wahr war, dann nur in den frühesten Java-Versionen. Spätestens die HotSpot-VM (Standard-VM seit Java 1.3) kann Methoden, die faktisch nicht überschrieben werden, genau so optimieren, als seien sie final deklariert. Es gibt dann zwischen beiden Fällen keinen messbaren Unterschied in der Ausführungszeit.

> **»final« heißt nicht immer unveränderlich**
>
> Wenn eine Klasse als final deklariert ist, bedeutet das, dass ihr *Verhalten* unveränderlich ist. Es bedeutet aber nicht, dass die Daten, die in einem Objekt dieser Klasse gespeichert sind, unveränderlich sind. Um das zu erreichen, müssen Sie die Felder Ihrer Klasse final deklarieren. Diese beiden Anwendungen des Schlüsselwortes final haben vollkommen unterschiedliche Auswirkungen. Sie werden aber häufig zusammen eingesetzt, um sicherzustellen, dass der interne Zustand eines Objekts – der Inhalt seiner Felder – wirklich unveränderlich ist.
>
> Wenn der Zustand eines Objekts unveränderlich ist – alle seine Felder sind final –, dann verlassen Sie sich in anderen Teilen des Programms darauf, dass sich der Inhalt auch nicht verändert. Sie werden zum Beispiel nicht prüfen, ob sich ein Feld des Objekts geändert hat, seit Sie zum letzten Mal darauf zugegriffen haben. Wenn nun aber eine andere Klasse von Ihrer unveränderlichen Klasse erben kann, dann könnte sie die Objekte ihrer Klasse wieder veränderbar machen, indem sie Getter und Setter überschreibt. Dies ist ein Fall, in dem Sie die Klasse final deklarieren können, um diesen Fehler zu verhindern.

6.1.7 Welchen Typ hat das Objekt?

In den meisten Fällen müssen Sie nicht genau wissen, ob ein Objekt zu einer bestimmten Unterklasse des Variablentyps gehört. Sie erinnern sich an das Beispiel des bellenden Chihuahuas: Sie müssen nicht prüfen, ob ein bestimmter Hund ein Chihuahua ist – sein anderes Bellen wird durch Polymorphie abgebildet, ohne dass Sie weiter darüber nachdenken müssen.

In den meisten Fällen ist Polymorphie das beste Werkzeug, wenn für bestimmte Unterklassen ein anderes Verhalten erforderlich ist. Es gibt aber auch Fälle, in denen diese Lösung zu merkwürdigen Ergebnissen führen würde.

Entscheidungen mit »instanceof«

Dazu führen wir im Tier-Beispiel noch einen Tierarzt ein. Eine Aufgabe des Tierarztes ist es, Tiere zu untersuchen. Dabei misst er unter anderem ihren Puls:

```
public class Tierarzt{
    public void untersuche(Tier patient){
        missPuls(patient);
    }
}
```

Listing 6.10 Der Tierarzt kommt.

Das ist eine wichtige Untersuchung bei Hunden und Katzen, aber bei Goldfischen wird diese Untersuchung eher nicht durchgeführt. Das könnten Sie zwar mit Polymorphie lösen, aber schön wäre es nicht:

```
public void untersuche(Tier patient){
    if (patient.isPulsMessungNoetig()){
        missPuls(patient);
    }
}
```

Listing 6.11 So lieber nicht

Diese Lösung würde funktionieren, aber wie die Verantwortlichkeiten zwischen den Klassen aufgeteilt sind, ist problematisch. Warum sollte ein Tier wissen, ob der Tierarzt seinen Puls messen muss? Das klingt schon auf die Realität übertragen merkwürdig, aber auch in der Programmierung gibt es damit Schwierigkeiten. Was ist zum Beispiel, wenn bei einer anderen Art der Untersuchung doch der Puls bei Fischen gemessen wird? Und viele Programme benutzen vielleicht die Klasse Tier, haben aber gar nichts mit Veterinärmedizin zu tun? Da wäre die Methode einfach unnötig. Alle

Argumente sprechen dafür, dass der Tierarzt die Entscheidung treffen sollte, ob der Puls gemessen wird.

Dafür gibt es in Java den Operator `instanceof`, der ein Objekt und einen Klassennamen als Argumente erwartet und `true` als Ergebnis hat, wenn das Objekt eine Instanz dieser Klasse ist. Damit kann die Entscheidung an der richtigen Stelle getroffen werden.

```
public void untersuche(Tier patient){
    if (!(patient instanceof Fisch)){
        missPuls(patient);
    }
}
```

Listing 6.12 Prüfung mit »instanceof«

So trifft jetzt der Tierarzt die Entscheidung, und wenn für eine andere Untersuchung der Puls gemessen werden muss, dann kann er dort eine andere Prüfung anwenden. `instanceof` prüft, ob ein Objekt an eine Variable des übergebenen Typs zugewiesen werden könnte. Das bedeutet, dass auch Instanzen einer Unterklasse akzeptiert werden. `new Goldfisch() instanceof Fisch` ist `true`.

Die zusätzlichen Klammern um `instanceof`, die Sie im Beispiel sehen, sind leider immer notwendig, wenn Sie eine `instanceof`-Prüfung negieren möchten, weil der Negationsoperator zuerst ausgewertet wird, was natürlich nicht funktioniert. Wie negiert man denn bitte ein Tier? Achten Sie außerdem darauf, dass Sie die Klasse hier ohne den Zusatz `.class` angeben.

Die Methode »getClass«

Seit Anfang des Buches wiederholt sich immer wieder die Bemerkung, dass in Java fast alles ein Objekt ist. Das trifft auch für Klassen zu. Klassen sind Objekte. Das Klassenobjekt gibt Ihnen wertvolle Metainformationen zur Klasse; Sie können zum Beispiel alle Methoden, die ein Objekt anbietet, über sein Klassenobjekt finden. Dies wird in Java als *Introspection* oder *Reflection* bezeichnet (eigentlich nicht genau das Gleiche, aber meistens synonym verwendet) und hat einen großen Nutzen, um allgemeingültige Werkzeuge schreiben zu können, die mit allen Klassen arbeiten können und nicht nur mit den wenigen Klassen, für die sie entwickelt wurden. Mehr zu Reflection finden Sie in Kapitel 18, »Hinter den Kulissen«.

In diesem Kapitel sollen Sie aber noch sehen, wie Sie an ein Klassenobjekt herankommen. Eine Möglichkeit dazu ist das Suffix `.class`. Damit können Sie das Klassenobjekt einer Klasse ansprechen, deren Namen Sie kennen, zum Beispiel `Tier.class`.

Auch das hat zwar einen Nutzen, der ist aber begrenzt: Wenn Sie den Namen der Klasse schon kennen und im Quellcode verwenden, dann wissen Sie, mit welcher Klasse Sie arbeiten. Warum also auf Reflection zurückgreifen, um herauszufinden, was in einer Klasse drinsteckt? Sie wissen es doch schon.

Sie können aber auch an das Klassenobjekt einer Klasse herankommen, die Sie nicht namentlich kennen. Dazu verwenden Sie die Methode getClass, die in jedem Java-Objekt zur Verfügung steht. Auch ohne tief in die Reflection-API einzusteigen, ein kurzes Beispiel, in dem diese Fähigkeit sinnvoll eingesetzt wird:

```
public class Tier {
    @Override
    public void toString(){
        return this.getClass().getName() + ": " + this.name +
            ", " + this.geschlecht + ", " + this.gewicht + "g";
    }
}
```

Listing 6.13 »toString« mit Klassenname

Ein kleiner Nachteil der `toString`-Methode von `Tier` wird dadurch gelöst: Bisher war aus der Ausgabe nicht ersichtlich, um welche Tierart es sich eigentlich handelt. Um das zu erreichen, hätten Sie `toString` in jeder Spezialisierung wieder überschreiben müssen. Das ist jetzt nicht mehr notwendig, mit `getClass().getName()` wird immer der Klassenname des umgebenden Objekts ausgegeben: "Katze: Pixie, w, 3500g".

6.2 Interfaces und abstrakte Datentypen

Es gibt einen wesentlichen Unterschied zwischen den Klassen `Tier`, `Hund` und (zum Beispiel) `Dackel`: ihre Konkretheit. Ein `Dackel` ist sehr konkret, Sie haben sofort eine genaue Vorstellung, wie diese Hundeart aussieht.

Ein `Hund` ist weniger konkret, aber noch konkret genug. Ihre Vorstellung ist zwar etwas unklarer, und jemand anders wird sich vielleicht einen ganz anderen `Hund` vorstellen, aber Sie haben noch eine sehr große Menge an Informationen: Fleischfresser, Vierbeiner, extrem guter Geruchssinn, lernfähig, bellt etc.

Ein `Tier` ist dagegen so abstrakt, wie es nur sein kann. Wenn Sie an ein `Tier` denken, haben Sie kein wirkliches Bild mehr vor Augen, um welches `Tier` es sich handeln könnte. Sie wissen nicht, was es frisst, Sie wissen nicht, wie viele Beine es hat – oder ob es überhaupt welche hat –, und Sie wissen nicht, welches Geräusch ein `Tier` macht.

6.2.1 Abstrakte Klassen

Diese letzte Aussage lässt sich direkt in Java übersetzen. Es gibt für Hund bereits die Methode belle. Für Katze eine Methode miaue zu schreiben, wäre kein Problem. Haben Sie aber eine Variable vom Typ Tier, dann können Sie beides nicht aufrufen. Sie müssten zuerst prüfen, ob es ein Hund ist, dann casten und dann belle aufrufen. Falls es kein Hund ist, prüfen Sie, ob es eine Katze ist usw. Sie sehen sofort, das ist kein schöner Zustand. Das ist genau die Art von Problem, das Sie durch Polymorphie umgehen wollen.

Eine Methode gibLaut ist schnell in allen Klassen implementiert. Bei Hunden können Sie die Methode in belle umbenennen, oder Sie behalten sie bei und rufen sie in gibLaut auf. Die Methode für Katze neu zu implementieren, ist immer noch unproblematisch. Aber was soll bei Tier passieren? Wir wissen nicht, können nicht wissen, welches Geräusch ein Tier macht, dafür braucht es eine konkretere Angabe. Eine Möglichkeit wäre natürlich die folgende:

```
public class Tier{
    ...
    public String gibLaut(){
        return null;
    }
}
```

Listing 6.14 So geht's, aber es gibt noch einen besseren Weg.

Diese Lösung ist nicht falsch. Eine der Bedeutungen von null ist schließlich »keine Ahnung«. Aber eigentlich fängt das Problem ja schon vorher an: Warum erzeugt jemand überhaupt Instanzen von Tier? Tier ist eine nützliche Verallgemeinerung über den konkreteren Klassen, aber dass jemand wirklich ein Tier instanziiert, ist nicht wünschenswert.

Genau diesen Sachverhalt drückt man in Java mit abstrakten Klassen und abstrakten Methoden aus. Eine abstrakte Klasse trägt in ihrer Deklaration das Schlüsselwort abstract. Sie ist, was Vererbung angeht, mit nichtabstrakten Klassen gleichwertig; Sie können auch Variablen ihres Typs definieren, nur eines können Sie nicht: mit new eine Instanz von ihnen erzeugen.

> **Abstrakte Klassen und Konstruktoren**
>
> Obwohl abstrakte Klassen nicht instanziiert werden können, können Sie Konstruktoren deklarieren. Diese können zwar nicht mit new von außerhalb aufgerufen werden, sehr wohl aber mit super aus den konkreten Unterklassen.

Damit ist ein Teil des Problems gelöst, es werden keine abstrakten Tiere mehr herumlaufen, aber Sie können Ihre Variablen weiterhin vom Typ Tier deklarieren. Es bleibt aber ein Restproblem: Wenn nun jemand eine neue Klasse deklariert – nennen wir sie Rind – und vergisst, die Methode gibLaut zu überschreiben, dann sagen die Kühe null. Als Nächstes wollen wir erzwingen, dass jede Spezialisierung von Tier die Methode gibLaut implementieren muss. Zu diesem Zweck wird die Methode in Tier als abstrakt deklariert. Insgesamt sieht das in Tier dann so aus:

```
public abstract class Tier {
    ...
    public abstract String gibLaut();
}
```

Listing 6.15 Abstrakte Tiere, abstrakte Laute

Die abstrakte Methode hat keinen Rumpf, sie definiert lediglich die Signatur der Methode. Durch diese Deklaration wird jede nichtabstrakte Ableitung von Tier gezwungen, die Methode zu überschreiben und sie so mit einem Rumpf zu versehen. Wenn Sie eine Variable vom Typ Tier haben, können Sie gibLaut bedenkenlos aufrufen, denn das referenzierte Objekt muss die Methode immer implementieren.

Abstrakte Methoden können Sie natürlich nur in abstrakten Klassen deklarieren, denn bei einer konkreten Klasse **muss** die Methode aufrufbar sein. Umgekehrt muss eine abstrakte Klasse nicht unbedingt abstrakte Methoden haben.

Dadurch, dass die Methode gibLaut abstrakt ist, ist nun sichergestellt, dass bei jeder Ableitung jemand nachdenken muss, welchen Laut die neue Tierart denn nun von sich gibt. Die konkrete Implementierung kann immer noch entscheiden, dass sie null zurückgibt – zum Beispiel für die Klasse Seestern –, aber Sie können sich dann darauf verlassen, dass das eine bewusste Entscheidung war und nicht einfach übersehen wurde.

6.2.2 Interfaces

Es geht in Java aber noch abstrakter als abstrakt. Neben abstrakten Klassen gibt es *Interfaces* (Schnittstellen), die nichts anderes tun, als abstrakte Methoden vorzugeben, die von einer konkreten Klasse implementiert werden müssen. Interfaces haben denselben Rang wie Klassen, das heißt, genau wie Klassen werden sie in einer eigenen Datei deklariert, deren Name mit dem Namen des Interface übereinstimmen muss.

```
public interface Pflanzenfresser {
    public void friss(Pflanze futter);
}
```

Listing 6.16 Deklariert in »Pflanzenfresser.java«

In einem Interface müssen Sie Methoden nicht abstrakt deklarieren, das sind sie schon dadurch, dass sie in einem Interface stehen. Alle Methoden eines Interface sind auch implizit `public`, der Access-Modifier könnte also weggelassen werden. Ob Sie ihn trotzdem angeben, ist eine Stilfrage.

Aber wofür sind Interfaces gut? Warum nicht eine abstrakte Klasse deklarieren, in der auch alle Methoden abstrakt sind?

Wie sich zeigt, aus einem sehr guten Grund: Interfaces umgehen das Verbot für Mehrfachvererbung in Java. Eine Klasse kann nur von einer Klasse erben, aber gleichzeitig beliebig viele Interfaces implementieren. Aus diesem Grund gibt es im Code einen anderen Ausdruck dafür, Interfaces zu implementieren, als Klassen zu erweitern.

```
public class Hund extends Tier implements Pflanzenfresser, Fleischfresser {…}
```

Listing 6.17 Einmal erben, mehrmals implementieren

Genauso wie im Code werden diese Ausdrücke auch sprachlich verwendet: Klassen werden erweitert, Interfaces werden implementiert. Ansonsten teilen Interfaces aber vieles mit Klassen: Sie können Variablen vom Typ eines Interface deklarieren, Sie können mit `instanceof` prüfen, ob ein Objekt ein bestimmtes Interface implementiert, und Sie können auf einen Interface-Typ casten.

```
Tier tier = …;
Pflanze pflanze = …;
if (tier instanceof Pflanzenfresser){
    Pflanzenfresser pf = (Pflanzenfresser)tier;
    pf.friss(pflanze);
}
```

Listing 6.18 »instanceof«, Casts und Variablen mit Interfaces

Auch bei Interfaces kann man von einer »Ist-ein-Beziehung« sprechen: Ein Hund ist ein Pflanzenfresser, ein Hund ist ein Fleischfresser. Im Fokus steht beim Interface aber mehr, was ein implementierendes Objekt kann. Darin stehen implementierte Interfaces neben der Klassenhierarchie, denn sie können Klassen vereinen, die in der Vererbung nichts miteinander zu tun haben.

```
public class Venusfliegenfalle extends Pflanze implements Fleischfresser {
    public void friss(Tier opfer){…}
}
```

Listing 6.19 Eine fleischfressende Pflanze

```
public void fataleBegegnung(Fleischfresser taeter, Tier opfer){
    taeter.friss(opfer);
}
```

Listing 6.20 Es ist angerichtet.

Das sieht einmal mehr auf den ersten Blick nicht sehr eindrucksvoll aus. Aber denken Sie über die Methode `fataleBegegnung` kurz nach. Für diese Methode ist egal, ob `taeter` ein `Tier` oder eine `Pflanze` ist oder auch ein Alien. Solange es Fleisch frisst, kann es als Parameter übergeben werden. Das ist damit gemeint, dass bei einem Interface im Fokus steht, was ein Objekt **kann**.

> **Interfaces und statische Member**
> Seit Java 8 ist es auch in Interfaces möglich, statische Variablen und Methoden zu deklarieren.

Vererbung bei Interfaces

Auch zwischen Interfaces gibt es Vererbungsbeziehungen. Da Mehrfachvererbung von Schnittstellen sowieso schon möglich ist, spricht nichts dagegen, dass ein Interface auch von mehreren Superinterfaces erbt.

```
public interface Allesfresser extends Fleischfresser, Pflanzenfresser{}
```

Listing 6.21 Ein Interface kann von mehreren erben.

Das Interface `Allesfresser` könnte noch weitere Methoden deklarieren, muss es aber nicht. Durch die Vererbung von `Fleischfresser` und `Pflanzenfresser` deklariert es sowohl `friss(Tier)` als auch `friss(Pflanze)`, und eine Klasse, die `Allesfresser` implementiert, muss beide Methoden implementieren.

Die verschiedenen Varianten von Einfach- und Mehrfachvererbung können verwirrend sein, deshalb hier noch einmal in Kurzform:

- Eine Klasse, abstrakt oder konkret, kann mit `extends` von genau einer anderen Klasse, ebenfalls abstrakt oder konkret, erben.
- Ein Interface kann mit `extends` von beliebig vielen anderen Interfaces erben.

- Eine Klasse, abstrakt oder konkret, kann mit implements beliebig viele Interfaces implementieren.

> **Interfaces, abstrakte Klassen und Konstruktoren**
>
> Konstruktoren können niemals abstrakt sein, weder in einer abstrakten Klasse noch in einem Interface. Es gibt dafür auch selten einen Grund, denn mit new erzeugen Sie stets eine Instanz einer konkreten Klasse anhand ihres Klassennamens, und wenn Sie den Klassennamen in den Code schreiben, dann können Sie dort auch einen beliebigen Konstruktor aufrufen. Es gibt keinen Grund, eine bestimmte Signatur für den Konstruktor vorzugeben.
>
> Einen Fall gibt es aber, in dem diese Fähigkeit doch nützlich wäre: Sie können neue Instanzen auch durch die Reflection-API erzeugen, und dann schreiben Sie eben nicht den Klassennamen in den Code. Wenn dann ein Konstruktor, den Sie erwarten, nicht vorhanden ist, kommt es erst zur Laufzeit zu einem Fehler und nicht schon zur Compilezeit wie bei einer fehlenden Implementierung von abstrakten Methoden. Sicherlich ein Nischenproblem, aber hin und wieder stößt man darauf.

6.2.3 Default-Implementierungen

Seit Java 8 gibt es die Möglichkeit, in Interfaces Implementierungen von Methoden anzugeben. Diese Default-Implementierungen sehen genauso aus wie eine Methodenimplementierung in einer Klasse, werden aber mit dem Zusatz default in ihrer Signatur angegeben.

Interfaces können aber nach wie vor keine Felder haben, Default-Methoden können deshalb nicht direkt auf den Zustand der Klasse zugreifen. Sie können jedoch auf andere Methoden des Interface zugreifen, auch wenn sie keine Default-Implementierung haben.

```java
public interface Liste{
    public Object getElement(int index);
    public int laenge();
    default public Object getErstesElement(){
        return getElement(0);
    }
    default public Object getLetztesElement(){
        return getElement(laenge() - 1);
    }
}
```

Listing 6.22 Eine einfache Liste

Am Beispiel des Interface `Liste` sehen Sie die Vorteile. Eine Klasse, die `Liste` implementiert, muss nur die Methoden `getElement` und `laenge` implementieren, die Methoden `getErstesElement` und `getLetztesElement` bekommt sie dann sozusagen gratis dazu.

Default-Implementierungen sind außerdem nützlich, wenn Sie viel genutzte Interfaces erweitern müssen. Das war auch einer der Gründe, wenn nicht sogar der Grund, warum Default-Methoden überhaupt eingeführt wurden: In Java 8 werden viel genutzte JDK-Interfaces erweitert, unter anderem `Collection` und `List`, die Sie in Kapitel 10, »Arrays und Collections«, kennenlernen werden. Es gibt Tausende von Implementierungen dieser Interfaces in fast jedem größeren Java-Projekt, die alle hätten angepasst werden müssen. Das hätte dazu geführt, dass viele Projekte nie auf Java 8 upgraden würden, um die damit verbundene Arbeit zu vermeiden. Default-Implementierungen der neuen Methoden machen den Umstieg leichter.

Code teilen zwischen Default-Methoden

Seit Java 9 können Sie `private`-Methoden in Interfaces deklarieren. Der Grund dafür ist ein ganz pragmatischer: doppelten Code in Default-Methoden vermeiden. Hatten zwei Default-Methoden teilweise identischen Code, dann musste dieser entweder kopiert werden oder wiederum in eine neue Default-Methode ausgelagert. Diese Methode wäre aber dann ein Teil der öffentlichen Schnittstelle des Interfaces geworden, auch wenn das nicht sinnvoll ist. Die einfache Lösung dafür war, `private`-Methoden in Interfaces zuzulassen. Package sichtbare Methoden und `protected`-Methoden sind in Interfaces aber nach wie vor nicht zugelassen.

Auch in einem Interface müssen `private`-Methoden einen Rumpf haben, sie können nicht abstrakt sein. Wo sollte die Implementierung auch herkommen, wenn sie abstrakt wären? Keine andere Klasse kann sie sehen.

Default-Methoden und Mehrfachvererbung

Der Unterschied zwischen abstrakten Klassen und Interfaces verschwimmt durch die Default-Methoden, denn beide können nun Methoden enthalten, die von den konkreten Klassen nicht mehr selbst implementiert werden müssen. Einen Unterschied gibt es aber immer noch: Auch mit Default-Methoden gibt es unter Interfaces Mehrfachvererbung.

Aber es gab ja einen Grund, warum für Implementierungen keine Mehrfachvererbung erlaubt ist: Wenn eine Klasse Methoden mit der gleichen Signatur von mehreren Oberklassen erbt, ist nicht eindeutig, welche verwendet werden soll. Besteht dieses Problem nicht auch bei Interfaces (siehe Abbildung 6.2)?

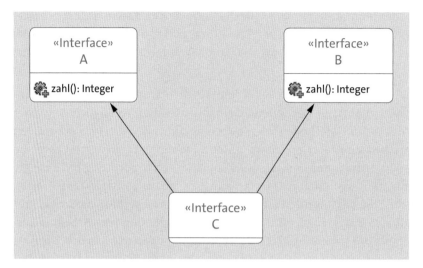

Abbildung 6.2 Welche Methode »zahl« erbt »C«?

Prinzipiell schon, aber Java geht hier einen radikalen und einfachen Weg, um diese Mehrdeutigkeit zu vermeiden: Wenn mehrere Methoden mit identischer Signatur geerbt werden, dann müssen Sie die Methode selbst implementieren, genau so, als wäre sie abstrakt. Es wird in dem Fall keine Implementierung vererbt, das gilt auch, wenn eine Klasse mehrere Interfaces mit Default-Implementierungen implementiert. Das bedeutet zwar, dass Sie ab und zu doppelten Code in Kauf nehmen müssen, aber dafür ist die Mehrfachvererbung eindeutig und übersichtlich. In der Praxis sieht das so aus:

```
public interface A{
    default int zahl(){
        return 1;
    }
}
public interface B{
    default int zahl(){
        return 2;
    }
}
public interface C extends A, B{
    default int zahl(){
        return 2;
    }
}
```

Listing 6.23 Mehrfachvererbung, aufgelöst

> **Default-Methoden wieder abstrakt machen**
>
> Sie könnten die Methode `zahl` in `C` übrigens auch ohne Default-Implementierung überschreiben, einfach nur als `int zahl()` ohne Rumpf. Dann wäre die Methode, obwohl in den Superinterfaces Implementierungen vorhanden sind, wieder abstrakt, und eine Klasse, die `C` implementiert, müsste die Methode selbst implementieren.

6.3 Übung: Objektorientierte Modellierung

Was Sie in diesem Kapitel kennengelernt haben, ist *objektorientierte Modellierung*. So heißt der Vorgang, einen Sachverhalt in Klassen, Interfaces, Vererbung und Beziehungen zwischen Klassen darzustellen. Der modellierte Sachverhalt ist die *Domäne* des Objektmodells. In den Beispielen oben haben wir also ansatzweise die Domäne der Tierwelt modelliert. Gute Modellierung ist eine der anspruchsvollsten Aufgaben in jeder objektorientierten Sprache und eine Fähigkeit, die Sie nur mit Übung und Erfahrung wirklich meistern können.

Ihre Aufgabe in dieser größeren Übung ist es deshalb, die Domäne Fahrzeuge zu modellieren. Alle Fahrzeuge haben die folgenden Eigenschaften und Methoden:

- Modell, Eigenschaft, `String`: Marke und Modell des Fahrzeugs, zum Beispiel "VW Polo"
- Höchstgeschwindigkeit, Eigenschaft, `double`: Die maximale Geschwindigkeit des Fahrzeugs in km/h. Es sind Werte zwischen 0 und 320 erlaubt, auch wenn hoffentlich niemand so schnell fährt.
- Sitzplätze, Eigenschaft, `int`: wie viele Personen in diesem Fahrzeug Platz haben
- fahreNach, **Methode**(`String`, `double`), `void`: Die Parameter sind der Name des Ziels und die Entfernung in Kilometern. Die Methode soll eine Ausgabe auf der Kommandozeile machen, die den Namen des Zielortes und die Fahrzeit in Minuten, Stunden und, falls nötig, Tagen enthält.

Es gibt verschiedene Arten von Fahrzeugen: Motorräder, Fahrräder, PKWs und LKWs. Fahrräder haben eine maximale Höchstgeschwindigkeit von 135 km/h, das entspricht dem Geschwindigkeitsrekord auf ebener Strecke.

Einige dieser Fahrzeuge sind motorisiert. Das bringt keine zusätzlichen Eigenschaften oder Fähigkeiten mit sich, soll aber markiert werden. Außerdem sind LKWs und Lieferwagen eine spezielle Art von PKW, Transporter. Transporter haben zusätzlich folgende Methoden:

- lade, *Methode*(`String`), `void`: Im String-Parameter steht die Ladung, die in den Transporter geladen wird.

- pruefeLadung, *Methode*(), String: Gibt die aktuelle Ladung zurück.
- entlade, *Methode*(), String: Gibt die aktuelle Ladung zurück und leert den Transporter.

Die Lösung zu dieser Übung finden Sie im Anhang.

6.4 Innere Klassen

Klassen können aber nicht nur, wie Sie es bisher gesehen haben, auf oberster Ebene in einer eigenen Datei deklariert werden. Das ist zwar der weitaus häufigere Fall, aber Sie können auch Klassen innerhalb von anderen Klassen deklarieren. Von diesen sogenannten *inneren Klassen* gibt es mehrere Ausprägungen, die sich in einigen Details unterschiedlich verhalten.

6.4.1 Statische innere Klassen

Statische innere Klassen unterscheiden sich in ihrer Funktion nicht von anderen Klassen, der einzige Unterschied ist, dass sie innerhalb einer anderen Klasse deklariert werden:

```
public class Fahrzeug {
    …
    public static class GeschwindigkeitsComparator implements Comparator{
        …
    }
}
```

Listing 6.24 Eine Klasse innerhalb der Klasse »Fahrzeug«

Öffentliche statische innere Klassen

Eine öffentliche statische innere Klasse können Sie auch außerhalb der umgebenden Klasse verwenden wie jede andere Klasse. Die einzige Änderung ist, dass Sie immer durch die umgebende Klasse darauf zugreifen müssen: new Fahrzeug.GeschwindigkeitsComparator(). Nur innerhalb der umgebenden Klasse ist das nicht notwendig, innerhalb von Fahrzeug können Sie auch new GeschwindigkeitsComparator() verwenden.

Solche inneren Klassen kommen häufig dann zum Einsatz, wenn Sie nur im Zusammenhang mit ihrer umgebenden Klasse einen Zweck haben. Der oben gezeigte GeschwindigkeitsComparator, den wir gleich noch im Detail betrachten werden, vergleicht Fahrzeuge anhand ihrer Geschwindigkeit und kann so ein Array von Fahrzeugen vom langsamsten bis zum schnellsten sortieren. Der Einsatz eines solchen

Comparator ist nur dann sinnvoll, wenn Sie auch mit Fahrzeugen arbeiten, deswegen kann er als innere Klasse realisiert werden. Es spräche aber auch nichts dagegen, ihn als nichtinnere Klasse umzusetzen. Die Entscheidung zur öffentlichen statischen inneren Klasse ist eher stilistisch als technisch begründet, es gibt deshalb keine allgemeine Richtlinie für ihren Einsatz.

Im oben schon angedeuteten Beispiel wird ein Comparator als innere Klasse deklariert. Comparatoren sind Objekte, deren einziger Zweck es ist, andere Objekte zu vergleichen. Ausführlich werden Sie sie in Kapitel 10, »Arrays und Collections«, kennenlernen. Sie dienen vor allem dazu, Arrays und Listen zu sortieren. Der Comparator muss sich aber nicht mit den Komplexitäten eines Sortieralgorithmus auseinandersetzen – das heißt, dass Sie als Programmierer das auch nicht müssen –, sondern immer nur zwei Objekte vergleichen, die Sortierung wird dann von JDK-Methoden erledigt.

Das heißt, dass der GeschwindigkeitsComparator für Fahrzeuge erfreulich kurz und einfach ist:

```java
public class Fahrzeug {
    ...
    public static class GeschwindigkeitsComparator implements Comparator{
        public int compare(Object o1, Object o2){
            double g1 = ((Fahrzeug) o1).hoechstgeschwindigkeit;
            double g2 = ((Fahrzeug) o2).hoechstgeschwindigkeit;
            if (g1 < g2){
                return -1;
            } else if (g1 > g2){
                return 1;
            } else {
                return 0;
            }
        }
    }
}
```

Listing 6.25 Fahrzeuge vergleichen

Das ist auch schon alles, was Sie brauchen. Die compareTo-Methode bekommt zwei Parameter und muss eine negative Zahl zurückgeben, wenn der erste Parameter kleiner ist als der zweite, eine positive, wenn der erste Parameter größer ist, oder 0, wenn beide gleich sind. Wenn Sie nun ein Array von Fahrzeugen haben, können Sie es mit der Methode sort aus der Hilfsklasse Arrays sortieren:

```java
Arrays.sort(fahrzeuge, new Fahrzeug.GeschwindigkeitsComparator());
```

Nichtöffentliche statische innere Klassen

Anders ist es bei nichtöffentlichen statischen inneren Klassen. Diese können nur innerhalb der umgebenden Klasse verwendet werden und sind außerhalb nicht sichtbar. Sie werden verwendet, um den inneren Zustand einer Klasse weiter zu strukturieren und so zum einen mehr Übersicht zu schaffen, zum anderen sauberer zu modellieren. Fahrzeug ließe sich zum Beispiel so erweitern:

```
public class Fahrzeug{
    ...
    private Reifen[] reifen;
    protected static class Reifen {
        String position;
        int gefahreneKilometer;
    }
    public boolean reifenzustandOk(){
        for (int i = 0; i < reifen.length; i++){
            if (reifen[i].gefahreneKilometer > 100000){
                return false;
            }
        }
        return true;
    }
}
```

Listing 6.26 Fahrzeuge jetzt auch mit Reifen

Dies ist ein nicht untypisches Beispiel. In Fahrzeug muss verwaltet werden, wie viele Kilometer jeder Reifen schon gefahren ist. Da Fahrzeug aber abstrakt ist und verschiedene Unterklassen hat, ist nicht einmal sicher, wie viele Reifen das Fahrzeug hat. Also gibt es ein Array von Reifen, die jeweils Position und Kilometerstand speichern. Position soll hier die Position des Reifens am Fahrzeug sein, also zum Beispiel »vorne links«.

Außerhalb von Fahrzeug ist diese Information aber nicht von Interesse, dort will man lediglich wissen, ob die Reifen noch in gutem Zustand sind und, falls nicht, welcher Reifen das Problem ist. Deshalb ist die Klasse Reifen nicht public, aber sie muss zumindest protected sein, damit sie in den Unterklassen sichtbar ist.

6.4.2 Nichtstatische innere Klassen

Für nichtstatische innere Klassen gilt dasselbe wie schon für Felder und Methoden: Sie können nur im Zusammenhang mit einem Objekt existieren. Eine nichtstatische innere Klasse kann nicht ohne ein umgebendes Objekt instanziiert werden. Normalerweise bedeutet das, dass ihr Konstruktor nie außerhalb des umgebenden Objekts aufgerufen wird.

```
public class Fahrzeug {
    private Verbrauchsrechner bordcomputer;
    public Fahrzeug(…){
        …
        this.bordcomputer = new Verbrauchsrechner();
    }
    protected class Verbrauchsrechner {
        …
    }
}
```
Listing 6.27 Innere Klassen instanziieren

> **Innere Objekte erzeugen von außerhalb**
>
> Es gibt auch die Möglichkeit, ein inneres Objekt von außerhalb durch eine Referenz auf ein umgebendes Objekt zu erzeugen. In der Praxis kommt dieser Fall aber so gut wie nicht vor. Und mit »so gut wie nicht« meine ich, es wurde »in freier Wildbahn« noch nie gesehen. Die gewöhnungsbedürftige Syntax dafür lautet:
>
> Fahrzeug f = …;
> Verbrauchsrechner rechner = f.new Verbrauchsrechner();
>
> Sie sehen richtig, es wird mit dem Punktoperator new an einem Objekt aufgerufen. Außer in diesem speziellen Fall kommt das nicht vor.

Nichtstatische innere Klassen haben eine besonders enge Beziehung zu ihren umgebenden Klassen: Sie können direkt auf deren Felder oder Methoden zugreifen. Deshalb ist es wichtig, dass eine Instanz einer solchen Klasse immer zu einer Instanz der umgebenden Klasse gehört, denn nur so erhält sie auf deren nichtstatische Felder Zugriff.

```
public abstract class Fahrzeug {
    …
    private int odometer;
    private double tankfuellung;
    private Verbrauchsrechner bordcomputer;
    …
    public void fahreNach(String ziel, double entfernung){
        if (entfernung < 0){
            throw new IllegalArgumentException(
              "Entfernung muss größer 0 sein");
        }
```

```
            System.out.println("Fahrt nach " + ziel + ". Fahrzeit: " +
             berechneFahrzeitAlsString(entfernung));
            this.odometer += entfernung;
            double verbrauch = (entfernung / 100) * (10 - entfernung / 100);
            if (verbrauch > tankfuellung){
                throw new IllegalStateException("Kein Sprit mehr!!!");
            }
            tankfuellung -= verbrauch;
            bordcomputer.aktualisiere();
        }
        public double getDurchschnittsverbrauch(){
            return bordcomputer.durchschnittsVerbrauch;
        }
        protected class Verbrauchsrechner {
            int odometerStart;
            double tankStart;
            double durchschnittsVerbrauch;

            protected Verbrauchsrechner(){
                odometerStart = odometer;
                tankStart = tankfuellung;
            }

            private void aktualisiere() {
                int gefahreneKilometer = odometer - odometerStart;
                double verbrauchterSprit = tankStart - tankfuellung;
                if (gefahreneKilometer == 0){
                    durchschnittsVerbrauch = 0;
                } else {
                    durchschnittsVerbrauch =
                       verbrauchterSprit / (gefahreneKilometer / 100);
                }
            }
        }
    }
}
```

Listing 6.28 Verbrauchsberechnung im Bordcomputer

In der neuesten Variante von Fahrzeug gibt es einen integrierten Bordcomputer, der den Durchschnittsverbrauch berechnet. Dazu sind zunächst zusätzliche Informationen nötig: der Stand des Odometers zu Beginn der Reise, die Tankfüllung zu Beginn der Reise, der aktuelle Kilometerstand und die aktuelle Tankfüllung.

Die beiden aktuellen Werte werden neue Felder in Fahrzeug selbst. Sie geben einen Teil des Fahrzeugzustands wieder und sind dort an der richtigen Stelle. Die Werte bei Reisebeginn sind aber für das Fahrzeug nicht von Belang, sie werden nur vom Bordcomputer benötigt, um den Verbrauch zu berechnen.

Der Verbrauchsrechner wird im Konstruktor von Fahrzeug instanziiert und übernimmt sofort, im eigenen Konstruktor, die Werte von odometer und tankfuellung als Startwerte für die spätere Berechnung. Diese Werte könnten auch als Parameter übergeben werden, da aber der Konstruktor sowieso Zugriff auf die Felder von Fahrzeug hat, kann er die Werte auch selbst auslesen.

Wenn das Fahrzeug fährt, werden jetzt der Kilometerstand und die Tankfüllung angepasst. Der Benzinverbrauch wird nur aus der gefahrenen Entfernung abgeleitet; je weiter die Strecke, desto geringer der Verbrauch auf 100 Kilometer. Das ist zwar nicht realistisch, aber für das Beispiel ausreichend.

Nach der Fahrt wird der Bordcomputer aufgerufen, sich zu aktualisieren. In aktualisiere liest er wiederum die aktuellen Werte für Kilometerstand und Tankfüllung aus, berechnet die Differenz und daraus den Durchschnittsverbrauch.

Um auf den Durchschnittsverbrauch zugreifen zu können, gibt es in Fahrzeug einen neuen Getter. Dieser ist in Fahrzeug implementiert und nicht in Verbrauchsrechner, und zwar deshalb, weil auf Verbrauchsrechner von außerhalb des Fahrzeugs nicht zugegriffen werden soll.

> **Inner Class und Nested Class**
>
> Auch wenn, zumindest im deutschen Sprachraum, der Begriff »innere Klasse« für alle der oben genannten Varianten verwendet wird, gibt es im Englischen zwei verschiedene Begriffe dafür. Die statische Variante wird dort korrekt als *Nested Class* (verschachtelte Klasse) bezeichnet, weil ihre Deklaration in einer anderen Klasse verschachtelt ist. Nur die nichtstatischen inneren Klassen heißen *Inner Class*, weil sie wirklich Teil des Innenlebens ihrer »Wirtsklasse« sind und auch auf andere Teile dieses Innenlebens Zugriff haben.

6.4.3 Anonyme Klassen

Die letzte Art innerer Klassen ist am stärksten von ihrer Umgebung abhängig. Sie ist so abhängig, dass sie nicht einmal einen eigenen Namen trägt. Sogenannte *anonyme Klassen* werden nicht an einer globalen Stelle deklariert, sondern genau dort, wo sie auch benutzt werden, zum Beispiel in einem Methodenaufruf als Parameter.

```
public void sortiereFahrzeuge(Fahrzeug[] fahrzeuge){
    Arrays.sort(fahrzeuge, new Comparator(){
        public int compareTo(Object o1, Object o2){
```

```
                double g1 = ((Fahrzeug) o1).hoechstgeschwindigkeit;
                double g2 = ((Fahrzeug) o2).hoechstgeschwindigkeit;
                if (g1 < g2){
                    return -1;
                } else if (g1 > g2){
                    return 1;
                } else {
                    return 0;
                }
            }
        });
    }
```

Listing 6.29 Ein anonymer »Comparator«

Dieses Beispiel sortiert Fahrzeuge, genau wie schon das Beispiel oben. Der Unterschied ist, dass nun keine benannte Comparator-Implementierung mehr existiert, sondern nur eine anonyme Implementierung, die direkt an Arrays.sort übergeben wird.

Der Aufruf new Comparator() wäre eigentlich gar nicht möglich, da Comparator ein Interface ist. Durch die geschweiften Klammern nach dem Konstruktoraufruf wird das Interface anonym implementiert: Die benötigte compareTo-Methode wird implementiert, und an Arrays.sort wird eine Instanz vom Comparator übergeben, die keinen Klassennamen hat (sie hat sehr wohl eine Klasse, nur hat diese keinen Namen, deshalb »anonyme Implementierung«).

Diese Technik funktioniert nicht nur mit Interfaces, Sie können auch anonyme Spezialisierungen von Klassen erzeugen, indem Sie in geschweiften Klammern Methoden überschreiben.

Die Frage ist aber: warum? Die anonymen Klassen machen Code nicht gerade lesbar, plötzlich können mitten in einer Methode weitere Methoden deklariert werden, und auf den ersten Blick ist nur schwer zu sehen, wo diese beginnen und enden. Aus dieser Sicht wäre es besser, »echte« Implementierungen zu verwenden.

Anonyme Klassen haben ihnen gegenüber aber einen Vorteil: Sie können auf manche lokale Variablen der umgebenden Methode zugreifen, nämlich auf alle, die als final gekennzeichnet sind.

```
public void sortiereFahrzeuge(Fahrzeug[
] fahrzeuge, final boolean aufsteigend){
    Arrays.sort(fahrzeuge, new Comparator(){
        public int compareTo(Object o1, Object o2){
            int richtung = aufsteigend ? 1 : -1;
            double g1 = ((Fahrzeug) o1).hoechstgeschwindigkeit;
```

```
            double g2 = ((Fahrzeug) o2).hoechstgeschwindigkeit;
            if (g1 < g2){
                return -1 * richtung;
            } else if (g1 > g2){
                return 1 * richtung;
            } else {
                return 0;
            }
        }
    });
}
```

Listing 6.30 Zugriff auf lokale Variablen

In diesem Beispiel können Sie nun festlegen, ob der Comparator aufsteigend oder absteigend sortiert. Durch die Multiplikation des Rückgabewertes mit 1 oder –1 wird die Richtung gesteuert. Der Multiplikator wird aus der boolean-Variablen absteigend festgelegt, die als Parameter an die umgebende Methode sortiereFahrzeuge übergeben wird. Da der Parameter final ist, können Sie aus der anonymen Klasse auf ihn zugreifen.

Anonyme Klassen sind leider keine sehr kompakten Ausdrücke. Im Beispiel werden zehn Zeilen benötigt, nur um auszudrücken, dass Fahrzeuge nach ihrer Höchstgeschwindigkeit sortiert werden sollen. Aber erst seit Java 8 gibt es eine bessere Möglichkeit: Lambda-Ausdrücke. Sie werden anonyme Klassen nicht komplett ersetzen, aber an vielen Stellen werden sie sich wegen ihrer viel kompakteren Schreibweise durchsetzen oder haben sich schon durchgesetzt. Alles zu Lambda-Ausdrücken finden Sie in Kapitel 11.

> **Innere Klassen und ».class«-Dateien**
>
> Innere Klassen, egal, welcher Art genau, werden vom Compiler in eigene *.class*-Dateien übersetzt. Diese Dateien tragen den Namen ihrer umgebenden Klasse mit dem Zusatz *$1*, *$2* usw. Die erste innere Klasse von Fahrzeug wird also in die Datei *Fahrzeug$1.class* kompiliert.

6.5 Enumerationen

Sie haben enumerierte Datentypen bereits in Kapitel 3, »Entscheidungen«, kennengelernt, wo wir sie für Entscheidungen in case-Statements verwendet haben. Hier sollen sie noch einmal aufgegriffen werden, da es sich bei Enums um Konstrukte auf derselben Ebene wie Klassen und Interfaces handelt.

Sie erinnern sich, dass Enumerationen Verwendung finden, wenn es für eine Variable eine begrenzte Menge möglicher Werte gibt, und dass Sie in der Deklaration lediglich die möglichen Werte aufzählen müssen.

```
public enum Kartenfarbe {
    KARO, HERZ, PIK, KREUZ;
}
```

Listing 6.31 Eine einfache Enumeration

Eine Enumeration wird mit dem Schlüsselwort `enum` anstelle von `class` deklariert. Sie können Variablen vom Typ einer Enumeration deklarieren, die dann nur die aufgezählten Werte annehmen können, zum Beispiel so:

```
Kartenfarbe herz = Kartenfarbe.HERZ
```

Sie erkennen jetzt auch an der Art des Zugriffs und der Konvention, Namen nur in Großbuchstaben anzugeben, dass es sich bei den einzelnen Werten um Konstanten handelt.

Enumerationen sind eigentlich nichts anderes als Klassen. Alle enumerierten Typen haben mit `java.lang.Enum` sogar eine gemeinsame Oberklasse. Sie erhalten lediglich ein wenig Sonderbehandlung, um sicherzustellen, dass jeder Wert nur genau einmal vorhanden ist. Wenn aber Enumerationen auch nur einfache Klassen sind, dann sollte das zwei Dinge bedeuten: Sie erben Felder und Methoden von ihrer gemeinsamen Oberklasse, und sie können um weitere Felder und Methoden erweitert werden. Und beides trifft zu.

Geerbt werden die Felder `name` und `ordinal`, die durch die Methoden `name()` und `ordinal()` zugänglich gemacht werden. In `name` finden Sie den Namen des jeweiligen Wertes als String. Zum Beispiel ist `Kartenfarbe.HERZ.name()` gleich `"HERZ"`. `ordinal` enthält die Ordinalzahl des jeweiligen Wertes, also die Position des Wertes in der Aufzählung aller Werte. Im Beispiel bedeutet das: `KARO` hat die Ordinalzahl 0, `HERZ` die 1, `PIK` die 2 und `KREUZ` die 3.

Die Ordinalzahl selbst ist für Sie nur selten interessant, aber durch sie ist eine wichtige Funktion umgesetzt: Enumerationswerte werden vergleichbar gemacht. Die Oberklasse `enum` implementiert das Interface `Comparable` (siehe Kasten) so, dass die Reihenfolge der Elemente anhand der Ordinalzahl ermittelt wird. `KARO` ist also kleiner als `HERZ`.

> **Das Interface »Comparable«**
>
> Das Interface `Comparable` sagt aus, dass es unter den möglichen Werten eine natürliche Ordnung gibt, eine Rangfolge, nach der ein Wert größer oder kleiner ist als ein

> anderer. Umgesetzt wird dies durch die im Interface deklarierte Methode compareTo. Sie erwartet ein anderes Comparable als Parameter, vergleicht es mit seinem eigenen Objekt und gibt eine negative Zahl, 0 oder eine positive Zahl zurück, wenn dieses Objekt kleiner als, gleich oder größer als das andere ist. Comparable ist insofern Comparator sehr ähnlich, der Unterschied liegt nur darin, dass die Sortierreihenfolge in der Klasse selbst festgelegt wird und nicht extern in einer anderen Klasse. Deshalb spricht man von der *natürlichen Reihenfolge*.

Sie können Enumerationen auch beliebige weitere Felder und Methoden hinzufügen. Das funktioniert wie bei jeder anderen Klasse auch, wichtig ist nur, dass die Aufzählung der Werte immer am Anfang der Klasse steht und erst danach Felder und Methoden deklariert werden.

Bei Feldern in Enumerationen ist es besonders wichtig, dass sie final deklariert werden, denn für jeden Wert gibt es nur genau ein Objekt, das überall verwendet wird. Könnten Sie Feldwerte nachträglich ändern, dann hätte dies möglicherweise unerwartete Folgen an einer ganz anderen Stelle im Programm. Aber Sie erinnern sich, dass Felder final nur im Konstruktor gesetzt werden können. Wie kann das für enumerierte Datentypen funktionieren, bei denen Sie selbst nie einen Konstruktor aufrufen? So:

```
public enum Kartenfarbe {
    KARO(9), HERZ(10), PIK(11), KREUZ(12);

    private final int skatwert;

    private Kartenfarben(int skatwert) {
        this.skatwert = skatwert;
    }
}
```

Listing 6.32 Enumeration mit Feld und Konstruktor

Sie können den Konstruktor in der Aufzählung aller Werte aufrufen, so sind die Felder für jeden Wert richtig gefüllt. Eine Eigenheit von Enumerationen ist noch, dass ihr Konstruktor private sein muss. Das soll natürlich sicherstellen, dass es nur genau die aufgezählten Werte gibt und niemand weitere Instanzen erzeugen kann.

Für Methoden und statische Member gibt es keine vergleichbaren Einschränkungen, Sie können diese Member beliebig hinzufügen und so die Funktionalität Ihrer Enumerationen erweitern.

> **Enumerationen und Vererbung**
>
> Sie können für Enumerationen nicht selbst eine Oberklasse oder Oberenumeration angeben. Alle Enumerationen erben automatisch von java.lang.Enum, und da Mehrfachvererbung nicht möglich ist, können Sie keine weiteren Oberklassen angeben.

6.6 Zusammenfassung

In diesem Kapitel sind Sie tiefer in die Objektorientierung eingestiegen. Sie haben gesehen, wie Klassen von anderen Klassen erben können, was Interfaces und abstrakte Methoden sind und wie Sie mit diesen Bauteilen eine Klassenhierarchie modellieren. Wir haben zwar nur an der Oberfläche des objektorientierten Modellierens gekratzt, aber Sie wissen nun über die Grundlagen Bescheid.

Mit Absicht ausgelassen habe ich die Deklaration eigener Annotationstypen. Neben class, interface und enum ist @interface das vierte Konstrukt auf Klassenebene. Was Sie mit eigenen Annotationstypen anfangen können, ginge für ein Einsteigerbuch aber definitiv zu sehr in die Tiefe.

Im nächsten Kapitel werden Sie ein mächtiges Hilfsmittel der Softwareentwicklung kennenlernen: Unit Tests, automatisierte Tests, die sicherstellen, dass Ihr Code genau das tut, was er tun soll.

Kapitel 7
Unit Testing

Ein großes Problem in jedem Softwareprojekt, das aus mehr als nur einer Handvoll Klassen besteht, ist Änderungssicherheit: Wie können Sie sicher sein, dass Ihre letzten Änderungen keine Funktionen zerstören, die Sie gar nicht direkt berührt haben? Eine Suite automatischer Testfälle gibt Ihnen bei Ihren Änderungen Sicherheit, dass der neue Code tut, was er soll, und dass Sie keine bestehenden Funktionalitäten beschädigen.

Bisher haben Sie die Korrektheit Ihrer Programmieraufgaben wahrscheinlich durch einfaches Ausprobieren geprüft. Um verschiedene Eingaben zu testen – was Sie hoffentlich getan haben –, haben Sie das Programm mehrmals ausgeführt und andere Eingaben ausprobiert. Und wenn dann alles funktioniert und Sie danach weitere Änderungen am Programm machen, dann haben Sie alles noch einmal ausprobiert.

Schon bei den einfachen Programmen mit nur einer Methode, die Sie in den bisherigen Übungen vorwiegend geschrieben haben, wird das wiederholte Ausprobieren schnell lästig. Und bei größeren Projekten wird es schlicht unmöglich, nach jeder Änderung alle möglichen Folgen manuell zu testen.

Viel besser wäre es, wenn alle Funktionen einer Klasse oder sogar eines ganzen Programms mit einem einzigen Knopfdruck testbar wären. Anstatt alle Funktionen selbst auszuprobieren, drücken Sie nach Ihrer Codeänderung einen Knopf, und automatisch werden alle Funktionen des Programms getestet, und Sie erhalten einen Bericht, ob und wo jetzt Fehler auftreten. Genau das ist die Idee hinter *automatisierten Testfällen*:

- Testfälle für den neuen Code, den Sie gerade schreiben, vermeiden zeitaufwendiges Ausprobieren bis zum Ende des Entwicklungszyklus. Testfälle decken in Sekunden häufige Fehler wie eine `NullPointerException` auf und stellen gleichzeitig sicher, dass Ihre Methoden auch das erwartete Ergebnis liefern. Erst am Ende des Zyklus starten Sie das Programm und stellen sicher, dass der Code auch im Gesamtkontext funktioniert.

- Testfälle für bereits vorhandenen Code stellen sicher, dass Ihre Änderungen keine unvorhergesehenen Nebenwirkungen haben. Wenn Sie eine neue Klasse oder Methode anlegen, besteht normalerweise kein Risiko. Aber Änderungen an einer bestehenden Methode können überall Auswirkungen haben, wo diese Methode verwendet wird, auch wenn die Änderung harmlos aussieht. In einem großen Programm werden Sie einen solchen Fehler nicht sofort sehen, und wenn Sie ihn später bemerken, wissen Sie nicht mehr, was ihn verursacht haben könnte.

- Testfälle sind eine weitere Art von Dokumentation. Da es sich bei Tests auch um Java-Code handelt, ist die Funktion einer Klasse dort eindeutiger beschrieben als im textsprachlichen Javadoc. Wenn für bestimmte Parameterwerte unklar ist, wie sich eine Methode verhält, dann ist das häufig aus dem Testfall sofort ersichtlich. Testfälle sind aber auch schwerer zu lesen als Javadoc, sie sind deshalb kein Ersatz dafür, sondern eher eine Ergänzung dazu.

In der modernen, professionellen Softwareentwicklung sind Testfälle kaum noch wegzudenken. Sie reduzieren die Zeit, die zum Testen benötigt wird, erheblich. Aber auch in kleinen Projekten werden Sie schnell feststellen, dass Tests Ihre Arbeit schneller und entspannter machen.

Man unterscheidet grob zwischen zwei Arten von Testfällen:

- *Unit Tests* testen eine Einheit (engl. *unit*) Ihres Programms, normalerweise eine Klasse oder maximal die Klassen eines Packages. Ein guter Unit Test testet alle nach außen sichtbaren Methoden seiner Einheit, ohne sich dabei auf externe Ressourcen zu verlassen. Das bedeutet zum Beispiel, dass ein Unit Test keinen Zugriff auf Dateien oder Netzwerkverbindungen benötigt, es sei denn, dass dieser Zugriff die Kernaufgabe der zu testenden Einheit ist.

- *Integrationstests* stellen im Gegensatz dazu sicher, dass das Gesamtsystem funktioniert. Sie rufen an einer hochgelegenen Stelle des Programms, also möglichst nah an der Benutzeroberfläche, eine Funktion auf, und das System dahinter verhält sich genauso wie im echten Betrieb, inklusive Dateizugriffen, Netzwerkverbindungen und allem Weiteren.

Wir werden uns nur mit Unit Tests beschäftigen, da sie auch bei kleinen Projekten sofort einen Nutzen bringen, während Integrationstests das erst bei großen, komplexen Projekten tun.

Theoretisch könnten Sie Tests als einfache Java-Programme mit einer `main`-Methode schreiben, aber dann müssten Sie jedes dieser Testprogramme wieder manuell ausführen und selbst mitschreiben, welche Tests fehlschlagen. Das ist viel zu umständlich. Testfälle auszuführen muss schnell und einfach sein.

Deswegen gibt es verschiedene Test-Frameworks, die dieses Problem lösen. Sie finden alle Testfälle, die in Ihrem Projekt vorkommen, führen jeden einzelnen davon aus und produzieren eine detaillierte Ausgabe, welche Testfälle in welchem Zustand sind. Von den verfügbaren Test-Frameworks werden Sie hier das in der Java-Welt verbreitetste verwenden: JUnit.

Das JUnit-Framework existiert seit dem Jahr 2000, also schon fast so lange wie Java selbst, und ist inzwischen in der Version 4.12 verfügbar. Es ist leichtgewichtig, einfach zu benutzen und lässt sich in jeder Java-IDE problemlos integrieren. NetBeans unterstützt JUnit-Tests, ohne dass Sie noch etwas dazu tun müssen.

7.1 Das JUnit-Framework

In NetBeans ist es sehr einfach, einen Testfall zu einer Klasse anzulegen: Im Menü finden Sie den Eintrag TOOLS • CREATE/UPDATE TESTS. Nach einem Dialog, in dem Sie einstellen, welchen Code NetBeans schon für Sie generieren soll (siehe Abbildung 7.1), wird ein Skelett für Ihren Testfall erzeugt.

Abbildung 7.1 Einen Testfall erzeugen mit NetBeans

Sie werden danach sehen, dass Ihr Projekt jetzt neben *Source Packages* einen weiteren Ordner *Test Packages* enthält. Die *Testklassen* werden von den *produktiven Klassen* getrennt abgelegt, damit Sie später nur den produktiven Code kompilieren und zu einem JAR packen können. Testfälle sind zwar während der Entwicklung nützlich, aber dennoch sollten sie nicht im Archiv mit Ihrem Nutzcode landen.

7.1.1 Der erste Test

Im Ordner *Test Packages* finden Sie dann den generierten Testfall, eine Java-Klasse wie jede andere auch. Sie müssen nur noch implementieren, was getestet werden soll. Betrachten wir als Beispiel eine Testklasse zur GGT-Berechnung:

```
package de.kaiguenster.javaintro.ggt;

import org.junit.Test;
import static org.junit.Assert.*;

public class GGTTest {

    @Test
    public void keinTeiler() {
        assertEquals(1, GGT.ggt(13, 17));
    }

    @Test
    public void teilerIstParam1() {
        assertEquals(7, GGT.ggt(7, 42));
    }

    @Test
    public void teilerIstParam2() {
        assertEquals(7, GGT.ggt(42, 7));
    }

    @Test
    public void teilerExistiert() {
        assertEquals(14, GGT.ggt(42, 28));
    }
}
```

Listing 7.1 Testfall zur Berechnung des größten gemeinsamen Teilers

Die beiden Importe enthalten alles, was Sie für einen JUnit-Testfall brauchen: die Test-Annotation und eine lange Liste statischer Methoden aus der Klasse Assert. Mit diesen Bausteinen schreiben Sie Testfälle.

In der Klasse `GGTTest` werden vier öffentliche Testmethoden implementiert. Diese sind mit der Annotation `@Test` versehen (siehe Kasten »Annotationen« auf der nächsten Seite). Sie dient dazu, Testmethoden zu markieren. Das JUnit-Framework findet alle Methoden, die diese Annotation tragen, und führt sie als Testfälle aus.

> **Annotationen**
>
> *Annotationen* sind eine Möglichkeit, Metadaten zum Code direkt im Code anzugeben. So markiert `@Test` die Methoden, die JUnit als Testfälle ausführen soll.
>
> Annotationen beginnen immer mit dem @-Zeichen und können an Klassen, Methoden, Konstruktoren, Feldern und lokalen Variablen vorkommen. Jede Annotation kann aber einschränken, an welchen dieser Typen sie erlaubt ist. So ist zum Beispiel `@Test` nur an Methoden möglich, an anderen Elementen können Sie es nicht verwenden.
>
> Eine Annotation, für sich genommen, tut nichts. Sie enthält keine Logik und dient nur dazu, ein Element besonders zu markieren. Diese Markierungen können aber von anderen Klassen gefunden und ausgewertet werden, und zwar entweder zur Laufzeit, so wie bei JUnit, oder schon zur Compilezeit. Der zweite, seltenere Fall dient dazu, während des Kompilierens Code zu erzeugen.
>
> Annotationen können auch Parameter tragen, die sich aber von den Parametern eines Methodenaufrufs unterscheiden. Bei Annotationen geben Sie nicht alle vorgeschriebenen Parameter in der richtigen Reihenfolge an, sondern nur die Parameter, die Sie benötigen, und unter Angabe ihres Namens. Das sieht dann syntaktisch zum Beispiel so aus:
>
> `@Test(expected = IllegalArgumentException.class)`
>
> So wird der `@Test`-Annotation im Parameter mit dem Namen `expected` die Klasse `IllegalArgumentException` übergeben. Den Zweck des Ganzen werde ich in Abschnitt 7.2.1, »Testen von Fehlern«, erläutern.
>
> Es ist nicht besonders schwierig, eigene Annotationen anzulegen und mit Javas Reflection-API (siehe Abschnitt 18.3) zu finden und auszuwerten, würde aber in diesem Buch über das Ziel hinausschießen.

Innerhalb der Testmethode werden die verschiedenen `assert`-Methoden, die aus der Klasse `Assert` importiert werden, eingesetzt, um die Ergebnisse Ihrer Methode zu prüfen. »To assert« bedeutet im Englischen unter anderem »sicherstellen«. Methoden wie `assertEquals` können Sie demnach so verstehen, dass JUnit sicherstellt, dass die zwei übergebenen Werte gleich sind. Der erste Parameter an `assertEquals` ist Ihre Behauptung, der zweite das wirkliche Ergebnis. Sind beide Werte wirklich gleich, läuft der Testfall weiter; sind sie es nicht, wirft `assertEquals` einen Fehler, den JUnit als »Test fehlgeschlagen« interpretiert. So behaupte ich in der ersten Testmethode namens `keinTeiler`, dass der GGT von 13 und 17 eins ist. Wenn die Berechnung in der

Klasse GGT auch zu diesem Ergebnis kommt, läuft der Testfall erfolgreich; kommt sie zu einem anderen Ergebnis, scheitert er.

7.1.2 Die Methoden von »Assert«

Neben assertEquals gibt es in Assert eine lange Liste weiterer Methoden, die Sie in Ihren Testfällen benutzen können (siehe Tabelle 7.1). Allen diesen Methoden können Sie als optionalen ersten Parameter einen String übergeben, der im Fehlerfall ausgegeben wird.

Methode	Funktion
assertTrue	Prüft, ob das übergebene boolean-Argument true ist.
assertFalse	Prüft, ob das übergebene boolean-Argument false ist.
assertEquals	Prüft, ob die beiden übergebenen Argumente gleich sind. Es gibt mehrere überlagerte assertEquals-Methoden, die sich durch ihre Parametertypen unterscheiden.
assertArrayEquals	Um Arrays auf Gleichheit zu prüfen, gibt es eine eigene Methode. Dies ist notwendig, da die equals-Methode von Arrays nicht auf Gleichheit prüft, sondern nur auf Identität (also mit ==). assertArrayEquals prüft, ob beide Arrays die gleiche Länge haben und an jeder Stelle gleiche Elemente enthalten.
assertSame	Prüft, ob beide Argumente dasselbe Objekt sind.
assertNotSame	Prüft, ob beide Argumente nicht dasselbe Objekt sind.
assertNotNull	Prüft, ob das übergebene Argument nicht null ist.
assertNull	Prüft, ob das übergebene Argument null ist.
fail	Die Methode fail lässt einen Testfall scheitern.

Tabelle 7.1 Die Methoden von »Assert«

7.1.3 Testfälle ausführen in NetBeans

Sie müssen den Testfall jetzt nur noch ausführen können. Auch das macht Ihnen NetBeans sehr einfach: Wählen Sie im Kontextmenü der Testklasse einfach den Punkt RUN FILE aus, und schon führt NetBeans die Tests aus.

Dabei sehen Sie auch sofort den Vorteil von JUnit-Testfällen gegenüber einem einfachen Java-Programm, das Ihre Klasse testet: Die Ausgabe des Testfalls kann von der IDE ansprechend aufbereitet werden (siehe Abbildung 7.2).

7.1 Das JUnit-Framework

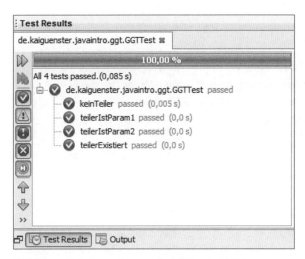

Abbildung 7.2 Ausgabe von Testfällen in NetBeans

Diese Ausgabe sieht nicht nur gut aus, sie ist auch praktisch. Wenn ein Testfall fehlschlägt, sehen Sie hier nicht nur, dass er fehlgeschlagen ist, sondern auch, was genau der Grund dafür war, und ein Klick darauf bringt Sie sofort zur richtigen Stelle im Code.

An der Ausgabe können Sie jetzt auch erkennen, warum das Beispiel aus mehreren Testmethoden besteht, anstatt alle Asserts in einer Methode auszuführen. Möglich wäre das auch, aber das erste fehlerhafte Assert würde den gesamten Test abbrechen, und Sie könnten nicht sehen, ob die folgenden Asserts ebenfalls fehlschlagen oder ob es nur den einen Fehler gibt. Mit kleinen Testmethoden, die jeweils einen bestimmten Fall abdecken, wird die Ausgabe der Testfälle aussagekräftiger. Testmethoden, die wie hier nur eine Zeile Code und nur ein Assert enthalten, werden zwar trotzdem eher die Ausnahme bleiben, aber möglichst kurze Testfälle, die ein ganz bestimmtes Szenario abdecken, verschaffen Ihnen zu jeder Zeit einen guten Überblick, was in Ihrem Programm gerade nicht funktioniert.

Sinnvolle Testfälle

Offensichtlich ist es nicht möglich, alle Werte zu testen, die einer Methode übergeben werden könnten. Welche Testfälle sollten Sie also unbedingt schreiben? Als Erstes sollten Sie natürlich immer den Normalfall abdecken: Die Methode soll funktionieren, wenn der Aufrufer erwartete, vernünftige Parameter übergibt. Diese Testfälle sind grundlegend, wenn sie scheitern, ist Ihr produktiver Code schlicht nicht funktionsfähig.

Diese Testfälle sind aber auch die, die mit der größten Wahrscheinlichkeit funktionieren, eben weil es sich um erwartete Parameter handelt. Fehler treten eher an anderer Stelle auf. Sie sollten deshalb immer auch unerwartete Fälle und Grenzwerte testen:

- Wenn Ihre Methode Zahlen als Parameter nimmt, dann testen Sie das Verhalten für 0, für den minimal und für den maximal erlaubten Wert, beispielsweise die Konstanten `MIN_VALUE` und `MAX_VALUE` des jeweiligen Typs. Testen Sie negative Zahlen. Falls Ihre Methode nur einen Teilbereich des Parametertyps zulässt, testen Sie auch Werte, die *außerhalb* dieses Bereichs liegen. In Abschnitt 7.2.1, »Testen von Fehlern«, werden Sie sehen, wie Sie in einem Testfall prüfen können, ob für ungültige Werte ein Fehler geworfen wird.
- Wenn Ihre Methode Objektparameter hat, testen Sie mit `null`.
- Hat Ihre Methode String-Parameter, testen Sie mit einem Leer-String.
- Hat Ihre Methode Array-Parameter, testen Sie mit einem Array der Länge 0. Wenn es sich um ein Objekt-Array handelt, testen Sie mit einem Array, das einen `null`-Wert enthält.

Wenn Sie beim Schreiben der Testfälle feststellen, dass Sie gar nicht sicher sind, wie Ihre Methode mit bestimmten Werten umgehen soll: Gratulation, Sie haben gerade durch Testfälle Ihr Programm verbessert, denn wenn Sie über die genannten Fälle nachdenken, können Sie ein definiertes Verhalten für sie festlegen. Ein definiertes Verhalten kann auch sein, dass ein Fehler geworfen wird. Aber dann ist es ein Fehler mit einer aussagekräftigen Meldung und nicht eine `NullPointerException` ohne Meldung aus den Tiefen Ihrer Methode. Außerdem können Sie das Verhalten im Javadoc dokumentieren.

Die oben aufgeführten Tests sind sogenannte *Blackbox-Tests*: Auch wenn Sie nichts über das Innenleben der zu testenden Methode wissen, können Sie sicher sein, dass diese Tests sinnvoll sind.

Da Sie aber die zu testende Methode selbst implementieren, kennen Sie natürlich ihr Innenleben und können weitere Testfälle schreiben:

- Wenn in der Methode Entscheidungen mit `if`, `case` oder dem ternären Operator vorkommen, dann schreiben Sie Testfälle, die alle möglichen Codezweige durchlaufen.
- Wenn Schleifen vorkommen, die durch Methodenparameter gesteuert werden, dann schreiben Sie einen Test, bei dem die Schleife nicht durchlaufen wird, und mindestens einen Test, bei dem sie durchlaufen wird.

Das Ziel dieser Tests sollte sein, dass jede Anweisung in der Methode von mindestens einem Testfall ausgeführt wird, schließlich wollen Sie sicher sein, dass sich nirgendwo in Ihrem Code Fehler verstecken. Sogenannte *Code-Coverage-Tools* können Ihnen ganz automatisch einen Überblick verschaffen, welche Teile Ihres Codes nicht von Testfällen abgesichert sind.

7.1.4 Übung: Den GGT-Algorithmus ändern

Falls Sie noch nicht vom Nutzen automatisierter Tests überzeugt sind, kann vielleicht diese Übung Ihre Meinung ändern. Unser Algorithmus, den größten gemeinsamen Teiler (GGT) ganz primitiv durch Ausprobieren aller Möglichkeiten zu berechnen, ist für große Zahlen noch extrem langsam. Es gibt einen viel effizienteren Algorithmus, den *euklidschen Algorithmus*. Sie sollen die Berechnung des GGT auf den euklidschen Algorithmus umstellen, wie unten beschrieben.

Vor diesem Kapitel hätten Sie nach der Änderung wieder ausprobieren müssen, ob alles funktioniert. Dank der Testfälle haben Sie nun Sicherheit: Wenn die Testfälle wieder grün sind, ist Ihre Arbeit abgeschlossen.

Der euklidsche Algorithmus gilt übrigens auch, wenn eine der beiden Zahlen 0 ist. Machen Sie am Anfang der Methode entsprechende Prüfungen. Fügen Sie außerdem Testfälle hinzu, die für je einen Parameter 0 übergeben. Die Lösung zu dieser Übung finden Sie im Anhang.

Der euklidsche Algorithmus

Der größte gemeinsame Teiler zweier Zahlen a und b wird wie folgt berechnet:

1. Ist a = 0, so ist b der größte gemeinsame Teiler.
2. Andernfalls führen Sie, solange b ungleich 0 ist, die folgenden Schritte durch:
   – Ist a > b, dann ziehen Sie b von a ab, um den neuen Wert von a zu berechnen.
   – Anderenfalls ziehen Sie a von b ab, um den neuen Wert von b zu berechnen.
3. Der nun in a gespeicherte Wert ist der größte gemeinsame Teiler.

7.1.5 Übung: Tests schreiben für das KGV

Für diese Übung sollen Sie Ihre eigenen Testfälle schreiben. Nehmen Sie dazu das Projekt zur Berechnung des kleinsten gemeinsamen Vielfachen (KGV), entweder Ihr eigenes oder das aus der Beispiellösung. Erzeugen Sie eine Testklasse, überlegen Sie, welche Testfälle sinnvoll sind, und implementieren Sie diese. Die Lösung zu dieser Übung finden Sie im Anhang.

7.2 Fortgeschrittene Unit Tests

Bei der Aufgabe, Tests zum kleinsten gemeinsamen Vielfachen zu schreiben, ist Ihnen vielleicht ein Problem aufgefallen. Wenn Sie, wie oben beschrieben, Grenzwerte getestet haben, dann sollten Sie darauf gestoßen sein, dass die Berechnung des KGV bei großen Zahlen nicht funktioniert. Der Grund dafür ist einfach: Das KGV kann außerhalb des Wertebereichs für int liegen. In dem Fall kommt es zu einem Überlauf, es kommt in der Berechnung zu negativen Zahlen, und im schlimmsten Fall endet die Schleife nicht mehr, weil ihre Abbruchbedingung nicht erfüllt wird. Im besten Fall wird nach einem Überlauf ein falsches Ergebnis ausgegeben, auch nicht gerade das bevorzugte Ergebnis. Das richtige Verhalten wäre, im Fall eines Überlaufs einen Fehler zu werfen, und genau das implementieren wir auch. So sieht die KGV-Berechnung mit Prüfung auf Überlauf aus:

```
public static int kgv(int zahl1, int zahl2) {
    if (zahl1 <= 0 || zahl2 <= 0)
        throw new IllegalArgumentException("Beide Zahlen müssen >0 sein.");
    if (zahl1 < zahl2){
        int temp = zahl1;
        zahl1 = zahl2;
        zahl2 = temp;
    }
    int multiplikator = 1;
    while ((zahl1 * multiplikator) % zahl2 != 0){
        if (Integer.MAX_VALUE - zahl1 < zahl1 * multiplikator){
            throw new ArithmeticException("KGV ist größer als Wertebereich.");
        }
        multiplikator++;
    }
    return zahl1 * multiplikator;
}
```

Listing 7.2 KGV-Berechnung mit Überlaufprüfung

Die einzige Änderung liegt in der Schleife. Die Prüfung dort besagt übersetzt: Wenn der Multiplikator um eins größer wäre, würde das Ergebnis noch in eine `int`-Variable passen? Falls nicht, wird ein Fehler geworfen. Eine `ArithmeticException` verrät, dass es bei einer Berechnung zu einem mathematischen Problem gekommen ist. Aber können Sie sicher sein, dass diese Änderung keine Nebenwirkungen hat? Ja, das können Sie, denn die Testfälle funktionieren nach wie vor.

7.2.1 Testen von Fehlern

Es fehlt nun noch ein Testfall, der prüft, ob der Fehler auch wirklich geworfen wird, und zwar ohne dass die Laufzeitumgebung deswegen komplett beendet wird. Genau für diesen Fall gibt es eine Eigenschaft an der `@Test`-Annotation, die den Test ganz einfach macht. Im `expected`-Attribut geben Sie eine Fehlerklasse an, die von Ihrer Testmethode geworfen werden soll. Wenn dieser Fehler in der Testmethode auftritt, funktioniert der Testfall. Tritt aber ein anderer Fehler auf oder kein Fehler, dann schlägt der Test fehl.

```
@Test(expected = ArithmeticException.class)
public void testUeberlauf(){
    KGV.kgv(Integer.MAX_VALUE, Integer.MAX_VALUE - 1);
}
```

Listing 7.3 Der Test für den KGV-Überlauf

Dem `expected`-Attribut wird die Fehlerklasse übergeben. Das Suffix `.class` besagt, dass hier die Klasse selbst gemeint ist. In der Testmethode muss dann nur der Fehler provoziert werden. Zwei Zahlen, mit denen der Fehler auftreten muss, sind schnell gefunden: `Integer.MAX_VALUE` und eine Zahl, die garantiert kein Teiler davon ist (denn dann wäre `Integer.MAX_VALUE` selbst das gesuchte Ergebnis, und es käme zu keinem Fehler). `Integer.MAX_VALUE - 1` ist kein Teiler von `Integer.MAX_VALUE`, und der Fehler tritt wie erwartet auf: Der Testfall läuft.

Es klingt vielleicht wie ein nerviger Endloswerbespot, wenn ich jetzt noch einmal wiederhole, dass die Methode durch das Schreiben von Testfällen verbessert wurde. Aber die Praxis zeigt fast täglich, dass genau das passiert. Auch erfahrene Programmierer sehen nicht alle Möglichkeiten, wie in einer Methode Fehler auftreten können. Tests und vor allem, wie hier gesehen, das Testen von Grenzwerten zwingen dazu, nachzudenken, wie mit diesen Werten umgegangen werden soll, und sorgen allein dadurch für besseren Code.

7.2.2 Vor- und Nachbereitung von Tests

Die gezeigten Testfälle sind sehr einfach, aber wenn Ihre Programme an Komplexität zunehmen, dann tun Ihre Tests das auch. Vor allem werden viele Ihrer Tests Code enthalten, der Ihren Testfall vorbereitet, der Ressourcen öffnet oder anlegt, die das zu testende Objekt benötigt, der sie anschließend wieder schließt usw.

Dieser Code ist kein echter Bestandteil des Testfalls. Er trägt nicht dazu bei, die getestete Klasse auf Fehler hin zu untersuchen, sondern schafft nur Voraussetzungen, die für diese Prüfung gegeben sein müssen. Er kann zum Beispiel Konfigurationsdateien anlegen, die eine verwendete Bibliothek benötigt. Oder er kann eine Datenbank erstellen, auf die die getestete Klasse zugreifen muss. Um diesen Code sauber von Ihren Testfällen zu trennen, gibt es in JUnit die Möglichkeit, Methoden vor und nach einem Test auszuführen. Dazu gibt es vier weitere Annotationen, mit denen Sie Methoden zur Vor- und Nachbereitung markieren (siehe Tabelle 7.2).

Annotation	Bedeutung
@BeforeClass	Die so annotierte Methode wird nur einmal ausgeführt, bevor alle Testfälle der Klasse laufen.
@Before	Wird vor jedem Testfall ausgeführt.
@After	Wird nach jedem Testfall ausgeführt.
@AfterClass	Wird einmal ausgeführt, nachdem alle Testfälle gelaufen sind.

Tabelle 7.2 Annotationen zur Vor- und Nachbereitung von Tests

Mit diesen Annotationen können Sie Vor- und Nachbereitungsaufgaben jeder Art erledigen, ohne Ihren Testcode damit zu belasten. Betrachten Sie das folgende, abstrakt gehaltene Beispiel eines Tests, der eine Datenbank benötigt:

```
public class DBTest{
    @BeforeClass
    public void beforeClass(){
        erzeugeDatenbank();
    }
    @AfterClass
    public void afterClass(){
        loescheDatenbank();
    }
    @After
    public void after(){
        leereDatenbank();
    }
    ...
}
```

Listing 7.4 Testfälle mit Datenbank

Auch ohne das genaue Wissen, wie eine Datenbank arbeitet, ist nachvollziehbar, was passiert. Bevor die erste Testmethode ausgeführt wird, wird eine Datenbank angelegt. Diese Datenbank bleibt für alle Tests der Klasse gleich, denn das Anlegen einer neuen Datenbank ist eine zeitaufwendige Operation, also ist es sinnvoll, dass es nur einmal geschieht und nicht vor jedem Test. Entsprechend wird sie auch erst wieder gelöscht, wenn alle Tests beendet sind. Nach jedem ausgeführten Test wird die Datenbank aber geleert, so dass jeder Testfall nur mit seinen eigenen Daten arbeitet und nicht von Resten eines vorherigen Tests gestört wird.

Sie müssen sich in diesem Fall auch nicht um Fehlerbehandlung kümmern – JUnit sorgt dafür, dass die mit `@After` und `@AfterClass` markierten Methoden auch dann ausgeführt werden, wenn es im Test zu Fehlern kam. Würden Sie das Leeren der Datenbank als Teil jeden Tests implementieren, müssten Sie selbst dafür sorgen, dass es in jedem Fall aufgerufen wird.

7.2.3 Mocking

Eine letzte, fortgeschrittene Testtechnik ist das sogenannte *Mocking*, eine spezielle Anwendung der Polymorphie. Dabei implementieren Sie in Ihrem Testfall ein Interface oder spezialisieren eine Klasse mit dem Zweck, das Verhalten der zu testenden Klasse festzulegen. Das klingt wieder sehr abstrakt, stellt sich aber an einem Beispiel als einfache und nützliche Technik heraus.

In diesem Beispiel soll eine Klasse getestet werden, die Sensordaten von Temperatursensoren liest und diese statistisch auswertet. Im produktiven Betrieb erfolgt der Zugriff auf die Daten durch einen Netzwerkzugriff, aber für den Test ist das nicht nützlich. Zum einen soll nur die Komponente getestet werden, die die Berechnung macht, und nicht die zugrunde liegende Infrastruktur. Der Testfall soll nicht scheitern, weil ein Sensor defekt oder die Kommunikation gestört ist. Zum anderen wären echte Daten für den Test unnütz, da sie unvorhersehbar sind. Sie wissen nicht, welche Durchschnittstemperatur der Testfall erwarten sollte, wenn er echte Sensoren abfragt.

Aber im Interesse eines sauberen, objektorientierten Designs wurden die beiden Aufgaben getrennt: Es gibt eine Klasse, die Sensordaten liest, und eine Klasse, die diese Daten auswertet. Gelesen werden Daten über eine Implementierung des Interface `Temperatursensor`, das so aussieht:

```
public interface Temperatursensor {
    public double liesAktuelleTemperatur();
}
```

Einer Instanz von `Temperaturstatistik`, der Klasse, die die Berechnung durchführt, wird ein Array von `Temperatursensor` übergeben. Sie fragt von allen Sensoren die aktuelle Temperatur ab und gibt den Durchschnitt zurück.

Da die beiden Belange getrennt sind, können Sie nun in Ihrem Testfall eine eigene Implementierung von `Temperatursensor` schreiben, die einen festen Wert zurückgibt. Durch diese *Mock-Implementierung* hat der Testfall die Kontrolle darüber, welche Daten `Temperaturstatistik` sieht, und kann dadurch zuverlässig prüfen, ob die Berechnung stimmt.

```java
public class TemperaturstatistikTest{
    public static class MockSensor implements Temperatursensor {
        private double temperatur;
        public MockSensor(double temperatur){
            this.temperatur = temperatur;
        }
        public double liesAktuelleTemperatur(){
            return temperatur;
        }
    }

    @Test
    public void testeBerechnungNurPositiv(){
        Temperatursensor[] sensoren = new Temperatursensor[]{
            new MockSensor(10d),
            new MockSensor(13d),
            new MockSensor(16d)
        };
        Temperaturstatistik testeMich = new Temperaturstatistik(sensoren);
        assertEquals(13, testeMich.aktuellerDurchschnitt());
    }
}
```

Listing 7.5 Testfall mit Mock-Implementierung

Durch die Klasse MockSensor legen Sie die gelesenen Werte fest und können so auch den korrekten berechneten Wert vorhersagen, ohne dass die Klasse Teststatistik geändert werden muss. Für sie ist egal, woher Ihre Daten stammen.

Die Möglichkeiten des Mockings gehen aber noch viel weiter. Da die Daten der Temperatursensoren im wahren Leben aus dem Netzwerk stammen, besteht immer auch die Möglichkeit, dass sie wegen eines Netzwerkfehlers nicht gelesen werden können. Um zu testen, wie sich Temperaturstatistik in diesem Fall verhält, müssen Sie einen Ausfall des Netzwerks simulieren. Dazu brauchen Sie aber nicht im richtigen Moment das Netzwerkkabel zu ziehen, eine weitere Mock-Implementierung tut es auch:

```java
public static class MockSensorMitFehler implements Temperatursensor {
    public double liesAktuelleTemperatur(){
        throw new java.net.ConnectException();
    }
}
```

Listing 7.6 Mock für den Fehlerfall

Auch wenn Sie Exceptions im Detail erst in Kapitel 9, »Fehler und Ausnahmen«, kennenlernen, wissen Sie schon, dass es sich dabei um Fehlerobjekte handelt. Die spezielle `ConnectException` würde geworfen, wenn eine Netzwerkverbindung nicht hergestellt werden kann. Dadurch, dass sie in der Mock-Implementierung geworfen wird, gibt es für den Aufrufer keinen Unterschied zu einem echten Netzwerkfehler. So können Sie im Testfall sicherstellen, dass sich `Temperaturstatistik` auch im Fehlerfall korrekt verhält.

Sie sehen, wie gut sich Polymorphie und Unit Testing ergänzen, um sauber designte und gut getestete Software zu erstellen. Dadurch, dass Sie einzelne Komponenten durch Mocks gezielt austauschen, testen Sie wirklich nur genau eine Einheit, in diesem Fall die Klasse `Temperaturstatistik`.

> **Mock-Bibliotheken**
>
> Für komplexere Szenarien mit Mocks gibt es Open-Source-Bibliotheken, die Ihnen die Arbeit erleichtern können. Mit ihnen schreiben Sie nicht für jeden möglichen Fall eine eigene Implementierung, sondern können für jedes Mock-Objekt gezielt festlegen, wie es sich verhalten soll. Bekannte Bibliotheken dafür sind Mockito (*http://code.google.com/p/mockito*) und EasyMock (*http://easymock.org*).

7.3 Besseres Design durch Testfälle

Wenn Sie beim Lesen dieses Kapitels bisher an die Übungen der vergangenen Kapitel gedacht haben, werden Sie sich bei vielen die Frage gestellt haben, wie sie automatisiert getestet werden könnten. Sie schreiben dort auf die Kommandozeile und lesen Eingaben vom Benutzer. Wie lässt sich das testen? Die Antwort lautet: nicht sehr gut. Aber das ist keine Unzulänglichkeit des Test-Frameworks, sondern liegt daran, dass der Code noch nicht sauber strukturiert ist. Gut strukturierter Code ist immer leichter zu testen. Umgekehrt führt automatisiertes Testen auch zu besser strukturiertem Code, denn um den Code testen zu können, machen Sie sich mehr Gedanken über die Struktur. Als Beispiel, wie Sie Ihren Code testbarer machen, soll hier der BMI-Rechner dienen. Wie lässt er sich besser strukturieren, so dass er getestet werden kann? Hier sehen Sie noch einmal die ursprüngliche Fassung:

```
public static void main(String[] args) throws IOException {
    BufferedReader reader =
     new BufferedReader(new InputStreamReader(System.in));
    System.out.println("Bitte geben Sie Ihre Größe in cm an");
    int groesseCM = Integer.parseInt(reader.readLine());
    System.out.println("Bitte geben Sie Ihr Gewicht in kg an");
```

7 Unit Testing

```
        int gewicht = Integer.parseInt(reader.readLine());

        double groesse = (double) groesseCM / 100;
        double bmi = gewicht / (groesse * groesse);

        NumberFormat formatter = new DecimalFormat("##.##");
        System.out.println("Ihr BWI ist " + formatter.format(bmi));
        if (bmi < 18.5){
            System.out.println("Damit haben Sie Untergewicht");
        } else if (bmi < 25){
            System.out.println("Damit haben Sie Normalgewicht");
        } else if (bmi < 30){
            System.out.println("Damit haben Sie Übergewicht");
        } else {
            System.out.println("Damit haben Sie starkes Übergewicht");
        }
    }
}
```

Listing 7.7 BMI-Rechner, die Ursprungsversion

Die Klasse ist wie gezeigt nur schwer testbar, da die einzige Methode nur per `System.in` und `System.out` kommuniziert. Darüber hinaus macht die Methode aber auch zu viele Dinge. Selbst wenn Sie sie in der gezeigten Form testen könnten, wären Ihre Testfälle nur wenig aussagekräftig, denn Sie könnten einem fehlgeschlagenen Test nicht ansehen, ob der Fehler in der Berechnung des BMI liegt, in der Einordnung des berechneten Wertes in die vier Gewichtskategorien oder in der Ein- und Ausgabe. Die Methode muss also so in diese Schritte zerlegt werden, dass jeder Schritt für sich genommen getestet werden kann.

Die Ein- und Ausgabe muss dabei außen vor bleiben, denn das Lesen von `System.in` und das Schreiben nach `System.out` sind ja gerade nicht testbar. Hier sind Fehler aber auch am unwahrscheinlichsten. Unbedingt zu testen sind aber die Berechnung und die Einordnung in Gewichtskategorien. Sie haben vielleicht schon vermutet, wie einfach sich das umsetzen lässt: Die zu testenden Programmteile werden in eigene Methoden ausgelagert. Für die Berechnung des BMI ist offensichtlich, wie: Die Berechnung nimmt zwei Parameter entgegen und gibt den BMI-Wert aus.

```
public static double berechneBMI(int groesseCM, int gewichtKG){
    double groesse = (double) groesseCM / 100;
    double bmi = gewichtKG / (groesse * groesse);
    return bmi;
}
```

Listing 7.8 Den BMI berechnen

Wie die Einordnung dieses Wertes in eine Gewichtskategorie in eine Methode ausgelagert werden kann, ist nicht ganz so offensichtlich. Die Prüfung der Grenzwerte und die Ausgabe sind miteinander vermischt, sie einfach nur in eine Methode auszulagern, hilft nicht weiter. Entscheidung und Ausgabe müssen voneinander getrennt werden. Die Methode, die die Entscheidung vornimmt, gibt die Kategorie zurück, die Ausgabe wird nach wie vor in der main-Methode erledigt.

```java
public static String bmiZuKategorie(double bmi){
    if (bmi < 18.5){
        return "Untergewicht";
    } else if (bmi < 25){
        return "Normalgewicht";
    } else if (bmi < 30){
        return "Übergewicht";
    } else {
        return "starkes Übergewicht";
    }
}
```

Listing 7.9 Gewichtskategorie zum BMI

Jetzt ist auch die Zuordnung von BMI zu Gewichtskategorie testbar. Die Methode bmiZuKategorie hätte auch den gesamten Ausgabesatz »Damit haben Sie ...« zurückgeben können, aber so wie gezeigt ist die Methode vielseitiger: Wenn Sie an anderer Stelle eine andere Nachricht ausgeben wollen, können Sie die Kategorie in jeden String einbauen. (Um noch vielseitiger zu sein, hätte man auch eine Enumeration BMIKategorie einführen und ihr eine toString-Methode geben können, aber das wäre hier noch übertrieben. Ein weiterer Grundsatz guter Software ist nämlich, nicht mehr zu tun als im Augenblick nötig.)

So ist nur noch die Ein- und Ausgabe nicht testbar, die Verarbeitung der Daten kann durch Testfälle abgedeckt werden. Aber hat sich dadurch wirklich die Struktur der Anwendung verbessert? Hat diese Umstrukturierung über die Testbarkeit hinaus einen Nutzen gehabt, oder waren die letzten zwei Seiten testgetriebene Selbstbefriedigung? Glücklicherweise nicht, die Vorteile gehen über Testbarkeit hinaus.

Vorher bestand die Anwendung nur aus einer main-Methode, die den gesamten Programmablauf umfasste. Dadurch war sie nicht wiederverwendbar, sie konnte nur genau diesen einen Anwendungsfall abbilden. Nach der Umstrukturierung lässt sich der BMIRechner auch in einen größeren Kontext einbauen. Wenn Sie in einem größeren Programm neben vielen anderen Features auch den BMI berechnen müssen, dann können Sie nun den BMIRechner verwenden. Auch Berechnung und Kategorisierung sind nun getrennt; wenn Sie also einen BMI aus einer anderen Quelle als Ihrer eigenen Berechnung haben, können Sie auch ihn kategorisieren. Ihr BMIRechner ist durch die Umstrukturierung nicht nur testbarer geworden, seine verschiedenen Funktionen sind jetzt auch klar voneinander getrennt, und aus den Methodennamen geht deutlich hervor, was genau ihr Zweck ist.

7.3.1 Übung: Testfälle für den BMI-Rechner

Jetzt ist die Struktur des BMIRechner angepasst, um automatisiertes Testen zu ermöglichen. Schreiben Sie nun Testfälle für die Methoden berechneBMI und bmiZuKategorie. Die Lösung zu dieser Übung finden Sie im Anhang.

> **Test-Driven Development**
>
> Eine extreme Form des Programmierens mit Testfällen ist das *Test-Driven Development*. Hierbei werden die Testfälle zuerst geschrieben, und erst dann wird der Code geschrieben, der die Testfälle grün macht. Die Idee dahinter ist, dass Sie so schon über die Struktur nachdenken müssen, bevor Sie mit dem Programmieren beginnen. So sollen Sie potenzielle Probleme von Anfang an erkennen und gleich besser strukturierten Code schreiben.

7.4 Zusammenfassung

Sie haben in diesem Kapitel gesehen, wie Sie Ihren Code völlig automatisch testen können. Noch wichtiger, Sie haben erfahren, welche Vorteile Ihnen diese Praxis bringt. Sie können Änderungen an Ihrem Code mit mehr Sicherheit angehen, denken fast automatisch über die möglichen Fehlerfälle in Ihrem Code nach und werden nebenbei zu besser strukturiertem Code geführt.

Das nächste Kapitel wird sich mit einem breiten Spektrum vorhandener Klassen beschäftigen und Ihnen einen Überblick über viele nützliche Werkzeuge aus der Standardbibliothek geben, sofern diese nicht später noch in einem eigenen Kapitel vorgestellt werden.

Kapitel 8
Die Standardbibliothek

Mit den Grundlagen der Objektorientierung des letzten Kapitels haben Sie nun alle Voraussetzungen, um in Java zu programmieren. In diesem Kapitel werden Sie einige nützliche Helfer kennenlernen, die Ihnen dabei Arbeit abnehmen können. Javas Standardbibliothek enthält eine große Menge an Klassen, die Sie im Alltag immer wieder einsetzen werden, weil sie häufige Probleme elegant und einfach lösen.

Schon häufig habe ich im Laufe des Buches die große, nützliche Standardbibliothek von Java erwähnt. Nun wird es Zeit, einige der nützlichsten Werkzeuge aus der Standardbibliothek kennenzulernen. Im weiteren Verlauf des Buches werde ich einige Teilbereiche der Standardbibliothek noch in eigenen Kapiteln behandeln, diese sind hier nicht weiter erwähnt.

8.1 Zahlen

Zahlen sind, auch wenn Ihre Programme keine mathematischen Funktionen umsetzen, der grundlegendste Baustein der Programmierung. Wenn Sie nur tief genug graben, dann lässt sich jede Operation, die Sie in einem Programm ausführen, auf Zahlen zurückführen. Entsprechend gibt es auch eine Reihe von Klassen in der Standardbibliothek, die diesem Umstand Rechnung tragen.

8.1.1 »Number« und die Zahlentypen

Die Wrapper-Klassen der Primitivtypen kennen Sie bereits aus Kapitel 2, »Variablen und Datentypen«. Auch wie Sie zwischen ihnen und den entsprechenden Primitiven konvertieren, haben Sie dort bereits gesehen. Aber die Wrapper-Klassen (Byte, Short, Integer, Long, Float und Double) bieten noch einige Kleinigkeiten mehr als nur die bereits erwähnten Methoden zur Konvertierung.

Zunächst einmal haben alle Wrapper-Klassen mit Number eine gemeinsame Oberklasse. Diese bietet zwar nicht viele Methoden, aber mit den vorhandenen Methoden byteValue, doubleValue usw. – analog für die restlichen Typen – können Sie zumindest jedes Number-Objekt in alle Arten von primitiven Zahlentypen übersetzen – unter

Runden und Abschneiden, versteht sich, auch diese Methoden können die Nachkommastellen eines Double-Objekts nicht in einem int-Wert unterbringen.

Auch die sehr nützlichen Konstanten MIN_VALUE und MAX_VALUE habe ich bereits erwähnt. Sie enthalten in jeder der Wrapper-Klassen den minimalen und maximalen Wert, den eine Variable dieses Typs annehmen kann. Beachten Sie, dass MIN_VALUE bei den ganzzahligen Typen den kleinstmöglichen negativen Wert enthält, also den Wert, der am weitesten links der 0 liegt, bei den Fließkommatypen aber den positiven Wert, der am nächsten an der 0 liegt.

> **Die »TYPE«-Konstanten**
>
> In allen Wrapper-Klassen gibt es außerdem eine Konstante TYPE, die das Klassenobjekt des Primitivtyps enthält. Das klingt zunächst verwirrend, und das ist es auch ein wenig. Die Primitivtypen sind doch gerade keine Objekte, also haben sie auch keine Klasse. Warum gibt es dann dieses Klassenobjekt?
>
> Sie sind eine notwendige Krücke für die Reflection-API. Unter anderem können Sie damit alle Methoden einer Klasse auflisten oder eine Methode an einem Objekt suchen, und dabei müssen Sie ausdrücken können, dass eine Methode einen primitiven Typ als Rückgabewert oder Parameter hat. Dazu dienen die TYPE-Konstanten der jeweiligen Wrapper-Klasse.

Außerdem gibt es an allen Wrapper-Klassen eine statische parse-Methode, die einen String in den jeweiligen Primitivtyp umwandelt. Integer.parseInt haben Sie bereits verwendet, analog dazu gibt es in den anderen Wrappern Long.parseLong, Double.parseDouble usw. Bei den parse-Methoden der Fließkommazahlen ist zu beachten, dass Trennzeichen nach dem englischen Standard verwendet werden: Ein Punkt trennt die Nachkommastellen ab. Möchten Sie flexibler sein und auch Zahlen in der deutschen Schreibweise akzeptieren, dann können Sie dazu die Klasse NumberFormat (siehe den Abschnitt »Zahlen formatieren in ›MessageFormat‹« in Abschnitt 8.5.2) verwenden.

8.1.2 Mathematisches aus »java.lang.Math«

Eine Vielzahl an nützlichen mathematischen Funktionen finden Sie nicht als Methoden an den jeweiligen Klassen, sondern zusammengefasst in java.lang.Math, einer Klasse, die keinen anderen Zweck erfüllt, als statische Methoden für mathematische Operationen zu bündeln.

Nach der reinen Schule der Objektorientierung ist das nicht die schönste Lösung. Anstatt den Sinus eines Winkels mit Math.sin(eineZahl) zu berechnen, wäre es aus dieser Sicht besser, eineZahl.sin() rufen zu können. Zwei Gründe sprechen aber für die gewählte Lösung: Die Schnittstelle der Zahlentypen wird nicht mit einer großen Zahl von Methoden aufgebläht, die in den meisten Programmen nicht benötigt werden, und Berechnungen müssen so nicht in mehreren Klassen implementiert werden, sondern nur genau einmal. Und so kommt es dann zu einer Klasse wie Math, die niemals instanziiert wird, sondern nur statische Hilfsmethoden bündelt.

Tabelle 8.1 bietet eine Übersicht über die wichtigsten Funktionen, die in Math realisiert sind. Manche dieser Funktionen sind für verschiedene Zahlentypen überladen, andere nehmen nur double-Parameter und verlassen sich darauf, dass andere Typen automatisch konvertiert werden können.

Funktion	Beschreibung
Exponentialfunktionen	
Math.pow	Berechnet für zwei Zahlen x und y die Potenz x^y.
Math.sqrt	Berechnet die Quadratwurzel einer Zahl.
Math.cbrt	Berechnet die kubische Wurzel einer Zahl. Es gibt keine allgemeine Wurzelfunktion; wenn Sie die n-te Wurzel einer Zahl benötigen, so berechnen Sie sie nach der Formel $x^{1/n}$, also Math.pow(x, 1/n). Achtung: Stellen Sie sicher, dass die Division ein Ergebnis vom Typ double hat, indem Sie n als double definieren oder casten.
Math.log	Berechnet den natürlichen Logarithmus einer Zahl, also den Logarithmus zur Basis e.
Math.log10	Berechnet den Logarithmus zur Basis 10.
Winkelfunktionen	
Alle Winkelfunktionen (außer den beiden letzten) erwarten Parameter in Bogenmaß und liefern auch Ergebnisse in Bogenmaß!	
Math.sin	Berechnet den Sinus eines Winkels.
Math.cos	Berechnet den Cosinus eines Winkels.
Math.tan	Berechnet den Tangens eines Winkels.
Math.asin	Berechnet den Arcus Sinus eines Winkels.
Math.acos	Berechnet den Arcus Cosinus eines Winkels.
Math.atan	Berechnet den Arcus Tangens eines Winkels.
Math.toRadians	Rechnet einen Winkel in Grad in Bogenmaß um.

Tabelle 8.1 Die wichtigsten Rechenoperationen aus »java.lang.Math«

Funktion	Beschreibung
Math.toDegrees	Rechnet einen Winkel im Bogenmaß in Grad um.
Vergleichsfunktionen	
Math.min	Liefert die kleinere zweier Zahlen zurück.
Math.max	Liefert die größere zweier Zahlen zurück.
Rundungsfunktionen	
Math.floor	Gibt die nächstkleinere Ganzzahl zurück. Das Ergebnis ist echt kleiner, nicht im Betrag kleiner. Für negative Zahlen bedeutet das, dass das Ergebnis weiter von der 0 entfernt ist. Der Rückgabewert ist zwar vom Typ double, es wird aber immer eine ganze Zahl zurückgegeben.
Math.ceil	Gibt die nächstgrößere Ganzzahl zurück. Es gelten dieselben Anmerkungen wie bei Math.floor.
Math.round	Rundet einen float-Wert zum nächsten int oder einen double-Wert zum nächsten long.
Überlaufsichere Rechenoperationen	
Math.addExact	Addiert zwei int- oder long-Werte mit Überlaufsicherung: Wenn es zu einem Überlauf kommt, wird eine ArithmeticException geworfen. Es existiert keine analoge Methode für Fließkommazahlen, da es bei ihnen aufgrund der anderen internen Darstellung nicht zu Überläufen kommt.
Math.subtractExact	Subtrahiert zwei int- oder long-Werte mit Überlaufsicherung.
Math.multiplyExact	Multipliziert zwei int- oder long-Werte mit Überlaufsicherung.
Andere Funktionen	
Math.abs	Liefert den Betrag einer Zahl.
Konstanten	
Math.E	die eulersche Zahl e
Math.PI	die Kreiszahl Pi

Tabelle 8.1 Die wichtigsten Rechenoperationen aus »java.lang.Math« (Forts.)

8.1.3 Übung: Satz des Pythagoras

Verwenden Sie die Methoden von Math, um den Satz des Pythagoras ($a^2 + b^2 = c^2$) umzusetzen. Fragen Sie die Länge der beiden Katheten a und b vom Benutzer ab, und berechnen Sie die Länge der Hypotenuse c. Schreiben Sie Testfälle dazu. Die Lösung zu dieser Übung finden Sie im Anhang.

8.1.4 »BigInteger« und »BigDecimal«

Die größte Einschränkung der primitiven Zahlentypen ist ihr begrenzter Wertebereich. Selbst eine long- oder double-Variable hat Grenzen, welche Werte sie aufnehmen kann. Für genau diese Fälle enthält die Standardbibliothek zwei weitere Spezialisierungen von Number: BigInteger für unbegrenzt große Ganzzahlen und BigDecimal für unbegrenzt große (aber nicht unbegrenzt genaue!) Kommazahlen.

Beide Klassen bieten Konstruktoren, die neue Instanzen aus Strings erzeugen, sowie statische valueOf-Methoden, die Instanzen aus primitiven Zahlen erzeugen. Außerdem haben beide die Methoden add, subtract, multiply und divide. Diese ersetzen die Operatoren für die vier Grundrechenarten, da diese in Java nur für die primitiven Zahlentypen definiert sind. Um zwei BigInteger oder BigDecimal zu addieren, lautet der Code also eineZahl.add(eineAndereZahl).

Diese Methoden verändern genau wie alle anderen Methoden beider Klassen niemals ein bestehendes Objekt. BigInteger und BigDecimal sind unveränderlich; alle Operationen lassen ihre Eingabeobjekte unverändert und geben ein neues Objekt mit dem berechneten Wert zurück.

Über diese grundlegenden Methoden hinaus haben BigInteger und BigDecimal unterschiedliche weitere Fähigkeiten.

BigInteger

BigInteger bietet Methoden zur Bit-Manipulation, analog zu den Operatoren für ganzzahlige Primitive: and (&&), or (||), xor (^), not (~), shiftLeft (<<) und shiftRight (>>). Darüber hinaus gibt es in BigInteger Methoden, die direkten Zugriff auf ein einzelnes Bit zulassen. testBit prüft, ob das Bit an der angegebenen Stelle gesetzt ist, also den Wert 1 hat. setBit und clearBit setzen das Bit an dieser Stelle auf 1 bzw. 0. flipBit setzt das angegebene Bit auf den entgegengesetzten Wert.

Sie können einen BigInteger also als Bit-Feld verwenden, genau wie einen herkömmlichen int-Wert, nur viel länger: Als Index für den Zugriff auf einzelne Bits wird ein int verwendet, Ihnen stehen also mehr als 2 Milliarden Stellen zur Verfügung.

BigDecimal

Ein `BigDecimal` wird als zwei Ganzzahlen gespeichert: der unskalierte Wert und die Skalierung. Ist die Skalierung eine positive Zahl, gibt sie an, nach wie vielen Stellen von rechts das Komma stehen soll. Zum Beispiel: Wert 314, Skalierung 2 stellt die Zahl 3,14 dar. Ist die Skalierung negativ, so wird sie als Exponent interpretiert in der Form Wert × $10^{Skalierung}$.

Es ist nicht wichtig, die genauen Interna von `BigDecimal` zu kennen, aber die Skalierung kann an viele Methoden als Parameter übergeben werden, man kann sie deshalb nicht völlig ignorieren. Zum Beispiel können Sie bei der Division angeben, was die Skalierung des Ergebnisses sein soll – wie viele Nachkommastellen es haben soll – und wie gerundet werden soll, falls das wirkliche Ergebnis mehr Stellen hat.

```
BigDecimal dividend = new BigDecimal("1");
BigDecimal divisor = new BigDecimal("32");
BigDecimal ergebnis = dividend.divide(divisor);
BigDecimal ergebnisRund =
    dividend.divide(divisor, 2, java.math.RoundingMode.DOWN);
```

Listing 8.1 Teilen mit und ohne Runden

Im Beispiel enthält die Variable `ergebnis` das exakte Teilungsergebnis 0,03125, die Variable `ergebnisRund` enthält den Wert 0,031. Wie gerundet werden soll, steuern Sie durch den übergebenen `RoundingMode`.

8.1.5 Übung: Fakultäten

Ein `long`-Wert klingt zunächst ausreichend für alle Berechnungen. Wo hat man es schon mit so großen Zahlen zu tun?

Schon mit einfachen Rechnungen können Sie aber sehr schnell in diese Bereiche vordringen. Beim Berechnen von Fakultäten kommt man sehr schnell zu sehr großen Zahlen. Die Fakultät einer Zahl n (n!) ist das Produkt der Zahl und aller kleineren positiven Ganzzahlen. Zum Beispiel ist 6! = 6 × 5 × 4 × 3 × 2 × 1 = 720.

Schreiben Sie ein Programm, das Fakultäten berechnet, und zwar einmal mit `long` und einmal mit `BigInteger`. In beiden Fällen sollen Fakultäten der Zahlen von 1 bis 100 ausgegeben werden oder bis ein Überlauf auftritt, falls das vorher passiert. Die Lösung zu dieser Übung finden Sie im Anhang.

8.2 Strings

Wie Sie schon aus Kapitel 2, »Variablen und Datentypen«, wissen, ist String neben den Primitiven einer der grundlegenden Datentypen in Java. Strings sind Zeichenketten, sie enthalten Text. Dabei sind sie aber keine komplexen Datenstrukturen, ihr Inhalt wird in einem einfachen char[] gespeichert. Die String-Klasse bietet allerdings eine große Anzahl an Methoden, die auf diesem Array operieren.

Strings sind genau wie die Zahlentypen unveränderlich. Methoden, die den gespeicherten Text verändern, schreiben nie in das char[], sondern geben immer ein neues Objekt zurück.

8.2.1 Unicode

Auch bei der Arbeit mit Zeichenketten dürfen Sie nicht vergessen, dass ein Computer nur mit Zahlen arbeitet. Um Zeichen und Zeichenketten im Speicher darstellen und manipulieren zu können, müssen sie also in Zahlen übersetzt werden. Diese Übersetzung erfolgt anhand von *Character Encodings*, einfachen Tabellen, die ein Zeichen einer Zahl zuordnen.

Traditionell umfassten Character Encodings 128 oder 256 Zeichen, so dass ein oder zwei Zeichen in einem Byte gespeichert werden konnten. Da das offensichtlich nicht ausreicht, um verschiedene Alphabete darzustellen, gab es viele verschiedene Encodings für verschiedene Alphabete und meist auch noch mehrere für ein Alphabet.

Java entgeht diesem unangenehmen Chaos von Character Encodings, indem es auf eine moderne Erfindung setzt: *Unicode*. Die Unicode Encodings stellen einen Versuch dar, alle bekannten Alphabete plus viele weitere Sonderzeichen aus Bereichen von Mathematik bis Astrologie in einer Tabelle zusammenzufassen. Es gibt mehrere verschiedene Encodings, die auf diese eine Tabelle zurückzuführen sind und sich darin unterscheiden, wie viele Byte mindestens für ein Zeichen verwendet werden. Die häufigsten Varianten sind UTF-8 mit mindestens 1 Byte (8 Bit) je Zeichen, UTF-16 mit mindestens 2 Byte (16 Bit) und UTF-32, das immer 4 Byte (32 Bit) je Zeichen verwendet. Beachten Sie dabei das Wort »mindestens«. In UTF-8 und UTF-16 werden viele Zeichen codiert, indem sie als mehrere Zeichen (richtiger als mehrere *Code Points*) gespeichert werden. Damit haben Sie glücklicherweise selten direkt zu tun, Sie arbeiten mit String oder char, und Java übernimmt die Details. Merken Sie sich nur, dass Sie nicht ohne weiteres von der Anzahl der Zeichen in einem String auf seine Größe in Byte schließen können!

Java kann bei der Ein- und Ausgabe mit den verschiedenen Unicode Encodings und vielen weiteren umgehen, aber alle Strings liegen im Speicher in UTF-16 vor. Das bedeutet für Sie, dass Sie in einer Zeichenkette beliebige Mischungen der verschiedensten Schriftsysteme benutzen können. Zeichen, die Sie an Ihrem Computer nicht ein-

8 Die Standardbibliothek

tippen können, können Sie in einem String auch durch die Notation \uxxxx ersetzen, wie bei einer char-Variablen. Dabei ersetzen Sie xxxx durch den Unicode des Zeichens.

```
String unicoded = "Dies ist eine Zeichenfolge aus dem Ogham-Alphabet: \u169B
\u1684\u1698\u169C";
```

Listing 8.2 Codierte Unicode-Zeichen in einem String

In der Ausgabe wird daraus »Dies ist eine Zeichenfolge aus dem Ogham-Alphabet: ᚛ᚄᚘ᚜.«

> **Warnung zur Arbeit mit Unicode**
>
> Dass ein Zeichen im Unicode vorhanden ist, heißt noch nicht, dass Ihr Computer es auch darstellen kann. Dazu muss auch noch ein passender Zeichensatz installiert sein. Wenn Sie also mit arabischen, chinesischen und anderen Zeichen experimentieren, kann es vorkommen, dass Sie nur Fragezeichen oder leere Rechtecke sehen. Das ist dann kein Programmfehler, Ihr Computer kennt lediglich den Zeichensatz nicht.

8.2.2 String-Methoden

Die Klasse String enthält viele hilfreiche Methoden für fast alle Operationen, die Sie auf einer Zeichenkette durchführen wollen könnten. Wegen der zentralen Rolle der Klasse sollen im Folgenden die wichtigsten kurz aufgezählt werden. Es gibt über diese Methoden hinaus noch einige weitere, die mit *regulären Ausdrücken* arbeiten, mehr zu diesen erfahren Sie in Abschnitt 8.3.

length

Die length-Methode gibt die Länge des String zurück. Einige der anderen Methoden erwarten einen Index als Parameter, eine Stelle im String, an der sie operieren sollen. Bei all diesen Methoden ist wichtig, dass der Index zwischen 0 und length() - 1 liegt, anderenfalls werfen sie eine StringIndexOutOfBoundsException.

charAt

Die Methode charAt erwartet einen Index als Parameter und gibt das Zeichen zurück, das an diesem Index steht. Sie kennen diese Methode bereits von den Beispielen, die alle Zeichen eines Strings in einer Schleife durchlaufen:

```
for (int i = 0; i < einString.length(); i++){
    char zeichen = einString.charAt(i);
}
```

Listing 8.3 Schleife über alle Zeichen eines Strings

»toUpperCase« und »toLowerCase«

Diese beiden Methoden konvertieren alle Zeichen des Strings in Großbuchstaben (toUpperCase) bzw. in Kleinbuchstaben (toLowerCase). Zeichen, für die es keine Groß- und Kleinschreibung gibt – zum Beispiel Ziffern, Sonderzeichen und Zeichen aus Schriften, die diese Unterscheidung nicht machen –, bleiben unverändert.

Diese Operationen klingen trügerisch einfach, bergen aber unerwartete Tücken. Es gibt beispielsweise nicht immer eine 1 : 1-Zuordnung zwischen Klein- und Großbuchstaben. Nach einem Beispiel müssen Sie nicht erst in exotischen Schriftsystemen suchen, das deutsche »ß« gehört schon dazu: "ß".toUpperCase() ergibt "SS", aber "SS".toLowerCase() ergibt "ss". Auch nachdem das großgeschriebene ß jetzt offiziell existiert, wird es wohl noch eine Weile dauern, bis sich dieses Verhalten von Java ändert.

Das ist zwar eher eine Kuriosität, aber die echten Probleme beginnen, wenn Sie verschiedene Lokalitäten betrachten, in denen das gleiche Zeichen anders behandelt wird. So wird im Deutschen aus einem »i« mit toUpperCase ein »I«. Im Türkischen aber ist der Großbuchstabe zu »i« das »İ« und der Kleinbuchstabe zu »I« das »ı«.

Es ist daher wichtig, zu wissen, nach den Regeln welcher Sprache diese Operationen ausgeführt werden. Dies wird in Java durch Locale-Objekte kontrolliert (siehe Kasten). Sie können toUpperCase und toLowerCase mit einem Locale-Parameter aufrufen, um festzulegen, welche Regeln angewendet werden sollen. Rufen Sie eine der Methoden ohne Parameter auf, dann wird das Default-Locale benutzt, das aus den Einstellungen Ihres Betriebssystems ermittelt wird. In den meisten Fällen völlig unproblematisch, aber wenn Ihr Computer auf Deutsch eingestellt ist und Sie beispielsweise mit türkischen Texten arbeiten, dann kann es zu unerwarteten Ergebnissen kommen. Wenn Sie also wissen, in welcher Sprache ein String vorliegt, dann ist es empfehlenswert, auch ein entsprechendes Locale mitzugeben.

```
String geschrei = gerede.toUpperCase(Locale.GERMANY);
```

Listing 8.4 Hier wird in Großbuchstaben geschrien wie in Deutschland.

Locale

Die Klasse Locale dient dazu, Sprachregionen in Java darzustellen. Eine solche Region setzt sich aus ein bis drei Elementen zusammen:

▶ **Sprache:** ein zwei- oder dreistelliger Sprachcode nach ISO-639 Teil 1 oder 2 (*http://de.wikipedia.org/wiki/ISO-639*). Häufig gebrauchte Codes sind zum Beispiel »de« für Deutsch, »en« für Englisch und »fr« für Französisch.

- **Land:** ein Ländercode nach ISO-3166 (*http://de.wikipedia.org/wiki/ISO-3166*), entweder ein zweibuchstabiges Länderkürzel wie DE (Deutschland), GB (Großbritannien) oder US (Vereinigte Staaten) oder ein dreistelliger Zahlencode
- **Variante:** ein Freitext, der eine Unterart der Sprache wiedergibt, zum Beispiel Kölsch

Wenn Sie ein Locale festlegen, können Sie entscheiden, nur die Sprache anzugeben, beispielsweise de für »deutschsprachig«. Sie können aber zusätzlich ein Land angeben, um genauer zu bestimmen, welches Deutsch Sie meinen: de-DE für Deutsch aus Deutschland, de-CH für Deutsch aus der Schweiz ... Als Drittes können Sie, um noch genauer zu sein, eine Variante angeben, diese wird aber nur an wenigen Stellen auch ausgewertet, und es gibt keine definierte Liste von Varianten.

Für einige gebräuchliche Locale gibt es Konstanten, zum Beispiel Locale.GERMAN, aber für die meisten Fälle erzeugen Sie ein neues Locale-Objekt mit den entsprechenden Kürzeln:

```
Locale finnisch = new Locale("fi");
```

»startsWith«, »endsWith« und »contains«

Diese drei Methoden prüfen, ob der übergebene Teil-String im String vorkommt. Dabei prüft startsWith, ob der String mit diesem Teil-String beginnt, endsWith, ob er damit endet, und contains, ob er irgendwo im String vorkommt.

```
if (kommentar.toLowerCase().contains("mist")){
    throw new IllegalArgumentException("Fluchen ist hier nicht erwünscht");
}
```

Listing 8.5 Fluchfilter mit »contains«

replace

Anstatt nur zu prüfen, ob ein Teil-String im String vorkommt, können Sie ihn auch gleich durch einen anderen Teil-String ersetzen.

```
kommentar.replace("beschissen", "süß");
```

Listing 8.6 Der Fluchentschärfer – peinlich für jeden, der in den Kommentaren flucht

Es gibt häufig Verwirrung bei den beiden Methoden replace und replaceAll. Auch replace ersetzt *alle* Vorkommen des Such-Strings durch den neuen Teil-String. Der Unterschied zwischen den beiden Methoden ist der, dass replaceAll den String mit einem regulären Ausdruck durchsucht, um Stellen zu finden, die ersetzt werden sollten. Sie finden deshalb mehr zu dieser Methode in Abschnitt 8.3, »Reguläre Ausdrücke«.

»indexOf« und »lastIndexOf«

Anstatt nur wie contains und seine Verwandten zu prüfen, ob ein Teil-String in diesem String vorkommt, geben indexOf und lastIndexOf auch zurück, an welcher Stelle dies das erste Mal der Fall ist. Dabei sucht indexOf vom Anfang des Strings und lastIndexOf vom Ende. Beide Methoden geben -1 zurück, falls der gesuchte String nicht gefunden wurde.

Beide Methoden können auch mit einem zweiten Parameter aufgerufen werden, der angibt, an welcher Stelle mit der Suche begonnen werden soll. So können Sie nach und nach alle Vorkommen eines Teil-Strings ausfindig machen.

```
public int zaehleVorkommen(String text, String suchString){
    int index = text.indexOf(suchString);
    int vorkommen = 0;
    while (index != -1){
        vorkommen++;
        index = text.indexOf(suchString, index + 1);
    }
    return vorkommen;
}
```

Listing 8.7 Zählen, wie oft ein Teil-String vorkommt

Im Beispiel wird der String text so lange durchsucht, bis keine weiteren Vorkommen von suchString mehr gefunden werden. Der Aufruf von indexOf mit dem Startindex index + 1 stellt sicher, dass jedes Vorkommen nur einmal gefunden wird, er beginnt die neue Suche nach dem ersten Zeichen des letzten Treffers.

substring

Die substring-Methoden erzeugen einen neuen String aus einem Teil dieses Strings. Die Variante mit einem Parameter liefert einen Teil-String, der an der angegebenen Stelle beginnt und bis zum Ende des Original-Strings reicht:

```
String gluecklich = "unglücklich".substring(2);//"glücklich"
```

Die Variante mit zwei Parametern beginnt den neuen String an der ersten angegebenen Stelle und endet *vor* der zweiten.

```
String glueck = "unglücklich".substring(2, 7); //"glück"
```

Merken Sie sich, und ich hebe das noch einmal hervor, weil ich selbst es bis heute immer wieder nachlesen muss: Das Zeichen am Startindex ist im neuen String enthalten, das Zeichen am Endindex ist es nicht.

trim

Die trim-Methode ist eine der einfachsten String-Methoden: Sie entfernt alle Leerzeichen an Anfang und Ende des Strings.

join

Die statische join-Methode nimmt einen Trenner und ein String[] (oder beliebig viele einzelne Strings, dazu später mehr in Abschnitt 10.3, »Variable Parameterlisten«) als Parameter und fügt alle Elemente des Arrays zu einem String zusammen, mit dem Trenner jeweils zwischen zwei Elementen.

```
String[] teile = new String[]{"A", "B", "C"};
String zusammen = String.join(", ", teile);
//zusammen ist "A, B, C"
```

Listing 8.8 Strings zusammenfügen

8.2.3 Übung: Namen zerlegen

Zunächst eine einfache Aufgabe mit Strings: Schreiben Sie eine Methode, die Namen im Format »Nachname, Vorname« entgegennimmt und sie in der Form »Vorname Nachname« wieder ausgibt. Vergessen Sie nicht die Testfälle! Denken Sie vor allem darüber nach, wie Sie reagieren, wenn kein Komma oder mehrere Kommata vorkommen. Die Lösung zu dieser Übung finden Sie im Anhang.

8.2.4 Übung: Römische Zahlen I

Für eine etwas schwierigere Übung schreiben Sie eine Methode, die einen String mit einer römischen Zahl entgegennimmt und in einen int-Wert umrechnet.

Tabelle 8.2 ruft Ihnen die Symbole römischer Zahlen in Erinnerung.

Einer		Fünfer	
Symbol	Wert	Symbol	Wert
I	1	V	5
X	10	L	50
C	100	D	500
M	1.000		

Tabelle 8.2 Die römischen Ziffern

Um die Ziffern zu einer Zahl zusammenzusetzen, werden die entsprechenden Symbole wiederholt und summiert, dabei stehen höhere Werte immer vorn. Zum Beispiel ist die Zahl 123 in römischen Ziffern CXXIII.

Es gibt eine Ausnahme von der strikt aufsteigenden Folge: Ein einzelnes Einersymbol kann vor dem nächsthöheren Einer- oder Fünfersymbol stehen, um eine Subtraktion darzustellen. Die Zahl 4 wird als IV geschrieben: 5 – 1. Diese zusammengesetzten Symbole stehen in der Reihenfolge nach dem zugrunde liegenden Symbol. 293 schreiben Sie demnach als CCXCIII.

Sie haben nun die Wahl zwischen der einfachen und der schwierigen Variante dieser Übung. In der einfachen Variante soll Ihr Programm römische Zahlen in einen int-Wert umrechnen.

In der schwierigen Variante soll es außerdem ungültige römische Zahlen erkennen und in diesem Fall einen Fehler werfen. Ungültige römische Zahlen sind solche, die Symbole in der falschen Reihenfolge enthalten (zum Beispiel IIC), zu viele gleiche Symbole enthalten (zum Beispiel CCCCC) oder Symbole enthalten, die nicht zusammen vorkommen dürfen (zum Beispiel CMD). Eine kleine Hilfe für den Anfang: Machen Sie sich zunächst klar, in welcher Reihenfolge die Symbole stehen dürfen. Die Aufgabe ist einfacher zu lösen, wenn Sie Viererwerte als ein Symbol interpretieren und nicht als zwei. Die Lösung zu dieser Übung finden Sie im Anhang.

8.2.5 StringBuilder

Um die Klasse String herum gibt es ein kleines Ökosystem weiterer Klassen, die weitere Funktionen zur Verfügung stellen. Eine dieser Klassen ist der StringBuilder, dessen Name schon verrät, was seine Aufgabe ist: Er baut Strings.

Der StringBuilder kennt zwei wichtige Methoden, die mit verschiedenen Parametertypen überlagert werden: append und insert. append fügt etwas am Ende des gebauten Strings an, wobei dieses etwas ein anderer String sein kann oder ein beliebiger Primitivtyp oder ein Objekt, an dem dann automatisch toString gerufen wird, um es an den String anzuhängen.

```
StringBuilder sb = new StringBuilder();
sb.append("Ein neuer String");
String s = sb.toString();
```

Listing 8.9 Einfaches Beispiel mit dem »StringBuilder«

insert tut fast dasselbe, der neue Text wird aber nicht am Ende angehängt, sondern an einer ebenfalls übergebenen Stelle eingefügt:

```
sb.insert(3, " nicht ganz so");
s = sb.toString(); //s ist jetzt "Ein nicht ganz so neuer String"
```

Listing 8.10 Einfügen mit dem »StringBuilder«

Der `StringBuilder` folgt einem Muster, das Sie bisher noch nicht kennengelernt haben. Er implementiert ein sogenanntes *Fluent Interface*. Das bedeutet nichts anderes, als dass Sie Aufrufe von `append` und `insert` beliebig verketten können. Das ist praktischer und lesbarer, als elfmal `sb.append(…)` zu schreiben.

```
String vorname, nachname, strasse, hausnummer, plz, stadt;
…
StringBuilder sb = new StringBuilder();
String addresse =
    sb.append(vorname).append(" ")
     .append(nachname).append("\n")
     .append(strasse).append(" ");
     .append(hausnummer).append("\n\n")
     .append(plz).append(" ")
     .append(stadt).toString();
```

Listing 8.11 Das Fluent Interface vom »StringBuilder«

Fluent Interface

Ein Fluent Interface, wie der `StringBuilder` es bereitstellt, ist keine Hexerei. Es muss einfach nur jede Methode, die am Fluent Interface teilnimmt, `this` zurückgeben. So haben Sie als Ergebnis jedes Methodenaufrufs wieder das Objekt, mit dem Sie gerade arbeiten, und können daran sofort eine weitere Methode aufrufen. Das funktioniert natürlich nur so lange, wie die Methode keinen anderen Rückgabewert haben muss. Im Beispiel muss die Kette nach `toString` enden, denn `toString` gibt einen String zurück.

Fluent Interfaces sind vor allem nützlich für Klassen, die wie der `StringBuilder` andere Objekte zusammenbauen, denn in diesem Fall müssen Sie häufig viele Methoden aufrufen, um jeden einzelnen gewünschten Wert zu setzen.

Eine Frage, die sich zum `StringBuilder` noch stellt, ist das Warum. Sie könnten zumindest die Aufgabe von `append` auch mit reiner String-Konkatenation lösen, und eine `insert`-Methode könnte auch der String zur Verfügung stellen. Warum also den Umweg über den `StringBuilder`?

Es geht hier um Speicherverbrauch und Performanz. Bei jeder Konkatenation wird ein neues `String`-Objekt erzeugt. Das gilt insbesondere auch, wenn Sie mehrere Konkatenationen zu einer Anweisung verketten, etwa so:

```
String adresse = vorname + " " + nachname + "\n" + …;
```

Für jede Konkatenation, also für jeden +-Operator in dieser Anweisung, wird ein neues `String`-Objekt erzeugt. Das erste enthält den Text `"Vorname "` (beachten Sie das Leerzeichen), das zweite dann `"Vorname Nachname"` usw. Bis auf das Endergebnis werden diese Strings nur benötigt, um die nächste Konkatenation auszuführen, danach werden sie nicht mehr gebraucht. Es entstehen so in kurzer Zeit viele Objekte, die sofort danach wieder freigegeben werden können und dadurch Arbeit für den *Garbage Collector* verursachen.

Der `StringBuilder` vermeidet diesen Müllberg, denn durch `append` wird kein neues Objekt erzeugt, sondern der Inhalt des bestehenden Objekts verändert. Das macht keinen nennenswerten Unterschied, wenn Sie zwei Strings zusammensetzen wollen. Aber bei 10, 100 oder 1.000 Strings bekommt der Garbage Collector schnell viel Arbeit abgenommen.

»StringBuilder« und »StringBuffer«

Es gibt neben `StringBuilder` die Klasse `StringBuffer`, die die gleichen Methoden anbietet und laut Javadoc auch den gleichen Zweck erfüllt. Dies führt häufig zur Verwirrung, denn der Unterschied zwischen beiden Klassen fällt nur auf, wenn Sie das Javadoc sehr aufmerksam lesen.

Ein `StringBuffer` ist dafür geeignet, in mehreren Threads, also Ausführungssträngen des Programms, verwendet zu werden. Er garantiert, dass keine Fehler auftreten, auch wenn zwei Threads gleichzeitig Operationen auf dem `StringBuffer`-Objekt ausführen wollen. Wenn Sie in derselben Situation einen `StringBuilder` verwenden, dann kann eine Vielzahl lustiger Fehler auftreten. Im Gegenzug ist `StringBuilder` aber etwas schneller. Meine Empfehlung ist, immer `StringBuilder` zu verwenden, außer wenn Sie wirklich aus mehreren Threads einen einzigen String zusammenbauen müssen.

8.2.6 Übung: Römische Zahlen II

Erweitern Sie das Programm aus der vorigen Übung. Schreiben Sie eine neue Methode, die einen `int`-Wert mit Hilfe eines `StringBuffer` in eine römische Zahl umsetzt. Die Lösung zu dieser Übung finden Sie im Anhang.

8.2.7 StringTokenizer

Der `StringTokenizer` ist das Gegenteil des `StringBuilder`. Genau wie der Builder einen String zusammensetzt, zerlegt der Tokenizer ihn. Dazu durchsucht er den String nach Trennzeichen, den sogenannten *Delimitern*, und gibt die Teil-Strings zurück, die dazwischenliegen. Das tut er allerdings nicht mit einem Mal als Array, sondern nach und nach, einen Teil-String (Token) je Aufruf.

```
StringTokenizer tokenizer = new StringTokenizer("Watson, John, Dr.", ",");
while (tokenizer.hasMoreTokens()){
    System.out.println(tokenizer.nextToken());
}
```

Listing 8.12 Strings zerlegen mit dem »StringTokenizer«

Im Konstruktor übergeben Sie dem Tokenizer den String, auf dem er operieren soll, sowie die Trennzeichen. Als Trennzeichen übergeben Sie zwar nur einen String, aber jedes Zeichen dieses Strings wird als Trennzeichen interpretiert. Übergeben Sie also ".,", dann wird an jedem Punkt und an jedem Komma getrennt. Sie können auch keine Trennzeichen übergeben, dann sucht der Tokenizer nach Leerzeichen, Tabulatoren und Zeilenumbrüchen.

Wenn Sie eine Instanz von StringTokenizer haben, gibt es zwei interessante Methoden: hasMoreTokens prüft, ob ein weiteres Token aus dem String gelesen werden kann, nextToken liest dieses Token. Wie im Beispiel gezeigt, sollten Sie immer zuerst prüfen, ob es weitere Tokens gibt, bevor Sie das nächste Token lesen, denn nextToken wirft einen Fehler, wenn keine Tokens mehr vorhanden sind.

8.3 Reguläre Ausdrücke

Ein großes Thema in der Umgebung von Strings sind *reguläre Ausdrücke* (engl. *regular expressions*). Das sind Muster, die auf Strings angewendet werden können, um beispielsweise zu prüfen, ob ein String einem bestimmten Format entspricht, um einen String in Einzelteile zu zerlegen oder um einen Teil-String darin zu finden, mit mehr Flexibilität, als indexOf sie bietet.

8.3.1 Einführung in reguläre Ausdrücke

Die einfachste Anwendung für reguläre Ausdrücke ist die String-Methode matches, die prüft, ob ein String in seiner Gänze dem Muster entspricht. Ein solches Muster kann dabei einfach nur ein String sein:

```
String eingabe = …;
if (eingabe.matches("abcd")){
    …
}
```

Listing 8.13 Vergleich mit »matches«

Im Beispiel gäbe `matches` `true` zurück, wenn `eingabe` den Wert `"abcd"` hätte. Das ist noch nichts Besonderes, die `equals`-Methode hätte den gleichen Effekt. Zu einem mächtigen Werkzeug werden reguläre Ausdrücke durch Sonderzeichen, die nicht nur auf genau ein Zeichen im String passen. Dazu gehört zum Beispiel der Punkt, der auf ein beliebiges Zeichen passt. Der reguläre Ausdruck `"abc."` passt (unter anderem) auf die Strings »abcd«, »abc5« und »abc?«, aber nicht auf »abc« oder »abcde«, denn der Punkt passt auf genau ein Zeichen, nicht auf mehrere und auch nicht auf gar keins.

Dazu können Sie *Quantifier* verwenden, Sonderzeichen, die steuern, wie oft ein anderes Zeichen vorkommen darf. Der Stern (*) besagt, dass das vorangehende Zeichen beliebig oft vorkommen darf. Der Ausdruck `"Ka*tze"` passt auf »Katze«, »Kaatze« und »Kaaaaaaatze«, aber auch auf »Ktze«, denn auch 0 Vorkommen sind mit dem Stern erlaubt. Soll das gerade nicht möglich sein, dann können Sie + verwenden, womit das vorangehende Zeichen mindestens einmal vorkommen muss, aber auch öfter vorkommen darf. Die Quantifier lassen sich natürlich mit anderen Sonderzeichen wie dem Punkt kombinieren. `eingabe.matches(".+and")` liefert `true` für »Band«, »Rand«, »Sand«, »Brand«, »Strand« etc. Einige weitere Sonderzeichen können Sie Tabelle 8.3 entnehmen.

Zeichen	Bedeutung
.	Der Punkt passt auf ein beliebiges Zeichen.
*	Das vorangehende Element (ein einzelnes Zeichen, eine geklammerte Zeichenfolge oder eine Zeichenklasse) darf beliebig oft vorkommen, auch keinmal.
+	Das vorangehende Element muss mindestens einmal, darf aber auch öfter vorkommen.
?	Das vorangehende Element darf nicht oder genau einmal vorkommen, aber keinesfalls öfter.
{n}	Das vorangehende Element muss genau n-mal vorkommen.
{n, m}	Das vorangehende Element muss mindestens n-mal, aber höchstens m-Mal vorkommen.
^	Passt auf den Anfang der Eingabe. So passt ^ana in »**ana**nas«, aber nicht in »ban**ane**«.
$	Passt auf das Ende der Eingabe. Zum Beispiel passt ze$ in »Kat**ze**«, aber nicht in »Kat**ze**n«.

Tabelle 8.3 Sonderzeichen in regulären Ausdrücken

Zeichen	Bedeutung
|	Oder-Verknüpfung; entweder der Ausdruck links oder der Ausdruck rechts muss passen.
[abc], [a-z], [a-zA-Z0-9]	Zeichenklassen passen auf ein Zeichen, das in der Klasse enthalten ist. [abc] passt auf »a«, »b« oder »c«, aber nicht auf »x«. Sie können auch Bereiche angeben – [a-z] passt auf alle Kleinbuchstaben. Andere Sonderzeichen verlieren in einer Klasse ihre Wirkung, ein Punkt ist einfach nur ein Punkt, ein Stern nur ein Stern.
[^abc], [^a-z], [^a-zA-Z0-9]	So werden Zeichenklassen negiert: [^abc] passt auf jedes beliebige Zeichen, außer »a«, »b« und »c«.
\d, \D	Vordefinierte Zeichenklassen für Ziffern. \d passt auf alle Ziffern, entspricht also genau [0-9]. \D ist genau das Gegenteil und passt auf alles außer Ziffern.
\s, \S	\s ist eine vordefinierte Klasse, die auf Whitespaces passt, also Leerzeichen, Zeilenumbruch, Tabulator usw. \S ist wieder das Gegenteil und passt auf alles außer Whitespace.
\w, \W	\w entspricht [a-zA-Z_0-9], \W ist die Negation davon.

Tabelle 8.3 Sonderzeichen in regulären Ausdrücken (Forts.)

Zeichenklassen in Java-Strings

Reguläre Ausdrücke werden in Java, anders als in vielen anderen Sprachen, als Strings angegeben. Das heißt, dass auch alle Regeln für das Escapen von Sonderzeichen gelten wie in jedem anderen String. Problematisch ist das für die vordefinierten Klassen, die mit einem Backslash anfangen, denn der Backslash ist ja gerade das Escape-Zeichen. Deswegen muss er immer gedoppelt werden. Die Klasse \d muss also zum Beispiel als "\\d" geschrieben werden.

Mit diesen Sonderzeichen können Sie schon viele komplexe Muster ausdrücken, und es gibt noch eine lange Reihe weiterer Zeichen, deren Aufzählung hier zu weit führen würde. Mit regulären Ausdrücken lassen sich viele Dinge einfach umsetzen, die ohne aufwendig wären. Erinnern Sie sich zum Beispiel an die Validierung, ob ein String nur aus Ziffern besteht. Mit einem regulären Ausdruck reduziert sich das auf `string.matches("\d*")`.

8.3.2 String-Methoden mit regulären Ausdrücken

Sie wissen nun, wie Sie einfache reguläre Ausdrücke schreiben. Damit können Sie mehr tun, als nur zu prüfen, ob Strings Ihrem Muster entsprechen. Die String-Klasse bietet neben matches zwei weitere Methoden, die mit regulären Ausdrücken arbeiten.

»replaceAll« und »replaceFirst«

Wie weiter oben bereits angesprochen wurde, ist der Unterschied zwischen replace und replaceAll nicht, wie viele gefundene Vorkommen ersetzt werden, sondern dass replaceAll mit einem regulären Ausdruck festlegt, welche Teil-Strings ersetzt werden sollen. Es werden alle Teil-Strings ersetzt, die auf den regulären Ausdruck passen.

```
String einString = "1234567890";
einString = einString.replaceAll("[13579]", "");
```

Listing 8.14 Zeichen ersetzen mit »replaceAll«

Nach dem gezeigten Code enthält einString nur noch die geraden Ziffern, "24680", da alle ungeraden durch einen Leer-String ersetzt wurden. Achten Sie auf die eckigen Klammern im regulären Ausdruck. Sie bilden eine Zeichenklasse mit den fünf enthaltenen Ziffern, dadurch passt jede der Ziffern einzeln auf das Muster.

Aber replaceAll kann mehr. Sie können in der Ersetzung den gefundenen Teil-String oder Teile davon wieder einsetzen. Das folgende Codefragment benutzt diese Fähigkeit, um alle Zahlen in einem String in Anführungszeichen zu setzen. Aus "Die Zahlen 123 und 456" wird so "Die Zahlen \"123\" und \"456\"".

```
einString.replaceAll("\\d+", "\"$0\"");
```

Listing 8.15 Zahlen in Anführungszeichen setzen in einer Zeile

Der reguläre Ausdruck sucht nach allen Vorkommen von einer oder mehr Ziffern. Im Ersetzungs-String bedeutet $0, dass an dieser Stelle der komplette gefundene Teil-String eingesetzt werden soll. Es wird so jede Zahl ersetzt durch dieselbe Zahl in Anführungszeichen.

Für noch etwas mehr Feinarbeit können Sie im regulären Ausdruck *Gruppen* bilden, indem Sie Klammern setzen. Der Teil des Strings, der auf diesen Teil des regulären Ausdrucks passt, ist im Ersetzungs-String durch $1, $2, $3, ... verwendbar. $1 benutzt die erste Gruppe, $2 die zweite Gruppe usw. Das wird an einem Beispiel etwas klarer. Der reguläre Ausdruck ([0-9+\\-/*]+)=([0-9+\\-/*]+) passt auf einfache Gleichungen wie *17 + 4 = 3 × 7*. In diesem konkreten Fall wäre $0 = 17 + 4 = 3 * 7, $1 = 17 + 4 (die ersten Klammern im regulären Ausdruck) und $2 = 3 * 7 (die zweiten Klammern im regulären Ausdruck). Jetzt könnten Sie zum Beispiel die beiden Seiten der Gleichung vertauschen:

```
gleichung.replaceAll("([0-9+\\-/*]+)=([0-9+\\-/*]+)", "$2 = $1");
```

Und das Beste daran: Wenn die Gleichung nur Teil eines längeren Strings ist, funktioniert es trotzdem.

split

Die `split`-Methode bietet eine weitere Möglichkeit, einen String zu zerlegen. Im Gegensatz zum `StringTokenizer` können Sie bei `split` aber einen regulären Ausdruck als Trenner angeben. Der String wird an jedem Treffer für den regulären Ausdruck getrennt, und alle so entstandenen Teile werden mit einem Aufruf in einem String-Array zurückgegeben.

```
String katzenString = "Pixie, Garfield, Snowball";
String[] katzen = katzenString.split("\\s*,\\s*");
//katzen = ["Pixie","Garfield","Snowball"]
```

Listing 8.16 Strings trennen mit »split«

Das Trennen am Komma würde auch mit dem `StringTokenizer` funktionieren, aber mit `split` brauchen Sie keine Schleife, und nebenbei werden im Beispiel auch die Leerzeichen beim Trennen entfernt, da sie durch \\s* Teil des Trenners sind.

8.3.3 Reguläre Ausdrücke als Objekte

Auch reguläre Ausdrücke sind in Java Objekte. Wenn Sie die `String`-Methoden verwenden, dann werden diese Objekte zwar vor Ihnen verborgen, aber dennoch sind sie im Hintergrund vorhanden. Und Sie können auch direkt mit den Objekten arbeiten, was in seltenen Fällen notwendig ist, weil Sie mit den `String`-Methoden nicht das erreichen, was Sie möchten.

Zwei Klassen sind im Zusammenhang mit regulären Ausdrücken wichtig: `Pattern` und `Matcher`. Ein `Pattern` ist ein Objekt, das den regulären Ausdruck enthält. Der String, den Sie an die `String`-Methoden als Parameter übergeben, ist eine textuelle Darstellung des regulären Ausdrucks, aber bevor wirklich etwas damit getan werden kann, wird ein `Pattern` daraus erzeugt. Das können Sie auch selbst tun, bei Patterns geht das allerdings nicht durch einen Konstruktor, sondern durch die statische Methode `Pattern.compile`, der Sie wie gewohnt die String-Repräsentation eines regulären Ausdrucks übergeben.

```
Pattern pattern = Pattern.compile("[0-9]+");
```

Listing 8.17 Ein Pattern-Objekt erzeugen

8.3 Reguläre Ausdrücke

Das `Pattern`-Objekt ist der anwendbare reguläre Ausdruck. Wenn Sie diesen nun auf einen String anwenden wollen, dann tun Sie das mit der Methode `matcher`, die ein `Matcher`-Objekt erzeugt. Ein `Matcher` ist die konkrete Anwendung des regulären Ausdrucks auf einen bestimmten String. Wenn Sie einen `Matcher` erzeugt haben, dann verwenden Sie entweder dessen Methode `matches`, um zu prüfen, ob der gesamte String zum regulären Ausdruck passt, oder `find`, um Teil-Strings zu finden, die passen.

```
Matcher matcher = pattern.matcher("Die Zahl 12 ist das doppelte von 6.");
while(matcher.find()){
    System.out.println(matcher.group());
}
```

Listing 8.18 Zahlen finden mit »Matcher«

Da mit `find` mehrere Treffer möglich sind, können Sie in einer Schleife alle Vorkommen finden, die zu Ihrem regulären Ausdruck passen. Der nächste Aufruf von `find` beginnt die Suche immer nach dem letzten Treffer, so dass Sie mit jedem Aufruf einen neuen Treffer finden. Die Methode `group` gibt den Text zurück, der zuletzt als Treffer gefunden wurde. Mit dem Pattern von oben gibt dieses Stück Code also nacheinander die Zahlen 12 und 6 aus.

Der große Vorteil von `Pattern` und `Matcher` gegenüber den `String`-Methoden ist, dass Sie mehr Kontrolle ausüben können. Der wichtigste Anwendungsfall davon ist, dass Sie aus Ihrem Java-Code auf den Inhalt von Gruppen zugreifen können, die Sie in ihrem regulären Ausdruck mit Klammern umgeben haben. Auf diese können Sie zugreifen, indem Sie der group-Methode einen int-Parameter übergeben: `group(0)` gibt den gesamten Treffer zurück, genau wie `group()` ohne Parameter, `group(1)` den Inhalt der ersten Klammern, `group(2)` den Inhalt der zweiten usw. Damit haben Sie ein sehr vielseitiges Werkzeug an der Hand, das Daten aus einem String extrahiert. So kann die Klasse `Preisfinder` zum Beispiel aus einem Text alle Preise extrahieren, die ein dreibuchstabiges Währungskürzel verwenden, also so etwas wie "500 EUR".

```
public class Preisfinder {
    private static final Pattern PREIS_PATTERN =
      Pattern.compile("([0-9.,]+)\\s*([A-Z]{3})");
    private final Matcher matcher;

    public Preisfinder(String suchstring){
        if (suchstring == null){
            throw new IllegalArgumentException("Suchstring darf nicht null sein");
        }
        this.matcher = PREIS_PATTERN.matcher(suchstring);
    }
```

```
        public Preis naechsterPreis(){
            if (matcher.find()){
                String wertAlsString = matcher.group(1);
                double wert = Double.parseDouble(wertAlsString);
                String waehrung = matcher.group(2);
                return new Preis(waehrung, wert);
            } else {
                return null;
            }
        }
    }
```

Listing 8.19 Preise finden mit regulären Ausdrücken

In diesem Beispiel nutzen wir aus, dass der Matcher sich merkt, von wo er weitersuchen muss. Da der Matcher eine Instanzvariable von Preisfinder ist, bleibt er über mehrere Aufrufe von naechsterPreis hinweg gleich, und jeder Aufruf gibt das nächste Vorkommen aus.

Was innerhalb der Methode naechsterPreis passiert, ist dann keine Hexerei: Es wird mit find geprüft, ob ein weiterer Preis vorkommt, und dann mit group(1) und group(2) der Wert der beiden geklammerten Gruppen im regulären Ausdruck ausgelesen. Der Rückgabetyp Preis fasst diese beiden Werte lediglich in einem Objekt zusammen.

Das Pattern ist hier als Konstante definiert, weil die Erzeugung des Pattern-Objekts aus einem String eine sehr teure Operation ist und nicht mehrmals ausgeführt werden muss, wenn es sich vermeiden lässt.

Benannte Gruppen

Anstatt auf Gruppen über ihren Index zuzugreifen, können Sie ihnen auch Namen geben. Dadurch wird Ihr Code lesbarer, der reguläre Ausdruck aber länger und unübersichtlicher. Um einer Gruppe einen Namen zu geben, muss in den Klammern an erster Stelle ein Fragezeichen stehen, gefolgt vom Namen in spitzen Klammern, und erst danach der reguläre Ausdruck für die Gruppe. Der reguläre Ausdruck für den Preisfinder sähe dann so aus:

(?<wert>[0-9.,]+)\\s*(?<waehrung>[A-Z]{3})

Das ist wie gesagt viel weniger übersichtlich, aber im Java-Code wird mit matcher.group("wert") sofort viel klarer, was gemeint ist.

8.3.4 Übung: Flugnummern finden

Kennen Sie das? Sie haben einen Flug gebucht, aber wenn Sie in Ihrem E-Mail-Postfach nach der Buchungsbestätigung suchen, dann ist sie nicht aufzufinden. Schreiben Sie eine Methode, die reguläre Ausdrücke benutzt, um ein String-Array – Ihr Postfach – nach der ersten Flugnummer zu durchsuchen. Eine Flugnummer besteht immer aus zwei Großbuchstaben, gefolgt von einem Bindestrich, gefolgt von einer Reihe von Ziffern. Die Lösung zu dieser Übung finden Sie im Anhang.

8.4 Zeit und Datum

Damit ist es für den Augenblick genug von String und seinem Umfeld. Neben Strings und Zahlen sind Zeiten und Daten weitere häufig benötigte Datentypen.

Die Handhabung von Zeiten und Daten hat sich in Java 8 gegenüber den Vorversionen komplett geändert. Bis Java 7 wurden Zeitwerte durch die Klasse java.util.Date abgebildet. Für komplexere Operationen mit Datums- und Zeitwerten gab es die Klasse java.util.Calendar, wegen der undurchsichtigen und übermäßig abstrakten API eine der unbeliebtesten Klassen in Javas Standardbibliothek.

Mit Java 8 wurde alles anders, und alles, was mit Zeit zu tun hat, wird von den Klassen aus dem Package java.time gehandhabt.

8.4.1 Zeiten im Computer und »java.util.Date«

Zeit und Datum werden nicht nur in Java, sondern von Computern ganz allgemein meistens als eine einfache Zahl dargestellt: die Zahl von Millisekunden, die seit dem 1.1.1970, 00:00:00 vergangen sind. Dazu wird heute normalerweise ein 64-Bit-Wert verwendet, in Java ein long, der für die nächsten Millionen Jahre noch ohne Überlauf funktionieren wird. Sie können die aktuelle Zeit in dieser Form durch die Methode System.currentTimeMillis auslesen.

Ein Date ist nichts anderes als eben ein solcher long-Wert, verpackt in einem Objekt und mit einigen Methoden angereichert, zum Beispiel before und after, die prüfen, ob ein anderes Datum früher oder später liegt. Es gibt zwar viele Methoden, die aus dieser einen Zahl eine lesbarere Aussage machen (getMinutes, getHours, …), sie sind aber *deprecated* und sollten deshalb nicht mehr verwendet werden.

Die allgemeine Empfehlung lautet sowieso, dass Sie die neuen Klassen aus dem java.time-Package verwenden sollten. Das ist in der Theorie eine gute Idee, in der Praxis benötigen Sie aber nach wie vor häufig ein java.util.Date. Deshalb ist es gut, dass Date seit Java 8 die statische Methode from hat, die aus einem java.time.Instant

– gleich mehr dazu – ein gutes altes Date-Objekt erzeugt. So können Sie die neuen Klassen nutzen und dennoch mit alten Methoden kommunizieren, die noch Date erwarten.

8.4.2 Neue Zeiten – das Package »java.time«

Die neuen Klassen aus java.time sind etwas komplexer, als Date es war. Und es gibt viel mehr von ihnen. Die vielen neuen Klassen lösen aber mehrere Probleme, die mit Date immer wieder zu Schwierigkeiten führten. Bei einem Date-Objekt war nie klar, in welche Zeitzone es gehörte. Für viele Anwendungen ist das kein Problem, aber wenn Sie einem Benutzer die Abflugzeit seines Fluges anzeigen wollen, dann ist es schon wichtig, zu unterscheiden, ob dies die Zeit in seiner Zeitzone oder in der Zeitzone des Flughafens oder vielleicht in UTC (koordinierte Weltzeit) ist. Die neuen Klassen handhaben das unkompliziert.

Es gab außerdem in Java keine standardisierte Möglichkeit, Angaben zu machen, bei denen bestimmte Teile nicht gefüllt waren. Zum Beispiel konnten Sie nicht Jahr und Monat angeben, ohne auch den Tag zu setzen, oder Monat und Tag ohne das Jahr – in einem Date steckte immer alles drin. Sie konnten niemals Ihren Geburtstag angeben, ohne das Jahr zu verraten. Das ist mit den Klassen aus java.time möglich. Der Preis dafür ist, dass es jetzt einen kleinen Zoo voller Klassen gibt. Tabelle 8.4 verschafft Ihnen einen Überblick.

Klasse	Beschreibung
Instant	Die Klasse Instant entspricht am ehesten der alten Klasse Date, ein Instant-Objekt steht für einen Moment auf dem Zeitstrahl, mit Genauigkeit im Millisekunden- oder sogar Nanosekundenbereich, abhängig von Hardware und Betriebssystem.
LocalDate	Speichert ein Datum (Tag, Monat und Jahr).
LocalTime	Speichert eine Zeit (Stunden, Minuten, Sekunden, Milli- und Nanosekunden). LocalTime berücksichtigt keine Zeitzonen, Werte sollten als Ortszeit interpretiert werden.
LocalDateTime	Kombiniert LocalDate und LocalTime für eine Datums- und Zeitangabe.
ZonedDateTime	Eine kombinierte Datums- und Zeitangabe mit Zeitzone. Die Zeitzone wird in Form einer ZoneId angegeben.
Month	Der enumerierte Datentyp Month stellt einen Monat dar.

Tabelle 8.4 Die wichtigsten Klassen aus »java.time«

Klasse	Beschreibung
Year	eine Jahresangabe
YearMonth	Angabe von Jahr und Monat, ohne Tag oder Uhrzeit, zum Beispiel das Gültigkeitsdatum Ihrer Kreditkarte
MonthDay	Monat und Tag, ohne Jahresangabe, zum Beispiel Ihr Geburtstag, wenn Sie Ihr Alter nicht verraten möchten
DayOfWeek	ein weiterer enumerierter Typ für die Wochentage
Duration	Duration gibt als einzige der hier vorgestellten Klassen keinen Zeitpunkt an, sondern eine Dauer, also eine Angabe wie »2 Tage und 12 Stunden«.

Tabelle 8.4 Die wichtigsten Klassen aus »java.time« (Forts.)

Das sind zwar viele Klassen, aber sie haben alle eine konsistente API, die es erleichtert, den Überblick zu behalten. Dazu kommen über alle Klassen hinweg Methoden mit gleichen Präfixen zum Einsatz:

- of-: Methoden mit Namen oder Präfix of dienen dazu, neue Instanzen der jeweiligen Klasse zu erzeugen. Die java.time-Klassen bieten keine öffentlichen Konstruktoren, sondern nur die statischen of-Methoden zu diesem Zweck.
  ```
  LocalDate starWarsRelease = LocaleDate.of(1977, Month.MAY, 25);
  MonthDay weihnachten = MonthDay.of(Month.DECEMBER, 24);
  ```

- now: Die now-Methoden liefern immer ein Objekt der jeweiligen Klasse, das die aktuelle Zeit enthält.
  ```
  Instant genauJetzt = Instant.now();
  LocalDate heute = LocalDate.now();
  ```

- get-: Getter haben dieselbe Funktion, die Sie schon ausführlich kennengelernt haben.

- with-: Erzeugt ein neues Objekt, bei dem der Wert eines Feldes geändert wurde. Alle Zeit-Objekte sind unveränderlich, deshalb gibt es keine Setter. Diese Rolle wird von den with-Methoden übernommen, die ein neues Objekt mit diesem Wert zurückgeben.
  ```
  LocalDate heute = LocalDate.now();
  LocalDate monatsanfang = heute.withDayOfMonth(1);
  ```

- plus-, minus-: Diese Methoden addieren zum oder subtrahieren vom Wert dieses Objekts. Die with-Methoden setzen einen neuen Wert, plus- und minus- berechnen ihn.

```
LocalDate heute = LocalDateNow();
LocalDate naechsteWoche = heute.plusWeeks(1);
```

▶ at-: Kombiniert dieses Objekt mit einem anderen Zeit-Objekt. Aus einem `MonthDay` wird so mit `atYear` ein `LocalDate`: Zu Monat und Tag kommt ein Jahr hinzu, es entsteht eine vollständige Datumsangabe.

```
MonthDay meinGeburtstag = MonthDay.of(Month.DECEMBER, 13);
LocalDate diesesJahr = meinGeburtstag.atYear(2014);
DayOfWeek wochentag = diesesJahr.getDayOfWeek();
System.out.println("Dieses Jahr ist es ein " + wochentag);
```

Über diese Methoden hinaus haben alle Klassen diverse `boolean`-Methoden mit dem Präfix `is`, die verschiedene Prüfungen implementieren. `isBefore` und `isAfter` prüfen, ob eine andere Zeitangabe einen früheren oder späteren Zeitpunkt angibt. Bei Zeitangaben, die ein Jahr enthalten, können Sie mit `isLeapYear` prüfen, ob es sich um ein Schaltjahr handelt.

Details, welche Methoden aus den jeweiligen Präfixgruppen eine Klasse implementieren, entnehmen Sie am besten dem Javadoc.

Alles sehr eurozentrisch?

Alle oben vorgestellten Zeit- und Datumsklassen verwenden den gregorianischen Kalender, also den hier völlig normalen Kalender, den Sie jeden Tag benutzen. Dieser Kalender ist aber keineswegs weltweiter Standard, es werden auch heute noch verschiedene andere Kalendersysteme verwendet, die sich mehr oder weniger von »unserem« Kalender unterscheiden. Was ist mit denen?

In Java wurde schon immer versucht, nicht nur auf die Lokalitäten der westlichen Welt einzugehen, sondern auch andere Regionen zu unterstützen. So entstand zum Beispiel die alte `Calendar`-Klasse, deren Hauptproblem es war, dass sie mit einem Interface alle möglichen Kalendersysteme abstrahieren wollte. Und dann war alles so abstrakt, dass es nicht mehr bedienbar war und alle nur noch die Spezialisierung `GregorianCalendar` verwendeten.

Mit dem neuen Ansatz wurde deswegen nicht versucht, alles gleichwertig abzubilden. Der gregorianische Kalender (richtiger der Kalender nach ISO-8601) hat sich für die internationale Kommunikation als Standard durchgesetzt, deshalb ist es verständlich, dass er auch in Java eine herausgestellte Position einnimmt.

Das heißt aber nicht, dass andere Kalender nicht unterstützt werden. Im Package `java.time.chrono` gibt es Datumsklassen, die verschiedene andere Kalender unterstützen (Hijrah, Minguo ...). Dort liegt auch die abstrakte Klasse `Chronology`, die Sie erweitern können, um weitere Kalendersysteme zu realisieren. Zwischen allen verschiedenen Arten von Datumswerten können Sie konvertieren, indem Sie die Methode from(TemporalAccessor) des Zieldatentyps rufen. Alle Zeit- und Datumstypen implementieren das Interface TemporalAccessor und sind deshalb gültige Parameter.

Zeiten mit Zeitzonen

Zeitzonen fügen eine weitere Ebene an Komplexität zu allem hinzu, was mit Zeiten zu tun hat. Das ist auch in Java nicht zu vermeiden, Zeitzonen sind nun einmal komplex. Aber vieles wird bereits dadurch erleichtert, dass es jetzt verschiedene Klassen für Zeiten mit und ohne Zeitzone gibt.

Werte mit Zeitzone verwenden die Klasse ZonedDateTime, die zusätzlich zu Datum und Zeit eine ZoneId enthält, einen Bezeichner für eine Zeitzone. Es gibt zwei Arten von ZoneId, die Sie alle durch die Methode ZoneId.of erzeugen können:

- Offsets geben den Abstand der Zeitzone zu UTC an. Dieser Abstand ist fest, Besonderheiten wie Sommer- und Winterzeit können nicht berücksichtigt werden. In der Zeitzone ZoneId.of("+2") ist es immer zwei Stunden später als UTC.

- Geografische Regionen geben die Zeit an, wie sie in dieser Region gilt. Das umfasst den Offset, aber auch die Umstellung von Sommer- auf Winterzeit und andere eventuelle Besonderheiten. Die Bezeichnung einer solchen Zone besteht immer aus der Region und einer Stadt in dieser Region. Die deutsche lokale Zeitzone erhalten Sie mit ZoneId.of("Europe/Berlin"). Oder Sie können ZoneId.systemDefault() rufen und damit die Zeitzone bekommen, die im Betriebssystem konfiguriert ist. Es gibt eine sehr lange Liste von unterstützten Zeitzonen, die sich mit Java-Updates ändern kann. Alle möglichen Zeitzonen erhalten Sie mit ZoneId.getAvailableZoneIds(). Die Methode gibt ein Set zurück; wie Sie damit umgehen, erfahren Sie in Kapitel 10, »Arrays und Collections«.

Mit **ZonedDateTime** können Sie einfach eine Zeit mit Angabe der Zeitzone erzeugen und mit ihr dann so arbeiten wie mit LocalDateTime. Insbesondere funktionieren auch die Methoden isBefore und isAfter mit ZonedDateTime und berücksichtigen die Zeitzonen für den Vergleich. So ist 21:00 in der Zeitzone »Europe/Berlin« früher als 19:00 in der Zeitzone »America/Chicago«, genau wie es sein sollte.

ZonedDateTime macht auch die Umwandlung von einer Zeitzone in eine andere einfach. Dazu gibt es zwei Methoden:

- withZoneSameInstant gibt dieselbe absolute Zeit in einer anderen Zeitzone an. Aus der Zeit »15.6.2014 12:00 Europe/Berlin« wird durch withZoneSameInstant("America/Sao_Paulo") »15.6.2014 07:00 America/Sao_Paulo«. Die beiden Angaben sind gleichzeitig. Das Datum ist bei der Umwandlung relevant, da Sommer- und Winterzeit berücksichtigt werden. Im Dezember beträgt der Unterschied zwischen den Ortszeiten nur 3 Stunden statt 5.

▶ `withZoneSameLocal` erzeugt ein Objekt, das zwar eine andere Zeitzone enthält, aber die gleiche Ortszeit. Am selben Beispiel: Aus »15.6.2014 12:00 Europe/Berlin« wird durch `withZoneSameLocal("America/Sao_Paulo")` »15.6.2014 12:00 America/Sao_Paulo«. Beide Angaben enthalten dieselbe Ortszeit, sind aber **nicht** zeitgleich.

8.4.3 Übung: Der Fernsehkalender

Ich bin ein großer Fan von Fernsehserien aus aller Welt. Den Überblick zu behalten, wann genau eine neue Folge erscheint, ist nicht ganz einfach, denn alles wird in verschiedenen Zeitzonen ausgestrahlt. Da soll nun ein Programm helfen.

Schreiben Sie zunächst zwei Datenklassen. Die Klasse `Fernsehserie` enthält den Namen einer Serie, wie viele Folgen es in dieser Staffel gibt und zu welcher Zeit die erste Folge in ihrer Ursprungsregion ausgestrahlt wird. Die Klasse `Folge` enthält wiederum den Namen der Serie, die Nummer dieser Folge und Ausstrahlungsdatum und -zeit dieser Folge in Ortszeit.

Schreiben Sie dann die Klasse `Fernsehkalender` mit der statischen Methode `erzeugeKalender`, die ein Array von Fernsehserien als Parameter erhält. Aus diesem Array soll sie ein Array von Folgen berechnen, die alle Folgen all dieser Fernsehserien enthält, mit der Ausstrahlungszeit in **Ihrer** Zeitzone. Für die Berechnung, wann eine Folge ausgestrahlt wird, nehmen Sie an, dass die Ausstrahlung völlig regelmäßig ist: jede Woche zur gleichen Zeit, und ohne zwischendurch eine Woche auszusetzen. Die Ausgabe soll nach Ausstrahlungsdatum der Folgen sortiert sein. Die Lösung zu dieser Übung finden Sie im Anhang.

8.5 Internationalisierung und Lokalisierung

Wie Sie schon am Umgang mit Zeitzonen und der Option, mit anderen Kalendern zu arbeiten, sehen können, haben sich die Entwickler von Java einige Gedanken darüber gemacht, wie Programme möglichst einfach an verschiedene regionale Anforderungen anzupassen sind. Der Umgang mit Zeit und Datum ist aber nur ein Teil davon, es gibt in der Standardbibliothek noch einige weitere Klassen, die es Ihnen erleichtern sollen, Ihre Programme weltweit einsetzbar zu machen. Vielleicht keine Anforderung für kleine Beispielprogramme, aber bei Programmen, die in der realen Welt eingesetzt werden, ist es heute ein wichtiger Teil.

> **I18N und L10N**
>
> Um eine Anwendung in eine andere Sprache zu übersetzen, sind zwei Schritte notwendig: *Internationalisierung* und *Lokalisierung*. Internationalisierung bereitet eine Anwendung darauf vor, in verschiedene Sprachen übersetzt zu werden. Dazu gehört

zum Beispiel, dass im Code keine Texte mehr stehen, die ausgegeben werden. Diese Texte stehen in einer Übersetzungsdatei; im Code steht nur noch ein Schlüssel, mit dem in dieser Datei der richtige Eintrag gefunden wird.

Bei der Lokalisierung werden die Ressourcen angelegt, die eine so vorbereitete Anwendung benötigt, um in einer bestimmten Sprache ausgeführt zu werden. Zum Beispiel wird eine Übersetzungsdatei für diese Sprache angelegt. Sie werden sehen, dass Java Ihnen bei der Lokalisierung schon einige Arbeit abnimmt. Sie müssen sich zum Beispiel nicht selbst darum kümmern, dass Zeit und Datum im richtigen Format dargestellt werden.

Häufig liest man statt Internationalisierung und Lokalisierung auch die Abkürzungen I18N und L10N. Sie stehen für I + 18 Buchstaben + N und L + 10 Buchstaben + N, abgekürzt von den englischen Begriffen InternationalisatioN und LocalisatioN.

8.5.1 Internationale Nachrichten mit »java.util.ResourceBundle«

Der größte Teil der Lokalisierung ist ohne Zweifel die Übersetzung angezeigter Texte. Dazu müssen (und sollten) Sie nicht im Code für jeden Text entscheiden, in welcher Sprache er angezeigt werden soll. Es ist viel sauberer und vor allem einfacher, all diese Texte in eine Datei auszulagern und sie von dort zu laden und anzuzeigen. So bleibt Ihr Code klar, und Sie können Übersetzungen in andere Sprachen hinzufügen, ohne dass Sie Änderungen am Programm machen müssen.

Das Dateiformat, das dafür verwendet wird, ist das *Properties-Format*. Es handelt sich dabei um ein Textformat, bei dem in jeder Zeile ein Schlüssel-Wert-Paar steht. Wenn Sie Properties-Dateien für Übersetzungen benutzen, dann ist der Wert der anzuzeigende Text; den Schlüssel verwenden Sie in Ihrem Code, um auf den Text zuzugreifen. Damit das funktioniert, muss jeder Schlüssel natürlich eindeutig sein.

```
zahleingeben=Bitte geben Sie eine Zahl ein
zugross=Diese Zahl ist zu groß
#Diese Zeile ist ein Kommentar
umbruch=Ein Backslash funktioniert auch hier \
als Escape, zum Beispiel wenn Sie Zeilenumbrüche in \
Ihrem Text benötigen
```

Listing 8.20 Eine Properties-Datei mit Übersetzungen

Aus einer solchen Properties-Datei können Sie ein `ResourceBundle` laden, ein Objekt, das die Übersetzungen aus der Datei enthält. Sie erzeugen ein `ResourceBundle` mit der statischen Methode `ResourceBundle.getBundle`. Als Parameter übergeben Sie den Namen des Bundles und, falls nicht das Default-`Locale` des Systems verwendet werden soll, ein `Locale`. Aus den Parametern ergibt sich der Dateiname der Properties-Datei, die geladen wird.

Damit eine Datei überhaupt mit dem Standardmechanismus geladen werden kann, muss sie im Klassenpfad liegen, also direkt neben den *.class*-Dateien Ihrer Anwendung. Aber welche Datei wird geladen? Dabei werden die verschiedenen Ausprägungen von `Locale`-Objekten wichtig. Es wird zunächst versucht, eine Datei zu laden, deren Namen sich aus dem übergebenen Namen und `Locale` zusammensetzt – oder dem Default-`Locale`, falls Sie keins übergeben haben. Wollen Sie also das Bundle mit dem Namen »Texte« im `Locale` de-DE-koelsch laden, dann werden nacheinander diese Dateien gesucht:

- *Texte_de_DE_koelsch.properties*
- *Texte_de_DE.properties*
- *Texte_de.properties*
- *Texte.properties*

Die Suche nach einer passenden Datei endet nicht, wenn eine gefunden wird. Es werden alle passenden Dateien geladen und ihre Inhalte zusammengeführt. Speziellere Dateien können Texte aus allgemeineren Dateien überschreiben. So können Sie deutsche Texte in *Texte_de.properties* speichern, und wenn einige Texte in Deutschland und Österreich unterschiedlich sind, können Sie diese in Dateien namens *Texte_de_DE.properties* bzw. *Texte_de_AT.properties* eintragen, ohne dass Sie auch alle anderen Texte dorthin kopieren müssten.

Wenn Sie ein `ResourceBundle`-Objekt haben, dann holen Sie Texte einfach daraus hervor, indem Sie den Schlüssel des gewünschten Textes an die `getString`-Methode übergeben:

```
public class ResourceBundles {
    private static final ResourceBundle TEXTE =
      ResourceBundle.getBundle("texte");
    public static void main(String[] args) {
        ...
        System.out.println(TEXTE.getString("beispiel"));
    }
}
```

Listing 8.21 »ResourceBundle« laden und verwenden

In den meisten Fällen sollten Sie ein `ResourceBundle` auch wie gezeigt verwenden. Sie können es als Konstante deklarieren, weil sich die Sprache nicht ändert, während das Programm läuft, und Sie müssen kein `Locale` übergeben, denn dann wird die Systemsprache benutzt, die meistens die richtige für den Benutzer ist.

8.5.2 Nachrichten formatieren mit »java.util.MessageFormat«

In vielen Fällen wollen Sie aber nicht nur einen gleichbleibenden String anzeigen, sondern Daten aus Ihrem Programm in den String einbauen: "Am **16.05.2014** geht die Sonne in **Bonn** um **5:38** Uhr auf." Sie könnten zwar die Satzteile zwischen den fett gedruckten Daten einzeln im `ResourceBundle` definieren und im Code mit den Daten zusammensetzen, aber zu empfehlen ist es nicht. Zum einen ist der resultierende Code nicht besonders schön, aber schwerer wiegt, dass Sie vielleicht die Reihenfolge ändern möchten (oder in einer Sprache müssen), in der die Daten in den Ausgabetext eingefügt werden. Vielleicht möchten Sie den Text in "In **Bonn** am **16.05.2014** geht die Sonne um **5:38** Uhr auf" ändern. Mit der String-Konkatenation müssten Sie dazu den Code ändern. Das geht besser, und zwar mit `MessageFormat`.

`MessageFormat` erzeugt aus einem String mit Platzhaltern der Form {0}, {1} usw. einen Ausgabe-String, in dem die Platzhalter durch Parameter ersetzt werden.

```
String ausgabe =
  MessageFormat.format("Am {0} geht die Sonne in {1} um {2} Uhr auf",
  datum, ort, zeit);
```

Listing 8.22 Ausgabe formatieren mit »MessageFormat«

Der Platzhalter {0} wird durch den ersten Parameter nach dem Format-String ersetzt, also die Variable `datum`, der Platzhalter {1} durch den nächsten Parameter `ort` und {3} durch `zeit`. Sie können der `format`-Methode beliebig viele Parameter übergeben – das funktioniert mit einer variablen Parameterliste (siehe Abschnitt 10.3) –, aber es sollten mindestens so viele sein, wie Sie auch Platzhalter verwenden. Die Platzhalter müssen nicht in der richtigen Reihenfolge vorkommen, es kommt nur auf die angegebene Zahl an. Und selbstverständlich kann der Format-String auch aus einem `ResourceBundle` gelesen werden, so dass er inklusive Platzhalter übersetzt werden kann.

Wie gezeigt ruft `MessageFormat` an den übergebenen Parametern `toString`, um sie in die Ausgabe einzufügen. Das ist meistens auch das gewünschte Verhalten, aber nicht für Zahlen und Datums-/Zeitwerte, denn für diese gibt es verschiedene Arten, wie sie formatiert werden sollen, die auch wieder vom `Locale` abhängen.

Zahlen formatieren in »MessageFormat«

Wenn ein Zahlenwert in Ihrem `MessageFormat` ausgegeben werden soll, dann markieren Sie den entsprechenden Platzhalter als {0,number}. Das reicht schon aus, um die Zahl sauber formatiert anzuzeigen, mit nicht zu vielen Nachkommastellen, Gruppierung und den zum `Locale` passenden Gruppierungs- und Dezimalzeichen. Wenn Sie nur eine Zahl nach diesem Muster formatieren möchten, können Sie mit `NumberFormat.getInstance()` auch ein Objekt bekommen, das genau das leistet.

Sie können aber über die Standardformatierung hinaus noch weiter beeinflussen, wie die Ausgabe aussehen soll (siehe Tabelle 8.5).

Muster	Bedeutung
{0,number,integer}	Gibt die Zahl ohne Nachkommastellen aus. Entspricht NumberFormat.getIntegerInstance().
{0,number,currency}	Verwendet ein spezielles Format für Preisangaben. Entspricht NumberFormat.getCurrenyInstance().
{0,number,percent}	Verwendet ein spezielles Format für Prozentangaben. Entspricht NumberFormat.getPercentInstance().
{0,number,<Pattern>}	Mit dieser Variante können Sie ein eigenes Muster dafür angeben, wie die Zahl formatiert werden soll. Wie genau dieses Muster aussieht, können Sie dem Javadoc der Klasse DecimalNumberFormat entnehmen.

Tabelle 8.5 Die verschiedenen Varianten von Zahlenformaten

Datumswerte formatieren

Leider hat MessageFormat nicht mit den Neuerungen von Java 8 mitgehalten. Sie können zwar auch Datumswerte und Uhrzeiten im Format-String angeben, so dass sie formatiert werden, das funktioniert aber nur mit dem alten java.util.Date und nicht mit den neuen Klassen aus java.time.

Mit einem Date-Objekt können Sie genau wie mit einer Zahl verfahren. Sie geben als Platzhalter entweder {0,date} oder {0,time} an, je nachdem, ob Sie den Datums- oder Zeitteil ausgeben wollen. Es gibt keine Möglichkeit, beides zusammen auszugeben, in dem Fall müssen Sie im Format-String "{0,date} {0,time}" angeben. Auch diese Werte werden je nach Locale anders formatiert, und auch hier können Sie noch feiner steuern, wie die Ausgabe aussehen soll (siehe Tabelle 8.6).

Muster	Beispiel Datum	Beispiel Zeit
{0,date,short}, {0,time,short}	17.05.14	16:57
{0,date,medium}, {0,time,medium}	17.05.2014	16:57:08
{0,date,long}, {0,time,long}	17. Mai 2014	16:57:08 MESZ

Tabelle 8.6 Datums- und Zeitformate, Beispiele aus dem deutschen »Locale«

Muster	Beispiel Datum	Beispiel Zeit
{0,date,full}, {0,time,full}	Samstag, 17. Mai 2014	16:57 Uhr MESZ
{0,date,<Pattern>}, {0,time,<Pattern>}	In dieser Variante können Sie ein eigenes Muster dafür angeben, wie die Ausgabe formatiert werden soll. Details zu diesem Muster finden Sie im Javadoc der Klasse SimpleDateFormat.	

Tabelle 8.6 Datums- und Zeitformate, Beispiele aus dem deutschen »Locale« (Forts.)

Mit den neuen Klassen aus java.time lässt sich nicht ganz so komfortabel umgehen, Sie können nicht direkt im Format-String angeben, wie sie formatiert werden sollen. Sie können aber mit der Klasse DateTimeFormatter jedes der neuen Objekte in einen String formatieren und diesen als Parameter an MessageFormat übergeben.

Die einfachste Möglichkeit dazu ist auch hier wieder, anzugeben, ob Sie ein kurzes oder ausführliches Format wünschen. Das tun Sie mit den statischen Methoden DateTimeFormatter.ofLocalizedDate, ofLocalizedTime und ofLocalizedDateTime. Alle diese Methoden erwarten einen Wert der Enumeration FormatStyle als Parameter: SHORT, MEDIUM, LONG oder FULL, analog zu den Formatangaben für java.util.Date in der Tabelle.

Um mit dem DateTimeFormatter zu einem String zu kommen, rufen Sie die format-Methode eines Datumsobjekts auf und übergeben den Formatter.

```
LocalDateTime termin = …;
DateTimeFormatter format =
  DateTimeFormatter.ofLocalizedTime(FormatStyle.MEDIUM);
String text =
  MessageFormat.format("Termin um {0} Uhr!", termin.format(format));
```

Listing 8.23 »java.time«-Objekte in einem »MessageFormat« ausgeben

Sie haben so im Format-String leider weniger Kontrolle über das Ausgabeformat, als Sie es mit java.util.Date hätten. Sie müssen das Datumsformat entweder im Code festlegen oder in Ihrem ResourceBundle einen weiteren Eintrag machen, in dem Sie das Datumsformat definieren.

8.5.3 Zeiten und Daten lesen

Daten und Zeiten auszugeben ist aber nur eine Hälfte des Problems und typischerweise die leichter zu lösende. Häufig müssen Sie solche Werte auch aus einem String, meist einer Benutzereingabe, herstellen. Dieser Vorgang heißt *Parsing*.

Die Formatierungsklassen `SimpleDateFormat` und `DateTimeFormatter` bieten parse-Methoden, die versuchen, ein Objekt aus einem String zu erzeugen. Sie können auch dazu die vordefinierten Formate (short, full …) verwenden, aber es ist häufig auch sinnvoll, ein eigenes Format festzulegen, so dass Sie genau vorgeben können, wie Ihr Benutzer seine Eingabe machen soll.

Für beide Klassen geben Sie das Muster, nach dem geparst werden soll, als String an, der festlegt, welcher Teil des Datums an welcher Stelle des geparsten Strings steht. Diese Muster sehen für `SimpleDateFormat` und `DateTimeFormatter` ähnlich aus, letztere Klasse unterstützt aber mehr verschiedene Symbole. Im Detail soll nur der neuere `DateTimeFormatter` betrachtet werden.

Ein Format-String zum Einlesen von Datum oder Uhrzeit besteht aus Folgen von Klein- und Großbuchstaben, die angeben, welches Feld (Tag, Monat, Stunde …) an dieser Stelle steht, und anderen Zeichen, die die Felder voneinander trennen. Das übliche deutsche Datumsformat wird so ausgedrückt: dd.MM.yyyy. Das kleine d steht für den Tag im Monat, das große M für den Monat im Jahr (Groß- und Kleinschreibung sind hier wichtig, das kleine m steht für Minuten) und das kleine y für die Jahreszahl. Aus dem Format-String erzeugen Sie mit `DateTimeFormatter.ofPattern` eine Instanz des Formatters, die Sie an die parse-Methode einer Datumsklasse übergeben.

```
System.out.println("Bitte geben Sie Ihr Geburtsdatum im Format TT.MM.JJJJ ein");
String eingabe = in.readLine();
LocalDate geburtstag =
    LocalDate.parse(eingabe, DateTimeFormatter.ofPattern("dd.MM.yyyy",
    Locale.GERMANY));
```

Listing 8.24 Geburtstage einlesen

In diesem Beispiel ist es nicht notwendig, ein `Locale` für `ofPattern` anzugeben. Wenn Sie aber ein Muster mit ausgeschriebenen Monats- oder Tagesnamen verwenden (siehe Tabelle 8.7), dann werden diese in der Sprache des `Locale` erwartet.

Symbol	Erklärung
yy, yyyy	Die Jahreszahl. yy gibt die letzten zwei Stellen der Jahreszahl aus, yyyy die vollständige Jahreszahl. Beim Parsen verhält es sich genauso, aber eine zweistellige Zahl wird immer als 20xx interpretiert.
MM, MMM, MMMM	Der Monat. MM steht für die Monatszahl, MMM für die Abkürzung des Monatsnamens (Jan, Feb …) und MMMM für den ausgeschriebenen Monatsnamen. MMM und MMMM sind beide vom `Locale` abhängig und machen Ausgaben in der korrekten Landessprache.

Tabelle 8.7 Von »DateTimeFormatter« unterstützte Symbole (Auszug)

Symbol	Erklärung
dd	der Tag im Monat
EE, EEEE	Der Wochentag. EE gibt die Abkürzung (Mon, Die ...) aus, EEEE den vollständigen Tag. Auch diese Ausgabe ist abhängig vom Locale.
HH	Die Stunde als 24-Stunden-Angabe. Für die im englischsprachigen Raum übliche 12-Stunden-Angabe verwenden Sie KK und aa für die Angabe AM/PM.
mm	Minuten
ss	Sekunden

Tabelle 8.7 Von »DateTimeFormatter« unterstützte Symbole (Auszug) (Forts.)

8.5.4 Zahlen lesen

Sie kennen bereits Methoden, die Zahlen aus Strings lesen: die parse-Methoden der jeweiligen Wrapper-Klassen, zum Beispiel Integer.parseInt oder Double.parseDouble. Für viele Fälle sind diese Methoden ausreichend, sie haben aber zwei kleine Nachteile:

- Sie müssen vorher wissen, welchen Ausgabetyp Sie benötigen. Dieser Nachteil wiegt meist weniger schwer, denn wenn Sie das Ergebnis einer Variablen zuweisen möchten, diktiert diese sowieso, welchen Zahlentyp Sie benötigen.

- Diese Methoden nehmen keine Rücksicht auf Internationalisierung. Das ist ein größeres Problem, vor allem bei float- und double-Werten, denn Double.parseDouble kann mit dem Komma als Dezimaltrenner nichts anfangen. Die nach deutschem Muster formatierte Zahl 123,45 kann nicht gelesen werden, nur die englische Variante 123.45 funktioniert. Ähnliche Probleme können aber auch bei Ganzzahlen auftreten, wenn diese fein säuberlich in Gruppen von drei Ziffern zerteilt sind: 123.456.789 kann von Integer.parseInt nicht gelesen werden.

Meist wollen Sie Ihren Benutzern den Komfort bieten, Zahlen in ihrem gewohnten Format eingeben zu können und nicht nur für Ihr Programm einen Punkt statt eines Kommas verwenden zu müssen. Diesen Komfort können Sie mit NumberFormat bieten. Instanzen dieser Klasse erhalten Sie durch ihre diversen statischen Factory-Methoden:

- NumberFormat.getInstance liefert ein allgemeingültiges Format.
- NumberFormat.getIntegerInstance liefert eine Instanz speziell für Ganzzahlen.

- `NumberFormat.getCurrencyInstance` liefert eine Instanz speziell für Währungsangaben.
- `NumberFormat.getPercentInstance` liefert eine Instanz speziell für Prozentangaben.

All diese Methoden geben Ihnen ein `NumberFormat`, das Zahlen nach dem üblichen Format des Default-`Locale` verarbeitet. Sie können aber auch selbst ein `Locale`-Objekt als Parameter übergeben, um Parsing nach den Vorgaben dieser Region zu erzwingen.

In allen Fällen erhalten Sie ein Objekt vom Typ `NumberFormat`, dessen `parse`-Methode einen String-Parameter erwartet und eine `Number` zurückgibt. Wo möglich ist der Rückgabewert vom Typ `Long`, sonst vom Typ `Double`. Sie müssen daraus selbst den benötigten Zieltyp herstellen.

```
NumberFormat deutsch = NumberFormat.getInstance(Locale.GERMAN);
double zahl = deutsch.parse(zahlAlsString).doubleValue();
```

Listing 8.25 Eine Zahl nach deutschem Muster parsen

Sie können `NumberFormat`-Objekte auch benutzen, um Zahlen sauber formatiert auszugeben. Dazu dienen die `format`-Methoden, die auch von `MessageFormat` verwendet werden, wenn Sie eine Zahl in einer Nachricht ausgeben.

8.6 Zusammenfassung

Sie haben in diesem Kapitel viele nützliche Klassen und Methoden aus der Standardbibliothek kennengelernt. Sie haben gesehen, wie Sie mit beliebig großen Zahlen rechnen können, was Sie alles mit einem String tun können und was Sie noch mehr mit einem String tun können, wenn Sie reguläre Ausdrücke verwenden. Sie haben die umfangreichen neuen Möglichkeiten kennengelernt, mit Datum, Zeit und Zeitzone umzugehen, und erfahren, wie Sie Ihre Programme mehrsprachig machen können.

Sie werden noch weitere Klassen aus der Standardbibliothek kennenlernen, aber vorher geht es im nächsten Kapitel um etwas, was Sie immer lieber vermeiden möchten: Fehler.

Kapitel 9
Fehler und Ausnahmen

Fehler sind ein Teil der Programmierung, mit dem man sich eher ungern auseinandersetzt. Aber nicht immer, wenn in Ihrem Programm ein Fehler auftritt, bedeutet das, dass Sie einen Fehler gemacht haben. Einige Fehler liegen außerhalb Ihres Einflusses und können auftreten, ohne dass Sie sie verhindern könnten. Fast alle diese Fehler können Sie aber in Ihrem Programm behandeln, und eine gute Fehlerbehandlung ist wichtiger, als sicherzustellen, dass nie ein Fehler auftreten kann.

Fehler (fast) aller Art werden in Java als *Exceptions* bezeichnet: Ausnahmen. Zumindest hofft man, dass sie das sind. Auch Fehler sind in Java objektorientiert, und es gibt eine große Hierarchie an Fehlerklassen für jede Gelegenheit. Alle diese Fehlerklassen erben schlussendlich von der Klasse `Throwable`.

Im Sprachgebrauch von Java werden Fehler geworfen, daher auch das Schlüsselwort `throw`, das Sie schon kennen. Wenn sie behandelt werden, werden sie gefangen. Die Oberklasse `Throwable` ist das Einzige, was einen Fehler in Java auszeichnet: Jede Implementierung von `Throwable` kann mit `throw` geworfen werden. Das heißt, dass Sie ganz einfach eigene Exceptions implementieren können, die sich genauso verhalten wie die in der Standardbibliothek enthaltenen.

9.1 Exceptions werfen und behandeln

Exceptions zu werfen, enthält für Sie nichts Neues mehr, Sie haben es in den Übungen von Anfang an gesehen und wahrscheinlich auch selbst angewendet. Sie brauchen nur das Schlüsselwort `throw`.

```java
if (parameter == null){
    throw new IllegalArgumentException("Null ist nicht erlaubt");
}
```
Listing 9.1 Eine Exception werfen

9 Fehler und Ausnahmen

Eine geworfene Exception stellt eine alternative Route dar, aus einer Methode zurückzukehren. Die Methode wird mit dem `throw` sofort beendet, dafür wird kein `return`-Statement benötigt, es kommt auch kein Rückgabewert aus der Methode zurück. Außerdem, und das ist der wirklich wichtige Teil, wird das Programm auch nicht mit der nächsten Anweisung nach dem Methodenaufruf fortgesetzt.

Wenn eine Exception geworfen wird, dann wird zunächst in der aktuellen Methode gesucht, ob sie behandelt wird. Ist das nicht der Fall, wird die Methode unterbrochen, und es wird in der nächsten Methode auf dem Stack, also der aufrufenden Methode dieser Methode, gesucht, ob die Exception behandelt wird. Ist auch das nicht der Fall, wird auch diese Methode unterbrochen, die Exception wird zur nächsten Methode weitergereicht usw., bis sie entweder behandelt oder aus der `main`-Methode Ihres Programms hinausgeworfen wird. Diesen zweiten Fall kennen Sie schon, er ist bisher immer eingetreten, wenn eines Ihrer Programme eine Exception geworfen hat: Der Java-Prozess wird beendet, und Sie sehen eine Ausgabe wie in Abbildung 9.1.

```
Exception in thread "main" java.lang.IllegalArgumentException: Keine negativen Zahlen erlaubt.
        at de.kaiguenster.javaintro.ggt.GGT.ggt(GGT.java:20)
        at de.kaiguenster.javaintro.ggt.GGT.main(GGT.java:15)
Java Result: 1
```

Abbildung 9.1 Ein kurzer Stacktrace

In der obersten Zeile sehen Sie den Fehler, der geworfen wurde: zunächst, in welchem Thread der Fehler auftrat (mehr zu Threads finden Sie in Kapitel 13, »Multithreading«, für den Moment wird das immer der Thread `main` sein wie in Abbildung 9.1), dann die Fehlerklasse (`java.lang.IllegalArgumentException`) und zuletzt die Fehlermeldung, der Text, der an den Konstruktor der Exception übergeben wurde.

Die folgenden Zeilen enthalten den *Stacktrace* der Exception, eine genaue Angabe, wo der Fehler aufgetreten ist. Zeile für Zeile werden alle Methoden ausgegeben, die zu diesem Zeitpunkt auf dem Stack lagen. Der gezeigte Fehler trat demnach in der Klasse `de.kaiguenster.javaintro.ggt.GGT` in der Methode `ggt` auf. Der genaue Ort des Fehlers war Zeile 20 der Quelldatei *GGT.java*. Die Methode `ggt` wurde aufgerufen aus der Klasse `de.kaiguenster.javaintro.ggt.GGT`, Methode `main`, entsprechend Zeile 15 der Quelldatei *GGT.java*. Dort endet dieser Stacktrace, da die `main`-Methode die letzte Methode auf dem Stack ist, ein Stacktrace kann aber viel länger sein. Die Betrachtung des Stacktrace sollte immer Ihr erster Schritt sein, um einen Fehler zu beheben. Sie können ihm nicht nur entnehmen, wo ein Fehler aufgetreten ist, sondern auch, welche Kette von Aufrufen dazu geführt hat.

> **Weiteres zu Stacktraces**
>
> In einem Stacktrace können einige Dinge auftreten, die Sie im Hinterkopf behalten sollten. Zunächst sind die ausgegebenen Zeilennummern nicht zwingend akkurat. Sie geben immer die erste Zeile der Anweisung an, in der der Fehler aufgetreten ist. Wenn Sie aus Formatierungsgründen Zeilenumbrüche innerhalb einer Anweisung setzen, dann ist egal, in welcher Zeile der Anweisung ein Fehler auftritt, Sie sehen immer die erste Zeile.
>
> Es kann auch vorkommen, dass Sie gar keine Zeilennummern zu sehen bekommen. Das ist dann der Fall, wenn der Quellcode mit dem Schalter –g:none übersetzt wurde. Dieser Schalter führt dazu, dass keine Debug-Informationen in die Klasse kompiliert werden, und dazu gehören die Zeilennummer und der Name der Quelldatei.
>
> Schließlich kann es vorkommen, dass im Stacktrace der Hinweis »Native Method« auftaucht. Eine native Methode ist eine Methode, die nicht in Java geschrieben ist, sondern in einer Systemsprache wie C++. Native Methoden haben Zugriff auf das System auf einer niedrigeren Ebene als Java-Methoden. Auch für solche Methoden stehen keine Details zur Verfügung, wo genau ein Fehler aufgetreten ist.

9.1.1 try-catch

Sie wissen jetzt also, was passiert, wenn eine Exception nicht behandelt wird. Meist wollen Sie es aber dazu nicht kommen lassen, sondern einen Fehler fangen und behandeln, ohne das ganze Programm abzubrechen. Diesen Zweck erfüllt in Java die Konstruktion try-catch.

```java
try {
    /*in diesem Block steht der Code, der eine Exception
    verursachen kann.*/
    tueGefaehrlicheDinge();
} catch (IllegalArgumentException e){
    /*Hier wird IllegalArgumentException behandelt.*/
    e.printStackTrace();
}
```

Listing 9.2 Die Struktur von »try«-»catch«

Im try-Block befindet sich der Code, der einen Fehler werfen könnte. Im catch-Block wird die Exception-Klasse behandelt, die in Klammern angegeben ist. Wenn im try-Block eine Exception dieses Typs auftritt, und nur dann, wird der Code im catch-Block ausgeführt. Die so gefangene Exception wird nicht mehr an die nächste Methode auf dem Stack weitergereicht, und die Ausführung des Programms wird sofort nach dem catch-Block fortgesetzt.

Im catch-Block steht Ihnen das Exception-Objekt zur Verfügung als lokale Variable mit dem in Klammern angegebenen Namen. Durch diese Variable können Sie wie gezeigt mit printStackTrace den Stacktrace auf die Kommandozeile (genauer nach System.err) ausgeben, Sie können mit getMessage auf die Nachricht zugreifen, und Sie können dieselbe Exception sogar mit throw wieder werfen.

Beim Fangen von Exceptions wird die Vererbung berücksichtigt: Wenn Sie die Oberklasse der geworfenen Exception fangen, dann wird Ihr catch-Block aktiviert. So könnten Sie Throwable fangen und alle Ausnahmen behandeln, aber das ist extrem schlechter Stil, denn Sie fangen so auch viele Fehler, die Sie an dieser Stelle nicht behandeln wollen oder können.

Wenn Sie mehrere Arten von Exceptions behandeln möchten, haben Sie dazu zwei Möglichkeiten. Sie können mehrere catch-Blöcke angeben, die verschiedene Exception-Typen fangen:

```
try {
    //hier geschehen gefährliche Dinge
} catch (NullPointerException npe) {
    //NullPointerException behandeln
} catch (IllegalArgumentException iae) {
    //IllegalArgumentException behandeln
} catch (…){
    …
}
```

Listing 9.3 Ein »try«-Block, mehrere »catch«-Blöcke

Diese Variante bietet sich an, wenn Sie verschiedene Exceptions unterschiedlich behandeln wollen. Wenn Sie mehrere Exception-Klassen auf die gleiche Art und Weise behandeln möchten, dann gibt es seit Java 7 eine kürzere Syntax, um das auszudrücken:

```
try {
    //immer noch sehr gefährlich
} catch (NullPointerException|IllegalArgumentException ex){
    ex.printStackTrace();
}
```

Listing 9.4 Mehrere Exception-Klassen in einem »catch«-Block

Sie können mit dem einfachen | beliebig viele Exception-Klassen angeben, die alle vom gleichen catch-Block behandelt werden. Dadurch wird Ihr Code nicht nur kompakter, Sie vermeiden es auch einmal mehr, doppelten Code schreiben zu müssen.

> **Exceptions in der Methode behandeln oder nach draußen lassen?**
>
> Gerade unerfahrene Programmierer sind häufig unglücklich damit, wenn eine Methode einen Fehler wirft. Sie neigen dazu, alle Fehler zu fangen und einen Default-Wert zurückzugeben, üblicherweise null:
>
> ```
> try {
>     return liesErgebnisAusDatei();
> } catch (Exception e){
>     return null;
> }
> ```
>
> Dieses Muster ist nicht grundsätzlich schlecht, manchmal ist es richtig, einen Default-Wert zurückzugeben. Oft ist es aber besser und keinesfalls negativ zu bewerten, eine Exception zum Aufrufer durchzulassen.
>
> Das Problem des Default-Wertes ist es, dass Sie einem Aufrufer Ihrer Methode wichtige Informationen vorenthalten. Nehmen Sie als Beispiel eine Methode, die Ihre Musiksammlung nach einem Lied durchsucht. Gibt diese Methode null zurück, dann bedeutet das, dass das Lied in Ihrer Sammlung nicht zu finden ist. Wenn Sie nun eine bei der Suche aufgetretene Exception fangen und auch hier null zurückgeben, dann kann die aufrufende Methode nicht unterscheiden, ob es das Lied nicht gibt oder ob ein Fehler bei der Suche aufgetreten ist. Wenn Sie die Exception werfen lassen, weiß der Aufrufer, um welchen Fall es sich handelt.
>
> Die Faustregel lautet, dass Sie eine Exception immer erst da behandeln sollten, wo Sie auch sinnvoll auf sie reagieren können. In diesem Beispiel könnte das bedeuten, dass Sie die Exception erst in der Benutzeroberfläche fangen und dem Benutzer einen Fehlerdialog anzeigen.

9.1.2 Übung: Fangen und noch einmal versuchen

Für Ihre erste Berührung mit Fehlerbehandlung folgt nun eine einfache Aufgabe. Schreiben Sie eine Methode halbiere, die eine Zahl als Parameter erwartet. Ist diese Zahl gerade, dann soll die Methode die Hälfte der Zahl zurückgeben. Ist die Zahl ungerade, dann soll eine IllegalArgumentException geworfen werden. Schreiben Sie dann eine main-Methode, die so lange Zahlen vom Benutzer erfragt, bis eine Eingabe halbiert werden kann. Reagieren Sie auf ungerade Eingaben, indem Sie die von halbiere geworfene Exception behandeln. Die Lösung zu dieser Übung finden Sie im Anhang.

9.1.3 try-catch-finally

Oft müssen Sie, wenn Sie Code mit Fehlerrisiko durchlaufen, anschließend noch Aufräumarbeiten ausführen. Das häufigste Beispiel dafür sind Dateioperationen. Beim Lesen aus oder Schreiben in eine Datei – dazu mehr in Kapitel 12, »Dateien, Streams und Reader« – kann vieles schiefgehen, Sie sollten deshalb immer eine Fehlerbehandlung für IOException vorsehen. Sie müssen aber, egal, ob ein Fehler aufgetreten ist oder nicht, die Datei wieder schließen, sonst kann es zu Problemen kommen, wenn die Datei wieder geöffnet werden soll.

Um sicherzustellen, dass diese Art von wichtigen Aufräumarbeiten auf jeden Fall ausgeführt wird, können Sie try-catch durch einen finally-Block ergänzen. Der Inhalt dieses Blocks wird auf jeden Fall ausgeführt, wenn der try-Block verlassen wird, egal, ob regulär oder mit einem Fehler. Es gibt nur eine Möglichkeit, wie ein finally-Block nicht zur Ausführung kommt: Die gesamte JVM stürzt ab.

```
File datei = …;
FileReader reader = null;
try {
    reader = new FileReader(datei);
    //aus dem FileReader lesen
} catch (IOException e){
    //Fehler behandeln
} finally {
    if (reader != null){
        reader.close();
    }
}
```

Listing 9.5 Aufräumen mit »finally«

Wenn in diesem Beispiel ein FileReader geöffnet wurde, dann ist sichergestellt, dass er auch wieder geschlossen wird. Die Prüfung if (reader == null) ist notwendig, weil schon der Konstruktor von FileReader eine FileNotFoundException werfen kann, und in diesem Fall wird kein Objekt erzeugt, der Wert von reader bleibt null, und der Versuch, darauf close zu rufen, würde zu einer NullPointerException führen. Exceptions sind überall.

Die etwas umständliche Deklaration der Variablen reader außerhalb des try-Blocks ist notwendig, da die drei Blöcke (try, catch und finally) kein gemeinsames Scope haben. Würden Sie die Variable erst im try-Block deklarieren, dann könnten Sie im finally-Block nicht darauf zugreifen.

Wenn Sie einen `finally`-Block angeben, dann können Sie auch auf `catch`-Blöcke verzichten. Ihre Aufräumarbeiten werden dann ausgeführt, aber die Exception wird dennoch aus Ihrer Methode hinausgeworfen.

```
FileReader reader = null;
try {
    reader = new FileReader(…);
    ...
    return ergebnis;
} finally {
    if (reader != null){
        reader.close();
    }
}
```

Listing 9.6 »try« ohne »catch«

Es muss aber zu jedem `try` immer entweder mindestens einen `catch`-Block oder einen `finally`-Block geben, Sie können nicht auf beides verzichten.

9.1.4 try-with-resources

Wie oben gezeigt Ressourcen zu schließen, nachdem Sie mit ihnen fertig sind, ist mit Abstand die häufigste Verwendung eines `finally`-Blocks. Das Muster wird so häufig verwendet, dass mit Java 7 eine vereinfachte Syntax für diesen Fall eingeführt wurde: das Statement *try-with-resources*. Dabei öffnen Sie vor dem `try`-Block sämtliche Ressourcen, die wieder geschlossen werden müssen, und Java kümmert sich für Sie darum.

```
try (FileReader reader = new FileReader(…)){
    //mit dem Reader arbeiten…
}
```

Listing 9.7 Ressourcen automatisch schließen

Funktional ist diese Schreibweise identisch mit dem oben gezeigten Beispiel mit `finally`, aber der Code ist kürzer und übersichtlicher, Sie kommen ohne die Variablendeklaration außerhalb des Blocks aus, und das Risiko, die `null`-Prüfung zu vergessen, besteht auch nicht mehr. Und wenn Sie Fehler behandeln wollen, dann können Sie auch an diesen `try`-Block einen oder mehrere `catch`-Blöcke anhängen.

Damit ist try-with-resources zwar wesentlich praktischer als ein herkömmliches try-finally, aber es ist auch weniger flexibel. Es kann nichts anderes, als an Ressourcen die `close`-Methode zu rufen.

Damit das funktioniert, muss natürlich sichergestellt sein, dass die Ressourcen überhaupt über eine `close`-Methode verfügen. Aus diesem Grund sind nur Ressourcen zulässig, die das Interface `AutoCloseable` (oder sein Subinterface `Closable`) implementieren.

9.1.5 Fehler mit Ursachen

Alle Fehler in Java können verkettet werden, um auszudrücken, dass ein Fehler durch einen anderen Fehler verursacht wurde. Diese Möglichkeit wird häufig genutzt, wenn Sie eigene, anwendungsspezifische Exceptions definieren.

Eine hypothetische `CannotPlaySongException` aus dem `Musicplayer` kann aus den verschiedensten Gründen geworfen werden, wenn ein Song nicht abspielbar ist. Es kann sein, dass die Anwendung das verwendete Musikformat nicht kennt oder dass Sie keinen Zugriff auf die Sound-Hardware haben oder dass die Musikdatei nicht gefunden wurde. Im letzteren Fall träte beim Versuch, die Datei zu öffnen, eine `FileNotFoundException` auf, eine Spezialisierung von `IOException`, die Sie als Grund Ihrer Exception angeben können.

```
try {
    //Musikdatei öffnen und abspielen
} catch (IOException ioe) {
    throw new CannotPlaySongException("Konnte Datei nicht öffnen", ioe);
}
```

Listing 9.8 Eine Exception mit Ursache werfen

Wie Sie im Beispiel sehen, geben Sie die Ursache Ihrer Exception als zweiten Konstruktorparameter an. Entsprechende Konstruktoren werden von allen Exceptions der Standardbibliothek angeboten, und Sie sollten sie auch in Ihren eigenen Exceptions zur Verfügung stellen, indem Sie diese Konstruktoren überschreiben.

Wenn Sie eine solche Exception mit Ursache ausgeben, dann sehen Sie beide Fehler in der Ausgabe: zunächst Ihre Exception mit Stacktrace, gefolgt von »Caused by« und der ursprünglichen Exception, wiederum mit Stacktrace. Möchten Sie im Programm auf die Ursache eines Fehlers zugreifen, so können Sie das mit der Methode `getCause`.

9.2 Verschiedene Arten von Exceptions

Exceptions treten in Java grob in drei Gruppen auf. Zwei haben Sie bereits kennengelernt und sich vielleicht gefragt, was der Unterschied zwischen ihnen ist. Auf der einen Seite sind das Fehler, wie zum Beispiel die `IllegalArgumentException`, die Sie überall werfen können. Ihnen gegenüber stehen Fehler, die in der Methodensignatur aufgeführt werden müssen und sonst zu einem Compilerfehler führen. Aus dieser Gruppe kennen Sie die IOException, die zum Beispiel dann auftreten kann, wenn Sie Benutzereingaben einlesen:

```
public static void main(String[] args) throws IOException {
    …
    BufferedReader in = new BufferedReader(new InputStreamReader(System.in));
    in.readLine()));
    …
}
```

Listing 9.9 Manche Exceptions müssen in der Methodensignatur angegeben werden.

Die beiden Arten von Exceptions heißen *Unchecked Exceptions* bzw. *Checked Exceptions*.

9.2.1 Unchecked Exceptions

Unchecked Exceptions sind solche, die nicht in der Methodensignatur angegeben werden müssen. Oft werden sie auch RuntimeException genannt, nach der Oberklasse, die alle diese Fehler gemein haben.

Eine RuntimeException ist, salopp gesagt, ein Fehler, den Sie vermeiden könnten. Für Fehler dieser Art gilt, dass Sie Ihren Code so schreiben könnten, dass sie niemals auftreten. Es muss zum Beispiel nie zu einer IllegalArgumentException kommen, denn Sie könnten vor dem Methodenaufruf sicherstellen, dass die übergebenen Parameter zulässig sind. Ebenso ist eine NullPointerException völlig vermeidbar, wenn Sie nur sicherstellen, dass alle Objektvariablen auch einen Wert enthalten, bevor Sie versuchen, auf Felder oder Methoden des Objekts zuzugreifen.

Unchecked Exceptions lassen sich also meistens auf eine von zwei Ursachen zurückführen: Programmierfehler oder nicht ausreichend validierte Benutzereingaben. Eines der Ziele beim Testen Ihrer Programme sollte demnach sein, die auftretenden RuntimeException zu minimieren, so dass sie im fertigen Programm nicht mehr vorkommen. In den meisten Fällen bedeutet das nicht, den Fehler zu fangen und zu behandeln, sondern zu verhindern, dass er überhaupt auftritt.

Neben den Ihnen schon bekannten NullPointerException und IllegalArgumentException gibt es einige weitere häufige Unchecked Exceptions, die alle gemeinsam haben, dass Sie sie mit sauberer Programmierung vermeiden können (soweit nicht anders angegeben, liegen alle diese Exceptions im Package java.lang). Tabelle 9.1 listet sie auf.

Fehlerklasse	Bedeutung
ArithmeticException	Bei einer mathematischen Berechnung ist ein Fehler aufgetreten. Ein Beispiel dafür ist Teilen durch 0.
ClassCastException	Es wird versucht, ein Objekt auf eine inkompatible Klasse zu casten. Wenn Sie wirklich nicht mit Sicherheit im Voraus wissen, ob ein Objekt eine Instanz der Klasse ist oder nicht, dann prüfen Sie vor dem Cast mit instanceof.
IndexOutOfBoundsException	Sie haben versucht, auf ein Array-Element zuzugreifen, das außerhalb des Arrays liegt, also entweder auf einen negativen Index oder auf einen Index, der >= der Array-Länge ist. Dieselbe Exception kann auch bei String-Methoden auftreten, wenn Sie auf einen Index außerhalb des Strings zugreifen.
UnsupportedOperationException	Manchmal können Sie ein Interface nicht vollständig implementieren, weil einzelne Methoden nicht umzusetzen sind. Trotzdem muss die Methode vorhanden sein, sonst kommt es zu einem Compilerfehler. In diesem Fall kann die Methode UnsupportedOperationException werfen. Sie sollten diese Möglichkeit nur äußerst sparsam einsetzen, denn sie bricht den Vertrag der Polymorphie, eine Methode ist effektiv nicht aufrufbar, obwohl im Interface vorhanden. Gerade in größeren Projekten bedeutet dieser Fehler häufig auch: »Die Methode hat noch niemand gebraucht, deswegen ist sie nicht implementiert. Wenn du sie brauchst, dann schreib sie.«

Tabelle 9.1 Die häufigsten Unchecked Exceptions

Es gibt natürlich mehr Arten von Unchecked Exceptions, als Sie hier sehen, aber die gezeigten sind die, die Ihnen im Alltag am häufigsten begegnen werden. Sie können an den Beispielen sehen, dass alle diese Fehler vermeidbar sind, wenn Sie sauber programmieren und im Zweifel zunächst prüfen, ob eine Aktion möglich ist oder zu einem Fehler führen wird.

9.2.2 Checked Exceptions

Im Gegensatz zu den oben vorgestellten Unchecked Exceptions sind Checked Exceptions solche, die auch bei fehlerfreier Programmierung immer auftreten können. Das klarste Beispiel dafür ist die Ihnen schon bekannte `java.io.IOException`. Egal, wie sauber und durchdacht Ihr Code ist, bei Ein-/Ausgabeoperationen können Fehler auftreten. Die Datei, auf die Sie zugreifen, ist vielleicht nicht lesbar oder wird von einem anderen Prozess gelöscht, während Sie versuchen, daraus zu lesen. Oder die Netzwerkverbindung, über die Sie kommunizieren möchten, bricht plötzlich ab.

Diese Fehler können Sie nicht vermeiden, da sie völlig außerhalb Ihrer Kontrolle auftreten. Deswegen ist es so wichtig, dass Ihr Programm diese Fehler behandelt.

Wegen dieses grundlegenden Unterschieds müssen Checked Exceptions, die in einer Methode auftreten können, entweder behandelt oder in der Methodensignatur deklariert werden. Es soll dadurch zu jeder Zeit klar sein, dass diese Fehler auftreten können. Die Deklaration erfolgt in der Methodensignatur mit dem Schlüsselwort `throws`. Wirft Ihre Methode mehrere Checked Exceptions, geben Sie diese durch Kommata getrennt an.

```
public void arbeiteMitDateien() throws IOException, ParseException{
    ...
}
```

Listing 9.10 Checked Exceptions deklarieren

Checked Exceptions sind durch ihre Funktionsweise ansteckend: Wenn Ihre Methode eine andere Methode ruft, die Exceptions deklariert, dann muss Ihre Methode diese Exceptions entweder behandeln oder selbst wiederum in ihrer Signatur deklarieren. Dennoch gilt auch hier: Behandeln Sie Exceptions erst dort, wo Sie sinnvoll reagieren können. Exceptions weiterzureichen, auch Checked Exceptions, ist keine schlechte Angewohnheit, sondern ein sinnvolles Vorgehen.

Checked Exceptions sind im Allgemeinen enger an ihren Themenbereich gebunden als `RuntimeException`. Es gibt keine allgemeinen Beispiele, weswegen eine Auflistung der typischen Vertreter wie bei den Unchecked Exceptions hier nicht sinnvoll ist.

> **Eigene Exceptions**
>
> Wenn Sie eigene Fehlerklassen implementieren, sollten Sie darauf achten, die hier vorgestellte Bedeutung von Checked und Unchecked Exception einzuhalten. Es ist zwar verlockend, alle eigenen Fehler von `RuntimeException` erben zu lassen und so zu vermeiden, sie in der Methodensignatur anzugeben. Aber bitte denken Sie an den hier vorgestellten Unterschied: Checked Exceptions werden deshalb in der Methodensignatur angegeben, weil Sie auch bei tadelloser Programmierung auftreten kön-

> nen und der Aufrufer darauf vorbereitet sein muss, sie zu behandeln. Wenn Sie also eine eigene Exception implementieren und zweifeln, ob sie Checked oder Unchecked sein sollte, dann orientieren Sie sich an dieser Richtlinie und nicht an Ihrer Faulheit, den Fehler in der Methodensignatur anzugeben.

Checked Exceptions und Vererbung

Wenn Exceptions in der Methodensignatur deklariert werden, dann hat das auch Auswirkungen auf die Vererbung. Die Feinheiten davon werden Sie aber kaum noch überraschen. Auch hier gilt der Grundsatz, dass Sie beim Überschreiben einer Methode ihre Signatur zwar ändern dürfen, sie aber gegenüber der überschriebenen Methode nur einschränken dürfen, niemals erweitern. Ein Aufrufer der Originalmethode muss immer auch die überschreibende Methode verwenden können, ohne dass der Aufrufer angepasst werden muss.

Für Exceptions bedeutet das, ausgehend von einer Basisklasse A:

```
public class A {
    public void tuEtwas() throws IOException {…}
}
```

Listing 9.11 Die Basisklasse

- Die überschreibende Methode darf **keine** Exceptions deklarieren, die die überschriebene Methode nicht auch deklariert:

    ```
    public class B extends A{
        @Override
        public void tuEtwas() throws IOException, SQLException{…}
        //FEHLER, keine Exceptions hinzufügen
    }
    ```

- Die überschreibende Methode **darf** weniger Exceptions deklarieren als die überschriebene Methode:

    ```
    public class C extends A{
        @Override
        public void tuEtwas() {…}
        //Erlaubt
    }
    ```

- Die überschreibende Methode darf eine deklarierte Exception der überschriebenen Methode **nicht** auf eine Oberklasse erweitern:

```
public class D extends A{
    @Override
    public void tuEtwas() throws Exception {…}
    //FEHLER, nicht auf Oberklasse verallgemeinern
}
```

- Die überschreibende Methode **darf** eine deklarierte Exception der überschriebenen Methode auf eine Spezialisierung der Exception reduzieren:

```
public class E extends A{
    @Override
    public void tuEtwas() throws FileNotFoundException{…}
    //Erlaubt, FileNotFoundException ist eine Spezialisierung von
    //IOException
}
```

9.2.3 Errors

Es gibt neben den Exceptions einen weiteren Zweig von Fehlerklassen, die direkt von `Throwable` erben: Errors (siehe Tabelle 9.2). Ein `Error` wird geworfen, wenn bei der Ausführung des Programms ein ernsthaftes Problem aufgetreten ist und ein normales Fortsetzen des Programms nicht möglich ist.

Da auch Errors von `Throwable` erben, können Sie sie theoretisch fangen und versuchen, zu behandeln. Sie sollten das aber niemals tun, denn selbst wenn die Fehlerbehandlung noch möglich ist, gibt es keine Garantie dafür, dass die JVM danach zuverlässig funktioniert. Es ist sogar eher unwahrscheinlich. Das ist auch der Hauptgrund dafür, dass Sie es vermeiden sollten, `Throwable` zu fangen: Neben Exceptions, die Sie behandeln können, würden Sie auch Errors fangen, die Sie nicht behandeln sollten.

Fehlerklasse	Beschreibung
OutOfMemoryError	Die JVM benötigt weiteren Speicher, hat aber ihr Speicherlimit erreicht. Der Fehlertext gibt an, welcher Speicherbereich erschöpft war (siehe Kapitel 18, »Hinter den Kulissen«).
NoClassDefFoundError	Eine Klasse, die Ihr Programm verwendet, konnte nicht gefunden werden. Da sie zum Kompilieren vorhanden gewesen sein muss, deutet dies auf einen fehlerhaften Klassenpfad bei der Ausführung hin.

Tabelle 9.2 Die häufigsten Errors

Fehlerklasse	Beschreibung
ExceptionInInitializerError	Bei der Initialisierung einer Klasse ist ein Fehler aufgetreten. Normalerweise bedeutet das, dass in einem statischen Initialisierungsblock eine Exception geworfen wurde.
UnsupportedClassVersionError	Eine Klasse konnte nicht geladen werden, weil das Format der .class-Datei zu neu für diese JVM ist. Sie versuchen, ein Programm mit einer älteren JVM auszuführen als diejenige, mit der es kompiliert wurde.
StackOverflowError	Es liegen zu viele Methodenaufrufe auf dem Stack. Das bedeutet fast immer, dass Ihr Programm fehlerhafte rekursive Aufrufe enthält.

Tabelle 9.2 Die häufigsten Errors (Forts.)

9.3 Invarianten, Vor- und Nachbedingungen

In den Übungen haben Sie Exceptions bisher immer dazu eingesetzt, *Vorbedingungen (Pre-Conditions)* darzustellen: Sie haben am Start der Methode geprüft, ob alle Bedingungen für ein fehlerfreies Ausführen der Methode gegeben sind, beispielsweise ob die Parameter in einem gültigen Bereich liegen.

Vorbedingungen zu prüfen, erleichtert Ihnen häufig die Fehlersuche, denn so werden Fehler mit aussagekräftigen Texten geworfen und nicht beispielsweise eine NullPointerException ohne Text aus der Mitte Ihrer Methode. Außerdem machen Sie es einem Leser leichter, Ihren Code zu verstehen, denn am Anfang der Methode ist zusammengefasst, unter welchen Einschränkungen die Parameter stehen und welche anderen Randbedingungen es vielleicht zu beachten gibt.

Analog zu Vorbedingungen ist es manchmal auch nützlich, *Nachbedingungen (Post-Conditions)* zu prüfen. Dabei prüfen Sie am Ende der Methode, ob der Zustand des Gesamtsystems und insbesondere der Rückgabewert den Erwartungen entspricht. Das klingt zunächst weniger nützlich als Vorbedingungen, schließlich sollte ein Algorithmus, der mit gültigen Eingabewerten gestartet wird, auch eine gültige Ausgabe erzeugen. Dass das aber nicht zwingend so sein muss, haben Sie selbst bereits feststellen müssen. So kann es zum Beispiel bei einer Rechnung mit int-Werten zu einem Überlauf kommen, und plötzlich erhalten Sie ein negatives Ergebnis, wo es eigentlich nur ein positives geben dürfte. Um daraus resultierende Folgefehler zu vermeiden, können Sie am Ende der Methode prüfen, ob das Ergebnis wirklich positiv ist, und andernfalls eine Exception werfen.

9.3 Invarianten, Vor- und Nachbedingungen

Vor- und Nachbedingungen werden auch als *Invarianten* bezeichnet, also Bedingungen, die immer gelten müssen, damit das Programm fehlerfrei funktioniert. Invarianten können aber auch in der Mitte der Methode geprüft werden, beispielsweise um sicherzustellen, dass ein Zwischenschritt einer Berechnung im gültigen Bereich liegt. Java bietet mit der assert-Anweisung ein eigenes Sprachkonstrukt, um Invarianten zu prüfen.

```
public int fakultaet(int in){
    //So besser nicht, siehe Text unten.
    assert in > 0 : "Parameter in muss > 0 sein";
    …
    assert ergebnis > 0 : "Überlauf bei der Berechnung";
}
```
Listing 9.12 Vor- und Nachbedingungen mit »assert«

Die assert-Anweisung ist, wie Sie sehen, kompakter und auch zugegeben lesbarer als if (…) throw …, aber Sie birgt eine böse Falle: assert ist zur Laufzeit abschaltbar und sogar im Default abgeschaltet. Wenn sie verarbeitet werden soll, dann muss das explizit mit dem Schalter -ea in der Kommandozeile aktiviert werden. Ohne diesen Schalter würde im obigen Beispiel gar nicht geprüft, ob in eine positive Zahl ist.

Deshalb schreibt auch Oracle in der Dokumentation, dass Assertions keinesfalls zur Prüfung von Parametern an public-Methoden verwendet werden dürfen, denn sie schützen Sie nicht davor, dass Ihre Methoden mit fehlerhaften Parametern gerufen werden. Sie sind also fast ausschließlich zur Prüfung von Invarianten innerhalb der Methode gut.

Mein persönlicher Rat lautet aber, auch dort auf Assertions zu verzichten und lieber Exceptions zu werfen. Der Grund dafür ist einfach: Sollte wirklich zur Laufzeit eine dieser Invarianten nicht erfüllt sein, dann würde das mit abgeschalteten Exceptions nicht geprüft, aber es würde im weiteren Ablauf eine Exception als Folge der verletzten Invariante geworfen. Oder noch schlimmer, es würde keine Exception geworfen, und Sie gäben ein falsches Ergebnis aus.

Damit bleiben als Nische für assert nur solche Invarianten, die der reinen Dokumentation dienen, so wie die folgende:

```
if (zahl % 3 == 0){
    …
} else if (zahl % 3 == 1){
    …
} else {
    assert zahl % 3 == 2;
}
```
Listing 9.13 »assert« zu Dokumentationszwecken

Unter der Annahme, dass `zahl` positiv ist, gibt es keine Möglichkeit, wie das `assert` im else-Block fehlschlagen kann. In einem solchen Fall steht es Ihnen natürlich frei, die `assert`-Anweisung zu verwenden, sie unterscheidet sich aber nicht mehr wesentlich von einem einfachen Kommentar.

Invarianten in Ihrem Code zu prüfen, ist eine sehr gute Angewohnheit, und glauben Sie mir, wenn ich sage, dass Ihnen diese Angewohnheit viel Arbeit bei der Fehlersuche ersparen wird. Im Allgemeinen, und vor allem bei der Prüfung von Vorbedingungen, sind Sie aber mit einer selbst geworfenen Exception besser dran als mit der `assert`-Anweisung. Nur unter den oben genannten strengen Einschränkungen sollten Sie aufgrund der besseren Lesbarkeit durch kompakte Schreibweise auf `assert` zurückgreifen.

9.4 Zusammenfassung

Sie haben in diesem Kapitel vertieft, wie Sie selbst Fehler werfen können, und vor allem gelernt, wie Sie geworfene Fehler sauber behandeln, ohne den ganzen Java-Prozess zu beenden. Sie haben gelernt, wie Sie mit den verschiedenen `try`-Statements Fehler behandeln und wichtige Aufräumarbeiten in jedem Fall durchführen. Außerdem haben Sie die verschiedenen Arten von Fehlern kennengelernt und gesehen, warum manche davon in der Methodensignatur deklariert werden müssen und andere nicht.

Im nächsten Kapitel werden Sie alles über plurale Datentypen erfahren. Es wird in größerer Tiefe um die Ihnen schon bekannten Arrays gehen, aber auch um Mengen, Listen und assoziative Arrays.

Kapitel 10
Arrays und Collections

Nur in sehr wenigen Anwendungen kommen Sie mit einzelnen Objekten aus, früher oder später gelangen Sie immer an einen Punkt, an dem Sie eine ganze Liste von gleichartigen Objekten brauchen. Die verschiedenen Möglichkeiten, solche Listen von Objekten in Java darzustellen, sind Gegenstand dieses Kapitels.

In fast jeder Anwendung finden sich Stellen, an denen Sie nicht mit einem einzelnen Objekt arbeiten möchten, sondern eine ganze Reihe von gleichartigen Objekten benötigen. Mehr noch, Sie wissen in diesen Fällen auch nicht, mit wie vielen Objekten Sie es schlussendlich zu tun haben werden, so dass Sie keine Variablen mit Namen wie `objekt1`, `objekt2` und `objekt3` anlegen könnten. Einmal abgesehen von vielen anderen Nachteilen, die dieser Ansatz brächte.

Beispiele für diese Art von Problem sind schnell gefunden. Schon eine einfache Anwendung, die einen Einkaufszettel erstellt, benötigt einen Weg, mehrere und potenziell unbegrenzt viele Einträge aufzunehmen. Dasselbe gilt für eine Liste von Adressen und Geburtstagen Ihrer Freunde, für die Verbindungen bei einer Bahnreise mit Umstiegen oder, um einmal mehr zum `Musicplayer` aus früheren Kapiteln zurückzukommen, für eine Playlist, die beliebig viele Songs aufnehmen kann.

Für alle diese Aufgaben gibt es in Java zwei verschiedene Ansätze, mit der Pluralität der Daten umzugehen: Arrays und Collections. In diesem Kapitel werden wir beide genauer betrachten.

Alle hier vorgestellten Klassen haben in Java 8 eine lange Liste neuer Methoden erhalten, die Lambda-Ausdrücke verwenden. Es handelt sich dabei um viele neue Komfortmethoden, die Sie sich ansehen sollten, nachdem Sie im nächsten Kapitel alles über Lambdas gelernt haben.

10.1 Arrays

Von den beiden Möglichkeiten, Datenlisten darzustellen, sind Arrays die primitivere. Sie haben ein weniger umfangreiches Interface als die `Collection`-Klassen, die Sie später kennenlernen werden, und sind in vielen Anwendungsfällen etwas umständlicher zu benutzen. Andererseits sind sie dadurch für manche Anwendungen performanter und haben einige Sprachmittel, die speziell auf Arrays zugeschnitten sind. So kommen zum Beispiel bei variablen Parameterlisten (siehe Abschnitt 10.3) Arrays zum Einsatz, nicht Collections. Außerdem können nur Arrays Primitive aufnehmen, während eine Collection Zahlen, Zeichen und Wahrheitswerte nur in Form ihrer Wrapper-Objekte verwenden kann, was zu einem schlechteren Speicherverhalten und langsameren Zugriffen führt. Wenn Sie also zeitkritische Berechnungen auf langen Listen von Zahlen durchführen müssen, dann ist das Array der Datentyp Ihrer Wahl.

10.1.1 Grundlagen von Arrays

Sie kennen die Grundlagen von Arrays bereits aus früheren Kapiteln, dennoch sollen sie hier noch einmal wiederholt werden. Ein Array, im deutschen auch *Feld* genannt, ist eine Liste gleichartiger Daten. Dabei hat ein Array eine bei der Instanziierung festgelegte Länge, die sich nachträglich nicht mehr ändern lässt.

Arrays instanziieren

```
int[] zahlen = new int[1000];
Song[] musiksammlung = new Song[500];
```

Listing 10.1 Arrays erzeugen

Der Typ der Variablen im Beispiel ist `int[]` (sprich int-Array) bzw. `Song[]`. Die Länge des Arrays ist dabei vom Typ unabhängig, die Variable `zahlen` kann sowohl ein `int[]` der Länge 0 als auch ein `int[]` der Länge `Integer.MAX_VALUE - 8` enthalten. Das ist kein Widerspruch zur Aussage oben, dass Sie die Länge eines Arrays nicht nachträglich ändern können, denn durch die erneute Zuweisung ändern Sie nicht die Länge des bestehenden Arrays, sondern erzeugen ein neues Array, das vom alten Array vollkommen unabhängig ist. Die Array-Variable kann ein Array beliebiger Länge referenzieren, da die Länge kein Teil des Typs ist.

Die Java-Syntax erlaubt es auch, die eckigen Klammern an den Variablennamen zu hängen statt an den Typ: `int zahlen[] = new int[100]`. Von dieser Variante ist aber mit Nachdruck abzuraten, denn der Typ der Variablen ist `int[]`, nicht `int`, und das sollte auch in der Deklaration klar sichtbar sein.

> **Maximale Länge von Arrays**
>
> Die exakte Maximallänge von Arrays hängt von Ihrer JVM ab, liegt aber immer nahe bei `Integer.MAX_VALUE`. Es gibt leider keine zuverlässige Methode, herauszufinden, wie groß ein Array maximal sein darf. Und da der Versuch, ein zu großes Array zu allokieren (was so viel heißt, wie Speicher dafür zu reservieren), einen OutOf-

> `MemoryError` produziert, scheidet auch einfaches Ausprobieren als Möglichkeit aus, denn wie Sie im vorigen Kapitel gelernt haben, gibt es nach einem Error keine Garantie, dass die JVM stabil weiterläuft. Der beste Hinweis auf die maximale sichere Array-Größe stammt aus der Klasse `java.util.ArrayList` der Standardbibliothek:
> ```
> private static final int MAX_ARRAY_SIZE = Integer.MAX_VALUE - 8;
> ```

Ein so erzeugtes Array enthält an jeder Position den Initialwert einer Variablen dieses Typs, also 0 für alle Zahlentypen, `false` für `boolean` und `null` für Objekttypen.

Bei der Instanziierung eines Arrays ist es auch möglich, alle Werte des Arrays anzugeben, so dass Sie nicht anschließend jeder Array-Position einzeln einen Wert zuweisen müssen. Dazu führen Sie die Werte in geschweiften Klammern an:

```
int[] zahlen = new int[]{1, 2, 3, 4};
```

Listing 10.2 Array mit Initialwerten instanziieren

Wenn Sie Initialwerte für das Array angeben, dann entfällt die Längenangabe in den eckigen Klammern, die Länge entspricht genau der Anzahl übergebener Initialwerte.

> **Speicherverwaltung von Arrays**
>
> Dass Sie die Länge eines Arrays nachträglich nicht ändern können, liegt vor allem daran, wie Arrays ihren Speicher verwalten. Wenn Sie ein Array anlegen, dann wird exakt so viel Speicher allokiert, wie für die angegebene Anzahl an Werten des deklarierten Datentyps benötigt werden. Ein `long[100]` belegt demnach 800 Byte, denn ein `long`-Wert umfasst 8 Byte, und es werden 100 davon benötigt. Dieser Speicher wird als zusammenhängender Block allokiert, wodurch der Zugriff auf ein Array-Element extrem effizient ist: Um auf das n-te Element eines Arrays zuzugreifen, wird die passende Speicherstelle berechnet als *Startadresse des Arrays + n × Größe des Datentyps*.
>
> In dieser Hinsicht verhalten sich Objekt-Arrays anders als Arrays von primitiven Typen: Ein Objekt-Array enthält nicht das Objekt selbst in seinem Speicherblock, sondern einen Zeiger auf das Objekt, so dass der Zugriff auf ein in einem Array gespeichertes Objekt ein wenig langsamer ist als der Zugriff auf einen Primitivtyp. Dieses Vorgehen ist aber notwendig, da Objekte eben keine festgelegte Größe haben.

Zugriff auf Arrays

Auch der Zugriff auf Arrays erfolgt durch eckige Klammern. Um auf einen Eintrag des Arrays zuzugreifen, lesend oder schreibend, geben Sie den gewünschten Index in eckigen Klammern an:

```
Song[] topTen = new Song[10]{new Song(…), …};
topTen[3] = new Song("Paint it Black", "The Rolling Stones", 239);
if ("Queen".equals(topTen[0].getInterpret())){
    System.out.println("Die Welt ist noch in Ordnung");
}
```

Listing 10.3 Array-Zugriff lesend und schreibend

Ein Array-Eintrag verhält sich also aus Ihrer Sicht als Programmierer genauso wie eine einfache Variable. Sie können mit = Werte zuweisen, mit == Werte vergleichen, primitive Array-Einträge in Berechnungen verwenden und auf Felder und Methoden von Einträgen in Objekt-Arrays mit dem Punktoperator zugreifen.

Beachten Sie dabei stets, dass der erste Eintrag eines Arrays den Index 0 hat und der letzte Eintrag den Index Länge − 1. Jeder Versuch, auf einen Index außerhalb dieses Bereichs zuzugreifen, führt zu einer IndexOutOfBoundsException.

Die Länge eines Arrays können Sie aus dem Feld length auslesen. Der Zugriff auf einArray[einArray.length − 1] ist somit immer der Zugriff auf das letzte Array-Element, egal, wie lang das Array ist. So ergibt sich die Ihnen ebenfalls schon bekannte Schleife, die über alle Werte eines Arrays iteriert:

```
for (int i = 0; i < zahlen.length; i++){
    int zahl = zahlen[i];
    …
}
```

Listing 10.4 Iterieren über ein Array

Im weiteren Verlauf dieses Kapitels werden Sie noch eine andere Art der for-Schleife kennenlernen, die diesen einfachen Fall kompakter und lesbarer ausdrückt.

10.1.2 Übung: Primzahlen

Eine effiziente Methode, alle Primzahlen unterhalb einer vorgegebenen Grenze zu finden, ist das nach dem griechischen Mathematiker Eratosthenes von Kyrene benannte *Sieb des Eratosthenes*. Dabei schreiben Sie zunächst alle Zahlen auf, die kleiner als die Grenze sind. Dann gehen Sie diese Liste durch, angefangen bei der 2, der per Definition kleinsten Primzahl. Für jede Zahl, die Sie bearbeiten, streichen Sie alle Vielfachen dieser Zahl aus. Bei der 2 streichen Sie also 4, 6, 8, 10 … Ist eine Zahl bereits ausgestrichen, müssen Sie sie nicht weiter beachten, denn dann sind alle ihre Vielfachen ebenfalls gestrichen. Haben Sie alle Zahlen bearbeitet, dann sind die übrigen, nicht ausgestrichenen Zahlen Primzahlen, denn sie waren durch keine andere Zahl teilbar.

Implementieren Sie das Sieb des Eratosthenes in Java auf Basis von Arrays. Ihre Implementierung soll die Obergrenze als Parameter erhalten und ein `int[]` zurückgeben, das genau alle Primzahlen enthält, die kleiner oder gleich dieser Grenze sind. Die Obergrenze soll dabei maximal 100.000 betragen, denn wenn Sie alle Werte bis Integer.MAX_VALUE - 8 erlauben, dann müssen Sie die Speichereinstellungen des Java-Prozesses anpassen: Das Array würde 4 GB Speicher belegen. Die Lösung zu dieser Übung finden Sie im Anhang.

10.1.3 Mehrdimensionale Arrays

Arrays müssen keine flachen Listen von Werten sein, sie können sich auch in mehr Dimensionen erstrecken. So können Sie statt einer Liste von Daten auch ein Gitter darstellen, zum Beispiel ein Schachbrett:

```
Schachfigur[][] schachbrett = new Schachfigur[8][8];
```

Listing 10.5 Ein zweidimensionales Array

Zwei Paare von eckigen Klammern erzeugen ein Array in zwei Dimensionen. Für beide Dimensionen können Sie eine Größe angeben, und das Gitter muss nicht wie im Beispiel quadratisch sein. Sie sind auch nicht auf zwei Dimensionen beschränkt, höherdimensionale Arrays sind ohne weiteres möglich. Ein `int[][][][][][][]` wird aber schon etwas unübersichtlich, und das Maximum von 255 Dimensionen werden Sie eher selten erreichen.

Auf den Wert eines mehrdimensionalen Arrays können Sie genauso einfach zugreifen wie auf den eines eindimensionalen, Sie müssen nur die genauen Koordinaten angeben:

```
schachbrett[2][1] = new Schachfigur(Figur.BAUER, Farbe.WEISS);
```

Listing 10.6 Zugriff auf ein mehrdimensionales Array

Sie können aber auch auf eine Zeile aus dem zweidimensionalen Array zugreifen. Sie erhalten so ein eindimensionales Array desselben Typs.

```
int[] grundreiheWeiss = schachbrett[1];
int[] grundreiheSchwarz = schachbrett[6];
```

Listing 10.7 Eine Zeile aus einem mehrdimensionalen Array auslesen

Analog dazu können Sie auch einer Zeile des Arrays einen neuen Wert zuweisen. So können mehrdimensionale Arrays entstehen, die nicht rechteckig (oder das höherdimensionale Äquivalent dazu) sind.

```
int[][] dreieck = new int[3][];
dreieck[0] = new int[1];
dreieck[1] = new int[2];
dreieck[2] = new int[3];
```

Listing 10.8 Nicht rechteckiges, zweidimensionales Array

Die Dimensionalität eines Arrays ist im Gegensatz zur Länge ein Teil des Datentyps. `int[]` und `int[][]` sind unterschiedliche Typen und nicht zuweisungskompatibel. Die Anweisung `int[][] zahlen = new int[5]` führt zu einem Compilerfehler.

10.1.4 Übung: Das pascalsche Dreieck

Sie erinnern sich vielleicht an das pascalsche Dreieck aus Ihrer Schulzeit, das die Koeffizienten für binomische Gleichungen wie $(a + b)^3 = a^3 + 3a^2b + 3ab^2 + b^3$ angibt. Die Koeffizienten sind in diesem Fall 1, 3, 3, 1. Dabei ist die Bildungsvorschrift für das pascalsche Dreieck sehr einfach: Um eine Zeile zu berechnen, summieren Sie jeweils zwei benachbarte Zahlen der Vorzeile und schreiben das Ergebnis in die neue Zeile zwischen die beiden Zahlen.

```
        1
       1 1
      1 2 1
     1 3 3 1
    1 4 6 4 1
   1 5 10 10 5 1
           ...
```

Sie können nun das pascalsche Dreieck in fast beliebiger Größe als zweidimensionales Array berechnen. Schreiben Sie eine Klasse `PascalsDreieck`. Übergeben Sie dem Konstruktor, wie viele Zeilen des Dreiecks berechnet werden sollen, und berechnen Sie das gesamte Dreieck bis zu dieser Zeile. Eine Methode `getZeile` soll den Zugriff auf eine einzelne Zeile erlauben. Als Bonusaufgabe schreiben Sie eine `toString`-Methode, die das berechnete Dreieck in ungefährer Dreiecksform ausgibt. Die Lösung zu dieser Übung finden Sie im Anhang.

10.1.5 Utility-Methoden in »java.util.Arrays«

Arrays haben zwar selbst kein umfangreiches Interface, aber die Utility-Klasse `Arrays` bietet einige statische Methoden für erweiterte Funktionalität »von außerhalb« an.

Sie sehen hier eine Auswahl aus den angebotenen Werkzeugen von Arrays; es existieren weitere Methoden, die die Lambdas aus dem nächsten Kapitel verwenden.

Suchen und sortieren

Ein wichtiges Anliegen an Listen von Werten ist es immer, sie sortieren und in ihnen suchen zu können. Arrays bietet die Methoden sort zum Sortieren und binarySearch zum Suchen an, jeweils in überladenen Varianten für die verschiedenen Array-Typen.

Bei der Suche in Arrays ist immer zu beachten, dass binarySearch nur auf sortierten Arrays funktioniert. Auf einem unsortierten Array ist nicht definiert, was das Ergebnis der Suche ist.

Das Sortieren von primitiven Arrays ist einfach und definiert, denn alle primitiven Werte haben eine natürliche Ordnung: 1 ist immer kleiner als 17, a ist immer kleiner als z.

Anders sieht es bei Objekt-Arrays aus, denn Objekte haben von sich aus keine natürliche Ordnung, es gibt für den Sortieralgorithmus keine Möglichkeit, ohne Hilfe zu entscheiden, ob ein Objekt kleiner oder größer ist als ein anderes. Es gibt zwei Wege, ihm diese unmögliche Entscheidung abzunehmen.

Comparator

Die erste Möglichkeit ist, der sort-Methode einen Comparator zu übergeben. Eine Implementierung des Interface Comparator muss eine compare-Methode enthalten, die zwei Objekte entgegennimmt und einen int-Wert zurückgibt, der negativ ist, wenn das erste Objekt kleiner ist als das zweite, der 0 ist, wenn beide Objekte gleich sind, und positiv, wenn das erste Objekt größer ist als das zweite. Die sort-Methode vergleicht jeweils zwei Objekte mit dem übergebenen Comparator und bringt so nach und nach das Array in die richtige Reihenfolge.

```
Song[] songs = …;
Arrays.sort(songs, new Comparator(){
    public void compare(Object o1, Object o2){
        Song s1 = (Song) o1;
        Song s2 = (Song) o2;
        return s1.getInterpret().compareTo(s2.getInterpret());
    }
});
```

Listing 10.9 Songs nach Künstler sortieren

Im Beispiel wird ein Array von Songs nach Namen des Künstlers sortiert. Die compareTo-Methode der Klasse String hat Rückgabewerte mit derselben Bedeutung wie Comparator.compare, deshalb kann der Rückgabewert nach außen weitergereicht werden.

Es gibt inzwischen verschiedene Möglichkeiten, den gezeigten Code kürzer und lesbarer zu gestalten. So können Sie zum Beispiel den Comparator typisieren und so die beiden Casts einsparen (siehe Abschnitt 10.5.1, »Generics außerhalb von Collections«). Oder Sie können auf die neuen Funktionsreferenzen zurückgreifen (mehr dazu im nächsten Kapitel) und damit ganz leicht ausdrücken, dass die Sortierung anhand des Interpreten erfolgen soll.

```
Arrays.sort(songs, Comparator.comparing(Song::getInterpret));
```

Listing 10.10 Vorschau auf das nächste Kapitel – sortieren mit Methodenreferenz

Wichtig ist bei der Sortierung mit einem Comparator immer eines: Wenn Sie anschließend das Array mit binarySearch durchsuchen wollen, dann müssen Sie denselben Comparator übergeben, denn nur so funktioniert die Suche.

```
Song[] songs = …;
Comparator c = Comparator.comparing(Song::getInterpret);
Arrays.sort(songs, c);
Arrays.binarySearch(songs, suchSong, c);
```

Listing 10.11 Nach einem Song suchen

binarySearch nimmt als Parameter das zu durchsuchende Array, den gesuchten Wert und – nur bei Objekt-Arrays – auch noch einen Comparator. Es gibt zwei Möglichkeiten, was der Rückgabewert bedeutet: 0 oder eine positive Zahl ist der Index, an dem der gesuchte Wert gefunden wurde. Ein negativer Rückgabewert bedeutet, dass das gesuchte Element nicht im Array enthalten ist, und sagt gleichzeitig aus, wo es eingefügt werden müsste, um die Sortierung zu erhalten. In diesem Fall ist der Rückgabewert der Index des Einfügepunktes –1. Ein Rückgabewert von –1 bedeutet also, dass das Objekt am Anfang des Arrays eingefügt werden müsste, –2 bedeutet zwischen dem ersten und zweiten Element usw.

Comparable

Eine Alternative zum Sortieren mit Comparator ist es, auch bei Objekten eine *natürliche Ordnung* zu etablieren. Das bietet sich nicht bei allen Klassen an. Was sollte zum Beispiel die natürliche Ordnung von Songs sein? Alphabetisch nach Interpret? Nach Titel? Vielleicht nach der Länge? Nach Verkaufszahlen der Single? Songs sind keine guten Kandidaten für eine natürliche Ordnung. Anders ist das zum Beispiel für eine

Klasse Person. Für Personen ist es im Kontext der meisten Programme natürlich, sie alphabetisch nach Namen zu sortieren. Um ihren Objekten eine natürliche Ordnung zu geben, muss eine Klasse das Interface Comparable und seine Methode compareTo implementieren:

```
public class Person implements Comparable {
    private String vorname, nachname;
    …
    public int compareTo(Object o){
        Person other = (Person) o;
        int vergleichNachname = nachname.compareTo(other.nachname);
        if (vergleichNachname == 0){
            return vorname.compareTo(other.vorname);
        } else {
            return vergleichNachname;
        }
    }
}
```

Listing 10.12 Die natürliche Ordnung von Personen – alphabetisch nach Namen

Im Beispiel ist die natürliche Ordnung von Personen zunächst eine Sortierung nach dem Nachnamen, falls dieser gleich ist, nach dem Vornamen. Die Bedeutung des Rückgabewertes entspricht dabei der von Comparator: Eine negative Zahl bedeutet, dass this kleiner ist, eine positive, dass this größer ist, eine 0, dass beide gleich sind. Ein Array von solchen Objekten können Sie nun vergleichen, ohne einen Comparator zu verwenden:

```
Person[] leute = …;
Arrays.sort(leute);
```

Listing 10.13 Comparables sortieren

Auch wenn eine Klasse Comparable implementiert, können Sie Arrays trotzdem mit einem Comparator sortieren, wenn Sie eben nicht nach der natürlichen Ordnung sortieren möchten. Mit einem Comparator könnten Sie ein Array von Personen nach Alter sortieren, die compareTo-Methode würde in diesem Fall ignoriert.

> **Sortieren in mehreren Threads**
>
> Mit den Utility-Methoden aus Arrays haben Sie auch Ihre erste, oberflächliche Berührung mit der Multithreading-Programmierung. Die Methode Arrays.parallelSort erfüllt dieselbe Aufgabe wie Arrays.sort, kann die Sortierung aber in mehreren Threads gleichzeitig verarbeiten. Auf einem Computer mit nur einem

> Prozessorkern macht das keinen Unterschied, aber diese Computer werden immer seltener. Mit mehreren Prozessorkernen und für ein großes Array ist `parallelSort` signifikant schneller.

Füllen und kopieren

Dadurch, dass Arrays zusammenhängende Speicherbereiche belegen, können sie sehr effizient kopiert und gefüllt werden, sehr viel effizienter, als Sie es im Java-Code mit einer Schleife Element für Element umsetzen könnten. Aus diesem Grund gibt es in der Arrays-Klasse Methoden, die diese Aufgaben durch native Speicherzugriffe erfüllen.

Kopien können Sie mit den verschiedenen copyOf-Methoden erzeugen. Mit copyOf-Range können Sie auch nur einen Teil eines Arrays in ein neues Array kopieren. Um ein Array ganz oder teilweise zu füllen, benutzen Sie die fill-Methoden.

```
int[] zahlen = …;
int[] kopie = Arrays.copyOf(zahlen, zahlen.length);
/*Parameter zwei und drei von fill geben den Bereich an, der vierte Parameter
den Füllwert.*/
Arrays.fill(zahlen, 0, 100, 0);
```

Listing 10.14 Arrays kopieren und befüllen

10.1.6 Übung: Sequenziell und parallel sortieren

Der Kasten »Sortieren in mehreren Threads« behauptet, dass parallele Sortierung auf Maschinen mit mehreren Kernen wesentlich schneller ist als sequenzielle Sortierung. Zeit, das auf die Probe zu stellen.

Schreiben Sie eine Klasse Quader, die drei int-Felder enthält: Länge, Breite und Höhe des Quaders. Außerdem soll die Klasse eine Methode getVolumen haben, die das Volumen des Quaders berechnet. Quader sollen durch ihr Volumen eine natürliche Ordnung haben.

Schreiben Sie dann ein Programm, das nacheinander zufällige Quader-Arrays der Größe 10, 100, 1.000 ... 10.000.000 erzeugt. Um zufällige Quadergrößen zu erzeugen, können Sie die Klasse java.util.Random verwenden; limitieren Sie die Quadergröße dabei in jede Richtung auf 100.

Jedes dieser Arrays soll einmal sequenziell und einmal parallel sortiert werden. Messen Sie jeweils von beiden Sortierungen die Zeit, und geben Sie sie aus.

Vergleichen Sie, ab welcher Array-Größe parallele Sortierung Vorteile bringt. Die Lösung zu dieser Übung finden Sie im Anhang.

10.2 Die for-each-Schleife

Speziell für Arrays und Collections gibt es seit Java 5 eine weitere Variante der for-Schleife. Bei dieser Variante, genannt for-each-Schleife, entfällt die Zählvariable, und Sie erhalten nacheinander die Einträge des Arrays oder der Collection.

```
Song[] songs = …;
for (Song song : songs){
    System.out.println(song.getTitel());
}
```

Listing 10.15 Über ein Array mit der »for«-»each«-Schleife iterieren

In den Klammern der for-each-Schleife geben Sie keine Zählvariable an, sondern eine Variable vom Typ Ihres Arrays und, davon mit einem Doppelpunkt getrennt, das Array, aus dem die Werte genommen werden.

Neben Arrays können Sie auch alle Implementierungen des Interface Iterable in einer for-each-Schleife verwenden. Dazu gehören vor allem die verschiedenen Collections, die Sie im Verlauf dieses Kapitels kennenlernen werden.

Diese Variante der Schleife hat gegenüber der klassischen for-Schleife den klaren Vorteil, dass sie auf den ersten Blick sichtbar macht, was ihre Aufgabe ist: durch alle Werte des Arrays zu iterieren. Außerdem vermeiden Sie mit for-each potenzielle Fehler der for-Schleife, zum Beispiel den häufigen Fehler, dass in der Abbruchbedingung i <= array.length angegeben wird, was zu einer IndexOutOfBoundsException führt.

Andererseits ist die for-each-Schleife in ihren Möglichkeiten eingeschränkter als die for-Schleife. So können Sie zwar die Objekte im Array verändern, aber Sie können keine neuen Objekte ins Array schreiben oder vorhandene Objekte durch andere ersetzen. Auch können Sie ohne Zählvariable nichts tun, was einen Bezug zur Position im Array hat.

Die for-each-Schleife ist also sehr spezialisiert, erleichtert aber in dem Spezialfall, für den sie entwickelt wurde, die Programmierung erheblich.

10.3 Variable Parameterlisten

Ein Feature von Java, das ganz speziell mit Arrays funktioniert, sind die *variablen Parameterlisten*, meist kurz *Varargs* genannt. Sie erlauben es einer Methode, eine variable Anzahl von Parametern entgegenzunehmen. Ausgedrückt wird das durch drei Punkte nach dem Parametertyp:

10 Arrays und Collections

```
public static int max(int... zahlen){
    int ergebnis = Integer.MIN_VALUE;
    for (int zahl : zahlen){
        if (zahl > ergebnis){
            ergebnis = zahl;
        }
    }
    return ergebnis;
}
```

Listing 10.16 Das Maximum beliebig vieler Zahlen finden

Diese Methode können Sie mit beliebig vielen `int`-Werten aufrufen, um deren Maximum zu finden. Innerhalb der Methode sind alle Parameter aus der Vararg-Liste als Array zu sehen.

Dieselbe Methode hätte sich auch ohne Varargs, also vor Java 5, umsetzen lassen, indem Sie ein Array als Parameter übergeben. Aber dann sähe der Aufruf zum Beispiel so aus:

`int maximum = max(new int[]{zahl1, zahl2, zahl3, zahl4});`

Es funktioniert, aber es ist umständlich zu schreiben und unangenehm zu lesen. Mit der variablen Parameterliste sieht es hingegen so aus:

`int maximum = max(zahl1, zahl2, zahl3, zahl4);`

An der Funktion hat sich nichts geändert, aber der Aufruf ist kürzer und leserlicher geworden.

Eine notwendige Einschränkung ist, dass eine Methode nur einen Vararg-Parameter haben kann und dass dieser der letzte Parameter in der Signatur sein muss. Aber auch mit dieser Einschränkung sind Varargs eine nützliche syntaktische Erweiterung.

> **Vorsicht: Varargs und überladene Methoden**
>
> Vorsicht ist geboten, wenn Sie Methoden mit variablen Parameterlisten überladen. Dann kann es nämlich vorkommen, dass ein Methodenaufruf nicht mehr eindeutig ist. Nehmen Sie als Beispiel folgende Methoden:
>
> `public int max(int zahl1, int zahl2){...}`
> `public int max(int... zahlen){...}`
>
> Welche Methode ist mit dem Aufruf `max(zahl1, zahl2)` nun gemeint? Beide Signaturen passen zum Aufruf. In diesem Fall wird immer die Methode ohne Varargs bevorzugt, zwei »echte« Parameter passen besser zum Aufruf als ein Vararg-Parameter.

10.4 Collections

Collections sind neben Arrays die andere Art, in Java mit Wertlisten umzugehen. Im Gegensatz zu Arrays sind sie nicht durch native Methoden und einen zusammenhängenden Speicherbereich optimiert, sie haben auch keine eigene Syntax, um auf ihren Inhalt zuzugreifen. Collections sind ganz alltägliche Java-Objekte.

Ihre Vorteile gegenüber Arrays liegen im Benutzerkomfort. Collections haben eine umfangreichere und komfortablere API, und die verschiedenen Implementierungen des Interface `Collection` bieten viele verschiedene Möglichkeiten, für Ihren Anwendungsfall die richtige Strategie zu wählen. Außerdem, und dieser Vorteil ist nicht zu unterschätzen, müssen Sie für Collections keine Größe vorgeben, sie wachsen automatisch bei Bedarf.

Wo Arrays also systemnah und auf Performanz getrimmt sind, sind Collections in ihrer Verwendung komfortabler und besser geeignet für den Einsatz in Anwendungen, wo es nicht auf jede Nanosekunde ankommt.

Alle Methoden von Collections arbeiten zunächst mit dem Typ `Object`, Sie können also beliebige Objekte in eine solche Collection hineinstecken und wissen beim Herauslesen nicht mit Sicherheit, welchen Typ Sie erwarten sollten. Sie können aber mit einer speziellen Notation angeben, dass diese Collection (oder auch viele andere Klassen) nur mit Objekten eines bestimmten Typs umgeht.

```
Collection<Song> playlist = new ArrayList<>();
```

Listing 10.17 Typsichere Collections

Genaueres zu dieser Notation in spitzen Klammern folgt weiter unten, aber ganz allgemein bedeutet `Collection<Song>`, dass es sich um eine `Collection` handelt, die Objekte vom Typ `Song` enthält.

Bei `java.util.Collection` handelt es sich lediglich um ein allgemeines Interface, das Methoden bereitstellt, die für die verschiedenen Spezialisierungen gleich sind. Diese Methoden ermöglichen den grundlegenden Zugriff auf alle Arten von Collections. Dazu gehören `add` und `addAll`, die der Collection ein Objekt bzw. alle Objekte einer anderen Collection hinzufügen, `contains` und `containsAll`, die prüfen, ob ein oder mehrere Objekte in der Collection enthalten sind, und `remove` und `removeAll`, die Objekte aus der Collection entfernen. Alle diese Methoden erwarten Parameter des Typs, der für die Collection in spitzen Klammern angegeben wurde. Haben Sie keinen Typ angegeben, dann wird überall `Object` erwartet, es können also beliebige Objekte übergeben werden.

Es gibt in `Collection` keine Methoden für den Zugriff auf ein bestimmtes Element, diese werden erst von manchen Spezialisierungen hinzugefügt. Der allgemeine Ansatz, an den Inhalt einer Collection heranzukommen, ist der, sie in einer for-each-

Schleife zu durchlaufen oder mit der Methode `iterator` ein `Iterator`-Objekt zu erzeugen (siehe Abschnitt 10.4.2, »Iteratoren«).

Und falls Sie doch ein Array brauchen, können Sie mit den `toArray`-Methoden jede Collection in ein Array umwandeln. Dabei gibt es aber Feinheiten zu beachten. Die parameterlose `toArray`-Methode liefert immer ein `Object[]`, auch wenn Sie für Ihre Liste einen Typ angegeben haben. Das ist in vielen Fällen nicht ausreichend, denn eins können Sie mit Arrays nicht tun: sie casten. Auch wenn Ihr `Object[]` nur `Song`-Objekte enthält, wenn es als `Object[]` erzeugt wurde, können Sie es nicht nach `Song[]` casten. Wenn Sie aber aus einer Collection von Songs ein `Song[]` machen wollen, dann geht das sehr wohl, und zwar mit der `toArray`-Methode mit Parameter. Sie gibt immer ein Array des Typs zurück, den auch das als Parameter übergebene Array hat. Gedulden Sie sich noch ein wenig, diese Magie werde ich in Abschnitt 10.5, »Typisierte Collections – Generics«, erklären.

```
Collection<Double> liste = new ArrayList<>();
Double[] alsDoubles = liste.toArray(new Double[liste.size()]);
Number[] alsNumber = liste.toArray(new Number[liste.size()]);
Object[] alsObject = liste.toArray(new Object[liste.size()]);
Object[] auchAlsObject = liste.toArray();
```

Listing 10.18 Collections in typisierte Arrays umwandeln

Wie das übergebene Array verwendet wird, ist etwas eigen. Wenn es groß genug ist, um alle Elemente der Collection aufzunehmen, dann wird das übergebene Array gefüllt und zurückgegeben. Ist das Array aber zu klein, so wie im Beispiel, dann ist der Rückgabewert ein neues Array des gleichen Typs und mit der Größe der Collection. Natürlich können Sie auch mit dieser Methode den Inhalt der Liste nicht in einen völlig anderen Typ umwandeln. Im obigen Beispiel würde `liste.toArray(new Integer[0])` mit einer Exception scheitern.

10.4.1 Listen und Sets

Die zwei mit Abstand am häufigsten verwendeten Arten von Collections sind Lists und Sets. Es gibt daneben zwar noch weitere Spezialisierungen, sie kommen aber seltener zum Einsatz.

Listen

Listen sind die Collections, die in ihrer Funktionsweise am ehesten einem Array entsprechen. Elemente bleiben immer in der Reihenfolge, in der sie hinzugefügt werden, und Sie können ein bestimmtes Element direkt lesen (mit `get(index)`) und schreiben (mit `set(index, element)`).

Damit bieten Listen alles, was Sie auch mit einem Array erreichen können, aber mit mehr Komfort. Sie wachsen automatisch, um neue Elemente aufnehmen zu können, haben eine reichere API und ersparen Ihnen einigen Verwaltungsaufwand. So wird zum Beispiel, wenn Sie ein Element mit remove entfernen, die entstehende Lücke geschlossen, indem alle folgenden Elemente nachrutschen.

```
List<Song> playlist = new ArrayList<>();
//Der Playlist zwei Songs hinzufügen
playlist.add(new Song(…));
playlist.add(new Song(…));
//Den zweiten Song durch einen anderen ersetzen
playlist.set(1, new Song(…));
//Alle Songs abspielen
for (Song song : playlist){
    System.out.println(song.getTitel());
    song.play();
}
```

Listing 10.19 Arbeiten mit einer Liste

Wie Sie an den Beispielen sehen, ist auch List nur ein Interface, und Sie müssen die Implementierung auswählen, die Sie benutzen möchten. Bei Listen ist diese Auswahl allerdings nicht weiter schwierig, denn ArrayList ist fast immer die beste oder zumindest eine gute Wahl.

ArrayList benutzt intern ein Array, um Daten zu speichern, versteckt aber alle Schwierigkeiten vor Ihnen. Das bedeutet vor allem, dass eine ArrayList ihr internes Array automatisch durch ein größeres ersetzt, wenn es voll ist.

Trotz des damit verbundenen Erzeugens eines größeren Arrays und Umkopierens der enthaltenen Daten ist ArrayList für die meisten Fälle die performanteste List-Implementierung. Nur in wenigen Fällen, vor allem wenn Sie häufig Elemente aus der Mitte der Liste entfernen müssen, bietet die doppelt verkettete Liste LinkedList eine bessere Performance.

Egal, welche Implementierung von Liste Sie verwenden, denken Sie daran, dass es von gutem Stil zeugt, als Typ Ihrer Variablen das Interface List zu deklarieren, nicht die Klasse ArrayList oder LinkedList.

Sets

Sets sind eine andere Spezialisierung von Collection, die in etwa einer mathematischen Menge entspricht – wie auch der Name schon andeutet: »set« ist das englische Wort für Menge.

Das bedeutet, dass ein Set niemals mehrere identische Elemente enthalten kann und keine interne Reihenfolge hat. Dementsprechend bietet Set auch keine Methoden für den direkten Zugriff auf ein Element, wie List es tut. Um auf die Elemente eines Set zuzugreifen, **müssen** Sie in einer Schleife darüber iterieren.

```
Set<String> besuchteOrte = new HashSet<>();
besuchteOrte.add("Berlin");
besuchteOrte.add("Bonn");
besuchteOrte.add("Berlin");
besuchteOrte.add("Hamburg");
for (String ort : besuchteOrte){
    System.out.println(ort);
}
```

Listing 10.20 Arbeiten mit einem Set

Das Beispiel gibt Berlin, Bonn und Hamburg aus. Auch wenn Berlin zweimal hinzugefügt wurde, zählt es nur einmal. Dieses Verhalten ist auch der Grund, warum die add-Methoden von Collection einen boolean-Wert zurückgeben: Wenn das Element hinzugefügt wurde, ist der Rückgabewert true, wenn es schon vorhanden war false. Sie können also beim zweiten Aufruf von besuchteOrte.add("Berlin") feststellen, ob wirklich ein Element hinzugefügt wurde oder nicht. Beachten Sie außerdem, dass die Ausgabe nicht in einer festgelegten Reihenfolge erfolgt und es keine Garantie dafür gibt, dass sie gleichbleibend ist.

Die meistbenutzte Implementierung von Set ist HashSet, das die Einmaligkeit der enthaltenen Elemente durch deren Hashcode sicherstellt. Wenn Sie ein Set verwenden wollen, ist es deshalb wichtig, dass Ihre Klassen hashCode und equals überschreiben. Betrachten Sie dazu das folgende Beispiel:

```
Set<Song> meineMusik = new HashSet<>();
meineMusik.add(new Song("The One and Only", "Chesney Hawkes", 220));
meineMusik.add(new Song("The One and Only", "Chesney Hawkes", 220));
```

Listing 10.21 Der feine Unterschied mit oder ohne »hashCode«

Wenn die Klasse Song die hashCode-Methode nicht überschreibt, dann ist »The One and Only« am Ende des Beispiels zweimal im Set enthalten, denn die von Object geerbte hashCode-Implementierung gibt für verschiedene Objekte verschiedene Werte zurück, auch wenn sie inhaltsgleich sind. Wenn Sie aber in Song Ihre eigene hashCode-Methode schreiben, die den Code aus Titel, Interpret und Länge berechnet, dann wird der zweite Song nicht hinzugefügt, weil er jetzt als gleich erkannt werden kann.

Set hat ein weiteres Subinterface SortedSet, das ebenfalls nur eine nennenswerte Implementierung hat: TreeSet. SortedSet unterscheidet sich in seiner Verwendung nicht von einem herkömmlichen Set, der einzige Unterschied ist, dass es die enthaltenen Elemente sortiert und garantiert, dass sie beim Iterieren in der richtigen Reihenfolge ausgegeben werden. Die Reihenfolge kann entweder die natürliche Reihenfolge sein, wenn die Elemente Comparable implementieren, oder sie kann durch einen Comparator festgelegt werden, den Sie dem TreeSet im Konstruktor übergeben.

10.4.2 Iteratoren

Das Interface Collection bietet eine weitere Methode, die dazu dient, über alle Werte der Collection zu iterieren: die Methode iterator, die ein Objekt vom Typ Iterator zurückgibt.

Iteratoren sind der objektorientierte Weg, die Werte einer Collection zu durchlaufen. Ihre Methode hasNext prüft, ob ein weiteres Element vorhanden ist, next gibt das nächste Element zurück. Mit einer Schleife können Sie so alle Elemente betrachten.

```
List<Song> songs = …;
Iterator<Song> it = songs.iterator();
while (it.hasNext){
    Song song = it.next();
    …
}
```

Listing 10.22 Iterieren mit »Iterator«

Seit mit Java 5 die for-each-Schleife eingeführt wurde, ist es nur noch selten nötig, selbst mit einem Iterator zu arbeiten. Das neue Schleifenkonstrukt ist kürzer und weniger anfällig für Programmierfehler.

Iteratoren haben aber dennoch einen Vorteil, der in manchen Situationen zum Tragen kommt: Sie sind keine Sprachkonstrukte, sondern Objekte, und als solche können sie in Feldern gespeichert werden, als Parameter an Methoden übergeben und aus Methoden zurückgegeben werden. Konkret bedeutet das für Sie, dass Sie nicht in einem Durchlauf über alle Elemente iterieren müssen, wie mit einer Schleife, sondern einzelne Elemente auslesen können, und dann zu einem späteren Zeitpunkt an derselben Stelle fortsetzen können.

```
public boolean spieleSchlafmodus(Iterator<Song> songs, int zeit) {
    int gesamtzeit = 0;
    while (gesamtzeit < zeit) {
        if (songs.hasNext()) {
            Song song = songs.next();
            gesamtzeit += song.getLaenge();
            spieleSong(song);
        } else {
```

```
                return false;
            }
        }
        return songs.hasNext();
    }
```

Listing 10.23 Der Schlafmodus für den Musikspieler

In diesem Beispiel hätten Sie es ohne ein `Iterator`-Objekt wesentlich schwerer. Die Methode `spieleSchlafmodus` soll so lange Musik spielen, bis eine übergebene Zeit erreicht ist, und dann den aktuellen Song zu Ende spielen, denn nichts ist schlimmer, als wenn die Musik mitten im Lied abbricht. Wenn Sie den Schlafmodus das nächste Mal aktivieren, dann übergeben Sie denselben `Iterator`, und es geht mit dem nächsten Song weiter.

Ein weiterer, gelegentlicher Vorteil von Iteratoren ist, dass Sie beim Iterieren Elemente aus der `Collection` entfernen können, indem Sie am Iterator `remove` rufen. Aber Vorsicht, nicht alle Iteratoren unterstützen `remove`, diese Methode wirft manchmal eine `UnsupportedOperationException`.

10.4.3 Übung: Musiksammlung und Playlist

Schreiben Sie zwei Klassen, `Musiksammlung` und `Playlist`. Beide Klassen sollen Methoden anbieten, die Songs hinzufügen und Songs entfernen, und sie sollen mit einer `for-each`-Schleife iterierbar sein. Der Unterschied zwischen beiden Klassen ist der, dass `Playlist` denselben Song mehrmals enthalten kann, `Musiksammlung` aber nicht.

Versuchen Sie bei der Programmierung, doppelten Code zu vermeiden. Alles, was beide Klassen gemeinsam haben, sollten Sie auch nur einmal schreiben. Die Lösung zu dieser Übung finden Sie im Anhang.

10.5 Typisierte Collections – Generics

In den Codebeispielen zu Collections haben Sie schon gesehen, wie Sie für eine Collection einen Typ angeben können.

`List<Number> zahlen = new ArrayList<Number>();`

Oder

`List<Number> zahlen = new ArrayList<>();`

In spitzen Klammern geben Sie am Variablentyp an, welchen Typ die Collection enthalten soll. Beim Konstruktoraufruf können Sie den Typ wiederholen, seit Java 7 ist das aber nicht mehr notwendig, und Sie können stattdessen ein leeres Paar spitze

Klammern angeben – den sogenannten *Diamantoperator* –, und der Compiler erkennt aus dem Kontext, welcher Typ dort stehen sollte. Diese Typangabe kann auch bei vielen anderen Klassen genutzt werden (siehe Abschnitt 10.5.1, »Generics außerhalb von Collections«), aber Collections bieten einen sehr anschaulichen Einstieg.

Die Typangabe bewirkt nicht nur, dass der Collection keine inkompatiblen Typen hinzugefügt werden können, sondern sie ändert den Typ der Rückgabewerte und Parameter. So kann schon der Compiler sicherstellen, dass Sie gar nicht mit falschen Typen arbeiten können, und Sie bekommen aus einer Collection immer den richtigen Typ heraus und müssen nicht von Object auf den echten Typ casten.

> **Wie funktioniert die Typisierung?**
>
> Dass Sie nicht casten müssen, wenn Sie typisierte Collections verwenden, bedeutet nicht, dass es zu keinen Casts kommt. Die Typangaben werden vom Compiler umgesetzt, indem er Casts für Rückgabewerte einfügt und prüft, ob alle als Parameter übergebenen Werte wirklich den richtigen Typ haben.
>
> Zur Laufzeit ist eine Collection<Song> also nicht von einer untypisierten Collection zu unterscheiden.

Typisierte Collections sind keine besondere Abart von Collections und auch keine Spezialisierungen. Sie sind zur Laufzeit nicht von untypisierten Collections zu unterscheiden. Deswegen heißt dieses Sprachfeature auch *Generics*: Generische Collections können als typisierte Container verwendet werden, ohne dass Sie für jeden Inhaltstyp eine Spezialisierung benötigen. Oft wird auch der Begriff *typsicher* verwendet, denn genau das erreichen Sie mit der Typangabe: die Sicherheit, dass nur dieser Typ als Inhalt einer Collection verwendet werden kann.

Zur Compilezeit verhalten sie sich aber ähnlich wie Spezialisierungen. Sie können eine typisierte Collection einer untypisierten Collection-Variablen zuweisen und an Methoden mit einem untypisierten Collection-Parameter übergeben.

```
List<Song> typisiert = new ArrayList<>();
List untypisiert = typisiert;
untypisierteMethode(typisiert);
...
public void untypisierteMethode(List untypisiert){…}
```

Listing 10.24 Typisierte Collections können immer als untypisierte verwendet werden.

> **Die Typisierung lässt sich überlisten**
>
> Dass typisierte Listen untypisierten Variablen zugewiesen werden können, führt leider dazu, dass man die Typeinschränkung umgehen kann. Betrachten Sie folgendes Beispiel:

```
List<Song> typisiert = new ArrayList<>();
List untypisiert = typisiert;
untypisiert.add("Ich bin ein String");
Song song = typisiert.get(0);
```

Der Code kompiliert fehlerfrei, es werden nur erlaubte Operationen ausgeführt. Es ist völlig legal, untypisiert einen String hinzuzufügen, denn an dieser Variablen sind keine Typinformationen vorhanden. Erinnern Sie sich, durch die Typangabe wird keine spezielle Liste erzeugt, Sie bringen nur den Compiler dazu, Casts und Prüfungen einzufügen. Da untypisiert keine Typangabe macht, prüft der Compiler auch nicht. Aber untypisiert und typisiert referenzieren dasselbe List-Objekt.

Damit ist der Zugriff in der letzten Zeile für den Compiler zwar korrekt, typisiert hat schließlich den Typ Song, aber zur Laufzeit kommt es zu einer ClassCastException, weil das erste Element eben kein Song, sondern ein String ist.

Diese Art Fehler ist ärgerlich, aber weitgehend vermeidbar, wenn Sie einfachen Grundregeln folgen:

1. Weisen Sie niemals eine typisierte Collection einer untypisierten Variablen zu, auch nicht als Methodenparameter.
2. Wenn Sie es doch tun müssen, zum Beispiel weil Sie eine Methode schreiben, die auf Collections mit beliebigen Typen operiert, dann vermeiden Sie es, neue Elemente hinzuzufügen.

10.5.1 Generics außerhalb von Collections

Collections sind aber nicht die einzigen Klassen, die von Generics profitieren. Sie sind lediglich ein prominentes Beispiel, denn bei ihnen ist es sehr anschaulich, dass sie den angegebenen Typ enthalten.

Auch bei Klassen, die keine Container für andere Objekte sind, kann die Typangabe einen großen Vorteil bringen. Fast immer, wenn eine Klasse oder eine Methode mit dem Typ Object arbeitet, kann sie durch Generics verbessert werden, denn durch die Typangabe wird der Code lesbarer, und Typfehler können vom Compiler erkannt werden statt erst zur Laufzeit.

Nehmen Sie zum Beispiel das Ihnen schon bekannte Interface Comparator: Sie können auch für einen Comparator einen Typ angeben und so klarmachen, welche Typen er vergleicht:

```
Comparator<Song> songsNachLaenge = new Comparator<Song>(){
    public int compare(Song o1, Song o2) {
        return o1.getLaengeInSekunden() -
            o2.getLaengeInSekunden();
```

            }
        };

Listing 10.25 Ein »Comparator« nur für Songs

Zwei Vorteile, einen Comparator speziell für Songs zu haben, werden aus dem Beispiel sofort ersichtlich: Zum einen ist am Variablentyp Comparator<Song> erkennbar, welche Objekte mit diesem Comparator verglichen werden können, zum anderen sparen Sie in der compare-Methode die Casts, da der angegebene Typ in die Methodensignatur übernommen wird.

Ein dritter Vorteil zeigt sich, wenn Sie den Comparator mit Utility-Methoden wie der Sortiermethode Collections.sort verwenden. Der Compiler kann nun prüfen, ob Collection und Comparator überhaupt kompatibel sind.

```
List<Song> songs = …;
List<String> strings = …;
Collections.sort(songs, songsNachLaenge); //funktioniert
Collections.sort(strings, songsNachLaenge); //Compilerfehler!!!
```

Listing 10.26 Typsicherheit durch Generics

Ohne eine Typangabe würde der zweite Aufruf von Collections.sort fehlerlos kompilieren, erst zur Laufzeit käme es zu einer ClassCastException. Die Typangaben helfen Ihnen in diesem Fall, Fehler früh in Ihrem Entwicklungszyklus zu erkennen, und sichern Sie dagegen ab, später neue Fehler einzubauen. Deswegen, und weil Ihr Code kürzer und lesbarer wird, sollten Sie überall, wo es möglich ist, auch Typangaben verwenden.

Viele weitere Klassen und Methoden im JDK lassen sich mit Typparametern verwenden. Dazu gehören zum Beispiel auch die Utility-Methoden der Klassen Arrays und Collections. Sie erkennen Klassen und Methoden, die Typparameter akzeptieren, im Javadoc immer daran, dass Sie einen Typ in spitzen Klammern als Parameter oder Rückgabewert deklarieren. Häufig haben diese Typparameter einbuchstabige Namen wie <T> für Typ oder <E> für Element. Häufig kommt dafür auch die erweiterte Syntax für Typparameter zum Einsatz, die Sie im nächsten Abschnitt kennenlernen werden. So sieht zum Beispiel die Signatur von Collections.sort aus, die sicherstellt, dass Sie eine Liste nur mit einem kompatiblen Comparator sortieren können:

```
public static <T> void sort(List<T> list, Comparator<? super T> c)
```

10.5.2 Eigenen Code generifizieren

Sie wissen nun, wie Sie mit »generifizierten« Klassen arbeiten können, auch über Collections hinaus. Aber auch Ihr eigener Code kann auf viele verschiedene Arten davon profitieren, typsichere Klassen und Methoden zu erzeugen. Sie können sowohl ganze Klassen als auch einzelne Methoden typsicher machen, wobei es keine großen syntaktischen Unterschiede gibt.

Generische Methoden und beschränkte Typen

Es ist nicht schwierig, eine Methode zu schreiben, die einen typisierten Parameter erwartet oder einen typisierten Wert zurückgibt. Sie können für Parameter oder Rückgabewerte, die einen Typparameter unterstützen, diesen in der Methodensignatur angeben.

```java
public List<Integer> parseAlleInts(List<String> strings){
    List<Integer> ergebnis = new ArrayList<>();
    for (String s : strings){
        ergebnis.add(Integer.parseInt(s));
    }
    return ergebnis;
}
```

Listing 10.27 Eine Liste von Strings in Zahlen umwandeln

Die Beispielmethode erwartet eine Liste von Strings als Parameter und gibt eine Liste von Integern zurück. So weit funktioniert alles wie erwartet.

Etwas schwieriger wird die Situation leider, wenn Sie Vererbungsbeziehungen zwischen den Typen typisierter Klassen betrachten. Betrachten Sie dazu einmal mehr das Beispiel, mit dem die Vererbung angefangen hat: das Beispiel aus dem Tierreich.

Sie können einer Collection vom Typ Tier zwar einen Hund oder eine Katze hinzufügen, aber Sie können ein Objekt vom Typ Collection<Hund> nicht einer Variablen vom Typ Collection<Tier> zuweisen, denn für diese Zuweisung beachtet der Compiler die Vererbungsbeziehung zwischen den Typen nicht.

> **Unterschied zu Arrays**
>
> Hier besteht ein weiterer Unterschied zwischen typisierten Collections und Arrays. Die Zuweisung Tier[] tiere = new Hund[5] ist problemlos möglich, da der Compiler hier die Vererbung berücksichtigt. Leider ergibt sich daraus auch eine Fehlermöglichkeit, denn Code wie der folgende kompiliert fehlerfrei und verursacht erst zur Laufzeit eine ArrayStoreException, weil eine Katze nicht in ein Hund[] passt.
>
> ```java
> Tier[] tiere = new Hund[5];
> tiere[0] = new Katze();
> ```

Ein Beispiel macht das Problem klarer:

```
public List<Tier> sortiereNachGewicht(List<Tier> tiere){
    Collections.sort(tiere, new Comparator<Tier>(){
        public int compare(Tier o1, Tier o2) {
            if (o1.getGewicht() > o2.getGewicht()){
                return 1;
            } else if (o1.getGewicht() < o2.getGewicht()){
                return -1;
            } else {
                return 0;
            }
        }
    });
    return tiere;
}
//Funktioniert
sortiereNachGewicht(new ArrayList<Tier>());
//Funktioniert nicht
sortiereNachGewicht(new ArrayList<Hund>());
```

Listing 10.28 Tiere nach Gewicht sortieren

Diese Methode sortiert eine Liste von Tieren nach ihrem Gewicht. Die Schwierigkeit steckt dabei im Aufruf: Sie können diese Methode mit einer Liste vom Typ Tier rufen, aber nicht mit einer Liste vom Typ Hund, denn obwohl Hund eine Spezialisierung von Tier ist, kann eine List<Hund> nicht dem Parametertyp List<Tier> zugewiesen werden. Zum Glück ist das kein unlösbares Problem, aber die Syntax wird an dieser Stelle etwas unschön. Sie können für eine Typangabe eine Beschränkung angeben, einen sogenannten *Upper Bound*, und so festlegen, dass alle Spezialisierungen einer Oberklasse erlaubt sind. Sie können die Signatur der Methode sortiereNachGewicht so anpassen:

```
public List<? extends Tier> sortiereNachGewicht(List<? extends Tier> tiere)
```

Listing 10.29 Typangaben mit Upper Bound

Die Schreibweise <? extends Tier> bedeutet, dass die Liste einen beliebigen Typ haben kann, es muss sich aber um eine Spezialisierung von Tier handeln. Innerhalb der Methode ändert sich nichts, die Liste tiere kann wie eine List<Tier> behandelt werden, Sie können nun aber auch Listen vom Typ Hund oder Katze übergeben. Eine Einschränkung: Sie können einer mit Einschränkung deklarierten Liste keine Elemente hinzufügen, da der Compiler nicht prüfen kann, ob sie den richtigen Typ für diese Liste haben.

Dummerweise zwingt Sie die Änderung des Parameters in diesem Fall auch dazu, den Rückgabewert zu ändern. Sie geben dasselbe `List`-Objekt zurück, das als Parameter übergeben wird, und dafür steht keine andere Typinformation zur Verfügung. Dadurch müssen Sie, wenn Sie den Rückgabewert einer Variablen zuweisen, den beschränkten Typ verwenden, weil der Compiler keine bessere Information hat.

```
List<Dackel> dackel = new ArrayList<Dackel>()
List<? extends Tier> sortierteDackel = sortiereNachGewicht(dackel);
```

Diese Lösung ist besser als die vorige, Sie können nun auch Listen von Hunden oder Katzen sortieren. Aber zufriedenstellend ist auch das noch nicht, denn die genaue Typinformation geht für den Rückgabewert verloren. Wir brauchen eine Möglichkeit, dem Compiler zu sagen, dass die zurückgegebene Liste denselben Typ hat wie die als Parameter übergebene.

Auch das ist möglich, es bedarf dazu nur einer weiteren Variante der Generics-Syntax. Sie können in der Methodensignatur einen benannten Typparameter deklarieren:

```
public <T extends Tier> List<T> sortiereNachGewicht(List<T> tiere){
    Collections.sort(tiere, new Comparator<T>(){
        public int compare(T o1, T o2) {
            if (o1.getGewicht() > o2.getGewicht()){
                return 1;
            } else if (o1.getGewicht() < o2.getGewicht()){
                return -1;
            } else {
                return 0;
            }
        }
    });
    return tiere;
}
```

Listing 10.30 Methode mit benanntem Typparameter

Zu lesen ist sie dies so: Der Typ `T` ist eine Spezialisierung der Klasse `Tier`. Die Methode erwartet eine Liste dieses Typs `T` als Parameter und gibt eine Liste des Typs `T` zurück. Der wichtige Unterschied zu vorher ist, dass `T` an den Stellen, an denen es vorkommt, **denselben Typ** meint. Wenn Sie eine `List<Dobermann>` als Parameter übergeben, dann legen Sie dadurch den Typparameter `T` fest, und der Rückgabewert wird automatisch auch `List<Dobermann>`. Rufen Sie die Methode an einer anderen Stelle mit einer `List<Dackel>` auf, dann bekommen Sie auch eine `List<Dackel>` zurück.

Wenn Sie sich den Methodenrumpf anschauen, stellen Sie fest, dass Sie den Typparameter T auch dort noch verwenden können. Sie können Variablen vom Typ T deklarieren und mit ihnen arbeiten, als sei T eine echte Klasse. Das Einzige, was nicht möglich ist, ist, neue Instanzen von T durch einen Konstruktor zu erzeugen. Da Konstruktoren nicht vererbt werden, hat der Compiler keine Informationen darüber, welche Konstruktoren die Klasse T haben könnte.

Mehr zu Typvariablen

Sie können für eine Methode auch mehrere Typvariablen deklarieren, indem Sie sie mit Kommata trennen:

```
public <T extends Tier, U extends Number> tuEtwas(List<T> tiere, List<U> zahlen)
```

Für diese Anwendung ist es schwierig, Beispiele zu finden, die nicht sehr speziell sind. Bessere Beispiele dafür finden Sie bei Klassen mit generischen Typen, wie zum Beispiel der Klasse Map, die Sie weiter unten kennenlernen werden.

Sie können auch mehrere Beschränkungen auf eine Typvariable legen und so sicherstellen, dass übergebene Werte nicht nur der richtigen Klasse angehören, sondern außerdem ein oder mehrere Interfaces implementieren.

```
public <T extends Tier & Fleischfresser> void jage(T jaeger, Tier  beute)
```

Nur fleischfressende Tiere können jagen, weder fleischfressende Pflanzen noch pflanzenfressende Tiere haben diese Fähigkeit. Dass nur ein fleischfressendes Tier als Jäger in Frage kommt, wird durch einen generischen Typ sichergestellt, der gleichzeitig von Tier und Fleischfresser beschränkt ist.

Als Letztes gibt es noch die Möglichkeit, eine Beschränkung in die andere Richtung anzugeben. In diesem Fall soll die Typvariable keine Spezialisierung der angegebenen Klasse sein, sondern eine Oberklasse der Klasse. Dies wird durch das Schlüsselwort super dargestellt. Die Typangabe <T super Dackel> würde demnach die Klassen Dackel, Hund, Tier und Object akzeptieren.

Sie kennen mit Collections.sort schon eine Methode, die einen *Lower Bound* verwendet.

```
public static <T> void sort(List<T> list, Comparator<? super T> c)
```

Listing 10.31 Methodensignatur mit Lower Bound

Die sort-Methode verlangt eine Liste vom Typ T (unbeschränkt) und einen Comparator vom Typ T oder einer Oberklasse von T. Das ist deshalb sinnvoll, weil zum Beispiel eine Liste von Dackeln auch von einem Comparator für Hunde oder Tiere sortiert werden könnte.

> **Die PECS-Regel**
>
> Eine hilfreiche Faustregel, wann für Collections ein Typparameter mit Upper Bound verwendet wird und wann einer mit Lower Bound, ist die PECS-Regel: **Producer extends, Consumer super**. Damit ist Folgendes gemeint:
>
> - Wenn die typisierte Collection ein Producer ist, ihr also Objekte entnommen und diese verarbeitet werden, dann wird sie mit einem Upper Bound (? extends Tier) deklariert. So ist es immer möglich, ein Element der Collection einer Variablen vom Typ der Schranke zuzuweisen und damit zu arbeiten.
> - Ist die Collection dagegen ein Consumer, werden ihr also Objekte hinzugefügt, dann wird sie mit einem Lower Bound (? super Tier) deklariert, denn so können neue Objekte vom Typ der Schranke immer hinzugefügt werden.

Generische Klassen

Klassen sind nicht schwieriger zu generifizieren als Methoden, es ändert sich nur, wo Sie die Typvariablen angeben. Bei einer Klasse folgen die Typparameter dem Klassennamen und müssen immer benannt sein, Fragezeichen sind nicht erlaubt. So deklarierte Typparameter können im gesamten Klassenrumpf verwendet werden als Methodenparameter, Rückgabewerte oder Feldtypen.

```
public class Tierarzt<T extends Tier>{
    private List<T> patienten = new ArrayList<>();
    public void neuerPatient(T neu){
        patienten.add(neu);
    }
    public List<T> getPatienten(){
        return patienten;
    }
}
```

Listing 10.32 Der Tierarzt, Alleskönner oder Spezialist?

Der Tierarzt aus dem Beispiel akzeptiert einen Typparameter, der von Tier erbt. Er kann so als Tierarzt<Katze> zum Spezialisten werden, der nur Katzen behandelt. Sie wissen dann, dass seine Patientenliste nur Katzen enthalten kann. Geben Sie keinen Typ an – Typparameter sind immer optional –, dann wird der angegebene Upper Bound als Typ verwendet, T entspricht also Tier.

Ein weiterer Punkt, den es bei Klassen zu beachten gilt, sind typisierte Interfaces. Genau wie bei Klassen können Sie auch bei Interfaces Typparameter angeben. Für einen solchen Typparameter können Sie, wenn Sie das Interface implementieren, einen konkreten Typ angeben.

10.5 Typisierte Collections – Generics

Sie haben das schon bei der anonymen Implementierung von Comparator in den Beispielen oben gesehen: new Comparator<Tier>(){...} implementiert das Interface Comparator mit dem Typ Tier, wodurch die Methodenparameter der Methode compare(T o1, To2) auf Tier festgelegt werden. Ebenso können Sie auch einen Typ angeben, wenn Sie in einer nichtanonymen Klasse ein typisiertes Interface implementieren. Comparable ist ein häufiges Beispiel dafür:

```
public class Quader implements Comparable<Quader>{
    ...
    public int compareTo(Quader other){
        return getVolumen() - other.getVolumen();
    }
}
```

Listing 10.33 Implementieren eines typisierten Interface

Die Klasse Quader aus Abschnitt 10.1.6, »Übung: Sequenziell und parallel sortieren«, war schon dort Comparable. Dadurch, dass die Klasse aber nun Comparable<Quader> implementiert, wird klar, dass ein Quader nur mit anderen Quadern verglichen werden kann. Welchen Sinn hätte es auch, einen Quader mit einem String zu vergleichen? Die von Comparable vorgeschriebene compareTo-Methode übernimmt den Typparameter und stellt so sicher, dass Quader nur mit Quadern verglichen werden können.

> **Warum ist »Class« generisch?**
>
> Es ist etwas verwunderlich, dass ausgerechnet die Klasse Class einen Typparameter hat. Warum hat die Klasse, die Informationen über Klassen enthält, einen Typparameter? Es gibt dafür mehrere Gründe, die alle mit der Reflection-API zusammenhängen. Zusammengefasst ist der häufigste Grund aber einfach, zu erzwingen, dass ein passendes Klassenobjekt als Parameter übergeben wird. So können Sie unter anderem das Problem umgehen, dass Sie keine neuen Instanzen der generischen Typen erzeugen können. Sie müssen nur wissen, welche Konstruktoren oder Factory-Methoden die Klasse hat, denn wenn Sie Reflection benutzen, unterstützt Sie der Compiler nicht mehr.
>
> ```
> private static <T extends Number> List<T> addNumbersToList(List<T> zahlen,
> Class<T> klasse, String... werte) throws Exception{
>     Method m = klasse.getMethod("valueOf", String.class);
>     for (String wert : werte){
>         zahlen.add((T) m.invoke(null, wert));
>     }
>     return zahlen;
> }
> ```

> Diese Methode benutzt das übergebene Klassenobjekt, um eine Reihe von Strings in den Zahlentyp umzuwandeln, den die übergebene Liste hat, und fügt sie der Liste hinzu. Übergeben Sie eine `List<Integer>`, werden Integer erzeugt, für ein Objekt vom Typ `List<Double>` sind es Doubles usw. Der Typparameter an `Class` stellt sicher, dass Sie nur das Klassenobjekt übergeben können, das zum Listentyp passt. Die Methode funktioniert, weil alle im JDK enthaltenen Spezialisierungen von `Number` eine Methode namens `valueOf` enthalten.

10.5.3 Übung: Generisches Filtern

Schreiben Sie ein Interface `Filter` mit einer Methode `filter`. Diese Methode erhält ein einzelnes Objekt und gibt einen `boolean`-Wert zurück, der bestimmt, ob dieses Objekt in einer gefilterten Liste enthalten sein soll oder nicht. Schreiben Sie im Interface außerdem eine statische Methode `wendeFilterAn`, die eine Collection und einen Filter als Parameter erwartet. Sie soll aus der Collection alle Elemente entfernen, für die der übergebene Filter `true` liefert. Stellen Sie durch eine Typvariable sicher, dass die übergebene Liste und der übergebene Filter zueinanderpassen.

Zuletzt erzeugen Sie zwei Implementierungen von `Filter`. Der `UngeradeZahlenFilter` soll alle ungeraden Zahlen aus einer Collection von Integer-Werten entfernen. Der `KurzeStringFilter` soll alle Strings entfernen, die kürzer als zehn Zeichen sind. Die Lösung zu dieser Übung finden Sie im Anhang.

10.6 Maps

Obwohl es nicht das `Collection`-Interface erweitert, gibt es ein weiteres wichtiges Interface, das in denselben Kontext gehört: `Map`. Maps werden im Deutschen manchmal als *assoziative Arrays* bezeichnet, wenn man darauf besteht, Fachbegriffe einzudeutschen, und dieser Name ist nicht abwegig. Ein Array ordnet ein Objekt einer Zahl zu, dem Index. Eine `Map` ordnet ein Objekt, den Wert, einem anderen Objekt zu, dem Schlüssel. Sie erlaubt es, Zuordnungen von einem beliebigen Typ zu einem beliebigen anderen Typ vorzunehmen. Häufig werden Strings als Schlüssel verwendet, aber jeder Objekttyp kann als Schlüssel dienen.

Sie haben eine `Map` schon ganz am Anfang des Buches in Aktion gesehen, im Eingangsbeispiel WordCount:

```
private Map<String, Integer> wordCounts = new HashMap<>();
private void count(InputStream source){
    try(Scanner scan = new Scanner(source)){
```

```
            scan.useDelimiter("[^\\p{IsAlphabetic}]+");
            while (scan.hasNext()){
                String word = scan.next().toLowerCase();
                totalCount++;
                wordCounts.put(word, wordCounts.getOrDefault(word, 0) + 1);
            }
        }
    }
}
```
Listing 10.34 Noch einmal der Wortzähler

Eine Map hat nicht einen, sondern zwei Typparameter, den ersten für den Schlüssel und den zweiten für den Wert. Die Map wordCount ist eine Zuordnung von einem String-Schlüssel zu einem Integer-Wert.

Die put-Methode fügt ein Element hinzu (und überschreibt das alte Element, falls dem Schlüssel schon ein Wert zugeordnet war), die get-Methode gibt den einem Schlüssel zugeordneten Wert zurück. Die im Beispiel gezeigte Methode getOrDefault hat dieselbe Funktion, Sie können aber zusätzlich einen Default-Wert übergeben, der zurückgegeben wird, falls der angegebene Schlüssel nicht in der Map enthalten ist.

Die am häufigsten verwendete Implementierung von Map ist die im Beispiel gezeigte HashMap. Wie der Name andeutet, verwendet sie den Hashcode des Schlüssels, um die gesuchten Werte wiederzufinden. Das macht die Zugriffe auf eine HashMap sehr effizient, denn sie muss nicht komplett durchsucht werden, um herauszufinden, wo der Wert liegen könnte – eine Berechnung mit dem Hashcode liefert die richtige Stelle.

Zuordnungen von einem Objekt zum anderen werden häufig benötigt, schon für einfache Anwendungen, beispielsweise für eine Geburtstagsliste, die einem Namen ein Geburtsdatum zuordnet:

```
public class Geburtstagsliste {
    private Map<String, LocalDate> geburtstage = new TreeMap<>();

    public void fuegeGeburtstagHinzu(String name, LocalDate geburtstag){
        geburtstage.put(name, geburtstag);
    }

    public LocalDate findeGeburtstag(String name){
        return geburtstage.get(name);
    }

    public void schreibeGeburtstage(){
        for(Map.Entry<String, LocalDate> entry : geburtstage.entrySet()){
```

```
            System.out.println(entry.getKey() + ": " + entry.getValue());
        }
    }
}
```

Listing 10.35 Eine Geburtstagskarte – tolles Wortspiel, oder?

Sie sehen, wie einfach es ist, eine Geburtstagsliste mit einer `Map` zu erstellen. Die Methode `schreibeGeburtstage` enthält noch eine Neuigkeit über `Maps`: Auch über sie können Sie iterieren. Die Methode `entrySet` liefert ein Set von `Map.Entry`-Objekten, die Key (Schlüssel) und Value (Wert) eines Eintrags enthalten. Die Methoden `keySet` und `values` (nicht `valueSet`!) liefern eine Collection aller Schlüssel bzw. eine Collection aller Werte.

10.6.1 Übung: Lieblingslieder

Schreiben Sie im `Musicplayer` eine Klasse `Lieblingslieder`, die für jeden Benutzer, identifiziert durch einen Benutzernamen, eine Liste seiner Lieblingslieder verwaltet. Es soll einem Benutzer möglich sein, der Liste ein Lied hinzuzufügen, sich alle für ihn gespeicherten Lieder zurückgeben zu lassen und die Liste komplett zu entfernen. Die Lösung zu dieser Übung finden Sie im Anhang.

10.7 Zusammenfassung

Sie haben in diesem Kapitel mehrere Möglichkeiten kennengelernt, mit Sammlungen von Objekten umzugehen. Sie haben vieles über Arrays in einer größeren Detailtiefe als zuvor gelernt, haben die verschiedenen Arten von Collections gesehen und den Unterschied zwischen ihnen und Arrays. Sie haben außerdem den Umgang mit Typparametern gelernt, den sogenannten Generics, und wie sie Ihnen den Umgang mit Collections und vielen weiteren Klassen erleichtern.

Im nächsten Kapitel wird es zunächst mit Arrays und Collections weitergehen, denn Lambda-Ausdrücke kommen in diesem Umfeld gehäuft zum Einsatz.

Kapitel 11
Lambda-Ausdrücke

Lambda Expressions waren das lange erwartete, neue Feature von Java 8. Dabei eröffnen sie keine neuen Möglichkeiten. Nichts, was mit Lambda-Ausdrücken möglich ist, wäre vorher unmöglich gewesen. Aber mit Lambda-Ausdrücken wird alles etwas komfortabler, kürzer, lesbarer.

Lange Zeit hatte Java den Ruf, eine sehr langatmige Sprache zu sein. Nicht unverdient, möchte ich hinzufügen. In Java schreiben Sie traditionell mehr Zeilen Code, um ein Problem zu lösen, als in anderen Sprachen. Zugegeben kein großes Problem, es hat Java jedenfalls nicht zurückgehalten. Aber wenn man als Java-Entwickler Codebeispiele in Python oder Ruby betrachtet, könnte man doch manchmal neidisch werden.

Dabei ist das größte Problem gar nicht die Schreibarbeit. Jede IDE nimmt Ihnen Tipparbeit ab und vervollständigt Statements und Methodenaufrufe, Sie schreiben den langen Code nur selten von Hand. Anders, wenn es ans Lesen geht. Sehen Sie auf den ersten Blick, was dieses Stück Code tut?

```java
List<Song> songs = …;
int sekunden = 0;
Collections.sort(songs, new Comparator<Song>(){
    @Override
    public int compare(Song o1, Song o2) {
        return o1.getLaengeInSekunden() - o2. getLaengeInSekunden ();
    }
});
int zaehler = 0;
for (Song song : songs){
    if (song.getSterne() > 4
            && ("Unbekannter Künstler".equals(song.getInterpret()))){
        sekunden += song.getLaengeInSekunden();
        if (++zaehler > 100) break;
    }
}
```

Listing 11.1 Mysteriöser Code: Was passiert hier?

Ich bin ehrlich: Ich habe diesen Code geschrieben, und ich sehe nicht auf Anhieb, was er tut. Dieses Stück Code sucht aus Ihrer Musiksammlung die 100 längsten Songs heraus, die Sie mit mehr als vier Sternen bewertet haben und deren Interpret Ihnen nicht bekannt ist, und berechnet die Gesamtlänge dieser Songs. Oder anders gesagt: Dieser Code sagt Ihnen, wie lange Sie maximal Ihre persönlichen Top 100 hören können, ausschließlich von Künstlern, die Sie nicht einmal namentlich kennen. Keine alltägliche Anforderung, aber auch nicht komplett unglaubwürdig.

Im Vergleich dazu, schauen Sie sich den folgenden Code an. Er verwendet Lambda-Ausdrücke. Ohne jemals zuvor einen Lambda-Ausdruck gesehen zu haben, können Sie sehen, was die Absicht dahinter ist?

```
int sekunden = songs.stream()
        .filter(song -> "Unbekannter Künstler".equals(song.getInterpret()))
        .filter(song -> song.getSterne() > 4)
        .sorted(Comparator.comparing(Song::getLaengeInSekunden).reversed())
        .limit(100)
        .mapToInt(Song::getLaengeInSekunden)
        .sum();
```

Listing 11.2 Das erste Beispiel mit Lambda-Ausdrücken

Dieser Code tut dasselbe wie das oben gezeigte Beispiel, aber in nur sechs Zeilen Code. Von der Länge einmal ganz abgesehen: Schon bei flüchtigem Hinsehen können Sie erkennen, was passiert. In den ersten beiden Zeile wird die Liste gefiltert (filter), danach sortiert (sorted), auf die 100 ersten Ergebnisse beschränkt (limit), jeder Song auf sein int-Feld laengeInSekunden abgebildet (mapToInt) und von den Längen schließlich die Summe berechnet (sum).

Möglich wird diese Kürze und Klarheit durch Lambda-Ausdrücke und die Stream-API. Bei der Stream-API handelt es sich »nur« um eine neue Möglichkeit, mit Listendaten umzugehen. Sie erweitert die Standardbibliothek, nicht die Sprache, und wird uns später in diesem Kapitel beschäftigen. Lambda-Ausdrücke sind eine Erweiterung der Sprache, deshalb wollen wir sie zuerst betrachten.

11.1 Was sind Lambda-Ausdrücke?

Lambda-Ausdrücke sind Javas Sprachmittel, um Funktionen auszudrücken, Abbildungen von Daten auf andere Daten, und um mit diesen Funktionen umzugehen. Im Gegensatz dazu stehen die Ihnen bereits bekannten prozeduralen Konstrukte wie Verzweigungen und Schleifen, mit denen der Programmablauf dargestellt wird.

Anders gesagt erlauben Lambda-Ausdrücke es Ihnen, zusammen mit entsprechenden APIs im Code nur das Wesentliche zu schreiben, ohne dabei jedes Mal das Übliche wiederholen zu müssen. Das Wesentliche ist, zum Beispiel, dass Sie eine Liste von Songs filtern wollen und nur solche beibehalten, deren Interpret unbekannt ist. Das Übliche wäre in diesem Fall, über eine Liste zu iterieren, jedes Element zu prüfen und alle passenden Elemente in eine Ergebnisliste zu übernehmen. Genau dieses Übliche möchten Sie aber, wenn möglich, vermeiden, denn es ist

- länger,
- weniger lesbar und
- fehleranfälliger, denn in Schleifen, Prüfungen usw. schleichen sich auch dann noch Fehler ein, wenn Sie sie schon tausendmal geschrieben haben.

Zugegeben, Sie könnten die `filter`-Methode auch ohne Lambda-Ausdrücke implementieren und eine anonyme Implementierung einer `Filter`-Klasse übergeben, um dieselbe Flexibilität zu erhalten.

```
songs.filter(new Filter<Song>(){
    public boolean filter(Song song){
        return "Unbekannter Künstler".equals(song.getInterpret());
    }
});
```

Listing 11.3 Aufruf einer (hypothetischen) »filter«-Methode mit »Filter«-Objekt

Auch diese Lösung würde funktionieren, aber sie ist lang und verbirgt die Absicht des Entwicklers in einer anonymen Klasse, zwischen mehr Code in der Klassendeklaration, als die eigentliche Prüfung hat. Sehr viel Übliches für sehr wenig Wesentliches. Genau das ist der Vorteil von Lambda-Ausdrücken in Ihrem Code: nur noch Wesentliches, kein Übliches mehr.

Spätestens beim Sortieren will man in den allermeisten Fällen auf eine etablierte Implementierung zurückgreifen, die man nur noch mit geeigneten Parametern (nun in Form von Lambda-Ausdrücken) aufruft, anstatt selbst einen Sortieralgorithmus zu implementieren.

11.1.1 Die Lambda-Syntax

Die Syntax von Lambda-Ausdrücken ist darauf ausgelegt, kurz und übersichtlich zu sein, zugleich aber auf den ersten Blick als Lambda-Ausdruck erkennbar zu sein. In seiner ausführlichsten Form sieht ein Lambda-Ausdruck so aus:

```
(Song song) -> {
    return "Unbekannter Künstler".equals(song.getInterpret());
}
```

Listing 11.4 Ausführlicher Lambda-Ausdruck

Dies ist der gleiche Lambda-Ausdruck, der im Beispiel oben an die `filter`-Methode übergeben wird, nur in seiner ausführlichsten Schreibweise. Sie erkennen einen Lambda-Ausdruck immer am Pfeil ->, der vorkommen **muss** und in Java keine andere Bedeutung hat. Links vom Pfeil stehen die Parameter des Lambda-Ausdrucks, rechts vom Pfeil steht, was mit diesen Parametern geschehen soll. Mehrere Parameter werden, genau wie bei einer Methodendeklaration, durch Kommata getrennt.

Aber das ist nur die ausführlichste Schreibweise. Lambda-Ausdrücke sind wie gesagt darauf ausgelegt, Ihre Absicht möglichst kurz und kompakt auszudrücken. Deshalb gibt es einige Möglichkeiten, den Ausdruck abzukürzen und auf das Wesentliche zu beschränken. Zunächst einmal dürfen Parametertypen wegfallen:

```
(song) -> {
    return "Unbekannter Künstler".equals(song.getInterpret());
}
```

Listing 11.5 Parametertypen dürfen entfallen.

Der Java-Compiler ist inzwischen sehr gut darin, Typen aus dem Kontext zu erkennen. Das Beispiel arbeitet mit einer `List<Song>`, daraus wird auch ein `Stream<Song>`, damit ist für den Compiler klar, dass der Parameter fürs Filtern ein `Song` sein muss. Auch der Typ des Rückgabewertes braucht deswegen nicht angegeben zu werden, der Compiler erkennt ihn an den zurückgegebenen Werten.

Als Nächstes dürfen, wenn der Lambda-Ausdruck nur einen Parameter benötigt, die Klammern um den Parameter entfallen:

```
song -> {
    return "Unbekannter Künstler".equals(song.getInterpret());
}
```

Listing 11.6 Klammern um einzelne Parameter werden nicht benötigt.

Hat der Lambda-Ausdruck allerdings keine Parameter, dann müssen die Klammern wieder hin. `() -> 5` ist ein gültiger Lambda-Ausdruck, der keine Parameter erwartet und die Zahl 5 zurückgibt.

An dieser Stelle können Sie immer noch weiter verkürzen, wenn der Rumpf des Lambda-Ausdrucks nur aus einem Ausdruck besteht, also einer einzelnen Anweisung, die zu einem Wert ausgewertet wird: Vergleich, Berechnung oder Methodenaufruf. In diesem Fall müssen Sie nur diesen Wert-Ausdruck angeben, ohne geschweifte Klammern, ohne Semikolon und ohne `return`:

```
song -> "Unbekannter Künstler".equals(song.getInterpret())
```

Listing 11.7 Der kürzeste Lambda-Ausdruck

Es gibt allerdings keine Zwischenschritte. Entweder Sie geben einen Ausdruck an wie im letzten Beispiel, oder Sie geben einen Block mit geschweiften Klammern, `return` und Semikolon an. Die bevorzugte Weise ist die kürzere, deshalb sollten Sie nur zur Block-Schreibweise greifen, wenn Ihr Lambda-Ausdruck nicht nur aus einem Wert-Ausdruck, sondern aus einem oder mehreren vollständigen Statements besteht, zum Beispiel einem `if`-Statement.

```
(s1, s2) -> {
    if (aufsteigend){
        return s1.getLaengeInSekunden() - s2.getLaengeInSekunden();
    } else {
        return s2.getLaengeInSekunden() - s1.getLaengeInSekunden();
    }
}
```

Listing 11.8 Hier müssen die äußeren geschweiften Klammern und Returns sein.

Und falls Sie sich wundern, wo in diesem Beispiel die Variable `aufsteigend` herkommt: Genau wie anonyme innere Klassen können Lambdas auf lokale Variablen ihrer Umgebung zugreifen. Diese lokalen Variablen müssen nicht einmal als `final` deklariert werden, es reicht aus, wenn sie *effektiv final* sind: Ihnen darf im Lambda-Ausdruck oder nach dem Lambda-Ausdruck kein neuer Wert mehr zugewiesen werden.

Methodenreferenzen

In bestimmten Fällen ist sogar das letzte Beispiel mit einem einzelnen Ausdruck noch nicht das kürzeste. Wenn Ihr Lambda-Ausdruck nur am einzigen übergebenen Parameter eine Methode aufruft und deren Rückgabewert weitergibt, dann können Sie statt des Lambda-Ausdrucks eine *Methodenreferenz* angeben. Die folgenden beiden Aufrufe haben die gleiche Wirkung.

```
Comparator.comparing(song -> song.getSterne());
Comparator.comparing(Song::getSterne);
```

Listing 11.9 Vom Lambda-Ausdruck zur Methodenreferenz

Methodenreferenzen erkennen Sie am doppelten Doppelpunkt, das ist kein Schreibfehler, es wird wirklich die Zeichenfolge `::` verwendet. Davor steht die Klasse, dahinter die Methode. Achten Sie darauf, dass Sie bei der Methodenreferenz keine Klammern nach dem Methodennamen setzen. Sie rufen die Methode an dieser Stelle nicht auf, sondern Sie übergeben eine Referenz auf diese Methode.

Die gezeigte Referenz `Song::getSterne` ist eine *ungebundene Referenz*: Sie bezeichnet nicht die `getSterne`-Methode eines bestimmten Objekts, sondern kann auf beliebige

Objekte der Klasse Song angewendet werden. Wenn vor dem doppelten Doppelpunkt keine Klasse, sondern eine Objektreferenz steht, dann ist die Methodenreferenz gebunden und meint immer die Methode dieses einen Objekts.

```
Musicplayer player = new Musicplayer();
songs
        .filter(s -> s. getSterne() == 5)
        .forEach(player::play);
```

Listing 11.10 Alle Songs mit fünf Sternen abspielen

Die Referenz player::play meint immer die play-Methode des Musicplayer, den die Variable player referenziert. Mit Lambda-Ausdrücken, ohne Methodenreferenz, sähe das Beispiel dagegen so aus:

```
Musicplayer player = new Musicplayer();
songs
        .filter(s -> s. getSterne() == 5)
        .forEach(s -> player.play(s));
```

Listing 11.11 Alle Fünf-Sterne-Songs, mit Lambda-Syntax

11.1.2 Wie funktioniert das?

Lambda-Ausdrücke sehen nach schwarzer Magie aus, sie passen nicht in Javas Typsystem. Was ist der Parametertyp einer Methode, die mit einem Lambda-Ausdruck aufgerufen wird?

Was auf den ersten Blick mysteriös aussieht, erweist sich aber bei näherem Hinsehen als ganz einfach. Zentral zum Verständnis, wie Lambda-Ausdrücke in Java funktionieren, ist der Begriff des *funktionalen Interface*. Ein funktionales Interface ist ein Interface, das nur eine Methode definiert. Das war, bis mit Java 8 Lambdas eingeführt wurden, eine übliche Möglichkeit, in Java Funktionalität als Parameter zu übergeben. Sie haben bereits Beispiele für solche Interfaces und ihre Anwendung gesehen.

```
Arrays.sort(einArray, new Comparator(){
    public int compareTo(Object o1, Object o2){…}
});
```

Listing 11.12 Anonyme Implementierung eines funktionalen Interface

Comparator ist ein funktionales Interface, es deklariert nur die Methode compareTo. Sie können sogar erkennen, dass dieselbe Idee zugrunde liegt wie bei den Lambda-Ausdrücken: Mit dem Comparator übergeben Sie das Wesentliche, nämlich die Sortierreihenfolge für die sort-Methode, ohne sich um das Übliche, den Sortieralgorithmus, kümmern zu müssen. Nur die Syntax ist um einiges unhandlicher.

Aber jetzt gibt es die kürzeren, prägnanteren Lambda-Ausdrücke, und sie lassen sich überall da einsetzen, wo ein funktionales Interface als Parametertyp angegeben wird. Das bedeutet, dass Sie auch als Comparator ein Lambda übergeben können.

```
Arrays.sort(songs, (song1, song2) ->
  song1.getLaengeInSekunden() - song2.getLaengeInSekunden())
```

Listing 11.13 Lambda statt anonymer Implementierung

Und das funktioniert wirklich mit allen funktionalen Interfaces, auch mit Ihren eigenen. Wenn Sie ein Interface deklarieren, das nur eine Methode enthält, dann können Sie, um dieses Interface zu implementieren, auch Lambda-Ausdrücke verwenden. Es gibt zwar die Annotation @FunctionalInterface, mit der Sie funktionale Interfaces markieren, sie ist aber nicht nötig, damit Lambda-Ausdrücke mit dem Interface funktionieren. Die Annotation hat aber den Vorteil, dass der Compiler für derart annotierte Interfaces sicherstellt, dass sie nur eine Methode deklarieren. Wenn Sie eine weitere Methode hinzufügen, gibt es einen Compilerfehler, denn das Interface ist dann kein funktionales mehr.

Eine Methode, die ein solches Interface als Parametertyp hat, muss nichts von Lambdas wissen. Innerhalb einer solchen Methode arbeiten Sie wie gewohnt mit dem Interface.

```
public interface IntExtraktor<T>{
    public int extrahiere(T eingabe);
}
```

Listing 11.14 Ein funktionales Interface

```
public static <T> long summiere(List<T> tees, IntExtraktor<T> extraktor){
    long result = 0;
    for (T tee : tees){
        result += extraktor.extrahiere(tee);
    }
    return result;
}
```

Listing 11.15 Methode, die ein funktionales Interface als Parameter erwartet

```
summiere(songs, Song::getLaengeInSekunden);
```

Listing 11.16 Aufruf der Methode mit einer Methodenreferenz

Sie sehen an diesem Beispiel, wie mächtig das Zusammenspiel zwischen Lambdas und Generics ist. Die Funktion summiere muss nichts von der Klasse Song wissen, sie kann Summen für beliebige Typen berechnen. Die Beziehungen zur Klasse Song sind im übergebenen Lambda-Ausdruck gekapselt. Notwendig ist lediglich die Typverträglichkeit der Parameterliste und des Rückgabewertes, nicht einmal der im Interface deklarierte Methodenname muss bei einer Implementierung mittels Lambda-Ausdruck aufgegriffen werden (im Beispiel extrahiere). (Das eigene Interface IntExtraktor wird hier übrigens nur zur Illustration verwendet, im JDK ist mit ToIntFunction schon ein Interface enthalten, das genau diese Aufgabe erfüllt.)

> **Lambda-Ausdrücke und Closures**
>
> Oft wird für Lambda-Ausdrücke auch der Begriff *Closure* verwendet. Beides gehört zwar fast untrennbar zusammen, ist aber nicht dasselbe.
>
> Ein Lambda-Ausdruck ist definiert als eine »anonyme Funktion«. Er erfüllt dieselbe Aufgabe wie eine Methode, hat aber keinen Namen.
>
> Eine Closure hingegen ist ein Bündel aus einer Funktion und der Umgebung, aus der diese Funktion aufgerufen wurde. Umgebung bedeutet hier: die lokalen Variablen, die zum Zeitpunkt des Funktionsaufrufs im Scope lagen. Sie wissen schon, dass Sie aus Lambda-Ausdrücken und aus anonymen Klassen auf lokale Variablen des umgebenden Scopes zugreifen können. Dass beim Erzeugen der anonymen Objektinstanz oder der Lambda-Instanz eine Closure gebildet wird, macht es möglich, auf die Werte der lokalen Variablen auch dann noch zuzugreifen, wenn sie schon nicht mehr im Scope liegen. Betrachten Sie dazu folgendes Beispiel:
>
> ```
> public static void main(String[] args) throws Exception {
>     IntSupplier test = erzeugeClosure();
>     new Thread(() -> System.out.println(test.getAsInt())).start();
> }
> public static IntSupplier erzeugeClosure() {
>     int wert = 123;
>     return (() -> wert);
> }
> ```
>
> Die Funktion erzeugeClosure gibt eine Instanz des funktionalen Interface IntSupplier zurück, die als Lambda angegeben ist. Die main-Methode führt diese zurückgegebene Instanz in einem neuen Thread aus, indem sie ihre getAsInt-Methode ruft. Obwohl die Variable wert zu diesem Zeitpunkt nicht mehr im Scope liegt – schließlich ist sie eine lokale Variable einer anderen Funktion in einem anderen Thread –, kommt es zur Ausgabe »123«. Das ist möglich, weil die Variable in der Closure, die für den Lambda-Ausdruck erzeugt wird, noch vorhanden ist.
>
> Zusammengefasst bedeutet das: **Der Lambda-Ausdruck ist das, was Sie in Ihrem Code niederschreiben. Erst zur Laufzeit wird daraus und aus der Ausführungsumgebung eine Closure.**

11.1.3 Übung: Zahlen selektieren

Schreiben Sie ein funktionales Interface mit dem Namen ZahlenSelektor, dessen Methode pruefe einen int-Wert als Parameter nimmt und boolean zurückgibt.

Schreiben Sie in ZahlenSelektor eine statische Methode findeErsteN, die einen ZahlenSelektor und einen int-Wert n annimmt. Die Methode soll die ersten n int-Werte größer 0 und kleiner 1.000.000 finden, für die der Selektor true zurückgibt, und diese als int[] zurückgeben.

Benutzen Sie diese Methode, um Folgendes zu finden:

- die ersten zehn Zahlen, die durch 7 teilbar sind
- die ersten zehn Primzahlen
- die Zahlen von 1 bis 10

Die Lösung zu dieser Übung finden Sie im Anhang.

11.1.4 Funktionale Interfaces nur für Lambda-Ausdrücke

Wie oben bereits angedeutet, gibt es neben den fachlich motivierten funktionalen Interfaces wie Comparator auch eine Reihe von Interfaces, deren einziger Zweck es ist, Interfaces für häufig benötigte Formen von Lambda-Ausdrücken bereitzustellen. So gibt es zum Beispiel das Interface ToIntFunction, das immer dann zum Einsatz kommt, wenn Sie durch einen Lambda-Ausdruck aus einem Objekt einen int-Wert machen wollen. Es erfüllt damit denselben Zweck wie das selbst angelegte Interface IntExtraktor, hat aber gegenüber diesem den gewaltigen Vorteil, dass es Teil des JDKs ist und Sie es nicht in jedem Projekt wieder anlegen müssen.

```
public static <T> long summiere(List<T> tees, ToIntFunction<T> func){
    long result = 0;
    for (T tee : tees){
        result += func.applyAsInt(tee);
    }
    return result;
}
```

Listing 11.17 Eine Summe aus Objekten berechnen, mit JDK-Mitteln

Alle Interfaces, die nur dazu da sind, Lambda-Ausdrücke zu ermöglichen, finden Sie im Package java.util.function. Zum Überblick über die rund 40 dort deklarierten Interfaces hilft einmal mehr eine konsequente Namenskonvention. Dabei werden die Interfaces grundlegend nach der Form benannt, also nach Parametern und Rückgabewerten. Diese grundlegenden Interfaces arbeiten mit Objekten. Für Interfaces, die dieselbe Operation für Primitive bereitstellen, wird der Name des primitiven Typs vorangestellt:

- Function<T, R> erwartet ein Objekt vom Typ T als Parameter und gibt ein Objekt vom Typ R zurück.
- ToIntFunction<T> erwartet ein Objekt vom Typ T als Parameter und gibt einen int-Wert zurück.
- DoubleToIntFunction erwartet einen double-Wert als Parameter und gibt einen int-Wert zurück.

Nicht alle möglichen Kombinationen stehen zur Verfügung, aber die am häufigsten gebrauchten sind da. Es gibt die im Folgenden besprochenen grundlegenden Formen von funktionalen Interfaces.

Function

Funktionsobjekte entsprechen in etwa der mathematischen Definition von einstelligen Funktionen: Sie bilden einen Wert auf einen anderen ab. Eine einfache Function ist eine Abbildung von einem Objekt auf ein anderes Objekt, eine ToIntFuction eine Abbildung von einem Objekt auf einen int-Wert usw.

Sie haben im letzten Beispiel bereits eine Anwendung für ToIntFunction gesehen, dort werden Objekte auf einen int-Wert abgebildet, der anschließend zu einer laufenden Summe addiert wird. Auch die Methode Comparator.comparing, die Sie am Anfang des Kapitels kennengelernt haben, erwartet ein Function-Objekt als Parameter.

Comparator<Song> nachTitel = Comparator.comparing(s -> s.getTitel());

Mit diesem Comparator werden Songs nach ihrem Titel sortiert, indem jeder Song auf einen String, seinen Titel, abgebildet wird und nach der natürlichen Reihenfolge dieser Strings sortiert wird. Für genau diesen Fall, dass der Lambda-Ausdruck nur aus einem parameterlosen Methodenaufruf besteht, können Sie auch eine Methodenreferenz verwenden.

Comparator<Song> nachTitel = Comparator.comparing(Song::getTitel);

Funktionen, deren Eingabe- und Ausgabetypen identisch sind, werden als *Unary-Operator* bezeichnet. So gibt es zum Beispiel den IntUnaryOperator, der einen int-Wert auf einen anderen int-Wert abbildet.

Predicate

Prädikate sind eine spezielle Unterart von Funktionen, bei denen der Eingabewert immer auf eine boolean-Ausgabe abgebildet wird. Predicate könnte also auch ToBooleanFunction heißen, hat aber wegen seiner besonderen Bedeutung einen eigenen Namen erhalten. Besonders wichtig sind Prädikate zum Filtern. Wie Sie bereits am

Anfang des Kapitels gesehen haben, können Sie einen Stream mit einem Predicate-Objekt filtern, so dass nur noch die Elemente enthalten sind, die das Prädikat erfüllen, für die der Lambda-Ausdruck also true zurückgibt.

```
List<Song> songs = …;
songs.stream().filter(s -> s. getSterne() == 5).count();
```

Listing 11.18 Hits zählen

So zählen Sie schnell und einfach alle Songs aus Ihrer Sammlung, denen Sie fünf Sterne gegeben haben.

Da Prädikate einen booleschen Wert zurückgeben, können Sie auch die logischen Operatoren AND, OR und NOT auf sie anwenden und so mehrere Prädikate zu einem verknüpfen. So können Sie zum Beispiel beim Filtern eines Streams komplexere Suchkriterien angeben:

```
private static Predicate<Song> baueSuchPredicate(String suchtitel,
  String suchinterpret, int suchsterne) {
    Predicate<Song> filter = (s->true);
    if (suchtitel != null){
        filter = filter.and(s ->
                s.getTitel().startsWith(suchtitel));
    }
    if (suchinterpret != null){
        filter = filter.and(s ->
                s.getInterpret().startsWith(suchinterpret));
    }
    if (suchsterne > 0){
        filter = filter.and(s -> s. getSterne() >= suchsterne);
    }
    return filter;
}
```

Listing 11.19 Ein komplexes Prädikat, nach und nach aufgebaut

So können Sie komplexe Suchkriterien nach Bedarf aufbauen. Hat der Benutzer keinen Suchtitel eingegeben, dann wird dieser Teil des Prädikats auch nicht erzeugt. Trotzdem entsteht so ein einziges Objekt, das Sie später zum Beispiel wieder an filter übergeben können.

Die Initialisierung mit Predicate<Song> filter = (s->true) wird deshalb so vorgenommen, damit es ein erstes Objekt gibt, an dem Sie überhaupt and rufen können. Anderenfalls müssten Sie bei jedem Suchattribut wieder prüfen, ob es schon einen Filter gibt, falls ja and rufen und falls nein einen erzeugen.

Consumer

Consumer und seine Abarten sind Funktionen ohne Rückgabewert; sie erwarten einen Parameter, den sie verarbeiten, liefern aber kein Ergebnis. Das klingt zunächst wenig nützlich, aber nur weil kein Ergebnis zurückgegeben wird, bedeutet das nicht, dass mit dem übergebenen Wert nichts passiert. Betrachten Sie das folgende kurze Beispiel:

```
public static void main(String[] args) throws IOException{
    liesStrings((s) -> System.out.println(s));
}

public static void liesStrings(Consumer<String> sink) throws IOException{
    BufferedReader in = new BufferedReader(new InputStreamReader(System.in));
    String line;
    while (!"".equals(line = in.readLine())){
        sink.accept(line);
    }
}
```

Listing 11.20 Textzeilen lesen und konsumieren

Die Methode `liesStrings` liest so lange beliebig viele Strings von der Standardeingabe, bis eine leere Zeile gelesen wird, und gibt jede gelesene Zeile an den übergebenen Consumer<String> weiter. Im Beispiel werden die gelesenen Strings nur wieder auf die Standardausgabe ausgegeben, aber dieselbe Methode `liesStrings` könnte die Eingaben auch in einer Liste sammeln oder jede Zeile als Kommando interpretieren, das ausgeführt werden soll.

```
//Zeilen in eine Liste lesen
List<String> zeilen = new ArrayList<>();
liesStrings(zeilen::add);
//Zeilen als Kommandos ausführen
liesStrings(this::fuehreKommandoAus);
```

Listing 11.21 Andere Consumer für »liesStrings«

Supplier

Supplier sind das Gegenstück zum Consumer, sie haben keine Parameter, geben aber etwas zurück. Die Frage stellt sich hier noch mehr, welchen Zweck das hat. Wenn Sie eine Methode übergeben, die ohne weitere Eingaben einen Wert zurückgibt, warum dann nicht gleich den Wert übergeben? Welchen Sinn kann ein solcher Aufruf

```
zeigeNachricht(() -> entschluessleNachricht(nachricht))
```

gegenüber dem folgenden, einfacheren haben?

```
zeigeNachricht(entschluessleNachricht(nachricht))
```

In diesem Beispiel können Sie unnötigen Rechenaufwand vermeiden. Die Methode `zeigeNachricht` stammt aus einem fiktiven E-Mail-Client, der Verschlüsselung beherrscht. Ihre Implementierung könnte so aussehen:

```
public zeigeNachricht(String nachricht){
    if (zeigeVorschau)
        System.out.println(nachricht);
}
```

Listing 11.22 Ohne »Supplier«

In dieser Variante wird die entschlüsselte Nachricht an die Methode übergeben, obwohl noch nicht klar ist, ob sie überhaupt benötigt wird. Wenn `zeigeVorschau` false ist, dann wird der Parameter ignoriert, und die potenziell teure Entschlüsselung war umsonst. Nicht so bei der Variante mit Supplier:

```
public zeigeNachricht(Supplier<String> nachricht){
    if (zeigeVorschau)
        System.out.println(nachricht.get());
}
```

Listing 11.23 Mit »Supplier«

In dieser zweiten Variante wird die Nachricht erst dann entschlüsselt, wenn am Supplier `get` gerufen wird, nicht früher. Und wenn keine Vorschau angezeigt werden soll, dann wird die Nachricht nie entschlüsselt.

Es gibt aber auch weniger kryptische Anwendungsfälle für Supplier. Sie können zum Beispiel einen Supplier erzeugen, der bei jedem Aufruf eine neue Zufallszahl zurückgibt:

```
Random rnd = new Random();
spiele(() -> rnd.nextInt(6) + 1);
```

Listing 11.24 Spielen mit einem fairen Würfel

Aber warum sollten Sie das tun, die Methode `spiele` könnte doch auch direkt mit dem `Random`-Objekt arbeiten? Das ist zwar richtig, aber mit dieser Lösung können Sie in einem Testfall das tun:

```
spiele(() -> 4);
```

Listing 11.25 Ein weniger fairer Würfel

Denn nichts ist zum Testen unpraktischer als der Zufall.

BiFunction, BiPredicate, BiConsumer

Zu `Function`, `Predicate` und `Consumer` gibt es jeweils noch eine Variante mit einem vorangestellten Bi-, also `BiFunction`, `BiPredicate` und `BiConsumer`. Diese unterscheiden sich von ihren einfachen Gegenstücken dadurch, dass sie zwei Parameter nehmen anstelle von einem. Ein `BiPredicate` bildet also zum Beispiel zwei Objekte auf einen `boolean`-Wert ab. Funktionen, die zwei gleichartige Werte auf einen dritten Wert desselben Typs abbilden, heißen `BinaryOperator`.

11.1.5 Übung: Funktionen

Schreiben Sie eine Methode, die mathematische Funktionen auf `int[]`-Arrays anwendet. Das heißt, Ihre Methode soll ein `int[]` und eine Rechenvorschrift als Parameter annehmen und ein Array zurückgeben, das die Ergebnisse der Rechenvorschrift angewendet auf das übergebene Array enthält. Verwenden Sie diese Methode, um

- alle Werte der Eingabe zu verdoppeln,
- alle Werte der Eingabe zu quadrieren,
- den Betrag aller Werte der Eingabe zu berechnen und
- alle Werte auf den nächsten Zehner zu runden.

Die Lösung zu dieser Übung finden Sie im Anhang.

11.2 Die Stream-API

Lambda-Ausdrücke sind großartig, aber ohne APIs, die sie auch großflächig verwenden, wären sie nur ein weiteres Stück syntaktischer Zucker, der zwar den Code etwas verkürzt, aber keine riesige Veränderung herbeiführt.

Aber mit ihrer Einführung wurden auch viele neue APIs bereitgestellt und alte APIs erweitert, so dass sie jetzt Lambda-Ausdrücke verwenden, und außerdem das zugrunde liegende Paradigma weitertragen: Sie sollen im Code die Absicht des Entwicklers auf den ersten Blick erkennen. Blicken wir noch einmal zurück auf den Einstieg in dieses Kapitel und das erste Beispiel, das Lambda-Ausdrücke verwendet:

```
int sekunden = songs.stream()
        .filter(song -> "Unbekannter Künstler".equals(song.getInterpret()))
        .filter(song -> song.getSterne() > 4)
        .sorted(Comparator.comparing(Song:: getLaengeInSekunden).reversed())
        .limit(100)
        .mapToInt(Song::getLaengeInSekunden)
        .sum();
```

Die Lambda-Ausdrücke sind hier nicht das Einzige, vielleicht nicht einmal der Hauptpunkt, der die Absicht offensichtlich macht. Das konsequente Fluent Interface der Stream-API macht es möglich, dass Sie mit einem Blick erkennen, was in jeder Zeile passiert.

Das ist natürlich trotzdem der Verdienst der Lambda-Ausdrücke, denn ohne sie wäre es gar nicht möglich gewesen, ein solches Interface in dieser übersichtlichen Form zu nutzen. Übergäben Sie jedem dieser Methodenaufrufe ein funktionales Objekt, dann würde das niemand mehr übersichtlich nennen.

Es gibt in Java an vielen Stellen solche absichtsbasierten Interfaces, aber das prominenteste ist die Stream-API, eine komplett andere Art, in Java mit Listen von Daten umzugehen. Im Beispiel oben haben Sie bereits gesehen, wie Sie aus einer Liste im Sinne des List-Interface einen Stream erzeugen. Aber auch vieles, was zwar umgangssprachlich eine Liste ist, in Java aber nicht List oder Collection implementiert, kann einen Stream erzeugen. Ganz natürlich geht dies aus einem Array mit der Methode Arrays.stream. Zu beachten ist hierbei, dass die als Quelle zugrunde liegende Datenstruktur (Collection, Array) unverändert bleibt, auch bei Sortierung oder Filterung. Aber Sie können zum Beispiel auch die Zeilen einer Textdatei als Stream verarbeiten. Oder Sie können ganz einfach einen Strom aller Zahlen aus einem Intervall erzeugen:

```
IntStream.range(0, 1000000)
        .filter(i -> i % 3 == 0)
        .forEach(System.out::println);
```

Listing 11.26 Zahlenstrom

So geben Sie alle Vielfachen von 3 zwischen 0 und 1.000.000 aus. Das hätte zwar auch mit einer for-Schleife funktioniert, aber auch hier wird die Absicht etwas klarer und die Wahrscheinlichkeit, einen Fehler zu programmieren, etwas geringer.

Aber warum müssen Sie für diese schöne neue Syntax eine weitere API lernen? Man hätte schließlich auch Collection-Methoden hinzufügen können, die Lambda-Ausdrücke verarbeiten. Und auch ein Zahlenintervall hätte man als Liste erzeugen können.

Ja, das wäre möglich gewesen, aber Streams haben gegenüber dieser Lösung eine Eigenschaft, die jeder Programmierer zu schätzen weiß: Sie sind faul. Ein Stream produziert nicht mehr Daten, als er muss, und spart so Rechenzeit und Speicher. Das macht kaum einen Unterschied, wenn Sie den Stream aus einer List erzeugen (bis auf, wie gesagt, die Unveränderlichkeit der Liste zum Beispiel bei Sortierung des Streams). Diese liegt sowieso im Speicher, der Stream kopiert nicht alle Werte. Etwas anderes ist es aber, wenn der Stream aus einer anderen Quelle stammt, zum Beispiel einer Datei.

```
BufferedReader shakespeare = new BufferedReader(new FileReader("macbeth.txt"))
shakespeare.lines()
    .filter(line -> line.toLowerCase().contains("macbeth"))
    .findFirst()
    .ifPresent(System.out::println);
```
Listing 11.27 Literaturanalyse mit Streams

Hier werden wichtige Alltagsprobleme mit Java gelöst: In welcher Zeile von Shakespeares Macbeth wird der gute Macbeth zum ersten Mal namentlich erwähnt? In meiner Edition ist das Zeile 13: »THIRD WITCH. There to meet with Macbeth.« Sie können das in Ihrer Edition, die Sie zweifellos auf der Festplatte haben, gerne prüfen.

Jetzt kommt zum Tragen, dass Streams faul sind: Da nur die erste Zeile gesucht ist, deshalb die Methode findFirst, werden die weiteren Zeilen gar nicht eingelesen, nach Zeile 13 steht ein Ergebnis fest und wird ausgegeben.

Sollte dagegen aus den Zeilen der Textdatei eine List aufgebaut werden, auf der die weiteren Operationen durchgeführt werden sollen, dann müssten zunächst alle rund 3.000 Zeilen des Stücks geladen werden, nur um dann 2.987 von ihnen völlig zu ignorieren. Deswegen sagt man, Streams seien faul (*lazy*) und tun nur das Nötigste.

Streams sind eine in Java neue Art, mit Listen von Daten umzugehen, aber Sie sind kein Ersatz für Collections und Arrays, eher eine Ergänzung. Streams haben nämlich eine Eigenschaft nicht, die die anderen Datenstrukturen haben: Permanenz. In einer Collection speichern Sie Daten, um bei Bedarf wieder darauf zuzugreifen, und zwar beliebig oft. Ein Stream dient der Verarbeitung von Daten. Sie können den Inhalt eines Streams genau einmal auslesen, danach ist er weg und nicht mehr zurückzubekommen. Insofern gleicht ein Stream eher einem Iterator als einer Collection. Wenn Sie auf die Ausgabe der Pipeline wieder nach Belieben zugreifen wollen, dann müssen Sie sie wieder in einer Collection sammeln (siehe Abschnitt 11.2.5, »Daten aus einem Stream sammeln – ›Stream.collect‹«).

11.2.1 Intermediäre und terminale Methoden

Dass ein Stream faul sein kann, liegt daran, dass er von seiner letzten Methode gesteuert wird. In diesem Fall ist das findFirst und nicht etwa ifPresent: findFirst gibt keinen Stream mehr zurück, sondern ein Optional (mehr zu denen gleich), und ifPresent ist eine Methode davon. findFirst ist eine *terminale Methode*, also eine, die am Ende der Stream-Verarbeitung steht. filter dagegen ist eine intermediäre Methode, sie steht in der Mitte der »Pipeline«.

Der Unterschied zwischen terminalen und intermediären Methoden ist einfach: Intermediäre Methoden geben wieder einen Stream zurück, mit dem Sie weiterarbeiten können, terminale Methoden geben einen anderen Ergebnistyp zurück. Es entsteht so eine Pipeline, die durch die terminale Methode gesteuert wird. Sie »zieht« Daten aus dem Stream, und erst durch die terminale Methode werden überhaupt Daten aus dem Stream gelesen. Solange Sie nur intermediäre Methoden aufrufen, passiert im Stream noch nichts. Schauen Sie sich an, was im Beispiel passiert:

- Die Methode `BufferedReader.lines` erzeugt einen `Stream<String>`. Es werden noch keine Daten gelesen.
- Aus diesem Stream wird mit `filter` ein neuer Stream erzeugt, der die Filteranweisung verarbeitet. Es werden noch immer keine Daten gelesen.
- Die terminale Methode `findFirst` wird gerufen. Nun beginnt die Verarbeitung.
- `findFirst` liest das erste Element aus dem gefilterten Stream.
- Der gefilterte Stream liest das erste Element des ungefilterten Streams und wertet sein Prädikat `line.toLowerCase().contains("macbeth")` aus.
- Die erste Zeile `" ACT I. SCENE I."` wird vom Filter zurückgewiesen. Der gefilterte Stream liest die zweite Zeile des ungefilterten Streams und wendet erneut sein Prädikat an. Auch diese Zeile wird zurückgewiesen.
- Erst Zeile Nummer 13 wird vom Filter akzeptiert. Jetzt macht der gefilterte Stream seine erste Rückgabe: `" THIRD WITCH. There to meet with Macbeth."`
- `findFirst` empfängt die Rückgabe vom gefilterten Stream. Es benötigt keine weiteren Ergebnisse, schließlich wird nur der erste Treffer gesucht, deshalb wird kein weiteres Element aus dem gefilterten Stream gelesen.
- `findFirst` schließt den gefilterten Stream und gibt das gefundene Ergebnis (richtiger ein `Optional` mit dem gefundenen Ergebnis) zurück.
- Was ist wirklich passiert? Es wurden 13 Zeilen aus dem ungefilterten Stream gelesen, davon wurde eine Zeile in den gefilterten Stream weitergeschrieben. Mehr nicht.

Sie sehen, was gemeint ist, wenn Streams als faul bezeichnet werden. Es wurde keine Zeile mehr gelesen, als für die Erfüllung der Aufgabe notwendig war. Streams sind nicht nur sehr gut darin, Ihre Absichten in Code auszudrücken, sie sind dabei auch noch äußerst effizient.

> **Intermediäre Operationen mit Zustand**
>
> Dass ein Stream nur so viele Informationen liest, wie er auch wirklich benötigt, ist schön und meistens richtig, es gibt aber leider ein paar Ausnahmen. Manche intermediären Operationen müssen den gesamten Stream lesen, um ihre Aufgabe erfüllen zu können. Welche Methoden das sind, ist mit etwas gesundem Menschenver-

> stand meistens zu erkennen. Es ist einfach nicht möglich, einen Stream zu sortieren, ohne alle Elemente zu kennen, denn es wäre sonst nie sicher, ob nicht doch noch ein kleineres Element kommt, das am Anfang des sortierten Streams stehen muss. Die Methode sorted muss deshalb, obwohl sie intermediär ist, den gesamten Stream einlesen. Andere Methoden müssen zwar nicht den gesamten Stream lesen, aber sich Daten über bereits gelesene Elemente merken. Die Methode distinct sorgt dafür, dass keine Elemente im Stream doppelt vorkommen, dafür muss sie alle bereits gelesenen Elemente im Speicher halten. Man sagt allgemein, dass diese intermediären Operationen einen Zustand haben: Sie sind *stateful*.
>
> Durch diesen Zustand sind sie bei der Verarbeitung von großen Streams durch ihren Speicherverbrauch ein Risiko. Und der Versuch, einen endlosen Stream (siehe Abschnitt 11.2.3) zu sortieren, ist aus offensichtlichen Gründen auch keine gute Idee.

Und zu Streams gehört schon ein großer Werkzeugkasten an intermediären und terminalen Methoden, die Sie zu fast jeder gewünschten Pipeline zusammenstecken können. Soweit nicht anders angegeben, gibt es alle diese Methoden nicht nur in Stream, sondern auch in den Primitiv-Streams DoubleStream, IntStream und LongStream. Im allgemeinen Stream für Objekte sind alle Methoden so mit Generics versehen, dass Sie sich normalerweise keine Gedanken um den Typ machen müssen: Es kommt das heraus, was Sie erwarten.

Intermediäre Operationen

▶ Sortieren

Sie haben die Methode sorted im Beispiel schon gesehen, und viel mehr gibt es auch nicht dazu zu sagen. Einen Stream können Sie entweder nach seiner natürlichen Ordnung sortieren, wenn seine Elemente Comparable implementieren, oder mit einem übergebenen Comparator. Bei einem primitiven Stream können Sie keinen Comparator übergeben, Zahlentypen werden immer nach ihrer natürlichen Ordnung sortiert. In allen Fällen bleibt der Inhalt der Datenquelle unverändert, auch trifft immer die Warnung aus dem Kasten »Intermediäre Operationen mit Zustand« zu: Zum Sortieren *muss* der Stream komplett gelesen werden.

```
tagestemperaturen
        .sorted(Comparator
            .comparing(Tagestemperatur::getTemperatur)
            .reversed())
        .findFirst();
```

Listing 11.28 Den heißesten Tag im Jahr finden: zuerst absteigend nach Temperatur sortieren, dann das erste Element nehmen

▶ **Limitieren**
Häufig wollen Sie gar nicht auf dem gesamten Stream arbeiten, Ihnen reicht der Anfang. Mit `limit` können Sie einen Stream auf eine beliebige Anzahl von Elementen beschränken. Auch wenn der darunterliegende Stream mehr Elemente hätte, endet der limitierte Stream, wenn seine Anzahl erreicht ist.

```
songs
        .sorted(Comparator.comparing(Song::getSterne).reversed())
        .limit(10)
        .forEach(song -> System.out.println(song.getTitel()));
```

Listing 11.29 Die zehn besten Songs aus Ihrer Sammlung: sortieren, limitieren, ausgeben

▶ **Überspringen**
Manchmal wollen Sie nicht, wie mit `limit`, die ersten n Zeilen haben, sondern genau diese Zeilen überspringen, zum Beispiel wenn Sie Temperaturdaten aus der folgenden Datei einlesen möchten:

```
Höchsttemperaturen Bonn
Datum;Temperatur
21.6.2014;21
22.6.2014;22
23.6.2014;22
...
```

Listing 11.30 Temperaturdaten

Jede Zeile enthält Datum und Höchsttemperatur des Tages, durch ein Semikolon getrennt – ein häufiges Dateiformat und nicht schwierig zu lesen. Aber die ersten beiden Zeilen mit Überschriften interessieren nicht.

```
daten.lines()
        .skip(2)
        .map(TemperaturMessung::parse)
        ...
```

Listing 11.31 Temperaturdaten lesen: Zwei Zeilen werden übersprungen, jede weitere Zeile wird in ein Objekt geparst und weiterverarbeitet.

▶ **Filtern**
Auch die `filter`-Methode kennen Sie bereits. Sie übergeben ihr ein `Predicate`, und nur solche Elemente, für die dieses `Predicate true` liefert, werden im Stream weitergereicht.

```
kandidaten
        .filter(k -> k.getHaarfarbe().equals("rot")
```

```
                && k.getAugenfarbe().equals("grün"))
        .forEach(k -> sprichAn(k))
;
```

Listing 11.32 Vorauswahl beim Speeddating: Wenn ein Partner Ihrem Typ entspricht, sprechen Sie ihn oder sie an.

▶ **Einmaligkeit**

Wenn Sie sicher sein müssen, dass keine Elemente im Stream doppelt vorkommen, können Sie das mit `distinct` gewährleisten. Damit merkt der Strom sich alle Elemente, die bereits einmal vorkamen, und gibt sie kein zweites Mal zurück. Bei Streams von Objekten wird Gleichheit mit `equals` bestimmt. Bedenken Sie auch hierbei die Warnung von oben: `distinct` ist eine Operation mit Zustand und kann für lange Streams viel Speicher belegen.

```
anmeldungen
    .distinct()
    .count();
```

Listing 11.33 Wie viele Leute sind zur Weihnachtsfeier angemeldet? Doppelanmeldungen werden ausgefiltert.

▶ **Abbilden**

Hierunter fallen alle Operationen, die aus den Werten ihres Eingabestroms die Werte ihres Ausgabestroms in irgendeiner Form berechnen. Häufig wird dabei eine Eigenschaft aus einem Objekt ausgelesen, etwa so:

```
personen
    .map(Person::getName)
    .forEach(System.out::println);
```

Das muss aber nicht sein, Sie können jede beliebige `Function` für die Abbildung übergeben. Mit der `map`-Methode ist der Ausgabe-Stream wieder ein Stream von Objekten; wenn das Ergebnis der `Function` ein primitiver Typ ist, wird er dazu in den passenden Wrapper konvertiert. Wenn Sie einen Stream von primitiven Typen als Ausgabe benötigen, gibt es dafür die Methoden `mapToInt`, `mapToLong` und `mapToDouble`.

Etwas komplexer sind die Methode `flatMap` und ihre primitiven Gegenstücke. Sie erwarten als Parameter eine Funktion, die aus jedem Eingabeelement einen Stream erzeugt. Die Ausgabe von `flatMap` ist ein Stream, in dem die Elemente aller dieser Streams jeweils nacheinander zu einem Ausgabe-Stream zusammengefasst sind. Das klingt möglicherweise komplizierter, als es tatsächlich ist. Als Beispiel soll das Stadtfest im bekannten Simpsons-Städtchen Springfield dienen. Eine Anmeldung war erforderlich, und von jeder Anmeldung wird erwartet, dass die gesamte Familie mitkommt. Anmeldungen sind in einem Objekt vom Typ Person gespeichert, das den Namen der Person enthält, seinen oder ihren Partner als weiteres Person-Objekt und die Kinder als Liste von Personen. Angemeldet sind:

- Marge Simpson mit Partner Homer Simpson und den Kindern Bart, Lisa und Maggie
- Carl mit Partner Lenny
- Ned Flanders mit seinen Kindern Rod und Todd

Von den ursprünglichen drei Personen ausgehend soll nun eine Liste ausgegeben werden, die alle erwarteten Gäste enthält:

```
anmeldungen
        .flatMap(p -> Stream.concat(
            Stream.of(p, p.getPartner()),
            p.getKinder().stream()))
        .filter(p -> p != null)
        .map(Person::getName)
        .forEach(System.out::println);
```

Listing 11.34 Die Gästeliste wird berechnet.

Mit flatMap ist die Liste schnell erzeugt, aber was genau passiert, ist auch mit Lambda-Ausdrücken nicht mehr sofort offensichtlich. Die an flatMap übergebene Function tut Folgendes:

a) Mit Stream.of wird ein Stream erzeugt, der die Person selbst und ihren Partner enthält. Dank Varargs können Sie Stream.of einfach alle Elemente übergeben, die der so erzeugte Stream enthalten soll.

b) Aus der Liste von Kindern wird ein weiterer Stream erzeugt. Da die Kinder in einer Collection gespeichert sind, geht das mit der stream-Methode.

c) Diese beiden Streams werden mit Stream.concat zusammengesetzt. Die Methode gibt einen Stream zurück, der als Erstes alle Elemente des ersten übergebenen Streams und danach alle Elemente des zweiten übergebenen Streams enthält.

d) flatMap wird für jede Person aus anmeldungen gerufen, intern werden dadurch drei Streams erzeugt: [Marge Simpson, Homer Simpson, Bart, Lisa, Maggie], [Carl, Lenny] und [Ned Flanders, null, Tod Rodd]. Da Ned Flanders keinen Partner (mehr) hat, resultiert aus p.getPartner() ein null-Wert; dieser wird von der späteren filter-Anweisung wieder entfernt werden.

e) flatMap gibt aber nicht einen Stream pro Eingabeelement zurück (das käme bei map heraus), sondern nur einen langen Stream. Daher auch der Name flatMap: Anstatt einen Stream von Streams auszugeben, ist die Ausgabe flach. Der so erzeugte Stream enthält also [Marge Simpson, Homer Simpson, Bart, Lisa, Maggie, Carl, Lenny, Ned Flanders, null, Tod Rodd].

flatMap ist die einzige Möglichkeit, wie der ausgegebene Stream mehr Elemente enthalten kann als der eingegebene. Das war doch schlussendlich wirklich einfacher, als es zunächst klang, oder?

▶ **Spicken**

Spicken klingt vielleicht sehr salopp, aber genau das bedeutet der Methodenname peek, und genau das tut die Methode: Sie schaut in den vorbeiziehenden Stream.

Weniger salopp ausgedrückt: peek gibt genau denselben Stream aus, der auch eingegeben wurde, führt aber für jedes Element einen Consumer aus. Der Inhalt des Streams wird nicht verändert. Mit peek können Sie einem Stream bei der Arbeit zuschauen, was sehr hilfreich ist, wenn Sie auf Fehlersuche sind.

```
shakespeare.lines()
        .peek(line -> System.out.println("Ungefiltert " + line))
        .filter(line -> line.toLowerCase().contains("macbeth"))
        .peek(line -> System.out.println("Gefiltert " + line))
        .findFirst()
        .ifPresent(System.out::println);
```

Listing 11.35 So können Sie sehen, welche Zeilen wirklich aus der Datei kamen und welche den Filter passiert haben.

Aber auch außerhalb vom Debugging gibt es für peek sinnvolle Einsatzmöglichkeiten:

```
anmeldungen
        .peek(p -> bestaetigeAnmeldung(p))
        .flatMap(p -> Stream.concat(Stream.of(
                p, p.getPartner()),
                p.getKinder().stream()))
        .filter(p -> p!= null)
        .map(Person::getName)
        .forEach(System.out::println);
```

Listing 11.36 Beim Erstellen der Gästeliste werden nebenbei Bestätigungen verschickt.

Parallele Streams

Streams können, dank des großen Werkzeugkastens, den sie mitbringen, die Arbeit mit Listen von Daten erheblich vereinfachen. Sie haben aber eine weitere Fähigkeit, die vor allem bei großen Datenmengen extrem nützlich sein kann: Sie können, ohne dass Sie dafür etwas tun müssen, in mehreren Threads arbeiten. Auf modernen Mehrkerncomputern kann das die Datenverarbeitung erheblich beschleunigen.

Sie müssen dazu nicht selbst neue Threads starten, Streams erledigen das für Sie. Manchmal können Sie einen Stream gleich als einen parallelen Stream erzeugen, zum Beispiel indem Sie an einer Collection parallelStream anstelle von stream aufrufen. Sie können einen Stream aber auch nachträglich in einen parallelen Stream umwandeln, indem Sie die Methode parallel rufen, oder wieder zurück in einen sequenziellen Stream, also einen Stream, der in nur einem Thread verarbeitet wird, mit der Methode sequential. Beide Methoden sind intermediär, dadurch können Sie sogar in einer Pipeline einige Schritte parallel und andere sequenziell ausführen.

```
studentenDatei
        .lines()
        .parallel()
        .map(line -> parseStudent(line))
        .filter(student -> student.getNotendurchschnitt() <= 2.0)
        .sequential()
        .forEach(student -> schreibeInDatei(student));
```

Dieses Beispiel soll eine Datei mit Studentendaten einlesen, darin alle Studenten mit einem Notendurchschnitt von 2.0 oder besser finden und diese in eine neue Datei schreiben. Dazu werden zunächst die aus der Datei gelesenen Strings in Student-Objekte gemappt und nach Notendurchschnitt gefiltert. Diese Operationen können parallel ausgeführt werden, ohne dass es zu Fehlern kommt. In die Ausgabedatei muss aber ein Datensatz nach dem anderen geschrieben werden, es können nicht mehrere Threads gleichzeitig in dieselbe Datei schreiben. Dazu wird vor dem terminalen forEach der Stream wieder sequenziell gemacht. So sind die Aufgaben, die in mehreren Threads verarbeitet werden können, parallel, aber die, bei denen es nicht geht, sequenziell.

Terminale Operationen

▶ **Alle Elemente verarbeiten**

Als Methode, die für alle Elemente, die am Ende in einem Stream enthalten sind, dieselbe Operation ausführt, haben Sie in den Beispielen oben schon forEach gesehen. Sie führt den übergebenen Consumer für jedes Element des Streams aus.

```
studentenDatei
        .lines()
        .map(student -> parseStudent(student))
        .filter(student -> student.getNotendurchschnitt() <= 2.0)
        .forEach(student -> schreibeInDatei(student));
```

Listing 11.37 Alle Studenten mit einem Notendurchschnitt von 2,0 oder besser in eine Datei schreiben

▶ **Finden**

Wenn Sie aus einem Stream nicht alle Elemente verarbeiten wollen, sondern nur ein einzelnes benötigen, dann gibt es dafür findFirst oder findAny:

```
Optional<Student> perfekt = studenten
        .filter(student -> student.getNotendurchschnitt() == 1.0)
        .findAny();
```

Listing 11.38 Einen Studenten mit perfektem Notendurchschnitt finden

Beide Methoden sind faul und brechen die Verarbeitung ab, sobald ein Element gefunden wurde. Der Unterschied zwischen ihnen ist, dass findFirst garantiert das erste Element zurückgibt, findAny nur irgendein Element. Dieser Unterschied kommt bei paralleler Verarbeitung zum Tragen, wo das erste gefundene Element nicht notwendig das erste aus dem Stream ist. findFirst stellt in dieser Situation sicher, dass wirklich das erste Element des Streams ausgegeben wird.

Beide Methoden geben ein Optional-Objekt zurück. Mehr dazu finden Sie in Abschnitt 11.3, »Un-Werte als Objekte – ›Optional‹«, aber grob gesagt handelt es sich um einen Umschlag, der ein Objekt ungleich null enthalten oder auch leer sein kann. So wird auch, wenn kein Ergebnis gefunden wurde, ein Objekt zurückgegeben, nicht direkt ein null-Wert. Dadurch können Sie auf dem zurückgegebenen Objekt immer weitere Methoden aufrufen und müssen nicht auf null prüfen, was in der Aufrufkette der Fluent API nicht möglich wäre. Stattdessen können Sie diese Prüfung in die Aufrufkette integrieren.

```
studenten
        .filter(student -> student.getNotendurchschnitt() == 1.0)
        .findAny()
        .ifPresent(s -> verarbeitePerfektenStudenten(s));
```

Listing 11.39 Mit einem »Optional«-Ergebnis arbeiten

Das an ifPresent übergebene Lambda wird nur ausgeführt, wenn das von findAny zurückgegebene Optional ein Ergebnis enthält. Es gibt noch weitere Möglichkeiten, mit einem Optional umzugehen, wie Sie in Abschnitt 11.3 sehen werden.

▶ **Prüfen**

Um nur zu prüfen, ob der Stream Elemente enthält, die einem bestimmten Kriterium entsprechen, ohne diese Elemente zurückzugeben, gibt es drei boolesche Methoden. anyMatch, prüft, ob irgendein Element des Streams zum übergebenen Predicate passt, allMatch prüft, ob alle Elemente passen, und noneMatch schließlich, ob keines der Elemente passt.

```
if (studenten.anyMatch(student ->
        student.getNotendurchschnitt() == 1.0)){
```

```
    ...
}
```
Listing 11.40 Wenn es einen Studenten mit perfektem Notendurchschnitt gibt ...

- **Reduzieren**

Es ist mit Streams auch möglich, einen einzelnen Wert zu berechnen, der den Stream zusammenfasst. Der Inhalt des Streams wird auf diesen einen Wert reduziert, daher auch der Name der Methode für diese Operationen: `reduce`.

```
int gesamtlaenge = songs
        .mapToInt(Song::getLaengeInSekunden)
        .reduce(0, (x, y) -> x+y);
```
Listing 11.41 Die Gesamtlänge aller Songs berechnen

Die `reduce`-Methode funktioniert, indem nacheinander (oder sogar parallel) alle Elemente des Streams durch die übergebene Funktion mit einem Akkumulator verknüpft werden. Der Akkumulator wird mit dem übergebenen Neutralwert der Verknüpfung vorbelegt. Im Beispiel werden also, von einem Wert 0 ausgehend, die Längen aller Songs im Stream addiert, um die Gesamtlänge zu berechnen.

Sie müssen keinen Neutralwert übergeben, dann erhält der Akkumulator anfangs das erste Element (sofern vorhanden), die erste Verknüpfung geschieht mit dem zweiten Element, und das Ergebnis der `reduce`-Operation ist `Optional`.

```
Optional<Song> laengsterSong = songs.reduce((x, y) ->
  x.getLaengeInSekunden() > y.getLaengeInSekunden() ? x : y);
```
Listing 11.42 Einen der längsten Songs finden

Hier wird der längste Song Ihrer Sammlung gesucht. Der ternäre Fragezeichen-Operator gibt immer den längeren der beiden Songs zurück, am Ende bleibt im Akkumulator der längste stehen.

Einige häufige `reduce`-Operationen sind schon als eigene Methoden implementiert. So kennen alle Streams die `count`-Methode, die die Elemente im Stream zählt. Die primitiven Streams besitzen darüber hinaus Reduktionsmethoden, die nur für Zahlen sinnvoll sind: `sum` summiert alle Zahlen im Stream, `min` und `max` finden das kleinste bzw. das größte Element, `average` berechnet den Durchschnitt aller Elemente.

Komplexere Methoden, die aus einem Stream wieder andere Typen gewinnen, zum Beispiel um einen Stream wieder in eine Liste umzuwandeln, werden mit `Collectors` umgesetzt, mehr dazu finden Sie in Abschnitt 11.2.5, »Daten aus einem Stream sammeln – ›Stream.collect‹«.

11.2.2 Übung: Temperaturdaten auswerten

Diese Übung greift ein klein wenig auf das Arbeiten mit Dateien vor. Sie werden sehen, die Zeilen aus einer Datei zu lesen, ist nicht schwer. Verwenden Sie dafür diesen Rahmen:

```
try (BufferedReader reader = new BufferedReader(new FileReader(dateiname))){
    reader.lines()…
}
```

Listing 11.43 Zeilen aus einer Datei lesen

Die Variable `dateiname` ist eine String-Variable, die den Namen einer Datei im aktuellen Verzeichnis enthält. Auf der Kommandozeile ist das das Verzeichnis, in dem Sie sich gerade befinden, in Netbeans ist es das Hauptverzeichnis Ihres Projekts. Sollte Ihnen dieser Teil der Übung Probleme bereiten, verschwenden Sie an dieser Stelle keine Zeit darauf. Kopieren Sie stattdessen den Inhalt der Datei inklusive aller Zeilenumbrüche in eine String-Konstante in Ihrem Programm, und ersetzen Sie im Code `FileReader(dateiname)` durch `StringReader(STRING_KONSTANTE)`.

Im Verzeichnis *Beispieldaten* aus den Downloads zum Buch (*www.rheinwerk-verlag.de/4096*) finden Sie eine Datei namens *temperatur.csv*. Diese Datei enthält Durchschnittstemperaturen für jeden Monat der letzten 50 Jahre. Jede Zeile der Datei enthält die Daten für ein Jahr: In der ersten Spalte steht die Jahreszahl, in den zwölf weiteren Spalten jeweils die Durchschnittstemperatur eines Monats. Spalten sind durch Tabulatoren, in Java-Strings \t, getrennt.

Schreiben Sie ein Programm, das die Datei wie gezeigt einliest und nur unter der Verwendung von Streams das Folgende findet:

- die Temperatur des heißesten Monats des Messzeitraums, nur die Temperatur, nicht welcher Monat es war
- die Temperatur des im Durchschnitt heißesten Jahres
- Jahr und Monat mit der heißesten Temperatur, also die Jahreszahl und den Namen des Monats

Betrachten Sie die drei Aufgaben getrennt. Das heißt auch, dass die Datei dreimal gelesen wird. Implementieren Sie die drei Aufgaben als drei Methoden, die nacheinander ausgeführt werden. Die Lösung zu dieser Übung finden Sie im Anhang.

11.2.3 Endlose Streams

Wie weiter oben bereits angedeutet, ist nicht jeder Stream endlich. Manche Streams erzeugen auch immer weiter Daten nach einer übergebenen Vorschrift. Man nennt diese Art von Streams auch *Generatoren*, weil sie ihre Daten selbst herstellen. Es gibt dazu in Stream und den primitiven Streams jeweils zwei statische Methoden, die einen solchen Stream erzeugen.

Die generate-Methode arbeitet mit einem Supplier. Der so erzeugte Stream enthält nach und nach alle Werte, die dieser Supplier liefert. Ein solcher Stream ist sehr monoton, wenn der übergebene Supplier () -> 1 lautet, aber er ist trotzdem endlos, denn der Supplier wird immer wieder aufgerufen. Aber zum Glück gibt es auch interessantere Supplier.

Die zweite Möglichkeit, einen endlosen Stream zu erzeugen, heißt iterate. Sie erzeugt einen Stream, indem sie eine übergebene Funktion immer wieder auf einen Startwert anwendet. Für einen Startwert n und eine Funktion f heißt das, der erzeugte Stream enthält die Werte [n, f(n), f(f(n)), f(f(f(n))), …].

```
Stream.iterate(BigInteger.ONE, i -> i.multiply(two))
        .limit(1000)
        .forEach(System.out::println);
```

Listing 11.44 Zweierpotenzen

Das Beispiel erzeugt einen Stream aller Zweierpotenzen und gibt die ersten 1.000 aus. Es versteht sich von selbst, dass manche Operationen auf einem endlosen Stream keine gute Idee sind. Ihn zu sortieren, führt eher zu Problemen, und auch bei einem forEach ohne limit sollten Sie sicher sein, was Sie da tun. Für den zweiten Fall gibt es aber durchaus Anwendungen, so können Sie in einem Thread einen endlosen Stream von Ergebnissen erzeugen und jedes gefundene Ergebnis in einem anderen Thread verarbeiten. Im Allgemeinen ist aber Vorsicht geboten.

11.2.4 Übung: Endlose Fibonacci-Zahlen

Nachdem die letzte Übung etwas schwieriger und umfangreicher war, hier diesmal eine kurze Übung: Erzeugen Sie einen endlosen Stream der Fibonacci-Zahlen. Die Fibonaci-Zahlen sind die Elemente einer Zahlenfolge, in der jedes Element die Summe der beiden vorhergehenden Elemente ist. Die beiden ersten Elemente sind per Definition 1. Die ersten zehn Fibonacci-Zahlen sind also:

1. 1
2. 1
3. 2 = 1 + 1
4. 3 = 2 + 1
5. 5 = 3 + 2
6. 8 = 5 + 3
7. 13 = 8 + 5

8. 21 = 13 + 8
9. 34 = 21 + 13
10. 55 = 34 + 21

Geben Sie die ersten 1.000 aus.

Sie dürfen dazu auf eine traditionelle anonyme Klasse zurückgreifen, mit Lambda-Ausdrücken lässt sich dieses Problem nicht so einfach lösen. Überlegen Sie als Zusatzaufgabe, was das Problem mit Lambda-Ausdrücken bei dieser Aufgabe ist. Die Lösung zu dieser Übung finden Sie im Anhang.

11.2.5 Daten aus einem Stream sammeln – »Stream.collect«

Eine terminale Methode fehlt noch in der Übersicht zu Streams: die komplexe, aber dafür auch mächtige collect-Methode. Die Methode ist mit zwei Signaturen überladen, collect(Supplier, BiConsumer, BiConsumer) und collect(Collector), beide sind aber prinzipiell identisch; ein Collector ist lediglich ein Objekt, das die drei Funktionen zusammenfasst und wiederverwendbar macht.

collect sieht etwas bedrohlich aus, weil Sie gleich drei Funktionen übergeben müssen, die zusammen irgendwie Ihre Ausgabe erzeugen sollen. Es ist aber alles gar nicht so schlimm, wie es aussieht, denn jede Funktion hat eine klar definierte Aufgabe:

- Der Supplier erzeugt ein Objekt, in dem gesammelt werden soll. Wenn Sie mit collect eine Liste aus einem Stream erzeugen wollen, dann muss der Supplier diese Liste erzeugen. Warum übergibt man dann nicht gleich das Objekt, in dem gesammelt werden soll? Weil der Supplier in einem parallelen Stream mehrmals gerufen wird: Es werden mehrere Listen erzeugt, die später zusammengefasst werden.

- Der erste BiConsumer, genannt der *Akkumulator*, kombiniert ein Element des Streams mit einem der vom Supplier erzeugten Sammelobjekte. Um beim Beispiel der Liste zu bleiben, fügt diese Funktion der Liste ein Element hinzu.

- Der zweite BiConsumer, der *Kombinator*, fügt zwei Sammelobjekte zu einem zusammen. Diese Funktion sorgt also dafür, dass am Ende nur eine Liste zurückgegeben wird, auch wenn mehrere vom Supplier erzeugt wurden. Damit das funktioniert, muss das Sammelobjekt eine Funktion haben, die diesem Objekt den Inhalt eines anderen Objekts hinzufügt, so wie zum Beispiel die Methode addAll an einer Liste.

Um also insgesamt alle Elemente eines Streams in eine Liste zu sammeln, sähe der Aufruf so aus:

```
List<Person> personen = personenStream.collect(
        ArrayList::new,
```

```
        ArrayList::add,
        ArrayList::addAll);
```
Listing 11.45 Alle Stream-Elemente in einer Liste sammeln

Dabei funktioniert `collect` nicht nur mit Listen, auch wenn der Methodenname nach Collections klingt. Jedes Objekt, das geeignete Methoden bereitstellt, kann zum Sammeln verwendet werden. So sammeln Sie alle Titel aus Ihrer Musiksammlung in einem String:

```
String songliste = songs.collect(StringBuilder::new,
    (acc, el) -> acc.append(el.getTitel()).append("\n"),
    StringBuilder::append).toString();
```
Listing 11.46 »collect« geht auch ohne Listen.

Es ist klar, dass `collect` ein vielseitiges Werkzeug ist, aber wie so viele vielseitige Werkzeuge ist es nicht immer ganz einfach zu bedienen. Die drei richtigen Funktionen für einen `Collector` anzugeben, kann schwierig sein. Wie schon öfter kommt auch hier eine Companion-Klasse mit statischen Methoden zu Hilfe, die viele nützliche Kollektoren bereitstellt. Die meistbenutzten davon sind wahrscheinlich die, die aus einem Stream wieder eine Collection machen:

```
List<Song> songList = songs.collect(Collectors.toList());
Set<Song> songSet = songs.collect(Collectors.toSet());
```
Listing 11.47 Vom Stream zur Collection

Und Kollektoren können mehr als das; die Möglichkeiten aus `Collectors` machen deutlich, wie mächtig die `collect`-Methode ist.

Um einen Durchschnitt zu berechnen oder Elemente zu zählen, brauchen Sie nicht unbedingt einen `Collector`, Sie könnten denselben Effekt mit `mapToDouble().average()` bzw. `count()` erreichen. Dennoch gibt es Kollektoren dafür, zu finden unter `averagingDouble` (bzw. `averagingInt`, `averagingLong`) und `counting`. Besonders interessant wird es, wenn Sie mehr Daten über eine Zahlenreihe brauchen. Die drei Methoden `summarizingDouble`, `summarizingInt` und `summarizingLong` geben jeweils ein passendes `SummaryStatistics`-Objekt zurück (also zum Beispiel `DoubleSummaryStatistics`), in dem Sie die wichtigsten statistischen Daten finden: Minimum, Maximum, Summe und Durchschnitt.

```
DoubleSummaryStatistics statistik = zeilen
    .flatMap(line -> Arrays.stream(line.split("\\s+"))
        .skip(1))
```

```
        .collect(Collectors.summarizingDouble(Double::parseDouble));
System.out.println("Kältester Monat: " + statistik.getMin() + " Grad.");
System.out.println("Wärmster Monat: " + statistik.getMax() + " Grad.");
System.out.println("Durchschnitt: " + statistik.getAverage() + " Grad.");
```

Listing 11.48 Das Wetter, jetzt mit mehr Daten

Für fortgeschrittene statistische Auswertungen reicht das zwar noch nicht, es fehlt zum Beispiel die Varianz, aber wenn Sie diese Funktionalität benötigen, können Sie nach demselben Muster einen eigenen Kollektor schreiben.

Die wohl vielseitigsten collect-Operationen, die Collectors anbietet, sind Partitionierung und Gruppierung. Beide trennen die Elemente im Stream nach einem von Ihnen festgelegten Kriterium in mehrere Gruppen. Der Unterschied zwischen den beiden besteht nur darin, dass partitioningBy Elemente nach einem Prädikat in zwei Gruppen zerlegt, die true-Gruppe und die false-Gruppe, während groupingBy anhand einer Funktion beliebig viele Gruppen erzeugen kann, eine für jeden Wert, den die Funktion zurückgegeben hat. Beide geben eine Map zurück, in der die Schlüssel TRUE/FALSE oder die Rückgabewerte der Funktion sind, die Werte dazu jeweils eine Liste aller Objekte, die in diese Gruppe sortiert wurden.

```
songs.collect(Collectors.groupingBy(Song::getInterpret));
```

Listing 11.49 Songs nach Interpret gruppieren

Das Beispiel gibt eine Map zurück, deren Schlüssel die Namen der Interpreten sind, die dazugehörigen Werte sind Listen aller Songs dieses Interpreten. Wenn Sie noch einen Schritt weiter gehen wollen, können Sie groupingBy und partitioningBy einen weiteren Collector abgeben, der auf die Werte jeder Gruppe angewendet wird.

```
songs.collect(Collectors.groupingBy(
  Song::getInterpret,
  Collectors.maxBy(Comparator.comparing(Song::getSterne))));
```

Listing 11.50 Gruppieren und jede Gruppe weiterverarbeiten

So einfach bekommen Sie den besten Song jedes Künstlers. Erst werden Songs nach Künstler gruppiert, in jeder Gruppe wird der Song mit der maximalen Anzahl Sterne gefunden.

Fast immer ist es egal, welche Art von Map Sie beim Gruppieren oder Partitionieren zurückbekommen, aber in seltenen Fällen wollen Sie eine bestimme Art von Map, zum Beispiel eine SortedMap. Für diesen Fall können Sie auch noch einen Supplier übergeben, der die richtige Map-Implementierung erzeugt.

11.2.6 Übung: Wetterstatistik für Fortgeschrittene

In dieser Übung geht es noch einmal um die Wetterstatistik. Mit den gezeigten Möglichkeiten zur Gruppierung sollen Sie aus derselben Datei wie vorher die Durchschnittstemperatur pro Monat über die letzten 50 Jahre und pro Jahr berechnen. Ihr Programm soll zwei Listen ausgeben, die so aussehen:

Januar: –5 Grad
Februar: –3 Grad
...
1951: 10 Grad
1952: 11 Grad

Das sind natürlich nur Beispielwerte. Die Lösung zu dieser Übung finden Sie im Anhang.

11.3 Un-Werte als Objekte – »Optional«

Eine letzte Klasse bleibt noch in diesem Kapitel zu besprechen, zum einen weil sie ebenfalls mit Lambda-Ausdrücken umgehen kann, zum anderen weil sie von einigen Stream-Operationen zurückgegeben wird. Gemeint ist das oben schon angesprochene Optional.

Optional ist ein Container, der ein einzelnes Objekt ungleich null enthält oder auch kein Objekt, und dient vordergründig dazu, die null-Prüfung in die Aufrufkette einer Fluent API zu integrieren. Es war nicht unbedingt notwendig, diese Möglichkeit zu schaffen, es hätte auch so aussehen können:

```
Song superSong = songs
        .filter(s -> s. getSterne() == 5)
        .findAny();
if (superSong != null){
    spieleSong(superSong);
}
```

Listing 11.51 (Hypothetisches) Beispiel ohne »Optional«

Dieser Code funktioniert so natürlich nicht, weil findAny ja ein Optional<Song> zurückgibt und keinen Song, aber es hätte so aussehen können. Das wäre aber ein unschöner Paradigmenwechsel mitten in der Verarbeitung: Im Anschluss an die Aufrufkette des Streams wird plötzlich eine herkömmliche null-Prüfung ausgeführt. Viel schöner ist es doch, auch diese Prüfung in der Aufrufkette ausführen zu können:

```
songs
  .filter(s -> s.getSterne() == 5)
  .findAny()
  .ifPresent(song -> spieleSong(song));
```

Listing 11.52 Dasselbe Beispiel mit »Optional«

Der Unterschied ist nicht groß, aber der Code sieht so eher »wie aus einem Guss« aus. findAny gibt ein Optional zurück, so ist sichergestellt, dass niemals ein null-Wert nach außen kommt, selbst wenn findAny keine Treffer gefunden hat. Und Sie können sofort eine weitere Methode an diesem Optional aufrufen, ohne eine NullPointerException befürchten zu müssen. Der an ifPresent-übergebene Consumer wird genau dann ausgeführt, wenn das Optional ein Objekt enthält, die Methode erfüllt damit dieselbe Aufgabe wie if (superSong != null), aber in die Aufrufkette eingereiht.

Wollen Sie das Objekt aus dem Optional nicht sofort mit einem Consumer weiterverarbeiten, sondern es doch in einer Variable speichern, dann kommen Sie mit get sofort an das enthaltene Objekt heran. Der Aufruf von get kann aber eine NoSuchElementException auslösen, wenn es kein Ergebnis gab.

Oft wird auf nicht vorhandene Werte reagiert, indem ein Standardwert (Default) gesetzt wird. Auch diesen Fall können Sie mit Optional abbilden, indem Sie orElse mit dem Standardwert rufen. Die Methode gibt den Wert des Optional zurück, falls dieser vorhanden ist, und sonst den übergebenen Standardwert. So können Sie die Aufrufkette immer so fortsetzen, als sei ein Objekt gefunden worden.

```
songs
  .filter(s -> s.getSterne() == 5)
  .findAny()
  .orElse(BOHEMIAN_RHAPSODY)
  .play();
```

Listing 11.53 Wenn kein Song gefunden wird, dann spiele »Bohemian Rhapsody«.

So sollte sich meiner Meinung nach jeder Musikspieler verhalten: Wenn kein Song gefunden wird, dann wird »Bohemian Rhapsody« gespielt. Denn Queen geht immer. orElse gibt einen Song zurück – allgemeiner: orElse gibt an einem Optional<T> ein T zurück –, und Sie können einen Methodenaufruf an diesem Objekt sofort anschließen. Und wenn Sie keinen Standardwert haben und es nur weitergehen darf, wenn ein Wert gefunden wurde, dann können Sie mit orElseThrow eine Exception werfen.

```
songs
  .filter(s -> s.getSterne() == 5)
  .findAny()
```

```
.orElseThrow(SongNotFoundException::new)
.play();
```

Listing 11.54 Musik oder Fehler

Auch `orElseThrow` gibt das enthaltene Objekt zurück, nur wenn kein Wert vorhanden war, wird stattdessen mit dem übergebenen `Supplier` eine Exception erzeugt und geworfen.

So können Sie alle häufigen Fälle, auf nicht gefundene Werte zu reagieren, in eine Kette von Methodenaufrufen integrieren.

11.3.1 Die wahre Bedeutung von »Optional«

Es ist schön, dass Sie mit `Optional`-Objekten `null`-Prüfungen in einer Kette von Aufrufen vermeiden können, aber das ist noch nicht die Hauptbedeutung der Klasse. Sie haben mit `Optional` die Möglichkeit, mit JDK-Mitteln im Code auszudrücken, dass ein Wert nicht vorhanden sein könnte. Wenn eine Methode bei Ergebnislosigkeit `null` zurückgeben kann, dann haben Sie das bisher – hoffentlich – im Javadoc dokumentiert, aber ein Aufrufer der Methode konnte diese Warnung ignorieren und mit dem Rückgabewert ungeprüft weiterarbeiten, wodurch es im Zweifel zu einer `NullPointerException` kam. Seien wir ehrlich: Selbst wenn die Warnung im Javadoc steht, sie wird nur zu selten gelesen. Mit einem `Optional` können Sie den Aufrufer der Methode dazu zwingen, die Möglichkeit eines nicht vorhandenen Ergebniswertes in Betracht zu ziehen. Aus dieser Signatur

```
public Benutzer ladeBenutzer(String benutzername);
```

wird dann diese:

```
public Optional<Benutzer> ladeBenutzer(String benutzername);
```

Auch die zweite Möglichkeit stellt zwar nicht sicher, dass ein Aufrufer nicht `get` ruft. Aber manchen Leuten ist einfach nicht zu helfen, Sie haben klargemacht, dass es möglich ist, dass kein Wert vorhanden ist, auf eine Art, die der Aufrufer nicht übersehen, sondern höchstens böswillig ignorieren kann.

Auch wenn Java 8 mit seiner `Optional`-Klasse schon eine ganze Weile verfügbar ist, gehen die Meinungen darüber auseinander, ob es die Qualität verbessert, `Optional` überall zu verwenden. Einerseits reduziert es die Fehler durch `null`-Werte, andererseits wird eine API nicht unbedingt übersichtlicher, wenn alle Methoden `Optional` zurückgeben.

Wenn Sie diesen Ansatz versuchen wollen, seien Sie konsequent. Wenn manche Methoden `Optional` zurückgeben, dann weckt das die Erwartung, dass Methoden, die kein Optional zurückgeben, auch kein null zurückgeben können. Verwenden Sie also Optional als Rückgabewerte entweder durchgehend oder gar nicht, aber vorzugsweise durchgehend.

Sie erzeugen ein Optional übrigens nicht mit dem Konstruktor, sondern mit den statischen Methoden empty, of oder ofNullable. Der Unterschied zwischen den letzten beiden ist lediglich, dass Sie of einen Nicht-null-Wert übergeben müssen, während ofNullable auch mit null umgehen kann und dann ein leeres Optional zurückgibt.

11.4 Eine Warnung zum Schluss

Vieles, was Sie in diesem Kapitel gelernt haben, macht Code kürzer. Aber bitte bedenken Sie immer: Es geht nicht darum, Platz zu sparen und kurzen Code zu schreiben, sondern darum, Code zu schreiben, der Ihre Absicht ausdrückt. Betrachten Sie diese Methode aus meinem ersten Entwurf der Musterlösung zur Wetterstatistik:

```
reader.lines()
        .flatMap(zeile -> {
            String[] spalten = zeile.split("\\s+");
            int jahr = Integer.parseInt(spalten[0]);
            return IntStream
                    .rangeClosed(1, 12)
                    .mapToObj(i -> new Monatswert(i - 1,
                        jahr, Double.parseDouble(spalten[i])));
        });
```

Listing 11.55 Lesbar, aber es könnte besser sein.

Der Code ist lesbar, aber die Verschachtelung von zwei Ebenen der Stream-Verarbeitung ist nicht die beste Art, die Absicht auszudrücken. Für die finale Version wurde daraus dieser Code:

```
private static Stream<Monatswert> erzeugeMonatswertStream(final BufferedReader
 reader) {
    return reader.lines()
            .flatMap(zeile -> parseZeile(zeile));
}
private static Stream<Monatswert> parseZeile(String zeile)
 throws NumberFormatException {
    String[] spalten = zeile.split("\\s+");
    int jahr = Integer.parseInt(spalten[0]);
    return IntStream.
```

```
        rangeClosed(1, 12).
        mapToObj(i -> new Monatswert(i - 1,
          jahr, Double.parseDouble(spalten[i]))));
}
```

Listing 11.56 Zeilen parsen, so ist es besser.

Es hat sich nichts an der Logik geändert, aber allein dadurch, dass die zwei Ebenen auseinandergezogen wurden und die innere Ebene einen Namen bekommen hat, wird die Absicht klarer: Im Lambda-Ausdruck, der an die `flatMap`-Methode übergeben wird, werden Zeilen geparst.

Der Code ist einige Zeilen länger geworden, aber der Grund, kurzen Code schreiben zu wollen, ist ja, dass er Ihre Absicht klarer zum Ausdruck bringt. Wenn diese beiden Ziele gegeneinanderstehen und kurzer Code Ihre Absicht eher verschleiert, dann kann es in dem Interessenkonflikt nur einen Gewinner geben: Ihr Code sollte lesbar sein und Ihre Absicht ausdrücken. Meistens erreichen Sie dieses Ziel durch kurzen Code, aber wenn es nur lesbar **oder** kurz sein kann, dann entscheiden Sie sich für lesbar.

Es gibt keine feste Regel, nach der Sie entscheiden können, ob Ihr Code diesem Anspruch genügt. Aber wenn Sie selbst feststellen, dass Ihr Code nicht so klar ist, wie er sein könnte, dann arbeiten Sie daran, ihn lesbarer zu machen, nicht kürzer. Sie werden mit der Zeit einen Instinkt dafür entwickeln, wie Sie den Mittelweg finden.

11.5 Zusammenfassung

Sie haben in diesem Kapitel Lambda-Ausdrücke kennengelernt, und die prominenteste API, die mit ihnen arbeitet, die Stream-API. Mit dem Schwerpunkt dieses Kapitels auf Streams und dem letzten Kapitel über Arrays und Collections nimmt die Verarbeitung von Datenlisten, denn das sind am Ende alle diese Strukturen, vergleichsweise viel Platz im Buch ein. Genau dieses Thema stellt auch einen großen Teil der Arbeit dar, die man als Programmierer immer wieder verrichtet, deshalb ist es wichtig, diese Werkzeuge zu kennen.

Im nächsten Kapitel kommen wir zu einem Thema, mit dem Sie den Schritt von Programmierübungen zu echten, benutzbaren Programmen machen: Ein- und Ausgabe und die Arbeit mit Dateien. So gut wie jedes nicht triviale Programm muss Dateien lesen und schreiben können, ohne diese Möglichkeit sind komplexe Programme schlicht nicht möglich. Nebenbei wird es auch um Kommunikation im Netzwerk gehen, denn auch das ist heute ein Thema, ohne das es nicht mehr geht.

Kapitel 12
Dateien, Streams und Reader

Fast jedes Programm, das über eine einfache Übung hinausgeht, braucht eine Art von Persistenz. Sie wollen eine Sitzung mit dem Programm unterbrechen können, das Programm zu einem späteren Zeitpunkt neu starten und genau da weiterarbeiten, wo Sie zuletzt aufgehört haben. Für Programme auf Ihrem Arbeitsplatzrechner bedeutet das fast immer, dass Dateien geschrieben und gelesen werden.

Kaum ein Programm kommt ohne Ein- und Ausgabe von Dateien aus. Sie wollen eine Textdatei, die Sie bearbeiten, speichern und später wieder einlesen können. Dasselbe gilt für Spielstände in fast jedem Spiel. Für einen Musicplayer müssen Sie die Musikdaten einlesen usw. Sie kommen um File I/O, also den Umgang mit Dateien, einfach nicht herum. Zumindest nicht bei Anwendungen, die auf Ihrem Arbeitsplatzrechner ausgeführt werden. Für Anwendungen, die auf einem Server betrieben werden, kommen häufiger Datenbanken zum Einsatz, die uns aber in diesem Kapitel nicht beschäftigen sollen.

Java bietet für Ein- und Ausgabeoperationen zwei verschiedene APIs an: das klassische *Blocking I/O* aus dem java.io-Package und das *Non-Blocking I/O* oder new I/O aus java.nio. In diesem Buch soll es nur um Blocking I/O gehen, denn die Non-Blocking I/O ist viel komplexer und schwieriger in der Benutzung, ihre Vorteile kommen aber in Arbeitsplatzanwendungen so gut wie nie zum Tragen.

> **»java.io« und »java.nio« – was ist der Unterschied?**
>
> Der Unterschied zwischen java.io und java.nio ist, dass Operationen der einen API blockierend (*blocking*) und Operationen der anderen nicht blockierend (*non-blocking*) sind. Das bedeutet einfach, dass blockierende Operationen auf ihr Ergebnis warten. Wenn Sie mit den Methoden aus dem klassischen java.io-Package aus einer Netzwerkverbindung lesen, dann wartet der entsprechende Methodenaufruf so lange, bis entweder Daten zur Verfügung stehen oder bis die Verbindung geschlossen wird. Während dieser Zeit kann der Thread, in dem diese Operation wartet, nichts anderes tun. Für eine Anwendung, die Sie auf Ihrem Rechner ausführen, ist das selten ein Problem. Sie können die I/O-Operationen wenn nötig in einem eigenen Thread ausführen, so dass der Rest Ihres Programmes nicht blockiert wird.

Dies ist aber keine Möglichkeit für ein Serverprogramm, das Tausende oder mehr Netzwerkverbindungen gleichzeitig verarbeiten muss. Wenn Sie für jede dieser Verbindungen einen eigenen Thread starten wollen, hat das sehr schlechte Auswirkungen auf Speicherverbrauch und Geschwindigkeit Ihres Programms. Genau für diese Fälle wurde `java.nio` geschaffen. Mit dieser neueren API blockieren Ein-/Ausgabeoperationen den Thread nicht mehr; so können Sie viele Verbindungen in einem Thread verarbeiten.

12.1 Dateien und Verzeichnisse

Dateioperationen mit `java.io` werden in Java immer, direkt oder indirekt, durch ein Objekt des Typs `java.io.File` abgebildet. Dabei kann `File` aber nicht selbst aus Dateien lesen oder in sie schreiben, dazu benötigen Sie einen `Reader` oder `Writer` (für Textdateien) bzw. einen `InputStream` oder `OutputStream` (für Binärdateien). Aber viele andere Operationen und Informationen über eine Datei finden Sie im `File`-Objekt.

12.1.1 Dateien und Pfade

Dieses Objekt ist eine objektorientierte Darstellung eines Pfades, und Sie erzeugen ein File auch immer aus einer Pfadangabe, entweder absolut oder relativ. Ein absoluter Pfad geht von einem Wurzelverzeichnis aus, zum Beispiel *C:* unter Windows oder */* unter Linux. Ein relativer Pfad bezieht sich dagegen auf das aktuelle Verzeichnis des Benutzers, normalerweise das Verzeichnis, aus dem er Ihr Programm aufgerufen hat.

```
File windowsDatei = new File("C:\\home\\kguenster\\text.txt");
File linuxDatei = new File("/home/kguenster/text.txt");
```

Listing 12.1 Absolute »File«-Objekte unter Windows und Linux erzeugen

So einfach sind Files zu erzeugen. Wenn die Datei mit diesem Pfad nicht existiert, wird sie durch das Erzeugen des `File`-Objekts auch nicht angelegt.

Aber Sie sehen auch sofort ein Problem: Pfade werden für verschiedene Betriebssysteme unterschiedlich angegeben. So verwendet Windows den Backslash, um zwei Verzeichnisse im Pfad zu trennen (achten Sie in String-Konstanten immer darauf, den Backslash zu doppeln!), Linux den normalen Slash. Außerdem gibt es in Windows Laufwerksbuchstaben, ein Konzept, das Linux völlig fremd ist.

Beides macht keine Probleme, wenn Sie mit Pfaden arbeiten, die ein Benutzer eingegeben hat. Solange er das im für sein Betriebssystem richtigen Format tut, können

Sie die Eingabe an den `File`-Konstruktor weitergeben, und sie wird richtig verarbeitet. Wenn Sie aber programmatisch Dateipfade erzeugen, dann müssen Sie auf diese Details selbst achten. Das richtige Zeichen zum Trennen von Verzeichnissen in einer Pfadangabe finden Sie in der Konstanten `File.separator`. Sie können damit einen Pfad systemunabhängig zusammensetzen:

```
File datei = new File(File.separator + "home"
    + File.separator + "kguenster"
    + File.separator + "text.txt");
```

Listing 12.2 »File«-Objekt systemunabhängig erzeugen

Dieser Code funktioniert unter Linux immer, aber unter Windows bleibt das Problem der Laufwerksbuchstaben. Wie gezeigt, wird die Datei */home/kguenster/text.txt* auf dem aktuellen Laufwerk gefunden. Da es Laufwerksbuchstaben überhaupt nur unter Windows gibt, kann dieses Konzept nicht völlig systemunabhängig dargestellt werden. Sie können aber, unabhängig vom Betriebssystem, alle Wurzelverzeichnisse auflisten; dazu kennt `File` die statische Methode `listRoots`:

```
public File waehleWurzel(){
    File[] wurzeln = File.listRoots();
    if (wurzeln.length == 1){
        return wurzeln[0];
    } else {
        System. out.println("Bitte wählen Sie eine Wurzel");
        for (int i = 0; i < wurzeln.length; i++){
            System.out.println(i + ": " + wurzeln[i]);
        }
        int index = liesZahl();
        return wurzeln[index];
    }
}
```

Listing 12.3 Wurzelverzeichnis auswählen, ganz systemunabhängig

Unter allen Unix-artigen Betriebssystemen, also Linux, BSD, macOS und mehr, hat das von `listRoots` zurückgegebene Array nur einen Eintrag, nämlich /. Nur unter Windows kann es mehrere Einträge geben, nämlich *C:*, *D:* usw. In diesem Fall wird der Benutzer gebeten, eine Wurzel auszuwählen. Anschließend können Sie ein neues `File`-Objekt relativ zur ausgewählten Wurzel erzeugen, indem Sie sie im Konstruktor angeben. Das funktioniert nicht nur mit Wurzeln, sondern mit allen Verzeichnissen – übergeben Sie sie an den Konstruktor eines `File`-Objekts, dann wird dessen Pfad relativ zum übergebenen Pfad aufgelöst.

```
File wurzel = waehleWurzel();
File datei = new File(wurzel, "home"
 + File.separator + "kguenster"
 + File.separator + "text.txt");
```

Listing 12.4 Dateien relativ zu anderen Dateien

Ein `File` gibt allerhand interessante Informationen über die Datei preis, die es repräsentiert. Vor allem, ob die Datei überhaupt existiert. Da ein `File` lediglich die objektorientierte Repräsentation eines Pfades ist, können Sie auch Files erzeugen, zu denen keine Datei existiert. Mit der Methode `exists` finden Sie heraus, ob es diese Datei gibt. Falls nicht, können Sie mit `createNewFile` eine Datei an der vom Pfad angegebenen Stelle anlegen oder mit `mkdir` ein Verzeichnis. Auch auf alle weiteren Informationen, die über eine Datei interessant sein könnten, haben Sie Zugriff durch die `File`-Methoden (siehe Tabelle 12.1).

Methode	Beschreibung
isFile()	Handelt es sich bei diesem `File`-Objekt um eine Datei (im Gegensatz zu einem Verzeichnis)?
isDirectory()	Handelt es sich um ein Verzeichnis?
canRead()	Hat der Benutzer Leserechte? (Mit dieser Methode gibt es ein Problem unter manchen Windows-Versionen: Es kann vorkommen, dass sie `true` zurückgibt, aber beim Zugriff trotzdem eine `AccessDeniedException` auftritt.)
canWrite()	Hat der Benutzer Schreibrechte?
canExecute()	Hat der Benutzer Ausführrechte?
getName()	Liefert den Namen der Datei, ohne vorangehende Pfadangabe.
getParent(), getParentFile()	Liefert das übergeordnete Verzeichnis, entweder als `String` mit `getParent` oder als `File`-Objekt mit `getParentFile`.
lastModified()	Liefert das letzte Änderungsdatum der Datei als `long`.
length()	Liefert die Größe der Datei in Byte als `long`.

Tabelle 12.1 Informationen über Dateien

Darüber hinaus können Sie Dateien manipulieren: `delete` löscht eine Datei, wenn Sie die nötigen Berechtigungen haben, `renameTo` benennt eine Datei um. Es gibt in `java.io.File` nach wie vor keine Methoden, die Dateien kopieren oder verschieben.

Verschieben können Sie Dateien zwar auf manchen Systemen mit `renameTo`, es gibt dafür aber keine Garantie. So waren beide Operationen immer schmerzhaft selbst zu implementieren, indem man aus der Quelldatei liest und in die Zieldatei schreibt. Seit Java 7 gibt es aber endlich eine Hilfsklasse, die diese Operationen bereitstellt.

12.1.2 Dateioperationen aus »Files«

Die Klasse `Files` ist eine Sammlung von Hilfsmethoden für alles, was mit Dateien zu tun hat. Aus unbekannten Gründen gibt es diese praktische Klasse aber nicht im `java.io`-Package, sondern nur in `java.nio.files`, damit ist es die einzige Klasse aus der Non-Blocking-I/O-API, die Sie auch beim alltäglichen Umgang mit Dateien regelmäßig benutzen werden.

Der große Nachteil dabei, die Hilfsklasse einer anderen API zu benutzen, ist, dass `Files` nicht mit `java.io.File` arbeitet, sondern mit `java.nio.file.Path`. Sie müssen also bei jeder Operation die Parameter von `File` nach `Path` konvertieren und die Rückgabewerte, falls Dateien zurückgegeben werden, wieder von `Path` nach `File` (nicht alle `Path`-Objekte lassen sich nach `File` konvertieren, aber für solche, die aus einer Operation auf einem `File` resultieren, ist es immer möglich).

In `Files` finden Sie unter anderem Methoden, die eine Datei verschieben oder kopieren können. Weitere nützliche Methoden werden Sie im Laufe des Kapitels kennenlernen, wenn es thematisch passend ist.

```
//File nach Path konvertieren
Path quellPath = quelle.toPath();
Path zielPath = ziel.toPath();
//ENTWEDER Datei kopieren
Path ergebnisPath = Files.copy(quellPath, zielPath);
//ODER Datei verschieben
Path ergebnisPath = Files.move(quellPath, zielPath);
//Ergebnis - eigentlich wieder das Ziel - nach File konvertieren
File ergebnis = ergebnisPath.toFile();
```

Listing 12.5 Dateien kopieren und verschieben mit »Files«

Solche Kopier- und Verschiebeoperationen sind nicht nur für Sie als Programmierer praktischer, sie sind auch schneller, als wenn Sie sie in Java selbst umsetzen, da das JDK dafür effizientere Systemaufrufe verwenden kann.

12.1.3 Übung: Dateien kopieren

Für Ihren ersten Kontakt mit Dateien eine einfache Aufgabe: Schreiben Sie ein Programm, das eine Datei kopiert. Es soll einen Quellpfad und einen Zielpfad als Aufrufparameter erhalten. Beide Pfade können absolut oder relativ sein. Der Quellpfad muss auf eine existierende Datei verweisen.

Wenn der Zielpfad auf ein bestehendes Verzeichnis verweist, dann soll die Datei in dieses Verzeichnis kopiert werden und ihren Namen beibehalten.

Verweist der Zielpfad auf eine bereits existierende Datei, dann soll ein Fehler ausgegeben werden.

Verweist der Zielpfad auf eine noch nicht existierende Datei, dann ist der Name dieses Pfades der neue Dateiname, unter dem die Datei angelegt wird. Existieren ein oder mehrere übergeordnete Verzeichnisse noch nicht, dann sollen auch sie angelegt werden.

Prüfen Sie weitere mögliche Fehler, und geben Sie sprechende Fehlermeldungen aus. Im Fehlerfall können Sie das Programm mit System.exit(1) sofort beenden. Die 1 ist ein Fehlercode, jede Zahl außer 0 bedeutet für System.exit, dass das Programm mit einem Fehler beendet wurde, nur System.exit(0) beendet das Programm ohne Fehler. Diese Werte können von Ihrem Betriebssystem ausgewertet werden. Die Lösung zu dieser Übung finden Sie im Anhang.

12.1.4 Verzeichnisse

Über ein Verzeichnis gibt es natürlich noch eine weitere interessante Information: seinen Inhalt. Um diesen zu ermitteln, gibt es an File die überladene Methode listFiles. Ohne Parameter gibt sie alle im Verzeichnis enthaltenen Dateien zurück.

Wenn Sie nur an bestimmten Dateien interessiert sind, dann können Sie an listFiles entweder einen FileFilter oder einen FilenameFilter übergeben. Die beiden Filterklassen unterscheiden sich nur darin, dass FileFilter das File-Objekt der gefundenen Datei zur Prüfung erhält, FilenameFilter den Dateinamen als String und das aktuelle Verzeichnis. Beide Filter sind funktionale Interfaces und können deshalb auch als Lambdas angegeben werden.

```
//Alle Dateien auflisten
File[] alleDateien = verzeichnis.listFiles();
//Alle Dateien mit der Endung .txt auflisten
File[] textDateien = verzeichnis.listFiles((parent, name) ->
 name.endsWith(".txt"));
//Alle Unterverzeichnisse auflisten
File[] unterverzeichnisse = verzeichnis.listFiles(file ->
 file.isDirectory());
```

Listing 12.6 Dateien in einem Verzeichnis auflisten

Auch zum Auflisten des Verzeichnisinhalts hat die Klasse Files Hilfsmethoden. Davon ist list die langweiligere, sie tut nichts anderes, als den Inhalt eines Verzeichnisses als einen Stream von Path-Objekten zurückzugeben. Interessanter ist da schon walk, das nicht nur den Inhalt des übergebenen Verzeichnisses auflistet, sondern auch den aller Unterverzeichnisse.

```
Files.walk(quelle.toPath()).forEach(System.out::println);
```

Listing 12.7 Den Inhalt eines Verzeichnisses und aller Unterverzeichnisse ausgeben

Optional können Sie auch angeben, dass nicht beliebig weit in Unterverzeichnisse abgestiegen wird, sondern nur bis zu einer bestimmten Tiefe. walk(quelle, 1) enthält nur den Inhalt des Verzeichnisses selbst, tut also dasselbe wie list; walk(quelle, 2) enthält den Inhalt dieses Verzeichnisses und seiner direkten Unterverzeichnisse usw.

Als Letztes haben Sie mit Files.find die Möglichkeit, in einem Verzeichnis und seinen Unterverzeichnissen nach Dateien zu suchen, die bestimmten Vorgaben entsprechen. Leider kommt auch hier wieder durch, dass java.io und java.nio nicht aus einem Guss stammen. Sie geben also die Suchkriterien nicht als FileFilter an, sondern als BiPredicate, das als Parameter das Path-Objekt der Datei und ein Objekt vom Typ BasicFileAttributes erhält, in dem sich Informationen wie Dateigröße und letzte Zugriffszeit finden.

```
File quelle = new File("E:\\media");
Files.find(quelle.toPath(), 20,
          (pfad, attr) -> attr.isRegularFile()
                  && attr.size() > 501 * 1024 * 1024)
    .forEach(System.out::println);
```

Listing 12.8 Große Dateien finden

So finde ich zum Beispiel Dateien, die zu viel Platz auf meiner Festplatte belegen. Es werden alle Dateien aufgelistet, die größer als 500 MB sind. walk und find sind sehr praktische Methoden, sie haben aber einen nicht unerheblichen Nachteil: Wenn sie auf ein Verzeichnis stoßen, auf das sie nicht zugreifen können, brechen sie mit einer Fehlermeldung ab. Es gibt mit diesen Methoden keine Möglichkeit, unlesbare Verzeichnisse zu ignorieren, weswegen Sie häufig doch auf File.listFiles zurückgreifen müssen.

12.1.5 Übung: Musik finden

Schreiben Sie eine Klasse Musikfinder, die von einem angegebenen Startverzeichnis aus alle Unterverzeichnisse durchsucht und alle MP3-Dateien findet, also solche Dateien, die die Endung .mp3 haben. Als Consumer soll dem Musikfinder mitgegeben werden, was er mit den gefundenen Dateien tun soll.

Aufgrund der Problematik mit lesegeschützten Verzeichnissen verwenden Sie bitte nicht die Hilfsmethoden aus `Files`, sondern `File.listFile` und realisieren die Rekursion in die Unterverzeichnisse selbst.

Schreiben Sie eine `main`-Methode, die das Startverzeichnis als Aufrufparameter erwartet und mit dem `Musikfinder` den Pfad aller gefundenen Dateien ausgibt. Die Lösung zu dieser Übung finden Sie im Anhang.

12.2 Reader, Writer und die »anderen« Streams

Nachdem Sie jetzt Dateien finden und im Dateisystem navigieren können, ist der logische nächste Schritt, ihren Inhalt zu lesen und eigene Dateien zu schreiben. Diese Vorgänge sind in Java, wie auch alle anderen Ein- und Ausgabeoperationen, streambasiert. Diese Streams haben aber nichts mit der Stream-API aus dem vorigen Kapitel zu tun – das ist vielleicht der einzige Nachteil der neuen Streams, sie sorgen für Namensverwirrung mit den alten Klassen `InputStream` und `OutputStream`.

Streambasierte I/O bedeutet einfach nur, dass Sie nicht alle Daten im Speicher haben müssen, um mit ihnen zu arbeiten; Sie müssen zum Beispiel nicht den ganzen Inhalt einer Datei lesen, bevor Sie ihn verarbeiten können, und Sie müssen bei einer Netzwerkverbindung nicht darauf warten, dass alle Daten bei Ihnen eingegangen sind. Stattdessen lesen Sie Daten Stück für Stück aus einem `InputStream` ein, verarbeiten sie und können sie im Idealfall wieder aus dem Speicher entfernen, bevor Sie das nächste Stück lesen. Ebenso können Sie Daten in einen `OutputStream` schreiben, sobald sie zur Verfügung stehen, und müssen nicht erst warten, bis alle zu schreibenden Daten bereit sind.

Dabei macht es in Java einen Unterschied, ob Sie mit Textdaten oder mit Binärdaten arbeiten. Textdaten werden mit einem `Reader` gelesen und mit einem `Writer` geschrieben, für Binärdateien gibt es dafür `InputStream` und `OutputStream`.

Zunächst geht es um Ein- und Ausgabe von und in Dateien, aber dieselben Klassen werden bei allen I/O-Operationen verwendet. Später in diesem Kapitel werden Sie sehen, wie Sie mit denselben Klassen über ein Netzwerk kommunizieren. Die verschiedenen möglichen Datenquellen auf diese Art und Weise zu abstrahieren, erspart es Ihnen nicht nur, mehrere verschiedene APIs zu lernen, sondern hat auch den noch größeren Vorteil, dass Sie Methoden schreiben können, die bezüglich ihrer Datenquelle agnostisch sind. Wenn eine Methode einen `InputStream` als Parameter erhält und aus ihm liest, dann ist es innerhalb der Methode egal, ob die Daten aus einer Datei, einer Netzwerkverbindung oder doch nur aus einem `byte[]` im Speicher stammen.

12.2.1 Lesen und Schreiben von Textdaten

Es gibt in Java zwei unterschiedliche Klassenhierarchien für den Umgang mit Textdaten und mit Binärdaten. Textdaten werden aus einem Reader gelesen und in einen Writer geschrieben, für Binärdateien werden diese Funktionen von InputStream und OutputStream bereitgestellt, dazu mehr in Abschnitt 12.2.3.

Lesen aus einem Reader

Sie haben im vorigen Kapitel bereits gesehen, wie Sie mit einem BufferedReader Textdaten zeilenweise aus einer Datei lesen.

```
try (BufferedReader reader = new BufferedReader(new FileReader(dateiname))){
    ...
}
```

Listing 12.9 Daten zeilenweise lesen

Das ist aber bereits eine spezialisierte Funktion, die nur BufferedReader bietet. Andere Reader, zum Beispiel der FileReader, wissen nichts von Zeilen, sie arbeiten nur mit Zeichen. Dazu bietet Reader eine parameterlose Methode read, die genau ein Zeichen liest. Das ist zwar die für den Entwickler einfachste Variante, ist aber auch äußerst ineffektiv. Der komplexere, aber bessere Weg, aus einem Reader zu lesen, ist, ein char[] als Puffer zu benutzen:

```
File quelle = new File(…);
char[] buffer = new char[1024];
try (Reader reader = new FileReader(quelle)) {
    int gelesen;
    while ((gelesen = reader.read(buffer)) > -1) {
        char[] geleseneDaten = (gelesen == buffer.length)
                ? buffer
                : Arrays.copyOf(buffer, gelesen);
        vearbeitePuffer(geleseneDaten);
    }
}
```

Listing 12.10 Textdaten lesen mit einem Puffer

So wird wesentlich effizienter gelesen als Zeichen für Zeichen. Mit jedem Aufruf von read wird der Puffer gefüllt. Der Rückgabewert ist die Anzahl Zeichen, die vom Stream gelesen wurden. Meist entspricht er der Größe des Puffers, es können aber weniger Zeichen gelesen werden, wenn das Ende der Daten erreicht ist oder gerade in diesem Moment nicht mehr Daten zur Verfügung stehen. Ist das Ende des Datenstroms erreicht, gibt read -1 zurück; Daten werden in einer Schleife gelesen und verarbeitet, bis dieser Punkt erreicht ist.

Vorsicht ist geboten, wenn weniger Zeichen als die Puffergröße gelesen wurden. In diesem Fall wird nämlich der Rest des Puffers nicht verändert, am Ende des char-Arrays können Daten aus dem vorherigen Schleifendurchlauf stehen. Deswegen werden die gelesenen Daten, falls es weniger als die Puffergröße waren, in ein neues Array kopiert; so kann die Methode verarbeitePuffer immer mit einem vollständigen Array arbeiten und muss sich keine Sorgen um übrig gebliebene Daten am Ende des Arrays machen. Es ist zwar performanter, der verarbeitenden Methode das teilweise gefüllte Array und den Endindex zu übergeben, die gezeigte Variante ist aber weniger fehleranfällig, weil Sie in verarbeitePuffer nicht darauf achten müssen, wann Sie zu lesen aufhören.

Es ist sehr wichtig, dass Sie eine Datei nach dem Zugriff darauf wieder schließen. Im Beispiel geschieht das implizit durch das Statement try-with-resources, das auf seinen Ressourcen automatisch close aufruft. Sollten Sie aus irgendeinem Grund dieses Statement nicht verwenden können oder wollen, zum Beispiel weil Sie für eine ältere Java-Version entwickeln, dann müssen Sie selbst sicherstellen, dass der Reader (oder Writer, InputStream, OutputStream oder jedes Objekt, das auf eine Datei zugreift) ordentlich geschlossen wird.

```
public void liesAusDatei(File quelle) throws IOException{
    Reader reader = null;
    try {
        reader = new BufferedReader(new FileReader(quelle));
        //Daten lesen und verarbeiten
    } finally {
        if (reader != null){
            reader.close();
        }
    }
}
```

Listing 12.11 Daten lesen mit traditionellem »try«-»finally«

Dieser Code ist etwas unhandlicher und hat zwei nicht zu vermeidende Unschönheiten. Die Reader-Variable muss außerhalb des try-Blocks deklariert werden, da try und finally keinen gemeinsamen Scope haben. Außerdem müssen Sie im finally-Block prüfen, ob der Reader nicht null ist. Das kann passieren, wenn schon beim Erzeugen des Readers eine Exception auftritt, beispielsweise eine FileNotFoundException, wenn die Datei nicht existiert. In diesem Fall gibt es keinen Reader, der geschlossen werden kann, und ohne die entsprechende Prüfung käme es zu einer weiteren `NullPointer-Exception`.

Ein weiteres Problem ist, dass auch `reader.close` eine `IOException` werfen kann. Im Beispiel werden innerhalb der Methode `liesAusDatei` keine Fehler behandelt, alle Fehler werden an den Aufrufer geworfen. Im schlimmsten Fall kann es so passieren, dass sowohl im `try`- als auch im `finally`-Block Fehler geworfen werden. Der Aufrufer erhält dann nur die Exception aus dem `finally`-Block, obwohl sie wahrscheinlich nur eine Konsequenz der Exception aus dem `try`-Block war.

Sie sehen also, der Code ist so länger, komplexer und fehleranfälliger. Es gibt keinen Grund, diese Variante zu bevorzugen, wenn Ihre Java-Version try-with-resources unterstützt.

Puffern und zeilenweise lesen

Das Puffern der Daten in einem `char[]` können Sie sich theoretisch sparen, wenn Sie einen `BufferedReader` einsetzen. Dessen Hauptaufgabe ist es nämlich, zu verhindern, dass Daten Byte für Byte von der Festplatte gelesen werden. Dazu liest er immer einen Puffer voll Daten ein, genau wie Sie es im Beispiel oben manuell machen, auch wenn Sie gerade nur ein Zeichen auslesen möchten. Nachfolgende `read`-Aufrufe werden dann aus dem Puffer bedient, solange dieser noch genügend Daten enthält, erst dann wird wieder auf die Festplatte zugegriffen.

Als Nebeneffekt seines Puffers hat der `BufferedReader` aber eine weitere sehr nützliche Fähigkeit: Er kann Textdaten zeilenweise lesen. `BufferedReader` bietet sowohl die Methode `readLine`, die die nächste Zeile der Datei liefert, als auch die Ihnen schon bekannte Methode `lines`, die alle Zeilen der Datei in einem Stream liefert. Wenn der Inhalt der zu lesenden Datei zeilenorientiert ist, wie zum Beispiel die Wetterdaten aus dem vorigen Kapitel, dann ist das natürlich viel praktischer, als Daten Zeichen für Zeichen oder Puffer für Puffer einzulesen und selbst nach den Umbrüchen zu suchen.

Sie können einen `BufferedReader` aus jedem anderen `Reader` erzeugen, indem Sie diesen als Parameter an den Konstruktor von `BufferedReader` übergeben:

```java
try (BufferedReader reader = new BufferedReader(new FileReader(quelle))) {
    String zeile;
    while ((zeile = reader.readLine()) != null){
        verarbeiteZeile(zeile);
    }
}
```

Listing 12.12 Zeilenweise lesen

Der zugrunde liegende `FileReader` wird in einem `BufferedReader` verpackt, um die Fähigkeit zu puffern und zeilenweise zu lesen hinzuzufügen. Das ist eine Anwendung des *Decorator-Entwurfsmusters* (siehe Kasten), das für Ein- und Ausgabe in Java extensiv zum Einsatz kommt. Sie müssen in diesem Fall nur den `BufferedReader` schließen, dessen `close`-Methode ruft automatisch die `close`-Methode des dekorierten Readers auf.

Entwurfsmuster und das Decorator-Pattern

Entwurfsmuster sind Vorlagen, die zeigen, wie bestimmte Probleme in der Programmierung einfach und effektiv gelöst werden können. Sie sind ein fortgeschrittenes Thema der Softwareentwicklung, und nachdem Sie eine Programmiersprache beherrschen, ist es ein sinnvoller nächster Schritt, sich mit den wichtigsten Entwurfsmustern (engl. *design patterns*) zu beschäftigen. Eines dieser Pattern ist das *Decorator-Pattern*, das bei `Reader`, `Writer`, `InputStream` und `OutputStream` zum Einsatz kommt.

Das Decorator-Pattern dient dazu, Funktionalität zu Objekten hinzuzufügen, ohne auf Vererbung zurückzugreifen. Das klingt widersinnig, schließlich ist Vererbung doch ein Eckpfeiler der objektorientierten Programmierung, warum soll sie nun plötzlich vermieden werden?

Kein Werkzeug, egal, wie gut es ist, ist für jede Aufgabe geeignet, und im Fall der Ein-/Ausgabeklassen wäre Vererbung nicht die beste Wahl des Werkzeugs, weil zu viele spezialisierte Klassen entstünden. Das Problem ist gut an der Klasse `InputStream` zu sehen, die Binärdaten liest. (Dieselbe Argumentation trifft auch für `Reader` zu, aber `InputStream` illustriert den Punkt besser, weil es mehr Varianten der Klasse gibt.) Der grundlegende `InputStream` liest Daten aus verschiedenen Quellen. So gibt es einen `FileInputStream`, der aus einer Datei liest, einen `ByteArrayInputStream`, der Daten aus einem `byte[]` liest, und die Klasse `Socket` kann einen `InputStream` erzeugen, der aus einer Netzwerkverbindung liest. Genau wie `BufferedReader` gibt es einen `BufferedInputStream`, der einen Lesepuffer hinzufügt. Darüber hinaus gibt es einen `ObjectInputStream`, der Java-Objekte aus einem Datenstrom lesen kann (siehe Abschnitt 12.3, »Objekte lesen und schreiben«). Mit Vererbung müssten die grundlegenden Klassen alle mehrfach erweitert werden, um die möglichen Kombinationen herzustellen. Es gäbe dann: `FileInputStream`, `BufferedFileInputStream`, `ObjectFileInputStream`, `BufferedObjectFileInputStream`, `ByteArrayInputStream`, `BufferedByteArrayInputStream` usw. Mit dem Decorator-Pattern wird diese Flut von fast identischen Klassen vermieden, Sie können die gewünschte Kombination an Funktionen durch *Komposition* herstellen. Wenn Sie Java-Objekte gepuffert aus einer Datei lesen möchten, dann tun Sie das, indem Sie die Funktionalität »zusammendekorieren«: `new ObjectInputStream(new BufferedInputStream(new FileInputStream(datei)))`.

Schreiben in einen Writer

Das Schreiben in eine Datei funktioniert fast genauso wie das Lesen aus einer Datei. Sie erzeugen ein `FileWriter`-Objekt, dekorieren es vielleicht noch mit einem `BufferedWriter`, schreiben Ihre Daten hinein und schließen den `Writer` wieder.

```
try (BufferedWriter writer = new BufferedWriter(new FileWriter(ziel))) {
    for (String zeile : zeilen){
        writer.write(zeile);
        writer.newLine();
    }
}
```

Listing 12.13 Zeilenweise schreiben

So schreiben Sie Daten Zeile für Zeile in eine Textdatei. `Writer` sind in vielerlei Hinsicht das Spiegelbild von Readern. Sie haben eine Methode, die einzelne `char`-Werte schreibt, und eine Methode, die ein ganzes `char[]`schreibt – Sie können einen Schreibpuffer erzeugen, indem Sie Ihren `Writer` mit einem `BufferedWriter` dekorieren, und Sie müssen auch einen `Writer` in jedem Fall schließen, wenn Sie damit fertig sind. `Writer` selbst kennt auch wieder nicht das Konzept der Zeile. Wenn Sie zeilenweise schreiben möchten, dann ist der beste Weg, einen `BufferedWriter` und seine Methode `newLine` zu verwenden, um am Ende jeder Zeile einen Umbruch zu erzeugen.

Testen von I/O-Operationen

Ein Problem bei allen Arten von I/O-Operationen ist, dass sie nur schlecht testbar sind. Ihre Testfälle müssen sich darauf verlassen, dass bestimmte Dateien vorhanden sind und einen bestimmten Inhalt haben. Sie können ihnen zwar die entsprechenden Dateien beilegen, aber dann müssen Sie Dateien mit Ihren Testfällen ausliefern. Manchmal ist das nicht zu vermeiden, aber schön ist es nicht. Zum Glück gibt es einige Strategien, die das häufig vermeiden können.

Zunächst sollten Sie, wenn Sie Lese- und Schreiboperationen implementieren, niemals `File` als Methodenparameter deklarieren, sondern immer einen `Reader` oder `Writer` (bzw. `InputStream` oder `OutputStream`). Dadurch wird Ihr Code sofort testbarer, denn Sie können aus dem Testfall einen `StringReader` (oder `StringWriter`) übergeben. Es handelt sich dabei um einen vollwertigen `Reader` (bzw. `Writer`), der genau wie jeder andere `Reader` verwendet werden kann, aber seine Daten nicht aus einer Datei liest oder einer Netzwerkverbindung, sondern aus einem String, den Sie im Konstruktor übergeben. So hat Ihr Testfall die volle Kontrolle darüber, welche Daten die zu testende Methode zu sehen bekommt.

12 Dateien, Streams und Reader

```
public static final String TESTDATEN =
  "2013\t0.2\t-0.7\t0.1\t8.1\t11.8\t15.7\t19.5\t17.9\t13.3\t10.6\t4.6\t3.6\n" +
  "2012\t1.9\t-2.5\t6.9\t8.1\t14.2\t15.5\t17.4\t18.4\t13.6\t8.7\t5.2\t1.5";

@Test
public void testLiesTemperaturdaten() {
    Reader testdaten = new StringReader(TESTDATEN);
    Temperaturstatistik statistik = Temperaturstatistik.liesDaten(testdaten);
    assertNotNull(statistik.getJahr(2013));
    //weitere Asserts folgen
}
```

Listing 12.14 Temperaturstatistik richtig testen

Der Testfall hängt so von keiner externen Datei ab; Sie definieren im Code, mit welchen Daten getestet werden soll. Sie können so auch für jeden Testfall andere Daten angeben, ohne mehrere Dateien anlegen zu müssen. Analog dazu funktioniert es auch mit dem Schreiben in einen `StringWriter`.

```
@Test
public void testSchreibePlayliste() {
    StringWriter testWriter = new StringWriter();
    Playlist playlist = new Playlist();
    playlist.addSong(...);
    playlist.schreibeNach(testWriter);
    assertEquals("erwarteter Inhalt", testWriter.toString);
}
```

Listing 12.15 Schreiboperationen testen

Die `toString`-Methode des `StringWriter` gibt alle Daten, die hineingeschrieben wurden, als einen String zurück. Sie können so in einem Testfall ganz leicht vergleichen, ob der Inhalt dem erwarteten Inhalt entspricht.

Analog zu diesen beiden Klassen gibt es `ByteArrayInputStream` und `ByteArrayOutputStream`, die dieselbe Aufgabe auf Basis eines byte-Arrays für Binärdaten erfüllen.

Etwas schwieriger wird es, wenn Ihr Testfall wirklich Dateien braucht, zum Beispiel weil die zu testende Methode Dateien in einem Verzeichnis suchen soll. Auch dafür ist es aber in vielen Fällen möglich, ohne mitgelieferte Dateien auszukommen, indem Sie selbst temporäre Dateien erzeugen. Die Methode `File.createTempFile` erzeugt eine Datei im Verzeichnis für temporäre Dateien Ihres Betriebssystems. Sie übergeben ein Präfix, das klarmachen sollte, woher diese Datei stammt, und eine Dateiendung. Als Rückgabewert erhalten Sie das `File`-Objekt der so angelegten Datei. Eine temporäre Datei wird aber nicht automatisch wieder gelöscht; um am Ende des

Tests wieder aufzuräumen, sollten Sie an jeder so erzeugten Datei noch `deleteOnExit` rufen, dann stellt Java sicher, dass diese Dateien auch wieder entfernt werden.

```java
@Test
public void testMitDatei() throws IOException {
    File tempDatei = File.createTempFile(getClass().getName(), ".mp3");
    tempDatei.deleteOnExit();
    //Test durchführen
}
```

Listing 12.16 Eine temporäre Datei erzeugen

Gerade in Testfällen ist es eine gute Angewohnheit, den Klassennamen als Präfix für temporäre Dateien zu verwenden. So sieht man jeder Datei sofort an, woher sie stammt, falls sie zum Beispiel einmal nicht gelöscht wurde. Als optionalen dritten Parameter können Sie `createTempFile` ein Verzeichnis übergeben, in dem die Datei angelegt werden soll, falls Sie die Datei nicht im temporären Verzeichnis des Betriebssystems anlegen möchten.

Möchten Sie ein temporäres Verzeichnis anlegen, gibt es leider einmal mehr den hässlichen Bruch zwischen herkömmlichem `java.io` und `java.nio`: Die Methode, die temporäre Verzeichnisse anlegt, finden Sie nur in der `Files`-Klasse, dementsprechend erhalten Sie auch ein `Path`-Objekt zurück, aus dem Sie selbst wieder ein `File` machen müssen.

Weder für Verzeichnisse noch für Dateien müssen Sie sich übrigens Sorgen um die Eindeutigkeit Ihrer Dateinamen machen. In beiden Fällen ist dafür gesorgt, dass jeder Aufruf einen neuen Dateinamen erzeugt. Sie können also beliebig viele temporäre Dateien erzeugen, ohne dass es zu Konflikten kommt.

```java
@Test
public void testMitVerzeichnis() throws IOException {
    File tempVerzeichnis = Files.createTempDirectory("mp3test").toFile();
    tempVerzeichnis.deleteOnExit();
    File tempDatei = File.createTempFile(getClass().getName(), ".mp3",
        tempVerzeichnis);
    tempDatei.deleteOnExit();
    //Test durchführen
}
```

Listing 12.17 Temporäre Verzeichnisse erzeugen

Alle gezeigten Klassen und Methoden haben natürlich auch Anwendungen außerhalb von Testfällen, aber Testfälle für I/O sind ohne sie nur sehr umständlich umzusetzen.

12.2.2 Übung: Playlisten – jetzt richtig

Einmal mehr sollen Sie eine `Playlist`-Klasse schreiben. Sie hat nichts mit den Klassen aus den vorigen Kapiteln zu tun, aber die weiteren Übungen in diesem Kapitel werden Sie in diese Richtung entwickeln. Für den Moment soll es in der Playliste eine Liste von Strings geben, die die absoluten Pfade zu Musikdateien enthält. Eine Methode `addSong` soll einen neuen Pfad hinzufügen, mit `getSongs` soll man die ganze Liste zurückbekommen.

Als Nächstes soll es durch eine statische Methode `ausVerzeichnis` möglich sein, eine neue Playliste zu erzeugen, die alle MP3-Dateien aus einem Verzeichnis und seinen Unterverzeichnissen enthält. Sie können dazu die Klasse `Musikfinder` aus der vorigen Übung weiterverwenden.

Eine Methode `schreibe` soll den Inhalt der Playliste in eine Datei schreiben, einen Pfad pro Zeile. Eine statische Methode `lese` soll eine solche Datei einlesen und wieder ein `Playlist`-Objekt daraus erzeugen.

Zuletzt soll eine Methode `verifiziere` für jeden Eintrag der Playliste prüfen, ob die Datei noch existiert, und den Eintrag aus der Liste entfernen, falls dem nicht so ist.

Schreiben Sie dann zwei Programme `PlaylistSchreiber` und `PlaylistChecker`. `PlaylistSchreiber` erwartet ein Verzeichnis und einen Dateinamen als Aufrufparameter, erzeugt eine `Playlist` aus dem Verzeichnis und speichert sie in der benannten Datei. `PlaylistChecker` erwartet eine `Playlist`-Datei als Parameter, liest diese ein, verifiziert sie und schreibt die bereinigte `Playlist` wieder in die Datei. Die Lösung zu dieser Übung finden Sie im Anhang.

12.2.3 »InputStream« und »OutputStream« – Binärdaten

Genau so, wie Sie mit `Reader` und `Writer` mit Textdateien umgehen, können Sie mit `InputStream` und `OutputStream` mit Binärdateien umgehen. Der einzige Unterschied ist, dass Input- und `OutputStream`s nicht mit `char` und `char[]` arbeiten, sondern mit `byte` und `byte[]`:

```
try (InputStream in = new FileInputStream(ziel)) {
    int gelesen;
    byte[] buffer = new byte[1024];
    while ((gelesen = in.read(buffer)) > -1) {
        byte[] geleseneDaten = (gelesen == buffer.length)
                ? buffer
                : Arrays.copyOf(buffer, gelesen);
        vearbeitePuffer(geleseneDaten);
```

        }
}

Listing 12.18 Binärdaten lesen

Analog zum `BufferedReader` gibt es für Binärdaten den `BufferedInputStream`, der einen Puffer zur Verfügung stellt. Und auch beim `OutputStream` gibt es keine Überraschungen; die `write`-Methode erwartet ein `byte[]` als Parameter, ansonsten bleibt alles gleich wie beim `Writer`.

Etwas schwieriger ist es, für Binärdaten einen nützlichen, aber dennoch übersichtlichen Anwendungsfall zu finden. Für Textdateien ist das einfach: Einen Text aus einer Datei können Sie anzeigen, in eine Datei geschriebenen Text können Sie im Texteditor verifizieren. Mit Binärdaten ist es schwieriger, einen anschaulichen Fall zu finden. Natürlich sind Audio- und Videodaten binär, aber sie zu decodieren und anzuzeigen ist äußerst aufwendig. Auch Programme sind Binärdateien, aber sie sind in einem Programm nicht wirklich sinnvoll zu verarbeiten. Sie werden in Abschnitt 12.3, »Objekte lesen und schreiben«, lernen, wie Sie Java-Objekte in einen Binärdatenstrom schreiben und aus einem solchen wieder auslesen.

Und ironischerweise sind es manchmal Textdaten, die Sie aus einem Datenstrom auslesen möchten. Nicht für alle Datenquellen gibt es `Reader` und `Writer`, eine Netzwerkverbindung können Sie zum Beispiel nur als Stream öffnen. Wenn Sie aber Textdateien aus einer solchen Netzwerkverbindung lesen möchten oder in sie hineinschreiben, dann müssen Sie aus dem `InputStream` einen `Reader` oder aus dem `OutputStream` einen `Writer` machen. Dazu dienen die Klassen `InputStreamReader` und `OutputStreamWriter`. Sie dekorieren einen `Input`- oder `OutputStream`, stellen sich aber nach außen als `Reader` und `Writer` dar.

```
Socket netzwerkverbindung = new Socket(…);
try (BufferedReader reader = new BufferedReader(
        new InputStreamReader(netzwerkverbindung.getInputStream())))){
    reader.lines().forEach(…);
}
```

Listing 12.19 Textdaten aus einer Netzwerkverbindung lesen

Aber auch wenn Sie mit Textdateien arbeiten, gibt es manchmal einen Grund, nicht direkt mit einem Reader aus einer Datei zu lesen, sondern mit einem `InputStream` und einem `InputStreamReader`: Sie können ein Encoding angeben. An anderer Stelle im Buch habe ich Encodings bereits erwähnt – es sind Abbildungen, die ein oder mehrere Byte Binärdaten einem Zeichen Textdaten zuweisen. Wenn Sie mit `FileReader` und `FileWriter` arbeiten, dann verwenden diese immer das Default-Encoding

Ihres Systems. Wenn Sie aber einen `InputStreamReader` oder `OutputStreamWriter` verwenden, dann können Sie selbst ein zu verwendendes Encoding angeben und so auch Dateien verarbeiten, die in einem anderen Encoding vorliegen. Sie müssen allerdings wissen, *welches* Encoding diese Datei hat.

```
FileInputStream fis = new FileInputStream(quelle);
try (BufferedReader reader =
 new BufferedReader(new InputStreamReader(fis, "Shift_JIS"))){
     reader.lines().forEach(...);
}
```

Listing 12.20 Text in einem japanischen Encoding lesen

Beim Versuch, eine Datei im japanischen Encoding Shift JIS mit einem `FileReader` zu lesen, käme nur Müll heraus – es sei denn, Ihr Computer benutzt Shift JIS als Default-Encoding. Indem Sie am `InputStreamReader` ein Encoding angeben, können Sie eine solche Datei dennoch korrekt einlesen.

12.2.4 Übung: ID3-Tags

Musik aus Musikdateien abzuspielen, ist zwar eine komplexe Aufgabe, aber eine andere Art von Information lässt sich vergleichsweise leicht aus vielen Dateien extrahieren. MP3-Dateien enthalten häufig ein sogenanntes *ID3-Tag*, einen kurzen Block von Textdaten, der Titel, Interpret und einige weitere Informationen enthält. Von diesem Tag gibt es zwei Versionen, von denen Version 1 (ID3v1) immer noch verbreitet und einfacher zu verarbeiten ist. Wenn ein ID3v1-Tag vorhanden ist, dann steht es in den 128 Byte der Datei und ist aufgebaut, wie in Tabelle 12.2 beschrieben. Alle Felder liegen im Encoding ISO-8859-1 vor und müssen nicht unbedingt befüllt sein.

Feld	Länge (in Byte)	Beschreibung
Header	3	Die Zeichenfolge »TAG«. Steht an dieser Stelle etwas anderes, dann ist kein ID3v1-Tag vorhanden, und Sie können die Verarbeitung abbrechen.
Titel	30	der Songtitel
Interpret	30	der Interpret
Album	30	das Album, auf dem der Song erschienen ist
Jahr	4	Erscheinungsjahr

Tabelle 12.2 Aufbau des ID3v1-Tags

Feld	Länge (in Byte)	Beschreibung
Kommentar	28 oder 30	Ein Freitext-Kommentar. Dieses Feld kann entweder 28 oder 30 Byte lang sein. Wenn es 28 Zeichen lang ist, dann sind die zwei übrigen Byte durch die beiden folgenden Felder belegt. Ist der Kommentar 30 Byte lang, entfallen die beiden folgenden Felder. Den Unterschied zwischen den beiden Varianten erkennen Sie daran, ob im nächsten Feld ein 0-Byte steht.
0-Byte	1	Hat der Kommentar 30 Byte, gehört dieses Feld noch zum Kommentar. Hat der Kommentar nur 28 Byte, steht hier ein Byte mit dem Wert 0, und das nächste Byte enthält die Tracknummer.
Track	1	Die Tracknummer des Songs auf dem Album.
Genre	1	Zahlencode für das Genre, z. B. 1 = Classic Rock, 22 = Death Metal und 75 = Polka. Eine vollständige Liste finden Sie unter http://en.wikipedia.org/wiki/ID3.

Tabelle 12.2 Aufbau des ID3v1-Tags (Forts.)

Schreiben Sie eine neue Klasse Song, oder erweitern Sie die schon vorhandene Klasse, die alle Felder des ID3v1-Tags und den absoluten Pfad zur Datei enthält. Schreiben Sie in dieser Klasse eine statische Methode ausMP3, die einen neuen Song erzeugt, bei dem alle Felder aus dem Tag befüllt sind, sofern es vorhanden ist.

Ändern Sie dann Ihre Playliste aus der vorigen Übung so ab, dass sie eine Liste von Song-Objekten enthält statt einer Liste von Strings. Beim Schreiben und Lesen der Playliste sollen alle Felder des Songs berücksichtigt werden. Geben Sie nach wie vor pro Song eine Zeile aus, und trennen Sie die einzelnen Felder durch |-Zeichen.

Ein Hinweis für den Anfang: Auch wenn Sie Textdaten auslesen wollen, handelt es sich doch um eine Binärdatei. Verwenden Sie also einen InputStream, und lesen Sie Byte-Werte aus. Aus ihnen können Sie mit dem String-Konstruktor String(byte[] daten, Charset encoding) einen String erzeugen, bei dem das richtige Encoding verwendet wird:

```
new String(buffer, Charset.forName("ISO-8859-1"));
```

Um die richtige Stelle in der Datei zu finden, müssen Sie nicht die ganze Datei einlesen und dann nur die letzten 128 Byte verarbeiten. Mit der skip-Methode können Sie eine Anzahl an Bytes überspringen und so gleich an der richtigen Stelle zu lesen beginnen.

Dies ist Ihre bisher schwierigste Aufgabe. Viel Erfolg!

Die Lösung zu dieser Übung finden Sie im Anhang.

12.3 Objekte lesen und schreiben

In der Übung des letzten Abschnitts haben Sie ein eigenes Dateiformat entworfen, um Playlisten zu speichern. Ein textbasiertes Format wie das dort verwendete hat den Vorteil, dass es auch von anderen Programmen gelesen werden kann, unabhängig von der Sprache, in der die Playlisten geschrieben sind. Dafür ist es aber auch manuell zu implementieren, was für Sie ein wenig Arbeit bedeutet.

12.3.1 Serialisierung

Java bietet unter dem Namen *Serialisierung* auch einen eigenen Mechanismus, mit dem Sie ganze Java-Objektbäume in einen Datenstrom schreiben und daraus wieder lesen können. Solche serialisierten Objekte sind aus einem Programm in einer anderen Sprache nicht lesbar, und auch ein Java-Programm kann sie nur lesen, wenn es die Originalklassen verwendet, die zur Serialisierung benutzt wurden. Es gibt aber auf der anderen Seite einige Vorteile, die die Nachteile wieder aufwiegen:

- Serialisierung ist sehr einfach zu implementieren.
- Serialisierung vermeidet einige Probleme mit selbst geschriebenen Textformaten, die wir in der Übung gekonnt ignoriert haben. Was wäre zum Beispiel, wenn ein Titel das |-Zeichen enthielte, das als Trenner verwendet wird? Solche Probleme lassen sich natürlich umgehen, aber der Implementierungsaufwand steigt dadurch weiter an.
- Serialisierung schreibt nicht nur Objekte in den Datenstrom, sondern auch ihre Beziehungen zueinander. Bei der Serialisierung werden alle Felder eines Objekts in den Strom geschrieben. Wenn es sich dabei um weitere Objekte handelt, dann werden auch sie serialisiert. Bei der *Deserialisierung*, also der Rückumwandlung in Java-Objekte, wird sichergestellt, dass die Referenzen zwischen den Objekten wieder originalgetreu hergestellt werden: Zwei Felder, die vor der Serialisierung dasselbe Objekt referenzierten, werden auch nach der Deserialisierung dasselbe Objekt referenzieren und nicht etwa verschiedene, identische Objekte.

Dabei ist Serialisierung wirklich einfach zu implementieren. Die einzige Voraussetzung ist, dass alle zu serialisierenden Objekte das Interface `Serializable` implementieren. Dabei handelt es sich um ein sogenanntes *Marker-Interface*; es enthält keine Methoden, sondern markiert nur Klassen, die serialisiert werden dürfen. Ist diese Voraussetzung erfüllt, dann müssen Sie das Objekt nur in einen `ObjectOutputStream` schreiben:

```
try (ObjectOutputStream oos =
 new ObjectOutputStream(new FileOutputStream(ziel))){
    oos.writeObject(playlist);
}
…
try (ObjectInputStream ois =
 new ObjectInputStream(new FileInputStream(quelle))){
    Playlist playlist = (Playlist) ois.readObject();
}
```
Listing 12.21 Ein Objekt serialisieren und deserialisieren

Beim Lesen aus einem ObjectInputStream müssen Sie selbst wissen, welchen Typ Sie erwarten, und entsprechend casten. Hier helfen Ihnen keine Generics, um den richtigen Typ zu raten.

Beachten sollten Sie auch noch, dass wirklich alle Objekte, die serialisiert werden, auch Serializable sind. Das trifft auch auf Objektfelder in den Objekten zu, die Sie serialisieren. Da sie auch in den Datenstrom geschrieben werden, müssen auch sie serialisierbar sein, sonst kommt es zu einer NotSerializableException, und die Operation schlägt fehl.

> **Das Feld »serialVersionUID«**
>
> Beim Serialisieren von Klassen wird ein long-Feld serialVersionUID in den Datenstrom geschrieben. Durch dieses Feld wird beim Deserialisieren sichergestellt, dass die Klasse, mit der das Objekt deserialisiert wird, sich seit der Serialisierung nicht verändert hat. Hat sich die Klasse seitdem verändert, dann ist das serialisierte Objekt nicht mehr lesbar, und es kommt zu einer InvalidClassException. Die automatisch berechnete serialVersionUID ist aber sehr empfindlich und kann auch bei einer unveränderten Klasse anders sein, wenn Ihr Programm zum Beispiel auf einer anderen JVM ausgeführt wird, obwohl das Objekt selbst lesbar wäre.
>
> Um dieses Problem zu umgehen, können Sie selbst eine serialVersionUID für Ihre Klasse angeben, indem Sie eine Konstante deklarieren:
>
> private static final long serialVersionUID = 23L;
>
> Oracle empfiehlt, dieses Feld in jeder Klasse anzugeben, um die genannten Probleme zu vermeiden. Sie handeln sich aber damit das neue Problem ein, dass es nun Ihre Aufgabe ist, die serialVersionUID zu ändern, wenn Sie Änderungen an der Klasse vornehmen und Felder hinzufügen oder entfernen.

Glücklicherweise haben Sie etwas Einfluss darauf, wie Ihre Objekte serialisiert werden. Soll ein Feld nicht serialisiert werden, weil es nicht Serializable ist, oder aus anderen Gründen, können Sie dieses Feld als `transient` deklarieren, und es wird nicht in den Datenstrom geschrieben:

```
class Playlist implements Serializable {
    private List<Song> songs = …;
    private transient Long gesamtlaenge = …;
}
```

Listing 12.22 Ein transientes Feld

Über den Sinn und Unsinn, einen `Long`-Wert nicht zu serialisieren, lässt sich streiten. Er wäre serialisierbar, er wird in diesem Kontext aber nicht serialisiert. Ein möglicher Grund könnte sein, dass der Wert, wenn die Playliste geladen wird, neu berechnet werden soll, um einen korrekten Wert zu finden, falls zwischenzeitlich Musikdateien gelöscht wurden.

Sie können sogar noch tieferen Einfluss auf den Serialisierungsprozess nehmen, indem Sie Methoden mit den folgenden Signaturen implementieren:

```
private void writeObject(java.io.ObjectOutputStream out) throws IOException;
private void readObject(java.io.ObjectInputStream in)
  throws IOException, ClassNotFoundException;
```

Listing 12.23 Mehr Einfluss auf den Serialisierungsprozess

Diese Methoden haben einen Hauch von schwarzer Magie. Sie werden von keinem Interface gefordert, sie werden von nirgendwo überschrieben, aber wenn sie mit der richtigen Signatur existieren, dann werden sie bei der Serialisierung oder Deserialisierung aufgerufen und geben Ihnen die Möglichkeit, eigenen Code auszuführen. So können Sie zum Beispiel bei der Deserialisierung dafür sorgen, dass transiente Felder neu berechnet werden und sofort nach der Deserialisierung zur Verfügung stehen:

```
class Playlist implements Serializable {
    private List<Song> songs = …;
    private transient Long gesamtlaenge = …;
    private void readObject(java.io.ObjectInputStream in)
            throws IOException, ClassNotFoundException{
        in.defaultReadObject();
        verifiziere();
        berechneGesamtlaenge();
    }
}
```

Listing 12.24 Transiente Felder neu berechnen

Die Methode `defaultReadObject` des `ObjectInputStream` führt die »normale« Deserialisierung aus, anschließend wird eigener Code ausgeführt, nicht mehr existierende Dateien werden entfernt, und die Gesamtlänge wird neu berechnet. Damit befinden Sie sich allerdings schon tief im Bereich der fortgeschrittenen Themen.

> **Und was ist jetzt besser?**
>
> Was ist besser, ein eigenes Datenformat oder serialisierte Objekte? Das ist eine dieser Fragen, auf die es entweder keine Antwort gibt oder zu viele. Sie müssen für den konkreten Fall entscheiden, was Ihnen wichtiger ist: einfache und robuste Programmierung oder einfacher Datenaustausch mit anderen Programmen.
>
> Oder vielleicht sogar eine dritte Möglichkeit: Für Playlisten gibt es mit M3U bereits ein Format, das von vielen Programmen verstanden wird. Würde Ihr Programm M3U-Playlisten erstellen, dann könnten Sie diese auch in iTunes oder dem Windows Media Player öffnen. Dafür ist der Implementierungsaufwand noch etwas höher, denn Sie müssen zunächst das korrekte Format für eine solche Datei ermitteln.
>
> So ungern ich die Antwort gebe, aber welche Ausgabe besser ist, »hängt davon ab«.

12.4 Netzwerkkommunikation

Bisher ging es nur um Ein- und Ausgabe mit Dateien, aber wie bereits angedeutet, gibt es in Java keinen nennenswerten Unterschied zwischen I/O mit Dateien und I/O mit anderen Quellen wie Netzwerkverbindungen. In allen Fällen basiert die Ein- und Ausgabe auf `InputStream` und `OutputStream`, der Unterschied liegt nur darin, wo diese Datenströme herkommen. Bei der Netzwerkkommunikation mit dem TCP-Protokoll kommen sie aus einem `Socket`. (Kommunikation mit UDP verwendet die Klasse `DatagramSocket` und basiert nicht auf Streams.)

`Socket` hat zwar eine lange Liste von Methoden, aber für die grundlegende Verwendung können Sie die meisten davon ignorieren.

```java
String nachricht = in.readLine();
try (Socket verbindung = new Socket("localhost", 23456)){
    BufferedReader reader = new BufferedReader(
      new InputStreamReader(verbindung.getInputStream()));
    BufferedWriter writer = new BufferedWriter(
      new OutputStreamWriter(verbindung.getOutputStream()));
    writer.write(nachricht);
    writer.newLine();
```

```
        writer.flush();
        String antwort = reader.readLine();
}
```

Listing 12.25 Netzwerkkommunikation mit einem Socket

Sie geben dem Socket im Konstruktor Adresse (IP-Adresse oder Hostname) und Port des Servers an, mit dem Sie sich verbinden möchten. Die Verbindung wird automatisch hergestellt, und mit den Methoden `getInputStream` und `getOutputStream` können Sie Daten vom Server empfangen und zum Server senden.

Einen kleinen Unterschied zwischen Netzwerkkommunikation und Datei-I/O gibt es mit der `flush`-Methode. Sie sorgt dafür, dass der Schreibpuffer sofort weiterverarbeitet wird, auch wenn er noch nicht voll ist. Bisher haben Sie diese Methode nicht benötigt, weil der Puffer auch geleert wird, wenn Sie den Datenstrom schließen. Hier wird der Strom aber nicht sofort geschlossen, denn es sollen nicht nur Daten in eine Richtung versendet werden, es soll echte Kommunikation in beide Richtungen stattfinden. Damit der Server eine Antwort schicken kann, die Sie dann mit `readLine` lesen können, muss er zunächst Ihre Nachricht erhalten, und dazu müssen Sie den Puffer leeren.

Ihnen wird außerdem nicht entgangen sein, dass weder `InputStream` noch `OutputStream` geschlossen werden. Beide sind fest mit dem Socket verbunden, aus dem sie hergestellt wurden, und wenn Sie einen der Ströme schließen, wird der Socket geschlossen. Andersherum werden die Datenströme aber auch geschlossen, wenn Sie den Socket schließen, deswegen reicht es, diesen als Ressource für den `try`-Block anzugeben.

So sieht es auf der Clientseite der Kommunikation aus, aber wie ist es mit der Serverseite? Ein einfaches Serverprogramm in Java zu schreiben, ist kaum anders als ein Clientprogramm, nur wo der Socket herkommt, ändert sich.

```
ServerSocket server = new ServerSocket(23456);
try (Socket verbindung = server.accept()){
    BufferedReader reader = new BufferedReader(
      new InputStreamReader(verbindung.getInputStream()));
    BufferedWriter writer = new BufferedWriter(
      new OutputStreamWriter(verbindung.getOutputStream()));
    String nachricht = reader.readLine();
    writer.write(antwort);
    writer.flush();
}
```

Listing 12.26 Netzwerkkommunikation von der Serverseite

Ein `ServerSocket` dient nicht direkt der Kommunikation, er wartet nur auf eingehende Verbindungen. Der Konstruktorparameter gibt den Port an, auf dem Verbindungen akzeptiert werden sollen; die Methode `accept` wartet, bis auf diesem Port eine Verbindung hergestellt wird. Und warten heißt hier wirklich warten: `accept` blockiert so lange, bis eine Verbindung aufgebaut wird. Wenn eine Verbindung zustande kommt, gibt `accept` einen `Socket` zurück, mit dem Sie genau so verfahren können wie mit einem `Socket` auf der Clientseite.

Wie gezeigt, wird nur eine Verbindung akzeptiert und verarbeitet. Für ein Beispiel ausreichend, für einen echten Serverprozess werden dagegen üblicherweise Verbindungen in einer Schleife akzeptiert, und die Verarbeitung wird in einem neuen Thread durchgeführt, so dass dieser Thread erneut mit `accept` auf Verbindungen warten kann.

```
ServerSocket server = new ServerSocket(23456);
while(!beendet){
    try (Socket verbindung = server.accept()){
        new Thread(() -> verarbeiteVerbidnung(verbindung));
    }
}
```
Listing 12.27 »ServerSocket« mit Threads

12.4.1 Übung: Dateitransfer

Für diese Übung müssen Sie zwei Programme schreiben, einen Server und einen Client. Der Server soll mit einem Port und einem Verzeichnis als Aufrufparameter gestartet werden. Es soll auf dem Port auf eine Verbindung warten, von dieser Verbindung einen Dateinamen und den Dateiinhalt lesen und diese Datei in das übergebene Verzeichnis schreiben.

Die Aufgabe des Clients ist damit schon klar: Er soll mit einem Hostnamen, Port und Dateinamen aufgerufen werden, eine Verbindung zu diesem Host auf diesem Port aufbauen und Dateinamen und Inhalt übermitteln.

Lesen und Schreiben der Dateien sind nichts Neues mehr, und mit den Netzwerkverbindungen können Sie, wie Sie gesehen haben, sehr ähnlich umgehen. Insofern müssen Sie nur das in diesem Kapitel Gelernte zusammensetzen.

Eine Schwierigkeit ist, dass Sie ein Protokoll entwickeln müssen, um in einem Stream zuerst den Dateinamen und dann den Dateiinhalt zu übertragen. Es ist kein umfangreiches oder komplexes Protokoll, aber es ist ein Protokoll, das beide Seiten benötigen, um zu kommunizieren. Die einfachste Lösung dafür: Zwischen Dateinamen und Inhalt wird ein einzelnes 0-Byte gesendet. In einem gültigen Dateinamen kann kein Byte mit dem Wert 0 vorkommen, es eignet sich deshalb gut als Terminator. Alles, was nach dem ersten 0-Byte steht, ist der Inhalt der Datei. Als weitere Einschränkung sollte der Dateiname niemals länger als 255 Byte sein, das ist das Limit vieler aktuell verbreiteter Dateisysteme.

Idealerweise können Sie Ihre Programme mit zwei verschiedenen Computern testen, so dass die Daten wirklich über ein Netzwerk übertragen werden. Wenn Sie diese Möglichkeit nicht haben, können Sie aber auch beide Programme auf demselben Computer ausführen und als Hostnamen für den Client `localhost` angeben. Die Lösung zu dieser Übung finden Sie im Anhang.

12.5 Zusammenfassung

Sie haben in diesem Kapitel den letzten wichtigen Baustein kennengelernt, um »echte« Programme schreiben zu können: die Ein- und Ausgabe von Daten. Sie haben gelernt, wie Sie in Java mit Dateien und Verzeichnissen arbeiten und wie Sie Text- und Binärdaten lesen und schreiben. Sie haben gesehen, wie Sie mit Netzwerkverbindungen arbeiten und dass es keinen nennenswerten Unterschied zwischen Netzwerk-I/O und Datei-I/O gibt.

Um einen speziellen Teil der Netzwerkprogrammierung, die Servlet-Technologie für HTTP-Server in Java, wird es in Kapitel 14 gehen. Im nächsten Kapitel beschäftigen wir uns zunächst mit einem anderen fortgeschrittenen Thema der Programmierung: dem Multithreading, der Ausführung eines Programms in mehreren Ausführungssträngen.

Kapitel 13
Multithreading

Programme werden heute nur noch selten einfach und nachvollziehbar eine Anweisung nach der anderen ausgeführt. Selbst einfache Programme laufen mit mehreren parallelen Verarbeitungssträngen, sogenannten Threads, ab. So können sie mit dem Benutzer interagieren, während sie im Hintergrund aufwendige Berechnungen durchführen oder auf Netzwerknachrichten warten. Sie können eine Liste schneller sortieren als in nur einem Thread und vieles mehr. Threads sind kein einfaches Thema, aber ohne sie geht es heute nicht mehr.

Lange Zeit konnte ein Computer nur eine Anweisung nach der anderen ausführen. Es gab in der Hardware keine andere Möglichkeit, der Prozessor verfügte nur über eine Pipeline, um Anweisungen abzuarbeiten. Dazu passen auch die Übungen und Beispiele, die Sie bisher in diesem Buch gesehen haben. Sie werden Anweisung für Anweisung ausgeführt, von der ersten Zeile der main-Methode bis zum Programmende. Diese Ausführung findet nicht streng von oben nach unten statt. Mit Methodenaufrufen in verschiedenen Klassen springt die Ausführung zwischen mehreren Dateien hin und her, in jeder Datei von unten nach oben und wieder zurück, Anweisungen in Schleifen werden mehrmals ausgeführt. Aber es gibt immer genau einen Punkt, an dem das Programm gerade ausgeführt wird. Zu jeder Zeit steht fest, welche Programmzeile gerade ausgeführt wird. Genau wie der springende Punkt, der in einem Karaoke-Stück angibt, welches Wort Sie gerade singen sollten. Zugegeben ein chaotisches Stück, in dem der Punkt vorwärts und rückwärts springt, aber es gibt dennoch nur einen Punkt. Es gibt im Programm einen *Ausführungsstrang* – einen *Thread*.

Aber selbst auf der beschriebenen alten Hardware wurden Programme geschrieben, die scheinbar mehrere Dinge gleichzeitig taten. Es gab zwar keine echte Gleichzeitigkeit, aber der Computer kann schnell genug zwischen mehreren Threads wechseln, dass es für den Benutzer aussieht, als passierten mehrere Dinge gleichzeitig. Und es gibt viele gute Gründe, mehrere Ausführungsstränge in einem Programm zu haben. Ein Thread kann auf I/O warten, wodurch ein Thread blockiert wird, während ein anderer Thread die Benutzeroberfläche steuert, so dass das Programm bedienbar bleibt. Ein weiterer Thread kann auf Benutzereingabe warten, während die Benutzeroberfläche weiter aktualisiert wird. Am besten zu sehen sind die Vorteile an einem Spiel: Es darf weder auf Netzwerkpakete noch auf Benutzereingabe warten, das Spiel muss weiterlaufen, aber wenn ein Datenpaket oder ein Tastendruck registriert werden, dann muss es sofort darauf reagieren. Mit mehreren Threads ist das möglich.

Parallele Programmierung war also schon immer ein wichtiges Thema. Noch viel wichtiger ist es aber geworden, seit jeder Computer mit mehreren Prozessorkernen ausgestattet ist. Man findet kaum noch einen Prozessor, der nicht mindestens zwei Kerne hätte, sogenannte Dual Core CPUs, und auch Prozessoren mit acht Kernen existieren für den Arbeitsplatzcomputer, einmal ganz zu schweigen von spezialisierten Maschinen, die Dutzende von Prozessoren gleichzeitig verwenden. Mit mehreren Prozessorkernen wird echte Gleichzeitigkeit möglich, jeder Kern kann einen eigenen Thread ausführen, aus verschiedenen Programmen oder aus demselben. Dadurch wird es möglich, Operationen auf mehrere Threads zu verteilen und dadurch erheblich zu beschleunigen. Sie haben solche Operationen schon gesehen. Beim Sortieren eines Streams macht es einen großen Unterschied für die Ausführungszeit, ob Ihr Programm parallel oder sequenziell arbeitet.

Die Operationen eines parallelen Streams haben für Sie den großen Vorteil, dass sie die Komplexität der parallelen Programmierung verbergen. Es werden mehrere Threads benutzt, aber sie rufen nur eine Methode auf und warten, bis sie beendet ist. Was dabei im Hintergrund passiert, kann Ihnen egal sein. Zum Glück, möchte man sagen, denn parallele Programmierung ist ein schwieriges Thema. Und dabei fängt alles so einfach an.

13.1 Threads und Runnables

In Java ist ein Thread zunächst ein Objekt wie jedes andere. Sie erzeugen einen Thread, indem Sie einen der Konstruktoren der Klasse Thread aufrufen, und können ihn behandeln wie jedes andere Objekt auch, ihn in einer Variablen speichern, als Parameter übergeben usw. Erst wenn Sie die Methode start rufen, passiert die Magie. Der Aufruf von start kehrt sofort zurück, und der Thread, in dem der Aufruf erfolgte, wird mit der nächsten Anweisung fortgesetzt. Gleichzeitig und unabhängig wird nun aber auch der neue Thread ausgeführt und folgt seiner eigenen Anweisungsfolge.

13.1.1 Threads starten und Verhalten übergeben

Was ein Thread tun soll, übergeben Sie ihm normalerweise als Konstruktor, in Form eines Runnable-Objekts. Runnable ist ein funktionales Interface, das die Methode public void run() fordert. Sie können das Interface traditionell implementieren oder einem neuen Thread als Lambda übergeben.

```
public static void main(String[] args) throws Exception {
    for (int i = 0; i < 10; i++){
        Thread t = new Thread(() ->
                IntStream.range(0, 10)
                .forEach(j ->
                System.out.println(
                Thread.currentThread().getName() + " Durchlauf " + j)),
                "Thread " + i);
        t.start();
    }
}
```

Listing 13.1 Threads starten und ausführen

> **»start()« und »run()«**
>
> Ein häufiger Fehler im Umgang mit Threads ist es, statt thread.start() einen Thread mit thread.run() aufzurufen, schließlich klingen beide so, als würden sie dieselbe Aufgabe erfüllen. In Wahrheit ist es aber so, dass nur start wirklich einen neuen Thread startet. run führt zwar auch das übergebene Runnable aus, aber nicht in einem neuen Thread, sondern in dem Thread, in dem auch der Aufruf erfolgt. Es wird kein neuer Thread gestartet, und der Aufruf von run kehrt erst zurück, wenn das übergebene Runnable sein Ende erreicht. Im Allgemeinen ist das gerade nicht das gewünschte Verhalten, denn dann könnten Sie sich das Thread-Objekt auch gleich sparen.
>
> Der einzige Zweck der run-Methode ist es, überschrieben zu werden. Die Thread-Klasse zu erweitern und ihre run-Methode zu überschreiben, ist eine andere Art, den auszuführenden Code für einen Thread anzugeben. Ein Runnable zu übergeben ist aber die bevorzugte Möglichkeit.

Das Beispielprogramm tut wenig Sinnvolles: Es startet zehn Threads, jeder dieser Threads zählt von eins bis zehn und gibt aus, welcher Thread gerade bis wohin gezählt hat. Der Name des Threads wird als Konstruktorparameter übergeben, in der run-Methode wird mit dem Aufruf Thread.currentThread().getName() der Name des aktuellen Threads ausgelesen.

Sie können an diesem einfachen Beispiel aber sehr gut sehen, dass diese Threads wirklich gleichzeitig ausgeführt werden, denn die Ausgabe sieht in etwa so aus wie in Abbildung 13.1.

Sie sehen in der Ausgabe, dass jeder Thread für sich richtig zählt. Alles andere wäre überraschend, natürlich wird jeder Thread für sich von Anfang bis Ende ausgeführt. Sie sehen aber auch, dass Sie sich nicht darauf verlassen können, wann welcher Thread ausgeführt wird. In diesem Durchlauf hat zunächst Thread 4 einen Teil seiner

Arbeit verrichtet, dann Thread 2, dann Thread 9, bis irgendwann alle Threads bis zehn gezählt haben. Beim nächsten Versuch kann die Abfolge eine komplett andere sein. Es gibt weder eine Garantie dafür, dass der zuerst gestartete Thread auch zuerst ausgeführt wird, noch dafür, dass ein Thread an einem bestimmten Punkt unterbrochen wird. Die Zuteilung, wann welcher Thread ausgeführt wird, wird durch die JVM vorgenommen und ist aus Ihrer Sicht willkürlich. Sie können einen gewissen Einfluss darauf nehmen, wie viel Ausführungszeit Ihrem Thread zugeteilt wird, indem Sie mit `setPriority` seine Priorität setzen. Ein Thread mit höherer Priorität erhält mehr Prozessorzeit als ein Thread mit niedriger Priorität. Aber auch `Thread.MAX_PRIORITY` zu setzen, gibt keine Sicherheit, dass Ihr Thread zuerst ausgeführt wird, es bedeutet lediglich, dass ihm insgesamt mehr Zeit zugeteilt wird. Das ist ein Problem der parallelen Programmierung: Sie haben niemals die Sicherheit, dass Operationen in verschiedenen Threads in einer bestimmten Reihenfolge ausgeführt werden.

```
Thread 4 Durchlauf 0
Thread 4 Durchlauf 1
Thread 4 Durchlauf 2
Thread 4 Durchlauf 3
Thread 4 Durchlauf 4
Thread 2 Durchlauf 0
Thread 2 Durchlauf 1
Thread 2 Durchlauf 2
Thread 9 Durchlauf 0
Thread 9 Durchlauf 1
Thread 9 Durchlauf 2
Thread 9 Durchlauf 3
Thread 9 Durchlauf 4
Thread 9 Durchlauf 5
```

Abbildung 13.1 Zählende Threads

Ein Thread hat einen einfachen, übersichtlichen Lebenszyklus:

- Wurde das `Thread`-Objekt erzeugt, aber noch nicht gestartet, so existiert der Thread noch nicht. Hier ist es wichtig, die Begriffe klar zu trennen: Natürlich existiert das Java-Objekt vom Typ `Thread`, nachdem es erzeugt wurde. Es gibt aber zu diesem Zeitpunkt noch keinen weiteren Ausführungsstrang.
- Nachdem `start` gerufen wurde, ist der Thread *lebendig*. Ein weiterer Ausführungsstrang wurde gestartet, und ihm wird Rechenzeit zugeteilt. Ob ein Thread lebendig ist, können Sie mit der Methode `isAlive` prüfen.
- Wenn das Ende der `run`-Methode des übergebenen `Runnable` erreicht ist, der Thread also keinen weiteren Code mehr auszuführen hat, ist der Thread *tot*. Ein toter Thread bleibt auch tot, Sie können ihn *nicht* mit `start` erneut ausführen.

Es gibt keinen Grund, warum ein Thread sterben muss. Für viele Anwendungen werden ein oder mehrere unsterbliche Threads gestartet, die wichtige Hintergrundoperationen erledigen:

```
public static class NetzEmpfaenger implements Runnable {

    @Override
    public void run() {
        try (Socket verbindung = new Socket("…", 23456)){
            InputStream in = verbindung.getInputStream();
            byte[] buffer = new byte[256];
            while (true) {
                int gelesen = in.read(buffer);
                verarbeite(buffer, gelesen);
            }
        } catch (IOException ex) {
            verbindungVerloren();
        }
    }
    protected void verarbeite(byte[] buffer, int gelesen){…}
    protected void verbindungVerloren(){…}
}
```

Listing 13.2 Im Hintergrund aus dem Netzwerk lesen

Dieses Runnable liest bis in alle Ewigkeit Daten aus einer Netzwerkverbindung – oder bis die Verbindung unterbrochen wird. Währenddessen muss das Programm aber nie auf Daten aus dem Netzwerk warten, das blockierende Lesen passiert im Thread des Runnable und behindert keine anderen Threads.

Unsterbliche Threads haben allerdings den Nachteil, dass sie die JVM am Leben erhalten. Sie läuft genau so lange, bis alle Threads beendet wurden. Der Haupt-Thread, also der, der die main-Methode ausführt, ist in dieser Beziehung nichts Besonderes. Auch wenn er beendet wurde, läuft die JVM so lange weiter, bis alle Threads tot sind. Mit solchen Threads wie dem oben gezeigten würde sie also nie beendet. Um die unsterbliche JVM zu vermeiden, könnten Sie entweder selbst einen Mechanismus einbauen, um Ihre Threads zu stoppen – nicht schwierig, aber umständlich –, oder Sie machen aus dem ausführenden Thread einen Daemon-Thread:

```
Thread t = new Thread(new NetzEmpfaenger(), "Netzwerkthread");
t.setDaemon(true);
t.start;
```

Listing 13.3 Einen Thread als Daemon starten

Die einzige Besonderheit eines Daemon-Threads ist, dass er nicht das Beenden der JVM verhindert. Werden in einem Programm nur noch Daemons ausgeführt, so kann die JVM beendet werden.

13.1.2 Übung: Multithreaded Server

In der ersten Übung mit mehreren Threads sollen Sie den Unterschied zwischen einem Programm mit einem Thread und einem Programm mit mehreren Threads sehen. Dazu müssen Sie drei Klassen implementieren und auf Ihr Wissen zu Netzwerk-I/O zurückgreifen, das Sie sich am Ende des letzten Kapitels angeeignet haben.

Als Erstes benötigen Sie einen *Client*. Er soll mit einem Hostnamen und einem Port gestartet werden und 20 Threads starten, die sich zu diesem Host und Port verbinden, von dort eine einzelne Zeile Text lesen und dann ausgeben, wie lange sie auf Antwort warten mussten.

Zu einem Client gehört natürlich auch ein Server. Schreiben Sie zunächst eine Klasse SinglethreadedServer, die keine neuen Threads startet, sondern nur in einer Endlosschleife Netzwerkverbindungen annimmt, 2 Sekunden wartet, eine Zeile Text – irgendeinen Text – in den Socket schreibt und dann den Socket schließt. Starten Sie den Server, führen Sie den Client aus, und beobachten Sie, wie lange die Antworten brauchen.

Die dritte Klasse soll ein weiterer Server sein mit dem Namen MultithreadedServer. Dieser Server soll für jede angenommene Verbindung einen neuen Thread starten, in diesem Thread 10 Sekunden warten und dann Text in den Socket schreiben. Führen Sie Ihren Client auch mit diesem Server aus, und beobachten Sie, wie sich das Verhalten ändert. Die Lösung zu dieser Übung finden Sie im Anhang.

13.1.3 Geteilte Ressourcen

So weit ist alles ganz einfach. Sie können sich bei mehreren Threads zwar nicht darauf verlassen, dass sie in einer bestimmten Reihenfolge ausgeführt werden, aber von der angekündigten Komplexität und Schwierigkeit ist das doch weit entfernt. Dazu kommt es, wenn mehrere Threads auf dieselbe Ressource zugreifen möchten, zum Beispiel auf ein und dieselbe Variable:

```
public class ThreadTest {
    public int counter = 0;
    public void run() {
        Thread[] threads = new Thread[10];
        for (int i = 0; i < 10; i++) {
            threads[i] = new Thread(() -> {
                for (int j = 0; j < 100; j++){
                    counter++;
                }
            }, "Thread " + i);
            threads[i].start();
        }
```

```
        for (Thread t : threads) {
            while (t.isAlive()) {
                try {
                    t.join();
                } catch (InterruptedException ex) {
                }
            }
        }
        System.out.println(counter);
    }
}
```

Listing 13.4 Viele Threads, eine Variable

Betrachten Sie zunächst das Programm im Vergleich zum vorherigen Beispiel. Genau wie dort werden zehn Threads gestartet. Jeder Thread führt nun eine Schleife mit 100 Durchläufen aus und addiert für jeden Durchlauf 1 zu counter, einem Feld der Thread-Test-Klasse.

Jedes erzeugte Thread-Objekt wird in einem Array gespeichert, weil es noch in einer zweiten Schleife verwendet wird. Dort wird mit der Methode join darauf gewartet, dass jeder der zehn Threads auch beendet wird. Das ganze Drumherum, die Schleife und das try-catch-Statement, sind nur deshalb nötig, weil join theoretisch beim Warten unterbrochen werden könnte und dann eine InterruptedException werfen würde. Die ganze untere Schleife dient nur dazu, auf die zehn Threads zu warten, und erst, wenn sie alle beendet sind, den finalen Wert von counter auszugeben.

Es werden zehn Threads gestartet, jeder inkrementiert counter 100-mal. Es ist keine höhere Mathematik, dass der Wert am Ende 1.000 sein muss. Und das war bei 100 Versuchen, die ich gemacht habe, genau einmal der Fall. Bei den anderen Versuchen kamen mehr oder weniger zufällige Ergebnisse zwischen 850 und 1.000 heraus. Was passiert da? Funktionieren einfache Rechenoperationen nicht zuverlässig, wenn sie in verschiedenen Threads ausgeführt werden?

Das Problem ist glücklicherweise nicht, dass die Gesetze der Mathematik außer Kraft gesetzt werden. Es passiert etwas anderes, und um es zu verstehen, rufen Sie sich in Erinnerung, dass counter++ nur eine Kurzschreibweise ist. Die Anweisungen, die wirklich ausgeführt werden, sehen eher so aus:

```
int neuerWert = counter + 1;
counter = neuerWert;
```

Es gibt zwar nicht wirklich eine Variable mit dem Namen neuerWert, aber der reale Programmablauf kommt dem sehr nahe. Der Wert von counter wird ausgelesen, dann wird eins addiert und dieser neue Wert nach counter zurückgeschrieben. Kein

Problem, solange es nur einen Thread gibt. Aber mit mehreren Threads kann das passieren:

1. Thread 1 liest den Wert von counter aus und erhält zum Beispiel 17.
2. Thread 2 liest den Wert von counter aus und erhält ebenfalls 17.
3. Thread 2 addiert 1 zu seinem gelesenen Wert und schreibt das Resultat, 18, nach counter.
4. Thread 1 addiert 1 zu seinem gelesenen Wert, erhält ebenfalls das Ergebnis 18 und schreibt dieses nach counter.

Wie Sie an meinen Ergebnissen sehen – oder auch an Ihren eigenen, wenn Sie den Beispielcode selbst ausführen –, ist dieser Fall nicht selten. Bei 1.000 Inkrement-Operationen aus zehn verschiedenen Threads ist es die absolute Ausnahme, dass dieses Problem nicht auftritt.

Das Problem ist, dass der Inkrement-Operator nicht *atomar* ist. Als atomar bezeichnet werden solche Operationen, die nicht von einem anderen Thread unterbrochen werden können. Sie sind unteilbar, also atomar im altgriechischen Originalsinn des Wortes.

Operationen, die ohne weiteres Zutun ihrerseits atomar sind, gibt es in Java nur eine: die Zuweisung. Objektvariablen und primitiven Variablen mit der Ausnahme von long und double werden neue Werte von der JVM in nur einem Arbeitsschritt zugewiesen, es ist für einen anderen Thread schlicht nicht möglich, eine Zuweisung zu unterbrechen.

> **Zuweisungen an »long« und »double«**
>
> Zuweisungen an long- und double-Variablen sind, im Gegensatz zu allen anderen Zuweisungen, nicht atomar. Die JVM kann eine Zuweisung an die beiden 64-Bit-Datentypen in zwei Operationen ausführen und zuerst die oberen 32 Bit zuweisen und danach in einer weiteren Operation die unteren 32 Bit. Zwischen diesen beiden Operationen kann ein anderer Thread unterbrechen und seine eigene Zuweisung an die Variable beginnen. Im schlimmsten Fall führt das dazu, dass die Variable anschließend 32 Bit des einen und 32 Bit des anderen neuen Wertes enthält. Dann dürfen Sie einen Fehler suchen, bei dem in seltenen Fällen plötzlich eine ganz neue Zahl in einer Variablen steht, die vorher nirgendwo vorkam – eine Aufgabe, die wirklich keinen Spaß macht.

Atomare Zuweisungen lösen das obige Problem leider nicht. Um den Zähler trotz Zugriff aus mehreren Threads korrekt zu halten, müssen Sie selbst dafür sorgen, dass die Variable atomar inkrementiert wird. Dazu gibt es zwei Wege; einen einfachen mit begrenzten Möglichkeiten sehen Sie im nächsten Abschnitt, und einen komplexen, aber vielseitigen in Abschnitt 13.3, »Synchronisation«.

13.2 Atomare Datentypen

Der einfache Weg, einen int-Wert atomar zu inkrementieren, ist, statt eines primitiven int ein Objekt der Klasse java.util.concurrent.atomic.AtomicInteger zu verwenden. Der einzige Zweck dieser Klasse ist, int-Operationen atomar zu machen. Für unseren Zweck bietet sie die Methode incrementAndGet an, die dasselbe macht wie der ++-Operator für int-Primitive, aber garantiert atomar:

```java
public class ThreadTest {
    public AtomicInteger counter = new AtomicInteger();

    public void run() {
        Thread[] threads = new Thread[10];
        for (int i = 0; i < 10; i++) {
            threads[i] = new Thread(() -> {
                for (int j = 0; j < 100; j++){
                    counter.incrementAndGet();
                }
            }, "Thread " + i);
            threads[i].start();
        }
        //warten und ausgeben, genau wie vorher
    }
}
```

Listing 13.5 Atomar inkrementieren

Dieser Code zählt garantiert immer bis 1.000. AtomicInteger stellt sicher, dass es niemals zu einer Unterbrechung zwischen Auslesen, Addieren und Zurückschreiben kommt, egal, wie viele Threads darauf zugreifen.

Für alle anderen Threads bedeutet das, dass sie warten müssen. Der nächste Thread kann die Methode incrementAndGet oder auch eine andere Methode des Objekts erst dann betreten, wenn der vorherige Thread sie verlassen hat. So gibt incrementAndGet auch in jedem Thread den Wert zurück, der nach der Inkrement-Operation dieses Threads gesetzt war, ohne dass ein anderer Thread ihn vorher ändern könnte.

Die anderen Methoden von AtomicInteger funktionieren nach demselben Prinzip. Sie ändern den Wert des Objekts in einer atomaren Operation und geben entweder den neuen oder den alten Wert zurück:

- decrementAndGet verringert den Wert um eins, entsprechend dem Operator --.
- getAndIncrement und getAndDecrement erhöhen/verringern den gespeicherten Wert ebenfalls, geben aber den alten Wert zurück. Diese Methoden entsprechen

den nachgestellten Operatoren x++ und x--, die vorgenannten Methoden den vorangestellten Operatoren ++x und --x.

- addAndGet addiert den übergebenen int-Wert zum gespeicherten Wert. Es gibt keine analoge Methode subtractAndGet, zum Subtrahieren übergeben Sie eine negative Zahl an addAndGet.
- set setzt einen neuen Wert und überschreibt den alten.
- getAndSet setzt einen neuen Wert und gibt den alten Wert zurück.
- compareAndSet nimmt zwei int-Parameter und setzt den zweiten als neuen Wert, wenn der erste dem aktuellen Wert entspricht. einAtomicInt.compareAndSet(5, 6) setzt den neuen Wert 6, aber nur wenn der alte Wert 5 war. Ob der neue Wert geschrieben wurde, erkennen Sie am zurückgegebenen boolean-Wert. Mit dieser Methode können Sie vor dem Schreiben eines neuen Wertes sicherstellen, dass seit der letzten Operation kein anderer Thread die Variable geändert hat.

Dieselben Methoden bietet auch die Klasse AtomicLong, die Operationen auf einer long-Variablen atomar macht. Daneben gibt es die Klassen AtomicBoolean und AtomicReference, die für eine boolean-Variable bzw. für eine Objektvariable die Operationen getAndSet und compareAndSet anbieten.

All diesen Klassen ist gemeinsam, dass sie für eine einzelne Variable sicherstellen, dass konkurrierende Zugriffe aus mehreren Threads sie nicht in einen inkonsistenten Zustand bringen können. Für viele Fälle ist das ausreichend, aber wenn Sie mehrere Variablen in einem gemeinsamen konsistenten Zustand halten müssen, dann reichen diese Werkzeuge nicht aus. In diesem Fall müssen Sie direkt auf die Grundlage zurückgreifen, die auch die Atomic-Klassen selbst verwenden: *Synchronisation*.

13.3 Synchronisation

Ihre Objekte zu jeder Zeit in einem konsistenten Zustand zu halten, ist eine der größten Herausforderungen der parallelen Programmierung (die andere ist, Deadlocks zu vermeiden, sehen Sie dazu Abschnitt 13.3.3). Schon in einem einfachen Beispiel entstehen schnell Inkonsistenzen:

```
public class MusikStatistik {
    private long gesamtgroesse;
    private int anzahl;
    private double durchschnitt;

    public void fuegeHinzu(File datei){
        gesamtgroesse += datei.length();
        anzahl ++;
```

```
        durchschnitt = gesamtgroesse / anzahl;
        System.out.println(anzahl + " Dateien, " + gesamtgroesse +
            " Byte gesamt. Durchschnitt: " + durchschnitt +
            " (Letzte Datei: " + datei.getAbsolutePath()+")");
    }

    public static void main(String[] args) throws Exception {
        MusikStatistik statistik = new MusikStatistik();
        for (File root : File.listRoots()){
            new Thread(() -> new Musikfinder(root).
              findeMusik(statistik::fuegeHinzu)).start();
        }
    }
}
```

Listing 13.6 Inkonsistente Objekte

Dieses Beispiel benutzt die Klasse Musikfinder aus dem letzten Kapitel, um die Durchschnittsgröße Ihrer Musikdateien zu berechnen. Um den Vorgang zu beschleunigen, wird für jedes Wurzelverzeichnis ein Thread gestartet. Das macht auf einem Unix-System keinen Unterschied, da es nur eine Wurzel gibt, aber es geht hier nicht um systemübergreifende Optimierung, sondern um ein Beispiel für Thread-Probleme.

In diesem Beispiel helfen Ihnen die Atomic-Klassen nicht mehr weiter, denn dass die Additionen auf gesamtgroesse und anzahl nicht atomar sind, ist nur ein Teil des Problems. Es kommt erschwerend hinzu, dass die Werte der beiden Variablen auch zusammenpassen müssen, denn sonst kann folgende Situation entstehen:

1. Thread 1 fügt die erste Datei hinzu, ihre Größe ist 5 MB.
2. Thread 1 addiert 5 MB zu gesamtgroesse. Der neue Wert ist 5.242.880.
3. Thread 1 inkrementiert anzahl. Der neue Wert ist 1.
4. Thread 2 fügt seine erste Datei hinzu, ihre Größe ist ebenfalls 5 MB.
5. Thread 2 addiert 5 MB zu gesamtgroesse. Der neue Wert ist 10.485.760.
6. Thread 1 berechnet den Durchschnitt und gibt ihn aus: 10.485.760 ÷ 1 = 10.485.760.

Der ausgegebene Durchschnitt ist offensichtlich falsch: in gesamtgroesse steht schon die Summe von zwei Dateien, es wird aber nur durch eins geteilt, weil die Anzahl noch nicht inkrementiert wurde. In diesem Beispiel ist es natürlich unkritisch, dass während der Berechnung falsche Zwischenergebnisse ausgegeben werden. Das liegt aber nur an der Notwendigkeit, übersichtliche Beispiele zu finden. Dasselbe Problem kann auch in jeder wichtigen Software in der realen Welt auftreten und dort massive und potenziell gefährliche Probleme verursachen.

13.3.1 »synchronized« als Modifikator für Methoden

Sie müssen deshalb sicherstellen können, dass Operationen auf Ihren Objekten immer vollständig ausgeführt werden, bevor ein anderer Thread eine Operation auf diesem Objekt durchführen kann. Um diese Art Problem zu vermeiden, gibt es in Java das Schlüsselwort synchronized.

In seiner einfachen Form wird synchronized als Modifikator für eine Methode angegeben:

```
public synchronized void fuegeHinzu(File datei){…}
```

Diese einfache Erweiterung führt dazu, dass niemals zwei Threads gleichzeitig die Methode fuegeHinzu ausführen können. Der erste Thread, der die Methode aufruft, erhält das alleinige Recht, das Objekt, zu dem die Methode gehört, zu ändern. Dies wird durch ein *exclusive Lock* auf dem Objekt realisiert, eine Sperre, durch die nur ein Thread Zugang zum so geschützten Code erhalten kann. Ein zweiter Thread, der fuegeHinzu aufrufen will, wird so lange zum Warten gezwungen, bis der erste Thread sein Lock wieder freigibt, erst dann kann er weiter ausgeführt werden. So einfach wird das Problem im Beispiel gelöst.

Eine Sperre, die durch den synchronized-Modifikator an einer Methode eingerichtet wird, gilt für das ganze Objekt, zu dem die Methode gehört. Auch wenn mehrere synchronized-Methoden in einem Objekt vorhanden sind, gibt es nur ein Lock. Und wenn zwei Threads zwei verschiedene synchronized-Methoden aufrufen wollen, muss trotzdem einer von ihnen warten, bis der andere es wieder freigibt.

Gleichzeitig gilt aber, dass Methoden ohne den synchronized-Modifikator nicht gesperrt werden. Sie können von anderen Threads aufgerufen werden, auch wenn diese das Lock auf dem Objekt nicht halten. Das ist unproblematisch und meist gewünscht, wenn diese Methode nur lesend auf den Zustand des Objekts zugreift. Diese Methoden zu synchronisieren, würde das Programm unnötig verlangsamen, weil Threads grundlos auf das Lock warten müssen. Gibt es aber eine unsynchronisierte Methode, die den Zustand des Objekts ändert, können die oben beschriebenen Probleme wieder auftreten. Eine wichtige Grundregel, wenn Sie ein Objekt *threadsicher*, also sicher für den Zugriff aus mehreren Threads, machen, ist deshalb: Seien Sie gründlich. Fehlende Synchronisierung kann zu inkonsistenten Zuständen des Objekts führen, zu viel Synchronisierung verlangsamt im besten Fall Ihr Programm und führt im schlimmsten Fall zu Deadlocks (siehe Abschnitt 13.3.3).

13.3.2 Das »synchronized«-Statement

Da Locks dazu führen, dass andere Threads blockiert werden, bis der aktuelle Eigentümer das Lock wieder freigibt, ist es wichtig, die Zeit, für die ein Lock gehalten wird, zu minimieren. Die ganze Methode zu synchronisieren, kann zu grob sein und das

Objekt unnötig lange gesperrt halten. Für die obige Beispielmethode ist das kein Problem, da sie nur eine sehr kurze Laufzeit hat. Anders sähe das schon aus, wenn Sie nicht die Durchschnittsgröße, sondern die Durchschnittslänge Ihrer Musiksammlung berechnen wollten. Die Länge einer MP3-Datei zu berechnen, ist ein aufwendiger Prozess, bei dem jeder Frame der Datei analysiert werden muss, und andere Medienformate sind nicht freundlicher.

```
public synchronized void fuegeHinzu(File datei){
    gesamtlaenge += berechneLaenge(datei);
    anzahl ++;
    durchschnitt = gesamtlaenge / anzahl;
}
```

Listing 13.7 Längenberechnung auf Methodenebene synchronisiert

Wie gezeigt müssen alle anderen Threads warten, bis in diesem Thread die Länge des Song berechnet wurde, erst dann kann der nächste Thread das Lock übernehmen und seinerseits die Längenberechnung starten.

Dabei müsste der aufwendige Teil der Methode gar nicht synchronisiert sein. Die Längenberechnung ist von anderen Threads völlig unabhängig, aber trotzdem werden sie gezwungen, darauf zu warten. Der gesamte Prozess könnte viel schneller ablaufen, wenn nur die wirklich konkurrierenden Zugriffe auf die Instanzvariablen synchronisiert würden. Um diese feinere Granularität zu erreichen, gibt es eine zweite Art, das Schlüsselwort synchronized anzuwenden: als Statement, das nur seinen Block mit einem Lock versieht:

```
public void fuegeHinzu(File datei){
    int laenge = berechneLaenge(datei);
    synchronized(this){
        gesamtlaenge += berechneLaenge(datei);
        anzahl ++;
        durchschnitt = gesamtlaenge / anzahl;
    }
}
```

Listing 13.8 Längenberechnung mit feinerer Synchronisierung

Jetzt können beliebig viele Threads gleichzeitig die Länge ihrer Dateien berechnen, nur mit dem Updaten der Variablen müssen sie warten, bis sie den alleinigen Zugriff haben.

Das synchronized-Statement ist aber auch etwas komplexer in der Benutzung als eine synchronisierte Methode, denn Sie müssen selbst das Objekt angeben, durch das die Sperre realisiert werden soll, den sogenannten *Monitor*. Als Analogie hilft es, sich den

Monitor als »Redestab« in einer Gruppensitzung vorzustellen: Nur wer den Redestab hält, darf sprechen. Genauso darf nur, wer den Monitor besitzt, den `synchronized`-Block betreten. Das oben angesprochene Lock entspricht dabei dem abstrakten »Recht zu reden«, der Monitor ist genau wie der Redestab das Werkzeug, mit dem dies umgesetzt wird – man sagt auch: »das Objekt, auf dem gesperrt wird«.

`synchronized(this)` verwendet das umgebende Objekt als Monitor, genau wie eine synchronisierte Methode. Sie können aber auch auf einem beliebigen anderen Objekt sperren, und auch dafür gibt es nützliche Anwendungsfälle.

```
public static void main(String[] args) throws Exception {
    MusikStatistik statistik = new MusikStatistik();
    Thread watcher = new Thread(() -> {
        while (true){
            synchronized (statistik){
                System.out.println(statistik.getAnzahl()
                    + " Dateien, " + statistik.getGesamtgroesse()
                    + " Byte gesamt. Durchschnitt: "
                    + statistik.getDurchschnitt());
            }
            try {
                Thread.sleep(10000);
            } catch (InterruptedException ex) {
            }
        }
    }, "Beobachter");
    watcher.setDaemon(true);
    watcher.start();
    for (File root : File.listRoots()){
        new Thread(() ->
                new Musikfinder(root).findeMusik(statistik::fuegeHinzu),
                "Crawler " + root.getName()
        ).start();
    }
}
```

Listing 13.9 Synchronisieren von außen

In diesem Beispiel erfolgt nicht mehr bei jedem Aufruf von `statistik.fuegeHinzu` eine Ausgabe. Die Methode ist zwar nicht mehr abgedruckt, aber glauben Sie mir einfach, dass die Ausgabe dort entfernt wurde. Eine derart große Menge an ausgegebenem Text verlangsamt die Ausführung des Programms und dient auch nicht der Übersicht. Die Ausgabe wird jetzt in einem eigenen Thread realisiert, der alle 10 Sekunden tätig wird und den aktuellen Stand der Daten ausgibt. Das Warten wird durch

Thread.sleep mit der Wartezeit in Millisekunden umgesetzt. Die Zeit von 10 Sekunden wird zwar nicht garantiert, das Warten könnte vorher mit einer Interrupted-Exception unterbrochen werden, aber in diesem Beispiel ist es nicht problematisch, wenn die Ausgabe etwas früher erfolgt.

Erfolgte die Ausgabe ohne Synchronisation, würden Sie wieder in das alte Problem laufen: Während Sie die Ausgabe machen, aktualisiert ein anderer Thread die Daten, und die ausgegebenen Daten sind nicht konsistent. Die Getter zu synchronisieren, würde keinen Unterschied machen, denn es wäre nur jeder Getter für sich synchronisiert, zwischen zwei Aufrufen könnte nach wie vor ein anderer Thread dazwischenschreiben.

Um konsistente Ausgaben sicherzustellen, muss die Sperre auf dem Objekt bestehen bleiben, bis Sie alle Daten ausgegeben haben. Genau das erreichen Sie, indem Sie die Ausgabe in einem Block machen, der mit dem Objekt statistik synchronisiert ist. Andere Threads können die synchronisierte Methode fuegeHinzu während der Ausgabe nicht betreten, sie müssen auf das Lock warten.

Eine Warnung am Rande: Reihenfolge ist hier immens wichtig. Wenn Sie zwei Zeilen im Beobachter-Thread vertauschen, wird Ihr Programm nie mehr beendet:

```
synchronized (statistik){
    while (true){
        …
    }
}
```

Listing 13.10 So nicht!

Da im synchronized-Block eine Endlosschleife ausgeführt wird, wird das Lock nie mehr freigegeben, die anderen Threads kommen nicht mehr zum Arbeiten, und das Programm kann nicht weiterlaufen. Java schützt Sie nicht davor, sich auf diese Weise in den Fuß zu schießen, es gibt kein Time-out auf Locks. Wenn Sie ein Lock ewig halten wollen, dann werden Sie nicht daran gehindert.

13.3.3 Deadlocks

Ein Lock, das nicht mehr freigegeben wird, ist ärgerlich, aber gewöhnlich leicht zu diagnostizieren. Viel schlimmer und weitaus häufiger ist ein anderes Problem, der Fluch der parallelen Programmierung: *Deadlocks* – eine Klasse von Fehlern, von der Sie sicher sein können, dass Sie ihr früher oder später begegnen werden. Ein Deadlock kann immer dann auftreten, wenn Sie mit mehreren Monitor-Objekten gleichzeitig sperren müssen und dabei nicht vorsichtig sind. Denn dann kann es zu folgender Situation kommen, wenn beide Threads versuchen, auf denselben Objekten zu synchronisieren. Aber der Teufel steckt hier im Detail – achten Sie darauf, wo der Unterschied zwischen den beiden Threads liegt.

```
Thread t1 = new Thread(() -> {
    synchronized(objektEins){
        synchronized(objektZwei){
            …
        }
    }
});
Thread t2 = new Thread(() -> {
    synchronized(objektZwei){
        synchronized(objektEins){
            …
        }
    }
});
t1.start();
t2.start();
```

Listing 13.11 Kleine Ursache, riesiges Problem

Der Unterschied zwischen beiden Threads ist zwar subtil, aber wenn Sie den Code aufmerksam lesen, schnell zu finden: Beide Threads versuchen, die Locks in unterschiedlicher Reihenfolge zu erhalten. Und nun kann das passieren:

1. t1 sperrt auf objektEins.
2. t2 sperrt auf objektZwei.
3. t1 wartet, bis das Lock auf objektZwei freigegeben wird.
4. t2 wartet, bis das Lock auf objektEins freigegeben wird.

Da es kein Time-out auf Sperren gibt, geben beide Threads die Locks, die sie halten, erst frei, wenn der jeweilige äußere synchronized-Block beendet ist. Der synchronized-Block kann aber nicht weiter ausgeführt werden, ohne den inneren synchronized-Block auszuführen. Und der kann nicht ausgeführt werden, ohne dass der andere Thread seine Sperre aufgibt. Und so ist es an dieser Stelle sicher, dass keiner der beiden Threads weiter ausgeführt werden kann, beide werden warten, bis der Java-Prozess beendet wird – und wenn es keine Daemon-Threads waren, dann ist das nur noch mit Gewalt möglich.

In freier Wildbahn sieht es leider selten so aus, dass die beiden Sperren in aufeinanderfolgenden Zeilen angefordert werden. Meist ist es eher so, dass die synchronized-

Statements in verschiedenen Methoden stehen, vielleicht sogar in verschiedenen Klassen, und dann sind die Ursachen für ein Deadlock schwer zu finden.

Deshalb sollten Sie versuchen, Deadlocks von vornherein zu vermeiden, und der beste Ansatz dazu ist, die `synchronized`-Blöcke so kurz wie möglich zu halten. Sie reduzieren so die Wahrscheinlichkeit, eine Deadlock-Situation zu programmieren.

Möglichst kurze Sperren verringern nicht nur das Risiko, dass ein Deadlock auftritt. Sie tun zwar auch das, aber letztendlich bedeutet das nur, dass es nach 1.000 Durchläufen zu Problemen kommt statt nach 10. Nur das Nötigste zu sperren, verringert auch die Wahrscheinlichkeit, dass überhaupt mögliche Deadlocks im Code stecken. Kürzere Synchronisationen bedeuten, dass Sie weniger Methoden rufen, dadurch ist das Risiko geringer, dass irgendwo ein weiterer `synchronized`-Block folgt, den Sie nicht bedenken oder von dem Sie nichts wissen. Und wenn es keine zwei Synchronisationen gibt, dann kann auch kein Deadlock auftreten. Neben der besseren Performance haben Sie also auch einen weiteren, noch besseren Grund, Locks nur so kurz wie unbedingt nötig zu halten.

13.3.4 Übung: Zufallsverteilung

Schreiben Sie eine Klasse, die mittels `java.util.Random` in mehreren Threads Zufallszahlen erzeugt. Ein `Random`-Objekt ist threadsicher, Sie können also einen Zufallsgenerator in allen Threads teilen. Sie übergeben Ihrem Objekt den Höchstwert für die Zufallszahlen, die Anzahl der Threads, die Zahlen erzeugen sollen, und die Anzahl insgesamt zu erzeugender Zahlen.

Über die erzeugten Werte sollen an einer zentralen Stelle, also nicht innerhalb des Threads, folgende Daten gesammelt werden: Anzahl der Versuche und Summe der Ergebnisse, um den Durchschnitt zu berechnen, und für jeden möglichen Wert, wie oft er vorkam, um die Verteilung der Werte zu ermitteln.

Ein weiterer Thread soll alle 5 Sekunden den Durchschnitt der bis dahin gefundenen Werte ermitteln. Achten Sie darauf, dass Sie den Durchschnitt immer aus einem konsistenten Zustand berechnen. Die Lösung zu dieser Übung finden Sie im Anhang.

13.4 Fortgeschrittene Koordination zwischen Threads

Synchronisation ist der grundlegende Mechanismus, mit dem Sie mehrere Threads koordinieren können. Aber es gibt darüber hinaus weitere Werkzeuge, die Ihnen zu mehr Kontrolle verhelfen, einen schnelleren Programmablauf garantieren oder Ihnen, gerade für komplexe Szenarien, die fehleranfällige Implementierung abnehmen und durch eine gut getestete Standardkomponente ersetzen.

13.4.1 Signalisierung auf dem Monitor-Objekt

Threads, die auf demselben Objekt synchronisieren, können über den einfachen Ausschluss anderer Threads hinaus kommunizieren und ihr Lock vorübergehend aufgeben oder einen anderen Thread benachrichtigen, dass er seine Arbeit fortsetzen kann.

Die Methode wait, auf dem Monitor aufgerufen, gibt das Lock auf und lässt andere Threads zum Zug kommen. Um das Lock aufgeben zu können, muss ein Thread es natürlich zunächst einmal halten, deswegen können Sie wait nur innerhalb eines mit synchronized geschützten Bereichs aufrufen. Der wartende Thread läuft danach nicht weiter, bis er wieder aufgeweckt wird, und wenn er wieder aufgeweckt wird, ist garantiert, dass er auch wieder Eigentümer des Locks ist.

Auf der Gegenseite gibt es die Methoden notify und notifyAll. Ein Aufruf von notify auf dem Monitor weckt einen mit wait wartenden Thread wieder auf, ein Aufruf von notifyAll weckt alle wartenden Threads. Das bedeutet aber nicht, dass diese Threads sofort weiterlaufen können. Erst muss der aktuelle Thread das Lock wieder aufgeben, also entweder selbst wait rufen oder den synchronisierten Bereich verlassen. Erst dann kann ein vorher wartender Thread das Lock wieder übernehmen und weiter ausgeführt werden.

> **»notifyAll« – wer hält das Lock?**
>
> Auch wenn durch notifyAll mehrere Threads aufgeweckt werden, kann natürlich nur einer von ihnen Eigentümer des Locks sein, schließlich darf es immer nur genau einen Eigentümer geben. Gibt dieser aber nun das Lock auf, kann der nächste geweckte Thread es übernehmen.
>
> Rufen Sie dagegen notify, um nur einen Thread zu wecken, dann warten die übrigen Threads auf ein weiteres notify, bevor sie versuchen, das Lock zu übernehmen.

```java
public static class PingPong implements Runnable{
    private final String text;
    private final Object monitor;

    public PingPong(String text, Object monitor) {
        this.text = text;
        this.monitor = monitor;
    }

    public void run() {
        synchronized(monitor){
            while (true){
```

```java
            System.out.println(text);
            monitor.notify();
            try {
                monitor.wait();
            } catch (InterruptedException ex) {
            }
        }
      }
    }
  }
}

public static void main(String[] args){
    Object monitor = new Object();
    new Thread(new PingPong("Ping", monitor)).start();
    new Thread(new PingPong("Pong", monitor)).start();
}
```

Listing 13.12 Ping-Pong-Spiel mit »wait« und »notify«

Dieses Beispiel benutzt wait und notify, um zwei Threads immer abwechselnd zum Zug kommen zu lassen. Beide Threads machen ihre Ausgabe, wecken dann den einzigen anderen wartenden Thread auf ihrem Monitor auf und legen sich selbst schlafen.

Vorwiegend werden wait und notify benutzt, um nicht auf das weniger elegante und weniger performante *Busy Waiting* zurückgreifen zu müssen. Beim Busy Waiting wird in einer Schleife so lange geprüft, ob Daten zur Verfügung stehen, bis ein anderer Thread sie bereitstellt.

```java
while (list.isEmpty()){}
Object daten = list.get(0);
```

Listing 13.13 Busy Waiting – bitte vermeiden!

Das ist eine riesige Verschwendung von wertvoller Prozessorzeit. isEmpty wird so oft gerufen, wie es die dem Thread zugeteilte Rechenzeit erlaubt. Viel besser geht es mit wait:

```java
Object daten;
synchronized (list){
    while (list.isEmpty()){
        try {
            list.wait(500);
        } catch (InterruptedException ex){
        }
    }
```

```
        daten = list.get(0);
}
```

Listing 13.14 Warten, ohne Prozessorzeit zu verschwenden

So ist das Warten prozessorfreundlicher. Solange die Liste leer ist, wartet der Thread jeweils für 500 Millisekunden, bevor er das nächste Mal prüft. Wird von einem anderen Thread list.notify() gerufen, wird das Warten sofort unterbrochen. Es ist wichtig, ein Time-out anzugeben, denn das notify-Signal kann nur empfangen werden, wenn ein Empfänger-Thread bereits darauf wartet. Es wird nicht für später aufbewahrt und dann beim Aufruf von wait sofort umgesetzt. Es ist deshalb möglich, dass zwischen der Prüfung list.isEmpty() und dem Warten ein anderer Thread ein Element hinzufügt und notify aufruft und erst danach in diesem Thread wait gerufen wird. In diesem Fall würde der Thread nicht mehr aufwachen, weil das notify-Signal bereits vorbei ist. Dank des Time-outs wird regelmäßig geprüft, ob dieser Fall eingetreten ist.

Umgekehrt kann es auch vorkommen, dass ein wartender Thread aufgeweckt wird, obwohl nicht notify auf seinem Monitor gerufen wurde. Wenn Sie auf das Eintreten einer Bedingung warten, sollten Sie also auf jeden Fall prüfen, ob sie auch wirklich eingetreten ist. Im Beispiel übernimmt das die while-Schleife automatisch.

Objektorientierte Sperren

Seit Java 5 können Sie Synchronisation auch völlig objektorientiert umsetzen, indem Sie mit einem Lock-Objekt arbeiten. Ein solches Objekt, eine Implementierung des Interface Lock, bietet Ihnen grundlegend dieselben Möglichkeiten wie die synchronized-Sprachkonstrukte, ist aber dabei flexibler. Sie erhalten das Lock, indem Sie die Methode lock rufen, und geben es mit unlock wieder frei. Sie sind aber, anders als bei synchronized, nicht an einen syntaktischen Block gebunden. Sie können lock in einer Methode rufen und unlock in einer anderen und bleiben während der gesamten Zeit Eigentümer des Locks. Darüber hinaus gibt es spezielle Lock-Implementierungen mit weitergehenden Fähigkeiten, so kann ein ReadWriteLock zwischen lesenden und schreibenden Operationen unterscheiden und für beide getrennte Sperren verwalten. Aber große Kräfte bergen auch eine große Gefahr, dass etwas schiefläuft. Wenn Sie mit Locks arbeiten, gibt es, anders als mit synchronized, keine Garantie, dass ein Lock wieder freigegeben wird. Wenn Sie unlock nicht rufen, bleibt Ihr Thread Eigentümer des Locks, und kein anderer kann es jemals wieder erhalten. Auch Deadlocks werden wahrscheinlicher und schwerer aufzuspüren, wenn Sie nicht mehr klar sehen können, von wo bis wo ein Lock gehalten wird. Verwenden Sie deshalb diese flexiblere Lösung nur, wenn Sie sie wirklich brauchen.

13.4.2 Daten produzieren, kommunizieren und konsumieren

Ein häufiges Muster, nach dem mehrere Threads zusammenarbeiten, ist das sogenannte *Producer-Consumer-Pattern*. Dabei produziert eine Gruppe von Threads, die Producer, einen Strom von Daten, die eine andere Gruppe, die Consumer, weiterverarbeitet. Producer ist dabei ein leicht irreführender Begriff, Daten können im Sinne dieses Musters auch produziert werden, indem sie aus einer Datei oder einer Netzwerkverbindung gelesen werden.

Es gibt verschiedene Möglichkeiten, wie beide Gruppen miteinander kommunizieren, aber der übliche Weg ist durch eine Queue, eine spezielle Art von Collection, die darauf ausgelegt ist, an einem Ende neue Elemente aufzunehmen und sie am anderen Ende wieder auszulesen. Die Producer schreiben in die Queue, die Consumer lesen von dort. Von den verschiedenen Ausprägungen von Queues nimmt Ihnen eine BlockingQueue die meiste Arbeit ab, denn ihre Implementierungen handhaben die Signalisierung zwischen zwei Threads selbst. Sie müssen nicht einmal synchronisieren.

```java
class Producer implements Runnable {
    private final BlockingQueue queue;

    Producer(BlockingQueue q) {
        queue = q;
    }

    public void run() {
        while (true) {
            Object daten = produce();
            /*Diese Schleife dient nur dazu,
            nach InterruptedException zu wiederholen.*/
            while (daten != null){
                try {
                    queue.put(daten);
                    daten = null;
                } catch (InterruptedException ex) {
                }
            }
        }
    }

    Object produce() {…}
}
class Consumer implements Runnable {
    private final BlockingQueue queue;
```

```
    Consumer(BlockingQueue q) {
        queue = q;
    }

    public void run() {
        while (true) {
            try {
                consume(queue.take());
            } catch (InterruptedException ex) {
            }
        }
    }

    void consume(Object x) {…}
}

public static void main(String[] args) {
    BlockingQueue q = new ArrayBlockingQueue(50);
    Producer p = new Producer(q);
    Consumer c = new Consumer(q);
    new Thread(p).start();
    new Thread(c).start();
}
```

Listing 13.15 Producer und Consumer

In diesem Beispiel sehen Sie Producer, Consumer und wie sie zusammengefügt werden. Beide verwenden dasselbe Queue-Objekt, eine ArrayBlockingQueue mit Kapazität 50. In diesem Szenario ist es sinnvoll, eine Queue mit begrenzter Kapazität zu verwenden, da Sie nicht wissen, wie schnell Producer und Consumer arbeiten. Wenn Daten schneller in die Queue geschrieben als ausgelesen werden, wird die Queue immer größer und belegt mehr und mehr Speicher, bis es zu einem OutOfMemoryError kommt.

Aber Sie müssen sich um die Kapazität nicht selbst kümmern, das ist der große Vorteil der BlockingQueue. Wenn Sie ein Element mit put hinzufügen, dann blockiert dieser Aufruf so lange, bis Platz in der Queue ist. Der Producer wird effektiv angehalten, bis er sein Ergebnis in der Queue abladen kann. Genauso blockiert take im Consumer, bis Daten zur Verfügung stehen. So müssen Sie sich selbst nicht darum kümmern, in welcher Geschwindigkeit Daten produziert oder verarbeitet werden, das System steuert seine eigene Geschwindigkeit.

Wenn aber zwischen Producer und Consumer ein signifikanter, vorhersagbarer Unterschied besteht, dann ist ein großer Vorteil dieses Patterns, dass es sehr leicht zu skalieren ist. Wenn Daten aufwendig zu produzieren, aber schnell zu konsumieren sind, können Sie mehrere Producer an dieselbe Queue anschließen. Sind sie dagegen schnell zu produzieren, aber aufwendig weiterzuverarbeiten, dann hängen Sie mehrere Consumer an die Queue. Und wenn einfach nur alles schneller gehen soll, dann fügen Sie an beiden Enden mehr Threads hinzu.

13.4.3 Threads wiederverwenden

Neue Threads zu erzeugen, ist eine sehr teure Operation. In den Beispielen, die Sie bisher gesehen haben, ist das zu vernachlässigen. Es werden nur wenige Threads gestartet, und wenn sie ihre Arbeit beendet haben, dann wird auch das Programm beendet.

Das ist aber nicht für alle Programme so. Manche Programme starten während ihrer Laufzeit viele Threads, die nur lange genug leben, um eine bestimmte Aufgabe zu erfüllen. Danach ist der Thread beendet, aber das Programm läuft weiter. Zu dieser Art Programm gehören zum Beispiel Webserver, die Sie im nächsten Kapitel kennenlernen werden. Jeder Request, also jede Anfrage von einem Browser an den Server, wird in einem eigenen Thread verarbeitet. Eine solche Anfrage dauert nur Sekunden, aber ein Webserver kann Monate oder sogar Jahre ohne Neustart laufen. Es wird sehr viel Zeit damit verschwendet, neue Threads zu erzeugen, die wenige Sekunden später wieder sterben.

Für diese Programme ist es besser, Threads wiederzuverwenden, anstatt ständig neue zu erzeugen. Da ein normaler Thread aber nicht neu gestartet werden kann, muss eine andere Lösung gefunden werden, um Threads wiederzuverwenden. Die einfachste Lösung finden Sie in einem *Thread-Pool*, einer Gruppe von Threads, an die Sie Runnables übermitteln können, die dann in einem bereits vorhandenen Thread ausgeführt werden. Nur wenn alle Threads beschäftigt sind, wird unter bestimmten Umständen ein neuer Thread gestartet. Einen solchen Thread-Pool finden Sie in der Klasse ThreadPoolExecutor. Einen ThreadPoolExecutor erzeugen Sie gewöhnlich nicht durch einen Konstruktor, sondern durch eine der statischen Methoden der Klasse Executors:

```
private Executor executor = Executors.newCachedThreadPool();

public void verarbeiteRequest(){
    executor.execute(() -> {…});
}
```

Listing 13.16 Threads wiederverwenden, anstatt neue zu starten

Die gezeigte Methode newCachedThreadPool erzeugt einen Executor, der alte Threads wiederverwendet, wenn möglich, aber neue Threads erzeugt, wenn nötig. Daneben gibt es aber auch newFixedThreadPool(int), womit Sie einen Thread-Pool einer bestimmten Größe erzeugen, die nie überschritten wird.

Egal, welche Art von Executor Sie verwenden, mit der Methode execute übermitteln Sie ein neues Runnable, das von diesem Executor ausgeführt werden soll. Es gibt aber, wenn Sie einen Pool mit einer begrenzten Anzahl Threads verwenden, keine Garantie, dass Ihr Runnable sofort ausgeführt wird.

Jeder im JDK enthaltene Executor implementiert gleichzeitig ExecutorService, eine Erweiterung von Executor, die mehr Methoden anbietet.

13.5 Die Zukunft – wortwörtlich

Das wirklich Schwierige an Threads ist, Daten zwischen ihnen auszutauschen. Sogar darauf zu warten, dass ein anderer Thread seine Arbeit beendet, ohne gleichzeitig den wartenden Thread zu blockieren, ist nicht trivial.

Um das zu erleichtern, gibt es *Futures*. Ein Future ist ein Versprechen, dass eine Aufgabe irgendwann in der Zukunft erfüllt sein wird. Sie müssen dann nicht mehr synchronisieren, warten und signalisieren, sondern können auf einem Objekt entweder prüfen, ob die Aufgabe schon erledigt ist, oder darauf warten. Der letztere Fall würde zwar den Vorteil zunichtemachen, dass der wartende Thread nicht blockiert wird, aber Sie haben die Option. Üblicher und nützlicher ist aber, in regelmäßigen Abständen zu prüfen, ob der Thread inzwischen beendet ist:

```
public class Textsuche{
    private ExecutorService executor = Executors.newCachedThreadPool();
    String suchstring;
    File rootVerzeichnis;
    boolean sucheGestartet;

    public void suche(){
        Future nutzereingabe = executor.submit(() -> {
            try {
                BufferedReader in = new BufferedReader(
                    new InputStreamReader(System.in));
                System.out.println("Suchstring: ");
                suchstring = in.readLine();
            } catch (IOException ex) {
            }
        });
        for (File file : rootVerzeichnis.listFiles()){
            erzeugeSuchindex(file);
            if (nutzereingabe.isDone() && !sucheGestartet){
```

```
                starteSuche(suchstring);
                sucheGestartet = true;
            }
        }
    }
    private void erzeugeSuchindex(File file) {…}
    private void starteSuche(String suchstring) {…}
}
```

Listing 13.17 Auf die Zukunft warten

Dieses Beispiel durchsucht Dateien nach Text, auch wenn die interessanten Teile dazu fehlen. Für komplexere Suchen mit mehreren Wörtern, Ausschlusswörtern oder Suche nach ähnlichen Wörtern verwendet man nicht String.indexOf, sondern baut einen Suchindex auf, in dem sich die Suche besser abbilden lässt. Dieser Index ist unabhängig von den gesuchten Begriffen, er verwertet den gesamten Dateiinhalt. Deswegen kann er schon aufgebaut werden, während der Benutzer noch den Suchbegriff eingibt. Genau das passiert hier: In einem Runnable wird der Benutzer um Eingabe gebeten, während der Haupt-Thread schon den Index aufbaut. In jedem Schleifendurchlauf wird mit isDone geprüft, ob der zum Future gehörende Thread beendet ist. Wenn ja, wird die Suche auf dem erzeugten Index gestartet. Ein Future-Objekt können Sie nicht erhalten, indem Sie einen eigenen neuen Thread starten, sondern nur von einem ExecutorService, indem Sie ein Runnable an die Methode submit übergeben. Wie Sie im vorigen Abschnitt gesehen haben, sind alle Executors des JDKs auch ExecutorServices, Sie erhalten einen solchen Service am schnellsten von der Executors-Klasse.

Dass der gestartete Thread direkt in eine Instanzvariable des Textsuche-Objekts schreibt, ist im Beispiel nicht tragisch, aber kann anderswo wieder zu Synchronisierungsproblemen führen. Außerdem gibt es jetzt ein Objekt, das den Status des gestarteten Threads darstellt; es wäre sauberer und lesbarer, das Ergebnis des Threads aus diesem Objekt zu lesen. Mit Future-Objekten ist auch das möglich und sorgt für mehr Lesbarkeit im Code:

```
public class Textsuche {
    private ExecutorService executor = Executors.newCachedThreadPool();
    File rootVerzeichnis;
    boolean sucheGestartet;

    public void suche() {
        Future<String> nutzereingabe = executor.submit(new Callable<String>() {
            @Override
            public String call() throws Exception {
                try {
```

```
                BufferedReader in = new BufferedReader(
                    new InputStreamReader(System.in));
                System.out.println("Suchwort: ");
                return in.readLine();
            } catch (IOException ex) {
                throw new RuntimeException(ex);
            }
        }
    });
    for (File file : rootVerzeichnis.listFiles()) {
        erzeugeSuchindex(file);
        if (nutzereingabe.isDone() && !sucheGestartet) {
            starteSuche(nutzereingabe.get());
            sucheGestartet = true;
        }
    }
}}
```

Listing 13.18 Threads jetzt auch mit Rückgabewert

In diesem Beispiel wird an `submit` kein `Runnable` mehr übergeben, sondern ein `Callable`. Auch ein `Callable` dient dazu, einem Thread zu übergeben, was er tun soll, hat aber im Gegensatz zu `Runnable` einen Rückgabewert. Bisher hatten Sie keine Verwendung für dieses Werkzeug, denn aus einem mit `new Thread` erzeugten Thread können Sie kein Ergebnis nach außen zurückgeben. Durch ein `Future`-Objekt geht das aber schon, die `get`-Methode gibt den Rückgabewert des `Callable` zurück. So kommt aus einem Thread ein Ergebnis nach draußen, ohne dass Sie in die Felder einer anderen Klasse schreiben müssen. Das ist übersichtlicher und weniger fehleranfällig.

13.5.1 Lambdas und die Zukunft – »CompletableFuture«

Futures und Lambdas sind eine mächtige Kombination, mit der Sie schnell und ohne viele Probleme Abläufe in mehreren Threads umsetzen. Das Zauberwort dazu heißt `CompletableFuture`, eine Spezialisierung von `Future`, die mit einem Fluent Interface eine sehr mächtige Lösung zur Verfügung stellt, die Ergebnisse aus Threads abwartet, weiterverarbeitet und Ergebnisse aus mehreren Threads kombiniert. Da aber nichts zu einheitlich sein darf, muss ein `CompletableFuture` leider anders gestartet werden als ein herkömmliches `Future`.

```
public CompletableFuture<RSAKeyPair> neuesSchluesselPaar() throws Exception {
    CompletableFuture<BigInteger> zahl1 = CompletableFuture.supplyAsync(() ->
        findePrimzahlMitNBit(512));
    CompletableFuture<RSAKeyPair> schluesselpaar =
```

```
    CompletableFuture.supplyAsync(() -> findePrimzahlMitNBit(512))
      .thenCombine(zahl1, (p1, p2) -> berechneRSASchluesselPaar(p1, p2));
    return schluesselpaar;
}
```

Listing 13.19 RSA-Schlüssel asynchron berechnen

In diesem Beispiel geht es darum, RSA-Schlüsselpaare zu berechnen. Auch hier fehlen wieder die fachlich interessanten Teile, aber das Vorgehen wird auch so deutlich. Mit der statischen `supplyAsync`-Methode starten Sie eine Berechnung, übergeben als `Supplier`, in einem anderen Thread. Wie gezeigt stammt der Thread aus einem allgemeinen Thread-Pool, aber Sie können auch einen eigenen `ExecutorService` übergeben, mit dem gearbeitet wird.

Im ersten Aufruf wird ein `CompletableFuture` gestartet, das eine 512 Bit lange Primzahl finden soll – große Primzahlen sind die Grundlage der RSA-Verschlüsselung. Danach wird eine weitere Berechnung gestartet, die eine zweite solche Primzahl finden soll. Und nun wird es interessant, denn an diesem zweiten `CompletableFuture` wird sofort `thenCombine` gerufen. Dadurch wird ein neues `CompletableFuture` erzeugt, das startet, wenn sowohl dieses als auch das übergebene `CompletableFuture` abgeschlossen sind, und das dann die Ergebnisse der beiden Vorstufen mit der übergebenen `Function` kombiniert. Dieses `CompletableFuture` wird zurückgegeben.

Für den Aufrufer von `neuesSchluesselPaar` verhält sich die Methode ein wenig wie eine Mikrowelle: Sie wird gestartet, und der Aufrufer erhält ein Objekt zurück, das irgendwann »Ping« macht, wenn das Ergebnis fertig ist.

Die große Stärke von `CompletableFuture` sind die vielen Arten, wie es sich kombinieren lässt. Da sind zunächst zwei weitere statische Methoden, `allOf` und `anyOf`, die beide beliebig viele `CompletableFuture`s zu einem neuen zusammenfassen, das beendet ist, wenn alle übergebenen oder das erste übergebene beendet ist.

Weitere Methoden sind Teil des Fluent Interface und erweitern das `CompletableFuture`, an dem sie aufgerufen werden, um einen weiteren Arbeitsschritt, wie oben `thenCombine`. Einige der wichtigsten:

- `acceptEither` wendet einen übergebenen `Consumer` auf das Ergebnis dieses `CompletableFuture` oder des übergebenen an, je nachdem, welche Berechnung zuerst abgeschlossen ist. Da `Consumer` kein Ergebnis haben, ist das so erzeugte Objekt immer ein `CompletableFuture<Void>`.

- `applyToEither` funktioniert ähnlich wie `acceptEither`, erwartet aber eine `Function` und hat deshalb selbst wieder ein Ergebnis.

- `exceptionally` gibt das Ergebnis des Ursprungsobjekts weiter, wenn dieses erfolgreich zu Ende gekommen ist. Kam es aber zu einer Exception, wird die an `excep-`

tionally übergebene Function gerufen, um den Wert des CompletableFuture zu berechnen.

- runAfterBoth/runAfterEither führen ein Runnable aus, wenn beide zusammengefassten/das erste der zusammengefassten CompletableFutures abgeschlossen sind/ist.
- thenApply hängt einen weiteren Verarbeitungsschritt in Form einer Function an dieses CompletableFuture an.
- thenAccept hängt einen Verarbeitungsschritt als Consumer an, steht also eher am Ende der Kette.

Alle diese Methoden – außer exceptionally, dafür aber noch einige weitere – gibt es in drei Varianten. Wie in der folgenden Liste gezeigt mit einem angehängten Async (also zum Beispiel thenApplyAsync) und derselben Parameterliste und mit angehängtem Async und einem zusätzlichen Parameter vom Typ Executor. Diese drei Varianten unterscheiden sich darin, in welchem Thread die Operation ausgeführt wird:

- Berechnungsschritte ohne das Suffix Async werden im selben Thread durchgeführt, in dem auch der vorherige Schritt durchgeführt wurde.
- Mit dem Suffix Async wird der Schritt nicht notwendigerweise im selben Thread, aber mit demselben Executor ausgeführt wie der Vorschritt.
- Mit dem Suffix Async und einem Executor-Parameter wird der Schritt im übergebenen Executor durchgeführt.

Sie sehen, dass CompletableFutures in ihrer Handhabung den Streams sehr ähnlich sind, wenn auch leider weniger durchschaubar. Sie geben Ihnen eine Möglichkeit, lange laufende Berechnungen zu verketten und das Ergebnis als Objekt zu behandeln, bevor die Berechnung überhaupt abgeschlossen ist. Wie alles, was mit Threads zu tun hat, bedarf es einer gewissen Eingewöhnung, um mit CompletableFutures zu arbeiten, aber in Programmen, die viele asynchrone Berechnungen durchführen, können sie enorm zur Übersicht beitragen.

13.6 Das Speichermodell von Threads

Leider ist keine Diskussion von Threads in Java komplett ohne das am wenigsten genutzte – und am wenigsten verstandene – Schlüsselwort in Java, den letzten Variablen-Modifikator, den Sie noch nicht kennen. Aber ehe Sie mit dem Schlüsselwort volatile überhaupt etwas anfangen können, ist ein kurzer Einblick in das Speichermodell von Threads in Java notwendig.

Im Code sieht es immer so aus, als können mehrere Threads auf dieselbe Variable zugreifen. Das ist auch prinzipiell richtig, bedeutet aber nicht, dass alle diese Threads auch auf dieselbe Speicheradresse zugreifen. Es ist etwas komplizierter.

In Wahrheit ist es nämlich so, dass jeder Thread seine eigene Kopie aller Variablen in einem eigenen Speicherbereich hat. Dadurch soll verhindert werden, dass jeder Zugriff auf eine Variable in den globalen Speicherbereich erfolgt, weil das Programm verlangsamt würde. Sie sehen wahrscheinlich schon ein potenzielles Problem bei diesem Vorgehen: Wenn es mehrere Kopien derselben Variable gibt, wie wird sichergestellt, dass sie in jedem Thread den richtigen Wert haben?

Und das ist in der Tat ein Problem, denn dass die Werte der im Thread gespeicherten Variablen mit den echten Variablen abgeglichen werden, ist nur in dem Moment garantiert, in dem ein synchronized-Block betreten oder verlassen wird. Realistisch passiert es auch zu anderen Zeiten, wann genau ist allerdings nicht wirklich klar, und es gibt keine Garantie dafür. Das ist ein Problem an Codestellen wie der folgenden, die in ähnlicher Form häufig vorkommt:

```java
public class Unterbrechbar implements Runnable {
    private boolean angehalten;

    @Override
    public void run() {
        while (!angehalten) {
            ...
        }
    }

    public void anhalten() {
        angehalten = true;
    }
}
```

Listing 13.20 Ein unterbrechbarer Thread

Dieses Runnable kann von außen gestoppt werden, indem aus einem anderen Thread die Methode anhalten gerufen wird. Die Variable angehalten wird umgesetzt, und die Schleife in run kann verlassen werden. Der Code funktioniert so im Allgemeinen, aber es gibt keine Garantie dafür, dass er funktioniert, denn der Thread, der Unterbrechbar ausführt, muss seine lokale Kopie von angehalten niemals aktualisieren.

Genau für diesen Fall gibt es das volatile-Schlüsselwort. Eine Variable, die als volatile (engl. für flüchtig) gekennzeichnet ist, wird niemals im Thread gecacht, sondern immer, bei jedem Zugriff, aus dem globalen Speicher gelesen. So gibt es dann auch eine Garantie, dass der oben gezeigte Code funktioniert.

```
public class Unterbrechbar implements Runnable {
    private volatile boolean angehalten;
    ...
```

Listing 13.21 Eine »volatile«-Variable

volatile ist aber nicht als »synchronized light« zu verstehen, die beiden Konzepte verhalten sich unterschiedlich. Ein offensichtlicher Unterschied ist, dass es volatile nur als Modifikator für Variablen gibt. Wichtiger ist aber, dass für den Zugriff auf eine volatile-Variable kein Lock angefordert oder benötigt wird. Sie können volatile-Felder eines Objekts auch dann ändern, wenn ein anderer Thread dieses Objekt gerade gesperrt hat.

Eine Nebenwirkung davon, dass kein Lock benötigt wird, ist, dass nichtatomare Operationen auf volatile-Variablen nicht geschützt sind. Es gibt keine Garantie dafür, dass der ++-Operator funktioniert, nur weil eine Variable volatile ist. Und obwohl kein Lock benötigt wird, ist der Zugriff auf eine volatile-Variable etwas langsamer als auf andere Variablen. Bei einer einzelnen Variablen werden Sie keinen Unterschied bemerken, aber wenn Sie alle Variablen in einem großen Programm volatile erklären, macht das einen Unterschied. Also benutzen Sie das Schlüsselwort lieber nur dort, wo es auch notwendig ist.

Die Situationen, in denen Sie eine Variable volatile erklären müssen, sind selten. Es handelt sich um den am seltensten benutzten Modifikator in Java, aber manchmal kommt er zum Einsatz, und für diese Fälle sollten Sie im Kopf behalten, dass es ihn gibt.

13.7 Zusammenfassung

Sie haben in diesem Kapitel, ohne Zweifel dem komplexesten in diesem Buch, gelernt, wie Ihr Programm mehrere Dinge gleichzeitig tun kann. Sie haben die typischen Probleme von Multithreading kennengelernt, gleichzeitig aber auch die richtigen Lösungen dafür: atomarer Zugriff und Synchronisation. Sie haben außerdem gesehen, wie Sie Future-Objekte benutzen, um mit Ergebnissen zu arbeiten, die noch gar nicht vorliegen.

Im nächsten Kapitel werden Sie erstmals die Grenzen der Java Standard Edition verlassen und sich mit dem kleinen Teil der Java Enterprise Edition beschäftigen, der in diesem Buch thematisiert wird. Servlets sind eine Technologie, mit der Sie schnell und einfach Anwendungen erstellen können, die Sie aus Ihrem Webbrowser bedienen.

Kapitel 14
Servlets – Java im Web

Neben Anwendungen für den Desktop spielt Java auch für Serveranwendungen eine bedeutende Rolle: Software für große Zahlen paralleler Benutzer, die mit dem HTTP-Protokoll auf die Anwendung zugreifen, also aus ihrem Webbrowser heraus. Serveranwendungen sind einfacher umzusetzen, als man es erwarten würde: Das Servlet-Framework, ein Bestandteil der Java Enterprise Edition, nimmt Ihnen alles Schwierige ab und lässt Sie sich auf die Logik Ihrer Anwendung konzentrieren.

Sie verlassen in diesem Kapitel die Grenzen der Java Standard Edition und lernen einen kleinen Teil der Java Enterprise Edition (JEE) kennen. Die Enterprise Edition besteht aus mehreren unabhängigen Komponenten, von denen uns in diesem Kapitel eine, die wahrscheinlich meistverwendete interessiert: die *Servlet-API*.

Ein Servlet ist eine Java-Klasse, die auf eingehende Netzwerkverbindungen wartet und mit einer entsprechenden Antwort reagiert. Die Servlet-Technologie ist zwar protokollagnostisch, das heißt, es ist für sie nicht wichtig, welches Format die über das Netzwerk übertragenen Daten haben, aber fast immer werden Servlets für Kommunikation per HTTP eingesetzt.

HTTP, das *Hypertext Transfer Protocol*, ist die Sprache des World Wide Web; die Kommunikation zwischen einem Webbrowser und einem Server findet fast immer über dieses Protokoll statt. Meist wird dabei statischer Inhalt von einem Webserver geladen. Webseiten im HTML-Format, Stylesheets, Bilder, all diese Dateien sind im Dateisystem des Webservers abgelegt, und die Aufgabe des Serverprogramms ist es, die richtige Datei zu finden und an den Webbrowser zu senden, der die Datei sehen möchte.

Auf dem Server muss also sowieso ein Programm ausgeführt werden, das auf Netzwerkverbindungen reagiert. Es gibt keinen zwingenden Grund, warum dieses Programm eine Datei aus dem Dateisystem ausliefern muss. Es könnte auch den Datenstrom, der zum Browser gesendet wird, selbst erzeugen, indem es Ergebnisse berechnet oder Daten aus einer Datenbank ausliest und in einen formatierten Text umsetzt. Genau das ist die Aufgabe eines Servlets; es wird von einem Serverprozess aufgerufen, um in eine Netzwerkverbindung einen Datenstrom zu schreiben, den es auf irgendeine Weise erzeugt hat.

14 Servlets – Java im Web

Ein Servlet ist nicht allein funktionsfähig, es ist selbst kein ausführbares Programm, es hat keine `main`-Methode und wird nicht von der Kommandozeile aus aufgerufen. Um in Aktion treten zu können, ist es auf ein Serverprogramm, den *Servlet-Container*, angewiesen, ein Programm, das Sie nicht selbst schreiben, sondern fertig installieren. Diesem Programm stellen Sie ein oder mehrere Servlets zur Verfügung, die vom Container aufgerufen werden, wenn sie ihre Arbeit verrichten sollen.

Der Container übernimmt alle Aufgaben, die von der Logik einer speziellen Anwendung unabhängig sind. Er verwaltet Netzwerkverbindungen, sperrt unberechtigte Benutzer aus und sorgt dafür, dass Sie Daten zwischen zwei Anfragen desselben Benutzers im Speicher halten können. Das Servlet selbst kann die Schnittstellen des Containers nutzen, um vom Benutzer gesendete Daten zu lesen und seine Antwort zurückzuschreiben.

Sie können sich, wenn Sie ein Servlet programmieren, auf Ihre Anwendung konzentrieren, das Drumherum ist schon da und mit mehr Augenmerk auf Sicherheit, Stabilität und Performance entwickelt, als es ein einzelner Entwickler oder auch ein Team von Entwicklern leisten könnte. Die verbreiteten Servlet-Container werden von Zehntausenden von Projekten weltweit eingesetzt, dadurch können Sie sicher sein, dass sie in allen erdenklichen Situationen getestet wurden und Fehler und Unzulänglichkeiten beseitigt wurden.

Aber bevor es mit einem einfachen Beispiel losgehen kann, müssen Sie noch die Voraussetzungen dafür schaffen und einen Servlet-Container installieren.

14.1 Einen Servlet-Container installieren

Es gibt eine große Auswahl an Servlet-Containern, die alle ihre eigenen Stärken und Schwächen haben. Für dieses Buch soll der Server *Apache Tomcat* zum Einsatz kommen, ein robuster und einfacher Servlet-Container, der in Version 8 Version 3.1 der Servlet-Spezifikationen unterstützt. Die neuere Servlet 4.0-Spezifikation ist zur Zeit des Schreibens noch nicht endgültig verabschiedet und bleibt deshalb noch außen vor.

Dieser Abschnitt wird Sie durch die Installation des Servers und die Integration des Servers in die NetBeans-IDE führen.

14.1.1 Installation des Tomcat-Servers

Der Tomcat-Server ist, wie auch alle anderen Servlet-Container, selbst ein Java-Programm und dadurch unabhängig vom Betriebssystem, auf dem er ausgeführt wird. Deshalb reicht eine Installationsanleitung, egal, für welches System Sie installieren. In jedem Fall ist die hier beschriebene Installation aber für eine Entwicklungsumgebung gedacht, ein so installierter und konfigurierter Server **ist nicht für den produktiven Einsatz als Webserver geeignet**.

Installationsdateien beschaffen

Da es sich beim Tomcat-Server um eine Java-Anwendung handelt, ist keine Installation in dem Sinne notwendig, den Sie gewohnt sind. Es ist nur ein ZIP-Archiv auszupacken. In den Downloads zum Buch (*www.rheinwerk-verlag.de/4096*) finden Sie dieses Archiv in der Version 8.0.9, Sie können aber auch eine aktuelle Version direkt von der Tomcat-Website (*http://tomcat.apache.org*) herunterladen. Achten Sie in diesem Fall aber darauf, dass Sie einen Tomcat 8 herunterladen.

Das Archiv entpacken Sie mit den Mitteln Ihres Betriebssystems in ein beliebiges Verzeichnis. Wählen Sie am besten einen Pfad ohne Leerzeichen, diese führen in einigen Fällen zu Problemen.

Grundlegende Einstellungen

Der Tomcat-Server ist nach dem Entpacken schon grundsätzlich richtig konfiguriert für eine Entwicklungsumgebung. Es fehlt lediglich ein Benutzer, der die Administrationskonsole des Servers bedienen darf. Einen solchen Nutzer sollten Sie aber einrichten, da Sie die Administrationskonsole im Laufe dieses Kapitels verwenden werden.

Finden Sie dazu im gerade entpackten Tomcat-Verzeichnis die Datei *conf/tomcat-users.xml*, und öffnen Sie sie im Texteditor Ihrer Wahl. Die letzte Zeile der Datei sollte das schließende XML-Tag </tomcat-users> enthalten. Fügen Sie *vor* dieser Zeile eine neue Zeile mit folgendem Inhalt ein:

```
<user username="tomcat" password="tomcat" roles="manager,manager-gui"/>
```

Listing 14.1 Benutzerkonfiguration für Tomcat

Achten Sie darauf, diese Zeile genauso einzugeben wie gezeigt, insbesondere müssen alle Anführungszeichen richtig gesetzt und das öffnende < und schließende /> vorhanden sein. Ein Syntaxfehler in dieser Datei führt dazu, dass der Server im nächsten Schritt nicht gestartet werden kann. Sie sollten natürlich statt »tomcat« ein eigenes Passwort vergeben.

Der Server ist jetzt konfiguriert und bereit für den Einsatz.

Der erste Start

Und schon sind Sie bereit, den Server zum ersten Mal zu starten. Navigieren Sie dazu entweder im Datei-Explorer oder auf der Kommandozeile ins Tomcat-Verzeichnis und dort ins Unterverzeichnis *bin*. Führen Sie dort die Datei startup.bat (Windows) oder `startup.sh` (alle anderen Betriebssysteme) aus. Wenn alles funktioniert, öffnet sich ein neues Fenster, in dem für etwa 1 Sekunde die Startmeldungen des Servers durchlaufen. Am Ende sollte die Ausgabe in etwa so aussehen wie in Abbildung 14.1.

```
apache-tomcat-8.0.9\webapps\examples has finished in 367 ms
04-Aug-2014 22:33:02.285 INFO [localhost-startStop-1] org.apache.catalina.startu
p.HostConfig.deployDirectory Deploying web application directory E:\develop\apac
he-tomcat-8.0.9\webapps\host-manager
04-Aug-2014 22:33:02.313 INFO [localhost-startStop-1] org.apache.catalina.startu
p.HostConfig.deployDirectory Deployment of web application directory E:\develop\
apache-tomcat-8.0.9\webapps\host-manager has finished in 28 ms
04-Aug-2014 22:33:02.313 INFO [localhost-startStop-1] org.apache.catalina.startu
p.HostConfig.deployDirectory Deploying web application directory E:\develop\apac
he-tomcat-8.0.9\webapps\manager
04-Aug-2014 22:33:02.348 INFO [localhost-startStop-1] org.apache.catalina.startu
p.HostConfig.deployDirectory Deployment of web application directory E:\develop\
apache-tomcat-8.0.9\webapps\manager has finished in 35 ms
04-Aug-2014 22:33:02.348 INFO [localhost-startStop-1] org.apache.catalina.startu
p.HostConfig.deployDirectory Deploying web application directory E:\develop\apac
he-tomcat-8.0.9\webapps\ROOT
04-Aug-2014 22:33:02.363 INFO [localhost-startStop-1] org.apache.catalina.startu
p.HostConfig.deployDirectory Deployment of web application directory E:\develop\
apache-tomcat-8.0.9\webapps\ROOT has finished in 15 ms
04-Aug-2014 22:33:02.363 INFO [main] org.apache.coyote.AbstractProtocol.start St
arting ProtocolHandler ["http-nio-8080"]
04-Aug-2014 22:33:02.378 INFO [main] org.apache.coyote.AbstractProtocol.start St
arting ProtocolHandler ["ajp-nio-8009"]
04-Aug-2014 22:33:02.383 INFO [main] org.apache.catalina.startup.Catalina.start
Server startup in 762 ms
```

Abbildung 14.1 Tomcat gestartet

Achten Sie auf die letzte Zeile. Steht dort »Server Startup in x ms«, wurde der Server erfolgreich gestartet.

Es gibt zwei häufige Fehler, die an dieser Stelle auftreten können und auf eine inkorrekte Umgebung zurückzuführen sind. Wenn Sie beim Versuch, den Server zu starten, eine Meldung sehen, dass weder `JAVA_HOME` noch `JRE_HOME` gesetzt sind, dann müssen Sie die `JAVA_HOME`-Umgebungsvariable setzen, wie in Abschnitt 1.2 bei der Java-Installation erwähnt. Die Start- und Stopp-Skripte von Tomcat benötigen die Umgebungsvariable, um die Java-Umgebung zu finden.

Sehen Sie dagegen einen `UnsupportedClassVersionError` in der Ausgabe, dann zeigt Ihr `JAVA_HOME` auf eine falsche Java-Version. Tomcat 8 benötigt Java 8 oder höher und kann mit einer älteren Java-Version nicht ausgeführt werden. Setzen Sie `JAVA_HOME` so, dass es auf Ihre Java 9-Installation zeigt.

Wenn beim Start des Tomcat-Servers Fehler auftreten, kann es vorkommen, dass sich ein neues Fenster mit der Tomcat-Ausgabe öffnet, die Fehlermeldung anzeigt und sich sofort wieder schließt. Sie haben so kaum eine Chance, die Fehlermeldung zu lesen. Sollte das bei Ihnen der Fall sein, so führen Sie statt `startup.bat` oder `startup.sh` das Kommando `catalina.bat run` bzw. `catalina.sh run` aus. Das ist nur von der Kommandozeile aus möglich, nicht aus dem Datei-Explorer. So wird der Serverprozess nicht in einem neuen Fenster gestartet, sondern direkt in dem Fenster, in dem Sie das Kommando ausführen. Dieses Fenster wird im Fehlerfall nicht geschlossen, und Sie können die Fehlermeldung lesen.

Wenn keiner der genannten häufigen Fehler auftritt, sollte der Server nun gestartet sein.

Firewalls

Unter Windows kann es sein, dass sich beim Start des Servers ein Dialog der Windows-Firewall öffnet. Sie müssen dem Prozess die Erlaubnis geben, Netzwerkverbindungen anzunehmen, um sich im nächsten Schritt mit dem Server zu verbinden.

Auch unter anderen Betriebssystemen kann es zu Firewall-Problemen kommen, die aber nur selten freundlich nachfragen, ob Sie den Port öffnen wollen. Sollten Sie trotz korrekt gestarteten Servers im nächsten Schritt keine Verbindung aufbauen können, dann konsultieren Sie bitte die Anleitung Ihrer Firewall, um zu erfahren, wie Sie sie für Zugriffe auf Port 8080 öffnen können, den Tomcat-Default-Port.

Aus Sicherheitsgründen sollten Sie Ihre Firewall nicht völlig deaktivieren, sondern wirklich nur den richtigen Port öffnen.

Die Installation verifizieren

Um zu überprüfen, ob der Server funktioniert, rufen Sie nun die Administrationskonsole auf. Öffnen Sie dafür einen Webbrowser und die Seite *http://localhost:8080/manager*. Sie sehen einen Eingabedialog für Benutzernamen und Passwort. Authentifizieren Sie sich mit den Daten des Users, den Sie in *tomcat-users.xml* erzeugt haben, also beispielsweise »tomcat«/»tomcat«. Nach der Anmeldung sehen Sie die Tomcat-Manager-Anwendung (siehe Abbildung 14.2).

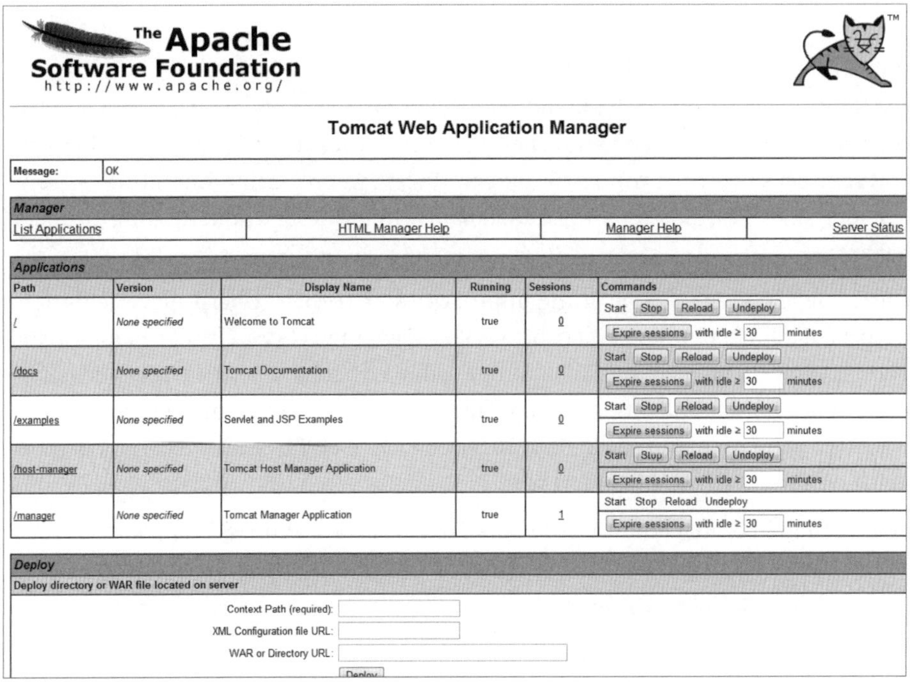

Abbildung 14.2 Die Tomcat-Manager-Anwendung

Was Sie mit der Manager-Anwendung tun können, erfahren Sie in Kürze. Für den Moment reicht es, zu sehen, dass der Server läuft.

Den Server beenden

Wie Sie den Server wieder beenden, hängt davon ab, wie Sie ihn gestartet haben. Einen mit `startup` gestarteten Server beenden Sie, indem Sie das Kommando `shutdown` ausführen. Haben Sie den Server mit dem Kommando `catalina run` gestartet, dann beenden Sie ihn mit der Tastenkombination (Strg) + (C) ((cmd) + (C) für Apple-Geräte).

Bitte beenden Sie den Server nicht, indem Sie das Fenster schließen, in dem er ausgeführt wird. Der Server wird dadurch zwar nicht beschädigt, aber Sie haben in Servlet-Anwendungen die Möglichkeit, beim Beenden der Anwendung noch Aufräumarbeiten durchzuführen. Diese werden, wenn Sie das Fenster schließen, übersprungen.

14.1.2 Den Tomcat-Server in NetBeans einrichten

Genau wie bei einfachen Java-Anwendungen ist es auch für Servlet-Anwendungen ein großer Vorteil, sie aus der Entwicklungsumgebung heraus bauen, starten und debuggen zu können. In NetBeans müssen Sie dazu den Tomcat-Server konfigurieren.

Das JEE-Plug-in installieren

Die NetBeans-IDE weiß in der Standardinstallation nichts über Java EE oder Servlets. Um Servlet-Anwendungen handhaben zu können, muss ein spezielles Plug-in installiert sein. Diesen Schritt können Sie überspringen, wenn Sie in Abschnitt 1.2, »Die Arbeitsumgebung installieren«, die NetBeans-IDE mit Java-EE-Unterstützung installiert haben.

Öffnen Sie die Plug-in-Verwaltung unter TOOLS • PLUGINS. Überprüfen Sie dort zunächst auf dem Reiter INSTALLED, ob das Plug-in namens JAVA EE BASE bereits installiert ist. Falls nicht, wechseln Sie auf den Tab AVAILABLE PLUGINS, und suchen Sie nach dem Plug-in. Wählen Sie es aus, und installieren Sie es mit einem Klick auf INSTALL (siehe Abbildung 14.3). Bestätigen Sie den sich öffnenden Dialog, dass eine Reihe weiterer Plug-ins installiert wird.

Sind die Plug-ins installiert, werden Sie zum Neustart von NetBeans aufgefordert. Dieser Start wird ungewohnt lange dauern, da NetBeans jetzt die heruntergeladenen Pakete auspackt. Haben Sie Geduld.

14.1 Einen Servlet-Container installieren

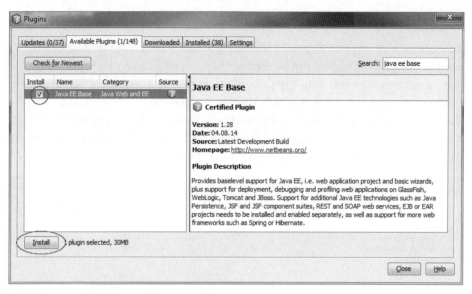

Abbildung 14.3 NetBeans-Plug-in installieren

Den Server unter NetBeans einrichten

Um den Server aus der IDE heraus kontrollieren zu können, müssen Sie ihn hier noch einrichten. Öffnen Sie dazu den Dialog TOOLS • SERVER, und klicken Sie dort auf ADD SERVER. Wählen Sie als Servertyp APACHE TOMCAT OR TOMEE.

Anschließend wählen Sie das Installationsverzeichnis des Tomcat-Servers aus und geben als Benutzernamen und Passwort die Werte an, die Sie vorhin in *config-users.xml* eingetragen haben (siehe Abbildung 14.4).

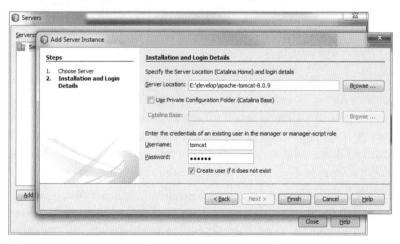

Abbildung 14.4 Tomcat-Server in NetBeans einrichten

Damit sind Sie nun bereit, Servlet-Anwendungen in NetBeans zu entwickeln.

14.2 Die erste Servlet-Anwendung

Als Erstes wollen wir ein Servlet-Projekt anlegen und ausführen. Das Java-EE-Plug-in hat im Dialog NEW PROJECT von NetBeans einige neue Projekttypen hinzugefügt. Legen Sie ein neues Projekt vom Typ JAVA WEB • WEB APPLICATION an. Wählen Sie im Dialog SERVER AND SETTINGS den Servertyp APACHE TOMCAT OR TOMEE aus, die Java-EE-Version JAVA EE 7 WEB, und geben Sie als CONTEXT PATH »/servlet« an (siehe Abbildung 14.5). (Version 7 ist kein Druckfehler: Die Versionen der Java Enterprise Edition sind unabhängig von denen der Standard Edition.)

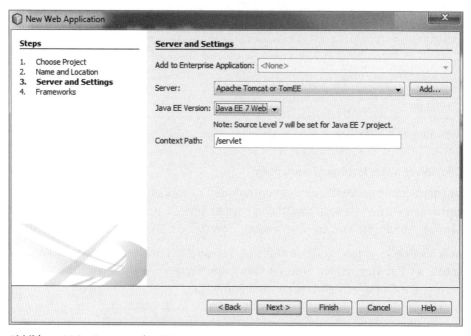

Abbildung 14.5 »Server and Settings«

Das so erstellte Projekt enthält eine HTML-Seite und einige Konfigurationsdateien, aber noch keine Java-Klasse. Das ändert sich sofort. Wenn Sie mit der rechten Maustaste auf SOURCE PACKAGES klicken, sehen Sie im Kontextmenü, dass auch unter NEW eine Reihe neuer Typen zur Verfügung stehen. Erstellen Sie ein neues SERVLET mit Klick auf diesen Eintrag, und versehen Sie es im folgenden Dialog mit dem Namen »ErstesServlet«. Vergeben Sie Package- und Klassennamen wie gewohnt.

Nachdem Sie diese Einstellungen bestätigt haben, erscheint ein neuer Dialog mit Einstellungen, die speziell für Servlets benötigt werden. Hier sollten als SERVLET NAME ERSTESSERVLET und als URL PATTERN /ERSTESSERVLET voreingestellt sein. Behalten Sie diese Einstellungen bei, und bestätigen Sie mit FINISH (siehe Abbildung 14.6).

14.2 Die erste Servlet-Anwendung

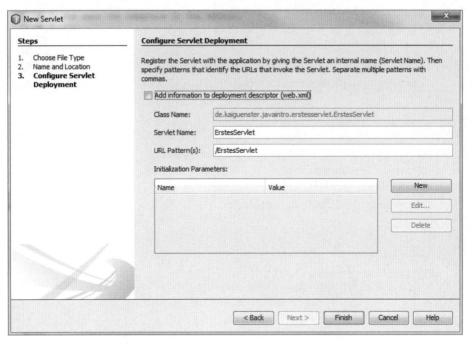

Abbildung 14.6 Servlet-Einstellungen

Die so erzeugte Klasse sollte in etwa so aussehen wie in Listing 14.2, plus Javadoc und Imports, die hier aus Platzgründen fehlen:

```
@WebServlet(name = "ErstesServlet", urlPatterns = {"/ErstesServlet"})
public class ErstesServlet extends HttpServlet {

    protected void processRequest(HttpServletRequest request,
      HttpServletResponse response) throws ServletException, IOException {
        response.setContentType("text/html;charset=UTF-8");
        try (PrintWriter out = response.getWriter()) {
            out.println("<!DOCTYPE html>");
            out.println("<html>");
            out.println("<head>");
            out.println("<title>Servlet ErstesServlet</title>");
            out.println("</head>");
            out.println("<body>");
            out.println("<h1>Servlet ErstesServlet at " +
              request.getContextPath() + "</h1>");
            out.println("</body>");
            out.println("</html>");
        }
    }
}
```

```
    @Override
    protected void doGet(HttpServletRequest request,
     HttpServletResponse response)
            throws ServletException, IOException {
        processRequest(request, response);
    }

    @Override
    protected void doPost(HttpServletRequest request,
     HttpServletResponse response)
            throws ServletException, IOException {
        processRequest(request, response);
    }

    @Override
    public String getServletInfo() {
        return "Short description";
    }
}
```

Listing 14.2 Das erste Servlet

Sie sehen im Code nichts, was Sie nicht schon kennen. Die neu angelegte Klasse erweitert `HttpServlet`, dadurch wird sie zu einem Servlet, das auf das HTTP-Protokoll reagiert. Sie sehen außerdem, dass drei Methoden von `HttpServlet` überschrieben werden. Das sind die Methoden, in denen Sie Ihre eigene Programmlogik implementieren. Zur Bedeutung dieser Methoden kommen wir gleich ausführlich, aber vorher wollen wir die Anwendung in Aktion sehen.

14.2.1 Die Anwendung starten

Aus NetBeans heraus lässt sich die Servlet-Anwendung genauso einfach starten wie alle anderen Anwendungen, die Sie bisher entwickelt haben: Sie klicken den Knopf RUN PROJECT. Da Sie beim Anlegen des Projekts den Projekttyp WEB APPLICATION gewählt haben, weiß NetBeans, dass dafür ein Server gestartet werden muss. Sie sehen im Ausgabefenster die bekannte Ausgabe des Tomcat-Servers. Wenn der Serverstart abgeschlossen ist, öffnet sich automatisch Ihr Webbrowser und zeigt die Seite *index.html* an, die mit dem Projekt erzeugt wurde. (Falls sich kein Browser automatisch öffnet, besuchen Sie die Adresse *http://localhost:8080/servlet*, um die Seite zu sehen.)

Hängen Sie an diese Adresse nun noch den Pfad */ErstesServlet* an oder den Pfad, der in Ihrer Servlet-Klasse im Attribut `urlPatterns` der `@WebServlet`-Annotation angegeben ist, falls dies ein anderer ist. Nun wird Ihr Servlet aufgerufen. Sie sehen eine Ausgabe wie in Abbildung 14.7.

Abbildung 14.7 Das erste Servlet

Eine WAR-Datei erzeugen

Nicht immer wollen Sie die Anwendung aus der IDE heraus starten. Spätestens wenn sie fertig ist, soll es auch ohne gehen. Um eine Anwendung in Tomcat oder auch in einem anderen Servlet-Container installieren zu können, brauchen Sie sie in Form einer WAR-Datei (**W**eb **Ar**chive). Wie bei JAR-Dateien handelt es sich dabei um ZIP-Archive mit einer vorgegebenen internen Struktur (siehe Abbildung 14.8).

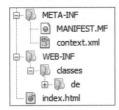

Abbildung 14.8 Interne Struktur eines WARs

Im Wurzelverzeichnis des Archivs finden sich statische Ressourcen der Anwendung: HTML-Seiten, Bilder usw. Unter *META-INF* liegt das schon bekannte Manifest, wie bei einem JAR. Daneben liegt die Datei *context.xml*, eine Konfigurationsdatei speziell für den Tomcat-Server, in der steht, unter welchem URL-Kontext die Anwendung erreichbar sein soll. Der URL-Kontext ist ein Teil der Webadresse, im Beispiel oben */servlet*. Den interessanten Teil finden Sie unter *WEB-INF*. Dort liegen im Verzeichnis *classes* die kompilierten Klassen Ihrer Anwendung. Falls Ihre Anwendung externe Bibliotheken verwendet, gehören die JARs in das Verzeichnis *WEB-INF/lib*. Der Sinn dahinter, JARs in ein WAR packen zu können, ist der, dass ein WAR alles, was es zur Funktion benötigt, selbst enthalten soll. Wenn Sie es in einen Container installieren, dann soll es funktionsfähig sein, ohne dass Sie weitere Einstellungen vornehmen müssen, beispielsweise JARs in den Klassenpfad legen. Alle JARs, die das WAR braucht, werden deshalb eingepackt.

Unter NetBeans ist es ganz einfach, ein WAR zu erzeugen. Sie müssen nur das Projekt mit BUILD oder CLEAN AND BUILD bauen, und das WAR wird im Verzeichnis *dist* erzeugt.

Wenn Sie dann eine WAR-Datei haben, gibt es zwei Möglichkeiten, das Archiv im Tomcat zu installieren.

Ein WAR installieren im Dateisystem

In dieser Variante müssen Sie die Datei nur im richtigen Verzeichnis ablegen. Ein WAR-File, das Sie im Tomcat-Unterverzeichnis *webapps* ablegen, wird nach einigen Sekunden automatisch erkannt und installiert. Die Anwendung ist anschließend unter dem Kontext erreichbar, der dem Namen des WARs entspricht. Wenn das WAR also *ErstesServlet.war* heißt, dann finden Sie die Anwendung unter *http://localhost:8080/ErstesServlet*.

Genauso können Sie die Anwendung wieder deinstallieren, indem Sie sie aus *webapps* löschen. Bei der Installation wird das Archiv allerdings ausgepackt, Sie müssen deshalb nicht nur das Archiv löschen, sondern auch den gleichnamigen Ordner.

Ein WAR installieren mit der Manager-Anwendung

Ein WAR im Dateisystem zu installieren, ist die schnelle und schmutzige Lösung. Eleganter ist es, sie durch die im Tomcat enthaltene Manager-Applikation zu installieren. Dazu rufen Sie die Manager-Applikation unter *http://localhost:8080/manager* auf und melden sich mit den konfigurierten Benutzerdaten an.

Suchen Sie auf der Manager-Seite den Abschnitt WAR FILE TO DEPLOY, wählen Sie mit CHOOSE... Ihre Datei aus, und installieren Sie sie mit DEPLOY. Deployen bedeutet nichts anderes als installieren, wird im Zusammenhang mit Java EE-Anwendungen aller Art aber häufiger verwendet. Wenn die Installation erfolgreich war, sehen Sie die Anwendung anschließend in der Liste installierter Anwendungen.

Falls bei der Installation ein Fehler auftritt, sehen Sie ihn oberhalb der Anwendungsliste im Feld MESSAGE. Anderenfalls sehen Sie die Anwendung in der Liste, in Abbildung 14.9 zum Beispiel als */Das_erste_Servlet*.

Dahinter finden Sie weitere Informationen und Kontrollfunktionen für die Anwendung:

- RUNNING gibt an, ob die Anwendung gerade ausgeführt wird.
- SESSIONS gibt an, wie viele Benutzer gerade mit der Anwendung arbeiten.
- Der STOP-Knopf beendet die Anwendung, deinstalliert sie aber nicht. Die Anwendung bleibt im Server erhalten, nimmt aber keine Verbindungen entgegen.
- Mit dem START-Knopf können Sie eine gestoppte Anwendung starten.
- Mit RELOAD laden Sie alle zur Anwendung gehörigen Dateien neu. Sie können Dateien direkt im *webapps*-Verzeichnis ändern, um nicht für jede Änderung ein neues WAR erzeugen und deployen zu müssen. Erst durch den Klick auf RELOAD wird garantiert, dass diese geänderten Dateien auch geladen werden.
- UNDEPLOY deinstalliert die Anwendung, das WAR wird vom Server entfernt.

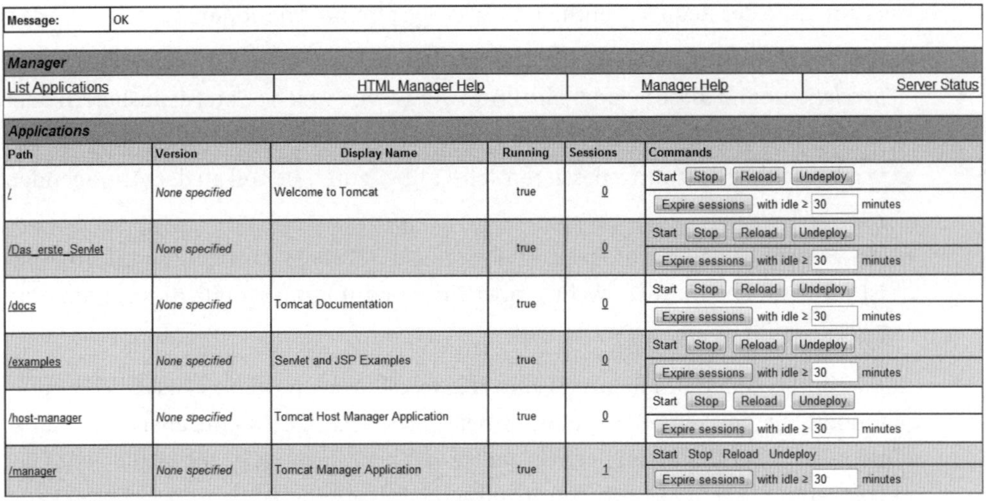

14.2 Die erste Servlet-Anwendung

Abbildung 14.9 Die Anwendungsliste

14.2.2 Was passiert, wenn Sie die Anwendung aufrufen?

Sie haben nun mehrere Möglichkeiten kennengelernt, die Anwendung auf den Server zu installieren, und haben auch schon gesehen, wie das Ergebnis im Browser aussieht. Sie wissen aber noch immer nicht, wie es zu diesem Ergebnis kommt. Das werden Sie nun Schritt für Schritt nachvollziehen. Dazu gehört auch eine grundlegende Einführung in das HTTP-Protokoll, denn die Funktion des Servlets beruht auf diesem Protokoll, und es ist zum Verständnis notwendig.

Der HTTP-Request

Der Aufruf des Servlets beginnt in Ihrem Browser. Dieser öffnet eine Netzwerkverbindung zur eingegebenen Adresse. Für diesen Schritt ist aber noch nicht die gesamte URL relevant, nur der Servername (oder die IP-Adresse) und der Port werden benötigt. Über diese Netzwerkverbindung wird ein *HTTP-Request* gesendet. HTTP ist ein textbasiertes Protokoll, und so können Sie ganz genau sehen, wie dieser Request aussieht:

```
GET /servlet/ErstesServlet HTTP/1.1
Host: localhost:8080
User-Agent: Mozilla/5.0 (Windows NT 6.1; rv:31.0) Gecko/20100101 Firefox/31.0
Accept: text/html,application/xhtml+xml,application/xml;q=0.9,*/*;q=0.8
Accept-Language: de,en-US;q=0.7,en;q=0.3
Accept-Encoding: gzip, deflate
Connection: keep-alive
```

Listing 14.3 Ein HTTP-Request

Die erste Zeile des Requests enthält die wichtigsten Informationen:

- die relative Adresse der angesprochenen Ressource auf dem Server: */servlet/Erstes-Servlet*. Anhand dieses Pfades bestimmt der Server, welche Datei er ausliefern oder welches Servlet er ansprechen soll.
- was mit dieser Ressource passieren soll. GET bedeutet, sie soll an den Anfragenden gesendet werden.
- die verwendete Version des HTTP-Protokolls: HTTP/1.1. Okay, diese Information ist für Sie nicht wirklich wichtig, aber für eine funktionierende Kommunikation zwischen Client und Server schon.

Alle weiteren Zeilen des Requests sind *Header*. Sie transportieren zusätzliche Informationen, die der Server bei seiner Arbeit berücksichtigen sollte, aber nicht unbedingt muss. So enthält zum Beispiel der Header Accept-Language die Vorliebe des Benutzers, in welcher Sprache er den angefragten Inhalt sehen möchte. Der Server kann diese Information aber ignorieren und den Inhalt in einer völlig anderen Sprache zurückliefern.

In den Headern werden auch die Ihnen sicherlich bekannten *Cookies* übertragen, kleine Textstücke, die ein Server im Browser hinterlegen kann und die bei weiteren Anfragen an denselben Server vom Browser an den Server zurückgesendet werden. Cookies sind die verbreitete Möglichkeit für den Server, zu bestimmen, ob zwei Anfragen vom selben Client stammen. Das HTTP-Protokoll ist zustandslos, jede Anfrage ist völlig unabhängig von allen anderen Anfragen. Wenn der Server also Informationen zwischen zwei Requests speichern muss, dann geschieht das üblicherweise durch Cookies. Im Servlet-Container wird das durch das Session-Objekt abgebildet, das Sie später im Kapitel kennenlernen werden.

HTTP-Verben

Die verschiedenen Aktionen, die per HTTP auf eine Ressource angewendet werden können, nennt man *HTTP-Methoden* oder *HTTP-Verben*. Es gibt eine Reihe davon, aber nur vier sind im Alltag verbreitet:

- GET liest eine Ressource vom Server. Das Beispiel liest die Ressource */servlet/Erstes-Servlet*. GET-Anfragen dürfen niemals dazu führen, dass der Zustand der Ressource geändert wird, sie lesen Informationen nur aus.
- POST sendet Daten an die angefragte Ressource. Ein typisches Beispiel für eine POST-Anfrage ist die Bestellung in einem Onlineshop. Sie senden eine Anfrage an eine Adresse wie */shop/bestellen* und übergeben die Liste der bestellten Produkte. Technisch folgen diese Daten den Headern. Anders als ein GET-Request ändert ein POST den Zustand des Servers: Es werden zum Beispiel Produkte in den Einkaufswagen gelegt.

14.2 Die erste Servlet-Anwendung

- PUT legt eine neue Ressource auf dem Server an. Die gesendeten Daten werden unter dem übergebenen Pfad abgelegt. POST und PUT ähneln sich insofern, als beide Methoden Daten an den Server senden. Der Unterschied ist, dass mit PUT geschriebene Daten zukünftig unter dieser Adresse erreichbar sind und mit einem GET-Request wieder gelesen werden können.
- DELETE löscht eine Ressource auf dem Server.

Von diesen vier Methoden sind GET und POST die mit großem Abstand häufigeren. Die meisten Anwendungen kommen ohne PUT und DELETE aus, und wenn diese Methoden doch verwendet werden, dann nur unter starken Sicherheitsvorkehrungen. Es bedarf nicht viel Fantasie, das Missbrauchspotenzial zu erkennen, wenn jeder Dateien auf Ihrem Server anlegen und löschen könnte ...

Verarbeitung im Servlet-Container

Der Servlet-Container empfängt diesen HTTP-Request und erzeugt daraus ein Objekt der Klasse HttpServletRequest. Durch dieses Objekt sind alle Daten zugänglich, die im Request gesendet wurden.

Als Nächstes ermittelt er anhand der Adresse in der ersten Request-Zeile, an welche Anwendung und welche Ressource der Request adressiert ist. Die Anwendung wird durch den ersten Teil der Adresse identifiziert, im Beispiel also */servlet*. Dieser Teil muss zum URL-Kontext einer Anwendung passen. Der zweite Teil, */ErstesServlet*, identifiziert die Ressource. Das kann ein Servlet sein, dessen urlPatterns-Attribut passt, oder bei einem GET-Request eine statische Ressource dieses Namens, die im Wurzelverzeichnis des WARs liegt.

Unter */ErstesServlet* antwortet ein Servlet. Falls noch keine Instanz dieses Servlets erzeugt wurde, erzeugt der Container nun eine. Es wird nicht für jeden Request eine neue Servlet-Instanz erzeugt, deshalb sollten Sie *niemals* Daten, die zu einem Request gehören, in Instanzvariablen speichern, denn sie könnten in einem anderen Request weiterverwendet werden.

Nach dem langen Vorgeplänkel ist es nun endlich so weit, das Servlet wird aufgerufen.

Endlich das Servlet

Abhängig davon, welche HTTP-Methode benutzt wurde, wird eine der vier Java-Methoden doGet, doPost, doPut oder doDelete gerufen. Allen diesen Methoden ist gemein, dass sie als Parameter einen HttpServletRequest und eine HttpServletResponse erhalten.

Wie oben bereits erwähnt, ist HttpServletRequest eine objektorientierte Repräsentation des HTTP-Requests, durch die Sie Zugriff auf Header, Parameter und weitere

Daten des Requests haben. Analog dazu handelt es sich bei HttpServletResponse um ein Objekt, das die Antwort darstellt, die an den Client gesendet wird.

Im Beispiel handelt es sich um einen GET-Request, es wird also doGet gerufen. Von hier an ist wieder alles reines Java, und es ist für Sie leicht verständlich, was passiert:

```
protected void processRequest(HttpServletRequest request,
 HttpServletResponse response) throws ServletException, IOException {
    response.setContentType("text/html;charset=UTF-8");
    try (PrintWriter out = response.getWriter()) {
        out.println("<!DOCTYPE html>");
        out.println("<html>");
        out.println("<head>");
        out.println("<title>Servlet ErstesServlet</title>");
        out.println("</head>");
        out.println("<body>");
        out.println("<h1>Servlet ErstesServlet at " +
         request.getContextPath() + "</h1>");
        out.println("</body>");
        out.println("</html>");
    }
}
@Override
protected void doGet(HttpServletRequest request,
 HttpServletResponse response) throws ServletException, IOException {
    processRequest(request, response);
}
```

Listing 14.4 Die Verarbeitung des »GET«-Requests

doGet ruft einfach nur processRequest auf. Diese Methode ist nicht Teil der Servlet-API, sondern nur eine herkömmliche Java-Methode, die NetBeans erzeugt, um in einem frisch angelegten Servlet das gleiche Verhalten für doGet und doPost zu haben.

Dort werden Daten in das HttpServletResponse-Objekt geschrieben. response.setContentType setzt den Header Content-Type in der Antwort. Er gibt an, welche Art von Daten der Client erwarten soll, in diesem Fall HTML-Daten. Dann wird der Writer des Antwortobjekts benutzt, um Daten zum Browser zu schreiben. Wie diese Daten wirklich zum Browser gelangen, ist wieder Sache des Containers, aus der Sicht des Servlets werden sie in einen Writer geschrieben, und alles Weitere ist egal. Im Beispiel wird ein kurzes HTML-Dokument gesendet.

Schon während das Servlet in den Writer schreibt, werden Daten an den Browser geschickt. Deshalb ist die Reihenfolge der Operationen wichtig: Sie können Methoden wie `setContentType`, die Header schreiben, nur aufrufen, bevor Sie in den `Writer` schreiben, weil in der HTTP-Response zuerst die Header und erst danach der Inhalt geschrieben wird. Aufrufe in der falschen Reihenfolge können zwar funktionieren, aber es gibt dafür keine Garantie.

> **HTML – die extrakurze Einführung**
>
> Sie werden in diesem Kapitel einige Grundkenntnisse in HTML benötigen. Wenn Sie die bereits besitzen, können Sie diesen Kasten getrost überspringen.
>
> Leider ist eine ausführliche Einführung hier nicht möglich, aber mit Grundkenntnissen kommen Sie schon sehr weit. HTML steht für **H**yper**t**ext **M**arkup Language und ist das Textformat, in dem fast alle Inhalte des World Wide Web geschrieben sind. Das Besondere an HTML ist dabei, dass Teile des Dokuments durch *Tags* gemäß ihrer Funktion ausgezeichnet werden. So wird zum Beispiel in `<h1>Eine Überschrift</h1>` der Text »Eine Überschrift« durch das `<h1>`-Tag als Überschrift der obersten Ebene markiert. Der Webbrowser kann den Text anhand dieser Information angemessen darstellen, beispielsweise in einer größeren Schrift und fett gedruckt. Man nennt dabei `<h1>` das *öffnende Tag*, `</h1>` (achten Sie auf den Slash) das *schließende Tag* und den Text dazwischen den *Tag-Body*. Der Body eines Tags kann weitere Tags enthalten, wobei vom HTML-Standard festgelegt ist, welche Verschachtelungen erlaubt sind. Wichtig ist, dass ein Tag, das im Body eines anderen Tags geöffnet wird, auch im Body desselben Tags wieder geschlossen wird: `<h1><a>Kapitel 1</a></h1>` ist gültiges HTML, `<h1><a>Kapitel 1</h1></a>` ist es **nicht**, weil die Tags falsch verschachtelt sind. Das äußerste Tag eines HTML-Dokuments muss immer `<html>` sein, darin müssen direkt `<head>` und `<body>` enthalten sein. Innerhalb des `<head>`-Tags stehen Informationen über den Inhalt, zum Beispiel der Seitentitel. In der `<body>`-Sektion findet sich der Inhalt der Seite. Ein minimales HTML-Dokument sieht so aus:
>
> ```
> <!DOCTYPE html>
> <html>
>     <head>
>         <title>Seitentitel</title>
>     </head>
>     <body>
>         <h1>Erste Überschrift</h1>
>         ...
>     </body>
> </html>
> ```
>
> Sie können ein solches Dokument in einem beliebigen Texteditor oder in NetBeans anlegen, mit der Dateiendung *.html* speichern und dann im Browser öffnen. Einige wichtige Tags werden Sie im Laufe des Kapitels kennenlernen.

14 Servlets – Java im Web

> Manche Tags enthalten noch Attribute, die im öffnenden Tag angegeben werden. Diese Attribute haben einen Namen und einen Wert, die von einem Gleichheitszeichen getrennt werden. Der Wert wird außerdem in Anführungszeichen angegeben.
>
> `<a href="http://www.google.com/">Zu Google</a>`
>
> Dieses `<a>`-Tag enthält ein Attribut mit dem Namen `href` und dem Wert `http://www.google.com`. Mit dieser Kombination aus Tag und Attribut erzeugen Sie übrigens einen Link. Wenn Sie den Text ZU GOOGLE im Browser anklicken, werden Sie zu Google weitergeleitet.
>
> Und so haben Sie jetzt die Grundlagen von HTML – um genau zu sein von HTML5 – in nur einem grauen Kasten kennengelernt.

Die HTTP-Response

Und wo wir gerade von der HTTP-Response sprechen: So sieht der Text aus, der schlussendlich an den Browser zurückgeschickt wird:

```
HTTP/1.1 200 OK
Server: Apache-Coyote/1.1
Content-Type: text/html;charset=UTF-8
Content-Length: 150
Date: Fri, 08 Aug 2014 18:06:45 GMT
<!DOCTYPE html>
<html>
<head>
<title>Servlet ErstesServlet</title>
</head>
<body>
<h1>Servlet ErstesServlet at /servlet</h1>
</body>
</html>
```

Listing 14.5 Die HTTP-Antwort

Zunächst wird eine Statuszeile gesendet. `200 OK` bedeutet, dass der Request fehlerfrei verarbeitet wurde. Andere mögliche Codes entnehmen Sie Tabelle 14.1.

Auf die Statuszeile folgt wieder eine Liste von Headern. Sie erkennen in `Content-Type` den Wert, den das Servlet gesetzt hat. Die weiteren Header wurden vom Container ohne Ihr Zutun erzeugt.

Auf die Header folgt eine Leerzeile, um sie vom Inhalt der Antwort zu trennen, und schließlich der Inhalt, der in den `Writer` geschrieben wurde. Jetzt ist die HTTP-Konversation abgeschlossen, und der Browser kann den gesendeten Inhalt darstellen.

HTTP-Statuscode	Bedeutung
200 OK	Der Request wurde ohne Fehler verarbeitet.
400 Bad Request	Der empfangene Request war fehlerhaft. Wenn Sie aus einem Browser zugreifen, sollten Sie diese Meldung nicht sehen.
401 Unauthorized	Die angefragte Ressource ist nur für angemeldete Benutzer freigegeben, aber der Anfragende ist nicht angemeldet.
403 Forbidden	Die Ressource ist nur für angemeldete Benutzer mit bestimmten Rechten freigegeben. Der Benutzer ist zwar angemeldet, besitzt aber nicht die notwendigen Rechte.
404 Not Found	Die angefragte Ressource konnte nicht gefunden werden.
405 Method Not Allowed	Die verwendete HTTP-Methode wird von dieser Ressource nicht unterstützt. Im Servlet bedeutet das, dass die do...-Methode nicht implementiert ist.
500 Internal Server Error	Bei der Verarbeitung des Requests ist im Server ein Fehler aufgetreten. Diesen Fehler bekommen Sie zu sehen, wenn Ihr Servlet eine Exception wirft.

Tabelle 14.1 Die wichtigsten HTTP-Statuscodes

14.3 Servlets programmieren

Sie haben nun Schritt für Schritt gesehen, wie Daten von einem Servlet zu Ihrem Webbrowser gelangen. Damit stehen Ihnen keine großen Hindernisse mehr im Weg, eigene Servlets zu entwickeln. Sie müssen von HttpServlet erben und eine oder mehrere der Methoden doGet, doPost, doPut oder doDelete überschreiben. Innerhalb dieser Methoden können Sie mit reinem Java-Code alles machen, was Sie auch in einem herkömmlichen Programm machen können.

14.3.1 Servlets konfigurieren

Die einzige Besonderheit ist, dass Sie dem Container Informationen über Ihre Anwendung geben müssen, damit er sie ausführen kann. Das tun Sie in der Annotation @WebServlet an der Servlet-Klasse, wie Sie im Beispiel gesehen haben.

```
@WebServlet(name = "ErstesServlet", urlPatterns = {"/MeinErstesServlet"})
public class ErstesServlet extends HttpServlet{
    ...
}
```

Listing 14.6 Die »@WebServlet«-Annotation

Das `name`-Attribut ist dabei zunächst uninteressant, es wird bei der Konfiguration durch Annotationen nur für einige fortgeschrittene Features ausgewertet. Wichtig ist lediglich das Attribut `urlPatterns`, denn dadurch teilen Sie dem Container mit, für welche Webadressen das Servlet aufgerufen werden soll. Dieses Pattern muss in der URL dem Kontext der Anwendung folgen. Wenn der Kontext der Anwendung also »ErstesServlet« lautet, weil die Anwendung in der Datei *ErstesServlet.war* vorliegt, dann erreichen Sie das im Beispiel konfigurierte Servlet unter der URL *http://localhost:8080/ErstesServlet/MeinErstesServlet*. Sie können auch Servlets schreiben, die auf mehrere URL-Patterns reagieren, indem Sie mehrere Patterns angeben:

```
@WebServlet(name = "BestellServlet", urlPatterns = {"/bestellung", "/order"})
```

Listing 14.7 Ein Servlet, das auf zwei URL-Patterns reagiert

Dieses Servlet wird vom Container aufgerufen, wenn eine URL mit dem Muster "/bestellung" oder "/order" angefragt wird. Noch allgemeingültiger wird ein Servlet, wenn Sie "/*" als `urlPattern` angeben. Ein solches Servlet reagiert auf alle Anfragen, die an diese Anwendung gerichtet werden.

```
@WebServlet(name = "AllgemeinesServlet", urlPatterns = {"/*"})
```

Listing 14.8 Ein Servlet für alle Anfragen

Ein Servlet, das so allgemein reagiert, macht aber statische Ressourcen im Archiv unzugänglich. Sie können zum Beispiel die von NetBeans erzeugte Datei *index.html* nicht mehr im Browser öffnen, weil das Servlet wirklich alle Anfragen für die Anwendung erhält.

Die Datei »web.xml«

Dass Sie ein Servlet über Annotationen konfigurieren können, ist eine relativ neue Möglichkeit. Vorher musste jede JEE-Anwendung einen *Deployment Descriptor* enthalten, eine Datei, die beschreibt, wie der Container die Anwendung installieren muss. Der Deployment Descriptor für Servlet-Anwendungen befindet sich im Verzeichnis */WEB-INF/web.xml* und sähe für das erste Servlet aus Listing 14.2 so aus:

```
<?xml version="1.0" encoding="UTF-8"?>
<web-app xmlns="http://xmlns.jcp.org/xml/ns/javaee"
    xmlns:xsi="http://www.w3.org/2001/XMLSchema-instance"
```

```xml
  xsi:schemaLocation="http://xmlns.jcp.org/xml/ns/javaee http://
    xmlns.jcp.org/xml/ns/javaee/web-app_3_1.xsd"
  version="3.1">
  <servlet>
      <servlet-name>ErstesServlet</servlet-name>
      <servlet-class>de.kaiguenster.javaintro.erstesservlet.
        ErstesServlet</servlet-class>
  </servlet>
  <servlet-mapping>
      <servlet-name>ErstesServlet</servlet-name>
      <url-pattern>/MeinErstesServlet</url-pattern>
  </servlet-mapping>
</web-app>
```

Für komplexere Projekte ist es auch heute noch üblich, Servlets nicht durch Annotationen, sondern durch den Descriptor zu konfigurieren. So sind alle Objekte der Anwendung an einem Ort aufgeführt, was für mehr Übersicht sorgt, vor allem wenn Sie fortgeschrittene Features wie Filter oder Listener einsetzen.

Was ist jetzt schon wieder XML?

XML ist, genau wie HTML, eine Markup-Sprache. Im Gegensatz zu HTML, das speziell entwickelt wurde, um Textdaten für die Darstellung im Browser aufzubereiten, ist XML universell. Es kann beliebige Daten für beliebige Zwecke codieren. Darum gibt es auch nicht wie in HTML ein festes Vokabular von Tags; ein XML-Dokument kann beliebige Tags enthalten, wichtig ist nur, dass sie korrekt verschachtelt sind.

Diese Freiheit wird aber für spezielle Anwendungen von XML wieder eingeschränkt, zum Beispiel kann die Datei *web.xml* nur bestimmte Tags enthalten, die der Servlet-Container kennt, und muss in jedem Fall die enthalten, die der Container benötigt.

XML wird in Java-Anwendungen und vor allem im Umfeld von JEE gerne für Konfigurationsdateien verwendet und kommt auch für Datenspeicherung und -transport zum Einsatz.

14.3.2 Mit dem Benutzer interagieren

Das einführende Beispiel hat gezeigt, wie Sie aus dem Servlet ein HTML-Dokument an den Benutzer zurückschreiben. Das ist im Vergleich zu der wenigen Arbeit, die dafür nötig war, schon sehr eindrucksvoll, aber statischen Text hätten Sie auch als HTML-Datei hinterlegen können. Um wirklich Nutzen aus einem Servlet zu ziehen, möchten Sie mit dem Benutzer interagieren und die Ausgabe des Servlets aus seiner Eingabe ableiten. Dazu müssen Sie ihm aber zunächst die Möglichkeit geben, Eingaben zu machen.

HTML-Formulare

Es gibt in HTML eine Reihe von Tags, die Benutzereingaben ermöglichen. Das grundlegendste dieser Tags ist das `<form>`-Tag, mit dem Sie ein Formular definieren. Ein Formular kann ein oder mehrere Eingabefelder enthalten, deren Inhalt an den Server übermittelt und dort verarbeitet werden kann.

```html
<!DOCTYPE html>
<html>
    <head>…</head>
    <body>
        <form method="get" action="rechne">
            <label for="zahl1">Zahl 1:</label>
            <input type="number" name="zahl1" id="zahl1"/>
            <br/>
            <label for="zahl2">Zahl 2:</label>
            <input type="number" name="zahl2" id="zahl2"/>
            <br/>
            <button type="submit">Addiere</button>
        </form>
    </body>
</html>
```

Listing 14.9 HTML-Dokument mit Formular

So einfach wird ein Formular in HTML definiert. Das `<form>`-Tag fasst die Eingabefelder zusammen, die mit einem HTTP-Request übermittelt werden sollen. Gleichzeitig legt es fest, wie und wohin die Daten übertragen werden sollen. Das `method`-Attribut legt das Wie fest, die Daten sollen hier mit einem `get`-Request an den Server gesendet werden. Im `action`-Attribut steht, weniger offensichtlich, an welche URL die Daten geschickt werden sollen. Auch wenn `"rechne"` nicht so aussieht, handelt es sich dabei um eine URL, und zwar um eine relative. Das heißt, dass sich die URL, an die gesendet wird, aus dem Pfad des aktuellen Dokuments und dem Fragment `"rechne"` zusammensetzt. Angenommen, das aktuelle Dokument wäre *http://localhost:8080/rechne/index.html*, dann würde aus der relativen URL *rechne* die absolute URL *http://localhost:8080/rechne/rechne*. An diese URL wird der Inhalt des Formulars übertragen, wenn das Formular abgeschickt wird.

Die `<input>`-Tags definieren jeweils ein Eingabefeld. Das Attribut `name` enthält den Namen des Feldes, unter dem Sie auch im Servlet den Wert auslesen können. `type` gibt an, welche Art von Daten in diesem Feld eingegeben werden sollen. In einem Feld vom Typ `number` können nur Zahlen eingegeben werden, es gibt daneben aber noch viele andere Typen. In einem `text`-Feld können Sie beispielsweise beliebigen Text eintippen, in einem `date`-Feld ein Datum auswählen usw. Wichtig ist allerdings, dass der Typ nur für die Darstellung des Feldes im Browser verwendet wird. Er hat keinen Einfluss darauf, in welcher Form die Daten an den Server übertragen werden. HTTP ist ein Textprotokoll, alle übertragenen Daten aus einem Formular werden als Text übertragen und kommen im Servlet auch als String an. Sie müssen selbst dafür sorgen, sie wieder in den richtigen Typ umzuwandeln.

Mit den <label>-Tags wird der enthaltene Text als Bezeichner für das dazugehörige Eingabefeld ausgewiesen. Zugewiesen wird es dem Feld durch das for-Attribut, das dem id-Attribut des Eingabefeldes entsprechen muss. Dadurch, dass die Bezeichnung der Eingabefelder durch <label>-Tags markiert ist, wird die Seite behindertenfreundlicher, denn unterstützende Technologien wie z. B. Screen Reader für Sehbehinderte können so Bezeichnung und Eingabefeld klar einander zuordnen.

Die
-Tags haben keine Funktion für das Formular, sie sorgen lediglich dafür, dass der Browser an dieser Stelle einen Zeilenumbruch einfügt.

Zuletzt erzeugt das <button>-Tag einen Knopf. Mit dem Typ submit sorgt dieser dafür, dass das umgebende Formular abgesendet wird. Es wird ein HTTP-Request an die action des Formulars ausgelöst, der die Werte der Eingabefelder enthält. Im Moment führt der Druck auf den Knopf aber nur zu einer Fehlermeldung, da es noch kein Servlet gibt, das auf die URL *rechne* reagiert. Als Nächstes gilt es, dieses Servlet anzulegen und die empfangenen Daten dort zu verarbeiten.

Formulardaten empfangen

Die übertragenen Daten im Servlet entgegenzunehmen, ist durch das HttpServletRequest-Objekt möglich. Es enthält eine Methode getParameter, der Sie den Namen des Parameters – der dem Namen des Eingabefeldes entspricht – übergeben und von der Sie den Wert des Parameters zurückerhalten.

Wenn Sie genau wissen, welche Parameter Sie erhalten, reicht diese Methode schon aus. Sie können aber auch mit getParameterMap eine Map<String, String[]> bekommen, in der Sie alle Parameter finden. Der Werttyp dieser Map ist String[], nicht String, weil zu einem Parameternamen auch mehrere Werte existieren könnten, wenn ein Formular mehrere gleichnamige Eingabefelder enthält. Das ist nicht der Standardfall, deswegen gibt getParameter auch nur einen Wert zurück, aber wenn es mehrere Werte gibt, dann sind alle über die Map zugänglich.

Auf der HTTP-Ebene werden Parameter sehr unterschiedlich transportiert, wenn es sich um einen GET-Request oder einen POST-Request handelt. Im Fall GET werden Parameter an die URL angehängt, der Aufruf des Rechen-Servlets könnte so aussehen: *http://localhost:8080/rechne/rechne?zahl1=1&zahl2=7*. (Wenn Sie die Parameter im Browser nicht sehen können, müssen Sie wahrscheinlich in die Adresszeile klicken, neue Browser verstecken die Parameter gerne.)

Bei den anderen Request-Typen werden die Parameter nicht in der URL übertragen, sondern im Request-Text unterhalb der Header, also an derselben Stelle, an der in der Response der zurückgelieferte Inhalt steht.

```
POST /rechne/rechne HTTP/1.1
Host: localhost:8080
User-Agent: Mozilla/5.0 (Windows NT 6.1; rv:31.0) Gecko/20100101 Firefox/31.0
Accept: text/html,application/xhtml+xml,application/xml;q=0.9,*/*;q=0.8
Accept-Language: de,en-US;q=0.7,en;q=0.3
Accept-Encoding: gzip, deflate
Referer: http://localhost:8080/rechne/
Connection: keep-alive
zahl1=3&zahl2=4
```

Listing 14.10 Parameter übertragen in anderen Requests

Diese verschiedenen Arten, Daten zu übertragen, versteckt die Servlet-API vor Ihnen. Für alle Requests erhalten Sie die übergebenen Parameter mit den `getParameter`-Methoden.

Parameter und Attribute

Neben Parametern gibt es im `HttpServletRequest` Attribute, die über die Methode `getAttribute` zugänglich sind. Es ist ein häufiger Fehler, Attribute und Parameter zu verwechseln und zu versuchen, auf Benutzereingaben mit `getAttribute` zuzugreifen. Parameter und Attribute sind aber unterschiedliche Dinge. Benutzereingaben finden Sie nur in den Parametern. In den Attributen kann Ihnen der Container weitere Daten übergeben, oder Sie können sie mit `setAttribute` selbst setzen, um Daten weiterzugeben, wenn Sie ein weiteres Servlet oder eine JSP aufrufen (siehe Abschnitt 14.4, »Java Server Pages«).

14.3.3 Übung: Das Rechen-Servlet implementieren

Diese Aufgabe ist nicht besonders anspruchsvoll, bringt Sie aber zum ersten Mal selbst mit der Servlet-API in Berührung. Übernehmen Sie das oben abgedruckte Formular zur Eingabe von zwei Zahlen unter dem Namen *index.html* in ein neues Webanwendungsprojekt.

Der Name *index.html* ist besonders. Die so benannte Datei wird angezeigt, wenn Sie im Browser nur den Kontext der Anwendung angeben, ohne eine Datei oder ein Servlet: *http://localhost:8080/rechne* zeigt die Datei *index.html* der Anwendung mit dem Kontext *rechne*.

Implementieren Sie das zur Anwendung gehörige Servlet. Es soll auf das URL-Pattern /rechne reagieren und die Summe der zwei übergebenen Zahlen berechnen. Geben Sie das Ergebnis als gültiges HTML-Dokument an den Aufrufer zurück. Die Lösung zu dieser Übung finden Sie im Anhang.

> **Vertraue niemandem!**
>
> Die wichtigste Grundlage der Servlet-Programmierung könnte direkt aus der TV-Serie »Akte X« stammen: Vertraue niemandem! Gehen Sie bei Daten, die Sie aus einem HTTP-Request erhalten, immer davon aus, dass sie bestenfalls fehlerhaft sein können und schlimmstenfalls dazu gedacht sind, Ihre Anwendung zu manipulieren.
>
> Bei einer Anwendung, die zwei Zahlen addiert, ist das Missbrauchspotenzial gering. Hier kann es höchstens vorkommen, dass der Parameter gar keine Zahl enthält. Aber bei komplexeren Anwendungen gibt es eine Vielzahl an Möglichkeiten, Ihre Anwendung anzugreifen.
>
> Wenn Ihr Servlet zum Beispiel Dateien aus dem Dateisystem zum Herunterladen zugänglich macht, dann müssen Sie darauf achten, dass es wirklich nur auf den dazu freigegebenen Pfad zugreifen kann. Anderenfalls könnte jemand einen Dateinamen übergeben, der ihm Zugang zu anderen Dateien verschafft.
>
> Werden die übergebenen Daten für eine Datenbankabfrage verwendet, müssen Sie sicherstellen, dass niemand durch manipulierte Eingaben erweiterten Zugriff auf Ihre Datenbank erhält oder sie einfach löscht. Ein solcher Angriff heißt *SQL Injection*, und Javas Datenbankschnittstelle JDBC bietet Ihnen Möglichkeiten, solche Angriffe zu unterbinden. Aber Sie müssen diese Möglichkeiten auch nutzen!
>
> Werden Ihnen Daten übergeben, die einem anderen Benutzer wieder angezeigt werden, zum Beispiel Kommentare in einem Blog, dann können diese Daten bösartigen JavaScript-Code enthalten, der im Browser eines anderen Benutzers ausgeführt wird und seine Sicherheit gefährdet (sogenanntes *Cross Site Scripting*).
>
> All das klingt zwar nach üblen Horrorszenarien, aber jeder dieser Angriffe und viele mehr werden täglich millionenfach auf HTTP-Servern in aller Welt versucht, und viel zu oft gelingen sie. Das sind die Gründe für Schlagzeilen wie: »Millionen von Passwörtern/Kreditkartennummern/... gestohlen«. Für kleine Übungen, die nur auf Ihrem Computer zu Hause laufen, ist dieses Risiko zwar sehr gering, aber Sie sollten sich von Anfang an angewöhnen, den übergebenen Daten nicht zu vertrauen. Prüfen Sie mindestens immer, ob die Daten Ihren Erwartungen entsprechen und ob zum Beispiel eine Zahl übergeben wird, wenn Sie eine Zahl erwarten. Es ist schwierig bis unmöglich, eine komplett sichere Webanwendung zu bauen, unabhängig davon, welche Sprache Sie verwenden. Aber das heißt nicht, dass Sie Ihre Anwendungen nicht so sicher wie möglich machen sollten.

14.4 Java Server Pages

Servlets zu schreiben und mit dem Benutzer zu interagieren, hat sich als nicht sehr schwierig erwiesen. Aber die Ausgabe ist noch sehr umständlich und unübersichtlich. Bei einem einfachen Programm, das auf der Kommandozeile ausgeführt wird, war die Ausgabe des Ergebnisses in einer Zeile möglich. Im Servlet möchten wir aber HTML ausgeben, und Sie haben in den Beispielen schon gesehen, dass selbst für eine minimale Seite einige Zeilen zusammenkommen. Bei einer Seite mit schickem Design, einem Header- und Footer-Bereich und allem, was sonst noch so dazugehört, hat man schnell ein Vielfaches davon.

Dadurch werden die Java-Methoden nicht nur sehr lang, es wird auch so gut wie unmöglich, fehlerfreies HTML zu erzeugen. Wenn Sie eine reguläre HTML-Seite schreiben, dann kann Ihnen jeder gute Texteditor sagen, wenn Sie Tags in der falschen Reihenfolge schließen oder falsche Attribute verwenden. Wenn der HTML-Code aber in Aufrufen von `out.println` steht, dann kann ihn keine Syntaxprüfung mehr auf Korrektheit hin prüfen. Und von den praktischen Punkten ganz abgesehen, zeugt es in der Softwareentwicklung immer von gutem Stil, die Logik (Java-Code) und die Präsentation (HTML) voneinander zu trennen.

Alle diese Punkte sind in der Servlet-API durch *Java Server Pages*, kurz JSPs, berücksichtigt. JSPs sind Templates, Vorlagen, aus denen HTML sehr viel einfacher zu erzeugen ist als direkt aus dem Java-Code. Diese Vorlagen sehen aus wie HTML-Dateien, die mit etwas Java-Code angereichert sind. So haben Sie die Vorteile reinen HTMLs für die Präsentation, vor allem die Möglichkeit, den HTML-Code auf Korrektheit hin prüfen zu lassen, behalten aber weiterhin auch die Vorteile des Servlets.

```
<%@page contentType="text/html" pageEncoding="UTF-8"%>
<jsp:useBean id="fehler" scope="request" type="java.lang.Boolean"/>
<jsp:useBean id="zahl1" scope="request" type="java.lang.Integer"/>
<jsp:useBean id="zahl2" scope="request" type="java.lang.Integer"/>
<jsp:useBean id="summe" scope="request" type="java.lang.Integer"/>
<!DOCTYPE html>
<html>
    <head>
        <title>Ergebnis</title>
    </head>
    <body>
        <%if (fehler){%>
            Eingaben konnten nicht in Zahlen umgewandelt werden!
        <%} else {%>
            <%=zahl1%> + <%=zahl2%> = <%=summe%>
        <%}%>
```

```
        </body>
</html>
```
Listing 14.11 Die Ausgabe des Rechen-Servlets in einer JSP

Kürzer ist die Ausgabe so nicht geworden, aber selbst dieses einfache Beispiel ist übersichtlicher, als es die mehreren Zeilen `out.println` im Servlet-Code waren.

Sie sehen hier einige Dinge, die in HTML nicht vorkommen. Das sind die Besonderheiten von JSP. Alles, was oberhalb der Zeile `<!DOCTYPE html>` steht, ist kein HTML. Diese Zeilen, genau wie alle anderen JSP-Elemente, werden auch nicht an den Browser übertragen. Sie werden vom Servlet-Container verarbeitet und entfernt, wenn er aus der JSP eine HTML-Seite generiert. Die Seite beginnt mit der Direktive `<%@page contentType="text/html" pageEncoding="UTF-8"%>`, die die Ausgabe initialisiert. Sie ersetzt den Aufruf von `request.getContentType` im Servlet, der Container setzt den Content-Type-Header aus diesen Angaben. Danach folgen mehrere Zeilen Variablendeklarationen. Durch sie werden Variablen für die JSP zugänglich gemacht, die von einem Servlet bereitgestellt wurden, denn die eigentliche Verarbeitung des Requests sowie die hochkomplexe Berechnung der Summe zweier Zahlen finden nach wie vor dort statt, nicht auf der JSP.

> **Tag-Libraries**
>
> Logik in einer JSP durch Scriptlets umzusetzen, ist nicht die bevorzugte Variante dazu. Eleganter geht es mit den Standard-Tag-Libraries (JSTL), die Funktionen wie Entscheidungen, Schleifen und Ausgaben zur Verfügung stellen, ohne dass in der JSP Java-Code benötigt wird. Die dazu verwendeten Tags sehen aber den HTML-Tags sehr ähnlich und würden hier, wo Sie gerade erst die Grundlagen von HTML kennengelernt haben, eher zu Verwirrung führen. Deshalb sind die Beispiele im weniger üblichen Stil mit Scriptlets gehalten. Ein Teil des Beispiels oben sähe mit JSTL so aus:
> ```
> <c:choose>
>     <c:when test="${fehler}">
>         Eingaben konnten nicht in Zahlen umgewandelt werden!
>     </c:when>
>     <c:otherwise>
>         <c:out value="${zahl1}"/> + <c:out value="${zahl2}"/> =
>             <c:out value="${summe}"/>
>     <c:otherwise>
> </c:choose>
> ```

Die im Servlet berechneten Ergebnisse stehen nicht von selbst in der JSP zur Verfügung, Sie müssen sie im Servlet im `HTTPRequest`-Objekt hinterlegen – dazu gleich mehr – und sie dann in der JSP wieder von dort lesen, um sie verwenden zu können.

Das passiert in den Zeilen mit `<jsp:useBean…/>`. Das Attribut `scope` gibt an, wo die Variablen hinterlegt sind. In diesem Fall ist das im `HTTPRequest`, was Sie durch den Wert `request` angeben. Das `id`-Attribut enthält den Namen, unter dem der Wert dort zu finden ist, und gibt gleichzeitig an, unter welchem Namen Sie die Variable in der JSP verwenden können. Zuletzt steht im Attribut `type`, um welchen Typ es sich bei dem Wert handelt. Diese Angabe ist für den Compiler notwendig, denn auch die JSP wird kompiliert, und auch für Sie wird schon zur Compilezeit sichergestellt, dass alle Zuweisungen und Aufrufe mit den deklarierten Typen möglich sind.

Importe in JSPs

Klassen, die Sie in einer JSP verwenden möchten, müssen auch hier importiert werden, wenn Sie sie nicht jedes Mal mit dem voll qualifizierten Namen ansprechen wollen. Importe veranlassen Sie in der JSP mit einer weiteren `@page`-Direktive:

```
<%@page import="java.util.List"%>
```

Wie im normalen Java-Code nimmt Ihnen NetBeans diese Arbeit aber meistens ab.

Nachdem vier Variablen durch `jsp:useBean` bekannt gemacht wurden, folgt endlich etwas Bekanntes: HTML. Der HTML-Code der Seite hat sich erfreulich wenig geändert, aber er ist hier viel leserlicher, als er es in den Ausgaben im Servlet war, und falls sich ein Fehler im HTML eingeschlichen hat, kann der Editor ihn so finden. Aber auch hier gibt es Elemente, die nicht zu HTML gehören, sondern nur in JSPs funktionieren, nämlich alle Tags mit Prozentzeichen. Sie kommen in zwei unterschiedlichen Varianten vor.

Tags, die in `<%` und `%>` eingefasst sind, heißen *Scriptlets*. Sie enthalten Java-Code, der bei der Ausgabe der Seite ausgeführt wird.

```
<body>
    <%if (fehler){%>
        Eingaben konnten nicht in Zahlen umgewandelt werden!
    <%} else {%>
        …
    <%}%>
</body>
```

Listing 14.12 HTML und Scriptlets

Interessant ist, wie der Java-Code der Scriptlets mit dem HTML interagiert. Die Zeile `Eingabe konnte nicht in Zahlen umgewandelt werden!` wird nur dann ausgegeben, wenn die Variable `fehler` den Wert `true` enthält. Text und HTML-Code, der in einem `if`-Statement in einem Scriptlet enthalten ist, wird genauso behandelt wie Java-Code an dieser Stelle. Die Ausgabe erfolgt nur dann, wenn die `if`-Bedingung erfüllt ist.

> **Wie funktionieren JSPs?**
>
> Auf technischer Ebene sind JSPs nur eine alternative Schreibweise für ein Servlet. Wenn die JSP kompiliert wird, dann wird aus ihr eine Servlet-Klasse erzeugt, und diese wird dann als normaler Java-Code kompiliert. In der erzeugten Servlet-Klasse ist der Java-Code, der in der JSP in Scriptlets steht, eins zu eins enthalten. Die speziellen JSP-Tags wie `<jsp:usebean…/>` übersetzen ihre Funktion in Java-Code. Und der Text- und HTML-Inhalt der Seite wird in `out.println`-Statements übersetzt. So wird auch die Interaktion zwischen Scriptlets und HTML in der JSP klar: Der im `if`-Scriptlet enthaltene HTML-Code wird zu in einem `if`-Statement enthaltenen Ausgabeanweisungen.
>
> Die gesamte JSP wird in eine lange Servlet-Methode übersetzt. Alle Variablen, die Sie deklarieren, sind lokale Variablen dieser Methode und sind nach ihrer Deklaration überall zugänglich.

Eine zweite Art von Tag zum Einbinden von Java-Code in die JSP funktioniert etwas anders. Scriptlets, die mit der Zeichenfolge `<%=` beginnen, geben den Wert des enthaltenen Ausdrucks aus.

```
<%=zahl1%> + <%=zahl2%> = <%=summe%>
```

Listing 14.13 Ausgabe von Java-Ausdrücken in der JSP

So wird die im Servlet berechnete Summe ausgegeben. Sie sehen hier, dass Variablen, die mit `<jsp:useBean/>` aus Request-Attributen geholt wurden, genauso verwendet werden wie im Java-Code deklarierte Variablen.

Bleiben als letzte offene Fragen der JSP noch, wie diese Attribute ins Request-Objekt gelangen und wie die JSP ausgerufen wird. Beide Fragen sind durch einen Blick in den Servlet-Code zu beantworten:

```java
public void doGet(HttpServletRequest request, HttpServletResponse response)
        throws ServletException, IOException {
    int zahl1 = 0;
    int zahl2 = 0;
    boolean fehler = false;
    try {
        zahl1 = Integer.parseInt(request.getParameter("zahl1"));
        zahl2 = Integer.parseInt(request.getParameter("zahl2"));
    } catch (NumberFormatException ex){
        fehler = true;
    }
    request.setAttribute("zahl1", zahl1);
    request.setAttribute("zahl2", zahl2);
    request.setAttribute("summe", zahl1 + zahl2);
```

```
            request.setAttribute("fehler", fehler);
            getServletContext().getRequestDispatcher("/ergebnis.jsp")
                    .forward(request, response);
    }
```

Listing 14.14 Der Servlet-Code, der die JSP vorbereitet

Der erste Teil der Methode ist unverändert, zwei Zahlen werden aus den Request-Parametern ausgelesen und geparst. Danach wird aber keine Ausgabe in HTML mehr generiert. Die von der JSP benötigten Werte werden mit `request.setAttribute` in das Request-Objekt geschrieben. Der verwendete Schlüssel – der erste Parameter – entspricht dem `id`-Attribut, das auf der JSP dem `useBean`-Tag übergeben wird. So kommen die benötigten Werte auf die JSP.

Der Aufruf der JSP geschieht über ein Objekt vom Typ `RequestDispatcher`, das Sie wiederum aus dem `ServletContext` erhalten. Der `ServletContext` ist im Servlet immer durch die Methode `getServletContext` verfügbar und kann noch einiges mehr als hier gezeigt. Gerade interessiert uns aber nur die Fähigkeit, einen `RequestDispatcher` zu erzeugen. Dazu übergeben Sie der Methode `getRequestDispatcher` einen Pfad, auf den der Request weitergeleitet werden soll. Dabei kann es sich wie gezeigt um den Pfad einer JSP handeln, den Pfad einer einfachen HTML-Datei oder um ein anderes Servlet. Für letzteren Fall können Sie entweder das `urlPattern` oder den in der Annotation `@WebServlet` eingetragenen Namen verwenden.

Der so erzeugte `RequestDispatcher` kennt nur zwei Methoden: `forward` und `include`. Die `forward`-Methode übergibt die Kontrolle komplett an die andere Ressource, diese kann Header schreiben, den an den Browser gesendeten HTTP-Status setzen und natürlich Inhalt schreiben. `forward` setzt voraus, dass Ihr Servlet noch keine Ausgabe mit einer der `out.print`-Methoden geschrieben oder eine andere Ressource mit `forward` oder `include` eingebunden hat.

Mit `include` eingebundene Ressourcen können nur Inhalt, nicht Header oder HTTP-Status schreiben, dafür können Sie aber Ressourcen inkludieren, nachdem schon die Ausgabe geschrieben wurde. Insbesondere bedeutet das, dass Sie mehrere Ressourcen einbinden können. So können Sie auch Teile, die von mehreren Ausgabeseiten genutzt werden, zum Beispiel Kopf- und Fußbereiche, in eine eigene Datei auslagern und bei jeder Ausgabe einfügen. Der Vorteil liegt auf der Hand: Sie müssen diese Teile nur einmal schreiben und nicht in jede Seite hineinkopieren.

Da Sie in der JSP beliebigen Java-Code ausführen können, ist die Versuchung groß, die Servlet-Klasse einfach auszulassen und auch die Programmlogik in der JSP umzusetzen. Das ist zwar möglich, Sie können die JSP sogar direkt aufrufen, indem Sie ihren Dateinamen ans Ende der Adresse setzen (*http://localhost:8080/rechne/ergebnis.jsp*), aber es ist nicht ratsam. Wenn Sie eine saubere Trennung zwischen Programmablauf und Anzeige einhalten, spart Ihnen das langfristig viel Arbeit.

14.4.1 Übung: Playlisten anzeigen

Sie erinnern sich vielleicht, dass ich in einem früheren Kapitel gesagt habe, wir würden es in diesem Buch nicht so weit bringen, dass Sie Ihre Musiksammlung mit dem Gelernten auch abspielen können. Das trifft auch immer noch zu, Sie werden die Musik nicht selbst abspielen können. Aber dank Servlets und JSPs können Sie sich nun zunutze machen, dass Ihr Browser schon die Fähigkeit hat, Musik abzuspielen.

In einem ersten Schritt in Richtung dieses Ziels sollen Sie für diese Übung den Inhalt Ihrer Musiksammlung auflisten. Greifen Sie dazu am einfachsten auf die Datei zurück, die Sie in Kapitel 12, »Dateien, Streams und Reader«, erzeugt haben, und geben Sie Titel und Interpret jedes Stücks aus.

Für Listen von Daten, wie Sie sie in dieser Aufgabe erzeugen sollen, hält HTML spezielle Tags bereit, die dem Browser klarmachen, dass es sich um eine Liste handelt, so dass er sie auch als Liste darstellen kann. Die Tags heißen <ul> (für engl. *unordered list*), womit Sie die ganze Liste markieren, und <li> (für engl. *list item*), womit Sie jedes einzelne Element umschließen. Die erzeugte Ausgabe sollte also in etwa so aussehen:

```
<!DOCTYPE html>
<html>
    <head>
        <title>Meine Musik</title>
    </head>
    <body>
        <ul>
            <li>AC/DC - TNT</li>
            <li>…</li>
            …
        </ul>
    </body>
</html>
```

Listing 14.15 Beispielausgabe der Übung

Die Lösung zu dieser Übung finden Sie im Anhang.

14.4.2 Übung: Musik abspielen

Gehen Sie diese Übung an, nachdem Sie die vorherige abgeschlossen haben. Erweitern Sie zunächst die Ausgabe-JSP so, dass jeder Eintrag in der Liste ein Link ist. Links sind die Verknüpfungen, die das World Wide Web zum Web machen. Die Elemente, die Sie anklicken, um zu einer anderen Seite zu gelangen. Oder, technisch gesehen, eine andere Art, einen GET-Request auszulösen. Links werden mit dem <a>-Tag umgesetzt. Dessen Attribut href enthält die Adresse, die im Browser geladen werden soll. Die Liste soll nach dieser Änderung so aussehen:

```
<ul>
    <li><a href="/play/…">AC/DC - TNT</a></li>
    <li>…</li>
    …
</ul>
```

Listing 14.16 Die Musikliste mit Links

Sie können sich den Rest der Aufgabe wahrscheinlich denken. Schreiben Sie ein Servlet, das auf das urlPattern */play/** reagiert, die übergebene Musikdatei öffnet und ihren Inhalt in den OutputStream (nicht den Writer!) des Response-Objekts schreibt.

Welche Datei abgespielt werden soll, soll nicht als Request-Parameter übergeben werden, sondern als weiteres Pfadelement, also nicht */play?datei=<datei>*, sondern */play/<datei>*. Diese sogenannte *erweiterte Pfadinformation*, also alles, was in der URL auf den Pfad des Servlets folgt, finden Sie im Request-Objekt unter getPathInfo(). Das Ergebnis dieser Methode enthält den Adressteil nach dem Servlet-Pfad und vor den Parametern und beginnt immer mit einem /. Überlegen Sie sich, wie Sie übermitteln, welche Datei abgespielt werden soll, vor allem unter dem Gesichtspunkt Sicherheit: Wenn Sie den Pfad der Datei auf Ihrer Festplatte übergeben, könnte ein Angreifer Ihr Servlet mit einem beliebigen anderen Pfad aufrufen und den Inhalt beliebiger Dateien ausspähen. Sie müssen also entweder verifizieren, dass es sich um einen legitimen Pfad handelt, oder auf eine andere Art übermitteln, welche Datei abzuspielen ist.

Als Letztes müssen Sie außerdem darauf achten, den Content-Type der Antwort zu setzen, so dass der Empfänger weiß, dass es sich um eine Musikdatei handelt. MP3-Dateien haben den Typ audio/mp3.

Die Lösung zu dieser Übung finden Sie im Anhang.

14.5 Langlebige Daten im Servlet – Ablage in Session und Application

HTTP ist ein zustandsloses Protokoll, jeder Request ist vom vorherigen unabhängig. Dieses Paradigma wird auch in Servlets eingehalten. Das heißt vor allem, dass Request-Attribute, die Sie in einem Request setzen, im nächsten Request desselben Nutzers nicht mehr zur Verfügung stehen.

14.5 Langlebige Daten im Servlet – Ablage in Session und Application

14.5.1 Die »HTTPSession«

Für viele Anwendungen möchten Sie aber Daten von einem Request zum anderen speichern. Der Einkaufswagen in jedem Onlineshop ist ein Beispiel dafür: Waren, die in einem Request dem Einkaufswagen hinzugefügt werden, sollen auch in weiteren Requests noch dort sein. Instanzvariablen scheiden als Möglichkeit, diese Art von Daten zu speichern, aus, denn eine Servlet-Instanz wird von vielen Nutzern verwendet, jeder sollte aber nur seinen eigenen Einkaufswagen sehen.

Für diese Art von Daten, die genau einem Benutzer zugeordnet sind und über mehrere Requests erhalten bleiben sollen, gibt es die HTTPSession. Von jedem Request können Sie mit der Methode getSession ein HTTPSession-Objekt erhalten, das bei allen Requests des gleichen Benutzers gleich bleibt. Genau wie am Request können Sie dort mit setAttribute beliebige serialisierbare Objekte unter einem String-Schlüssel hinterlegen und mit getAttribute von dort wieder auslesen, sie sind aber in weiteren Anfragen noch vorhanden.

> **Serialisierung der HTTPSession**
>
> Dass Session-Attribute Serializable sein müssen, wird nicht durch die Methodensignatur erzwungen. Da die HTTPSession als Ganzes aber in verschiedenen Situationen serialisiert werden kann, ist dringend dazu zu raten, dass dort nur serialisierbare Attribute abgelegt werden.

```
protected void doGet(HttpServletRequest request, HttpServletResponse response)
  throws ServletException {
    Einkaufswagen cart = request.getSession().getAttribute("einkaufswagen");
    if (cart == null){
        cart = new Einkaufswagen();
        request.getSession().setAttribute("einkaufswagen", cart);
    }
    ...
}
```

Listing 14.17 Daten in der Session speichern

Wenn es schon einen Einkaufswagen in der Session gibt, dann wird er weiterverwendet, ansonsten wird ein neuer Einkaufswagen angelegt und in der Session gespeichert. Die Session gilt nicht nur für ein Servlet, sondern für alle Servlets derselben Anwendung. Wenn Sie also ein Servlet haben, das dem Einkaufswagen Artikel hinzufügt, dann kann ein anderes Servlet ihn von dort wieder auslesen und den Bezahlvorgang einleiten.

> **HTTPSession: Speicherverbrauch und Ablauf**
>
> Im Gegensatz zu einer Arbeitsplatzanwendung, die nur einen Benutzer hat, haben Webanwendungen viele bis sehr viele Benutzer gleichzeitig. Sie sollten deshalb darauf achten, nur Daten in der HTTPSession zu speichern, die Sie wirklich von einem Request zum nächsten speichern müssen, denn bei vielen gleichzeitigen Benutzern wird der Speicherverbrauch schnell zum Problem.
>
> Aus demselben Grund hat jede Session eine Ablaufzeit. Der Servlet-Container verfolgt, wann zu einer Session der letzte Request eingegangen ist, und entfernt sie aus dem Speicher, wenn ein bestimmter Zeitraum überschritten wird. Wie lang genau das ist, ist in der oben bereits angesprochenen Konfigurationsdatei *web.xml* einstellbar.

14.5.2 Übung: Daten in der Session speichern

Erweitern Sie den Servlet-MP3-Spieler um einen Zähler. Jeder abgespielte Song soll gezählt werden, beim Anzeigen der Liste sollen die zehn meistgespielten Songs angezeigt werden, zusammen mit der Information, wie oft sie jeweils gespielt wurden. Die Lösung zu dieser Übung finden Sie im Anhang.

14.5.3 Der Application Context

Eine weitere Möglichkeit, Daten in einer Servlet-Anwendung im Speicher zu halten, ist der *Application Context*. Im useBean-Tag geben Sie ihn als scope="application" an, im Servlet greifen Sie auf diesen Scope über den schon bekannten ServletContext mit den Methoden getAttribute und setAttribute zu, die Sie auch von Request und Session her kennen.

Der Application Context ist ein globaler Speicher. Dort abgelegte Daten sind in allen Requests *von allen Nutzern* an alle Servlets der Anwendung sichtbar. Damit ist der Application Context der ideale Variablen-Scope, um eines der verbleibenden Probleme des Servlet-MP3-Players zu lösen. Die einmal geladene Playliste kann im Application Context abgelegt werden und muss nur noch einmal geladen werden, nicht mehr in jedem Request.

Diese Art von globalen Daten sollte aber auch besser nicht in einer der Request-Methoden geladen werden, denn dann müssten Sie bei jedem Request prüfen, ob die Playliste schon geladen wurde, und müssten synchronisieren, um sicherzustellen, dass sie wirklich nur einmal geladen wird, auch wenn mehrere Benutzer gleichzeitig eine Anfrage starten. Zum Glück enthält die Servlet-API für diesen und ähnliche Fälle einfache Lösungen.

14.6 Fortgeschrittene Servlet-Konzepte – Listener und Initialisierung

Neben Servlets definiert die Servlet-API weitere Objekttypen, die Sie in den Lebenszyklus der Anwendung eingreifen lassen. Servlets reagieren auf Requests, aber sie können nicht auf den Start der Anwendung reagieren oder auf den Start einer neuen Session, obwohl beides wichtige Ereignisse in der Anwendung sind. Der Start der Anwendung wäre beispielsweise der ideale Zeitpunkt, die Playlist zu laden. Verschiedene Arten von Listenern lassen Sie zu diesen wichtigen Zeitpunkten Ihre eigenen Aktionen aufrufen.

14.6.1 Listener

Listener sind nicht nur in Java, sondern in der Softwareentwicklung allgemein Objekte, die auf Ereignisse reagieren. Sie werden sie ausführlich in Kapitel 16, »GUIs mit JavaFX«, kennenlernen, denn grafische Benutzeroberflächen machen extensiven Gebrauch von diesem Konzept. Wenn Sie auf einen Knopf klicken, dann werden die ClickListener des Knopfes aufgerufen.

In der Servlet-API gibt es nur wenige Arten von Listenern, die auf die wichtigsten Punkte im Lebenszyklus der Anwendung reagieren:

- ServletContextListener reagieren auf Start und Ende der gesamten Anwendung. Wenn der Servlet-Container die Anwendung startet, wird die Methode contextInitialized aller ServletContextListener gerufen, beim Beenden der Anwendung die Methode contextDestroyed. Beide erhalten als einzigen Parameter ein ServletContextEvent, das Zugriff auf den ServletContext bietet.

- HttpSessionListener reagieren auf Start und Ende einer einzelnen Session. Beim Start jeder Session wird sessionCreated gerufen, beim Ende sessionDestroyed, und beide Methoden haben Zugriff auf die betroffene Session durch das HttpSessionEvent.

- ServletRequestListener werden für den Lebenszyklus eines einzelnen Requests aufgerufen. Ihre Methode requestInitialized wird gerufen, wenn ein neuer Request in Ihrer Anwendung ankommt, bevor er an ein Servlet delegiert wird. requestDestroyed wird gerufen, wenn das letzte Servlet oder die letzte JSP mit dem Request fertig sind, bevor die Verarbeitung endgültig abgeschlossen ist. Der Zweck von ServletRequestListeners ist nicht so leicht zu erkennen wie bei den anderen Listenern, auf einen Request könnte schließlich auch ein Servlet reagieren. Aber ein ServletRequestListener kann auf alle Requests reagieren, egal, an welches Servlet sie letztendlich adressiert sind, und eignet sich damit für manche übergreifende Aufgaben, wie zum Beispiel alle Zugriffe auf Ihre Anwendung zu protokollieren.

- ServletContextAttributeListener, HttpSessionAttributeListener und ServletRequestAttributeListener reagieren darauf, dass ein Attribut im jeweiligen Scope verändert wird. Alle drei Interfaces enthalten dieselben drei Methoden für das Hinzufügen eines neuen Attributs (attributeAdded), die Änderung eines Attributwertes (attributeReplaced) und das Löschen eines Attributs (attributeRemoved).

Alle Arten von Listenern erzeugen Sie, indem Sie das Interface implementieren. Genau wie Servlets müssen Sie sie dem Server noch bekannt machen, indem Sie sie entweder in *web.xml* eintragen oder annotieren. Die Annotation für alle Listener heißt @WebListener und hat keine Attribute. Sie muss lediglich vorhanden sein, der Container erkennt dann an der Abstammung der Klasse, welche Art von Events sie interessieren.

14.6.2 Übung: Die Playliste nur einmal laden

Machen Sie eine weitere Änderung an der MP3-Servlet-Anwendung, und sorgen Sie dafür, dass die Playliste nur noch genau einmal geladen wird. Wählen Sie dafür die richtige Art Listener aus, und legen Sie die geladene Playliste im geeigneten Scope ab. Die Lösung zu dieser Übung finden Sie im Anhang.

14.6.3 Initialisierungsparameter

Als letztes Problem der Musikanwendung bleibt noch übrig, dass der Pfad zur Playliste im Code steht. Würde sich der Speicherort ändern, dann müssten Sie das Projekt neu kompilieren – keine zufriedenstellende Lösung.

Die Servlet-Spezifikation sieht für diesen Fall vor, Initialisierungsparameter festzulegen. Das ist allerdings, anders als alle anderen Konfigurationen an Servlets, nur in der Datei *web.xml* möglich. So schön Annotationen statt Konfigurationsdateien auch sein mögen, es würde keinen Vorteil bringen, Initialisierungsparameter dort einzustellen, schließlich müssten Sie immer noch neu kompilieren. Deshalb sind diese Parameter der einzige Teil einer Servlet-Anwendung, die im Deployment Descriptor konfiguriert werden müssen. Der Descriptor muss unter dem Pfad */WEB-INF/web.xml* liegen und diesen Grundaufbau haben:

```
<?xml version="1.0" encoding="UTF-8"?>
<web-app xmlns="http://xmlns.jcp.org/xml/ns/javaee"
    xmlns:xsi="http://www.w3.org/2001/XMLSchema-instance"
    xsi:schemaLocation="http://xmlns.jcp.org/xml/ns/javaee http://xmlns.jcp.org/xml/ns/javaee/web-app_3_1.xsd"
    version="3.1">
</web-app>
```

Listing 14.18 Grundstruktur der »web.xml«

14.6 Fortgeschrittene Servlet-Konzepte – Listener und Initialisierung

Das `version`-Attribut des `web-app`-Tags gibt an, welche Version der Servlet-API diese Anwendung einsetzt. Welche Versionen Ihnen zur Verfügung stehen, hängt vom eingesetzten Servlet-Container ab. Servlet 3.1 ist die aktuellste Version und wird vom eingesetzten Tomcat 8-Container unterstützt.

Es gibt zwei Möglichkeiten, im Deployment Descriptor Initialisierungsparameter anzugeben: global und für ein einzelnes Servlet. Konfigurationswerte für einen `ServletContextListener` können nur als globale Parameter gesetzt werden, Einzelkonfiguration ist wirklich nur für Servlets möglich. Globale Parameter werden mit dem `context-param`-Tag gesetzt:

```
<web-app …>
    <context-param>
        <param-name>playlist_location</param-name>
        <param-value>C:\\tmp\\playlist.play</param-value>
    </context-param>
</web-app>
```

Listing 14.19 Globale Einstellungen

Jeder `context-param` hat einen Namen und einen Wert, die mit den Tags `param-name` und `param-value` gesetzt werden. Im Code können Sie mit dem Namen den Wert nachschlagen:

```
public void contextInitialized(ServletContextEvent sce){
    sce.getServletContext().getInitParameter("playlist_location");
}
```

Listing 14.20 Zugriff auf Initialisierungsparameter durch den »ServletContext«

Und jetzt können Sie auch den Pfad zur Playliste ändern, ohne dass Sie die ganze Anwendung neu bauen müssen. Es reicht, *web.xml* zu editieren. Und da es sich um einen Standardmechanismus zur Konfiguration handelt, bieten einige Servlet-Container – leider nicht Tomcat – sogar die Möglichkeit, diese Werte über eine grafische Oberfläche zu ändern.

Die Möglichkeit, Parameter für ein einzelnes Servlet zu setzen, setzt voraus, dass das Servlet in der Datei *web.xml* konfiguriert ist und nicht nur in Annotationen. Dann können Sie im `servlet`-Tag ein `init-param`-Tag verschachteln, das Parameter in derselben Form enthält wie `context-param`.

```
<web-app …>
    <servlet>
        <servlet-name>MP3Liste</servlet-name>
        <init-param>
            <param-name>playlist_location</param-name>
```

```
                <param-value>C:\\tmp\\playlist.play</param-value>
            </init-param>
        </servlet>
</web-app>
```

Listing 14.21 Konfiguration je Servlet

Der Zugriff im Code erfolgt genauso wie der Zugriff auf globale Werte. Die globalen und lokalen Einstellungen werden für das Servlet zusammengeführt, und `getServletContext().getInitParameter()` findet beide Arten von Einstellungen.

14.7 Zusammenfassung

Sie haben in diesem Kapitel einen groben Überblick über die Servlet-API erhalten, einen kleinen Teil der Java Enterprise Edition. Sie haben einen Servlet-Container installiert und Anwendungen geschrieben, die ein Benutzer in seinem Browser aufrufen kann. Außerdem haben Sie eine oberflächliche Einführung in HTML bekommen und können damit auch einfache Oberflächen für Webanwendungen schreiben. Außerdem haben Sie doch noch Ihre Musiksammlung mit einem selbst geschriebenen Programm abspielen können.

Im nächsten Kapitel geht es um einen weiteren Baustein, der gerade in Servlet-Anwendungen sehr oft zum Einsatz kommt: Datenbanken. Eine Datenbank dient dazu, Daten langfristig zu speichern, aber auf eine völlig andere Art und Weise, als Sie sie in einer Datei speichern würden, nämlich strukturiert, effizient durchsuchbar und in einer Form, in der parallele Zugriffe auf dieselben Daten keine Probleme bereiten können.

Kapitel 15
Datenbanken und Entitäten

Wie Sie mit Dateien umgehen, um Daten langfristig zu speichern, haben Sie bereits gelernt. Für viele Situationen sind Dateien auch die richtige Wahl: Sie sind einfach zu verwenden und brauchen keine zusätzlichen Programme. Wenn es aber darum geht, eine Datenstruktur zu erzwingen oder parallel auf Daten zuzugreifen, setzen viele Anwendungen, zum Beispiel Servlet-Anwendungen, aus guten Gründen auf Datenbanken als Langzeitspeicher.

Um Daten über die Lebensdauer eines Prozesses hinaus festzuhalten, haben Sie bereits den Umgang mit Dateien kennengelernt. Für viele Zwecke sind Dateien bestens geeignet. Wenn ein Benutzer ein Textdokument oder eine Musikdatei speichern möchte, um sie später wieder zu öffnen und weiterzuarbeiten oder um sie zu kopieren und an einen anderen Benutzer weiterzugeben, dann sind Dateien die perfekte Wahl. Aber es gibt Probleme, die sich mit Dateien nicht oder nur sehr schwer lösen lassen.

Zum Beispiel ist es nicht möglich, dass mehrere Benutzer gleichzeitig in dieselbe Datei schreiben, es besteht dabei immer das Risiko, dass die beiden Schreibvorgänge gegenseitig ihre Daten zerstören und nur ein nicht mehr lesbarer Fehlerzustand zurückbleibt. Dateien sind nicht effizient durchsuchbar – um einen bestimmten Datensatz zu finden, müssen Sie die Datei von Anfang an lesen, bis Sie die richtigen Daten gefunden haben. Gerade bei großen Datenmengen würde das sehr lange dauern, aber Daten müssen schnell wiederauffindbar sein. Zuletzt kann eine Datei auch nicht garantieren, dass die gespeicherten Daten immer konsistent sind, also alle Daten zueinanderpassen. Sie wollen Situationen vermeiden, in denen zum Beispiel in Ihrem Webshop ein Artikel einem Einkaufswagen hinzugefügt wird, aber, weil danach ein Fehler auftritt, der dort ausgewiesene Gesamtpreis nicht aktualisiert wird. So würden Sie schließlich dem Benutzer Geld schenken.

Wenn Ihre Anwendung eine oder mehrere dieser Anforderungen an ihren Datenspeicher hat, dann ist das eine klassische Situation, in der Sie eine Datenbank einsetzen sollten.

15.1 Was ist eine Datenbank?

Datenbanken sind Datenspeicher für strukturierte Daten, die die oben genannten Anforderungen erfüllen. In ihnen können eine große Anzahl an Benutzern gleichzeitig lesen und schreiben, können gespeicherte Daten sehr viel schneller durchsucht werden, und sie garantieren, dass jede Schreibaktion die Daten in einem gültigen Zustand hinterlässt. Dadurch ist zwar nicht sichergestellt, dass die Daten aus Sicht Ihrer Anwendung fehlerfrei sind – auch in einer Datenbank können Sie fehlerhafte Daten speichern –, aber es ist gesichert, dass die Daten wieder korrekt gelesen werden können.

Um all das umzusetzen, ist der Zugriff auf die Datenbank nur durch ein spezielles Programm möglich, das Database Management System (DBMS). Es kann auf demselben Rechner laufen, auf dem auch Ihre Anwendung ausgeführt wird, es kann aber auch auf einem eigenen Server installiert sein und nur über das Netzwerk mit Ihrer Anwendung – und potenziell gleichzeitig mit weiteren Anwendungen – kommunizieren.

15.1.1 Relationale Datenbanken

Wir befassen uns hier mit nur einem Typ von Datenbanken, den *relationalen Datenbanken*. Das hat keine ideologischen Gründe, sondern rein pragmatische, denn das JDK enthält nicht nur Klassen, die den Zugriff auf eine relationale Datenbank ermöglichen, sondern seit Java 7 auch eine vollständige relationale Datenbank.

Die *Java DB* ist eine im JDK enthaltene Version der Apache-Derby-Datenbank, einer relationalen Open-Source-Datenbank, die in reinem Java geschrieben ist und sich dadurch nicht nur als eigener Prozess betreiben lässt, sondern auch als Bestandteil Ihrer Anwendung (*Embedded*) funktionieren kann. Das ist zwar für den produktiven Betrieb nicht zu empfehlen, gibt Ihnen aber weit bessere Möglichkeiten, testgetrieben zu arbeiten, als dies eine andere Datenbank könnte. Es gibt aber viele weitere verbreitete und vielfach eingesetzte relationale Datenbanksysteme. Oracle verbreitet neben der im JDK enthaltenen Java DB auch die sehr beliebte Open-Source-Datenbank MySQL und die firmennamengebende Oracle Database. Weitere verbreitete relationale Datenbanken sind MariaDB, ein Community-Branch von MySQL, IBMs DB2 und PostgreSQL, eine weitere Open-Source-Datenbank. Diese Datenbanksysteme unterscheiden sich zwar in ihren Implementierungsdetails, aber sie alle verwenden dieselben Konzepte, um Daten zu speichern und mit ihnen zu interagieren.

In einer relationalen Datenbank geben Sie eine strenge Struktur vor, wie die Daten aussehen müssen, ähnlich, aber nicht genauso, wie Sie es in Java mit einer Klasse tun.

Die größte Einheit von Daten in einer relationalen Datenbank ist die *Tabelle* (siehe Abbildung 15.1). Sie definiert einen komplexen, zusammengesetzten Datentyp, ähnlich einer Klasse in Java.

		Kunde		
ID	Vorname	Nachname	Strasse	...
1	Max	Mustermann	Musterstraße	...
2	Bertha	Beispiel	Beispielgasse	...
3	Eduard	Exemplum	Exemplarsplatz	...

Abbildung 15.1 Eine Datenbanktabelle

Jede Tabelle definiert eine oder mehrere benannte *Spalten*. Eine Spalte ist äquivalent zu einem Feld einer Java-Klasse, sie hat einen Namen und einen Datentyp. Anders als ein Feld in Java kann der Typ einer Spalte aber kein zusammengesetzter Datentyp – eine andere Tabelle – sein, sondern kann nur aus einer vorgegebenen Liste von primitiven Datentypen gewählt werden. Einige dieser Typen entsprechen den primitiven Typen von Java, so zum Beispiel INTEGER und FLOAT, die zwar dieselbe Funktion erfüllen wie die Java-Typen, aber nicht unbedingt denselben Zahlenraum abdecken. Es gibt aber auch einige Typen, die in Java als Objekte gehandhabt werden. Dazu gehören unter anderem VARCHAR (entspricht einem String), DATE (ein Datumswert) und TIMESTAMP (Datum und Uhrzeit).

Genauso wichtig wie Tabellen sind die Beziehungen zwischen ihnen. Da eine Tabelle keine komplexen Datentypen als Spalten enthalten kann, werden Beziehungen zwischen Datenbankeinträgen durch Schlüsselbeziehungen (*Fremdschlüssel*) von einer Tabelle zur anderen dargestellt. Ein Eintrag der Tabelle, deren Einträge fachlich von Einträgen der anderen Tabelle abhängen, die also in Java in einem Feld des anderen Objekts gespeichert würden, enthält dabei einen Verweis auf den Eintrag der Elterntabelle. Dafür muss ein eindeutiger Schlüssel des übergeordneten Eintrags verwendet werden, meist ein ID-Feld, dessen einziger Zweck es ist, ein eindeutiger Schlüssel zu sein, der *Primärschlüssel*, englisch *primary key*. In Abbildung 15.2 sehen Sie solche Beziehungen zwischen Tabellen: Ein Einkaufswagen gehört zu einem Kunden, er enthält deshalb die Kunden-ID. Ein Einkaufsartikel ist Bestandteil eines Einkaufswagens, er enthält die Einkaufswagen-ID.

Die Datenbank kann für diese Art von Beziehung sicherstellen, dass keine fehlerhaften Werte eingetragen werden können. Wenn im Feld Kunde_ID ein Schlüssel steht, zu dem kein passender Eintrag in der Tabelle Kunde existiert, kann die Transaktion nicht beendet werden, weil die Konsistenz der Daten verletzt würde. Dies ist eines der sogenannten *ACID-Kriterien*, die Transaktionen erfüllen müssen (das C steht für *Consistency*) und die ich im Abschnitt »Transaktionen« im Kasten »**ACID-Kriterien für Transaktionen**« erläutern werde. Dadurch ist es nicht möglich, einen falschen Eintrag in *Einkaufswagen* zu machen. Ebenso kann ein Kunde nicht gelöscht werden, ohne gleichzeitig seinen Einkaufswagen zu löschen, denn sonst würde zu dem nun herrenlosen Einkaufswagen kein Kunde existieren, und wieder wäre die Konsistenz nicht gegeben. Diese Art von Beschränkung auf den Daten einer Datenbank nennt man einen *Constraint*.

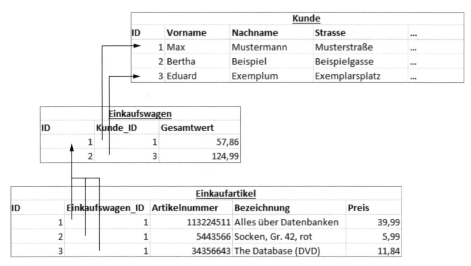

Abbildung 15.2 Fremdschlüssel, englisch »foreign keys«

Diese Konzepte – Tabellen, Spalten, Fremdschlüssel – sind in allen relationalen Datenbanken gleich, auch wenn die Implementierungsdetails anders sind. Auch bieten alle diese Datenbanken eine einheitliche Möglichkeit, mit ihnen zu kommunizieren: über die speziell für diesen Zweck entwickelten Sprachen *DDL* und *SQL*.

DDL

DDL ist die *Data Definition Language*, sie wird verwendet, um die Struktur einer Datenbank anzulegen, also Tabellen, Spalten, Constraints und mehr.

```
CREATE TABLE Kunde (
    id          INTEGER     PRIMARY KEY,
    vorname     VARCHAR(50) NOT NULL,
    nachname    VARCHAR(75) NOT NULL,
    strasse     VARCHAR(50) NOT NULL,
    ...
);
```

Listing 15.1 DDL-Statement der Tabelle »Kunde«

SQL

SQL, die *Structured Query Language*, dient dazu, Daten in einer Datenbank zu bearbeiten und wiederzufinden. Das kann so einfach sein, wie den Einkaufswagen eines Kunden zu laden.

```
SELECT * FROM Einkaufwagen WHERE Kunde_ID = 2;
```

Listing 15.2 Einkaufswagen eines Kunden

Sie können in SQL aber auch sehr komplexe Anfragen formulieren, die Daten aus mehreren Tabellen suchen, nach mehreren Suchkriterien beschränken und die gefundenen Daten auch noch zusammenfassen.

```
SELECT SUM(best.gesamtpreis)
  FROM Bestellung best
  JOIN Kunde k ON (best.kunde_id = k.id)
 WHERE k.id = 1
   AND best.datum BETWEEN '01/01/2016' AND '12/31/2016'
```

Listing 15.3 Ein komplexeres SQL-Statement

Dieses zweite Statement findet alle Bestellungen des Kunden mit der ID 1 aus dem Jahr 2016 und berechnet, wie viel Geld er insgesamt ausgegeben hat. SQL ist ein extrem mächtiges Werkzeug, denn Datenbanken sind so auf das Durchsuchen großer Datenbestände optimiert, dass sie gerade komplexe Anfragen oft schneller verarbeiten können, als eine Anwendung eine Liste im Speicher nach denselben Kriterien durchsuchen kann.

Sie werden es in diesem Buch nicht direkt mit beiden Sprachen zu tun bekommen, denn die *Java Persistence API* (JPA) versteckt beides vor Ihnen. Mehr als eine äußerst oberflächliche Einführung wäre aber auch kaum möglich, denn SQL ist als Sprache mindestens so komplex wie Java. Wenn Sie sich intensiver mit Servlet-Anwendungen oder anderen Arten von Vielbenutzeranwendungen beschäftigen wollen, ist es aber ein sehr empfehlenswerter nächster Schritt, SQL zu erlernen.

Transaktionen

Eine relationale Datenbank sorgt nicht nur dafür, dass alle gespeicherten Daten in die von Ihnen festgelegte Struktur passen. Sie gibt darüber hinaus Garantien, dass Ihre Daten nicht beliebig verändert werden können, sondern jede Änderung die Daten in einem gültigen Zustand hinterlässt.

Eine solche Änderung besteht nicht unbedingt aus einem Schreibvorgang in die Datenbank. Relationale Datenbanken führen Schreibvorgänge nicht in Isolation aus, sondern gruppieren sie in *Transaktionen*. Schreibvorgänge, die in einer Transaktion zusammengefasst sind, bilden aus Sicht Ihrer Anwendung eine logische Einheit. Dem Warenkorb einen Artikel hinzuzufügen, den Gesamtpreis des Warenkorbs neu zu berechnen und den Lagerbestand des Artikels zu verringern sind drei Schreibvorgänge, die in einer Transaktion ausgeführt werden, weil sie aus Anwendungssicht untrennbar verbunden sind. Aus diesen Anforderungen der logischen Einheit gehen formale Kriterien hervor, die Transaktionen erfüllen müssen und die mit ACID abgekürzt werden.

> **ACID-Kriterien für Transaktionen**
>
> Für jede Transaktion gilt, dass sie die vier ACID-Kriterien erfüllt:
>
> ▶ **Atomicity**: Jede Transaktion ist atomar, es werden entweder alle dazugehörigen Schreibvorgänge durchgeführt oder keiner. Außerdem ist sichergestellt, dass die von einer Transaktion betroffenen Datensätze nicht zwischenzeitlich von einer anderen Transaktion verändert werden.
>
> ▶ **Consistency**: Am Ende einer Transaktion ist sichergestellt, dass bestimmte Konsistenzregeln, die Sie auf der Datenbank konfigurieren können, eingehalten werden. Sie können durch diese Regeln nicht alle logischen Einschränkungen Ihrer Anwendung abbilden, aber Sie können zum Beispiel verhindern, dass zu einem Benutzer mehrere Einkaufswagen existieren oder dass ein Einkaufswagen existiert, der zu keinem Benutzer gehört.
>
> ▶ **Isolation**: Jede Transaktion wird isoliert von allen anderen Transaktionen ausgeführt, so dass der Effekt für das Gesamtsystem derselbe ist, als würden Transaktionen nacheinander verarbeitet.
>
> ▶ **Durability**: Nachdem eine Transaktion abgeschlossen ist, ist garantiert, dass die Daten dauerhaft gespeichert sind. Auch wenn in diesem Moment die Datenbank abstürzt, sind die Daten nach dem Neustart noch vorhanden.

15.1.2 JDBC

Jeder Zugriff auf relationale Datenbanken erfolgt in Java durch die JDBC-(**J**ava **D**atabase **C**onnectivity-)API. Die API sorgt dafür, dass Sie auf alle Datenbanken, egal, welchen Herstellers, auf exakt die gleiche Weise zugreifen können. Sie können die Datenbank, die Ihre Anwendung verwendet, austauschen, ohne dass Sie dafür Änderungen am Code vornehmen müssen.

Um eine Datenbank über JDBC ansprechen zu können, muss nur ein JDBC-Treiber der Datenbank im Klassenpfad der Anwendung liegen. In früheren Versionen von JDBC mussten Sie diesen Treiber noch selbst registrieren, aber seit JDBC 4.0, enthalten in Java 6, reicht es, dass das JAR mit dem Treiber im Klassenpfad gefunden wird.

Alle verbreiteten Datenbanken werden mit einem JDBC-Treiber ausgeliefert oder bieten ihn zum Download an, Sie können also jede dieser Datenbanken sofort in einer Anwendung verwenden. Ein Treiber für die im JDK enthaltene Java DB ist natürlich im JDK ebenfalls enthalten.

JDBC erlaubt es Ihnen, aus Ihrer Anwendung DDL- und SQL-Anweisungen auf der Datenbank auszuführen. Außerdem liegt es auch der JPA zugrunde, Sie interagieren dann aber nicht direkt mit der JDBC-API. Das Einzige, was Sie trotzdem unbedingt über JDBC wissen müssen, ist, wie Sie die Verbindung zum Datenbankserver konfigurieren. Dafür wird ein URL-Format verwendet:

```
jdbc:derby:/home/kguenster/beispiel/derbydb;create=true
```

Listing 15.4 Eine JDBC-URL für die Derby-Datenbank

Der erste Teil der URL, das Protokoll, ist gleichbleibend `jdbc`. Der zweite Teil identifiziert den zu verwendenden Treiber. Das ist hier die Derby-Datenbank, die auch mit dem JDK ausgeliefert wird. Alles, was darauf folgt, ist spezifisch für diesen Treiber. Im Beispiel stehen dort für Derby ein Verzeichnis, in dem die Dateien der Datenbank abgelegt werden sollen, und die Anweisung, diese Datenbank dort anzulegen, falls sie noch nicht existiert. Es kann aber auch ein Server angegeben werden, auf dem die Datenbank zu finden ist. Hier ein Beispiel für MySQL:

```
jdbc:mysql://192.168.1.1:3306/meineDatenbank
```

Listing 15.5 JDBC-URL für MySQL

15.1.3 JPA

Und damit kommen wir endlich zu der API, die wir einsetzen wollen. Die *Java Persistence API*, kurz JPA, setzt auf JDBC auf und ist heute der bevorzugte Weg, aus einer Java-Anwendung auf eine Datenbank zuzugreifen.

Die JPA ist ein weiterer Bestandteil von JEE, der auch unabhängig von den anderen Modulen von JEE eingesetzt wird. Sie ermöglicht nicht nur die Kommunikation mit einer Datenbank, sie nimmt Ihnen auch noch den nächsten Arbeitsschritt ab, das sogenannte *Object Relational Mapping* (ORM), also die Abbildung von Tabellenzeilen auf Java-Objekte.

Für den Datenbankzugriff durch die JPA schreiben Sie eine ganz normale Java-Klasse, die Sie durch eine Reihe von Annotationen zu einer *JPA-Entität* machen, einer Klasse, die mit einer Datenbanktabelle verbunden ist:

```
@Entity
public class Kunde {
    @Id
```

```
    @GeneratedValue(strategy = GenerationType.TABLE)
    private int id;
    private String vorname;
    private String nachname;
    ...

    @OneToMany()
    private final List<Kunde> freunde = new ArrayList<Kunde>();

    public int getId() {
      return id;
    }

    public void setId(int id) {
      this.id = id;
    }
    ...
}
```

Listing 15.6 Eine JPA-Entität

Sie werden die wichtigsten JPA-Annotationen in diesem Kapitel kennenlernen, aber bevor Sie sie benutzen können, müssen Sie die Verbindung zu einer Datenbank herstellen.

> **Andere Arten von Datenbanken**
>
> Auch wenn es hier nur um relationale Datenbanken geht, gibt es doch auch weitere Typen, die für bestimmte Situationen besser geeignet sein können und die sich ebenso in Java verwenden lassen, wenn auch nicht mit einem standardisierten Weg wie die relationalen Datenbanken:
>
> - **Dokumentorientierte Datenbanken:** In einer dokumentorientierten Datenbank werden zusammengehörige Daten in einem Dokument zusammengefasst. Innerhalb eines Dokuments gibt es Felder, die einen Wert enthalten, genau wie die Felder eines Java-Objekts. Es gibt in diesem Typ Datenbank keine Entsprechung zur Klasse, ein Dokument kann beliebige Felder enthalten, die in keiner Weise vorgegeben sind.
> - **Key-Value-Datenbanken:** Diese Datenbanken funktionieren ähnlich wie eine Java-Map, sie speichern zu einem Schlüssel einen Wert. Darüber hinaus geben sie keine Struktur vor, was sie für strukturierte Datenablage nur bedingt tauglich macht, dafür sind sie aber für ihr spezielles Einsatzgebiet extrem performant.

▶ **Graphen-Datenbanken:** In einer Graphen-Datenbank wird die Beziehung zwischen den Datensätzen stärker hervorgehoben. Ein Datensatz – ein Knoten im Sinne der Graphentheorie – enthält Attribute mit Werten, ähnlich einem Dokument in einer dokumentorientierten Datenbank. Die Kanten des Graphen, also die Beziehungen zwischen den Knoten, können aber ebenfalls Eigenschaften tragen. Zum Beispiel können zwei Knoten Personen darstellen, mit Eigenschaften wie Namen und Alter. Die Kante zwischen den Knoten gibt ihre Beziehung zueinander an, sie kann Eigenschaften tragen wie »beziehung: befreundet, schuldet Geld: 50 Euro«.

15.2 Mit einer Datenbank verbinden über die JPA

Datenbanken können in jeder Art von Anwendung eingesetzt werden, aber der häufigste Anwendungsfall in Java ist in einer Servlet-Anwendung. Deshalb soll auch in diesem Kapitel eine solche Anwendung an die Datenbank angeschlossen werden, das Vorgehen ist für andere Anwendungen aber gleich. Die Erklärung geht überwiegend davon aus, dass Sie in NetBeans arbeiten.

15.2.1 Datenbank in NetBeans anlegen

Dieser Schritt entfällt, wenn Sie nicht die NetBeans-IDE benutzen. Wechseln Sie auf den Reiter SERVICES (neben PROJECTS und FILES), klicken Sie mit der rechten Maustaste auf DATABASES, und wählen Sie NEW CONNECTION, um den Datenbankverbindungs-Wizard zu starten.

Wählen Sie als DRIVER JAVA DB (EMBEDDED). Dieser Treiber sollte schon konfiguriert sein, falls er das nicht ist, müssen Sie einen neuen Treiber anlegen, für den Sie die Datei *<JDK_HOME>/db/lib/derby.jar* auswählen (siehe Abbildung 15.3). Embedded bedeutet, dass die Datenbank nicht als eigener Prozess gestartet wird, sondern direkt in Ihrem Java-Prozess läuft. Das führt dazu, dass nicht mehrere Anwendungen gleichzeitig auf die Datenbank zugreifen können, macht aber die Entwicklung in diesem Stadium etwas leichter und negiert ansonsten nicht die Vorteile einer Datenbank gegenüber Dateien als Datenspeicher. Insbesondere bleiben die ACID-Eigenschaften erhalten.

Im nächsten Schritt geben Sie die Verbindung zur Datenbank an. Tragen Sie dazu im Feld DATABASE einen Pfad ein, unter dem die Datenbank angelegt werden soll; es kann sich dabei um einen relativen oder absoluten Pfad handeln. Hängen Sie an den gewählten Pfad den Parameter `;create=true` an, er bewirkt, dass die Datenbank angelegt wird, falls sie noch nicht existiert. Der gesamte Eintrag sollte zum Beispiel so aussehen: /tmp/db;create=true. Sie können auch einen Benutzernamen und ein Passwort angeben, müssen das aber für eine Embedded-Datenbank für die Entwicklung nicht.

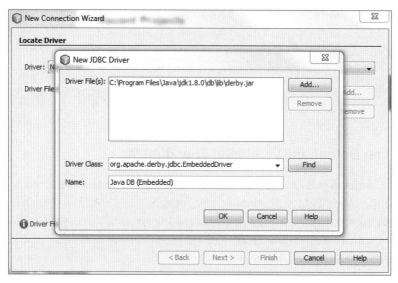

Abbildung 15.3 Den Derby-Treiber anlegen, falls nötig

Wählen Sie auf der nächsten Seite des Wizards noch das Schema APP aus. Ein *Schema* ist eine Unterteilung innerhalb der Datenbank. Für die Embedded Java DB ist APP das Default-Schema für die Tabellen Ihrer Anwendung.

Vergeben Sie zuletzt noch einen Namen für die neue Verbindung. Er wird nur in NetBeans angezeigt und hat keine Bedeutung für Ihre Programme – vergeben Sie also einen beliebigen, aussagekräftigen Namen.

15.2.2 Das Projekt anlegen

Erzeugen Sie zunächst ein neues Servlet-Projekt, wie im vorigen Kapitel beschrieben. Als Nächstes müssen Sie die speziellen Bibliotheken hinzufügen, die die JPA benötigt. Öffnen Sie dazu den Eigenschaftendialog des Projekts (Rechtsklick auf das Projekt und Klick auf PROPERTIES), und wählen Sie dort LIBRARIES. Klicken Sie auf ADD LIBRARIES, und wählen Sie JAVA DB DRIVER und ECLIPSELINK (JPA 2.1) (siehe Abbildung 15.4).

Die Funktion des Java DB Drivers ist klar, das ist der JDBC-Treiber der verwendeten Datenbank. Er ist zwar im JDK enthalten, aber befindet sich nicht automatisch im Klassenpfad, deshalb muss er hinzugefügt werden.

15.2 Mit einer Datenbank verbinden über die JPA

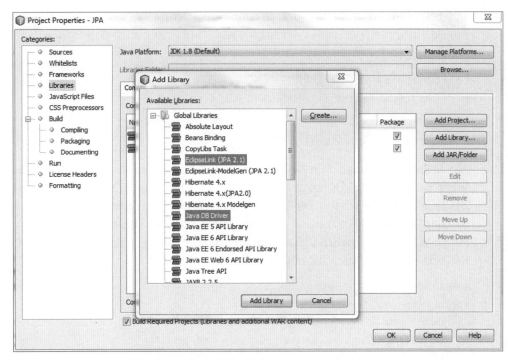

Abbildung 15.4 Die benötigten Libraries hinzufügen

EclipseLink ist eine JPA-Implementierung. Wie schon bei Servlets definiert Java für die JPA zwar die Klassen und Interfaces, mit denen Ihre Anwendung arbeitet, implementiert aber nicht die Funktionalität. Damit Sie die JPA nutzen können, muss deshalb eine JPA-Implementierung wie EclipseLink vorhanden sein.

Wenn Sie Ihr Projekt nicht in NetBeans erzeugen, dann müssen Sie selbst dafür sorgen, dass die Bibliotheken im Verzeichnis *WEB-INF/lib* des WARs landen. Folgende Dateien müssen dort enthalten sein:

- *derby.jar*, *derbyclient.jar* und *derbynet.jar*, alle zu finden in *<JDK_HOME>/db/lib*
- *eclipselink.jar*, *javax.persistence_2.1.0.jar*, *org.eclipse.persistence.jpa.jpql_2.5.1.jar*, zu finden in den Downloads zum Buch (*www.rheinwerk-verlag.de/4096*) oder auf der EclipseLink-Downloadseite: *http://www.eclipse.org/eclipselink/downloads/*.

15.2.3 Eine Persistence Unit erzeugen

Damit sind die Vorbereitungen abgeschlossen, Ihr Projekt ist bereit für die JPA. Nun benötigen Sie noch eine *Persistence Unit*. In einer Persistence Unit werden alle JPA-Entitäten zusammengefasst, die in einem Datenbankschema liegen. Außerdem wird in der Konfiguration der Persistence Unit die Datenbankverbindung konfiguriert.

Unter NetBeans legen Sie die Konfiguration einer Persistence Unit an, indem Sie im Projekt eine neue Datei vom Typ PERSISTENCE UNIT erzeugen. NetBeans fragt dann alle benötigten Daten ab:

- PERSISTENCE UNIT NAME: Adressbuch
- PERSISTENCE LIBRARY: ECLIPSELINK (JPA 2.1)
- DATABASE CONNECTION: die oben angelegte Verbindung
- TABLE GENERATION STRATEGY: CREATE

Mit diesen Angaben generiert NetBeans die JPA-Konfigurationsdatei *persistence.xml*. Wenn Sie die Datei nicht mit dem NetBeans-Wizard anlegen möchten, können Sie das auch in Handarbeit tun. Die Datei muss im Klassenpfad unter *META-INF* zu finden sein. In einem JAR wäre sie also direkt als *META-INF/persistence.xml* zu finden, in einem WAR liegt sie neben den Anwendungsklassen unter *WEB-INF/classes/META-INF/persistence.xml*. Zunächst muss sie diesen Inhalt haben:

```xml
<?xml version="1.0" encoding="UTF-8"?>
<persistence version="2.1"
    xmlns="http://xmlns.jcp.org/xml/ns/persistence"
    xmlns:xsi="http://www.w3.org/2001/XMLSchema-instance"
    xsi:schemaLocation="http://xmlns.jcp.org/xml/ns/persistence
      http://xmlns.jcp.org/xml/ns/persistence/persistence_2_1.xsd">
  <persistence-unit name="Addressbuch" transaction-type="RESOURCE_LOCAL">
    <provider>org.eclipse.persistence.jpa.PersistenceProvider</provider>
    <properties>
      <property name="javax.persistence.jdbc.driver" value=
        "org.apache.derby.jdbc.EmbeddedDriver"/>
      <property name="javax.persistence.jdbc.url" value=
        "jdbc:derby:/tmp/jpa;create=true"/>
      <property name="javax.persistence.jdbc.user" value=""/>
      <property name="javax.persistence.jdbc.password" value=""/>
      <property name=
        "javax.persistence.schema-generation.database.action" value="create"/>
    </properties>
  </persistence-unit>
</persistence>
```

Listing 15.7 Die JPA-Konfigurationsdatei »persistence.xml«

Machen Sie sich keine Gedanken über die XML-Attribute des `persistence`-Tags, sie werden zwar von der JPA benötigt, sind aber überhaupt nicht interessant.

Innerhalb davon finden Sie die `persistence-unit`. Ihr `name` ist wichtig, denn über ihn greifen Sie aus dem Java-Code auf die Persistence Unit zu. Sie können innerhalb von persistence mehrere persistence-units angeben, wenn Ihre Anwendung auf mehrere Datenbankschemata zugreifen muss.

Verschachtelt in persistence-unit finden Sie zwei wichtige Angaben: Der provider legt fest, welche JPA-Implementierung verwendet wird. Hier steht die Einstiegsklasse von EclipseLink: org.eclipse.persistence.jpa.PersistenceProvider. Im properties-Tag stehen die Verbindungsdaten zur Datenbank: JDBC-Treiber, JDBC-URL, Benutzername und Passwort.

15.2.4 Die »EntityManagerFactory« erzeugen

Alle Zugriffe aus Ihrer Anwendung auf die Datenbank erfolgen durch eine Instanz der Klasse EntityManager. Diese erzeugen Sie aber nicht durch einen einfachen Konstruktor, sondern durch die EntityManagerFactory. In Ihrer Anwendung können beliebig viele EntityManager vorhanden sein, aber für die EntityManagerFactory gilt das Highlander-Prinzip: Es kann (für eine Persistence Unit) nur eine geben.

Ein Objekt, das in der Servlet-Anwendung nur genau ein einziges Mal existieren darf? Genau für diesen Fall wurden ServletContextListener erfunden. Es gibt leider keinen fertigen, den Sie dafür einsetzen können, aber ein eigener ist schnell geschrieben:

```
@WebListener
public class JPAListener implements ServletContextListener{

    private static final String PERSISTENCE_UNIT = "Adressbuch";
    public static final String KEY = "pu.adressbuch";

    @Override
    public void contextInitialized(ServletContextEvent sce) {
        EntityManagerFactory factory =
          Persistence.createEntityManagerFactory("Adressbuch");
        sce.getServletContext().setAttribute(KEY, factory);
    }

    @Override
    public void contextDestroyed(ServletContextEvent sce) {
        EntityManagerFactory factory =
          (EntityManagerFactory) sce.getServletContext().getAttribute(KEY);
        factory.close();
    }
}
```

Listing 15.8 »EntityManagerFactory« erzeugen und zerstören in einem »ServletContextListener«

In `contextInitialized` wird die `EntityManagerFactory` durch den Aufruf der Methode `Persistence.createEntityManagerFactory` mit dem Namen der Persistence Unit erzeugt und im Application Context abgelegt. So steht sie in der gesamten Anwendung zur Verfügung.

Ebenso wichtig ist es aber, die Factory wieder zu schließen, wenn die Anwendung beendet wird. Das geschieht in `contextDestroyed` durch die `close`-Methode. Wenn Sie die `EntityManagerFactory` nicht schließen, dann können Sie die Anwendung nicht neu installieren, ohne den ganzen Server neu zu starten, denn dann würde die neue Version der Anwendung versuchen, eine weitere Factory zu öffnen, obwohl im selben Java-Prozess schon eine Factory für diese Persistence Unit existiert. Es käme zu einem Fehler.

15.3 Anwendung und Entitäten

Das war nun ein langes Vorspiel, um die JPA in eine Anwendung zu integrieren. Aber es lohnt sich dadurch, dass Sie jetzt ganz einfach Entity-Klassen anlegen und durch sie auf die Datenbank zugreifen können.

Als Beispiel wollen wir in diesem Abschnitt eine kleine Adressverwaltung anlegen, in der Sie Namen und Adressen speichern können. Diese Daten sollen über eine Weboberfläche lesbar und editierbar sein. Die zentrale Klasse dieser Anwendung ist die Klasse `Person`, deshalb soll diese zuerst angelegt werden.

15.3.1 Die erste Entität anlegen

In NetBeans können Sie auch Entitäten schnell und einfach erzeugen, indem Sie eine neue Datei vom Typ ENTITY CLASS anlegen. Aber um besser zu verstehen, was alles dazugehört, sollten Sie zumindest bei der ersten Entität ohne diese Hilfe auskommen.

Dazu legen Sie als Erstes eine völlig normale Java-Klasse namens `Person` an. Sie soll zunächst vier Felder enthalten: `id` (Long), `titel` (String), `vorname` (String) und `nachname` (String). Generieren Sie für alle Felder Getter und Setter. Außerdem soll die Klasse `Serializable` implementieren. Das ist für die JPA nicht nötig, aber zum Beispiel dafür, dass Sie eine Instanz in der HTTP-Session ablegen können.

Von hier sind es noch zwei kleine Schritte, um die Klasse zu einer JPA-Entität zu machen. Zuerst fügen Sie Annotationen hinzu. Die Klasse selbst muss mit `@Entity` annotiert werden, das Feld `id` mit `@Id` und `@GeneratedValue(strategy = GenerationType.AUTO)`. Versehen Sie außerdem den Nachnamen mit der Annotation `@Column(nullable = false)`. Alle Annotationen liegen im Package `javax.persistence`. Insgesamt sollte die Klasse so aussehen:

```java
@Entity
public class Person implements Serializable {
    private static final long serialVersionUID = 1L;
    @Id
    @GeneratedValue(strategy = GenerationType.AUTO)
    private Long id;
    private String titel;
    private String vorname;
    @Column(nullable = false)
    private String nachname;
    …
}
```
Listing 15.9 Die Klasse »Person« mit JPA-Annotationen

@Entity tut nichts anderes, als die Klasse als JPA-Entität zu kennzeichnen. Das mit @Id markierte Feld wird in der Datenbank als Primärschlüssel verwendet, als eindeutiger Schlüssel, der die Entität referenziert. Die zusätzliche Annotation @GeneratedValue sorgt dafür, dass dieses Feld automatisch gefüllt wird, wenn Sie das Objekt in die Datenbank schreiben. Die dabei angegebene Strategie AUTO besagt, dass die JPA-Implementierung selbst bestimmen soll, wie dieser Wert gefunden und seine Eindeutigkeit garantiert wird. Es gibt verschiedene Strategien, die in verschiedenen Datenbanken funktionieren, aber mit AUTO ist sichergestellt, dass eine zur Datenbank passende Strategie verwendet wird.

Mit der Column-Annotation können Sie Einstellungen für die erzeugte Datenbankspalte machen. Das Attribut nullable besagt, dass die Spalte keine null-Werte aufnehmen darf. Diese Einschränkung wird aber erst auf der Datenbank geprüft, wenn Sie die Entität schreiben, und mit einem allgemeinen Datenbankfehler abgewehrt. Um Fehler so früh wie möglich abzufangen und dem Benutzer aussagekräftige Fehlermeldungen zu geben, sollten Sie trotzdem selbst auf gültige Werte prüfen, die Constraints der Datenbank sind nur ein zusätzliches Sicherheitsnetz. Wenn Sie keine Sondereinstellungen benötigen, ist @Column optional, auch ohne werden für alle Felder der Entität Datenbankspalten angelegt.

Als Letztes müssen Sie die neue Entität noch der Persistence Unit hinzufügen. Öffnen Sie dazu *persistence.xml*, und fügen Sie in persistence-unit ein class-Tag hinzu, das den voll qualifizierten Klassennamen Ihrer Entität enthält.

```xml
<persistence …>
  <persistence-unit name="Adressbuch" transaction-type="RESOURCE_LOCAL">
    <provider>org.eclipse.persistence.jpa.PersistenceProvider</provider>
    <class>de.kaiguenster.javaintro.jpa.persistence.Person</class>
    <properties>
```

```
    ...
    </properties>
  </persistence-unit>
</persistence>
```

Listing 15.10 »persistence.xml« mit Entität

Damit ist Ihre Entität einsatzbereit, jetzt können Sie die Anwendung schreiben, die sie verwendet.

Dank der ganzen Vorarbeit ist es nun ein Leichtes, Personen in der Datenbank zu speichern. Sie müssen dafür eine Instanz der Entität anlegen und sie mit der Methode persist des EntityManagers speichern. Damit das funktioniert, muss es eine aktive Transaktion geben, denn Schreiboperationen sind nur innerhalb einer Transaktion möglich. Insgesamt sieht der Code, der eine Entität speichert, also so aus:

```
try {
    manager.getTransaction().begin();
    manager.persist(entity);
    manager.getTransaction().commit();
} catch (Exception e){
    manager.getTransaction().rollback();
}
```

Listing 15.11 Eine Entität persistieren

Zuerst wird eine Transaktion mit begin gestartet, dann die Entität mit persist in der Datenbank gespeichert. Die persist-Methode funktioniert nur für frische Objekte, die zum ersten Mal in der Datenbank gespeichert werden. Existiert der Datenbankeintrag bereits, dann verwenden Sie stattdessen die Methode merge, ansonsten ändert sich am Code nichts.

Die geöffnete Transaktion muss aber noch geschlossen werden. Mit der commit-Methode werden die gemachten Änderungen endgültig in der Datenbank gespeichert, vorher existieren sie nur in einem Zwischenzustand, in dem sie noch nicht dauerhaft gespeichert sind und bei einem Ausfall der Datenbank verloren gehen. Erst nach dem commit sind Sie gegen Datenverlust geschützt. Die rollback-Methode, die im Fehlerfall gerufen wird, beendet ebenfalls die Transaktion, macht aber alle Änderungen rückgängig. Sie ist wichtig, um die Datenkonsistenz zu gewährleisten, denn sie verhindert, dass nur teilweise erfolgreiche Transaktionen dauerhaft gespeichert werden. Denken Sie an das Beispiel mit dem Einkaufswagen zurück: Wenn Sie einen Artikel hinzufügen, wird zuerst ein neuer Eintrag in Einkaufsartikel hinzugefügt, dann wird der Gesamtpreis in Einkaufswagen neu berechnet. Wenn aber bei der Neuberechnung oder beim Speichern der Einkaufswagen-Entität ein Fehler auftritt, dann darf auch der Einkaufsartikel nicht gespeichert werden, denn die Daten wären dadurch inkonsistent, der Gesamtpreis wäre falsch. Wurden beide Änderungen in einer Transaktion durchgeführt, dann macht `rollback` auch das bereits erfolgreiche Einfügen in `Einkaufsartikel` rückgängig.

15.3.2 Übung: Personen speichern

Mit diesem Wissen können Sie nun ein Servlet schreiben, das Personen speichert. Legen Sie ein neues Servlet mit dem Namen `PersonServlet` an, das auf den Kontext `/person` reagiert. Die `doGet`-Methode des Servlets soll nur auf eine JSP weiterleiten, die ein Formular mit Feldern für die drei Eigenschaften von `Person` anzeigt. Das Formular soll an die `doPost`-Methode desselben Servlets gesendet werden, wo aus den Werten des Formulars eine neue Person erzeugt und in der Datenbank gespeichert wird.

Sie können im Moment Ihren Erfolg noch nicht sehen. Angezeigt werden Personen im nächsten Schritt. Die Lösung zu dieser Übung finden Sie im Anhang.

15.4 Entitäten laden

Gespeicherte Entitäten müssen natürlich auch wieder geladen werden, sonst wäre das Speichern überflüssig. Wenn Sie die ID eines Eintrags kennen, gibt es dafür eine einfache Methode. Das ist aber meist nicht der Fall, denn die ID ist ein willkürlicher Wert, nicht unbedingt bei 1 beginnend und nicht unbedingt fortlaufend. Sie brauchen also zunächst eine bessere Methode, Entitäten zu finden.

15.4.1 Abfragen mit JPQL

Es gibt im `EntityManager` keine Methode, die alle Einträge einer Tabelle lädt. In vielen Fällen wäre das auch problematisch, da die Tabelle sehr viele Einträge enthalten könnte.

Wenn Sie eine Liste von Einträgen aus einer Tabelle laden wollen, gibt es deshalb keinen einfachen Methodenaufruf dazu. Sie müssen stattdessen eine Abfrage (*Query*) in *JPQL* schreiben, der Java Persistence Query Language.

JPQL ist eng verwandt mit SQL. Genau wie dort hat eine einfache Abfrage das grundlegende Format `SELECT ... FROM ...`. So würde zum Beispiel `SELECT p FROM Person p` alle Einträge der `Person`-Entität aus der Datenbank auslesen.

Im `FROM`-Teil der Anfrage vergeben Sie einen Namen für die Tabelle `Person`, durch den Sie im `SELECT`-Teil angeben, was aus der Datenbank ausgelesen werden soll. In diesem Fall sind das die vollständigen Entitäten. Die JPA sorgt dafür, dass sie in der Anwendung als Instanzen von `Person` ankommen.

Mit der Anfrage in JPQL erzeugen Sie am `EntityManager` ein Query-Objekt. Dessen Methode `getResultList` lädt alle passenden Einträge aus der Datenbank, also im Moment noch alle Einträge in `Person`.

```
TypedQuery<Person> q =
  manager.createQuery("select p from Person p", Person.class);
List<Person> personen = q.getResultList();
```

Listing 15.12 Alle Einträge aus »Person« laden

So können Sie alle Einträge einer Datenbanktabelle auslesen. Aber wie oben bereits angemerkt, ist das nicht immer empfehlenswert, schließlich könnte die Tabelle mehrere Millionen Einträge enthalten. Um nicht alle diese Ergebnisse laden zu müssen, wenn Sie nur nach einigen bestimmten suchen, können Sie eine `WHERE`-Klausel angeben. Dort geben Sie Kriterien an, die ein Eintrag erfüllen muss, um von der Abfrage berücksichtigt zu werden.

```
TypedQuery<Person> q = manager.createQuery("SELECT p
                        FROM Person p
                        WHERE p.vorname = :name
                        OR p.nachname = :name", Person.class);
q.setParameter("name", "Donald");
```

Listing 15.13 Query mit »WHERE«-Klausel

Diese Abfrage findet nur Personen, deren Vorname oder Nachname gleich dem Parameter `:name` sind. Dieser Parameter wird im anschließenden Aufruf von `setParameter` mit dem Wert »Donald« versehen, es werden also alle Personen gefunden, deren Vorname oder Nachname Donald ist.

SQL Injection

In einem Fall wie dem gerade gezeigten ist die Versuchung groß, keine Parameter zu verwenden, sondern die JPQL-Query durch einfache String-Konkatenation zu erzeugen und den Namen direkt anstelle des Parameters einzufügen. Davon ist aber dringend abzuraten!

JPQL ist zwar nicht SQL, aber es wird in SQL übersetzt, und dadurch ist eine SQL-Injection-Attacke nach wie vor möglich. Bei einer solchen Attacke übergibt ein Angreifer Ihrer Anwendung speziell formatierte Parameter, die, wenn sie in eine Query konkateniert würden, entweder Schaden in Ihren Daten anrichten oder Daten für Unbefugte zugänglich machen können. In einem einfachen Beispiel kann ein solcher manipulierter Parameter so aussehen:

```
' UNION SELECT username, password FROM User;--
```

> Wird dieser String in eine Query eingefügt, dann beendet das einzelne Hochkomma den Parameter-String der SQL-Query, durch UNION werden alle Ergebnisse einer weiteren Query angezeigt, in diesem Fall alle Benutzernamen und Passwörter. Durch JPQL wird das schwieriger, aber nicht unmöglich.
>
> Verwenden Sie aber Parameter, dann werden die Eingaben abgesichert, bevor sie in die Query eingesetzt werden. Es ist in der Computersicherheit problematisch, etwas »garantiert sicher« zu nennen, aber Sie sind so auf jeden Fall viel sicherer vor Injection-Angriffen.

In den Bedingungen der WHERE-Klausel können Sie die üblichen Vergleichsoperatoren verwenden und mehrere Bedingungen mit AND und OR verknüpfen. Auch hier ist es empfehlenswert, Klammern zu setzen, wenn Sie AND und OR mischen, um die Zusammengehörigkeit klarzumachen.

Für dieses Beispiel sind die Vergleichsoperatoren aber nicht ideal, sie finden Personen nur, wenn ihr exakter Name eingegeben wird, Groß- und Kleinschreibung eingeschlossen. Das ist nicht sehr praktisch.

Es gibt in JPQL (und in SQL) einen weiteren Operator, der die Suche nach Teil-Strings ermöglicht. Der LIKE-Operator ist weniger mächtig als ein regulärer Ausdruck, aber dafür sehr viel einfacher verständlich und schneller auszuführen. Er kennt nur zwei Sonderzeichen: Der Unterstrich markiert eine Stelle, an der genau ein beliebiges Zeichen stehen kann, das Prozentzeichen steht für eine beliebig lange Zeichenfolge. Die Query `SELECT p FROM Person p where p.vorname LIKE 'Do%'` findet Personen mit den Vornamen Donald, Doris, Dorian usw.

Groß- und Kleinschreibung ist nach wie vor ein Problem, auch der LIKE-Operator sucht nur nach der angegebenen Schreibweise. Dieses Problem ist mit der LOWER-Funktion zu lösen, sie setzt in JPQL einen String komplett in Kleinschreibung um: `SELECT p FROM Person p where LOWER(p.vorname) LIKE 'do%'`.

15.4.2 Übung: Personen auflisten

Implementieren Sie ein weiteres Servlet mit dem Namen PersonenServlet. Wenn es ohne einen Parameter aufgerufen wird, soll es alle Personen anzeigen, die in der Datenbank gespeichert sind. Über die Anzahl der Ergebnisse müssen Sie sich in dieser Übung keine Gedanken machen, es sollte in Ihrem Adressbuch nicht Tausende von Einträgen geben. Wird dem Servlet ein Parameter übergeben, dann soll es alle Personen anzeigen, deren Vor- oder Nachname mit dem übergebenen Parameter beginnt. Schreiben Sie außerdem eine weitere JSP, die die Ergebnisliste anzeigt und ein Suchformular zur Verfügung stellt. Die Lösung zu dieser Übung finden Sie im Anhang.

15.4.3 Entitäten laden mit ID

Wenn Sie Einträge mit einer Query gefunden haben, haben Sie auch deren ID. Damit ist es ein Leichtes, denselben Eintrag noch einmal zu laden, weil Sie zum Beispiel in einem folgenden Request nur diesen Eintrag anzeigen möchten. So ist es ein sehr häufiger Fall, dass Sie in der Ergebnisliste nur die wichtigsten Daten jedes Eintrags anzeigen und alle weiteren auf eine Detailseite auslagern. In diesem Fall kennen Sie die ID, und Sie können die dazugehörige Entität mit einem einfachen Methodenaufruf laden.

```
Person p = manager.find(Person.class, id);
```

Listing 15.14 Entitäten laden nach ihrer ID

Die Klasse der Entität muss angegeben werden, weil eine ID nur innerhalb einer Datenbanktabelle eindeutig ist. Wird kein Eintrag zur ID gefunden, dann gibt `find` null zurück und wirft keine Exception.

15.4.4 Übung: Personen bearbeiten

Jetzt, wo es eine Liste von Personen gibt, können Sie bereits gespeicherte Personen auch auswählen und bearbeiten.

Erweitern Sie die Personenliste so, dass jeder Eintrag klickbar ist und bei Klick das `PersonServlet` mit der ID des Eintrags als Parameter aufruft. Erweitern Sie dann das `PersonServlet` so, dass es eine übergebene ID auswertet und den passenden Eintrag aus der Datenbank lädt und anzeigt. Um die Werte des Objekts in den Eingabefeldern anzuzeigen, können Sie das `value`-Attribut verwenden, wie in der Lösung zur vorigen Aufgabe gezeigt.

Die so angezeigten Einträge sollen auch wieder gespeichert werden können. Dazu brauchen Sie beim Speichern wieder die ID der Person. Der beste Weg, diese zu bekommen, ist, sie mit dem Formular abzuschicken. Sie können dazu ein verstecktes Eingabefeld vom Typ `hidden` verwenden. Dessen Wert wird, genau wie der jeden anderen Eingabefelds, mit dem Request übermittelt, aber es ist für den Benutzer nicht sichtbar.

```
<input type="hidden" name="id" value="…">
```

Denken Sie dabei daran, zum Speichern eines vorhandenen Eintrags die `merge`-Methode zu benutzen und nur neue Einträge mit `persist` zu speichern.

Natürlich soll es auch anschließend noch möglich sein, neue Einträge anzulegen. Berücksichtigen Sie das bei Ihren Änderungen an `PersonServlet`. Fügen Sie in der Personenliste einen Link »Neuer Kontakt« hinzu, der das `PersonServlet` ohne ID aufruft. Die Lösung zu dieser Übung finden Sie im Anhang.

> **Versionierte Entitäten**
>
> Mit der gezeigten Lösung kann es vorkommen, dass zwei Benutzer parallel Änderungen am gleichen Datensatz vornehmen. In diesem Fall gewinnt immer der Letzte, der seine Eingaben speichert, er überschreibt alle vorherigen Änderungen. Sie können mit der JPA aber auch versionierte Entitäten erzeugen. Sie tragen ein Versionsfeld mit sich herum, das mit `@Version` annotiert ist. Beim Speichern wird geprüft, ob die Version in der Datenbank noch der Version im Java-Objekt entspricht. Falls ja, wird beim Speichern die Version hochgezählt. Falls nicht, wird das Objekt nicht gespeichert, sondern ein Fehler geworfen, weil es zwischenzeitlich Änderungen am Objekt gab. Wie Sie mit diesem Fehler umgehen, ist Sache der Anwendung. Das normale Vorgehen ist, dem Benutzer die aktuelle Version des Objekts zu präsentieren und ihm die Möglichkeit zu geben, seine Änderungen zu wiederholen.

15.4.5 Benannte Queries

Ein Grundsatz der Objektorientierung lautet, dass zusammengehörige Daten und Operationen in einer Klasse zusammengefasst werden. Man kann nun argumentieren, dass die Suche nach einem Objekt nach bestimmten Kriterien, wie Sie es mit einer JPQL-Query tun, eine Operation ist, die Teil der Klasse sein sollte.

Diesem Argument können Sie in der JPA folgen, indem Sie benannte Queries an der Entität anlegen. Dazu gibt es weitere Annotationen, die Sie an der Entitätsklasse angeben können.

```
@Entity
@NamedQueries({
    @NamedQuery(name="Namensteil",
            query="SELECT p FROM Person p "
                + "WHERE LOWER(p.vorname) LIKE :name "
                + "   OR LOWER(p.nachname) LIKE :name"),
    @NamedQuery(name="VorUndNachname",
            query="SELECT p FROM Person p "
                + "WHERE p.vorname = :vorname "
                + "   OR p.nachname = :nachname")
})
public class Person implements Serializable {
    public static final String QUERY_NAMENSTEIL = "Namensteil";
```

```
        public static final String QUERY_VOR_UND_NACHNAME = "VorUndNachname";
    …
}
```

Listing 15.15 Benannte Queries

Die Annotation `@NamedQueries` dient nur dazu, alle benannten Queries der Entität zu gruppieren. Darin enthalten sind Annotationen des Typs `@NamedQuery`, die genau das tun, was ihr Name besagt: Ihr Attribut `name` enthält einen Namen, `query` enthält eine JPQL-Query. Um die Benutzung zu erleichtern, sollten Sie für die Namen der Queries Konstanten anlegen, so vermeiden Sie Schreibfehler beim Zugriff. Sie verwenden eine benannte Query wie auch eine Query, die Sie selbst im Code erzeugen, das Query-Objekt wird lediglich mit einer anderen Methode erzeugt.

```
TypedQuery<Person> q = manager.createNamedQuery(
  Person.QUERY_NAMENSTEIL, Person.class);
q.setParameter("name", queryString.toLowerCase() + "%");
List<Person> personen = q.getResultList();
```

Listing 15.16 Eine »NamedQuery« benutzen

Die Methode `createNamedQuery` erwartet den Namen einer Query, ansonsten bleibt gegenüber nicht benannten Queries alles beim Alten – Parameter werden auf dieselbe Weise gesetzt, Resultate auf dieselbe Weise gelesen.

Named Queries sind übrigens nicht nur praktisch, sie sind auch deutlich schneller als andere Queries. Alles JPQL muss in SQL übersetzt werden, um auf der Datenbank ausgeführt zu werden. Für einfache Queries geschieht das jedes Mal, wenn sie ausgeführt werden, für Named Queries aber nur einmal.

15.5 Entitäten löschen

Sie können nun Entitäten erzeugen, lesen und aktualisieren. Eine typische Anwendung benötigt eine weitere Operation, um ihren Datenbestand zu pflegen: das Löschen. (Diese vier Operationen werden häufig auch als *CRUD-Operationen* bezeichnet, für **C**reate, **R**ead, **U**pdate, **D**elete). Im `EntityManager` gibt es auch dafür eine Methode:

```
Person p = …;
try {
    manager.getTransaction().begin();
    manager.remove(p);
    manager.getTransaction().commit();
} catch (Exception e){
```

```
    manager.getTransaction().rollback();
    request.setAttribute("error", e);
}
```
Listing 15.17 Eine Entität löschen

Genau wie `merge` ist `remove` eine schreibende Operation und benötigt eine aktive Transaktion. Auch das Löschen kann mit einem Rollback der Transaktion rückgängig gemacht werden, bis ein Commit erfolgt. Danach ist der Datenbankeintrag unwiederbringlich gelöscht.

Zum Löschen benötigen Sie auf jeden Fall ein Objekt, das aus der Datenbank geladen wurde. Es ist nicht genug, eine neue Instanz der Entität zu erzeugen und ihre ID zu setzen, das Objekt muss mit `find` oder einer Query geladen worden sein, sonst wirft `remove` einen Fehler.

15.6 Beziehungen zu anderen Entitäten

Einen Typ von Entitäten speichern zu können, ist ein guter Anfang, aber nur begrenzt nützlich. Java-Objekte werden zu einem mächtigeren, vielseitigeren Werkzeug, weil sie andere Objekte referenzieren können und nicht nur einen begrenzten Fundus an primitiven Werten. In Java-Objekten können Sie der Klasse `Person` ein Feld vom Typ `Adresse` hinzufügen und dort die Adressdaten der Person speichern. Die Adresse ist so ein Teil der Person.

Wie bereits eingangs erwähnt, lässt sich dieses Konzept nicht direkt auf Datenbanktabellen »übersetzen«. Sie können dort keine Spalten mit einem zusammengesetzten Typ definieren, die Tabelle `Person` kann keine Spalte vom Typ `Adresse` enthalten. Es gibt in einer relationalen Datenbank nur Einträge in Tabellen und Beziehungen zwischen ihnen, die fast immer über ihre Primärschlüssel hergestellt werden. Es gäbe demnach eine Tabelle `Adresse` und in `Person` eine Spalte `AdressID`, die den Schlüssel einer Adresse enthält.

> **Schlüssel und Referenzen**
>
> Auf einer technischen Ebene sind Beziehungen zwischen Datenbankeinträgen gar nicht so anders. Auch ein Person-Objekt enthält nur eine Referenz auf eine Adresse, eine Speicheradresse, an der die Adresse zu finden ist, und nicht das Adress-Objekt selbst. Auf der Ebene der täglichen Arbeit ist dieses Detail aber leicht zu ignorieren.

Die JPA kann die Beziehung zwischen Java-Objekten in die Beziehung zwischen Datenbankeinträgen »übersetzen«, ohne dass Sie über die technischen Details nachdenken müssen. Sie müssen dazu nur die Felder mit entsprechenden Annotationen versehen. Dafür ist eine Frage entscheidend: Kann eine Person eine Adresse haben oder mehrere? Anhand dieser Frage entscheiden Sie die Natur der Beziehung: *one to one* oder *one to many*.

15.6.1 Eins-zu-eins-Beziehungen

Eine One-to-one-Beziehung wird dann verwendet, wenn es zu einem Eintrag in der Haupttabelle genau einen oder keinen Eintrag in der untergeordneten Tabelle gibt. Diese Beziehung entspricht einem einfachen Feld in einer Java-Klasse – im Gegensatz zu einer Collection – und wird auch in JPA-Entitäten so umgesetzt.

In einer JPA-Entität sind aber keine beliebigen Objekttypen als Felder erlaubt. Außer den einfachen Datenbanktypen – Primitive, Strings, Datumswerte –, die direkt als Spalten angelegt werden können, sind in einer Entität nur andere Entitäten als Feldtypen erlaubt. Das leuchtet ein, denn nur für sie weiß die JPA, wie sie in der Datenbank abgelegt werden sollen.

> **Transiente Felder**
>
> Sie können auch Felder in JPA-Entitäten vom Speichern in die Daten ausnehmen. Ähnlich wie bei der Serialisierung muss das Feld dafür nur als transient markiert werden. Das tun Sie aber in der JPA nicht mit dem Schlüsselwort `transient`, sondern mit der `@Transient`-Annotation.

Ein Feld, das als Eins-zu-eins-Beziehung verwendet werden soll, wird mit der Annotation `@OneToOne` gekennzeichnet und ist damit bereits funktionsfähig, es sind keine weiteren Anpassungen nötig. Insbesondere müssen Sie keine Felder vorsehen, die die ID des anderen Objekts aufnehmen. Die JPA erzeugt Datenbankspalten dafür, aber in den Java-Objekten haben diese Angaben nichts zu suchen, hier haben Sie schließlich direkten Zugriff auf das andere Objekt.

```
@Entity
public class Kunde {
    ...
    @OneToOne
    private Einkaufswagen einkaufswagen;
    ...
}
```

Listing 15.18 Beziehung zu einer anderen Entität

So einfach ist die Beziehung zwischen Kunde und Einkaufswagen definiert. Sie folgt der gewohnten Semantik von Java, das heißt, wenn kein Einkaufswagen existiert, enthält das Feld `null`, ansonsten können Sie damit umgehen wie mit jedem Nicht-JPA-Objekt.

Die Beziehung ist zwar so ausreichend konfiguriert und funktionsfähig, aber Sie können mit Attributen an der Annotation noch mehr Einfluss darauf nehmen, wie sich die Beziehung verhält (siehe Tabelle 15.1).

Die Beziehung zwischen Kunde und Einkaufswagen kann zum Beispiel so aussehen:

```
@OneToOne(orphanRemoval=true)
private Einkaufswagen einkaufswagen;
```

Verwaiste Einkaufswagen werden so automatisch gelöscht, und wenn Sie den Kunden laden, wird der Einkaufswagen automatisch mit geladen. Es werden keine Operationen vom Kunden auf den Einkaufswagen kaskadiert, weil beide in einer üblichen Shop-Anwendung getrennt voneinander bearbeitet werden. Wenn der Kunde bearbeitet wird, dann ändert sich dadurch im Allgemeinen nichts am Einkaufswagen.

Attribut	Bedeutung
optional	Sind `null`-Werte erlaubt oder nicht? Ist `optional=false`, dann muss dieses Feld einen Wert enthalten, oder der Datensatz kann nicht gespeichert werden. Default: `true`.
fetch	Gibt an, wann der Inhalt der Beziehung geladen werden soll. Der Default, `FetchType.EAGER`, lädt den Feldinhalt, sobald das Objekt selbst geladen wird. Bei `FetchType.LAZY` kann die JPA den Feldinhalt auch erst dann laden, wenn zum ersten Mal darauf zugegriffen wird. Dadurch wird das Laden des Hauptobjekts beschleunigt. `FetchType.EAGER` ist für die JPA verpflichtend, das Objekt muss geladen werden. `LAZY` ist dagegen nur ein Hinweis, das Zielobjekt kann trotzdem sofort geladen werden. Es ist nicht in allen Situationen garantiert, dass das `LAZY`-Nachladen auch wirklich funktioniert. Wenn das Objekt von seinem Datenspeicher abgehängt wurde, was zum Beispiel durch Serialisierung passieren kann, dann ist faules Laden nicht mehr möglich.
cascade	Dieses Attribut gibt an, welche Operationen auf dem Hauptobjekt auf den Feldinhalt übertragen werden sollen. So bedeutet `cascade=CascadeType.REMOVE`, dass das untergeordnete Objekt gelöscht werden soll, wenn das Hauptobjekt gelöscht wird. `CascadeType.MERGE` hat dieselbe Auswirkung auf das Speichern des Hauptobjekts, und `CascadeType.ALL` führt alle Operationen auf dem Hauptobjekt auch auf dem anderen Objekt aus.

Tabelle 15.1 Attribute von »@OneToOne«

Attribut	Bedeutung
orphanRemoval	Ist orphanRemoval=true, dann werden verwaiste Objekte, also zum Beispiel Einkaufswagen, zu denen es keinen Kunden mehr gibt, aus der Datenbank gelöscht. Der Unterschied zu der Angabe cascade= CascadeType.REMOVE ist nicht sofort ersichtlich, schließlich führt auch orphanRemoval dazu, dass der Einkaufswagen gelöscht wird, wenn der Kunde gelöscht wird. Aber Löschung des Elternobjekts ist nicht der einzige Weg, wie ein Objekt verwaisen kann. Wenn Sie an einem Kunden das Feld Einkaufswagen auf null setzen und den Kunden dann speichern, ist der Einkaufswagen ebenfalls verwaist. Da der Kunde aber nicht gelöscht wurde, wird auch der Einkaufswagen nicht durch Kaskadieren gelöscht. Welches Verhalten erwünscht ist, hängt von den Anforderungen der Anwendung ab.

Tabelle 15.1 Attribute von »@OneToOne« (Forts.)

15.6.2 Übung: Kontakte mit Adressen

Legen Sie im Adressbuch eine neue Entität Adresse an, mit Feldern für Straße, Hausnummer, Postleitzahl und Ort. Jede Person soll eine Adresse haben. In der Personenliste wird die Adresse nicht angezeigt, aber in der Einzelansicht soll sie genau wie die Felder von Person bearbeitbar sein.

Hinweis: Vergessen Sie nicht, die neue Entität in die Persistence Unit aufzunehmen! Die Lösung zu dieser Übung finden Sie im Anhang.

> **Datenbank neu anlegen**
>
> Wenn Sie Felder in Entitäten hinzufügen oder ändern, ist die JPA nicht zuverlässig in der Lage, die Datenbank entsprechend automatisch zu erweitern. Entweder müssen Sie selbst DDL-Anweisungen schreiben, um die Änderungen an der Datenbank durchzuführen, oder Sie müssen die Datenbank komplett neu anlegen und verlieren dabei die bereits gespeicherten Daten. Legen Sie bitte für die Übung eine neue Datenbank an.

15.6.3 Eins-zu-vielen-Beziehungen

In einem Java-Objekt können Sie statt eines einfachen Feldes auch eine Collection angeben, wenn ein Objekt mehrere gleichartige Objekte referenziert. So enthält ein Einkaufswagen mehrere Einkaufsartikel, eine Person kann mehrere Telefonnummern haben.

Auch diese Beziehungen lassen sich auf Datenbanktabellen übertragen, es gibt dann mehrere Einträge in `Telefonnummer`, die dieselbe `PersonID` haben. Auch hier übernimmt die JPA die technischen Details, Sie müssen das nur durch entsprechende Annotationen veranlassen.

```
@OneToMany
private java.util.List<Telefonnummer> telefonnummern;
```

Listing 15.19 Eine One-to-many-Beziehung

Sie können eine `List` oder ein `Set` mit `@OneToMany` annotieren, und die JPA übernimmt die Abbildung der Collection in die Datenbank und umgekehrt. Sie haben dieselben Konfigurationsmöglichkeiten wie bei einer Eins-zu-eins-Beziehung, mit einer wichtigen Erweiterung: Wenn für die Collection kein Typ angegeben ist, dann muss in `@OneToMany` das Attribut `targetEntity` gesetzt sein und den Typ der enthaltenen Entitäten enthalten. Ist die Collection typisiert, dann kann das Attribut entfallen, die JPA kann den Typ der Collection auswerten.

Listen von einfachen Typen

Die `@OneToMany`-Annotation funktioniert nur für Collections von Entitäten, Sie können damit keine `List<String>` oder Ähnliches persistieren. Sie können eine Liste von einfachen Werten aber auch nicht direkt in der Datenbanktabelle speichern, denn eine Tabellenzelle kann nur einen Wert aufnehmen. Die JPA löst dieses Problem mit einer weiteren Annotation:

```
@ElementCollection
private List<String> spitznamen;
```

Listing 15.20 Eine Liste von Strings in einer Entität

Die JPA wird für diese Liste eine weitere Tabelle erstellen und alle Inhalte dort ablegen, genau wie bei einer `@OneToMany`-Beziehung. In Java sehen Sie diese Tabelle aber nicht, es gibt nur eine Collection von Strings. Dasselbe Vorgehen funktioniert auch für Zahlen- und Datumswerte.

15.6.4 Viele-zu-eins-Beziehungen

Mit einer One-to-many-Beziehung schaffen Sie in dem einzelnen Objekt ein Feld, das die vielen Objekte enthält, zum Beispiel alle Telefonnummern einer Person. Es ist aber auch der umgekehrte Fall vorstellbar: Sie haben eine Telefonnummer und möchten von ihr aus auf die Person zugreifen, die Sie unter dieser Nummer erreichen würden. Es kann immer noch mehrere Telefonnummern geben, die zur selben Person gehören, der Unterschied ist nur, dass die Beziehung aus der anderen Richtung betrachtet wird. Dazu passend wird auch die Annotation umgekehrt, das Feld in Telefonnummer wird mit `@ManyToOne` annotiert:

```
@Entity
public class Telefonnummer {
    @ManyToOne
    private Person person;
    ...
}
```

Listing 15.21 Eine Entität mit Many-to-One-Beziehung

Nun können Sie entweder von einer Person aus auf ihre Telefonnummern zugreifen oder von einer Telefonnummer auf deren Besitzer. Sie müssen sich aber noch entscheiden, welche Richtung der Beziehung Sie verwenden wollen. Für eine Beziehung, der Sie in beide Richtungen folgen können, gibt es noch ein kleines Hindernis.

Bidirektionale Beziehungen

Wenn Sie eine Beziehung zwischen zwei Entitäten einrichten, dann erzeugt die JPA die entsprechenden Datenbankspalten, um durch einen Fremdschlüssel diese Beziehung zwischen den Datenbanktabellen abzubilden.

Diese Beziehungen in der Datenbank sind anders aufgebaut, je nachdem, ob es sich um eine `@OneToMany`-Beziehung aus der einen Richtung oder eine `@ManyToOne`-Beziehung aus der anderen handelt.

Würden Sie nun einfach beide Beziehungen in der JPA konfigurieren, dann würden daraus auch beide Beziehungen in der Datenbank angelegt, was nicht nur überflüssig ist, sondern auch viele Probleme nach sich ziehen kann. Deswegen lässt die JPA diese Konfiguration erst gar nicht zu.

Um dennoch beide Richtungen der Beziehung in Ihren Entitäten abzubilden und zum Beispiel von `Telefonnummer` auf `Person` und von `Person` auf `Telefonnummer` zugreifen zu können, muss eine der beiden Entitäten als Besitzer der Beziehung markiert werden. Dann wird in der Datenbank nur die Beziehung aus Richtung des Besitzers realisiert.

Um diese Beziehung in der JPA zu konfigurieren, müssen Sie auf der Gegenseite – also in der Entität, die *nicht* Besitzer der Beziehung ist – angeben, dass die Beziehung von der anderen Seite ausgeht. Dazu geben Sie in der Annotation das Attribut `mappedBy` an, das als Wert den Feldnamen der besitzenden Seite enthalten muss. Das klingt verwirrender, als es letztendlich wirklich ist.

```
@Entity
public class Telefonnummer {
    @ManyToOne(mappedBy="telefonnummern")
    private Person person;
    ...
}
@Entity
public class Person {
    @OneToMany
    private java.util.List<Telefonnummer> telefonnummern;
    ...
}
```

Listing 15.22 Eine bidirektionale Beziehung

Der Besitzer dieser Beziehung ist die Entität `Person`. Auf der Gegenseite, in der Klasse `Telefonnummer`, wird durch `mappedBy` angegeben, dass die Beziehung durch das Feld `telefonnummern` in `Person` umgesetzt wird.

15.6.5 Beziehungen in JPQL

Auch in JPQL-Queries können Sie auf die Entitäten zugreifen, die durch eine `@OneToOne`- oder `@OneToMany`-Beziehung mit der gesuchten Entität verbunden sind. Diese Möglichkeit ist notwendig, um zum Beispiel nach Personen mit einem bestimmten Wohnort zu suchen.

Sie wissen zwar bereits, wie Sie nach einer Adresse mit einem bestimmten Ort suchen, aber das ist nicht dasselbe. Eine Suche nach der Adresse würde Ihnen nur die Adresse liefern, nicht die Person, zu der sie gehört. Um nach einer Person zu suchen, aber eine Bedingung an ihre Adresse zu stellen, müssen beide Entitäten in der Query bekannt sein. Der einfache und korrekte Weg dazu ist, einen `JOIN` zu verwenden.

```
SELECT p FROM Person p
  JOIN p.adresse a
WHERE LOWER(a.ort) LIKE :ort
```

Listing 15.23 JPQL-Query mit »JOIN«

Sie geben in der `FROM`-Klausel nach wie vor den Ergebnistyp der Query an. In der darauffolgenden `JOIN`-Klausel greifen Sie auf deren Feld `adresse` zu und geben ihm einen Namen, der innerhalb der Query verwendet werden kann. Diesen Namen können Sie in der `WHERE`-Klausel verwenden und Bedingungen formulieren, genau wie Sie es mit der Haupttabelle der Abfrage tun würden.

Das funktioniert unabhängig davon, ob es sich um eine One-to-one- oder One-to-many-Beziehung handelt. In einer One-to-many-Beziehung muss nur einer der Einträge die Bedingungen der WHERE-Klausel erfüllen.

Sie können in einer Abfrage beliebig viele Joins durchführen, und wenn die so hinzugezogenen Entitäten eigene Beziehungen haben, können Sie auch über mehrere Ebenen joinen.

```
SELECT k FROM Kunde k
  JOIN k.einkaufswagen e
  JOIN e.einkaufsartikel a
 WHERE a.hersteller = 'Rheinwerk Verlag'
   AND a.preis > 50.0
```
Listing 15.24 Mehrere Stufen von Joins in einer Abfrage

Diese Abfrage findet alle Kunden, die einen Artikel von Rheinwerk in ihrem Einkaufswagen haben, der mehr als 50 € kostet. Beide Bedingungen müssen auf denselben Artikel zutreffen, es reicht nicht aus, einen Artikel von Rheinwerk und einen anderen Artikel im Wert von mehr als 50 € im Einkaufswagen zu haben.

Sie haben so mit einfachen Mitteln die Möglichkeit, komplexe Abfragen zu tätigen und Datenbankeinträge nach beliebigen Kriterien zu suchen. Und da alle Suchanfragen in SQL übersetzt und direkt in der Datenbank ausgeführt werden, ist dieses Vorgehen sehr performant, es werden keine unnötigen Objekte in den Speicher geladen, und die Suche selbst ist in der Datenbank stark optimiert.

15.7 Zusammenfassung

Sie haben in diesem Kapitel die Grundzüge der JPA kennengelernt. Sie haben erfahren, wie Sie eine Anwendung durch die JPA mit einer Datenbank verbinden, wie Sie Entitäten definieren und diese in der Datenbank speichern und dort wiederfinden. Aber noch mehr als in anderen Kapiteln handelt es sich hier um eine oberflächliche Einführung. Die JPA bietet eine gewaltige Tiefe, die in einem Kapitel keinen Platz findet. Es gibt noch viele Details und Features zu entdecken, vor allem JPQL bietet sehr weitgehende und mächtige Möglichkeiten, Daten in der Datenbank nicht nur zu suchen, sondern auch zusammenzufassen und zu berechnen. Wenn Sie Anwendungen mit Datenbanken entwickeln möchten, lohnt es sich, dieses Wissen zu vertiefen.

Im nächsten Kapitel geht es zurück zum Desktop. Eine moderne Anwendung, die auf Ihrem Computer ausgeführt wird, ist nur noch in sehr seltenen Fällen eine Kommandozeilenanwendung, fast immer hat eine Anwendung eine grafische Oberfläche, und wie Sie eine solche mit dem JavaFX-Framework herstellen, lernen Sie auf den nächsten Seiten.

Kapitel 16
GUIs mit JavaFX

Gastbeitrag von Philip Ackermann, *http://philipackermann.de*

Bisher laufen Ihre Programme noch alle ohne eine grafische Oberfläche. In diesem Kapitel lernen Sie, wie Sie grafische Oberflächen programmieren können. Dazu gibt es in Java das sogenannte JavaFX-SDK.

JavaFX ist das modernste in der Java SE integrierte GUI-Framework zum Erstellen grafischer Benutzeroberflächen (*GUI: Graphical User Interface*). Wie bei jedem anderen GUI-Framework lassen sich über JavaFX ganze Bücher füllen, so viele Themen gibt es zu besprechen. Ich möchte mich in diesem Kapitel auf die wichtigsten Themen beschränken (und das sind schon viele), so dass Sie anschließend in der Lage sein werden, einfache Anwendungen mit grafischer Oberfläche selbständig zu implementieren.

Nach einer kurzen Einführung stelle ich Ihnen dazu die verschiedenen GUI- und Layout-Komponenten vor und zeige Ihnen, welche verschiedenen Möglichkeiten es gibt, der grafischen Oberfläche Verhalten hinzuzufügen. Anschließend lernen Sie, wie Sie mit Hilfe des FXML-Formats JavaFX-Anwendungen deklarativ erstellen können und wie Sie mit Hilfe von JavaFX-CSS das Aussehen der Anwendung beeinflussen. Zum Schluss zeige ich Ihnen noch, wie Sie über Transformationen, Animationen und Effekte mehr Dynamik in Ihre Anwendung bringen.

16.1 Einführung

Lange Zeit waren AWTs (Abstract Window Toolkits) sowie das darauf aufbauende Swing die GUI-SDKs, die dem Java-SDK beilagen und dort die Implementierung grafischer Oberflächen ermöglichten. Mittlerweile sind beide SDKs etwas in die Jahre gekommen, vor allem weil die standardmäßig dort enthaltenen GUI-Komponenten nicht mehr den Anforderungen entsprechen, die man an moderne Anwendungen hat, aber auch, weil vor allem das Zeichnen einzelner GUI-Komponenten sowohl in AWT als auch in Swing viel CPU-Zeit und Hauptspeicher verbraucht.

Ursprünglich entwickelte die Firma Sun JavaFX 2007 jedoch nicht mit dem Ziel, AWT oder Swing zu ersetzen, sondern eine neue Sprache anzubieten, mit der sich einfach und schnell Animationen erstellen lassen. Hauptsächlich sollte JavaFX damals also eher dem Flash-Format sowie Silverlight Konkurrenz machen. Dementsprechend enthielt die damalige Version von JavaFX als wesentlichen Bestandteil die Skriptsprache JavaFX Script, eine eigene auf Visualisierung und Effekte spezialisierte *DSL* (*Domain Specific Language*).

Inzwischen ist JavaFX nunmehr eine reine Java-Bibliothek, die zwar, wie Sie noch sehen werden, auch deklarative Definitionen von GUIs über XML ermöglicht, die aber im Kern aus Java-Klassen besteht.

JavaFX wird von Oracle mehr und mehr als Standardplattform für Rich-Client-Anwendungen angesehen, mit der sowohl die Entwicklung von Desktopanwendungen als auch (in Zukunft) die Entwicklung von Webanwendungen möglich sein soll. Auf lange Sicht will man nun Swing (und AWT ohnehin) komplett durch JavaFX ablösen. Derzeit wird Swing von Oracle zwar weiterhin unterstützt, aber nicht mehr aktiv weiterentwickelt. Sie werden also, wenn überhaupt, nur in Altprojekten mit Swing in Berührung kommen, für neue Anwendungen sollten Sie stattdessen JavaFX verwenden.

16.2 Installation

Seit Java 8 liegt das JavaFX-SDK dem JDK bei. Allerdings kann es sein, dass Sie die JavaFX-Bibliothek explizit dem Klassenpfad hinzufügen müssen. Zu finden ist die entsprechende JAR-Datei unter *<JRE_HOME>/lib/ext/jfxrt.jar*, wobei *<JRE_HOME>* für das Wurzelverzeichnis Ihrer JRE-Installation steht.

16.3 Architektur von JavaFX

Die Architektur von JavaFX lässt sich am einfachsten anhand einer kleinen Beispielanwendung erklären. Im ersten Schritt verzichten wir dabei auf Funktionalität, die sinnvollerweise mit manchen GUI-Elementen verbunden sein sollte, und konzentrieren uns stattdessen erst einmal nur auf den wesentlichen Aufbau.

Folgender Code startet eine JavaFX-Anwendung, die lediglich eine Schaltfläche mit der Aufschrift KLICK MICH enthält (siehe Abbildung 16.1).

```
package de.philipackermann.java.javafx;

import javafx.application.Application;
import javafx.stage.Stage;
import javafx.scene.Scene;
import javafx.scene.control.Button;
import javafx.scene.layout.BorderPane;
```

```
public class BeispielAnwendung extends Application {
    public static void main(String[] args) {
        launch(args);
    }

    @Override
    public void start(Stage stage) throws Exception {
        stage.setTitle("Beispielanwendung");
            Button button = new Button();
            button.setText("Klick mich");
            BorderPane root = new BorderPane();
            root.setCenter(button);
            Scene scene = new Scene(root, 300, 250);
            stage.setScene(scene);
            stage.show();
        }
}
```
Listing 16.1 Einfache JavaFX-Anwendung

Abbildung 16.1 Die Beispielanwendung in Aktion

16.3.1 Application

Der Einstiegspunkt jeder JavaFX-Anwendung ist eine Klasse, die von der Klasse javafx. application.Application ableitet. Application repräsentiert die Anwendungsklasse und stellt ein Fenster mit Rahmen, Systemmenü und Standardschaltflächen zur Verfügung. Die einzige Methode, die dabei überschrieben werden muss, ist die Methode start(), die als Parameter ein Objekt vom Typ javafx.stage.Stage übergeben bekommt.

Stage bildet an dieser Stelle das Hauptfenster der Anwendung, das alle weiteren Komponenten enthält. Die Methode start() dient dazu, den Inhalt dieses Fensters zu definieren. Prinzipiell kann eine Anwendung zwar mehrere Fenster haben, für den Anfang sollte uns aber dieses eine Hauptfenster genügen.

Um die Anwendung zu starten, reicht es, in der main-Methode die statische Methode launch() aufzurufen, die von Application bereitgestellt wird. Außerdem dürfen Sie nicht vergessen, die Methode show() an dem Stage-Objekt aufzurufen, sonst wird das entsprechende Fenster gar nicht erst auf dem Bildschirm angezeigt.

16.3.2 Scenes

Welche Komponenten in einer JavaFX-Anwendung (bzw. innerhalb eines Fensters) dargestellt werden, wird über sogenannte *Scenes* definiert, Instanzen der Klasse javax.scene.Scene. Für die Beispiele dieses Buches reicht uns jeweils ein einziges Scene-Objekt, nehmen Sie an dieser Stelle aber mit, dass es gerade in größeren Anwendungen sinnvoll ist, wechselnde Inhalte eines Fensters über verschiedene Scene-Objekte zu implementieren.

16.3.3 Scene Graph

Innerhalb einer Scene werden die einzelnen Komponenten als Knoten (engl. *nodes*) in einer Baumstruktur verwaltet, dem sogenannten *Scene Graph*. Nodes können ihrerseits (je nach Typ) mehrere andere Nodes als Kindelemente enthalten, aber (wie üblich in einer Baumdarstellung) nur ein Elternelement haben (mit Ausnahme des Wurzelknotens, der kein Elternelement hat). Bei Nodes mit Kindelementen spricht man von *Branch Nodes*, bei Nodes ohne Kindelemente von *Leaf Nodes*. Jeder Scene Graph hat außerdem genau einen Wurzelknoten (engl. *root node*), der als Parameter dem Scene-Konstruktor übergeben werden oder alternativ über setRoot() nachträglich gesetzt werden kann. Im Beispiel fungiert eine Instanz von BorderPane als Wurzelement. Ein Scene Graph hat demnach einen Aufbau wie in Abbildung 16.2 dargestellt.

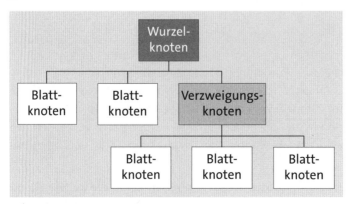

Abbildung 16.2 Exemplarischer Aufbau eines Scene Graphs

16.3.4 Typen von Nodes

Die Basisklasse für alle Elemente im Scene Graph bildet die Klasse javafx.scene.Node. Ihr folgt eine ganze Hierarchie an Unterklassen, wobei sich diese prinzipiell (wie in Abbildung 16.3 zu sehen) in fünf Hauptkategorien unterteilen lassen: Parent steht für alle Nodes, die ihrerseits Kindelemente haben können, Shape ist die Oberklasse verschiedener geometrischer Formen, mit Hilfe eines Canvas ist es möglich, über Grafikoperationen der sogenannten Canvas-API zweidimensionale Grafiken zu zeichnen, ImageView ermöglicht die Darstellung von Bildern und MediaView die Integration von Audio- und Videokomponenten.

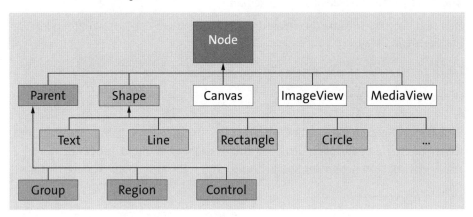

Abbildung 16.3 Ausschnitt aus der Node-Hierarchie

In den folgenden beiden Abschnitten werde ich Ihnen aber zwei Arten von Nodes vorstellen, die in der alltäglichen JavaFX-Entwicklung besonders wichtig sind: *Controls* (mit Basisklasse Control im Paket javafx.scene.control) sowie *Regions* (mit Basisklasse Region im Paket javafx.scene.layout).

Erstere bezeichnen konkrete GUI-Komponenten, mit denen interagiert werden kann, wie die im Beispiel gezeigte Button-Klasse. Regions dagegen bezeichnen Komponenten, über die das Layout bestimmt werden kann, das heißt, nach welchem Schema GUI-Komponenten innerhalb eines Fensters angeordnet werden. Die im Listing verwendete BorderPane-Klasse ist ein Beispiel für eine solche Layout-Klasse.

16.4 GUI-Komponenten

Das JavaFX-SDK bringt standardmäßig eine ganze Reihe von fertigen GUI-Komponenten mit, dies reicht von einfachen Komponenten wie Beschriftungen, Textfeldern, Schaltflächen bis hin zu komplexeren Komponenten wie Tabellen, Baum- oder Listendarstellungen. Jede GUI-Komponente wird dabei durch eine eigene Klasse repräsentiert und ist mehr oder weniger einfach über Methodenaufrufe zu konfigurieren. Dieser Abschnitt stellt die wichtigsten GUI-Komponenten kurz vor und zeigt Ihnen, wie Sie die jeweilige Komponente in JavaFX erzeugen.

16.4.1 Beschriftungen

Die Klasse `Label` im Paket `javafx.scene.control` wird dann verwendet, wenn man Beschriftungen zu bestimmten anderen GUI-Komponenten benötigt, beispielsweise bei der Implementierung eines Anmeldeformulars: Hier würden Sie für die Felder BENUTZERNAME und PASSWORT jeweils Instanzen von `Label` verwenden, um den Zweck des jeweiligen Feldes zu beschreiben.

Den Text der Beschriftung setzen Sie dabei entweder über den Konstruktor oder über die Methode `setText()`.

```
Label label = new Label("Beschriftung");
```

Listing 16.2 Ein einfaches Label

Sie haben außerdem die Möglichkeit, einer Beschriftung ein Bild hinzuzufügen, entweder als zweiten Parameter des Konstruktors oder über die Methode `setGraphic()`. Das Bild wird dann neben der Beschriftung dargestellt. Der Quelltext dazu lautet wie folgt:

```
Image image = new Image(getClass().getResourceAsStream("label.png"));
Label labelMitBild = new Label("Beschriftung mit Bild",new ImageView(image));
```

Listing 16.3 Label mit Bild

16.4.2 Schaltflächen

Mit Beschriftungen allein können Sie noch nicht viel erreichen. Für ein richtiges GUI brauchen Sie Komponenten, die Interaktivität ermöglichen. Die einfachste Form sind hierbei Schaltflächen, durch die der Nutzer verschiedene Aktionen anstoßen kann. JavaFX bietet hierzu verschiedene Typen von Schaltflächen an.

Buttons

Buttons bezeichnen einfache Schaltflächen. Repräsentiert werden Buttons durch die Klasse `Button`.

Eine einfache Schaltfläche lässt sich wie folgt erzeugen:

```
Button button = new Button("Öffnen");
```

Listing 16.4 Eine einfache Schaltfläche erzeugen

Radiobuttons

Radiobuttons eignen sich gut für Entweder-oder-Auswahlen, also immer dann, wenn aus mehreren Auswahlmöglichkeiten nur eine Auswahl selektiert werden soll. Repräsentiert werden Radiobuttons durch die Klasse RadioButton. Mit Hilfe der Klasse ToggleGroup können (und sollten) die einzelnen Radiobuttons außerdem in Gruppen zusammengefasst werden. Innerhalb einer solchen Gruppe ist dann sichergestellt, dass jeweils nur ein Radiobutton ausgewählt werden kann. Über setSelected() lässt sich zudem der Radiobutton bestimmen, der (vor)selektiert werden soll. Im folgenden Beispiel wird eine ToggleGroup mit drei Radiobuttons erstellt, von denen der Radiobutton mit der Aufschrift GELB vorselektiert ist (siehe Abbildung 16.4).

```
ToggleGroup group = new ToggleGroup();
RadioButton radioButton1 = new RadioButton("Gelb");
radioButton1.setToggleGroup(group);
radioButton1.setSelected(true);
RadioButton radioButton2 = new RadioButton("Blau");
radioButton2.setToggleGroup(group);
RadioButton radioButton3 = new RadioButton("Grün");
radioButton3.setToggleGroup(group);
```

Listing 16.5 Mehrere Radiobuttons innerhalb einer Gruppe erzeugen

Abbildung 16.4 Radiobuttons innerhalb einer »ToggleGroup«

Toggle-Buttons

Toggle-Buttons (Klasse ToggleButton) eignen sich gut, wenn Sie eine Schaltfläche benötigen, die zwei Zustände darstellen kann (beispielsweise »An« und »Aus«; siehe Abbildung 16.5). Über die Methode setSelected(), die einen booleschen Wert entgegennimmt, können Sie dabei zwischen beiden Zuständen wechseln und über isSelected() den aktuellen Zustand ermitteln.

```
ToggleButton toggleButton = new ToggleButton("Licht Wohnzimmer");
toggleButton.setSelected(false);
ToggleButton toggleButton2 = new ToggleButton("Licht Flur");
toggleButton2.setSelected(true);
```

Listing 16.6 Zwei Toggle-Buttons mit unterschiedlichen Anfangszuständen erzeugen

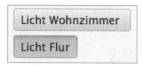

Abbildung 16.5 Toggle-Buttons haben zwei Zustände.

Wie Radiobuttons können auch Toggle-Buttons innerhalb einer Gruppe definiert werden. Dann ist sichergestellt, dass **maximal** einer der Buttons in der Gruppe ausgewählt werden kann (siehe Abbildung 16.6). Im Unterschied zu Radiobuttons, bei denen immer genau einer der Buttons ausgewählt ist, ist es bei Toggle-Buttons also innerhalb einer Gruppe nicht zwingend notwendig, dass überhaupt ein Button ausgewählt ist. Standardmäßig ist jedoch der erste Button einer Gruppe vorausgewählt.

```
ToggleGroup group2 = new ToggleGroup();
ToggleButton toggleButtonLarge = new ToggleButton("L");
toggleButtonLarge.setToggleGroup(group2);
toggleButtonLarge.setSelected(true);
ToggleButton toggleButtonMedium = new ToggleButton("M");
toggleButtonMedium.setToggleGroup(group2);
ToggleButton toggleButtonSmall = new ToggleButton("S");
toggleButtonSmall.setToggleGroup(group2);
```

Listing 16.7 Drei Toggle-Buttons innerhalb einer Gruppe erzeugen

Abbildung 16.6 Innerhalb einer »ToggleGroup« kann maximal ein Toggle-Button selektiert werden.

16.4.3 Checkboxen und Choiceboxen

Neben Radiobuttons und Toggle-Buttons gibt es noch zwei weitere häufig verwendete GUI-Elemente, die dem Anwender eine Auswahl ermöglichen: Checkboxen und Choiceboxen.

Checkboxen

Checkboxen (Klasse CheckBox) bezeichnen Kästchen, über die bestimmte Auswahlen getroffen werden können. Ob eine Checkbox selektiert ist oder nicht, kann programmatisch über die Methode setSelected() bestimmt werden. Des Weiteren kann eine Checkbox über setIndeterminate() als »definiert« oder als »undefiniert« markiert werden. Beide Methoden erwarten jeweils einen booleschen Wert, in der Kombination ergeben sich so insgesamt drei (sichtbare) verschiedene Zustände pro Checkbox, die Sie Listing 16.8 sowie in Abbildung 16.7 sehen:

```
CheckBox checkBox1 = new CheckBox("Salami");
checkBox1.setSelected(false);
CheckBox checkBox2 = new CheckBox("Käse");
checkBox2.setSelected(true);
CheckBox checkBox3 = new CheckBox("Pepperoni");
checkBox3.setSelected(true);
checkBox3.setIndeterminate(true);
```

Listing 16.8 Drei Checkboxen mit unterschiedlichem Anfangszustand erzeugen

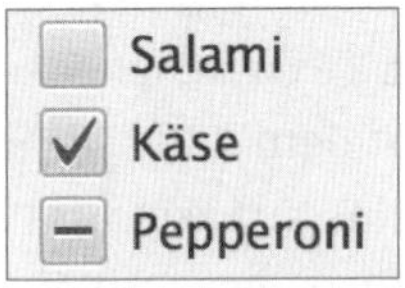

Abbildung 16.7 Checkboxen in verschiedenen Zuständen

Choiceboxen

Bei einer Choicebox handelt es sich um eine Aufklappliste, aus der **genau ein** Wert ausgewählt werden kann. Choiceboxen werden durch die Klasse ChoiceBox repräsentiert.

Zu beachten ist dabei, dass die einzelnen Elemente, die ausgewählt werden können, über die Methode setItems() in Form einer ObservableList hinzugefügt werden müssen. Eine ObservableList unterscheidet sich von normalen Listen, wie Sie sie aus Kapitel 10, »Arrays und Collections«, kennen, darin, dass Änderungen an einer solchen Liste von der jeweiligen GUI-Komponente wahrgenommen werden und sich direkt auf die grafische Darstellung auswirken. Eine solche ObservableList erzeugen Sie beispielsweise wie in folgendem Listing über die Helferklasse FXCollections:

```
ChoiceBox<String> choiceBox = new ChoiceBox<String>();
ObservableList<String> farben =
 FXCollections.observableArrayList("Rot", "Blau", "Grün");
choiceBox.setItems(farben);
farben.add("Orange");
```

Listing 16.9 Choiceboxen verwenden als Datenmodell eine »ObservableList«.

Zunächst wird hierbei eine `ObservableList` mit den Werten "Rot", "Blau" und "Grün" angelegt, dann über `setItems()` der Choicebox hinzugefügt und anschließend um ein weiteres Element ("Orange") ergänzt. Diese Änderung wirkt sich direkt auf die Choicebox aus: Es stehen anschließend vier Werte in der Choicebox zur Verfügung.

16.4.4 Eingabefelder

Neben Schaltflächen, über die in der Regel bestimmte Aktionen ausgelöst oder Selektionen getroffen werden, benötigen Sie außerdem Komponenten, über die die Nutzer Eingaben tätigen können. Dazu zählen unter anderem einzeilige Textfelder, Passwortfelder oder mehrzeilige Textfelder.

Einzeilige Textfelder und Passwortfelder

Textfelder und Passwortfelder sehen auf den ersten Blick gleich aus und verfügen auch über ähnliche Methoden. Das wundert wenig, da `PasswordField` eine Subklasse von `TextField` ist. Der einzige sichtbare Unterschied ist, dass jedes Textzeichen, das Sie eingeben, bei einem Passwortfeld durch ein Bullet-Symbol auf dem Bildschirm dargestellt wird (siehe Abbildung 16.8). Außerdem ist es bei einer Instanz von `PasswordField` im Gegensatz zu reinen `TextField`-Instanzen nicht möglich, den Text aus dem Feld zu kopieren oder auszuschneiden: Die Methoden `copy()` und `cut()` bewirken hier nichts.

Abbildung 16.8 Textfelder und Passwortfelder

Mehrzeilige Textfelder

Einfache Textfelder sind für kurze Texteingaben gedacht und eignen sich nur bedingt für längere Texte, da sie nicht mehrzeilig sind. Für alle Stellen, an denen Nutzer längere Texte eingeben können sollen, verwenden Sie besser mehrzeilige Textfelder. Solche Textfelder werden in JavaFX durch die Klasse `TextArea` repräsentiert.

16.4.5 Menüs

Für das Erstellen von Menüs kommen mehrere Klassen zum Einsatz: Das Menü selbst wird mit Hilfe der Klasse `Menu` dargestellt, die einzelnen Menüeinträge durch die Klasse `MenuItem` bzw. deren Unterklassen. Hier gibt es beispielsweise die Sonderformen `CheckMenuItem` und `RadioMenuItem`, die jeweils über eine Checkbox respektive einen Radiobutton verfügen (siehe Abbildung 16.9). Da `Menu` selbst auch eine Unterklasse von `MenuItem` ist, lassen sich Menüs zudem sehr einfach schachteln.

```
MenuBar menuBar = new MenuBar();
Menu menu = new Menu("Datei");
MenuItem menuItem = new MenuItem("Neu");
CheckMenuItem checkMenuItem = new CheckMenuItem("Auswahl");
menu.getItems().add(menuItem);
menu.getItems().add(checkMenuItem);
menuBar.getMenus().add(menu);
```

Listing 16.10 Ein Menü erzeugen

Abbildung 16.9 Normale Menüeinträge und Checkbox-Menüeinträge in Aktion

Oft ist es ratsam, für einzelne Menüeinträge spezielle Tastaturkürzel zu definieren, über die der entsprechende Menüeintrag direkt aufgerufen werden kann. Dazu haben Sie zwei verschiedene Möglichkeiten:

▶ Sogenannte *Mnemonics* (engl. für »Gedächtnisstütze«) dienen dazu, die (tastaturgesteuerte) Navigation innerhalb von Menüs zu vereinfachen. Ein Mnemonic wird dabei durch das Unterstreichen eines Buchstabens des jeweiligen Menüeintrags gekennzeichnet, beispielsweise das »N« im Menüeintrag NEU oder das »B« in BEENDEN. Die Auswahl des jeweiligen Menüeintrags geschieht plattformabhängig, beispielsweise in Windows mit den Tastenkombinationen [Alt] + [N] bzw. [Alt] + [B] für die genannten Beispiele. Sie definieren Mnemonics, indem Sie dem jeweiligen Buchstaben des Menüeintrags einen Unterstrich voranstellen (beispielsweise »_Neu«) und anschließend `setMnemonicParsing(true)` auf dem entsprechenden `MenuItem`-Objekt aufrufen.

▶ Zusätzlich können sogenannte *Accelerators* definiert werden. Das sind Tastaturkürzel, über die bestimmte Menüeinträge aufgerufen werden können, ohne dass das Menü überhaupt sichtbar wird. Das jeweilige Tastaturkürzel wird rechts neben dem Menüeintrag dargestellt. Definiert werden können solche Tastaturkürzel über die Klassen `KeyCode`, `KeyCombination` und `KeyCodeCombination`, wie in Listing 16.11 zu sehen:

```
Menu menu = new Menu("Datei");
MenuItem menuItemNew = new MenuItem("Neu");
menuItemNew.setAccelerator(new KeyCodeCombination(KeyCode.N,
    KeyCombination.ALT_DOWN));
MenuItem menuItemOpen = new MenuItem("Öffnen");
menuItemOpen.setAccelerator(new KeyCodeCombination(KeyCode.O,
    KeyCombination.ALT_DOWN));
menu.getItems().addAll(menuItemNew, menuItemOpen);
```

Listing 16.11 Definition eines Tastaturkürzels für Menüeinträge

Dargestellt werden die Tastaturkürzel wie in Abbildung 16.10, wobei es hier ebenfalls Unterschiede zwischen den einzelnen Betriebssystemen gibt (hier Mac OS).

Abbildung 16.10 Tastaturkürzel werden rechts neben dem jeweiligen Menüeintrag dargestellt.

16.4.6 Sonstige Standardkomponenten

Neben den genannten Komponenten gibt es eine ganze Reihe weiterer Standardkomponenten, die dem JavaFX-SDK beiliegen, so viele, dass es die Seitenzahl dieses Kapitels nicht hergibt, Ihnen für jede Komponente ein Codebeispiel zu zeigen. Für Details ist ohnehin immer ein Blick in die JavaFX-API ratsam, die Sie unter *http://docs.oracle.com/javafx/2/api/* abrufen können. Eine kurze Übersicht finden Sie in Tabelle 16.1.

Im folgenden Abschnitt konzentrieren wir uns darauf, auf welche Weise Sie die einzelnen Komponenten innerhalb eines Fensters anordnen können.

Komponente	Klasse	Screenshot
Schieberegler	Slider	──────○────── 0 50 100
Fortschrittsbalken	ProgressBar	▬▬▭▭▭▭

Tabelle 16.1 Weitere GUI-Komponenten

Komponente	Klasse	Screenshot
Fortschritts-indikator	ProgressIndicator	
Verlinkung	Hyperlink	
Trennsymbol	Separator	
HTML-Editor	HTMLEditor	
Button-Leiste	Toolbar	
scrollbarer Bereich	ScrollPane	
Scrollbar	ScrollBar	
getrennter Bereich	SplitPane	
Bereich mit Titel	TitledPane	
Bereich mit Registerkarten	TabPane	

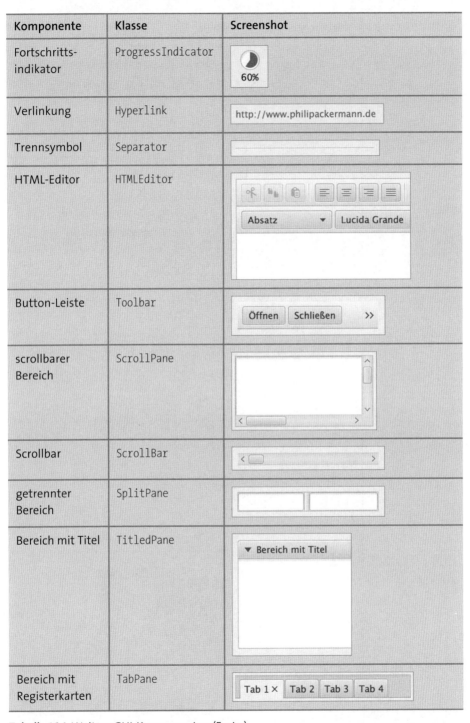

Tabelle 16.1 Weitere GUI-Komponenten (Forts.)

Komponente	Klasse	Screenshot
Akkordeon	Accordion	
Dialog für Dateiauswahl	FileChooser	
Dialog für Datumsauswahl	DatePicker	
Dialog für Farbauswahl	ColorPicker	

Tabelle 16.1 Weitere GUI-Komponenten (Forts.)

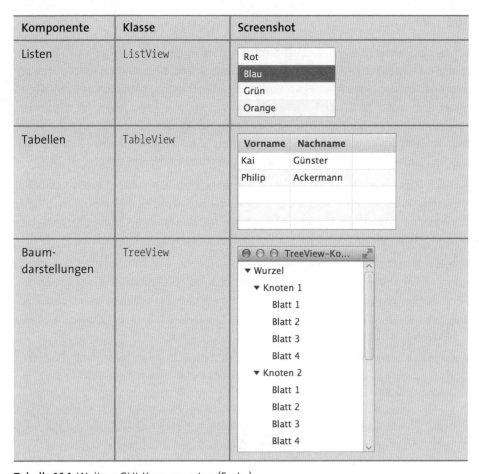

Tabelle 16.1 Weitere GUI-Komponenten (Forts.)

16.4.7 Geometrische Komponenten

Das Paket javafx.scene.shape enthält außerdem eine ganze Reihe geometrischer Formen wie Kreise (Klasse Circle), Pfade (Klasse Path), Rechtecke (Klasse Rectangle), Ellipsen (Klasse Ellipse) und einfacher Text (Klasse Text).

16.4.8 Diagramme

Ebenfalls praktisch: Im JavaFX-SDK sind verschiedene Diagrammformen enthalten (Paket javafx.scene.chart). Dies reicht von einfachen Balkendiagrammen (BarChart) und Tortendiagrammen (PieChart) über Liniendiagramme (LineChart) bis hin zu spezielleren Diagrammformen wie BubbleChart, ScatterChart und AreaChart.

16.5 Layouts

Bis hierhin wissen Sie, welche GUI-Komponenten es gibt und dass jede GUI-Komponente durch eine eigene Klasse repräsentiert wird. Wie diese Komponenten aber angeordnet werden, haben wir eben nur am Rand betrachtet, nämlich dann, als wir im Eingangsbeispiel die Klasse BorderPane verwendet haben. Diese Klasse ist, wie bereits erwähnt, eine der sogenannten *Layout-Container-Klassen*, die ihrerseits als Nodes dem Scene Graph hinzugefügt werden können. Jede Layout-Container-Klasse ist dabei eine Unterklasse von Region, die wiederum eine Unterklasse von Parent ist.

Folglich können, auch das haben Sie im Eingangsbeispiel gesehen, Layout-Container ihrerseits Kindelemente enthalten. Dies können sowohl GUI-Komponenten, aber auch weitere Layout-Container sein, wodurch beliebig komplexe, geschachtelte Layouts möglich werden.

Insgesamt stehen im JavaFX-SDK acht verschiedene Layout-Container zur Verfügung, eigene Layout-Container können aber ebenfalls implementiert werden. An dieser Stelle konzentrieren wir uns aber auf die im SDK enthaltenen Layout-Container.

Hinweis

Prinzipiell können Sie eine Anwendung auch ohne Layout-Container erstellen, indem Sie die einzelnen Komponenten innerhalb eines Fensters absolut positionieren. Die Layout-Container nehmen Ihnen aber viel Arbeit ab: Sie passen einzelne GUI-Komponenten beispielsweise an, wenn sich die Fenstergröße ändert, sorgen dafür, dass GUI-Komponenten bei Größenänderungen des Fensters mit skalieren und vieles mehr. Sie sollten daher nur in Ausnahmefällen auf Layout-Container verzichten.

16.5.1 BorderPane

Beim Layout BorderPane wird die zur Verfügung stehende Fläche in insgesamt fünf Bereiche eingeteilt: Es gibt jeweils einen Bereich oben, einen unten, einen links, einen rechts und einen in der Mitte der Fläche. Dieses Layout bietet somit genau die Aufteilung, die man aus klassischen Desktopanwendungen kennt: In der Regel haben diese ein Menü (oben), eine Navigation (links oder rechts), eine Statusleiste (unten) und einen Bereich für den eigentlichen Inhalt der Anwendung (Mitte).

Die einzelnen Komponenten lassen sich über die Methoden setTop(), setBottom(), setLeft(), setRight() und setCenter() dem Layout-Container hinzufügen. Die Ausrichtung einer hinzugefügten Komponente lässt sich zudem über die Methode setAlignment() regeln. Aber Achtung: Hierbei handelt es sich um eine statische Methode von BorderPane, so dass Sie darauf achten müssen, diese Methode auf der Klasse und nicht auf der Objektinstanz aufzurufen.

Listing 16.12 zeigt die Verwendung des BorderPane-Layouts:

```
BorderPane root = new BorderPane();
MenuBar menuBar = new MenuBar();
Menu menu = new Menu("Datei");
MenuItem menuItem = new MenuItem("Schließen");
menu.getItems().add(menuItem);
menuBar.getMenus().add(menu);
Text textUnten = new Text("unten");
Text textMitte = new Text("Mitte");
Text textLinks = new Text("links");
Text textRechts = new Text("rechts");
root.setTop(menuBar);
root.setBottom(textUnten);
root.setLeft(textLinks);
root.setRight(textRechts);
root.setCenter(textMitte);
BorderPane.setAlignment(menuBar, Pos.CENTER);
BorderPane.setAlignment(textUnten, Pos.CENTER);
BorderPane.setAlignment(textLinks, Pos.CENTER);
BorderPane.setAlignment(textRechts, Pos.CENTER);
BorderPane.setAlignment(textMitte, Pos.CENTER);
Scene scene = new Scene(root, 700, 400);
stage.setScene(scene);
stage.show();
```

Listing 16.12 Verwendung des »BorderPane«-Layouts

Abbildung 16.11 zeigt das Ergebnis des Quelltextes.

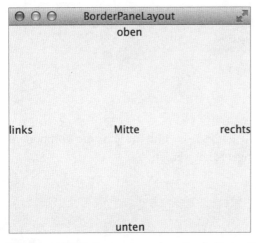

Abbildung 16.11 Anwendung des »BorderPane«-Layouts

16.5.2 HBox

Beim Layout HBox werden die einzelnen GUI-Komponenten horizontal, das heißt nebeneinander, angeordnet. Statt einer festen Anzahl wie beim BorderPane-Layout kann beim HBox-Layout eine beliebige Anzahl an Komponenten hinzugefügt werden. Das Hinzufügen einzelner Komponenten geschieht dabei unter Zuhilfenahme der Methode getChildren(). Diese Methode liefert eine Liste aller Kindelemente, die in dem jeweiligen HBox-Layout enthalten sind. Über add() fügen Sie ihr einzelne Komponenten hinzu, über addAll() bequemerweise direkt auch mehrere Komponenten. Über setPadding() an einer HBox-Instanz können Sie außerdem den Abstand der Komponenten zur HBox definieren, über setSpacing() der Abstand der Komponenten untereinander.

Ein einfaches Beispiel für die Verwendung des HBox-Layouts zeigt Listing 16.13, in dem vier Schaltflächen nebeneinander angeordnet werden:

```
HBox root = new HBox();
root.setPadding(new Insets(5, 20, 5, 20));
root.setSpacing(20);
Button buttonNew = new Button("Neu ...");
Button buttonOpen = new Button("Öffnen ...");
Button buttonClose = new Button("Schließen");
Button buttonExit = new Button("Verlassen");
root.getChildren().add(buttonNew);
root.getChildren().add(buttonOpen);
root.getChildren().addAll(buttonClose, buttonExit);
```

Listing 16.13 Verwendung des »HBox«-Layouts

Das Ergebnis sehen Sie in Abbildung 16.12.

Abbildung 16.12 Anwendung des »HBox«-Layouts

16.5.3 VBox

Das Layout VBox funktioniert ähnlich wie das HBox-Layout, nur dass die Komponenten nicht horizontal, sondern vertikal angeordnet werden.

```
VBox root = new VBox();
root.setPadding(new Insets(20, 5, 20, 5));
root.setSpacing(20);
Button button1 = new Button("Button 1");
```

```
Button button2 = new Button("Button 2");
Button button3 = new Button("Button 3");
Button button4 = new Button("Button 4");
Button button5 = new Button("Button 5");
root.getChildren().add(button1);
root.getChildren().add(button2);
root.getChildren().addAll(button3, button4, button5);
```

Listing 16.14 Verwendung des »VBox«-Layouts

Analog sieht die Oberfläche wie in Abbildung 16.13 aus.

Abbildung 16.13 Anwendung des »VBox«-Layouts

16.5.4 StackPane

Beim Layout `StackPane` werden die einzelnen GUI-Komponenten nicht nebeneinander oder untereinander angeordnet, sondern **aufeinander** (eben wie auf einem Stack). Dieses Layout kommt vor allem dann zum Einsatz, wenn Sie mit geometrischen JavaFX-Komponenten arbeiten und diese übereinander zeichnen wollen. In folgendem Quelltext wird das Layout beispielsweise dazu verwendet, zwei Rechtecke und zwei Kreise übereinander zu zeichnen:

```
StackPane root = new StackPane();
Rectangle rectangle = new Rectangle(70, 70);
Rectangle rectangle2 = new Rectangle(50, 50);
rectangle2.setFill(Color.YELLOW);
Circle circle = new Circle(20);
Circle circle2 = new Circle(15);
circle2.setFill(Color.YELLOW);
root.getChildren().addAll(rectangle, rectangle2, circle, circle2);
```

Listing 16.15 Verwendung des »StackPane«-Layouts

Das Ergebnis sieht aus wie in Abbildung 16.14.

Abbildung 16.14 Anwendung des »StackPane«-Layouts

16.5.5 GridPane

Das Layout `GridPane` ist der flexibelste aller Layout-Container. Hier können Sie eine beliebige Anzahl von Zeilen und Spalten (ein sogenanntes *Grid*) definieren, anhand derer die einzelnen GUI-Komponenten angeordnet werden sollen. Dieses Layout eignet sich besonders gut für Formulare, wie in Listing 16.16 zu sehen:

```
GridPane root = new GridPane();
root.setPadding(new Insets(15, 15, 15, 15));
root.setHgap(15);
root.setVgap(15);
Label labelUserName = new Label("Vorname: ");
TextField textFieldUserName = new TextField();
Label labelPassword= new Label("Passwort: ");
PasswordField passwordField = new PasswordField();
Button buttonLogin = new Button("Login");
Button buttonCancel = new Button("Abbrechen");
root.add(labelUserName, 0, 0);
root.add(textFieldUserName, 1, 0, 2, 1);
root.add(labelPassword, 0, 1);
root.add(passwordField, 1, 1, 2, 1);
root.add(buttonLogin, 1, 2);
root.add(buttonCancel, 2, 2);
```

Listing 16.16 Verwendung des »GridPane«-Layouts

Den Abstand, den die Komponenten zum Rand des Layout-Containers haben sollen, definieren Sie über `setPadding()`, den Abstand einzelner Spalten über `setHgap()` und den Abstand einzelner Zeilen über `setVgap()`. Die Komponenten fügen Sie dem Layout-Container über die Methode `add()` hinzu. Dabei können Sie zusätzlich angeben, in welcher Spalte (zweiter Parameter) und welcher Zeile (dritter Parameter) die Komponente platziert werden soll. Optional können Sie über zwei weitere Parameter angeben, über wie viele Spalten oder Zeilen sich die Komponente erstrecken soll. Im obigen Code nehmen beispielsweise das Textfeld und das Passwortfeld zwei Spalten in der Breite ein, so dass diese Felder genauso breit sind wie die beiden Schaltflächen in der Zeile darunter (siehe Abbildung 16.15).

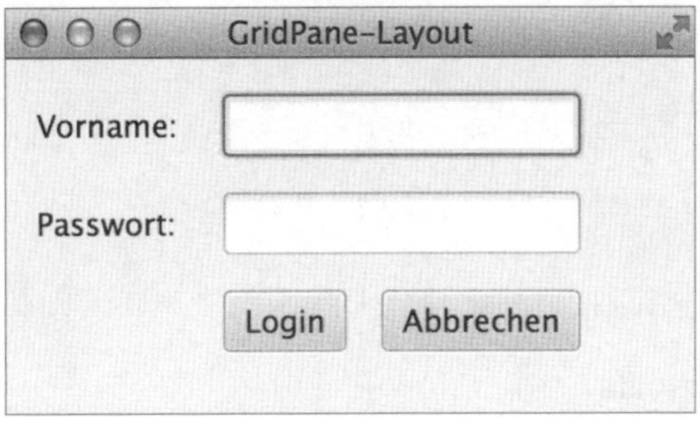

Abbildung 16.15 Anwendung des »GridPane«-Layouts

Bei der Definition eines Grids verliert man trotz einer (im Vergleich zum äquivalenten Layout in Swing) recht zugänglichen API schon mal die Übersicht über die genaue Positionierung der einzelnen Komponenten und die Aufteilung der einzelnen Zellen. Besonders hilfreich ist es daher, während des Entwicklungsprozesses einer Anwendung die Linien des Grids über die Methode setGridLinesVisible() sichtbar zu machen, wie Sie in Abbildung 16.16 sehen.

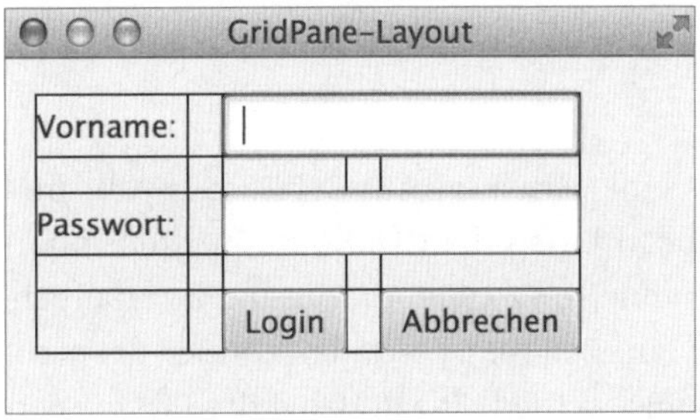

Abbildung 16.16 Aktivierung der Grid-Linien beim »GridPane«-Layout

16.5.6 FlowPane

Beim Layout FlowPane werden die Komponenten nacheinander angeordnet. Die Abstände zwischen den Komponenten sowie die Anordnung (ob horizontal oder vertikal) geben Sie über den Konstruktor oder über entsprechende Methoden an. Je nach »Modus« verhält sich dieses Layout also ähnlich wie das HBox- bzw. VBox-Layout. Der Unterschied ist dabei, dass einzelne Komponenten in die nächste Zeile bzw. Spalte rutschen, sobald die Gesamtbreite oder Gesamthöhe des Layout-Containers überschritten wird (siehe Abbildung 16.17).

```
FlowPane root = new FlowPane();
root.setOrientation(Orientation.HORIZONTAL);
```

```
root.setAlignment(Pos.TOP_LEFT);
Button button1 = new Button("Button 1");
Button button2 = new Button("Button 2");
Button button3 = new Button("Button 3");
Button button4 = new Button("Button 4");
Button button5 = new Button("Button 5");
root.getChildren().add(button1);
root.getChildren().add(button2);
root.getChildren().addAll(button3, button4, button5);
```

Listing 16.17 Verwendung des »FlowPane«-Layouts

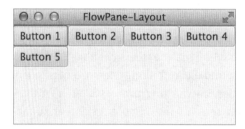

Abbildung 16.17 Anwendung des »FlowPane«-Layouts

16.5.7 TilePane

Das Layout TilePane ist ein bisschen wie eine Mischung aus GridPane-Layout und FlowPane-Layout: Wie beim GridPane-Layout werden die GUI-Komponenten innerhalb von Zellen angeordnet, ohne jedoch eine so flexible Anordnung zu erlauben. Vielmehr nimmt jede Komponente genau eine Zelle ein. Die Zellen können dabei sowohl horizontal als auch vertikal angeordnet werden. Reicht dabei der Platz innerhalb einer Zeile oder Spalte nicht aus, rutscht die Komponente wie beim FlowPane-Layout in die nächste Zeile bzw. Spalte (siehe Abbildung 16.18).

```
TilePane root = new TilePane(Orientation.HORIZONTAL);
root.setPadding(new Insets(10, 10, 10, 10));
root.setVgap(10);
root.setHgap(10);
for (int i = 0; i < 9; i++) {
    Button button = new Button("Button " + (i+1));
    button.setPrefSize(100, 40);
    root.getChildren().add(button);
}
```

Listing 16.18 Verwendung des »TilePane«-Layouts

Wie auch beim GridPane-Layout können Sie die Abstände zum Rand und der einzelnen Spalten und Zeilen untereinander über die Methoden setPadding(), setVgap() und setHgap() anpassen.

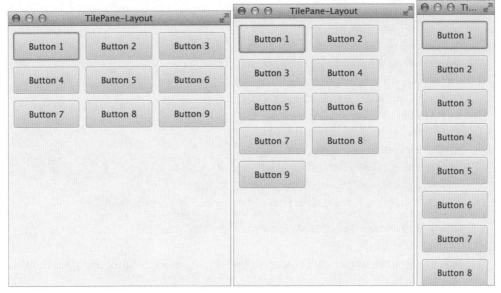

Abbildung 16.18 Anwendung des »TilePane«-Layouts

16.5.8 AnchorPane

Beim Layout AnchorPane ist es möglich, die einzelnen Komponenten an bestimmten Positionen des verfügbaren Layout-Bereichs zu »verankern«. Über die (statischen) Methoden setTopAnchor(), setBottomAnchor(), setRightAnchor() und setLeftAnchor() können Sie dabei angeben, wie groß der Abstand einer jeweiligen Komponente zum umgebenden AnchorPane-Layout ist. Das Praktische daran: Auch wenn sich die Größe des AnchorPane-Layouts ändert (beispielsweise wenn das Anwendungsfenster vergrößert oder verkleinert wird), bleiben die definierten Abstände erhalten. Die Komponenten skalieren also ausgehend von den Ankern mit.

Im folgenden Quelltext beispielsweise werden eine ListView sowie zwei Schaltflächen erzeugt und über entsprechende Anker positioniert. Die Anker für die ListView werden dabei so definiert, dass der Abstand nach oben, nach unten und nach links jeweils 10 Pixel beträgt, der Abstand nach rechts 90 Pixel. Die beiden Schaltflächen sind rechtsbündig mit einem Abstand von 10 Pixel zum rechten Rand angeordnet, wobei die zweite Schaltfläche etwas tiefer als die erste positioniert ist.

```
AnchorPane root = new AnchorPane();
ListView<String> listView = new ListView<String>();
ObservableList<String> farben = FXCollections.observableArrayList("Rot",
   "Grün", "Blau", "Gelb", "Orange");
listView.setItems(farben);
AnchorPane.setTopAnchor(listView, 10.0);
AnchorPane.setLeftAnchor(listView, 10.0);
AnchorPane.setRightAnchor(listView, 90.0);
AnchorPane.setBottomAnchor(listView, 10.0);
Button buttonNew = new Button("Neu");
AnchorPane.setTopAnchor(buttonNew, 10.0);
AnchorPane.setRightAnchor(buttonNew, 10.0);
Button buttonDelete = new Button("Löschen");
AnchorPane.setTopAnchor(buttonDelete, 40.0);
AnchorPane.setRightAnchor(buttonDelete, 10.0);
root.getChildren().addAll(listView, buttonNew, buttonDelete);
```

Listing 16.19 Verwendung des »AnchorPane«-Layouts

Bei Größenänderungen am Fenster bleiben die Anker jeder Komponente fest (siehe Abbildung 16.19).

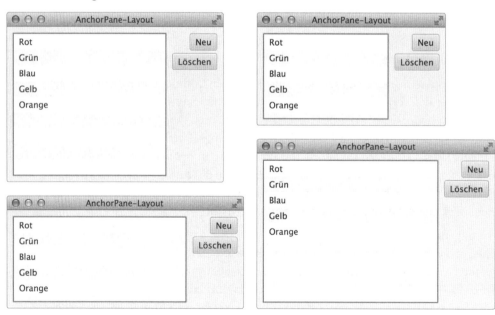

Abbildung 16.19 Anwendung des »AnchorPane«-Layouts

Das `AnchorPane`-Layout verhindert nicht, dass sich einzelne Komponenten überlappen. Würden Sie beispielsweise die Beschriftung der Schaltfläche NEU in NEUE FARBE ANLEGEN ändern, wäre die Schaltfläche entsprechend größer und würde rechts in die `ListView` hineinragen (siehe Abbildung 16.20).

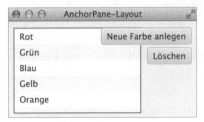

Abbildung 16.20 Das »AnchorPane«-Layout verhindert nicht, dass Komponenten überlappen.

16.5.9 Fazit

- Das `BorderPane`-Layout ist in der Regel gut geeignet als »äußerster Layout-Container« für Standard-Desktopanwendungen.

- Das `HBox`-Layout eignet sich immer dann, wenn Sie mehrere Elemente gleich verteilt nebeneinander anordnen möchten, beispielsweise beim Anlegen einer Toolbar. Analog eignet sich das `VBox`-Layout in solchen Fällen, in denen Komponenten gleichmäßig untereinander angeordnet werden sollen, beispielsweise in der seitlichen Navigationsleiste einer Anwendung.

- Das `StackPane`-Layout ist eine gute Wahl, wenn Sie eigene Komponenten basierend auf anderen (geometrischen) Komponenten erstellen möchten.

- Das `GridPane`-Layout ist das komplexeste Layout, mit dem Sie sehr genau die Positionierung einzelner Komponenten definieren können. Ein klassisches Anwendungsbeispiel ist das Layout von Formularen.

- Das `FlowPane`-Layout bietet sich an, wenn einzelne Komponenten nebeneinander oder untereinander angeordnet werden und bei Platzproblemen in die nächste Zeile bzw. Spalte rutschen sollen.

- Das `TilePane`-Layout ist dann die richtige Wahl, wenn die Komponenten in einem festen Raster in gleicher Größe angeordnet werden sollen. Beispiele hierfür wären eine Bildergalerie oder die Raster-Ansicht eines Datei-Explorers, in denen die einzelnen Dateien als gleich große Symbole dargestellt werden.

- Das `AnchorPane`-Layout bietet sich besonders dann an, wenn Komponenten flexibel auf Größenänderungen des Fensters reagieren sollen.

Besonders interessant werden die verschiedenen Layouts natürlich erst, wenn Sie sie miteinander kombinieren. Denn dann lassen sich wirklich nahezu alle gewünschten

Layoutvorgaben umsetzen. Im folgenden Abschnitt werden wir einen Anwendungsfall betrachten, bei dem solch geschachtelte Layouts zum Einsatz kommen.

16.6 GUI mit Java-API – Urlaubsverwaltung

Betrachten wir als Beispiel eine Anwendung, über die Sie Urlaubsanträge anlegen und verwalten können. Die Anwendung soll aus zwei Screens bestehen: In einem Screen sollen Urlaubsanträge angelegt, in dem anderen soll eine Übersicht aller Urlaubsanträge eingesehen werden können. Der Einfachheit halber besteht ein Urlaubsantrag nur aus folgenden Daten: Beginn und Ende des zu beantragenden Urlaubs sowie Vorname und Nachname des Antragstellers.

Als Basislayout für die Anwendung bietet sich das BorderPane-Layout an. Der Rahmen der Anwendung sähe demnach wie folgt aus (das Hinzufügen der einzelnen Komponenten werden wir in den folgenden Listings gesondert betrachten):

```java
package de.philipackermann.java.javafx.urlaub001;
import javafx.application.Application;
import javafx.geometry.Insets;
import javafx.scene.Scene;
import javafx.scene.control.*;
import javafx.scene.layout.*;
import javafx.stage.Stage;
public class Urlaubsverwaltung extends Application {
    public static void main(String[] args) {
        launch(args);
    }
    @Override
    public void start(Stage stage) throws Exception {
        BorderPane root = new BorderPane();
        // Initialisierung des Menüs
        // Initialisierung der Tabs
        // Initialisierung des Inhalts von Tab 1
        // Initialisierung des Inhalts von Tab 2
        Scene scene = new Scene(root, 390, 320);
        stage.setScene(scene);
        stage.show();
    }
}
```

Listing 16.20 Der Rahmen für die Urlaubsverwaltungsanwendung

16.6 GUI mit Java-API – Urlaubsverwaltung

> **Hinweis**
> Kleiner Hinweis an dieser Stelle: Die folgenden Beispiele dienen Demonstrationszwecken und sind deshalb nicht in mehrere Methoden aufgeteilt. Normalerweise greifen auch bei der GUI-Programmierung die gleichen Regeln wie sonst in der Java-Programmierung: Der Code wird eher auf viele kurze als auf wenige lange Methoden verteilt. Das macht den Code nicht nur wiederverwendbarer, sondern sorgt in der Regel auch dafür, dass er einfacher zu verstehen ist.

16.6.1 Initialisierung des Menüs

Das Hauptmenü der Anwendung wird als Menüleiste über setTop() am BorderPane-Layout hinzugefügt:

```
MenuBar menuBar = new MenuBar();
Menu menu = new Menu("Datei");
MenuItem menuItem = new MenuItem("Neu");
menu.getItems().add(menuItem);
menuBar.getMenus().add(menu);
root.setTop(menuBar);
```

Listing 16.21 Initialisierung des Menüs

16.6.2 Initialisierung der Tabs

Die Screens für das Anlegen eines Urlaubantrags sowie für die Übersicht aller Urlaubsanträge finden in zwei verschiedenen Tabs eines TabPane-Layouts Platz, das über setCenter() am BorderPane-Layout gesetzt wird und somit das Zentrum der Anwendung ausmacht:

```
TabPane tabPane = new TabPane();
Tab tabNeuerUrlaubsantrag = new Tab("Urlaubsantrag anlegen");
tabNeuerUrlaubsantrag.setClosable(false);
Tab tabUrlaubsantraege = new Tab("Urlaubsanträge");
tabUrlaubsantraege.setClosable(false);
tabPane.getTabs().addAll(tabNeuerUrlaubsantrag, tabUrlaubsantraege);
root.setCenter(tabPane);
```

Listing 16.22 Initialisierung der Tabs

16.6.3 Initialisierung des Inhalts von Tab 1

Innerhalb des ersten Tabs wird das Formular zum Anlegen eines Urlaubsantrags über ein GridPane-Layout geregelt. Dies eignet sich, wie Sie bereits gesehen haben, am besten für das Layout von Formularkomponenten. Für die Eingabe des Vornamens und des Nachnamens werden normale Textfelder vom Typ TextField verwendet, für die Datumsauswahlen praktischerweise jeweils ein DatePicker.

Damit das gesamte Formular bei Größenänderungen des Anwendungsfensters mit skaliert, wird außerdem ein AnchorPane-Layout als Layout-Container verwendet.

Über ColumnConstraints, die am GridPane-Layout gesetzt werden, können Sie außerdem (unter anderem) regulieren, nach welcher Priorität die einzelnen Spalten des Grids bei Größenänderungen des Anwendungsfensters ihre Breite ändern. Im Beispiel ändert sich die Breite der ersten Spalte beispielsweise nicht, die Breite der zweiten Spalte dafür bei jeder Breitenänderung des Anwendungsfensters.

```
GridPane gridPane = new GridPane();
gridPane.setPadding(new Insets(15, 15, 15, 15));
gridPane.setHgap(15);
gridPane.setVgap(15);
TextField textFieldVorname = new TextField();
Label labelVorname = new Label("Vorname: ");
TextField textFieldNachname = new TextField();
Label labelNachname = new Label("Nachname: ");
Label labelUrlaubsBeginn = new Label("Von: ");
DatePicker datePickerUrlaubsBeginn = new DatePicker();
Label labelUrlaubEnde = new Label("Bis: ");
DatePicker datePickerUrlaubsEnde = new DatePicker();
Button buttonBeantragen = new Button("Beantragen");
gridPane.add(labelVorname, 0, 0);
gridPane.add(textFieldVorname, 1, 0);
gridPane.add(labelNachname, 0, 1);
gridPane.add(textFieldNachname, 1, 1);
gridPane.add(labelUrlaubsBeginn, 0, 2);
gridPane.add(datePickerUrlaubsBeginn, 1, 2);
gridPane.add(labelUrlaubEnde, 0, 3);
gridPane.add(datePickerUrlaubsEnde, 1, 3);
gridPane.add(buttonBeantragen, 1, 4);
ColumnConstraints columnConstraints = new ColumnConstraints();
columnConstraints.setHgrow(Priority.NEVER);
ColumnConstraints columnConstraints2 = new ColumnConstraints();
columnConstraints2.setHgrow(Priority.ALWAYS);
gridPane.getColumnConstraints().addAll(columnConstraints, columnConstraints2);
AnchorPane anchorPane = new AnchorPane();
AnchorPane.setTopAnchor(gridPane, 10.0);
AnchorPane.setLeftAnchor(gridPane, 10.0);
```

```
AnchorPane.setRightAnchor(gridPane, 10.0);
anchorPane.getChildren().add(gridPane);
tabNeuerUrlaubsantrag.setContent(anchorPane);
```

Listing 16.23 Initialisierung des Formulars zur Definition eines neuen Urlaubantrags

Das Ergebnis sehen Sie in Abbildung 16.21.

Abbildung 16.21 Der Screen zum Anlegen eines Urlaubsantrags

16.6.4 Initialisierung des Inhalts von Tab 2

Die Übersicht der Urlaubsanträge wird über eine `TableView` realisiert, die vier Spalten für Vorname und Nachname des Antragstellers sowie Start- und Enddatum des Urlaubs enthält. Jede Tabelle verwaltet eine Liste von `TableColumn`-Objekten, die jeweils eine Tabellenspalte repräsentieren.

```
TableView tableView = new TableView();
TableColumn columnVorname = new TableColumn("Vorname");
TableColumn columnNachname = new TableColumn("Nachname");
TableColumn columUrlaubsBeginn = new TableColumn("Von");
TableColumn columUrlaubsEnde = new TableColumn("Bis");
tableView.getColumns().addAll(columnVorname, columnNachname,
    columUrlaubsBeginn, columUrlaubsEnde);
```

Listing 16.24 Initialisierung der Tabelle

Auch hier kommt wieder ein `AnchorPane`-Layout zum Einsatz, das dafür sorgt, dass die Tabelle zu allen vier Seiten hin jederzeit den gleichen Abstand hat und somit den zur Verfügung stehenden Platz innerhalb des Tabs optimal nutzt.

```
AnchorPane anchorPane2 = new AnchorPane();
anchorPane2.getChildren().add(tableView);
AnchorPane.setTopAnchor(tableView, 10.0);
AnchorPane.setBottomAnchor(tableView, 10.0);
AnchorPane.setLeftAnchor(tableView, 10.0);
AnchorPane.setRightAnchor(tableView, 10.0);
tabUrlaubsantraege.setContent(anchorPane2);
```

Listing 16.25 Anordnung der Tabelle in einem »AnchorPane«-Layout

Tab 2 präsentiert sich nun wie in Abbildung 16.22.

Abbildung 16.22 Der Screen für die Übersicht aller Urlaubsanträge

Damit ist die reine Oberfläche der Beispielanwendung fertiggestellt. Die Oberfläche ist zugegebenermaßen nicht besonders komplex, zeigt aber die wesentlichen Aspekte und das Zusammenspiel von Layout-Containern und GUI-Komponenten. Konzentrieren wir uns als Nächstes darauf, der Anwendung Verhalten hinzuzufügen, so dass jeder Urlaubsantrag, der über das Formular im ersten Tab angelegt wird, der Tabelle im zweiten Tab als neuer Eintrag hinzugefügt wird.

16.7 Event-Handling

Die GUIs, die ich Ihnen bisher in den Beispielen gezeigt habe, verfügen noch nicht über wirkliche Logik: Natürlich ändert sich der Zustand einzelner Komponenten, wenn Sie mit ihnen **interagieren**, beispielsweise wenn Sie eine Checkbox oder einen Radiobutton selektieren, aber mehr als diese Zustandsänderung passiert noch nicht.

Was genau an Anwendungslogik angestoßen werden soll, müssen Sie nämlich zuerst noch selbst definieren. Das geschieht in JavaFX wie üblich in GUI-Bibliotheken über das sogenannte *Event-Listener-* bzw. *Event-Handler-Konzept*.

16.7.1 Events und Event-Handler

Jede GUI-Komponente löst unter bestimmten Bedingungen verschiedene Arten von *Ereignissen* (engl. *events*) aus, beispielsweise wenn Sie auf eine Schaltfläche klicken oder Text in ein Textfeld eingeben (oder besagte Checkbox bzw. besagten Radiobutton selektieren). Um auf diese Ereignisse reagieren zu können, muss an der entsprechenden Komponente zuvor einen *Event-Listener* bzw. *Event-Handler* registriert worden sein.

In JavaFX werden sowohl die Events als auch die Event-Handler durch verschiedene Klassen in den Paketen javafx.event bzw. javafx.scene.input repräsentiert. Events sind dabei Instanzen der Klasse javafx.event.Event bzw. deren Unterklassen, Event-Handler Implementierungen des Interface javafx.event.EventHandler. Bei Klick auf eine Schaltfläche wird im Hintergrund also beispielsweise eine Instanz der Klasse ActionEvent erstellt, auf die mit einer Implementierung von EventHandler<ActionEvent> reagiert werden kann.

Erweitern wir die Anwendung von eben so, dass bei Klick auf die Schaltfläche BEANTRAGEN eine neue Instanz einer Klasse Urlaubsantrag angelegt und der Übersichtstabelle als neuer Eintrag hinzugefügt wird. Listing 16.26 zeigt den dazu notwendigen Quelltext.

```
buttonBeantragen.addEventHandler(ActionEvent.ACTION,
 new EventHandler<ActionEvent>() {
    @Override
    public void handle(ActionEvent actionEvent) {
      Urlaubsantrag urlaubsantrag = new Urlaubsantrag();
      urlaubsantrag.setVorname(textFieldVorname.getText());
      urlaubsantrag.setNachname(textFieldNachname.getText());
      urlaubsantrag.setDatumUrlaubsBeginn(datePickerUrlaubsBeginn.getValue());
      urlaubsantrag.setDatumUrlaubsEnde(datePickerUrlaubsEnde.getValue());
      tableView.getItems().add(urlaubsantrag);
    }
});
```

Listing 16.26 Registrieren eines Event-Handlers

Wie Sie sehen, geschieht das Registrieren des Event-Handlers an der Schaltfläche über die Methode addEventHandler(). Als ersten Parameter übergeben Sie dabei den Typ des Events (in Form einer Konstanten vom Typ EventType, im Beispiel Action-

Event.ACTION), auf das reagiert werden soll, als zweiten Parameter die Implementierung des Event-Handlers, wobei dieser mit der zugehörigen Event-Klasse (Action-Event) parametrisiert werden muss. Sobald der Nutzer nun auf diese Schaltfläche klickt, wird im Hintergrund die Methode handle() dieses übergebenen Event-Handlers aufgerufen.

Innerhalb der Methode wird basierend auf den aktuellen Werten in den beiden Textfeldern und den beiden Datumsfeldern eine neue Objektinstanz der (neuen) Klasse Urlaubsantrag erzeugt und direkt der TableView hinzugefügt. Damit der neue Urlaubsantrag auch korrekt in der TableView dargestellt wird, muss sie, zusammen mit den dazugehörigen Tabellenspalten, allerdings noch wie folgt angepasst werden:

```
final TableView<Urlaubsantrag> tableView = new TableView();
TableColumn columnVorname = new TableColumn("Vorname");
TableColumn columnNachname = new TableColumn("Nachname");
TableColumn columUrlaubsBeginn = new TableColumn("Von");
TableColumn columUrlaubsEnde = new TableColumn("Bis");
columnVorname.setCellValueFactory(
  new PropertyValueFactory<Urlaubsantrag, String>("vorname"));
columnNachname.setCellValueFactory(
  new PropertyValueFactory<Urlaubsantrag, String>("nachname"));
columUrlaubsBeginn.setCellValueFactory(
  new PropertyValueFactory<Urlaubsantrag, String>("datumUrlaubsBeginn"));
columUrlaubsEnde.setCellValueFactory(
  new PropertyValueFactory<Urlaubsantrag, String>("datumUrlaubsEnde"));
tableView.getColumns().addAll(columnVorname, columnNachname,
  columUrlaubsBeginn, columUrlaubsEnde);
```

Listing 16.27 Darstellen der Werte in einer »TableView«

Wie Sie sehen, erhält tableView den Modifikator final, was notwendig ist, um aus dem anonymen Event-Handler (Listing 16.26) auf dieses Objekt zugreifen zu können. Außerdem wird tableView mit Urlaubsantrag typisiert.

Damit für jede Spalte innerhalb einer Zelle der jeweils richtige Eigenschaftswert einer Urlaubsantrag-Instanz dargestellt wird, wird den einzelnen TableColumn-Objekten eine sogenannte PropertyValueFactory übergeben. PropertyValueFactory ist dabei eine Helferklasse, über die Eigenschaften des Datenmodells (in unserem Fall die Klasse Urlaubsantrag) relativ einfach extrahiert werden können. Der Code

```
columnVorname.setCellValueFactory(
  new PropertyValueFactory<Urlaubsantrag, String>("vorname"));
```

sorgt beispielsweise dafür, dass für jeden Eintrag in der Tabelle in der Spalte column-Vorname der Wert der Eigenschaft vorname der jeweiligen Urlaubsantrag-Objektinstanz verwendet wird. Damit dies funktioniert, muss Urlaubsantrag entweder über eine Methode getVorname() (die einen String zurückgibt) oder über eine Methode vorname-Property() (die eine JavaFX-Property zurückgibt – dazu später mehr) verfügen. Der Rückgabewert der entsprechenden Methode wird dann als Wert für die Zelle verwendet. Im Beispiel verfügt die Klasse Urlaubsantrag über eine Methode getVorname(), der Wert wird also dementsprechend darüber ermittelt.

Implementierung der Event-Handler

In der Regel werden Event-Handler wie im Beispiel als anonyme Klassen implementiert. Dies reicht in den meisten der Fälle aus, da man oftmals nicht daran interessiert ist, einen Event-Handler mehrfach zu verwenden. Prinzipiell erlaubt JavaFX aber das Registrieren ein und desselben Event-Handlers an verschiedenen GUI-Komponenten. Das kann nützlich sein, wenn Sie die gleiche Aktion über verschiedene Wege auslösen möchten. Stellen Sie sich ein typisches Textverarbeitungsprogramm vor: Dort können Sie die meisten Aktionen wie das Drucken, Speichern oder Anlegen von Dokumenten über mehr als nur einen Weg erreichen, beispielsweise über das Hauptmenü, Kontextmenü oder eine Toolbar. In solchen Fällen macht es Sinn, die gleiche Implementierung des Event-Handlers an all diesen Komponenten zu registrieren und folglich statt einer anonymen Klasse eine Top-Level-Klasse oder eine innere Klasse zu verwenden. Auf diese Weise vermeiden Sie doppelten Code und damit schwierig zu findende Fehler.

16.7.2 Typen von Events

Wie bereits erwähnt, gibt es unterschiedliche Event-Klassen: die bereits gezeigte Klasse ActionEvent, die an vielen Stellen zum Einsatz kommt, an denen irgendeine Art von Aktion ausgelöst wurde, aber auch viele andere Event-Klassen, wie beispielsweise solche, die bei Bewegungen der Maus oder bei Tastatureingaben zum Einsatz kommen. Jede der Event-Klassen definiert des Weiteren verschiedene Event-Typen, repräsentiert durch die Klasse EventType. Tabelle 16.2 gibt eine Übersicht über die wichtigsten Event-Klassen und die dazugehörigen Event-Typen.

Event-Klasse	Auslöser	Event-Typ
ActionEvent	beispielsweise beim Klick auf eine Schaltfläche	ACTION

Tabelle 16.2 Standard-Events in JavaFX

Event-Klasse	Auslöser	Event-Typ
ContextMenuEvent	wenn das Kontextmenü geöffnet wird	CONTEXT_MENU_REQUESTED
DragEvent	wenn Drag & Drop verwendet wird	DRAG_DONE
		DRAG_DROPPED
		DRAG_ENTERED
		DRAG_ENTERED_TARGET
		DRAG_EXITED
		DRAG_EXITED_TARGET
		DRAG_OVER
InputMethodEvent	wenn der Text einer Komponente verändert wird	INPUT_METHOD_TEXT_CHANGED
KeyEvent	wenn eine Taste auf der Tastatur gedrückt wird	CHAR_UNDEFINED
		KEY_PRESSED
		KEY_RELEASED
		KEY_TYPED
MouseEvent	wenn die Maus bewegt wird oder eine Taste auf der Maus gedrückt wird	DRAG_DETECTED
		MOUSE_CLICKED
		MOUSE_DRAGGED
		MOUSE_ENTERED
		MOUSE_ENTERED_TARGET
		MOUSE_EXITED
		MOUSE_EXITED_TARGET
		MOUSE_MOVED
		MOUSE_PRESSED
		MOUSE_RELEASED

Tabelle 16.2 Standard-Events in JavaFX (Forts.)

Event-Klasse	Auslöser	Event-Typ
MouseDragEvent	wenn mit der Maus eine Drag-and-Drop-Aktion durchgeführt wird	MOUSE_DRAG_ENTERED
		MOUSE_DRAG_ENTERED_TARGET
		MOUSE_DRAG_EXITED
		MOUSE_DRAG_EXITED_TARGET
		MOUSE_DRAG_OVER
		MOUSE_DRAG_RELEASED
WindowEvent	wenn ein Fenster geschlossen, geöffnet oder verborgen wird	WINDOW_CLOSE_REQUEST
		WINDOW_HIDDEN
		WINDOW_HIDING
		WINDOW_SHOWING
		WINDOW_SHOWN

Tabelle 16.2 Standard-Events in JavaFX (Forts.)

Dass JavaFX neben dem Einsatz auf dem Desktop auch für den Einsatz auf modernen Endgeräten, wie beispielsweise Smartphones und Tablets, konzipiert wurde, merkt man auch anhand der weiteren zur Verfügung stehenden Events: Neben den eben vorgestellten Standard-Events gibt es spezielle Events, die durch bestimmte (für die genannten Endgeräte typischen) (Finger-)Gesten ausgelöst werden. Tabelle 16.3 gibt einen Überblick über die entsprechenden gestenbasierten Event-Klassen und Event-Typen.

Event-Klasse	Auslöser	Event-Typ
RotateEvent	wenn eine Rotationsgeste ausgeführt wird, beispielsweise durch rotierende Bewegung zweier Finger auf einem Touchscreen	ROTATE
		ROTATION_FINISHED
		ROTATION_STARTED
TouchEvent	wenn ein Objekt auf dem Bildschirm »berührt« wird, beispielsweise bei Verwendung eines Touchscreens	TOUCH_MOVED
		TOUCH_PRESSED
		TOUCH_RELEASED
		TOUCH_STATIONARY

Tabelle 16.3 Gestenbasierte Events in JavaFX

Event-Klasse	Auslöser	Event-Typ
SwipeEvent	wenn eine Wischgeste ausgeführt wird, beispielsweise durch Ziehen eines oder mehrerer Finger auf einem Touchscreen	SWIPE_DOWN
		SWIPE_LEFT
		SWIPE_RIGHT
		SWIPE_UP
ScrollEvent	wenn eine Scrollbewegung ausgelöst wurde, beispielsweise durch vertikales Wischen einer oder mehrerer Finger auf einem Touchscreen oder bei Betätigung des Scrollrads einer Maus	SCROLL
		SCROLL_FINISHED
		SCROLL_STARTED
ZoomEvent	wenn eine Zoomgeste ausgeführt wird, beispielsweise durch Auseinanderziehen zweier Finger auf einem Touchscreen	ZOOM
		ZOOM_FINISHED
		ZOOM_STARTED

Tabelle 16.3 Gestenbasierte Events in JavaFX (Forts.)

16.7.3 Alternative Methoden für das Registrieren von Event-Handlern

Alternativ zu der eben dargestellten Variante, einen Event-Handler über die Methode addEventHandler() unter expliziter Angabe des Event-Typs hinzuzufügen, gibt es je nach GUI-Klasse weitere Methoden, über die Event-Handler registriert werden können. All diese Methoden sind nach dem Schema setOn{EventTyp} benannt, wobei {EventTyp} entsprechend durch den jeweiligen Event-Typ zu ersetzen ist: Den vorhin an der Schaltfläche registrierten Event-Handler hätten wir also ebenfalls wie folgt über die Methode setOnAction() registrieren können:

```
buttonBeantragen.setOnAction(new EventHandler<ActionEvent>() {
    @Override
    public void handle(ActionEvent actionEvent) {
        Urlaubsantrag urlaubsantrag = new Urlaubsantrag();
        ...
    }
});
```

Listing 16.28 Registrieren eines Event-Handlers über »setOnAction()«

Analog stehen Methoden wie setOnKeyTyped(), setOnRotate(), setOnScroll() und setOnZoom() zur Verfügung.

Wie Sie außerdem mittlerweile wissen, lässt sich seit Java 8 an vielen Stellen auch mit Lambda-Ausdrücken arbeiten. So auch im Falle von Event-Handlern. Der Code aus Listing 16.28 beispielsweise lässt sich mit Hilfe eines Lambda-Ausdrucks wie in Listing 16.29 verkürzen:

```
buttonBeantragen.setOnAction((ActionEvent actionEvent) -> {
  Urlaubsantrag urlaubsantrag = new Urlaubsantrag();
  ...
});
```

Listing 16.29 Registrieren eines Event-Handlers als Lambda-Ausdruck

16.8 JavaFX-Properties und Binding

Getreu des *MVC-Entwurfsmusters* (*Model View Controller*) haben Sie bis hierhin die View- und die Controller-Komponente in JavaFX kennengelernt: die einzelnen GUI-Komponenten und Layout-Container als Bestandteile der View sowie den Event-Handler-Mechanismus als Basis für die Controller-Komponente. Was noch fehlt, ist das Modell bzw. sind die Daten, die in der View dargestellt werden. Die Grundlagen sind dabei schnell beschrieben: Das Modell wird in der Regel durch eine Reihe von Klassen bzw. deren Objektinstanzen gebildet. Möchten Sie beispielsweise eine Kontaktanwendung schreiben, mit der über ein Formular neue Kontakte hinzugefügt werden können, erzeugen Sie dazu in der Regel eine Objektinstanz (beispielsweise von der Klasse Kontakt) und befüllen diese mit den Werten aus den Formularfeldern.

In der Anwendung zur Urlaubsverwaltung haben Sie dieses Prinzip schon kurz gesehen: Dort hatten wir eine Instanz von Urlaubsantrag erstellt, nachdem auf die entsprechende Schaltfläche geklickt wurde.

Die Trennung zwischen Klassen, die GUI-Code enthalten, sowie einem separat zugrunde liegenden Objektmodell erleichtert die Testbarkeit und Wiederverwendbarkeit von beidem. Eine Herausforderung in vielen GUI-SDKs ist es dabei, die Daten, die im GUI dargestellt werden, mit den Daten, die im Objektmodell vorliegen, synchron zu halten. In Swing beispielsweise musste man diese Synchronisierung der Daten selbst übernehmen oder ein speziell dafür ausgelegtes Framework verwenden. In JavaFX gibt es jedoch einen viel einfacheren Weg: *JavaFX-Properties* und das sogenannte *Property-Binding*.

16.8.1 JavaFX-Properties

Schauen wir uns dazu ein kleines Beispiel an: Angenommen, Sie möchten eine Anwendung schreiben, mit der Sie die Temperatur in einzelnen Räumen kontrollieren könnten. Als Modell böte es sich an, jeden Raum als eigene Objektinstanz der Klasse Raum zu instanziieren, die über eine Eigenschaft für die Temperatur verfügt. Aus Kapitel 5, »Klassen und Objekte«, wissen Sie bereits, dass die Eigenschaften selbst in der Regel privat gemacht werden und (getreu dem Motto der Datenkapselung und entsprechend der JavaBeans-Konvention) über öffentliche Getter- und Setter-Methoden ausgelesen bzw. geändert werden. Eine einfache Raum-Klasse sähe also zunächst wie folgt aus:

```
package de.philipackermann.java.javafx.propertybinding;
public class Raum {
  private double temperatur;
  public double getTemperatur() {
    return this.temperatur;
  }
  public void setTemperatur(double temperatur) {
    this.temperatur = temperatur;
  }
}
```

Listing 16.30 Eine einfache JavaBean

Bei der Verwendung von JavaFX-Properties erweitert man nun eine solche Klasse dahingehend, dass für die einzelnen Objekteigenschaften nicht primitive Datentypen verwendet werden, sondern spezielle Wrapper-Klassen bzw. JavaFX-Property-Klassen. Der Vorteil dieser Wrapper-Klassen: An ihnen können *Listener* registriert werden, die bei Wertänderungen der jeweiligen Objekteigenschaft aufgerufen werden. JavaFX stellt dazu für alle primitiven Datentypen entsprechende Klassen zur Verfügung, zum Beispiel BooleanProperty, IntegerProperty, DoubleProperty und StringProperty.

Die Raum-Klasse sähe mit JavaFX-Properties also wie folgt aus:

```
package de.philipackermann.java.javafx.propertybinding;
import javafx.beans.property.DoubleProperty;
public class Raum {
    private DoubleProperty temperatur;
    public double getTemperatur() {
        return this.temperaturProperty().get();
    }
    public void setTemperatur(double temperatur) {
        this.temperaturProperty().set(temperatur);
    }
    public DoubleProperty temperaturProperty() {
```

```
        return this.temperatur;
    }
}
```
Listing 16.31 Verwendung von Properties als Eigenschaften einer Klasse

Sie sehen: Statt des primitiven Datentyps `double` wird die Klasse `DoubleProperty` verwendet. Getter und Setter für die Temperatur bleiben erhalten, ändern sich aber in der Implementierung. Beide delegieren einen Aufruf an die (neue) Methode `temperaturProperty()`, um den Temperaturwert zu definieren bzw. zu ermitteln.

16.8.2 JavaFX-Properties und Listener

Bevor ich Ihnen nun zeige, wie Sie die `Raum`-Klasse innerhalb einer GUI-Anwendung verwenden, noch kurz ein Codebeispiel, das ohne jeglichen GUI-Code auskommt. Denn generell gilt: JavaFX-Properties können auch außerhalb einer GUI-Anwendung verwendet werden.

Im Quelltext in Listing 16.32 beispielsweise wird eine Instanz von `Raum` erzeugt und über `addListener()` an der Temperatureigenschaft ein `ChangeListener` registriert. Das Konzept hierbei ist ähnlich wie eben bei den Event-Handlern: Die Methode `changed()` des implementierten `ChangeListener` wird aufgerufen, sobald sich der Wert der Temperatureigenschaft ändert. Dabei hat man innerhalb der Methode Zugriff auf die Eigenschaft sowie deren alten und neuen Wert.

```
Raum wohnzimmer = new Raum();
wohnzimmer.temperaturProperty().addListener(new ChangeListener() {
    @Override
    public void changed(ObservableValue o, Object alterWert, Object neuerWert)
    {
        System.out.println(
          String.format("Temperatur wurde von %.0f Grad in %.0f Grad geändert.",
          alterWert, neuerWert));
    }
});
wohnzimmer.setTemperatur(25);
wohnzimmer.setTemperatur(29);
```
Listing 16.32 Hinzufügen eines Event-Listeners an einer JavaFX-Property

Bei jedem Aufruf von `setTemperatur()` wird nun ebenfalls der Listener aufgerufen, die Ausgabe des Programms wäre demnach:

```
Temperatur wurde von 20.0 Grad in 25.0 Grad geändert.
Temperatur wurde von 25.0 Grad in 29.0 Grad geändert.
```

16.8.3 JavaFX-Properties im GUI

Auch wenn JavaFX-Properties ohne GUI-Code funktionieren, ist der Hintergedanke von Properties doch der, GUI und Datenmodell auf einfache Art und Weise miteinander zu verknüpfen bzw. miteinander zu synchronisieren. Dieses Prinzip ist in Listing 16.33 dargestellt. Gegeben sind eine Instanz von Raum sowie zwei Schaltflächen und ein Label. Über die an den Schaltflächen registrierten Listener wird die Temperatureigenschaft angepasst, die Listener an der Temperatureigenschaft wiederum sorgen dafür, dass sich der Text des Labels analog aktualisiert:

```java
public class TemperaturSteuerung extends Application {
  public static void main(String[] args) {
    launch(args);
  }
  @Override
  public void start(Stage stage) throws Exception {
    final Raum wohnzimmer = new Raum();
    Button buttonPlus = new Button("+1");
    Button buttonMinus = new Button("-1");
    final Label label = new Label(
      new Double(wohnzimmer.getTemperatur()).toString());
    label.setAlignment(Pos.CENTER);
    wohnzimmer.temperaturProperty().addListener(new ChangeListener<Object>() {
      @Override
      public void changed(ObservableValue<?> wert,
        Object alterWert, Object neuerWert) {
          label.setText(new Double(wohnzimmer.getTemperatur()).toString());
      }
    });
    buttonPlus.setOnAction(new EventHandler<ActionEvent>() {
      @Override
      public void handle(ActionEvent event) {
        wohnzimmer.setTemperatur(wohnzimmer.getTemperatur() + 1);
      }
    });
    buttonMinus.setOnAction(new EventHandler<ActionEvent>() {
      @Override
      public void handle(ActionEvent event) {
        wohnzimmer.setTemperatur(wohnzimmer.getTemperatur() - 1);
      }
    });
    GridPane grid = new GridPane();
    grid.setHgap(20);
    grid.setAlignment(Pos.CENTER);
```

```
        grid.add(buttonMinus, 0, 0);
        grid.add(label, 1, 0);
        grid.add(buttonPlus, 2, 0);
        Scene scene = new Scene(grid, 150, 100);
        stage.setScene(scene);
        stage.show();
    }
}
```

Listing 16.33 Properties und Event-Listener

16.8.4 JavaFX-Properties von GUI-Komponenten

Die Verwendung von Properties zieht sich konsequent durch das gesamte JavaFX-SDK, so dass selbst die einzelnen GUI-Komponenten ihre Eigenschaften über JavaFX-Properties bereitstellen. So verfügt beispielsweise die Klasse TextField über eine Eigenschaft, die den aktuellen Text des Feldes widerspiegelt und die über die Methode textProperty() erreichbar ist. Anstatt einen Listener direkt am Textfeld zu registrieren, könnte man also auch einen Listener an der Property registrieren, um Änderungen am Textfeld mitzubekommen.

Mit dem jetzigen Wissen können Sie beispielsweise die Datumsauswahlen der Urlaubsverwaltung so anpassen, dass sich das Datumsfeld zur Auswahl des Urlaubsendes bei Änderungen an dem Datumsfeld zur Auswahl des Urlaubsbeginns so anpasst, dass das Urlaubsende nicht vor dem Urlaubsbeginn liegen darf. Dazu muss lediglich ein Listener an dem Datumsfeld für die Auswahl des Urlaubsbeginns registriert werden, der innerhalb der changed()-Methode über compareTo() den neuen Datumswert mit dem aktuellen Wert des Datumsfeldes für die Auswahl des Urlaubsendes vergleicht. Ist der erste Wert größer als der letzte, wird das Urlaubsende-Datumsfeld ebenfalls um den neuen Wert aktualisiert.

```
final DatePicker datePickerTo = new DatePicker();
datePickerFrom.valueProperty().addListener(new ChangeListener<LocalDate>() {
    @Override
    public void changed(ObservableValue<? extends LocalDate> arg0,
      LocalDate oldLocalDate, LocalDate newLocalDate) {
        LocalDate toValue = datePickerTo.getValue();
        if(toValue != null && toValue.compareTo(newLocalDate) < 0) {
          datePickerTo.setValue(newLocalDate);
        }
    }
});
```

Listing 16.34 Hinzufügen eines Listeners an einer Property

16.8.5 Binding

Die Möglichkeit, Listener an einer JavaFX-Property zu registrieren, zeigt aber noch nicht die wahre Stärke von JavaFX-Properties. Diese wird erst bei Betrachtung des sogenannten Property-Bindings deutlich. So haben Sie die Möglichkeit, JavaFX-Properties an andere JavaFX-Properties zu *binden*, beispielsweise um die Eigenschaften eines Datenmodell-Objekts an Eigenschaften eines GUI-Objekts zu binden.

Ändert sich beispielsweise der Wert eines Textfeldes für den Nutzernamen, ändert sich gleichzeitig (ohne einen eigenen Listener dafür zu programmieren) auch die entsprechende String-Eigenschaft des unterliegenden Nutzer-Objekts. In diesem Fall spricht man von einer *einseitigen Bindung* (engl. *unidirectional binding*). Demgegenüber gibt es die wechselseitige Bindung (engl. *bidirectional binding*), bei der sich zwei Properties gegenseitig bei Änderungen informieren bzw. aktualisieren. Für das oben genannte Beispiel hieße dies, dass sich nicht nur das Nutzer-Objekt bei Änderungen am Textfeld aktualisieren würde, sondern umgekehrt auch das Textfeld bei Änderungen am Nutzer-Objekt.

Für die Definition von Bindungen verfügt jede JavaFX-Property über die beiden Methoden bind() (für die Definition einer einseitigen Bindung) und bindBidirectional() (für die Definition einer wechselseitigen Bindung).

Angenommen, Sie wollten die Anwendung für die Steuerung der Raumtemperatur so anpassen, dass sich die Temperatur in der Küche immer der Temperatur im Wohnzimmer anpasst. Umgekehrt soll die Temperatur im Wohnzimmer aber nicht geändert werden, wenn sich die Temperatur in der Küche ändert. Dazu würden Sie eine einseitige Bindung definieren, indem Sie bind() an der Temperatureigenschaft der Küche aufrufen und die Temperatureigenschaft des Wohnzimmers übergeben:

```
Raum wohnzimmer = new Raum();
Raum kueche = new Raum();
kueche.setTemperatur(15.0);
System.out.println(kueche.getTemperatur()); // 15.0
kueche.temperaturProperty().bind(wohnzimmer.temperaturProperty());
// kueche.setTemperatur(20.0); // nicht erlaubt
wohnzimmer.setTemperatur(25.0);
System.out.println(kueche.getTemperatur()); // 25.0
```

Listing 16.35 Unidirectional Binding

Hierbei ist zu beachten, dass eine Eigenschaft nicht mehr manuell über die Setter-Methode geändert werden kann, sobald sie an eine andere Eigenschaft gebunden ist.

Diese Einschränkung gilt nicht für wechselseitige Bindungen, wie Sie in folgendem Beispiel sehen können. Hier wird die Wohnzimmertemperatur wechselseitig an die

Küchentemperatur gebunden. Anschließende Temperaturänderungen in einem der beiden Räume haben dann auch Auswirkungen auf die Temperatur im jeweils anderen Raum.

```
Raum wohnzimmer = new Raum();
Raum kueche = new Raum();
kueche.setTemperatur(15.0);
System.out.println(kueche.getTemperatur()); // 15.0
kueche.temperaturProperty().bindBidirectional(wohnzimmer.temperaturProperty());
kueche.setTemperatur(20.0);
System.out.println(kueche.getTemperatur()); // 20.0
wohnzimmer.setTemperatur(25.0);
System.out.println(kueche.getTemperatur()); // 25.0
kueche.setTemperatur(20.0);
System.out.println(kueche.getTemperatur()); // 20.0
System.out.println(wohnzimmer.getTemperatur()); // 20.0
```

Listing 16.36 Bidirectional Binding

16.9 Deklarative GUIs mit FXML

Ein großer Vorteil von JavaFX gegenüber anderen GUI-Bibliotheken wie AWT, Swing oder SWT ist die eingangs erwähnte Möglichkeit, die grafischen Oberflächen nicht nur programmatisch (also über Java-Code), sondern auch deklarativ, und zwar über XML zu definieren. Genauer gesagt handelt es sich hierbei um FXML, eine auf XML basierende Sprache bzw. ein eigenes *XML-Format*, das von Oracle speziell dazu entwickelt wurde, JavaFX-Anwendungen deklarativ beschreiben zu können.

16.9.1 Vorteile gegenüber programmatisch erstellten GUIs

Die Vorteile der deklarativen GUI-Definition gegenüber der programmatischen GUI-Definition sind zahlreich:

- Konsequentere Trennung von GUI-Code und Logik: Der (XML-)Code, der für die Definition der GUI zuständig ist, ist sauber getrennt von dem Code, der die Logik der Anwendung darstellt. Getreu dem MVC-Entwurfsmuster stellt FXML also die View dar. Natürlich ist eine saubere Trennung auch möglich, wenn man die GUI programmatisch erstellt, allerdings steigt dann die Gefahr, anwendungsspezifischen Code mit GUI-Code zu vermischen.

- Besserer IDE-Support: Mit dem *JavaFX Scene Builder* liefert Oracle ein extrem hilfreiches Tool für das Erstellen von JavaFX-basierten Oberflächen. Innerhalb des Scene Builders können beispielsweise einzelne GUI-Komponenten per Drag &

Drop an die richtige Position gezogen werden. Hierbei ist es besonders nützlich, dass man sich jederzeit eine Vorschau des GUI (ohne einen Zwischenschritt des Kompilierens) ansehen und mit diesem interagieren kann (noch ohne dahinterliegende Logik). Des Weiteren lässt sich der Scene Builder über Plug-ins auch in Java-IDEs wie Eclipse oder NetBeans einbinden bzw. aus diesen Programmen aufrufen. Der Code, der vom JavaFX Scene Builder generiert wird, wird im FXML-Format gespeichert. Java-Code hingegen kann nicht generiert werden.

▶ Nehmen wir die beiden bisher genannten Vorteile zusammen, ergibt sich ein weiterer: Prinzipiell kann auf diese Weise nämlich jemand eine GUI erstellen, der über keinerlei Java-Kenntnisse verfügt. In großen Projekten, in denen eigens für die Oberflächengestaltung beauftragte UI- bzw. UX-Designer mitarbeiten, ist dies ein echter Vorteil, der den Workflow um einiges beschleunigt.

▶ Weniger Code: Die Definition per XML ist in der Regel sehr viel platzsparender als die analoge Definition der GUI in Java.

▶ Übersichtlicher: Die Definition per XML ist für den Entwickler viel einfacher zu lesen und zu verstehen. Dies liegt in der Natur der Sache: XML wurde als Sprache konzipiert, die sowohl von Maschinen als auch von Menschen einfach zu lesen und zu verstehen ist. Das Vorurteil, dass XML auch sehr unübersichtlich sein kann, gilt an der Stelle von JavaFX nur bedingt und kann in Grenzen gehalten werden, wenn Sie das XML auf mehrere Dateien verteilen, ganz so, wie Sie es mit Java-Klassen auch machen würden.

▶ XML und der *Scene Graph* ähneln sich in ihrer Analogie: In XML gibt es Elemente, die ein Elternelement und mehrere Kindelemente haben können, ähnlich also wie die Komponenten auch in JavaFX im Scene Graph repräsentiert werden. Eltern-Kind-Beziehungen können in XML daher sehr einfach nachvollzogen und auf die GUI übertragen werden.

▶ Einfacher zu ändern: Falls Sie Änderungen an der GUI vornehmen möchten, ist dies mit FXML um einiges einfacher. Dabei spielt es keine Rolle, ob es sich hierbei um kleine Änderungen wie das Anpassen der Breite einer Schaltfläche handelt oder um aufwendigere Änderungen, in denen ganze Teile des Layouts anders positioniert und angeordnet werden müssen. Es gilt vielmehr: Je aufwendiger die Änderung in FXML, desto mehr haben Sie an Zeit gespart gegenüber dem, was notwendig gewesen wäre, um den entsprechenden Java-Code zu ändern.

▶ Besserer Support von i18n: i18n ist die Kurzform für Internationalization, also Internationalisierung, oder anders gesagt die Möglichkeit, ein Programm einfach in verschiedenen Sprachen zu erstellen (die »18« steht dabei übrigens für die 18 zwischen »I« und dem letzten »n« weggelassenen Buchstaben im Wort »Internationalization«). In FXML ist es relativ einfach, über Platzhalter zu definieren, an welcher Stelle welche Übersetzung verwendet werden soll.

▶ Integration von JavaScript: Es ist außerdem möglich, innerhalb des FXML JavaScript zu definieren. Wobei ich dies eher nur in Ausnahmefällen empfehlen würde, da jeder Code, der in irgendeiner Form Anwendungslogik darstellt, eigentlich nicht in die Layoutdefinition gehört (vorausgesetzt, Sie wollen sich an das MVC-Entwurfsmuster halten, was meiner Meinung nach in den meisten Fällen eine gute Idee ist).

16.9.2 Einführung

Normalerweise sollte es für jedes XML-Format ein entsprechendes Schema geben, über das definiert wird, welches Element an welcher Stelle (also innerhalb welcher anderen Elemente) vorkommen darf, welche *Attribute* es haben darf und welche *Kindelemente* erlaubt sind. Im Fall von FXML hat man es sich an dieser Stelle ein bisschen einfacher gemacht und komplett auf ein Schema verzichtet. Da nahezu jede Klasse aus dem JavaFX-SDK auch als Element in FXML verwendet werden darf, kann fast jede Eigenschaft (die dem Bean-Standard entspricht) als Attribut oder ebenfalls als Kindelement des entsprechenden Elements verwendet werden.

Listing 16.37 zeigt ein Beispiel für die Definition eines GUI in FXML. Auch wenn Sie XML an dieser Stelle eventuell noch nicht kennen, sollte die Interpretation dieses Codes nicht sonderlich schwerfallen. Einige Dinge sind dennoch erklärungsbedürftig: Zuallererst steht die sogenannte *XML-Deklaration*, die die XML-Version sowie das Encoding der aktuellen Datei angibt. Die XML-Deklaration sollte (unabhängig davon, ob FXML oder nicht) in jeder XML-Datei stehen, da diese ansonsten nicht *wohlgeformt* ist.

Anschließend folgen verschiedene Importanweisungen, die FXML-spezifisch sind: Wie auch in Java müssen Sie in FXML nämlich alle Klassen (bzw. hier Elemente), die Sie verwenden möchten, zuvor importieren. Die Schreibweise ist dabei ähnlich wie in Java, wobei das Ganze von einer Kombination aus spitzen Klammern und Fragezeichen eingerahmt wird, um in die XML-Syntax zu passen. Anschließend steht zuerst das Schlüsselwort `import`, gefolgt von dem vollständig qualifizierten Klassennamen. Möchten Sie direkt alle Klassen eines Packages importieren, verwenden Sie analog das *-Symbol statt des Klassennamens, genauso wie Sie es aus Java-Importen kennen. Der Rest des Codes besteht aus *XML-Elementen* (zum Beispiel `<MenuBar>`) und *XML-Attributen* (zum Beispiel `text` als Attribut von `<Menu>`).

```
<?xml version="1.0" encoding="UTF-8"?>
<?import java.lang.*?>
<?import javafx.scene.control.*?>
<?import javafx.scene.layout.*?>
<BorderPane xmlns="http://javafx.com/javafx/8" xmlns:fx="http://javafx.com/fxml/1">
```

```
<top>
   <MenuBar>
      <menus>
         <Menu text="Datei">
            <items>
               <MenuItem text="Öffnen" />
            </items>
         </Menu>
      </menus>
   </MenuBar>
</top>
</BorderPane>
```

Listing 16.37 Deklarative Definition eines GUIs in FXML

Der FXML-Code definiert ein GUI, das Sie in Java wie folgt programmieren würden:

```
BorderPane root = new BorderPane();
MenuBar menuBar = new MenuBar();
Menu menu = new Menu();
menu.setText("Datei");
MenuItem menuItem = new MenuItem();
menuItem.setText("Öffnen");
menu.getItems().add(menuItem);
menuBar.getMenus().add(menu);
root.setTop(menuBar);
```

Listing 16.38 Programmatische Definition eines GUI in Java

Hierbei ist relativ einfach zu erkennen, dass jede Objektinstanz im Java-Code einem *XML-Element* im FXML-Code entspricht und jede Objekteigenschaft im Java-Code einem *XML-Attribut* im FXML-Code.

16.9.3 Aufruf eines FXML-basierten GUI

Sie können die obige FXML-Datei bereits im Scene Builder öffnen und sich in der Vorschau anzeigen lassen. Am Ende des Tages benötigen Sie aber einen Weg, um den FXML-Code in ein Java-Programm einbinden zu können, denn die FXML-Datei allein ist nicht lauffähig. Das Starten der JavaFX-Anwendung muss weiterhin über Java-Code geschehen.

Für das Einbinden einer FXML-Datei in ein Java-Programm ist die Klasse `javafx.fxml.FXMLLoader` zuständig. Diese Klasse übernimmt das Parsen der FXML-Datei und legt analog zu den dort definierten Elementen und Attributen entsprechend verknüpfte Objektinstanzen mit passenden Eigenschaften an und gibt ein Objekt zurück, das dem Wurzelelement aus der FXML-Datei entspricht. In unserem Beispiel ist dies ein Objekt vom Typ `BorderPane`.

```java
public class Main extends Application {
  public static void main(String[] args) {
    launch(args);
  }
  @Override
  public void start(Stage stage) throws Exception {
    stage.setTitle("Einbinden einer FXML-Komponente in Java");
    BorderPane root = FXMLLoader.load(getClass().getResource("View.fxml"));
    Scene scene = new Scene(root, 700, 700);
    stage.setScene(scene);
    stage.show();
  }
}
```

Listing 16.39 Einbinden einer FXML-Komponente in Java

16.9.4 Event-Handling in FXML

Neben der Definition der Struktur eines GUI können Sie in FXML ebenfalls Event-Handler registrieren und die Behandlung der Events über JavaScript oder (besser) über eine eigene Controller-Klasse steuern.

Erinnern Sie sich: Jede GUI-Klasse definiert (bzw. erbt) für das Registrieren von Event-Handlern je nach Event-Typ verschiedene Methoden, beispielsweise `setOnAction()`. Um einen Event-Handler nun in FXML zu registrieren, verwenden Sie analog zum jeweiligen Event-Typ ein Attribut am jeweiligen GUI-Element, also beispielsweise das Attribut `onAction`. Diesem Attribut kann als Wert entweder JavaScript-Code oder der Name einer Methode der zugehörigen Controller-Klasse übergeben werden. Letzteres ist wie erwähnt insofern besser, als auf diese Weise die Definition der GUI strikter von der Behandlung der Events getrennt ist.

Einbinden und Implementierung der Controller-Klasse

Um eine Controller-Klasse nutzen zu können, müssen Sie sie zuvor über das Attribut `fx:controller` definieren. Anschließend können Sie in den einzelnen Event-Handler-Attributen auf ausgewählte Methoden (dazu später mehr) dieser Controller-Klasse zugreifen. Dazu schreiben Sie lediglich den Methodennamen plus vorangestelltem #-Symbol als Wert für das jeweilige Event-Attribut (zum Beispiel `#handleOpen`). Im Beispielquelltext wird demnach die Methode `handleOpen()` der Controller-Klasse aufgerufen, sobald das Action-Event durch das `MenuItem` angestoßen wird:

```xml
<?xml version="1.0" encoding="UTF-8"?>

<?import java.lang.*?>
<?import javafx.scene.control.*?>
<?import javafx.scene.layout.*?>

<BorderPane xmlns="http://javafx.com/javafx/8" xmlns:fx="http://javafx.com/fxml/1"
    fx:controller="de.philipackermann.java.javafx.fxml.Controller" >
<top>
   <MenuBar fx:id="menuBar">
      <menus>
         <Menu text="Datei">
            <items>
               <MenuItem text="Öffnen" onAction="#handleOpen"/>
            </items>
         </Menu>
      </menus>
   </MenuBar>
</top>
</BorderPane>
```

Listing 16.40 Einbinden der Controller-Klasse und Aufruf einer Controller-Methode

Von einer Controller-Klasse können alle öffentlichen Methoden aufgerufen werden sowie solche, die mit einer @FXML-Annotation ausgezeichnet sind. Diese Annotation kann außerdem dazu verwendet werden, (in FXML definierte) GUI-Komponenten als Objektinstanzen innerhalb des Java-Codes einzubinden. Hierbei ist zu beachten: Der Name der Variablen muss mit dem Wert des Attributs fx:id übereinstimmen. In folgender Controller-Klasse wird hierüber beispielsweise die Menüleiste (menuBar) eingebunden, um (im Event-Handler) auf dieses Objekt zugreifen zu können:

```java
package de.philipackermann.java.javafx.fxml;

import javafx.event.ActionEvent;
import javafx.fxml.FXML;
import javafx.scene.control.*;
import javafx.stage.*;

public class Controller {
   // Einbinden der FXML-Komponente mit dem Attribut
   // fx:id="menuBar"
   @FXML
```

```
    private MenuBar menuBar;

    @FXML
    private void handleOpen(ActionEvent actionEvent) {
      FileChooser fileChooser = new FileChooser();
      fileChooser.showOpenDialog(menuBar.getScene().getWindow());
    }
  }
```
Listing 16.41 Eine Controller-Klasse

16.10 Layout mit CSS

Mindestens ebenso nützlich wie die Möglichkeit, GUIs deklarativ anzulegen, ist es, das Aussehen einer Anwendung über CSS (JavaFX-CSS) zu definieren und damit unabhängig vom Java-Code zu halten.

16.10.1 Einführung in CSS

CSS steht für *Cascading Style Sheets* und ist ursprünglich eine Sprache, die dazu dient, das Aussehen von Webanwendungen (oder genauer das Erscheinungsbild einzelner HTML-Elemente innerhalb einer Webanwendung) zu definieren. CSS kann dort zum Beispiel dazu verwendet werden, Schriftgröße, Schriftart, Textfarbe und Hintergrundfarbe eines Elements festzulegen. Der wesentliche Vorteil: Wie die Webanwendung aussieht, ist nicht innerhalb der einzelnen HTML-Dokumente definiert, sondern in einer separaten CSS-Datei. Layout und Struktur bzw. Inhalt einer Webanwendung sind unabhängig voneinander.

Um beispielsweise alle Links in der Farbe Orange einzufärben, genügt folgende *CSS-Regel* (Links werden in HTML über das <a>-Tag definiert):

```
a {
  color: orange;
}
```
Listing 16.42 Eine einfache CSS-Regel

Eine CSS-Regel besteht immer aus einem sogenannten *Selektor* (im Beispiel das a), der angibt, auf welche Elemente die CSS-Regel zutrifft, und – innerhalb geschweifter Klammern – einer beliebigen Anzahl an *Style-Deklarationen*. Jede Style-Deklaration wiederum besteht aus einer CSS-Eigenschaft (color) und einem dazugehörigen Wert (orange).

16.10.2 JavaFX-CSS

Dieses Konzept der Trennung von Layout und Struktur greift nun auch JavaFX auf. Im Unterschied zum »richtigen« CSS (siehe Spezifikation unter *http://www.w3.org/TR/CSS2*) gibt es bei JavaFX-CSS jedoch andere Eigenschaften (siehe Spezifikation unter *http://docs.oracle.com/javafx/2/api/javafx/scene/doc-files/cssref.html*), die alle jeweils mit dem Präfix -fx- beginnen, beispielsweise -fx-color.

Der generelle Aufbau von JavaFX-CSS-Regeln ist aber gleich dem oben beschriebenen Aufbau von »normalen« CSS-Regeln. Wie auch dort haben Sie in JavaFX-CSS die Möglichkeit, innerhalb von Selektoren *IDs* oder *Style-Klassen* zu verwenden. IDs beginnen mit einem Hash-Symbol (beispielsweise #login {color: blue;}) und kommen dann zum Einsatz, wenn die Regel genau für eine Komponente (nämlich für die mit der ID) gelten soll. Style-Klassen beginnen mit einem Punkt (beispielsweise .wichtig {color: green;}) und kommen dann zum Einsatz, wenn eine Regel für mehrere Komponenten gelten soll, und zwar genau für die, bei denen die entsprechende Style-Klasse angegeben wurde.

Die ID eines Nodes können Sie über die Methode setId() definieren. Style-Klassen dagegen werden über eine Liste (getStyleClass()) verwaltet, der Sie entsprechend neue Style-Klassen als String-Wert hinzufügen können.

JavaFX-CSS bietet eine ganze Reihe vordefinierter Style-Klassen, nahezu für jede GUI-Komponente eine eigene. Die Namen der Style-Klassen lauten dabei wie der entsprechende Name der Klasse der GUI-Komponente, nur kleingeschrieben und nicht in CamelCase-Schreibweise, sondern durch Bindestriche getrennt, also beispielsweise .button, .label. oder .radio-button. Um etwa zu definieren, dass jeder Button weißen Text und schwarzen Hintergrund haben soll, genügt folgende JavaFX-CSS-Regel:

```
.button {
  -fx-text-fill: white;
  -fx-background-color: black;
}
```

Listing 16.43 Eine JavaFX-CSS-Regel, die sich auf alle Schaltflächen bezieht

16.10.3 JavaFX-Anwendung mit CSS

CSS-Dateien haben die Endung *.css*, und im Fall von JavaFX liegen diese Dateien üblicherweise im gleichen Verzeichnis wie die Startklasse der jeweiligen Anwendung. Damit eine CSS-Datei aber überhaupt auf eine Anwendung angewandt wird, muss sie zunächst eingebunden werden. Dies geschieht über Instanzen der Klasse Scene. Jedes Scene-Objekt verfügt nämlich über eine eigene Liste von Stylesheets, die innerhalb der entsprechenden Szene verwendet werden. Über den Code

```
scene.getStylesheets().add(<pfad_zu_stylesheet>);
```

können Stylesheets dem Scene-Objekt hinzugefügt werden.

16.10.4 Urlaubsverwaltung mit JavaFX-CSS

Betrachten wir als Beispiel wieder die Anwendung zur Verwaltung der Urlaubsanträge und folgende fiktive Layoutanforderungen:

1. Die Schriftgröße der gesamten Anwendung soll 9 Punkt betragen, und als Schriftart soll »Western« verwendet werden.
2. Alle Schaltflächen in der Anwendung sollen weiße Schrift und schwarzen Hintergrund verwenden.
3. Der Text innerhalb der beiden Textfelder für Vorname und Nachname soll fett sein.
4. Die Hintergrundfarbe des ersten Tabs soll Orange sein, die Hintergrundfarbe des zweiten Tabs Moccasin.
5. Der Text in den Titeln der Tabs soll ebenfalls fett sein.

Diese Anforderungen könnten Sie mit Hilfe von JavaFX-CSS wie folgt implementieren:

1. Eine JavaFX-CSS-Regel, die sich auf die gesamte Anwendung bezieht, kann über die Style-Klasse .root definiert werden, Schriftgröße und Schriftart über die beiden Eigenschaften -fx-font-size und -fx-font-family:

   ```
   .root{
     -fx-font-size: 9pt;
     -fx-font-family: "Western";
   }
   ```

2. Um eine für alle Schaltflächen (Klasse Button) gültige JavaFX-CSS-Regel zu definieren, können Sie die bereits vorhandene Style-Klasse .button verwenden. Innerhalb der Regel lässt sich die Textfarbe über die Eigenschaft -fx-text-fill setzen, über die Eigenschaft -fx-background-color die Hintergrundfarbe.

   ```
   .button {
     -fx-text-fill: white;
     -fx-background-color: black;
   }
   ```

3. Um eine JavaFX-CSS-Regel zu definieren, die nur für einige GUI-Komponenten (im Beispiel die beiden genannten Textfelder) gilt, ist es am einfachsten, eine neue Style-Klasse (hier .important) zu definieren. Diese Style-Klasse wird dann zunächst über folgenden Java-Code den entsprechenden GUI-Komponenten hinzugefügt ...

```
textFieldVorname.getStyleClass().add("important");
textFieldNachname.getStyleClass().add("important");
```

... so dass anschließend innerhalb der CSS-Regel darauf Bezug genommen werden kann:

```
.important {
  -fx-font-weight: bold;
}
```

4. Bei dieser Anforderung sollen gezielt das erste Tab und gezielt das zweite Tab angesprochen werden können. CSS-Regeln, die gezielt auf eine einzige Komponente angewendet werden sollen, definieren Sie am besten unter Verwendung von IDs. Dazu setzen Sie an den entsprechenden Komponenten zunächst die ID:

```
tabNeuerUrlaubsantrag.setId("tabNeuerUrlaubsantrag");
tabUrlaubsantraege.setId("tabUrlaubsantraege");
```

Anschließend können Sie die Hintergrundfarben der beiden Tabs wie folgt über JavaFX-CSS definieren:

```
#tabNeuerUrlaubsantrag {
  -fx-background-color: orange;
}
#tabUrlaubsantraege {
  -fx-background-color: moccasin;
}
```

5. Um beide Tabs anzusprechen, können Sie dagegen die beiden ID-Selektoren in einem Selektor kombinieren:

```
#tabNeuerUrlaubsantrag, #tabUrlaubsantraege {
  -fx-font-weight: bold;
}
```

Die angepasste Oberfläche sieht nun aus wie in Abbildung 16.23.

Abbildung 16.23 Über JavaFX-CSS können Sie das Aussehen eines GUI nach Belieben anpassen.

16.11 Transformationen, Animationen und Effekte

Lassen Sie mich zum Abschluss des Kapitels noch kurz darauf eingehen, wie Sie in JavaFX Transformationen anwenden und Animationen erstellen können.

16.11.1 Transformationen

Auf jeden Node innerhalb des Scene Graphs können in JavaFX verschiedene affine Transformationen angewendet werden, dazu zählen folgende: Nodes können um die eigene Achse rotiert werden (*Rotation*), skaliert werden (*Skalierung*), verzerrt werden (*Scherung*) sowie verschoben werden (*Translation* bzw. *Parallelverschiebung*). Eine Kombination aus den unterschiedlichen Transformationsarten ist ebenfalls möglich.

Die Basisklasse für alle Transformationsarten ist die Klasse Transform im Paket javafx.scene.transform. Die oben genannten Transformationsarten werden über eine entsprechende Unterklasse gekapselt (Rotate, Scale, Shear und Translate). Des Weiteren steht die Unterklasse Affine zur Verfügung, die prinzipiell beliebige Arten affiner Transformationen ermöglicht. Alle Transformationen funktionieren dabei sowohl im zweidimensionalen als auch im dreidimensionalen Raum.

Jeder Node verwaltet eine Liste von auf ihm anzuwendenden Transformationen, auf die per getTransforms() zugegriffen werden kann. Um eine Transformation auf einem Node anzuwenden, erstellen Sie einfach eine Instanz der jeweiligen Transformationsklasse und fügen sie dieser Liste hinzu.

Rotation

Rotationen werden durch die Klasse Rotate repräsentiert. Der Konstruktor dieser Klasse erwartet mindestens einen Parameter, der angibt, um wie viel Grad der Node rotiert werden soll. In überladener Form kann der Konstruktor auch mit weiteren Parametern aufgerufen werden, über die anhand von x-, y- bzw. z-Koordinaten ein Pivot-Punkt festgelegt wird, der den Mittelpunkt der Rotation darstellt. Folgendes Beispiel zeigt die Rotation eines Textes um 50 Grad nach links (siehe Abbildung 16.24):

```
Text text = new Text("Rotierter Text");
text.getTransforms().add(new Rotate(-50, 0, 0, 0));
BorderPane root = new BorderPane();
root.setCenter(text);
Scene scene = new Scene(root, 150, 150);
stage.setScene(scene);
stage.show();
```

Listing 16.44 Rotation eines Textes

Abbildung 16.24 Rotation eines Textes

Scherung

Scherungen werden durch die Klasse Shear repräsentiert. Der erste Parameter gibt den Multiplikator an, mit dem die Koordinaten entlang der x-Achse verschoben werden, der zweite Parameter analog den Multiplikator für die Scherung entlang der y-Achse.

```
Text text = new Text("Gescherter Text");
text.getTransforms().add(new Shear(0.2, 0.4));
```

Listing 16.45 Scherung eines Textes

Das Ergebnis zeigt Abbildung 16.25.

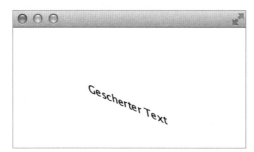

Abbildung 16.25 Scherung eines Textes

Skalierung

Die Klasse Scale ermöglicht Skalierungen eines Nodes. Auch für Scale gibt es verschiedene Konstruktoren: Die zentralen Parameter sind hier die verschiedenen Faktoren, um die der Node entlang der x-Achse, der y-Achse sowie (optional) der z-Achse skaliert werden soll.

```
Text text = new Text("Skalierter Text");
text.getTransforms().add(new Scale(2, 4));
```

Listing 16.46 Skalierung eines Textes

In Abbildung 16.26 sehen Sie das Ergebnis des Codes.

Abbildung 16.26 Skalierung eines Textes

Translation

Unter einer Translation versteht man das Verschieben eines Elements entlang einer Achse. Über die Klasse `Translate` können Sie Translationen definieren, wobei dem Konstruktor bis zu drei Parameter übergeben werden können, die die Distanz angeben, um die das Element entlang der x-Achse, y-Achse bzw. (optional) der z-Achse verschoben werden soll, wie etwa in Abbildung 16.27.

```
Text text = new Text("Verschobener Text");
text.getTransforms().add(new Translate(20, 40));
```

Listing 16.47 Translation eines Textes

Abbildung 16.27 Translation eines Textes

Kombination verschiedener Transformationen

Eine Kombination verschiedener Transformationen erreichen Sie, indem Sie mehrere Instanzen der entsprechenden Transformationsklassen der Liste an Transformationen hinzufügen:

```
Text text = new Text("Text");
text.getTransforms().add(new Rotate(-50, 0, 0));
```

```
text.getTransforms().add(new Scale(2, 4));
text.getTransforms().add(new Shear(0.2, 0.4));
text.getTransforms().add(new Translate(2, 4));
```

Listing 16.48 Kombination verschiedener Transformationen

Das Ergebnis des Codes zeigt Abbildung 16.28.

Abbildung 16.28 Kombination verschiedener Transformationen

16.11.2 Animationen

Neben Transformationen bietet JavaFX die Möglichkeit, Animationen zu erstellen. Genauer gesagt unterscheidet man hierbei zwischen zwei Arten von Animationen: solche, die einfache Übergänge (*Transitionen*) eines Elements von einem Zustand A in einen Zustand B repräsentieren, und solche, die auf eine Zeitlinie Bezug nehmen (*Timeline-Animationen*) und bei denen einzelne Frames definiert werden können. Diese Trennung spiegelt sich auch in dem Objektmodell der entsprechenden Klassen wider: Die Basisklasse für beide Transformationsarten ist die Klasse Animation im Paket javafx.animation mit den beiden Unterklassen Transition und Timeline.

Unter anderem verfügt die Klasse Animation über die drei Methoden play(), pause() und stop(), mit deren Hilfe Sie eine Animation starten, pausieren und stoppen. Über setAutoReverse() können Sie außerdem bestimmen, ob eine Animation, wenn ihr Ende erreicht ist, rückwärts abgespielt wird. Über setCycleCount() lässt sich zudem angeben, wie häufig die Animation abgespielt werden soll.

Transitionen

Transitionen werden ihrerseits in verschiedene Typen unterteilt, so dass es auch hier weitere Unterklassen gibt, beispielsweise für die Animation der Transformationsarten Translation (TranslateTransition), Skalierung (ScaleTransition) und Rotation (RotateTransition), der Animation von Farbfüllung (FillTransition) oder Rahmenfarbe (StrokeTransition) und einige andere mehr.

Der Quelltext in Listing 16.49 zeigt ein einfaches Beispiel, bei dem ein Text langsam rechts aus dem Bildschirm fließt (siehe Abbildung 16.29). Wie Sie sehen, wird die Dauer einer Transition über die Klasse javafx.util.Duration definiert, im Beispiel dauert die gesamte Transition 5.000 Millisekunden bzw. 5 Sekunden.

```
Text text = new Text("Animierter Text");
Duration duration = Duration.millis(5000);
TranslateTransition translate = new TranslateTransition(duration, text);
translate.setToX(140);
translate.play();
BorderPane root = new BorderPane();
root.setCenter(text);
Scene scene = new Scene(root, 150, 150);
stage.setScene(scene);
stage.show();
```

Listing 16.49 Transition eines Textes

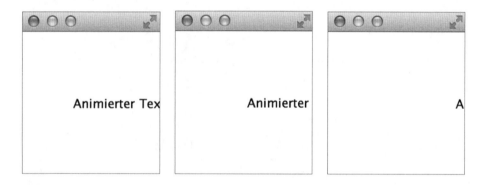

Abbildung 16.29 Anwendung einer »TranslationTransition«

Ähnlich wie bei den Transformationen können Sie auch Transitionen miteinander kombinieren. Dabei wird zwischen einer sequenziellen und einer parallelen Ausführung unterschieden: Bei einer sequenziellen Ausführung werden die einzelnen Transitionen zeitlich nacheinander ausgeführt, bei der parallelen Ausführung gleichzeitig. Hierzu erstellen Sie zunächst die verschiedenen Transitionen und anschließend eine Instanz von SequentialTransition bzw. ParallelTransition, der Sie dann die zuvor erstellten Transitionen übergeben. Listing 16.50 erweitert das Beispiel von eben und sorgt nun dafür, dass neben der Translation des Textes parallel die Textfarbe von Schwarz zu Gelb wechselt:

```
Text text = new Text("Animierter Text");
Duration duration = Duration.millis(5000);
```

```
TranslateTransition translate = new TranslateTransition(duration);
translate.setToX(140);
FillTransition fill = new FillTransition(duration);
fill.setToValue(Color.YELLOW);
ParallelTransition parallelTransition =
 new ParallelTransition(text, translate, fill);
parallelTransition.play();
```

Listing 16.50 Kombination mehrerer Transitionsarten

Tabelle 16.4 gibt eine Übersicht über die im JavaFX-SDK enthaltenen Transitionsklassen.

Klasse	Beschreibung
FadeTransition	Animiert die Deckkraft eines Elements.
FillTransition	Animiert die Füllung eines Elements.
ParallelTransition	Ermöglicht die parallele Ausführung mehrerer Transitionen.
PathTransition	Erlaubt die Transition entlang eines zuvor definierten Pfades.
PauseTransition	Ermöglicht es, während einer Transition bzw. in der Regel bei einer Kombination von Transitionen eine Pause zu definieren.
RotateTransition	Animiert die Rotation eines Elements.
ScaleTransition	Animiert die Skalierung eines Elements.
SequentialTransition	Ermöglicht die sequenzielle Anwendung mehrerer Transitionen.
StrokeTransition	Animiert die Rahmenfarbe eines Elements.
TranslateTransition	Animiert die Translation eines Elements.

Tabelle 16.4 Die verschiedenen Transitionsarten

Timeline-Animationen

Während Sie bei einer Transition Anfangs- und Endzustand festlegen, haben Sie bei einer Timeline-Animation die Möglichkeit, gezielt einzelne Frames einer Animation zu definieren. Für jeden Frame können Sie die Werte bestimmter Eigenschaften eines

Objekts, beispielsweise die Position, Größe oder Füllfarbe, bestimmen. Übergänge von Frame zu Frame werden dann im Rahmen der Animation automatisch interpoliert.

Drei Dinge benötigen Sie für eine Timeline-Animation:

1. Für die Verwaltung der Eigenschaften und Werte kommt die Klasse `KeyValue` zum Einsatz: Dem Konstruktor übergeben Sie die jeweilige Eigenschaft (als JavaFX-Property) und den Wert der Eigenschaft. In Listing 16.51 werden verschiedene `KeyValue`-Instanzen erstellt: für die Deckkraft, die horizontale Skalierung, die Rahmenfarbe sowie die vertikale Skalierung.

```
Text text = new Text("Timeline Animation");
text.setStroke(Color.BLACK);
KeyValue keyValue1 = new KeyValue(text.opacityProperty(), 0.4);
KeyValue keyValue2 = new KeyValue(text.scaleXProperty(), 2.4);
KeyValue keyValue3 = new KeyValue(text.strokeProperty(), Color.GREEN);
KeyValue keyValue4 = new KeyValue(text.scaleYProperty(), 2.4);
```

Listing 16.51 Schritt 1: Erstellen der »KeyValue«-Objekte

Für sich allein genommen, machen diese Objektinstanzen noch nicht viel: Sie kapseln lediglich Objekteigenschaft und Wert.

2. Um zu definieren, wann die Objekteigenschaft den Wert einnehmen soll, kommt die zweite wichtige Klasse zum Einsatz, die Sie für eine Timeline-Animation benötigen: die Klasse `KeyFrame`. Instanzen dieser Klasse bezeichnen genau einen Frame innerhalb einer Animation. Der Code in Listing 16.52 erzeugt beispielsweise zwei `KeyFrame`-Instanzen. Dem Konstruktor werden dabei folgende Informationen übergeben: die Dauer, die angibt, wie lange in dem jeweiligen Frame verweilt werden soll, sowie ein oder mehrere `KeyValue`-Instanzen. In Listing 16.52 werden ausgehend von den vorhin erstellten `KeyValue`-Instanzen auf diese Weise zwei `KeyFrame`-Instanzen erzeugt: Für den ersten Frame werden `keyValue1` und `keyValue2` verwendet, das bedeutet, der Text hat hier eine Deckkraft von 0,4 und eine horizontale Skalierung von 2,4. Im zweiten Frame werden `keyValue3` und `keyValue4` verwendet, was wiederum heißt, dass der Text hier grün sowie vertikal um den Faktor 2,4 skaliert sein soll.

```
Duration duration1 = Duration.millis(1000);
KeyFrame keyFrame1 = new KeyFrame(duration1, keyValue1, keyValue2);
Duration duration2 = Duration.millis(5000);
KeyFrame keyFrame2 = new KeyFrame(duration2, keyValue3, keyValue4);
```

Listing 16.52 Schritt 2: Erstellen zweier Frames

3. Zu guter Letzt dient eine Instanz der Klasse `Timeline` dazu, auf Basis der Keyframes die Animation zu erstellen und abzuspielen.

```
Timeline timeline = new Timeline();
timeline.getKeyFrames().addAll(keyFrame1, keyFrame2);
timeline.setCycleCount(Timeline.INDEFINITE);
timeline.setAutoReverse(true);
timeline.play();
```

Listing 16.53 Schritt 3: Erstellen der Timeline

16.12 Übungen

16.12.1 Eine kleine To-do-Anwendung

Wie Sie in diesem Kapitel gelernt haben, lassen sich mit JavaFX relativ einfach Nutzeroberflächen erstellen. JavaFX hat Swing in den letzten Jahren längst hinter sich gelassen und wird von Oracle als das Standardframework für GUI-Anwendungen angesehen. Das Ziel der folgenden Übungen ist es nun, die gelernten Kenntnisse in die Praxis umzusetzen. Aufgabe dabei ist es, eine Oberfläche zur Verwaltung von To-dos zu implementieren. Abbildung 16.30 skizziert dabei, wie das Layout der Oberfläche aussehen soll.

Abbildung 16.30 Skizze des zu erstellenden Layouts

Konzentrieren Sie sich in diesem ersten Teil der Übung zunächst auf die Komponenten und das Layout. Teil 2 der Übung (Abschnitt 16.12.2, »Logik für die To-do-Anwendung«) hat anschließend zum Ziel, der Oberfläche Verhalten hinzuzufügen.

16.12.2 Logik für die To-do-Anwendung

Erweitern Sie den Code aus dem ersten Teil der Übung (siehe 16.12.1, »Eine kleine To-do-Anwendung«) um die Möglichkeit, neue Aufgaben hinzuzufügen. Konkret sollten Sie hierzu folgende Schritte durchführen:

- **Implementierung eines entsprechenden Objektmodells**: Hierzu müssten Sie eine Klasse erstellen, die einzelne Aufgaben repräsentiert, beispielsweise eine Klasse Todo oder Aufgabe. Ob Sie dabei die Aufgabenbeschreibung und das Datum als Konstruktorparameter erlauben oder per Setter nachträglich hinzufügen, bleibt Ihnen überlassen.

- **Registrieren eines Event-Handlers für das Hinzufügen einer Aufgabe**: Wenn der Nutzer auf die Schaltfläche zum Hinzufügen einer neuen Aufgabe klickt, soll eine neue Instanz der Todo-Klasse erzeugt werden. Hierbei müssen Sie als Container für die Objektinstanzen eine geeignete Klasse aus den JavaFX-Standard-Packages auswählen.

- **Darstellung der Aufgaben in Tabellenansicht**: Neu erstellte Objektinstanzen sollen direkt in der Tabellenansicht dargestellt werden. Die Techniken hierzu haben Sie in diesem Kapitel bereits bei der Anwendung zur Urlaubsverwaltung kennengelernt.

16.13 Zusammenfassung

In diesem Kapitel haben Sie gelernt, wie Sie mit Hilfe des JavaFX-SDKs Anwendungen mit grafischer Oberfläche erstellen. Neben den Standard-GUI-Komponenten haben Sie die verschiedenen Layouttypen sowie das Konzept von Event-Handlern, JavaFX-Properties und dem Property-Binding kennengelernt. Außerdem haben Sie gesehen, wie Sie deklarative GUIs mit FXML definieren, das Aussehen über JavaFX-CSS steuern und Transformationen und Animationen erstellen können.

Im nächsten Kapitel werden wir in die technischen Details von Java eintauchen. Wie Java Klassen lädt und Speicher verwaltet, ist zwar für die Anwendungsentwicklung nicht immer wichtig, solange es funktioniert, aber manchmal ist dieses Detailwissen äußerst nützlich.

Kapitel 17
Android

Obwohl Android ein vergleichsweise junges Anwendungsgebiet von Java ist, ist es durch die Beliebtheit des mobilen Betriebssystems inzwischen eines der größten und wichtigsten. Auch wenn die verwendete Plattform sich vom JDK unterscheidet, können Sie Ihr Wissen über die Sprache Java voll einbringen, denn Java ist eine der Sprachen, in denen Sie Android-Apps entwickeln können. Für Sie als geübten Java-Entwickler verspricht das einen schnellen und einfachen Einstieg in die Entwicklung mobiler Anwendungen.

17.1 Einstieg in die Android-Entwicklung

Sie können Anwendungen für das mobile Betriebssystem Android in Java entwickeln. Diese Aussage ist korrekt, wenn Sie nur von der Sprache Java sprechen, nicht aber für die Java-Plattform. Im Gegenteil wird Java-Code für Android mit einem anderen Compiler in ein anderes Bytecode-Format übersetzt und von einer anderen virtuellen Maschine ausgeführt. Anders bedeutet nicht nur, dass die virtuelle Maschine von einem anderen Hersteller stammt. Googles *ART* (Android Runtime) und ihr Vorgänger *Dalvik* sind von Grund auf anders aufgebaut als andere Java-VMs. Für Sie bedeutet das, dass Sie mit einem völlig anderen Werkzeugkasten arbeiten müssen, um Android-Apps zu entwickeln.

Java ist nicht (mehr) die einzige Sprache, in der Sie für Android entwickeln können. Seit kurzem setzt Google auch auf Kotlin, eine neuere Sprache, die von der Firma JetBrains entwickelt wurde. Aber keine Sorge, Java soll nicht durch Kotlin abgelöst werden. Android-Entwickler sollen nur mehr Auswahl bekommen, wie sie ihre Anwendungen entwickeln. Google bekräftigt diese Aussage unter anderem dadurch, dass Android seit kurzem auch endlich die neuen Sprachfeatures von Java 8 unterstützt.

> **Android und Java-Versionen**
>
> Android folgt nicht den aktuellsten Java-Entwicklungen, und Features aus neuen Sprachversionen stehen nicht immer zur Verfügung. So werden zum Beispiel die neuen Features von Java 8 seit März 2017 unterstützt und setzen Android »Nougat« als Mindestversion voraus. Das heißt für Sie insbesondere, dass Sie noch keine Lambdas verwenden können, wenn Sie ältere Android-Versionen unterstützen möchten.

> Besondere Vorsicht ist dann auch geboten, wenn Sie JAR-Bibliotheken zu Ihren Anwendungen hinzufügen: Wenn diese für Java 7 oder 8 kompiliert wurden, kann auch das auf älteren Android-Versionen zu Problemen führen. Ob und wann das Modulsystem von Java 9 auf Android portiert wird, weiß im Augenblick noch niemand.

17.1.1 Die Entwicklungsumgebung

Alle Werkzeuge zum Entwickeln von Anwendungen für Android – vom Code-Editor bis zum Telefon-Emulator – gibt es von Google gebündelt unter dem Namen Android Studio. Es basiert auf der Entwicklungsumgebung IntelliJ von JetBrains, ist aber völlig kostenlos. Oberfläche und Funktion von Android Studio ähneln aber sehr den Ihnen bekannten NetBeans, so dass Sie sich auch in dieser neuen Umgebung schnell zurechtfinden werden.

Als erster Schritt muss Android Studio natürlich auf Ihrem Computer installiert werden. Sie können die Installationsdateien direkt von Google herunterladen, unter *http://developer.android.com/sdk/index.html*. Planen Sie auf jeden Fall etwas Zeit dafür ein, die Installationsdatei ist etwa ein Gigabyte groß, und nach der Installation muss sie noch benötigte Dateien für die aktuelle Android-Version herunterladen.

Folgen Sie zur Installation dem Wizard. Bei der Frage, welche Komponenten installiert werden sollen, wählen Sie alle Komponenten aus (dies ist auch die Voreinstellung).

Abbildung 17.1 Komponenten auswählen

Anschließend müssen Sie zwei Installationsverzeichnisse auswählen, eines für die Entwicklungsumgebung selbst, eines für die Android-SDKs. Stellen Sie für das zweite Verzeichnis sicher, dass genug Speicherplatz zur Verfügung steht. Die angegebenen, eigentlich schon recht üppigen 3,2 GB sind in der aktuellen Version schon nicht ausreichend für das später heruntergeladene Android-SDK, in meiner Installation wurden 3,7 GB benötigt. Und dabei handelt es sich nur um die Daten für eine Android-Version. Wenn Sie weitere Versionen benötigen, was früher oder später bestimmt der Fall sein wird, dann nehmen diese weiteren Platz in Anspruch.

Abbildung 17.2 Pfade festlegen

Das SDK wird bei der Installation noch nicht mitinstalliert, sondern beim ersten Start der Entwicklungsumgebung in den eingestellten Pfad heruntergeladen. Bei der Größe des SDK wird es Sie nicht überraschen, dass Sie auch dafür etwas Zeit einplanen sollten. Heruntergeladen wird automatisch die aktuellste Android-Version, zum Zeitpunkt des Schreibens handelte es sich dabei um Android 7.0 (API-Level 25).

> **Android-Versionen**
>
> Bei der Android-Entwicklung haben Sie es mit verschiedenen Versionsangaben zu tun. Es gibt die Version des Betriebssystems selbst und die Version der verwendeten Klassenbibliothek, den sogenannten *API-Level*. Der API-Level Ihrer Anwendung muss mit der Android-Version des Endgeräts kompatibel sein, damit es die Anwendung ausführen kann. Außerdem gibt es den klangvollen Spitznamen, den Google den verschiedenen Versionen gibt. Wie diese verschiedenen Angaben zusammenpassen,

entnehmen Sie Tabelle 17.1 (Versionen vor 4.0 sind kaum noch relevant und deshalb hier nicht aufgeführt).

Android-Version	API-Level	Spitzname
4.0.3	15	Ice Cream Sandwich
4.1.2	16	Jelly Bean
4.2.2	17	Jelly Bean
4.3.1	18	Jelly Bean
4.4.2	19	KitKat
4.4W2	20	KitKat
5.0.1	21	Lollipop
5.1.1	22	Lollipop
6.0	23	Marshmallow
7.0	24	Nougat
7.1	25	Nougat

Tabelle 17.1 Android-Versionen und API-Level

Welche Version von Android Ihr Gerät verwendet, finden Sie übrigens im ABOUT DEVICE/ÜBER DIESES GERÄT-Teil der Einstellungen.

17.1.2 Die erste Anwendung

Damit sind Sie nun bereit, Ihre erste Android-Anwendung zu entwickeln. Nach den fortgeschrittenen Java-Anwendungen der letzten Kapitel ist eine neue »Hallo Welt«-Anwendung zwar nicht sehr beeindruckend, aber Sie brechen schließlich in eine vollkommen neue Welt auf.

Erzeugen Sie also ein neues Projekt. Wählen Sie als APPLICATION NAME »Hello Android«. Anstatt des Packages, in dem die Anwendung erzeugt werden soll, geben Sie hier die COMPANY DOMAIN ein. Sie erinnern sich, dass der Package-Name meist mit der umgekehrten Internetdomäne des Herstellers beginnt. Auch wenn Sie keine Domäne besitzen, können Sie die Eingabe hier so vornehmen, dass der gewünschte Package-Name entsteht. Oder Sie geben durch einen Klick auf EDIT einen von der Domäne unabhängigen Package-Namen an.

Abbildung 17.3 Neues Projekt – Name und Package

Auf der nächsten Seite des Projekt-Wizards wählen Sie aus, für welches Gerät und welche Android-Version Sie das Projekt entwickeln. Hier sehen Sie auch, welche Verbreitung Android inzwischen wirklich erreicht hat. Neben Telefonen und Tablets können Sie auch Apps entwickeln, die auf Android-fähigen Fernsehern laufen, auf Googles Datenbrille Google Glass, auf anderen Wearable Devices und sogar im Auto.

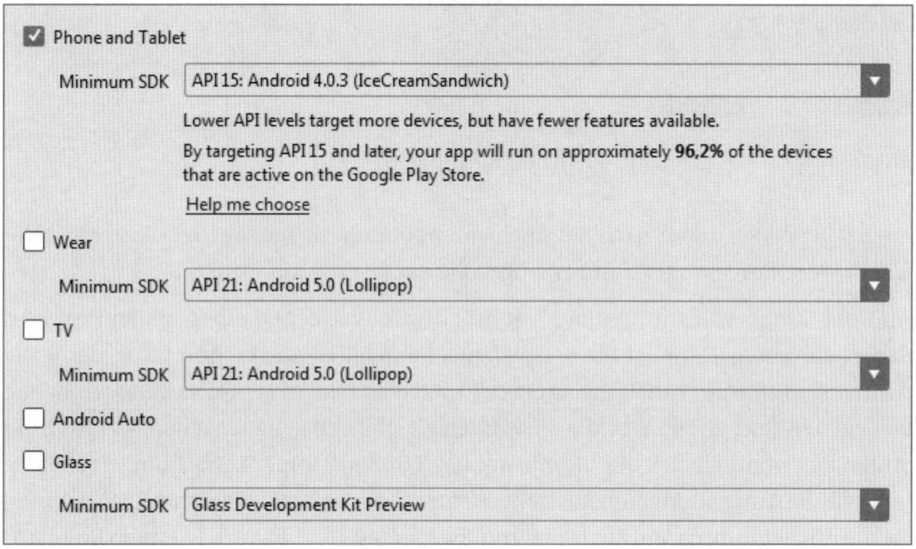

Abbildung 17.4 Neues Projekt – Zielplattform

Wählen Sie hier die Plattform PHONE AND TABLET und das MINIMUM SDK Android 4.0.3 aus. Genau wie die Java-Plattform ist auch Android abwärtskompatibel; Anwendungen, die für eine ältere Version entwickelt wurden, funktionieren immer auch auf neueren Versionen der Plattform. Natürlich stehen dann auch neuere Features nicht zur Verfügung, für ein »Hallo Welt« wird das aber kaum stören. Wir werden die Beispiele hier alle für Android 4.0.3 entwickeln, da ältere Geräte nicht mehr sehr verbreitet sind und Sie die Beispiele auch auf neueren Geräten ausführen können. Es stehen dann zwar nicht die neuesten Features zur Verfügung, aber für eine Einführung ist das auch nicht erforderlich.

Wählen Sie im nächsten Schritt eine *Activity* aus, die der Anwendung automatisch hinzugefügt wird. Activities sind das grundlegende Element einer Android-Oberfläche, Sie werden deshalb später mehr über sie erfahren. Wählen Sie eine EMPTY ACTIVITY aus.

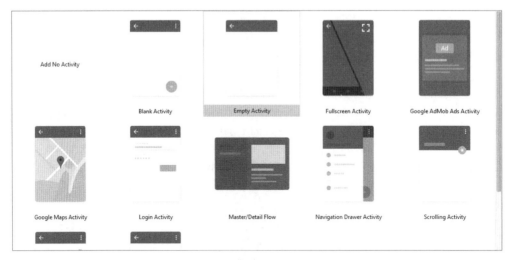

Abbildung 17.5 Neues Projekt – Aktivität hinzufügen

Zuletzt geben Sie dieser Aktivität noch einen Namen. Lassen Sie hier die vorgeschlagenen Werte unverändert, und erzeugen Sie das Projekt mit FINISH.

Android Studio wird nun einige Zeit arbeiten, das Anlegen eines neuen Projektes dauert ein wenig. Dann ist die Beispielanwendung aber auch schon fertig, denn wie der Zufall es so will, enthält die so erzeugte Activity bereits genau das, was wir haben wollen: den Text »Hello World!« Sie werden gleich noch genauer sehen, was Android Studio da eigentlich alles für Sie erzeugt hat. Für den Moment möchten wir aber sehen, wie die Anwendung nun aussieht. Wenn Sie ein Android-Gerät besitzen, können Sie die Anwendung darauf ausprobieren. Sie können sie aber auch in einem Emulator direkt auf Ihrem Computer testen. Da die zweite Option weniger aufwendig ist und außerdem allen Lesern zur Verfügung steht, beginnen wir damit.

17.1.3 Der Android Emulator

Der *Android Emulator* wird mit Android Studio zusammen installiert und erlaubt es Ihnen nicht nur, Android-Anwendungen auf Ihrem Computer auszuführen, sondern sogar, sie so auf einem bestimmtem emulierten Gerät auszuführen. Diese Emulation ist nicht immer perfekt. So stehen manche Features am Computer schlicht nicht zur Verfügung. Die Neigungs- und Beschleunigungssensoren, zum Beispiel, kann auch der beste Emulator nicht bereitstellen, wenn es diese Hardware einfach in Ihrem Computer nicht gibt. Viele Anwendungen verhalten sich im Emulator aber genauso wie auf einem echten Gerät. Dadurch wird die Entwicklung einfacher und effektiver.

Um ein bestimmtes Gerät emulieren zu können, muss für dieses ein *Hardwareprofil* installiert sein. Von Haus aus sind Profile für Googles eigene Nexus-Geräte sowie für diverse generische Telefone und Tablets dabei. Andere Hersteller bieten aber entsprechende Profile zum Download an. Sie können diese mehr oder weniger leicht finden, indem Sie im Internet nach dem Telefonmodell plus »hardware profile« suchen.

Für den Moment reichen die mitgelieferten Profile aber aus, um das Projekt auszuprobieren. Klicken Sie dazu auf den grünen PLAY-Knopf in der Werkzeugleiste. Im Dropdown-Feld daneben sollte die Anwendung *app* bereits als Voreinstellung ausgewählt sein. Es öffnet sich ein Dialog, in dem Sie auswählen, auf welchem Gerät die Anwendung ausgeführt werden soll. Unter der Option CHOOSE A RUNNING DEVICE können Sie einen bereits gestarteten Emulator oder ein mit dem Computer verbundenes Android-Gerät auswählen. Diese Option wird im nächsten Abschnitt interessant. Wählen Sie die Option LAUNCH EMULATOR aus, aber drücken Sie noch nicht auf OK. Klicken Sie stattdessen auf den Knopf ... hinter der Auswahlbox. Es öffnet sich ein weiteres Fenster, der *Virtual Device Manager*. Hier verwalten Sie die virtuellen Android-Geräte für den Emulator.

Drücken Sie den Knopf CREATE VIRTUAL DEVICE, um ein neues Gerät anzulegen. Dazu öffnet sich noch ein weiteres Fenster. Dort sehen Sie die Liste aller installierten Hardwareprofile. Wählen Sie das Profil NEXUS 4 aus der Gruppe PHONE aus, und klicken Sie auf NEXT.

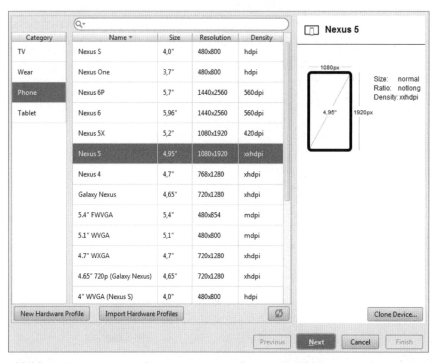

Abbildung 17.6 Neues emuliertes Gerät – Hardware auswählen

Als Nächstes werden Sie aufgefordert, ein *System Image* auszuwählen, die spezielle Ausprägung von Android, die von diesem Gerät verwendet werden soll. Die Liste sollte mindestens zwei Einträge für die anfangs installierte Android-Version, zum Beispiel Marshmallow, enthalten. Die beiden Einträge unterscheiden sich im Wert ABI. Wählen Sie den Eintrag ARMEABI-V7A aus, und lesen Sie den folgenden Kasten zur Bedeutung dieses Werts. Klicken Sie auf NEXT.

Abbildung 17.7 Neues emuliertes Gerät – System Image auswählen

Abschließend müssen Sie noch einen Namen für das neue Gerät festlegen. Geben Sie als AVD NAME ein »Nexus 5 API 23 armeabi«, um es von dem vorinstallierten Gerät unterscheiden zu können. Klicken Sie dann auf FINISH.

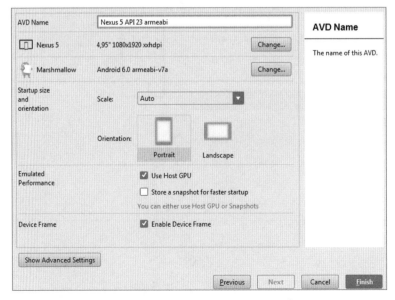

Abbildung 17.8 Neues emuliertes Gerät – Namen vergeben

> **Was ist ein ABI, und warum musste ich ein neues Gerät anlegen?**
>
> Das ABI hat nichts mit Ihrem Schulabschluss zu tun. Haha. Sorry. ABI steht für *Application Binary Interface*, eine Anwendungsschnittstelle auf Ebene von Maschinencode, weit unterhalb von dem, was Sie als Java-Entwickler sonst interessiert. Android unterstützt verschiedene ABIs, weil es verschiedene Prozessorarchitekturen unterstützt, die auch verschiedene Arten von Maschinencode verwenden. Es gibt zwei für Android wichtige Architekturen. Das ist zum einen die x86-Architektur, die Familie von Prozessoren, die höchstwahrscheinlich auch in Ihrem Computer arbeitet. Zum anderen ist das die ARM-Architektur, eine Familie von Prozessoren, die vorwiegend in mobilen Geräten zum Einsatz kommt. Einer Anwendung, die Sie in Android schreiben, ist es egal, auf welcher Art von Prozessor sie ausgeführt wird, aber für den Emulator müssen Sie auswählen, welche Art von Prozessor er emulieren soll.
>
> Damit hängt auch zusammen, dass Sie überhaupt ein neues Gerät anlegen mussten. Das in Android Studio vorinstallierte Gerät verwendet das x86-ABI. Ihr Computer benutzt sehr wahrscheinlich einen x86-Prozessor. Es müsste also ein x86-Prozessor auf einem anderen x86-Prozessor emuliert werden. Das ist zwar möglich, Sie müssten dafür aber potenziell spezielle Treiber installieren. Mit einem ARM-ABI haben Sie dieses Problem nicht.

Damit sind Sie endlich bereit, die Anwendung zu starten. Kehren Sie zurück in den Dialog zur Geräteauswahl, wählen Sie das neu angelegte Gerät, und klicken Sie auf OK. Es öffnet sich ein Fenster mit dem emulierten Telefon. Sie sehen, dass es sich dabei wirklich um ein vollwertig simuliertes Telefon handelt. Es muss sogar den recht langen Startvorgang durchlaufen. Deswegen bietet es sich an, den Emulator nicht nach jedem Versuch zu schließen und neu zu starten, sondern beim nächsten Versuch den bereits gestarteten Emulator als Zielgerät auszuwählen und so den Neustart zu vermeiden.

Wenn der Emulator dann endlich gestartet ist, können Sie die Anwendung noch immer nicht sofort verwenden. Sie müssen darauf warten, dass sie erfolgreich installiert wird. Wann es so weit ist, sehen Sie in der RUN-Ansicht von Android Studio, die sich im unteren Teil des Fensters öffnet, wenn der Emulator gestartet wird. Wechseln Sie dort auf den Tab APP, in dem Ausgaben Ihrer Anwendung zu sehen sind, und warten Sie, bis dort das Wort SUCCESS zu sehen ist.

Nun können Sie die Anwendung endlich testen. Wechseln Sie in das Emulatorfenster. Sie können das emulierte Telefon genau wie ein echtes Smartphone bedienen, da Ihr Bildschirm aber wahrscheinlich noch kein Touch-Interface unterstützt, müssen Sie die Maus verwenden. Um das emulierte Telefon zu entsperren, klicken Sie auf das Vorhängeschloss und bewegen den Mauszeiger bei gedrückter Maustaste zum oberen Rand des Telefons. Sie simulieren so eine *Swipe-Geste*. Das Telefon wird entsperrt, und die Anwendung sollte sofort aktiv sein. Sie sehen die Anzeige aus Abbildung 17.10.

Abbildung 17.9 Anwendung erfolgreich installiert

Abbildung 17.10 Die Anwendung im Emulator

Wie so oft sieht das nicht sehr beeindruckend aus, aber denken Sie kurz darüber nach, was passiert, um Ihnen dieses Bild zu zeigen: Ihr Computer simuliert einen anderen Computer, das Smartphone, und führt auf diesem ein Programm aus. Ich weiß nicht, wie Sie das finden, ich finde es verrückt. Außerdem funktioniert der Emulator nun – Sie können Android-Anwendungen direkt an Ihrem Computerbildschirm testen.

17.1.4 Auf dem Telefon ausführen

Falls Sie ein Android-Gerät besitzen, möchten Sie Ihre Anwendungen sicher auch darauf ausprobieren. Auch das ist möglich, und wenn es erst einmal eingerichtet ist, auch nicht schwieriger, als den Emulator zu verwenden. Leider gibt bei der Einrichtung einiges, was schiefgehen kann. Das ist nicht weiter überraschend, wenn man über die Komplexität des Ganzen nachdenkt, aber dadurch nicht weniger ärgerlich, wenn es nicht funktioniert. Hoffen wir, dass es bei Ihnen reibungslos funktioniert.

Als Erstes müssen Sie dazu den Entwicklermodus des Telefons aktivieren. Ab Android 4.2 ist diese Option verborgen. Um sie zu finden, folgen Sie den folgenden Anweisungen. Und ja, die sind ernst gemeint, kein Witz.

1. Öffnen Sie die Einstellungen des Geräts.
2. Finden Sie dort den Punkt ABOUT. Je nach Gerät heißt er ABOUT PHONE, ABOUT TABLET oder auf Deutsch ÜBER DAS TELEFON/TABLET oder TELEFONINFO.
3. Finden Sie dort den Punkt BUILD NUMBER oder auf Deutsch BUILD-NUMMER.
4. Tippen Sie diesen Punkt sieben Mal mit dem Finger an. Sie sollten einen Countdown sehen, wie oft Sie noch tippen müssen. Sehen Sie stattdessen die Meldung »Nicht nötig, Sie sind bereits Entwickler«, dann sind Sie bereits Entwickler.

Diese Anweisungen sollten für die meisten Android-Geräte funktionieren. Tun sie das nicht, oder können Sie einen der angegebenen Punkte nicht finden, muss ich Sie bitten, die Google-Suche um Hilfe zu bemühen. Suchen Sie nach dem Namen des Geräts und dem Wort »Entwicklermodus«, sollten Sie schnell fündig werden. Aufgrund der Vielzahl von Android-Geräten kann ich hier leider nicht auf alle Möglichkeiten eingehen.

Sie können nun auf die Entwickleroptionen Ihres Gerätes zugreifen, zu erreichen unter EINSTELLUNGEN • ENTWICKLEROPTIONEN. Dort finden Sie eine große Zahl von Optionen, die das Verhalten des Geräts beeinflussen und es Ihnen ermöglichen, verschiedene Szenarien auf dem Gerät zu testen. Sie benötigen für den Moment nur die Option USB DEBUGGING. Ist sie aktiviert, können Sie Programme über den USB-Anschluss auf dem Gerät installieren und Programme mit Android Studio debuggen.

[!] **Sicherheitshinweis**
Wenn Sie das Gerät gerade nicht zur Entwicklung benutzen, sollten Sie das USB Debugging deaktivieren. Theoretisch ist es zwar gegen Missbrauch gesichert – Sie müssen die Verbindung zu einem Computer auf dem Telefon bestätigen –, aber jede zusätzliche geöffnete Schnittstelle bietet Angriffsfläche, also deaktivieren Sie diese Option, wenn Sie gerade nicht entwickeln.

Wenn Sie USB Debugging aktiviert haben, können Sie endlich versuchen, die Anwendung auf dem Gerät auszuführen. Verbinden Sie das Gerät mit dem USB-Anschluss Ihres Computers. Klicken Sie dann in Android Studio wieder auf den Play-Knopf. Der Dialog zur Geräteauswahl öffnet sich wieder. Nun gibt es mehrere Möglichkeiten.

Wenn Sie auf dem Bildschirm Ihres Android-Gerätes einen Dialog sehen, der Sie auffordert, die Verbindung zum Computer zu bestätigen, dann sind Sie ein echter Glückspilz. Bestätigen Sie; Sie sollten dann sofort Ihr Gerät im Auswahlfenster sehen und die Anwendung starten können.

Erscheint der Dialog nicht auf Ihrem Telefon, und finden Sie Ihr Telefon auch nicht in der Geräteliste, fehlt Ihnen vielleicht der Treiber. Installieren Sie den Treiber für Ihr Gerät von der mitgelieferten CD oder von der Website des Herstellers. Sollte das Gerät auch dann noch nicht in der Liste auftauchen, hilft oft ein Neustart von Android Studio.

Sollte Ihr Gerät noch immer nicht in der Liste stehen, oder ist es dort im Status OFFLINE, können Sie noch versuchen, den USB-Verbindungsmodus zu ändern. Wischen Sie dazu die Statusleiste des Geräts nach unten, um die Meldungen zu sehen. Dort sollten Sie eine Meldung sehen, dass das Gerät per USB verbunden ist. Tippen Sie auf diese Meldung, gelangen Sie in eine Ansicht, in der Sie den Verbindungsmodus wählen können. Die Optionen heißen MTP und PTP. Wo genau der Unterschied zwischen diesen Modi liegt, ist nicht so wichtig; wechseln Sie vom ausgewählten Modus in den anderen, das Gerät sollte nun in der Liste erscheinen und im Status ONLINE sein.

Nun können Sie endlich auf OK drücken, und nach wenigen Sekunden sollte auf dem Bildschirm des Geräts ein fröhliches »Hello World!« zu sehen sein.

17.1.5 Die erste Android-Anwendung im Detail

Nachdem wir nun viel Zeit damit verbracht haben, die Beispielanwendung überhaupt zu sehen zu bekommen, können wir nun endlich damit beschäftigen, was in der Anwendung steckt. Falls sie nicht schon geöffnet ist, öffnen Sie die Projektansicht von Android Studio, indem Sie am linken Fensterrand auf 1: Project klicken. Sie sehen eine Projektstruktur, die in etwa Abbildung 17.11 entsprechen sollte.

17.1 Einstieg in die Android-Entwicklung

Abbildung 17.11 Die Projektansicht

Sie sehen sofort, dass ein Android-Projekt in seiner Komplexität eher einer Web-Anwendung oder einer JavaFX-Anwendung entspricht als einem reinen Java-Beispielprojekt. Es gibt neben den Quellcodedateien viele weitere Dateien, die für das Projekt notwendig sind.

Ganz oben sehen Sie die Datei *AndroidManifest.xml*. Manifestdateien kennen Sie schon aus Standard-Java-Projekten. Diese Datei hat eine ähnliche Aufgabe, sie enthält Daten über das Projekt, im Gegensatz zu Javas *MANIFEST.MF* handelt es sich aber um eine XML-Datei. Das Manifest des Beispielprojekts sollte in etwa so aussehen:

```xml
<?xml version="1.0" encoding="utf-8"?>
<manifest xmlns:android="http://schemas.android.com/apk/res/android"
    package="de.kaiguenster.helloandroid" >

    <application
        android:allowBackup="true"
        android:icon="@mipmap/ic_launcher"
        android:label="@string/app_name"
        android:supportsRtl="true"
        android:theme="@style/AppTheme" >
        <activity android:name=".MainActivity" >
            <intent-filter>
                <action android:name="android.intent.action.MAIN" />
                <category android:name="android.intent.category.LAUNCHER" />
            </intent-filter>
```

523

```
        </activity>
    </application>

</manifest>
```

Listing 17.1 Die Datei »AndroidManifest.xml«

Nicht alles an dieser Datei ist gerade interessant, aber betrachten wir einige Details aus dem `<application>`-Tag. Das Attribut `android:icon` benennt das Icon, mit dem die Anwendung in der Liste von Applikationen auf dem Endgerät zu sehen ist. Das @-Zeichen im Wert verweist immer auf eine andere Datei oder ein Verzeichnis, aus dem dieser Wert stammt. In diesem Fall verweist `@mipmap` auf das Verzeichnis *res/mipmap*. *res* steht für »Ressource«, hier werden also sämtliche Nicht-Code-Ressourcen der Anwendung abgelegt. `@mipmap/ic_launcher` bezeichnet das Unterverzeichnis *ic_launcher*, in dem das Icon zu finden ist. Sie sehen dort mehrere Icons, weil Sie Icon-Dateien für verschiedene Bildschirmauflösungen hinterlegen können. Das Endgerät wählt das passende Icon aus. Darunter sehen Sie das Attribut `android:label` mit dem Wert `@string/app_name`. Der Wert dieses Attributes ist der Name der Anwendung, der in der Applikationsliste, im Task Manager und anderswo angezeigt wird. `@string` verweist auf die Datei *strings.xml* unter *res/values*, die alle Textressourcen der Anwendung enthält. Diese Datei stellt den Internationalisierungsmechanismus von Android dar. Sie kann in verschiedenen Sprachvarianten vorliegen, verwendet werden dann die Einträge aus der Datei, die der Sprache des Telefons entspricht.

Wirklich interessant wird es bei dem in `<application>` verschachtelten `<activity>`-Tag. Wie weiter oben bereits angesprochen, sind Activities die Grundlagen des Android-User-Interfaces. An dieser Stelle im Manifest müssen sämtliche Activities Ihrer Anwendung deklariert werden, damit sie angezeigt werden können. Der Name in `android:name` wird mit dem `package`-Attribute des Manifests zusammengesetzt, um den voll qualifizierten Namen der `Activity`-Klasse zu bilden. Achten Sie auf den führenden Punkt!

In `<activity>` verschachtelt sehen Sie wiederum das Tag `<intent-filter>`. Mit ihm geben Sie an, wann diese Activity aufgerufen wird. Die beiden aufgeführten Einträge führen dazu, dass die Activity aufgerufen wird, wenn Ihre Anwendung startet. Auch wenn die Anwendung mehrere Activities enthält, wird sie immer zuerst die so definierte Activity aufrufen.

Über die gezeigten Einstellungen hinaus hat das Android-Manifest noch zwei weitere wichtige Funktionen. Sie können hier einstellen, welche Voraussetzungen ein Gerät haben muss, um die Anwendung auszuführen. So können Sie zum Beispiel angeben, dass Ihre Anwendung nur auf Geräten lauffähig ist, die über eine Kamera verfügen.

Außerdem geben Sie hier an, welche Permissions Ihre Anwendung braucht, zum Beispiel Zugriff auf die Kamera. Aus diesen Angaben wird der Dialog generiert, den Sie bei der Installation einer neuen Anwendung zu sehen bekommen. Versucht Ihre Anwendung, auf privilegierte Features wie zum Beispiel die Kamera zuzugreifen, ohne im Manifest die entsprechenden Permissions zu deklarieren, kommt es zur Laufzeit zu einem Fehler.

Unterhalb des Manifests sehen Sie in der Projektansicht die Java-Quellordner. Dort finden Sie die Klasse MainActivity, die Hauptaktivität der Klasse. Gedulden Sie sich noch ein wenig, gleich gibt es endlich Code zu sehen. Darunter sehen Sie, zart grün hinterlegt, die Klasse ApplicationTest. Es ist möglich, Testfälle für Komponenten Ihrer Android-Anwendung zu schreiben. Diese landen dann hier. Leider werden wir nicht den Platz haben, uns ausführlich mit Testen für Android zu beschäftigen.

Als Nächstes folgt der Ordner RES, der, wie oben bereits erwähnt, Texte und Bilder enthält, die die Anwendung verwendet.

Zuletzt sehen Sie noch den mysteriösen Punkt GRADLE SCRIPTS. Gradle ist das von Android Studio verwendete Buildsystem, ein Programm, das die diversen Schritte vom Quellcode zum Anwendungspaket automatisiert. Das funktioniert sehr gut, und es gibt für Sie eigentlich keinen Grund, sich mit Gradle auseinanderzusetzen, bis auf eine Kleinigkeit. Zwei sehr wichtige Werte finden Sie in der Datei *build.gradle*: minSdkVersion und targetSdkVersion.

Beide Werte beziehen sich auf die Version des Android-SDK, mit der Ihre Anwendung lauffähig ist. minSdkVersion bezeichnet die minimal benötigte Version. Auf einer niedrigeren Version kann Ihre Anwendung nicht ausgeführt werden, zum Beispiel weil Klassen in der Klassenbibliothek fehlen, die Sie benötigen. targetSdkVersion ist die Version, für die Sie die Anwendung entwickelt haben. Keine Sorge, Ihre Anwendung funktioniert auch in höheren Android-Versionen, Android ist schließlich immer abwärtskompatibel. Warum wird diese Angabe also benötigt? Genau für diese Kompatibilität. Es kann sein, dass sich manche Verhalten von Android oder der Klassenbibliothek von einer Version zur nächsten ändern. Durch die Angabe des Ziel-SDK weiß Android dann, dass die Anwendung noch das alte Verhalten erwartet. So funktionieren Anwendungen auch mit neuen Versionen, die Android-Plattform wird aber dadurch nicht gezwungen, ewig unverändert zu bleiben. Das ist einer der Punkte, auf den das JDK neidisch sein sollte.

17.2 Eine Benutzeroberfläche designen

Und damit ist das Vorgeplänkel endgültig zu Ende; es wird Zeit, in den Code zu schauen und Software zu entwickeln. Aber Vorsicht, wie schon öfter in diesem Buch werden Sie überrascht sein, wenn Sie den Code von MainActivity zum ersten Mal sehen. Öffnen Sie nun die Klasse.

```
public class MainActivity extends AppCompatActivity {

    @Override
    protected void onCreate(Bundle savedInstanceState) {
        super.onCreate(savedInstanceState);
        setContentView(R.layout.activity_main);
    }
}
```

Listing 17.2 Die Klasse »MainActivity«

MainActivity erbt von AppCompatActivity, einer Klasse aus der Android-Klassenbibliothek, die eine *ActionBar* unterstützt, die Leiste am oberen Bildrand einer Android-Anwendung, die Titel und Menüfunktionen enthält. Wenn Sie diese Funktionalität nicht benötigen, können sie auch direkt von Activity erben.

In jeder Activity gibt es grundlegende Methoden, die den groben Lebenszyklus der Activity beschreiben:

Methode	Beschreibung
onCreate	onCreate ist immer die erste Methode, die in einer Activity gerufen wird. Sie initialisiert die Activity und baut zum Beispiel die Benutzeroberfläche auf.
onRestart	Wird gerufen, wenn die Activity gestoppt wurde (siehe onStop) und nun wieder sichtbar wird. Anschließend wird immer onStart gerufen.
onStart	Wird gerufen, wenn die Activity für den User sichtbar wird.
onResume	Wird gerufen, wenn die Activity beginnt, mit dem User zu interagieren. Es kann immer nur genau eine Activity mit dem User interagieren. Nachdem onResume gerufen wurde, gehen alle Benutzereingaben an diese Activity, solange bis onPause gerufen wird. Meistens werden onStart und onResume sofort nacheinander aufgerufen, weil es nur eine sichtbare Activity gibt und diese auch gleichzeitig die ist, die mit dem Benutzer interagiert. Das muss aber nicht immer so sein, es ist möglich, dass eine Activity onStart und dann onStop empfängt, ohne zwischendurch onResume zu erhalten.

Tabelle 17.2 Der Lebenszyklus einer Activity

Methode	Beschreibung
onPause	Wird gerufen, wenn die Activity aufhört, mit dem Benutzer zu interagieren. Dies geschieht normalerweise, weil eine andere Activity sie verdrängt. In dieser Methode sollten Sie noch nicht gespeicherte Nutzereingaben speichern und CPU-intensive Operationen wie zum Beispiel Animationen stoppen, denn sonst laufen sie im Hintergrund weiter, verbrauchen wertvolle Prozessorzeit und leeren die Batterie.
onStop	Wird gerufen, bevor die Activity für den Benutzer nicht mehr sichtbar ist. Genau wie onStart und onResume wird onStop häufig sofort im Anschluss an onPause gerufen, aber das muss nicht immer so sein.
onDestroy	onDestroy ist die letzte Methode, die an einer Activity gerufen wird, bevor diese endgültig und unwiederbringlich entsorgt wird. Das passiert in genau zwei Situationen: Entweder wird die Activity von der Applikation durch den Aufruf von finish beendet, oder das System beendet die Aktivität, um Ressourcen freizugeben.

Tabelle 17.2 Der Lebenszyklus einer Activity (Forts.)

Die Einrückung in der Tabelle ist als Verschachtelung zu verstehen, in der eine Ebene nicht verlassen werden kann, ohne sie ordnungsgemäß zu beenden. Das heißt, dass eine Activity, die zuletzt das Signal onResume erhalten hat, nicht als Nächstes onStop erhalten kann. Zuerst muss sie die innere Verschachtelungsebene mit onPause verlassen. Wird eine Activity, die gerade mit dem Benutzer interagiert, plötzlich mit finish beendet, so empfängt sie nacheinander onPause, onStop und onDestroy.

MainActivity implementiert nur onCreate, denn sie tut nichts anderes, als die Benutzeroberfläche aufzubauen. Aber wie?

```
super.onCreate(savedInstanceState);
setContentView(R.layout.activity_main);
```

Listing 17.3 Methodenrumpf von »onCreate«

Der Aufruf von super.onCreate ist in diesem speziellen Fall nicht optional. Er muss da sein, sonst kann die Activity nicht erzeugt werden. Die Benutzeroberfläche wird mit setContentView erzeugt. Diese Methode setzt das View-Objekt, das für die Activity als Oberfläche dient. Der Parameter ist allerdings sehr merkwürdig. Die Klasse R ist in der Projektansicht nicht zu finden. Und das ist auch in Ordnung so, denn Sie werden an dieser Klasse nie manuell Änderungen durchführen.

R wird vom Android-SDK aus dem Inhalt des *res*-Verzeichnisses erzeugt. Sie finden darin Konstanten, die sämtliche Ressourcen des Projekts identifizieren. Das ist ein gewöhnungsbedürftiger Ansatz, hat aber einige Vorteile. Sie können zum Beispiel niemals den Namen einer Ressource falsch schreiben, der Compiler würde das sofort bemerken und Sie warnen. Das ist zumindest besser, als erst zur Laufzeit einen Fehler zu sehen.

Die Konstante `R.layout.activity_main` verweist auf die Datei *res/layout/activity_main.xml*, der Name der Konstanten korrespondiert direkt mit dem Dateinamen.

17.2.1 Layouts bearbeiten

Wenn Sie diese Datei öffnen, sehen Sie zunächst den WYSIWYG-Editor zum Editieren von Oberflächen. WYSIWYG steht für »What you see is what you get«. Was Sie in diesem Editor sehen, entspricht also dem, was Sie später auch im Emulator und auf einem Android-Gerät sehen werden.

Abbildung 17.12 Der Layout-Editor

Vieles wird Ihnen aus dem Kapitel zu JavaFX bekannt vorkommen. Sie sehen links eine Liste von Komponenten, die Sie verwenden können. Die verschiedenen Arten von Layout ordnen darin enthaltene Komponenten automatisch an. Die anderen Komponenten erfüllen Funktionen der Anzeige und Benutzerinteraktion. Dinge wie Button und CheckBox erfüllen dieselben Funktionen, die sie auch in JavaFX haben. Rechts sehen Sie im Komponentenbaum, wie die ausgewählte Komponente in andere Komponenten verschachtelt ist, darunter die Liste von Eigenschaften der ausgewählten Komponente.

Diese Ansicht mit ihren Werkzeugen ist aber letztendlich nur ein schöner Editor für eine XML-Datei. Sie können sich auch den Quelltext der Datei ansehen, und mit etwas Übung können Sie auch direkt im XML-Code arbeiten. Für manche Aufgaben sind Sie so schneller, zum Beispiel wenn Sie Attribute an vielen verschiedenen Elementen ändern möchten. Sie wechseln zwischen WYSIWYG und XML-Ansicht mit den Tabs DESIGN und TEXT am unteren Fensterrand.

Das XML für diese einfache Ansicht sieht so aus.

```xml
<?xml version="1.0" encoding="utf-8"?>
<RelativeLayout
    xmlns:android="http://schemas.android.com/apk/res/android"
    xmlns:tools="http://schemas.android.com/tools"
    android:layout_width="match_parent"
    android:layout_height="match_parent"
    android:paddingLeft="@dimen/activity_horizontal_margin"
    android:paddingRight="@dimen/activity_horizontal_margin"
    android:paddingTop="@dimen/activity_vertical_margin"
    android:paddingBottom="@dimen/activity_vertical_margin"
    tools:context="de.kaiguenster.helloandroid.MainActivity">

        <TextView
            android:layout_width="wrap_content"
            android:layout_height="wrap_content"
            android:text="Hello World!"
            android:id="@+id/textView"
            android:layout_gravity="center_horizontal" />

</RelativeLayout>
```

Listing 17.4 »Hallo Welt« in der XML-Ansicht

Die Tags und ihre Verschachtelung entsprechen genau den UI-Elementen: Das oberste Element ist ein Layout Manager vom Typ `RelativeLayout`, darin findet sich eine

`TextView`, ein Widget zur Textanzeige. Auch hier ist, wie Sie sehen, die @-Schreibweise zum Zugriff auf andere Dateien aus dem *res*-Verzeichnis möglich. Dies wird zum Beispiel für die Padding-Angaben ausgenutzt, wird aber auch für andere Attribute unterstützt. Speziell für Texte wird sogar dringend empfohlen, sie in die Datei *strings.xml* auszulagern, wo sie ordentlich internationalisiert werden können. Wenn Sie die TEXT-Ansicht öffnen, dann bietet Android Studio Ihnen an, Texte automatisch in Ressourcen umzuwandeln.

Lassen Sie uns nun die Oberfläche etwas erweitern, um auch mit ihr interagieren zu können. Als Erstes möchten wir das grundlegende Layout ändern. Dieser spezielle Schritt ist leider nur in der TEXT-Ansicht möglich. Sie können zwar, wenn Sie eine neue Layoutdatei erzeugen, ein anderes Layout auswählen, können dieses aber nicht nachträglich im WYSIWYG-Editor ändern. Wechseln Sie also in die TEXT-Ansicht und ändern Sie das Tag `<RelativeLayout…>` in `<LinearLayout…>`. Denken Sie daran, dieselbe Änderung auch am schließenden Tag vorzunehmen. Fügen Sie im öffnenden Tag außerdem das Attribut `android:orientation="vertical"` hinzu. Wenn Sie jetzt zurück in die DESIGN-Ansicht wechseln, sehen Sie im Komponentenbaum das `LinearLayout` als oberste Komponente, direkt unterhalb von DEVICE SCREEN. `LinearLayout` ordnet alle Komponenten strikt untereinander an, eine Komponente pro Zeile – für ein einfaches Design immer eine gute Option.

Ändern Sie als Nächstes den Text des `TextView`-Widgets. Sie können das im PROPERTIES-Bereich des Editors tun, wenn Sie das `TextView` auswählen. Das Attribut dort heißt `text`. Oder Sie können es in der TEXT-Ansicht tun, das Attribut dort heißt `android:text`. Oder Sie können das `TextView` doppelklicken, es öffnet sich dann ein Schnelleditor, in dem Sie Text und ID des Widgets ändern können. Setzen Sie als neuen Text »Geben Sie hier Ihren Namen ein:«. Wir sollten diesen Text natürlich eigentlich als Ressource in *strings.xml* auslagern, aber halten wir das Beispiel noch einfach und lassen ihn hier stehen.

Fügen Sie nun in der DESIGN-Ansicht eine Komponente vom Typ PERSON NAME hinzu. Durch das `LinearLayout` wird diese in eine neue Zeile unter die `TextView`-Komponente gesetzt und automatisch an die Bildschirmbreite angepasst. Doppelklicken Sie auf die neue Komponente, und weisen Sie ihr einen leeren Text und die ID `inputName` zu. Wenn Sie sich diese Komponente in der TEXT-Ansicht anschauen, dann fällt auf, dass das Tag dort nicht etwa `<PersonName>` heißt, sondern `<EditText>`, die spezielle Ausprägung als Name wird durch das Attribut `android:inputType` angegeben. Das ist ein typisches Muster; die Komponentenliste der DESIGN-Ansicht enthält viele Elemente, die technisch demselben Widget mit anderen Attributen entsprechen.

Fügen Sie als Letztes einen Button hinzu, dem Sie die ID `done` und den Text »Fertig« geben. Die Anwendung sollte nun etwa so aussehen wie in Abbildung 17.13.

17.2 Eine Benutzeroberfläche designen

Abbildung 17.13 Die veränderte Ansicht

Starten Sie die Anwendung mit dem PLAY-Button neu, entweder im Emulator oder auf Ihrem Android-Gerät. Es reicht nicht, die Anwendung auf dem Gerät oder im Emulator neu zu starten, Sie müssen dies in Android Studio tun, damit die neue Version der Anwendung auch installiert wird.

Die Anwendung sieht so aus wie auch im Editor. Sie können sogar Ihren Namen eingeben, im Emulator mit der Tastatur Ihres Computers. Aber wenn Sie auf FERTIG drücken, passiert noch nichts. Das ändert sich im nächsten Schritt.

17.2.2 Auf Widgets reagieren

Um darauf reagieren zu können, wenn der Benutzer den FERTIG-Knopf drückt, müssen Sie das Klick-Ereignis des Buttons mit einer Methode der Activity verknüpfen. Dazu setzen Sie am Button die Eigenschaft onClick auf den Namen einer Methode setzen, die Sie in der Activity implementieren. Geben Sie der Eigenschaft den Wert doneClicked.

Diese Methode implementieren Sie nun in MainActivity. Die Signatur aller Methoden, die auf Ereignisse aus der Benutzeroberfläche reagieren, muss wie folgt aussehen – bis auf den Namen, versteht sich.

```
public void doneClicked(View view)
```

Listing 17.5 Methodensignatur von »doneClicked«

public und void sind klar, die Methode wird von außen aufgerufen und gibt nichts zurück. Die als Parameter übergebene View ist das Widget, das das Ereignis ausgelöst hat. View ist die gemeinsame Oberklasse aller Widgets. Dadurch, dass die View als Parameter übergeben wird, können Sie dieselbe Methode an verschiedenen Widgets als Event-Handler registrieren und an der übergebenen View erkennen, welches Widget das Event ausgelöst hat. Als Nächstes wäre es schön, wenn auch wirklich etwas passierte, wenn ein Benutzer den Knopf drückt.

```
public void doneClicked(View view) {
    EditText textField = (EditText) findViewById(R.id.inputName);
    textField.setText(String.format("Hallo %s!", textField.getText()));
}
```

Listing 17.6 Ereignisbehandlung – Variante 1

Dieser Code tut noch nicht das, was in der fertigen Anwendung passieren soll. Er zeigt aber auf sehr einfache Weise, dass die Ereignisbehandlung funktioniert. Wenn der Knopf gedrückt wird, soll etwas mit der Benutzereingabe im Eingabefeld geschehen. Als Erstes wird also dieses Eingabefeld gesucht. Die Methode findViewById findet Widgets anhand ihrer ID. Genau wie oben schon setContentView erwartet findViewById eine numerische ID und nicht die ID, die Sie im Layout-Editor angegeben haben. Diese wird als Name für eine Konstante in R verwendet. Sie übergeben also diese Konstante an die Methode und erhalten als Rückgabewert eine Referenz auf das Widget.

> **Eindeutigkeit von Ids**
>
> findViewById findet ein View-Objekt, das im Komponentenbaum unterhalb der View liegt, in der die Methode aufgerufen wurde. In einer einfachen Aktivität wie dieser heißt das: Unterhalb des Root-Elements Ihres Layouts. Das bedeutet, dass IDs innerhalb eines Layouts eindeutig sein müssen, aber nicht notwendigerweise innerhalb der Anwendung.
>
> Ich empfehle Ihnen aber trotzdem, IDs global eindeutig zu machen, um Verwirrung zu vermeiden. Ein einfacher Weg, diese Eindeutigkeit zu erreichen, ist, IDs immer mit dem Namen Ihres Layouts zu präfixen. Sie verwenden dann zum Beispiel mainActivity_inputName anstatt nur inputName.

Die zweite Codezeile zeigt nichts Neues. Der Text des Eingabefelds wird ausgelesen, durch String.format wird daraus ein Gruß an den eingegebenen Namen gemacht, dieser Gruß wird als neuer Text des Eingabefelds gesetzt. Alles ganz einfach – probieren Sie es aus.

17.2.3 Das Android-Thread-Modell

Auch wenn das Thread-Modell von Android aus Platzgründen hier nicht im Detail erläutert werden kann, ist ein Hinweis darauf extrem wichtig. Die Methoden zur Event-Behandlung werden im UI-Thread der Anwendung abgearbeitet, demselben Thread, der auch die Benutzeroberfläche zeichnet und Interaktion mit dem Benutzer überhaupt ermöglicht. Diesen Thread dürfen Sie niemals blockieren. Das heißt, Sie dürfen in den Event-Methoden keine zeitaufwendigen Operationen ausführen, also zum Beispiel aufwendige Berechnungen oder Warten auf Antwort des Netzwerks. Solche Operationen müssen immer in einem eigenen Thread ausgeführt werden.

Dann gibt es aber einen weiteren Fallstrick, denn nur der UI-Thread darf den Status der Benutzeroberfläche ändern. Wenn am Ende der Operation also eine Ausgabe erfolgen soll, dann muss diese Ausgabe wieder im UI-Thread erfolgen. Um das einfach zu ermöglichen, gibt es in Android mehrere Methoden, die aus einem beliebigen Thread Aufgaben an den UI-Thread zurückdelegieren können. Wenn Sie innerhalb einer Activity arbeiten, verwenden Sie die Methode `runOnUiThread`. Befinden Sie sich in einer View, zum Beispiel wenn Sie eigene Widgets entwickeln, dann benutzen Sie die `post`-Methode. Beide erwarten ein `Runnable` als Parameter. In beiden Fällen landen die übergebenen `Runnables` in einer Queue **und werden nacheinander abgearbeitet**. Ein typisches Muster sieht so aus:

```
public void buttonClicked(View v) {
    new Thread(new Runnable() {
        public void run() {
            final Object ergebnis = langeRechnung();
            MainActivity.this.runOnUiThread(new Runnable() {
                public void run() {
                    MainActivity.this.zeigeErgebnis(ergebnis);
                }
            });
        }
    }).start();
}
```

Listing 17.7 Ein typisches Beispiel für Threads in Android

Die Berechnungen in der folgenden Aufgabe und auch in den meisten Beispielen dieses Kapitels sind nicht so aufwendig, dass ein eigener Thread nötig wäre. Es ist aber trotzdem wichtig, dass Sie das Modell kennen, sonst werden Sie in Ihrer ersten echten Anwendung sehr wahrscheinlich in Probleme laufen, die Sie sich nicht erklären können.

17.2.4 Übung: Ein ganz einfacher Rechner

Zeit, selbst zu arbeiten. Schreiben Sie eine neue Android-Anwendung, in der Sie zwei Zahlen angeben können, und die auf Knopfdruck deren Summe berechnet und anzeigt.

17.3 Anwendungen mit mehreren Activities

Nur wenige Anwendungen kommen mit einer Maske für die Benutzeroberfläche aus. Sobald es auch nur ein wenig komplexer wird, wechseln Sie immer zwischen mehreren Ansichten und damit in Android zwischen mehreren Activities. Ein einfaches »Hello World«-Programm käme zwar bestimmt mit einer Activity aus, aber wir können den Gruß auch in einer neuen Activity anzeigen.

Als ersten Schritt dazu brauchen Sie die zweite Activity. Legen Sie eine neue Activity an, indem Sie in der Projektansicht auf das Package der MainActivity (unter *app/src/main/java*) rechtsklicken und aus dem Popup-Menü NEW • ACTIVITY • EMPTY ACTIVITY auswählen. Geben Sie dieser neuen Activity den Namen Greeting. Android Studio legt automatisch das passende Layout dazu mit dem Namen *activity_greeting.xml* an. Öffnen Sie dieses Layout in der TEXT-Ansicht, und fügen Sie im Tag <RelativeLayout…> das Attribut android:id="@+id/greeting_content" hinzu. Das war es schon; fügen Sie dem Layout keine Widgets hinzu, wir erzeugen die Anzeige diesmal aus dem Java-Code heraus.

> **IDs anlegen**
>
> Für IDs gibt es neben der @-Syntax, mit der Sie eine Ressource referenzieren, die @+-Syntax, die Sie oben sehen. Diese gibt es nur für IDs, und sie sorgt dafür, dass die ID angelegt wird. Beim ersten Mal, wenn Sie eine ID verwenden – also meistens im Layout, wo die Komponente angelegt wird –, müssen Sie @+ verwenden.

17.3.1 Activity wechseln mit Intents

Jetzt soll die neue Activity auch in der Anwendung verwendet werden. Um zu einer anderen Activity zu wechseln, reicht es in Android nicht, diese zu instanziieren oder sie über einen Methodenaufruf zur aktuellen Activity zu machen. Sie müssen zunächst ein Zwischenobjekt erzeugen, erst durch dieses können Sie eine andere Activity aufrufen. Das Zwischenobjekt ist eine Instanz von Intent.

Dieser Weg, zu einer anderen Activity zu wechseln, ist ein klein wenig umständlicher, als direkt eine neue Activity zu setzen. Es gibt aber einen guten Grund dafür, denn ein Intent kann mehr, als nur zu einer anderen Activity derselben Anwendung zu wechseln.

Ein Intent beschreibt die Absicht, etwas zu tun. In diesem Beispiel ist die Absicht, eine andere Activity in den Vordergrund zu bringen. Mit demselben Mechanismus können Sie aber auch die Absicht ausdrücken, eine Telefonnummer anzurufen. Mit diesem Intent-Objekt können Sie zu einer Activity einer anderen Anwendung wechseln, die diese Absicht umsetzen kann. Das kann eine Activity der Dialer-Anwendung sein, der Anwendung, die aus Ihrem Smartphone ein Telefon macht, aber andere Anwendungen wie zum Beispiel Skype können die Absicht »anrufen« auch umsetzen. Wenn Sie Ihre Anwendung entwickeln, wissen Sie nicht, welche anderen Anwendungen der Benutzer auf seinem Endgerät installiert hat. Sie könnten also nicht einfach eine Activity von Skype instanziieren und aufrufen, denn Sie wissen nicht, ob die Anwendung installiert ist. Außerdem bräuchten Sie den Skype-Quellcode, um Ihre Anwendung kompilieren zu können, und Microsoft wird ihn eher nicht herausgeben. Intents bieten eine einfache Lösung dafür. Sie tun Ihre Absicht kund, jemanden anzurufen, und das System findet eine Anwendung, die das erledigen kann.

Wie Sie einen Intent zum Telefonieren einsetzen können, sehen Sie im nächsten Abschnitt. Jetzt soll erst einmal die neue Activity von »Hello Android« aufgerufen werden. Dazu ersetzen Sie die Methode doneClicked in MainActivity durch den Code in Listing 17.8:

```
public static final String EXTRA_NAME = "de.kaiguenster.helloandroid.NAME";

public void doneClicked(View view) {
    EditText textField = (EditText) findViewById(R.id.inputName);
    String name = textField.getText().toString();
    Intent next = new Intent(this, Greeting.class);
    next.putExtra(EXTRA_NAME, name);
    startActivity(next);
}
```

Listing 17.8 Den Namen in eine andere Activity senden

In den ersten zwei Zeilen gibt es nichts Neues. Eine Referenz auf das Eingabefeld wird gefunden und sein Inhalt ausgelesen. Als Nächstes wird ein Intent-Objekt erzeugt. Wenn Sie, wie in diesem Fall, eine Ihnen bekannte Klasse in den Vordergrund bringen wollen, dann können Sie den gezeigten Intent-Konstruktor mit zwei Parametern verwenden. Der erste Parameter ist der Kontext Ihrer Anwendung, bereitgestellt zum Beispiel durch die aktuelle Activity, der zweite Parameter ist das Class-Objekt der neuen Activity.

Um den Benutzer namentlich zu grüßen, müssen Sie den eingegebenen Namen an die neue Activity weitergeben. Für den Transport aller Arten von Daten bietet Intent die Extras an, im Wesentlichen eine Map, in der Sie benannte Parameter ablegen. Für Standardaktionen wie Anrufen sind die Parameternamen definiert und in Konstanten in Intent hinterlegt. Für Ihre eigene Anwendung legen Sie eigene Konstanten an.

Zuletzt übergeben Sie den so erzeugten Intent an die Methode startActivity. Wenn Sie die Anwendung jetzt ausprobieren, dann werden Sie die neue Activity bereits sehen, sie ist aber noch völlig leer. Um dort den Gruß anzuzeigen, müssen Sie noch Code in der Greeting-Klasse schreiben. Die onCreate-Methode sollte dort so aussehen wie in Listing 17.9:

```java
@Override
protected void onCreate(Bundle savedInstanceState) {
    super.onCreate(savedInstanceState);
    setContentView(R.layout.activity_greeting);

    Intent caller = getIntent();
    String name = caller.getStringExtra(MainActivity.EXTRA_NAME);
    String greeting = String.format("Hallo %s!", name);
    TextView tv = new TextView(this);
    tv.setText(greeting);
    ViewGroup layout = (RelativeLayout) findViewById(R.id.greeting_content);
    layout.addView(tv);
}
```

Listing 17.9 Den gesendeten »Intent« empfangen

Die ersten beiden Zeilen sind die Standardimplementierung von `onCreate`: super aufrufen und das Layout setzen. Danach wird der Intent empfangen und verarbeitet. Sie erhalten den Intent, mit dem die Activity gestartet wurde, niemals als Methodenparameter, sondern müssen ihn sich mit `getIntent` selbst beschaffen. Den übergebenen Namen lesen Sie mit `getStringExtra` aus, wobei Sie die Konstante aus `MainActivity` verwenden. Äquivalente Methoden gibt es auch für alle anderen Arten von Extras. Aus dem Namen wird wie zuvor auch der Gruß erzeugt.

Dann muss der Gruß noch angezeigt werden. Wie oben bereits angedeutet, wird die `TextView` dafür dieses Mal programmatisch erzeugt. An einem neuen `TextView`-Objekt wird mit `setText` der anzuzeigende Text eingestellt. Dann wird mit `findViewById` das Layout der Activity gesucht, wofür dem Layout oben eine ID zugewiesen wurde, und die neue `TextView` diesem Layout hinzugefügt. Fertig. Wenn Sie die Anwendung jetzt testen, werden Sie nach Drücken des FERTIG-Knopfs auf einer ansonsten leeren Ansicht gegrüßt.

17.3.2 Der Activity Stack

Ihre Benutzer können nun mit einem Knopfdruck von einer Activity zur anderen wechseln. Aber wie kommen sie wieder zurück? Jedes Android-Gerät hat eine ZURÜCK-Taste, und wenn Sie diese in der `Greeting`-Activity ausprobieren, stellen Sie, ohne eine Zeile Code dafür zu schreiben, fest, dass sie bereits funktioniert.

Das liegt daran, dass eine neue Activity die andere nicht einfach ersetzt. Wenn Sie zu einer neuen Activity navigieren, dann wird diese oben auf den *Activity Stack* gelegt. Dort liegen alle Activities, die in Ihrer Anwendung gestartet wurden. Die erste Activity liegt auf dem Stack »unten«, die letzte geöffnete Activity liegt »oben«. Die oberste Activity im Stack interagiert mit dem Nutzer.

Die ZURÜCK-Taste tut nichts anderes, als die oberste Activity wieder vom Stack zu entfernen. Dadurch wird die darunterliegende Activity wieder sichtbar und interagiert mit dem Benutzer. Die so entfernte Activity ist verloren, und es gibt keinen Weg, sie wiederzubekommen.

Es gibt immer wieder einmal Fälle, wo der Activity Stack nicht das Verhalten erzeugt, das Sie sich für Ihre Anwendung wünschen. Eine häufige Anforderung ist zum Beispiel, die aktuelle Activity auf dem Stack zu ersetzen, so dass die ZURÜCK-Taste nicht zu ihr zurückkehrt, sondern sofort zur Activity darunter. Für die »Hello Android«-Anwendung würde das zum Beispiel bedeuten, dass Sie von Greeting aus nicht zu MainActivity zurückkehren, sondern die Anwendung gleich völlig verlassen. Das ist sehr einfach umzusetzen, Sie müssen nur nach dem Aufruf von startActivity noch einen Aufruf zu finish hinzufügen. Die alte Activity wird dann beendet und vom Stack entfernt, die neue tritt an ihre Stelle.

Das ist ein einfacher Fall. Sie können das Default-Verhalten des ZURÜCK-Knopfs in einer Activity aber auch komplett durch Ihr eigenes ersetzen, indem Sie die Methode onBackPressed überschreiben. Bedenken Sie aber, dass der Benutzer an das übliche Verhalten des ZURÜCK-Knopfes gewöhnt ist und dieses auch erwartet. Wird diese Erwartung enttäuscht, weil Ihre Anwendung nicht zur vorherigen Aktivität navigiert, sondern einen lustigen Soundeffekt abspielt, dann frustriert das den Benutzer und kann dazu führen, dass er die Anwendung nicht mehr verwendet oder deinstalliert.

Ein sinnvoller Einsatz der Methode onBackPressed kann sein, eine Bestätigung vom Benutzer einzuholen, dass er die aktuelle Activity verlassen will. Hat er Daten eingegeben, aber noch nicht gespeichert, könnte er für diese Nachfrage dankbar sein. Das kann zum Beispiel so aussehen wie in Listing 17.10:

```java
@Override
public void onBackPressed() {
    if (allesGespeichert()) {
        finish();
    } else {
        new AlertDialog.Builder(this)
                .setMessage("Nicht gespeichert. Wirklich verlassen?")
                .setCancelable(false)
                .setNegativeButton("Nein", null)
                .setPositiveButton("Ja", new DialogInterface.OnClickListener() {
                    public void onClick(DialogInterface dialog, int id) {
                        MyActivity.this.finish();
                    }
                })
```

```
            .show();
    }
}
```

Listing 17.10 Den »Zurück«-Knopf bestätigen lassen

Sind alle Daten gespeichert, wird sofort `finish` gerufen und die Activity so vom Stack entfernt. Anderenfalls wird die Android-Klasse `AlertDialog.Builder` verwendet, um ein Dialogfenster zu bauen, das dem Benutzer dann mit `show` angezeigt wird. Der `Builder` bietet ein Fluent Interface, mit dem Sie den Dialog in einer Kette von Aufrufen zusammenstellen können. Mit `setMessage` setzen Sie den Text des Dialogs; `setCancelable(false)` führt dazu, dass der Benutzer den Dialog nur über die angebotenen Knöpfe verlassen kann. Die Knöpfe generieren Sie mit den Methoden `setNegativeButton` und `setPositiveButton`. Für beide Methoden ist der erste Parameter der Text des Knopfes – der wirklich aus einer String-Ressource kommen sollte – und der zweite Parameter der Handler, der auf Knopfdruck aufgerufen wird. Für den Nein-Fall geben Sie einfach keinen Handler an. Der Dialog wird in jedem Fall geschlossen, und sonst müssen Sie nichts tun, um in derselben Activity zu bleiben. Der Ja-Knopf erhält als Handler eine anonyme Instanz von `DialogInterface.OnClickListener`, die die Activity beendet. Zur Erinnerung, da die verwendete Syntax wirklich selten vorkommt: Wenn die innere Klasse in einer Klasse namens `MyActivity` deklariert ist, dann referenziert `MyActivity.this` die umgebende Instanz Klasse. `MyActivity.this.finish()` beendet also die aktuelle Activity vom Typ `MyActivity`.

17.3.3 An andere Anwendungen verweisen

Sie haben nun schon gesehen, wie Sie den Benutzer an eine Activity Ihrer eigenen Anwendung weiterleiten. Aber wie oben angekündigt, können Sie auch an andere Activities verweisen, indem Sie angeben, was Ihre Absicht ist. Im Beispiel in Listing 17.11 sehen Sie, wie einfach es ist, aus Ihrer Anwendung heraus einen Anruf auszulösen. Die Anwendung dazu finden Sie in den Downloads (*www.rheinwerk-verlag.de/4096*) unter dem Namen »PhoneBooth«.

```
public void callClicked(View view) {
    EditText numberField = (EditText) findViewById(R.id.number);
    String number = numberField.getText().toString();
    Intent next = new Intent(Intent.ACTION_DIAL);
    next.setData(Uri.parse("tel:" + number));
    startActivity(next);
}
```

Listing 17.11 Einen Anruf auslösen

Die ersten beiden Zeilen lesen nur eine Telefonnummer aus einem Eingabefeld. Dann wird es interessant: Anstatt einer Klasse wird als Absicht eine String-Konstante aus Intent übergeben. Intent.ACTION_DIAL ist selbsterklärend; die Absicht des Programms ist, jemanden anzurufen. Die Nummer übergeben Sie im data-Feld des Intent als URI. Ein URI besteht aus einem Protokoll und einem Identifier, getrennt durch einen Doppelpunkt. Das Protokoll tel stellt klar, dass es sich hier um eine Telefonnummer handelt, der Identifier ist die Nummer selbst. Wollen Sie einen Notruf absetzen, dann lautet der URI dazu tel:110. Wenn Sie diesen Intent mit startActivity absenden, öffnet sich die Dialer-Anwendung mit der Nummer. Sie müssen nur noch auf ANRUFEN klicken.

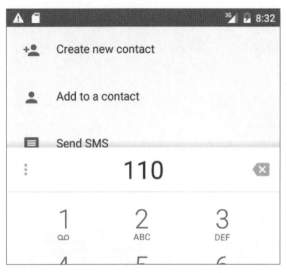

Abbildung 17.14 Der Dialer, fertig zum Wählen

Wenn Sie nun den ZURÜCK-Knopf betätigen, führt der zurück in Ihre eigene Activity. Nur weil die Dialer-Activity aus einer anderen Anwendung stammt, verdrängt sie Ihre Activities nicht vom Stack. Es ist allerdings möglich, dass die mehrmals ZURÜCK drücken müssen. Die Dialer-Anwendung der Nexus-Telefone zum Beispiel legt mehrere Activities auf den Stack, um die Nummer anzuzeigen.

Das System von Actions und Data ist mächtig und flexibel, Sie können damit verschiedenste Arten von Aktionen in Ihre Anwendung einbinden. Geben Sie anstatt des tel-URI den URI content://contacts/people/1 an, öffnet sich wieder der Dialer, aber nun mit dem Kontakt mit der ID 1 aus Ihrem Telefonbuch. Mit diesem URI, aber der Aktion ACTION_EDIT öffnet sich die Telefonbuch-Anwendung zum Editieren des Kontakts. Auch das kratzt nur an der Oberfläche; mit der richtigen Kombination aus Action, Data und Category (hier nicht verwendet) können Sie viele Aktionen auslösen und zum Beispiel einen Kontakt auswählen und an Ihre Anwendung zurückgeben, eine Nachricht verschicken, eine Webseite öffnen und mehr. Ebenso können Sie mit Ihrer eigenen Anwendung auf solche Intents reagieren, so dass Ihre Anwendung zum Beispiel zur Auswahl steht, wenn der Benutzer eine Nachricht versenden möchte. Das ist allerdings ein fortgeschrittenes Thema.

17.4 Permissions und SystemServices

Wenn Sie schon einmal eine App aus dem Google Store installiert haben, dann kennen Sie auch den *Permission*-Dialog, der Sie darüber aufklärt, welche besonderen Features die Anwendung verwendet.

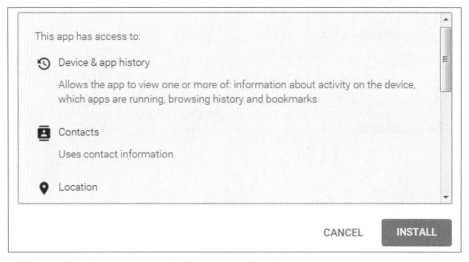

Abbildung 17.15 Der Permission-Dialog aus dem Play Store

Es ist gut, dass Sie als Benutzer darüber informiert werden, welche Features die App nutzen möchte, und dies auch bestätigen müssen. Man vergisst nämlich leicht, dass man ständig ein Gerät in der Tasche herumträgt, das die eigene Position bestimmen kann, Umgebungsgeräusche aufzeichnen, kostenpflichtige Telefonnummern anrufen und noch einiges mehr. Der Dialog ist zwar kein perfekter Schutz vor Missbrauch, aber wenn das neue »Vier Gewinnt«-Spiel Anrufe tätigen möchte, dann können Sie zumindest stutzig werden.

Als Entwickler von Anwendungen bedeutet das für Sie aber, dass Sie den Benutzer um Erlaubnis fragen müssen, um auf zugriffsbeschränkte Features zuzugreifen. Leider haben viele APIs, für die Sie Permissions deklarieren müssen, auch ein komplexeres Programmiermodel, was sie für ein übersichtliches Beispiel ungeeignet macht. Aber zum Glück sind Sie ja inzwischen an alberne Beispiele gewöhnt, und so suchen wir eine API aus, die einfach zu verwenden ist. Das folgende Beispiel verwendet den

Vibrator Ihres Android-Geräts. Leider funktioniert das nicht im Emulator; wenn Sie dieses Beispiel selbst nachvollziehen möchten, müssen Sie das auf einem echten Gerät tun.

Legen Sie ein neues Projekt an. Fügen Sie auch diesem Projekt von Anfang an eine EMPTY ACTIVITY zu. Dann kann es auch schon losgehen.

17.4.1 Den Benutzer um Erlaubnis fragen

Um beschränkte Features wie den Vibrator zu benutzen, müssen Sie die entsprechende Permission im Android-Manifest deklarieren. Wenn Sie das nicht tun und dennoch versuchen, etwas Verbotenes zu tun, kommt es zu einer Security-Exception.

Aus den im Android-Manifest eingetragenen Permissions generiert Googles Play Store den Installationsdialog, wie Sie ihn oben sehen. Durch die Installation erteilt der Benutzer gleichzeitig die benötigten Permissions. Von der großen Zahl von Permissions, die Android theoretisch kennt, brauchen Sie für gewöhnliche Apps nur wenige. Eine Auswahl finden Sie in der Tabelle 17.3, die vollständige Liste können Sie unter *http://developer.android.com/reference/android/Manifest.permission.html* einsehen.

Permission	Bedeutung
ACCESS_COARSE_LOCATION	Zugriff auf die grobe Position, z. B. durch WLAN-SSIDs in der Umgebung
ACCESS_FINE_LOCATION	Zugriff auf die genaue Position (GPS)
CALL_PHONE	Telefonanrufe tätigen, ohne dafür die Dialer-Anwendung zu starten
CAMERA	die Kamera benutzen
INTERNET	Erlaubt es, beliebige Netzwerkports zu öffnen.
READ_CALENDAR/WRITE_CALENDAR	lesender oder schreibender Zugriff auf die Kalender des Benutzers
READ_CONTACTS/WRITE_CONTACTS	lesender oder schreibender Zugriff auf die Kontaktdatenbank des Benutzers
SEND_SMS	Die Anwendung darf SMS versenden.
VIBRATE	Zugriff auf den Vibrator

Tabelle 17.3 Einige wichtige Android-Permissions

Wenn Sie diese Permissions im Android-Manifest eintragen, müssen Sie sie noch jeweils mit dem Präfix `android.permission` versehen. Für die Beispielanwendung beginnt das Manifest also so:

```
<?xml version="1.0" encoding="utf-8"?>
<manifest xmlns:android="http://schemas.android.com/apk/res/android"
    package="de.kaiguenster.vibrato">

    <uses-permission android:name="android.permission.VIBRATE"/>

    <application …
```

Listing 17.12 Android-Manifest mit Erlaubnis zum Vibrieren

Das Tag im Manifest, mit dem Sie Permissions deklarieren, heißt `uses-permission`, und Sie müssen es für jede Permission, die Ihre Anwendung benötigt, wiederholen.

Damit kann es nun an den Java-Code gehen.

17.4.2 Zugriff auf einen SystemService erlangen

Alles, was in Android direkten Zugriff auf Features des Betriebssystems oder der Hardware erlaubt, wird durch einen `SystemService` zur Verfügung gestellt.

Einen solchen `SystemService` erhalten Sie von der Methode `getSystemService`, die in jeder Activity zur Verfügung steht. Als Parameter erwartet die Methode einen String, den Namen des gewünschten Services. Für die von Android vorgegeben Services existieren Konstanten in der Klasse `android.content.Context`. Für den Vibrationsservice heißt sie `Context.VIBRATOR_SERVICE`. Sie können eine Referenz auf den Service in der `onCreate`-Methode der Activity holen und in einer Instanzvariablen speichern:

```
Vibrator vibrator;

@Override
protected void onCreate(Bundle savedInstanceState) {
    super.onCreate(savedInstanceState);
    setContentView(R.layout.activity_main);
    this.vibrator = (Vibrator) getSystemService(Context.VIBRATOR_SERVICE);
}
```

Listing 17.13 Einen »SystemService« verwenden

17.4.3 Den Vibrationsservice verwenden

Sie müssen jetzt den Vibrationsservice nur noch benutzen. Da seine Aufgabe sehr klar umrissen ist, kennt er auch nur wenige Methoden. Zunächst können Sie mit `hasVibrator` prüfen, ob die Hardware überhaupt ein Vibrationsmodul hat. Das ist die einzige Methode des Services, die Sie rufen können, ohne die »Lizenz zum Vibrieren« zu haben.

Dann gibt es mehrere überladene `vibrate`-Methoden, die genau das tun, was der Name suggeriert. Mit einem einzelnen `long`-Parameter wird der Vibrator für so viele Millisekunden angeschaltet. Viele Anwendungen geben komplexere Vibrationssignale, Kombinationen aus langen und kurzen Vibrationen. Dazu müssen Sie nicht selbst das Timing basteln, eine weitere `vibrate`-Methode nimmt als Parameter ein `long[]` und einen `int`. Das Array enthält ein Muster, wie viele Millisekunden der Vibrator jeweils an- und ausgeschaltet sein soll. Der `int`-Wert gibt einen Index im Muster an, ab dem es wiederholt wird, -1 bedeutet keine Wiederholung. Keine der `vibrate`-Methoden blockiert übrigens, alle kehren sofort zurück und lassen den Vibrator im Hintergrund arbeiten.

Ein Tipp für echte Profis: Der erste Wert im Muster gibt nicht die Länge der ersten Vibration an, sondern die Pause vor der ersten Vibration. Das ist im Javadoc der Methode dokumentiert. Anstatt es zu lesen, kann man sich aber auch wie ich eine halbe Stunde wundern, warum ein völlig falsches Muster vibriert wird ...

Zuletzt gibt es noch die `cancel`-Methode, die die aktuelle Vibration stoppt.

17.4.4 Übung: Die Samuel-Morse-Gedenkübung

Was können wir jetzt mit dem Zugriff auf den Vibrator Interessantes tun? Wie wäre es mit ein wenig Anachronismus? Bringen Sie das gute alte Morse-Alphabet auf Ihr modernes Kommunikationsgerät, und schreiben Sie eine Anwendung, in der der Benutzer einen Text eingeben kann, der dann mit dem Vibrator im Morse-Code ausgegeben wird.

Eine kurze Einführung in den Morse-Code

Sie kennen wahrscheinlich die Grundlage des Morse-Codes: Zeichen werden als eine Abfolge von kurzen und langen Signalen dargestellt, häufig dargestellt als Punkte (*dots*) und Striche (*dashes*). Um das programmatisch sauber umzusetzen, ist eine etwas genauere Definition für diese Signale notwendig.

- Grundlage für alles andere ist das Punktsignal. Seine Länge ist variabel, aber 200 ms funktioniert gut.

- Ein Strichsignal entspricht drei Punktsignalen.
- Die Pause zwischen zwei Signalen desselben Zeichens ist ein Punktsignal lang.
- Die Pause zwischen zwei Zeichen ist drei Punktsignale lang.
- Die Pause zwischen zwei Wörtern ist sieben Punktsignale lang.

In Tabelle 17.4 finden Sie das Morse-Alphabet, und damit wissen Sie genug, um die Aufgabe zu lösen.

Zeichen	Code	Zeichen	Code	Zeichen	Code
A	·-	M	--	Y	-·--
B	-···	N	-·	Z	--··
C	-·-·	O	---	1	·----
D	-··	P	·--·	2	··---
E	·	Q	--·-	3	···--
F	··-·	R	·-·	4	····-
G	--·	S	···	5	·····
H	····	T	-	6	-····
I	··	U	··-	7	--···
J	·---	V	···-	8	---··
K	-·-	W	·--	9	----·
L	·-··	X	-··-	0	-----

Tabelle 17.4 Das Morse-Alphabet

17.5 Apps im Play Store veröffentlichen

Wenn Sie einige Anwendungen entwickelt haben, dann kommen Sie vielleicht an den Punkt, an dem Sie sie auch verkaufen möchten. Der große Marktplatz für Android-Anwendungen ist Googles Play Store, von dem die meisten Android-Geräte ihre Apps beziehen.

Um Ihre Anwendungen dort veröffentlichen zu können, benötigen Sie einen Google Developer Account, für den Sie (zum Zeitpunkt der Drucklegung dieses Buches) einmalig 25 US$ bezahlen. Es gibt keine monatliche oder jährliche Gebühr.

Wenn Sie einen Developer Account haben, erhalten Sie Zugriff auf die Google Play Developer Console. Dort können Sie Ihre Anwendung als APK-Datei hochladen, das Standardformat für Android-Anwendungen. Sie können die Anwendung umsonst oder gegen Bezahlung anbieten, sie können aber vorher auch Beta-Tests über den App Store durchführen, Kompatibilität mit verschiedenen Endgeräten testen lassen und vieles mehr. Einen guten Einstieg in dieses Thema, der auch aktueller gehalten wird, als dies im Druck möglich ist, finden Sie unter *http://developer.android.com/distribute/googleplay/start.html*.

17.6 Zusammenfassung

Mehr als jedes andere Kapitel war es in diesem schwierig, Ihnen im zur Verfügung stehenden Platz die Grundlagen des Themas zu vermitteln. Android hat eine sehr umfangreiche eigene Klassenbibliothek, von der ich hier nur die zentralen Teile beleuchten konnte. Sie wissen nun, wie Sie eine Android-Anwendung erzeugen, wie Sie mit Activities und `Intents` umgehen, wie Sie eine Benutzeroberfläche gestalten, wie Sie auf `SystemServices` zugreifen und wie Sie die Erlaubnis dazu bekommen. Das ist zumindest eine solide Grundlage, und da Sie inzwischen ja kein völlig unerfahrener Entwickler mehr sind, können Sie darauf selbst weiter aufbauen.

Im nächsten Kapitel geht es zurück in die Welt von Standard-Java. Dort werden wir in die technischen Details von Java eintauchen. Wie Java Klassen lädt und Speicher verwaltet, ist zwar für die Anwendungsentwicklung nicht immer wichtig, solange es funktioniert, aber manchmal ist dieses Detailwissen äußerst nützlich.

Kapitel 18
Hinter den Kulissen

Die Java Virtual Machine ist ein mächtiges Werkzeug für einen Programmierer. Sie verrichtet viel Arbeit, die Sie in anderen Sprachen selbst erledigen müssten. Das bedeutet aber auch, dass viele Dinge passieren, die im Normalfall vor Ihnen verborgen sind, denn diese Aufgaben müssen dennoch erledigt werden. In diesem Kapitel schauen wir ein wenig unter die Haube von Java und sehen uns dort einige Details an.

Die JVM ist ein mächtiges Werkzeug, das Ihnen einige unangenehme Arbeiten abnimmt, mit denen Sie sich in vielen anderen Sprachen selbst abmühen müssen. Aber wie bei vielen mächtigen Werkzeugen kommt mit dieser Macht auch eine gewisse Komplexität. Die muss Sie nicht interessieren, solange alles funktioniert, aber wenn es doch einmal zu Problemen kommt, dann ist es wichtig zu verstehen, warum. Außerdem ist der Blick unter die Haube auch sehr spannend, schließlich arbeiten Sie nun seit Anfang des Buches mit Java und verlassen sich darauf, dass diese Grundfunktionen einfach da sind. Da wird man doch ein wenig neugierig, welche Funktionen das überhaupt sind.

18.1 Klassenpfade und Classloading

Woher Java seine Klassen lädt, war bisher ziemlich klar. Sie geben beim Start mit der Option -cp einen Klassenpfad an, und Klassen, die in diesem Pfad liegen, können verwendet werden. Aber das kann natürlich nicht die ganze Wahrheit sein, denn nicht alle Klassen, die Ihr Programm verwendet, liegen in diesem Pfad. Die Klassen des JDKs werden offensichtlich von einem anderen Ort geladen. Woher kommen sie, und sind sie genau wie Ihre eigenen Klassen, oder sind die JDK-Klassen privilegiert? Was würde passieren, wenn Sie in Ihrem Projekt eine Klasse java.lang.Integer anlegten? Könnten Sie die JDK-Klassen so ersetzen? Die Frage »Wo kommen eigentlich die Klassen her?« ist offensichtlich nicht so einfach zu beantworten, wie es zunächst aussieht.

Um mit dem Beantworten der Fragenliste hinten anzufangen: Nicht alle Klassen sind gleich. Die Klassen des JDKs sind gegenüber Ihren Klassen privilegiert, und wie und warum das so ist, hängt mit dem Grund zusammen, warum JDK-Klassen gefunden werden, auch wenn sie nicht im angegebenen Klassenpfad liegen.

18.1.1 Klassen laden in der Standardumgebung

Klassen werden in Java von einem *Classloader* (Klassenlader) geladen. Classloader sind selbst Java-Objekte, mit denen Sie interagieren können. Dazu gleich mehr, jetzt ist ein anderer Punkt wichtig: Es gibt mehrere Classloader, in einer herkömmlichen Java-Anwendung mindestens drei, es kann aber durchaus mehr geben (siehe Abbildung 18.1):

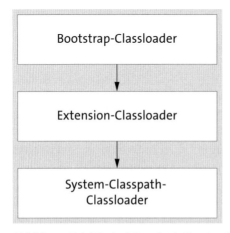

Abbildung 18.1 Die drei Standard-Classloader

- *Bootstrap-Classloader*: Dieser Classloader lädt die JDK-Klassen.
- *Extension-Classloader*: Dieser Classloader lädt Klassen, die in Javas Erweiterungsverzeichnis liegen. In diesem selten genutzten Verzeichnis können Erweiterungen des JDKs abgelegt werden, die jeder Anwendung zur Verfügung stehen, ohne dass sie sie in den eigenen Klassenpfad aufnehmen müsste. Per Default ist das Erweiterungsverzeichnis im Java-Installationsverzeichnis unter *lib/ext* zu finden.
- *System-Classpath-Classloader*: Dies ist der Classloader Ihrer Anwendung. Er lädt Klassen, die im mit -cp angegebenen Klassenpfad liegen.

Diese drei oder mehr Classloader liegen aber nicht einfach nebeneinander, sondern sie stehen miteinander in hierarchischer Beziehung. Mit Ausnahme des Bootstraps hat jeder Classloader einen übergeordneten, den *Parent-Classloader*.

Wenn Ihre Anwendung eine Klasse lädt, dann tut sie das durch den System-Classpath-Classloader. Das ist der einzige Classloader, mit dem sie direkt interagiert. Dieser sucht allerdings nicht zuerst im angegebenen Klassenpfad nach der gewünschten

Klasse. Im ersten Schritt fragt jeder Classloader bei seinem übergeordneten Classloader nach, ob dieser die Klasse laden kann. Jede Klasse wird so vom in der Hierarchie höchststehenden Classloader geladen, der die Klasse kennt. Diese Reihenfolge ist extrem wichtig, denn sie privilegiert die JDK-eigenen Klassen. Eine Klasse, die dem Bootstrap-Classloader bekannt ist, kann deshalb niemals durch eine andere Klasse desselben Namens verdrängt werden.

Bei einer einfachen Java-Anwendung ist die Hierarchie der Classloader einfach und übersichtlich. Aber es bleibt nicht immer so einfach, denn jede Java-Anwendung kann eigene, zusätzliche Classloader deklarieren. Dazu hat eine einfache Desktopanwendung selten einen Grund, aber Sie haben ein Umfeld kennengelernt, in dem diese Fähigkeit unabdingbar ist: den Servlet-Container.

18.1.2   Ein komplexeres Szenario – Klassen laden im Servlet-Container

In einem Servlet-Container gibt es mehr Classloader als in einer Standardanwendung. Natürlich gibt es die üblichen drei, denn sie werden von Java erzeugt, bevor die Anwendung überhaupt eingreifen kann. Aber unterhalb des System-Classpath-Classloaders gibt es weitere Classloader. Jede Servlet-Anwendung wird in einem eigenen Classloader geladen, die nicht miteinander in Beziehung stehen, sondern auf der gleichen Ebene nebeneinander (siehe Abbildung 18.2).

Diese zusätzlichen Classloader sind notwendig, weil ein Servlet-Container mehrere voneinander unabhängige Anwendungen gleichzeitig ausführen kann. Diese sollen jeweils nur ihre eigenen Klassen und die Klassen des Servlet-Containers und des JDKs kennen. Könnten sie die Klassen der anderen Anwendungen sehen, wären Probleme vorprogrammiert. Dann könnten zum Beispiel mehrere Anwendungen Klassen des gleichen Namens deklarieren, und dann wäre mindestens eine der Anwendungen nicht mehr funktionsfähig, weil sie eine falsche Klasse sieht.

Da jede Anwendung in einem eigenen Classloader geladen wird, kann keine die Klassen einer anderen sehen, und es gibt keine Konflikte. Andere Anwendungen können noch größere oder komplexere Classloader-Strukturen haben, aber Servlet-Container werden wahrscheinlich Ihr häufigster Berührungspunkt mit Nicht-Standard-Classloader-Hierarchien sein.

Aber es gibt einen wichtigen Punkt, in dem die komplexeren Classloader-Hierarchien vom Standardszenario abweichen können: Es gibt keinen Zwang, dass ein Classloader zuerst an seinen übergeordneten Classloader delegieren muss. Ein von der Anwendung selbst geschriebener Classloader kann auch zuerst seinen eigenen Klassenpfad durchsuchen, also eine *Parent-Last-Strategie* implementieren statt der üblichen *Parent-First-Strategie*.

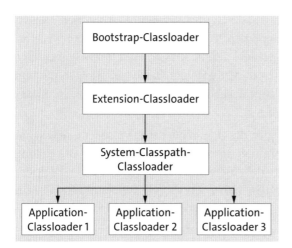

Abbildung 18.2 Classloader im Servlet-Container

Dieses Szenario finden Sie auch häufig in Servlet-Containern. Sie bringen eine große Menge an Klassen mit, die sie selbst für den Betrieb benötigen, darunter viele verbreitete Open-Source-Bibliotheken. Würden die Webapp-Classloader nach der Parent-First-Strategie laden, dann könnten Sie diese Bibliotheken in Ihren Anwendungen nur genau in der Version verwenden, die der Servlet-Container verwendet, denn diese Version würde aus dem System-Classpath-Classloader geladen. Ist Ihre Anwendung gegen eine andere Version dieser Bibliothek kompiliert, sind Fehler vorprogrammiert.

Um diese Probleme zu vermeiden und Ihnen trotzdem die Möglichkeit zu lassen, Open-Source-Bibliotheken Ihrer Wahl einzusetzen, laden Webapp-Classloader normalerweise nach dem Parent-Last-Prinzip. Aber auch dadurch sind nicht alle Probleme aus der Welt geschafft, ein weiterer Aspekt von Classloadern kann nun zu Problemen führen.

18.1.3 Classloader und Klassengleichheit

Bisher war es keine Frage, wann die Klasse zweier Objekte gleich ist. Nach bisherigem Prinzip kann es zu einem voll qualifizierten Klassennamen nur eine Klasse geben, nur ein Class-Objekt zu dieser Klasse, und wenn Sie an zwei Instanzen dieser Klasse getClass rufen, erhalten Sie von beiden das einzige existierende Class-Objekt der Klasse. Mit der Standard-Classloader-Hierarchie gibt es hier auch keine Probleme. Selbst wenn eine Klasse in mehreren Classloadern geladen werden könnte, wird sie immer nur im höchsten Classloader der Hierarchie geladen, und ihre Eindeutigkeit ist sichergestellt.

Aber wenn mehrere Classloader nebeneinander auf derselben Ebene existieren können oder wenn Classloader zuerst ihren eigenen Klassenpfad durchsuchen und erst danach nach oben delegieren, dann kann es vorkommen, dass dieselbe Klasse – oder verschiedene Klassen mit demselben qualifizierten Namen – in verschiedenen Classloadern geladen wird. In einem Servlet-Container kann eine Klasse in zwei verschiedenen Webapp-Classloadern geladen werden oder in einem Webapp-Classloader und dem System-Classpath-Classloader.

Diese beiden Klassen sind, auch wenn sie denselben Namen tragen, dieselben Methoden implementieren und Byte für Byte identisch sind, nicht gleich, denn die Gleichheit von Klassen wird anhand von zwei Eigenschaften geprüft: dem Namen der Klasse und dem Classloader, der sie geladen hat. Das führt zu paradoxen Situationen, wenn Objekte aus einem Classloader in einen anderen gelangen, wozu es, ohne ins Detail zu gehen, Möglichkeiten gibt.

```
Object testKlasseAusAnderemLoader = …;
((TestKlasse) testKlasseAusAnderemLoader).methodeaufruf()
```

testKlasseAusAnderemLoader wurde in einem anderen Classloader als Instanz von TestKlasse erzeugt, und es handelt sich sogar um dieselbe Klasse. Sie wurde aber nicht aus einem gemeinsamen Classloader geladen, der andere und dieser Classloader haben TestKlasse jeweils selbst geladen. Der gezeigte Code wirft in diesem Fall eine ClassCastException, denn TestKlasse in diesem Classloader und TestKlasse im anderen Classloader sind für Java zwei unterschiedliche Klassen, weil sie in unterschiedlichen Classloadern geladen wurden, und deshalb ist testKlasseAusAnderemLoader *keine Instanz der Klasse* TestKlasse *in diesem Classloader*.

Was zuerst paradox klingt, leuchtet auf den zweiten Blick ein. Es gibt keine Garantie dafür, dass die beiden Klassen wirklich identisch sind, und deshalb werden sie von vornherein als nicht identisch behandelt. Wenn Sie also eine ClassCastException sehen, die nicht auftreten dürfte, weil das Objekt eine Instanz der richtigen Klasse zu sein scheint, dann denken Sie darüber nach, wo diese Klassen geladen wurden.

Es gibt keine Möglichkeit, ein Objekt aus einem anderen Classloader einzugemeinden und es zu einer Instanz der Klasse in diesem Classloader zu machen. Sie können mit einem solchen Objekt nichts Sinnvolles tun. Wenn Sie Objekte zwischen mehreren Classloadern austauschen möchten, dann gibt es dafür nur zwei Möglichkeiten: Entweder sorgen Sie dafür, dass die benötigten Klassen in nur einem Classloader geladen werden, der beiden Anwendungs-Classloadern übergeordnet ist. Dann existiert die Klasse nur einmal, und Sie können Instanzen zwischen mehreren Classloadern austauschen. Oder Sie serialisieren das Objekt in einem Classloader und deserialisieren es im anderen. Dazu muss aber sichergestellt sein, dass beide Classloader wirklich dieselbe Klasse verwenden. Außerdem ist diese Lösung viel langsamer als der direkte Austausch von Objekten, Sie sollten deshalb immer versuchen, die Klassen nur einmal zu laden, wenn nötig eben in einem höheren Classloader.

18.1.4 Classloader als Objekte

Wie eingangs bereits erwähnt, sind Classloader einem Java-Programm auch als Objekte zugänglich. Sie finden den Classloader, der eine Klasse geladen hat, durch deren Methode getClassloader.

Viele Methoden des Classloader-Objekts sind für Sie nicht von Interesse, außer wenn Sie einen eigenen Classloader implementieren möchten. Die Hauptarbeit fällt dabei den defineClass-Methoden zu, die aus einem byte[] eine Class erzeugen.

Einige Methoden sind aber auch für den Alltag wichtig, sie können nämlich Ressourcen, also alle Dateitypen außer Klassen, aus dem Klassenpfad laden. Die Methoden getResource und getResourceAsStream durchsuchen den Klassenpfad nach Dateien mit dem übergebenen Namen und liefern entweder ein URL-Objekt zurück, das auf diese Datei verweist, oder einen InputStream, um die Datei zu lesen.

Sie können diese Methoden benutzen, um Dateien zu lesen, deren Speicherort Sie nicht kennen, die aber im Klassenpfad liegen. Vor allem können Sie auch Dateien laden, die in einem JAR-Archiv verpackt sind.

```
public InputStream getResourceStream(){
    getClass().getClassloader()
      .getResourceAsStream("de/kaiguenster/javaintro/config/
configuration.properties");
}
```

Listing 18.1 Eine Konfigurationsdatei aus dem Klassenpfad laden

Sie geben den Pfad zu einer Ressource analog zum Package einer Klasse. Da die Angabe hier aber wirklich als Pfad interpretiert wird, trennen Sie die Pfadelemente durch Slashes, nicht durch Punkte. Mit diesem einfachen Mechanismus können Sie Konfigurationsdateien, Bilder, Textressourcen und sämtliche anderen Dateien, die Ihre Anwendung verwendet, in einem Archiv zusammen mit den Klassen ausliefern.

Dieser Mechanismus zum Laden von Ressourcen kommt zum Beispiel bei der Internationalisierung (siehe Abschnitt 8.5, »Internationalisierung und Lokalisierung«) zum Einsatz. Wenn Sie ResourceBundle.getBundle("meinI18N") rufen, dann wird versucht, die Datei *meinI18N.properties* mit getResourceAsStream aus dem Klassenpfad zu öffnen.

18.1.5 Klassen laden mit Struktur: das Modulsystem von Java 9

Javas Classloading-Mechanismus funktioniert. Für ein Stück Software, das so oft eingesetzt wird, gibt es erstaunlich wenige Probleme damit. Aber es gibt immer einige Punkte, die verbessert werden können, und beim Classloader hängen fast alle diese Punkte damit zusammen, dass alle Klassen ohne Struktur in einen großen Klasseneintopf geladen werden. Kein Problem für kleine Beispielanwendungen, aber ein großes Java-Projekt hat häufig Dutzende von Abhängigkeiten, die erfüllt sein müssen, in Form von JARs im Klassenpfad. Denn wie bereits erwähnt ist es oft besser, eine gut getestete Open-Source-Bibliothek zur Lösung heranzuziehen, als selbst das Rad neu zu erfinden.

Ein häufiges Problem, das mit diesem Ansatz auftreten kann, ist eine `ClassNotFoundException` zur Laufzeit, weil eines der vielen JARs fehlt, und Sie können anhand des Klassennamens nur raten, welches Archiv diese Klasse enthalten hätte.

Auf einer anderen Ebene macht die Vielzahl externer Klassen die Arbeit extrem unübersichtlich. So sehen Sie plötzlich 90 verschiedene Implementierungen von `List` in Ihrer IDE, und nur 10 davon sind wirklich für Ihre Benutzung bestimmt, der Rest gehört zu den Interna diverser Bibliotheken.

Eine Lösung dafür war lange Zeit unter dem Namen *Project Jigsaw* in Arbeit und hat es in Java 9 endlich an die breite Öffentlichkeit geschafft. Project Jigsaw, auch bekannt als JSR-376, gibt der oben beschriebenen JAR-Hölle – so der Fachbegriff – eine Struktur, indem es unstrukturierte Archive zu strukturierten Modulen erweitert. Ein Modul hat zwei wichtige Eigenschaften, die es von herkömmlichen Archiven unterscheiden.

Zum einen kann ein Modul Beziehungen zu anderen Modulen deklarieren. Das funktioniert in etwa so wie ein Import für Klassen, nur auf einer höheren Ebene. So kann ein Modul eine Abhängigkeit zum Modul `java.sql` deklarieren, wenn es Datenbankfunktionalität benötigt. Alle Klassen des Moduls können Klassen aus `java.sql` importieren und verwenden. Fehlt die Abhängigkeit, können die Klassen noch nicht einmal importiert werden, und es tritt schon zur Compilezeit ein Fehler auf. Für das Modul ist es so, als existierte `java.sql` nicht. So kann auch, gerade in größeren Projekten, das Einhalten der Architektur erzwungen werden. Häufig wird zum Beispiel Zugriff auf die Datenbank nur in einer Schicht der Software erlaubt. Sie konnten aber vorher nicht verhindern, dass außerhalb dieser Schicht Datenbankzugriffe passieren, denn die benötigten Klassen waren immer sichtbar. Mit Modulen muss jetzt auch die entsprechende Abhängigkeit eingetragen werden. So wird dem Entwickler bewusst, dass er gerade eine Grenze verletzt – das kann er zwar immer noch tun, aber es ist dann eine bewusste Entscheidung.

Zum anderen können Sie einschränken, welche Klassen eines Moduls nach außen sichtbar sind. Bleiben wir beim Beispiel des Datenbankzugriffs. Das entsprechende Modul wird zwei Arten von Klassen enthalten: Zugriffsklassen, die mit der Datenbank kommunizieren, und Modellklassen, die von den Zugriffsklassen erzeugt und an den Rest der Anwendung weitergegeben werden. Andere Module müssen nur die Modellklassen kennen, die Zugriffsklassen sollten vor ihnen verborgen bleiben. Wenn die beiden Arten von Klassen in verschiedenen Packages liegen, können Sie festlegen, dass nur ein Package vom Modul *exportiert* wird. Nicht exportierte Klassen sind für andere Module nicht sichtbar, selbst wenn sie das Modul referenzieren. Dieser Mechanismus ist unabhängig von den Access-Modifiern der enthaltenen Klassen, selbst `public`-Klassen sind für andere Module nicht sichtbar, wenn sie nicht exportiert werden.

Um die ganze Magie von Modulen nutzen zu können, müssen Sie Ihre eigenen Klassen in Module packen. Dazu braucht es erstaunlich wenig, Sie müssen nur einen Moduldeskriptor in Ihre erzeugten JARs packen. Der Deskriptor muss im Defaultpackage liegen und den Namen *module-info.java* tragen.

```
module de.kaiguenster.javaintro.dbzugriff {
    requires java.sql;
    exports de.kaiguenster.javaintro.dbzugriff.model;
}
```

Listing 18.2 Ein einfacher Moduldeskriptor

Der gezeigte Deskriptor definiert ein Modul mit dem Namen `de.kaiguenster.javaintro.dbzugriff`, das vom Modul `java.sql` abhängt und nur Klassen aus dem Sub-Package `model` nach außen sichtbar macht.

Project Jigsaw hat nicht nur das System geschaffen, Module in Java so umzusetzen, sondern zusätzlich gleich das gesamte JDK in Module zerlegt, beispielsweise das oben verwendete `java.sql`.

Warum findet sich nun eine so fundamentale Änderung weit hinten im Buch bei den technischen Hintergründen? Hauptsächlich deswegen, weil es für Sie zu diesem Zeitpunkt genau das ist, ein Hintergrund. Die Vorteile des Modulsystems sehen Sie erst in großen Projekten, für den Einstieg stellen sie nur eine zusätzliche Fehlerquelle und Komplexitätsebene dar. So wie vieles andere sollten Sie das System nur benutzen, wenn es auch sinnvoll ist. Die Verwendung des Modulsystems ist optional. Wenn Sie Ihre eigenen Programme als Module erzeugen, also einen Moduldeskriptor hinzufügen, dann werden Abhängigkeiten und Sichtbarkeiten wie beschrieben geprüft. Gibt es den Deskriptor aber nicht, dann werden Klassen nach dem alten Schema geladen, und Sie müssen sich keine Gedanken über Module machen.

18.2 Garbage Collection

Es ist in Java sehr einfach, Objekte zu erzeugen. Aber jedes Objekt belegt Speicher, und der JVM steht nur eine begrenzte Speichermenge zur Verfügung. Es muss also einen Mechanismus geben, der Objekte wieder aus dem Speicher entfernt, wenn sie nicht mehr benötigt werden, denn sonst würde jede Java-Anwendung früher oder später mit einem `OutOfMemoryError` beendet. Dieser Mechanismus heißt *Garbage Collection*.

Andere, systemnähere Sprachen haben keinen solchen Mechanismus, sie überlassen die Aufgabe des Speichermanagements Ihnen. In C und C++ müssen Sie beispielsweise Speicher, den Sie mit `malloc` allokiert haben, mit `free` wieder freigeben. Tun Sie das nicht, wird Ihre Anwendung immer mehr Speicher belegen, bis schließlich kein weiterer Speicher mehr zur Verfügung steht und sie mit einem Fehler beendet wird.

Viele modernere Sprachen befreien Sie von dieser Verantwortung und bieten eine automatische Garbage Collection, aber Java war eine der ersten Sprachen mit diesem Feature, und ihr Garbage Collector gilt nach wie vor als einer der effizientesten und trägt dazu bei, dass die JVM als schnelle, stabile Plattform gilt.

Aber natürlich reicht es nicht aus, regelmäßig alle Objekte aus dem Speicher zu entfernen. Es muss differenziert werden, und zwar sollen nur solche Objekte aus dem Speicher entfernt werden, die nicht mehr benötigt werden, sonst würde die Garbage Collection schließlich Ihr Programm zerstören.

Welche Objekte nicht mehr benötigt werden, findet der Garbage Collector, indem er Referenzen untersucht. Dazu geht er von einigen Wurzelobjekten aus, den sogenannten *Garbage Collection Roots*, und folgt allen Referenzen von diesen Objekten aus. Alle Objekte, die von einer Root referenziert werden, werden als »noch aktiv« markiert. Objekte, die von diesen Objekten aus referenziert werden, werden ebenfalls markiert usw. Garbage Collection Roots sind:

- `Class`-Objekte der vom System-Classloader geladenen Klassen: Klassen, die vom System-Classloader geladen wurden, können niemals entladen werden, und Objekte, die vom `Class`-Objekt referenziert werden, sind immer aktiv. Das betrifft vor allem `static`-Felder, deren Inhalt nie vom Garbage Collector entladen werden kann.
- Lebende Threads: Jeder lebendige Thread ist eine Garbage Collection Root.
- Lokale Variablen und Parameter: Lokale Variablen und Parameter von Methoden, die gerade auf dem Stack liegen, sind Garbage Collection Roots.
- Monitor-Objekte: Objekte, auf denen gerade synchronisiert wird, sind Garbage Collection Roots.

- JNI-Variablen: JNI ist die Technologie, mit der Java mit nativen Bibliotheken interagieren kann, also solchen, die nicht in Java vorliegen, sondern in systemabhängigem Maschinencode. Objekte, die über JNI erzeugt wurden, sind Garbage Collection Roots.
- Spezielle JVM-Objekte: Einige nicht näher spezifizierte Objekte werden von der JVM als Garbage Collection Roots definiert.

Rekursiv werden so alle Objekte markiert, die von einer Garbage Collection Root direkt oder indirekt erreichbar sind. Im nächsten Schritt werden sämtliche Objekte, die nicht markiert wurden, die also nicht von einer Root aus erreichbar sind, aus dem Speicher entfernt. Sie werden von der Anwendung nicht mehr referenziert, also auch nicht mehr verwendet.

Diese Art der Garbage Collection heißt Mark and Sweep Collection: Im ersten Schritt werden zu löschende Objekte markiert, im zweiten Schritt weggefegt (engl. *sweeped*). Und damit würde der Speicher nicht volllaufen, und alles wäre gut. Aber bei jeder Garbage Collection wieder alle Objekte zu untersuchen, wäre sehr aufwendig und würde die JVM bremsen. Deshalb ist die wahre Geschichte noch etwas komplizierter, Objekte werden in verschiedene *Generationen* und *Bereiche* (*Spaces*) eingeteilt.

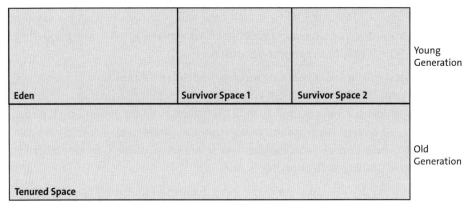

Abbildung 18.3 Generationen und Bereiche

Wie Sie im Diagramm in Abbildung 18.3 sehen, gibt es zwei Generationen von Objekten. Die Garbage Collection wird beschleunigt, indem Objekte zwischen diesen Bereichen verschoben werden.

Neue Objekte werden in *Eden* angelegt, weil Eden da ist, wo Dinge erschaffen werden – Sprachdesigner haben Sinn für Humor. Wenn es in Eden voll wird, wird eine *Minor Garbage Collection* ausgelöst. Noch referenzierte Objekte werden in einen der beiden *Survivor Spaces* verschoben, danach wird Eden geleert. Die meisten Objekte sind in einem Java-Programm überraschend kurzlebig, und viele Objekte in Eden werden jetzt schon nicht mehr benötigt.

Bei der nächsten Minor Garbage Collection werden referenzierte Objekte aus Eden in den *anderen* Survivor Space verschoben. Außerdem werden referenzierte Objekte aus dem ersten Survivor Space ebenfalls in den neuen Survivor Space verschoben. Danach werden Eden und der alte Survivor Space geleert.

Das Hin- und Herschieben der Objekte scheint wenig effizient, aber es garantiert, dass nicht nur Speicher freigeräumt wird, sondern dieser Speicher auch in einem großen, zusammenhängenden Block zur Verfügung steht. Würden nicht mehr referenzierte Objekte einfach gelöscht, entstünden nicht zusammenhängende freie Speicherblöcke, dadurch würde es aufwendiger, freien Speicher für ein neues Objekt zu finden. Durch das Verschieben der Objekte steht der freie Speicher immer »am Stück« zur Verfügung.

Außerdem wird bei jedem Verschieben von einem Survivor Space in den anderen mitgezählt. Wenn ein Objekt eine nicht näher definierte Anzahl von Garbage Collections überlebt hat, wird es *befördert*. Es wird nicht in den anderen Survivor Space verschoben, sondern in den *Tenured Space* der *Old Generation*. Tenured bedeutet in etwa »auf Lebenszeit angestellt« – ein Objekt im Tenured Space wird nicht so leicht aus dem Speicher entfernt wie eines in der jungen Generation.

Objekte, die in die alte Generation befördert wurden, werden bei einer Minor Garbage Collection nicht mehr betrachtet. Nur bei der viel selteneren Major Garbage Collection wird für Objekte der Old Generation geprüft, ob sie referenziert werden.

So wird sichergestellt, dass langlebige Objekte seltener geprüft werden und nicht zwischen verschiedenen Speicherbereichen verschoben werden müssen. Außerdem wird die Garbage Collection so insgesamt beschleunigt. Das ist ein großer Vorteil, weil andere Threads der JVM – die Threads Ihrer Anwendung – unter Umständen gestoppt werden, während die Garbage Collection läuft.

Die echten Abläufe der Garbage Collection sind sogar noch etwas komplexer als hier beschrieben. Es gibt verschiedene Algorithmen, nach denen die Collection ablaufen kann, und eine ganze Reihe von Parametern, die den genauen Ablauf beeinflussen. Garbage Collection ist ein typischer Engpass für Anwendungen mit hohen Performance-Anforderungen, und sie richtig zu tunen, ist eine Kunst.

> **Garbage Collection vor Java 8**
>
> Bis Java 7 gab es neben der jungen und alten Generation noch die *Permanent Generation* (PermGen). Hier lagen einige privilegierte Objekte, die von der Garbage Collection komplett ignoriert wurden. Das heißt nicht, dass sie nie aus dem Speicher entfernt werden konnten, aber sie folgten dazu ihren eigenen Regeln. Zum Beispiel lagen die `Class`-Objekte von im System-Classloader geladenen Klassen hier. Klassen können in manchen Java-Versionen zwar entladen werden, aber das wird nicht vom

> Garbage Collector getriggert. In Java 8 gibt es die Permanent Generation nicht mehr, diese Objekte liegen nun im *nativen Speicher*, der ebenfalls nicht von der Garbage Collection berührt wird.

18.2.1 Speicherlecks in Java

Auch wenn Java Ihnen durch den Garbage Collector das Speichermanagement abnimmt, ist es in Java doch nicht unmöglich, Speicherlecks zu entwickeln. Diese haben zwar andere Gründe als Speicherlecks in Sprachen ohne Garbage Collector, aber sie sind nicht weniger schädlich für die Stabilität Ihrer Anwendung.

Speicherlecks in Java rühren fast immer daher, dass Sie Objekte mit einer der Garbage Collection Roots verbinden und nicht wieder von dort entfernen. Am häufigsten passiert das mit statischen Variablen. Sie sind genauso einfach zu verwenden wie Instanzvariablen, dadurch ist es leicht zu vergessen, dass ihr Inhalt nicht von selbst aus dem Speicher entfernt wird.

Sie können unbeabsichtigt viel Speicher belegen, indem Sie ein großes Objekt in einer statischen Variablen halten, obwohl es bereits nicht mehr benötigt wird. Dabei handelt es sich aber nicht um ein Speicherleck, denn der belegte Speicher bleibt konstant und wächst nicht mit der Zeit immer weiter. Ein echtes Speicherleck kann dadurch entstehen, dass Sie eine Collection in einem statischen Feld halten, der immer weiter Objekte hinzugefügt werden. Ein brutal einfacher Fall wäre zum Beispiel dieser:

```java
public class Speicherleck(){
    private static final Map<String, Speicherleck> cache = new HashMap<>();
    private String name;

    public Speicherleck(String name){
        this.name = name;
        cache.put(name, this);
    }
}
```

Listing 18.3 Ein Speicherleck durch statische Felder

Jede Instanz der Klasse Speicherleck, die jemals erzeugt wird, wird in der statischen Map cache gespeichert, aber nie wieder von dort entfernt. Das führt dazu, dass keine Instanz von Speicherleck jemals vom Garbage Collector entsorgt werden kann, denn alle Instanzen werden von einem statischen Feld referenziert. Es kann natürlich sein, dass Sie diese Objekte wirklich noch brauchen, aber häufiger handelt es sich bei solchen Konstrukten um einen Fehler.

Weitere Quellen für Speicherlecks in Java sind ThreadLocals, Variablen, die direkt mit einem Thread verbunden sind. Die genauen Mechanismen, wie es zu einem Speicherleck kommen kann, sind sehr ähnlich wie bei statischen Feldern: Solange der Thread lebendig ist, kann der Inhalt eines ThreadLocal nicht aus dem Speicher entfernt werden. Eine wachsende Collection dort hat deshalb denselben zerstörerischen Effekt wie in einem statischen Feld.

> **Finalizer**
>
> Alle Java-Objekte erben die Methode `protected void finalize()` von `Object`. Diese Methode hängt eng mit der Garbage Collection zusammen: Der Garbage Collector ruft sie, bevor ein Objekt aus dem Speicher entfernt wird. Dies gibt Ihnen die Möglichkeit, Ressourcen, wie etwa Dateien, zu schließen, die für die Lebensdauer ihres Objekts geöffnet bleiben müssen. Das ist aber auch der einzige Zweck, zu dem Sie `finalizer` einsetzen dürfen. Keinesfalls darf die Logik Ihrer Anwendung von der Methode `finalize` abhängen, denn es gibt weder eine Garantie dafür, *wann* diese Methode ausgeführt wird, noch dafür, *dass* sie ausgeführt wird. Wird die JVM beendet, bevor ein Objekt entsorgt wird, werden keine `finalizer` mehr ausgeführt, und es gibt auch keine sichere Methode, dies zu umgehen.

18.2.2 Weiche und schwache Referenzen

Sie haben einige eingeschränkte Möglichkeiten, die Arbeit des Garbage Collector zu beeinflussen, indem Sie Objekte nicht direkt referenzieren, sondern durch eine `SoftReference` oder `WeakReference`. Beides sind keine häufigen Anwendungsfälle, aber gelegentlich durchaus nützlich.

Ein Objekt, das nur noch durch eine `SoftReference` erreichbar ist, kann vom Garbage Collector entfernt werden. Er wird das aber nur tun, wenn der verfügbare Speicher zu Neige geht. Bis zu diesem Zeitpunkt können Sie durch die `SoftReference` noch auf das referenzierte Objekt zugreifen. `SoftReferences` eignen sich gut, um Daten im Speicher zu halten, die Sie zwar bei Bedarf wieder beschaffen können, deren Wiederbeschaffung aber aufwendig wäre. Sie halten diese Daten so lange wie möglich im Speicher, geben sie aber auf, sobald sie die Stabilität des gesamten Programms gefährden.

```
public class Wetterdaten {
    private Date startDatum, endDatum;
    private double durchschnittsTemperatur;
    private String dateiname;
    private SoftReference<List<Tagestemperatur>> daten;
    …
    public Tagestemperatur getTemperaturFuerTag(Date tag){
        List<Tagestemperatur> daten = this.daten.get();
```

```
            if (daten == null){
                daten = ladeDaten(this.dateiname);
                this.daten = new SoftReference(daten);
            }
            return findeTag(daten, tag);
        }
    }
```

Listing 18.4 Daten bereithalten mit »SoftReference«

Was passiert in diesem Beispiel? In einer Datei sind Tagestemperaturen gespeichert. Wenn die Datei zum ersten Mal geladen wird, werden Start- und Enddatum gefunden, und der Durchschnitt wird berechnet. Meist werden nur diese Daten gebraucht, aber ein Benutzer könnte sich auch die Tagesdaten anzeigen lassen. Um die Datei in diesem Fall nicht erneut lesen und parsen zu müssen, werden die Einzeldaten im Feld daten in einer SoftReference gespeichert. Über einen langen Zeitraum belegen diese Daten aber viel Speicher, und wahrscheinlich werden sie nie benötigt. Sobald der Speicher knapp wird, können diese Daten deshalb entfernt werden. Falls sie doch noch benötigt werden, muss die Datei erneut eingelesen werden. Sie können sich natürlich nicht darauf verlassen, dass die Daten in einer SoftReference noch vorhanden sind – genau darum geht es ja gerade –, deshalb ist die null-Prüfung bei jedem Zugriff Pflicht. Sie müssen sich aber keine Sorgen machen, dass die Daten verschwinden, während Sie gerade damit arbeiten: solange die Liste auch von einer lokalen Variablen referenziert wird, ist die SoftReference nicht die einzige verbleibende Referenz, deshalb ist sie in dem Fall vor der Garbage Collection sicher.

Eine WeakReference ist in ihrer Funktion sehr ähnlich wie eine SoftReference, sie unterscheiden sich nur darin, wann ein Objekt dem Garbage Collector zum Opfer fällt. Ein Objekt, das nur durch eine WeakReference referenziert wird, wird vom Garbage Collector sofort entsorgt, während ein Objekt mit SoftReference im Speicher verbleibt, bis der Platz benötigt wird.

```
public class Song{
    private HashMap<String, WeakReference<Song>> instanzen =
     new WeakHashMap<>();
    public static Song ladeSong(File datei){
        WeakReference ref = instanzen.get(datei.getAbsolutePath());
        if (ref != null && ref.get() != null){
            return ref.get();
        } else {
            Song s = liesDatei(datei);
            instanzen.put(datei.getAbsolutePath(), new WeakReference(s));
            return s;
```

```
        }
    }
}
```
Listing 18.5 Instanzen cachen mit »WeakReference«

Dieses Beispiel verhindert, dass zu einer Musikdatei mehrere Song-Objekte erzeugt werden. Wenn Sie versuchen, eine Datei zu öffnen, die bereits geladen ist, dann wird kein neues Objekt erzeugt, sondern das existierende zurückgegeben. Gibt es aber keine direkte Referenz mehr auf ein Song-Objekt, dann kann es vom Garbage Collector entfernt werden.

Als spezielle Anwendung der WeakReference enthält die Standardbibliothek noch die WeakHashMap, eine Map-Implementierung, die WeakReferences als Schlüssel verwendet. Wird ein Schlüssel-Objekt vom Garbage Collector entsorgt, so wird der dazugehörige Eintrag in der Map entfernt. Mit WeakReference und WeakHashMap können Sie beispielsweise umsetzen, dass nicht mehrere Objektinstanzen mit demselben Inhalt erzeugt werden.

Mit diesen Klassen können Sie mehr Einfluss auf die Garbage Collection nehmen, als Sie sonst könnten. Auch wenn Sie sie nicht oft benötigen werden, sind sie für einige spezielle Fälle sehr nützliche Werkzeuge.

18.3 Flexibel codieren mit der Reflection-API

Der letzte Blick hinter den Vorhang des JDKs beschäftigt sich nicht mit den Interna der JVM selbst, sondern mit einer API, die viele Bibliotheken und Frameworks für Java erst möglich macht: die *Reflection-API*.

Reflection erlaubt es Ihnen, mit Klassen zu arbeiten, ohne dass in Ihrem Code eine Abhängigkeit zu diesen Klassen besteht. Sie müssen sie nicht importieren, sie müssen beim Kompilieren Ihres Codes nicht im Klassenpfad liegen, und Sie müssen diese Klasse nicht einmal kennen.

```
private static String findeTitel(Object song)
        throws NoSuchMethodException, IllegalAccessException,
        IllegalArgumentException, InvocationTargetException {
    Class inClass = song.getClass();
    Method titelGetter = inClass.getMethod("getTitel");
    String titel = (String) titelGetter.invoke(song);
    return titel;
}
```
Listing 18.6 Eine Methode per Reflection aufrufen

Die Methode `findeTitel` kann aus einem beliebigen Objekt, das die `getTitel`-Methode implementiert, den Titel auslesen. Sie müssen die Klasse nicht kennen und, hier liegt einer der Vorteile von Reflection, Sie müssen keinen Typ angeben, der die `getTitel`-Methode kennt.

Mit `getMethod` finden Sie ein `Method`-Objekt. Sie übergeben den Methodennamen und eine Liste von Parametertypen als variable Parameterliste. Im Beispiel hat die Methode keine Parameter, aber würden Sie den dazu passenden Setter suchen, sähe der Aufruf so aus: `inClass.getMethod("setTitel", String.class)`. `getMethod` kann nur Methoden finden, die `public` sind, dafür aber auch solche, die von einer Oberklasse geerbt wurden. Wenn Sie weniger sichtbare Methoden suchen, verwenden Sie `getDeclaredMethod`. Damit finden Sie Methoden mit allen Access-Modifiern, aber nur solche, die in dieser Klasse direkt implementiert sind.

Das Methodenobjekt ist an die Klasse gebunden, aber nicht an eine Instanz. Wenn Sie eine Methode haben, dann können Sie sie an einer beliebigen Instanz der Klasse aufrufen, von der das Methodenobjekt stammt, oder einer Instanz ihrer Unterklassen, aber nicht an einer Instanz einer völlig unabhängigen Klasse, die auch einen Getter mit dem Namen `getTitel` implementiert. Der Aufruf erfolgt durch die `invoke`-Methode des Methodenobjekts. Sie übergeben zuerst die konkrete Instanz, an der die Methode aufgerufen werden soll, und dann wiederum als Varargs die Methodenparameter.

Sie können so der Methode `findeTitel` eine Instanz der altbekannten `Song`-Klasse übergeben, eine Instanz der davon unabhängigen `Film`-Klasse oder sogar eine Instanz von `Person`, um deren Doktor- oder Ingenieurstitel auszulesen. Solange es eine Methode `getTitel` gibt, die keine Parameter erwartet und einen String zurückgibt, funktioniert dieser Code.

Aber all diese Vorteile kommen natürlich nicht ohne eine Reihe von Nachteilen aus: Es fängt an mit der Länge des Codes. Gegenüber einem einfachen Methodenaufruf stehen hier mehrere Zeilen Code. Außerdem kann bei Reflection allerhand schiefgehen, es stehen vier Exceptions in der Methodensignatur, die bei typischem Reflection-Code immer auftreten können:

- `NoSuchMethodException`: Wenn die `getMethod`-Methode keine passende Methode findet, gibt sie nicht `null` zurück, sondern wirft diesen Fehler.
- `IllegalAccessException`: Wenn der ausgeführte Code keinen Zugriff auf diese Methode hat, ist eine `IllegalAccessException` die Folge.
- `IllegalArgumentException`: Wenn das an `invoke` übergebene Objekt keine Instanz der Klasse ist, von der das Methodenobjekt stammt, oder wenn die übergebenen Parameter nicht zu den Parametern der Methode passen, wird eine `IllegalArgumentException` geworfen.

- `InvocationTargetException`: Wenn in der Zielmethode eine Exception auftritt, wird sie in eine `InvocationTargetException` verpackt und weitergeworfen. So kommt es nicht zu Problemen, wenn die Zielmethode Checked Exceptions wirft.

Sie sehen an den geworfenen Exceptions auch den größten Nachteil von Reflection: Der Compiler kann viele Arten von Fehlern nicht mehr finden, sie treten erst zur Laufzeit auf. Nicht existierende Methoden, falsche Parametertypen, Methoden, die an einem falschen Objekt aufgerufen werden – all das sind Fehler, die der Compiler findet, wenn Sie traditionell ohne Reflection programmieren. Mit Reflection finden Sie diese Fehler erst zur Laufzeit.

Dieser Nachteil tritt dann besonders deutlich hervor, wenn Sie Felder oder Methoden mit IDE-Funktionen umbenennen (REFACTOR • RENAME oder `Strg` + `R`). Diese Funktion kann alle direkten Zugriffe automatisch an den neuen Namen anpassen. Zugriffe durch Reflection werden aber nicht gefunden, Sie müssen selbst nach diesen Stellen suchen und sie ändern.

> **Performance – ein weiterer Nachteil von Reflection?**
> Reflection hat seit Langem den Ruf, langsamer zu sein als ein traditioneller Methodenaufruf. Dieser Ruf ist aber nicht gerechtfertigt, der Unterschied zwischen einem Methodenaufruf und einem Aufruf mit `invoke` ist so gering, dass Sie sich selbst in zeitkritischen Anwendungen keine Sorgen machen müssen. Die einzige Warnung, wenn es wirklich extrem schnell gehen muss, ist, dass Sie das Methodenobjekt nicht bei jedem Zugriff wieder mit `getMethod` suchen, sondern es speichern und wiederverwenden sollten.

Auf dieser Liste überwiegen klar die Nachteile beim Einsatz von Reflection, und es gibt in einer Anwendung wirklich selten einen Grund, Reflection einzusetzen. (Manchmal aber schon. Wenn Sie in Ihrer Anwendung ein Problem finden, das sich mit Reflection besser lösen lässt, dann lassen Sie sich nicht abschrecken, und lösen Sie es mit Reflection.) Aber wirklich wertvoll ist Reflection bei der Entwicklung von Bibliotheken, die ihre Aufgabe in beliebigen Anwendungen erfüllen sollen, ohne deren spezielle Klassen zu kennen.

Ein einfacher Fall kann sein, dass Sie Werte aus einer `Map` in ein Objekt übertragen möchten. Sie finden diese Anforderung in fast jeder Webanwendung: Sie erhalten die Parameter des Requests in Form einer `Map`. Ihre Anwendung möchte aber mit ihren fachlichen Objekten arbeiten, also mit einem `Song` statt einer `Map` und mit den Schlüsseln `titel`, `interpret` und `laenge`.

In Ihrer Anwendung können Sie für jedes Objekt, das Sie aus den Parametern eines `HttpRequest` erzeugen möchten, eine Methode schreiben, die dies ohne Reflection erledigt. Aber schon bei einer mittelgroßen Anwendung ist das ein aufwendiges Unterfangen, und die diversen Webframeworks, die diese Aufgabe für Sie erledigen, haben diese Möglichkeit gar nicht erst – ein Problem, wie geschaffen, um es mit Reflection zu lösen.

```
private static void mapToObject(Map<String, String> quelle, Object ziel)
        throws NoSuchMethodException, IllegalAccessException,
        IllegalArgumentException, InvocationTargetException {
    Class zielClass = ziel.getClass();
    for(Map.Entry<String, String> entry : quelle.entrySet()){
        String name = "set" + capitalize(entry.getKey());
        Method setter = zielClass.getMethod(name, String.class);
        setter.invoke(ziel, entry.getValue());
    }
}
```

Listing 18.7 Werte übertragen aus einer Map in ein Objekt

Diese einfache Methode überträgt String-Felder aus einer `Map` in ein beliebiges Objekt, indem sie aus dem Schlüssel in der `Map` den Namen eines passenden Setters ableitet und diesen aufruft.

Mit ein wenig zusätzlichem Code können Sie auch aus `String` in den jeweils richtigen Parametertyp umwandeln. Sie können dann zwar nicht mehr mit `getMethod` gezielt nach der richtigen Methode suchen, dafür bräuchten Sie ja den Parametertyp. Aber Sie können mit `getMethods` ein Array aller Methoden bekommen, die Methode mit dem richtigen Namen finden und auslesen, welche Art von Parameter sie erwartet. Und das Beste: Sie schreiben diesen Code nur einmal, und er funktioniert für jede Klasse, die ihre Felder durch Setter zugänglich macht.

Wenn die Klasse keine Getter und Setter verwendet, können Sie per Reflection auch direkt auf Felder zugreifen. Analog zu den Methoden für Methoden gibt es `getField`, das ein Feld nach Namen findet, und `getFields`, das alle Felder in einem `Field[]` liefert.

```
Class zielClass = ziel.getClass();
for(Map.Entry<String, String> entry : quelle.entrySet()){
    Field feld = zielClass.getField(entry.getKey());
    field.setObject(ziel, entry.getValue());
}
```

Listing 18.8 Dasselbe ohne Setter

Zuletzt können Sie auch die Konstruktoren einer Klasse finden. Da Konstruktoren keinen Namen haben, erwartet die Methode `getConstructor` nur die Liste von Parametertypen, um einen bestimmten Konstruktor zu finden. Wie zu erwarten, liefert getConstructors ein Array mit allen Konstruktoren zurück. Wenn Sie einen Konstruktor haben, können Sie ihn mit newInstance aufrufen, um eine neue Instanz der Klasse zu erzeugen.

In diesem Zusammenhang ist auch die statische Methode Class.forName nützlich. Sie findet anhand des voll qualifizierten Namens ein Class-Objekt, von dem Sie dann Konstruktoren finden und neue Instanzen erzeugen können. Diese Möglichkeit wird häufig benutzt, um in einer Konfigurationsdatei festzulegen, welche Implementierung eines Interface zur Laufzeit benutzt werden soll. So können Sie das Verhalten eines Programms ändern, ohne den Quellcode anpassen zu müssen – auch diese Möglichkeit sollten Sie natürlich gezielt einsetzen, nicht einfach nur, weil Sie es können.

```
private static FileWalker erzeugeFileWalkerInstanz(String klassenname,
 File start)
        throws ClassNotFoundException, NoSuchMethodException {
   Class klasse = Class.forName(klassenname);
   Constructor kon = klasse.getConstructor(File.class);
   FileWalker walker = (FileWalker) kon.newInstance(start);
   return walker;
}
```

Listing 18.9 Ein neues Objekt erzeugen, nur mit dem Klassennamen

Diese Technik eignet sich auch sehr gut, um eine Anwendung plug-in-fähig zu machen: Ein Anwender kann dem Klassenpfad Ihrer Anwendung Klassen hinzufügen, die per Reflection instanziiert werden und der Anwendung Funktionalität hinzufügen, ohne dass er dafür die Anwendung selbst anpassen muss.

Der einzige Nachteil ist, dass in einem Interface keine Konstruktoren vorgegeben werden können. Sie können deshalb nicht erzwingen, dass es einen Konstruktor mit einer bestimmten Signatur gibt, Sie können es nur als Konvention fordern und einen Fehler werfen, wenn dieser Konstruktor fehlt.

> **Reflection und Access-Modifier**
>
> Mit Reflection ist es möglich, auf Felder und Methoden zuzugreifen, auf die Ihnen der Zugriff normalerweise durch Access-Modifier verwehrt wäre. Sie finden diese Member nicht mit getMethods und getFields, beide liefern nur Member zurück, die public sind. Aber getDeclaredMethods und getDeclaredFields finden alle Member, unabhängig vom Access-Modifier, solange sie direkt in dieser Klasse deklariert und nicht geerbt sind.
>
> Sie können die Modifier eines Members durch die Methode getModifiers herausfinden. Leider ist der Rückgabewert kein praktisches Objekt, sondern ein int-Wert, den Sie mit den Methoden der Klasse java.lang.reflect.Modifier decodieren müssen:

```
int mod = methode.getModifier();
if (Modifier.isPublic(mod) && Modifier.isStatic(mod)){…}
```

Reflection zu verwenden, um Zugriffsrestriktionen zu umgehen, ist allerdings eine stilistische Sünde. Es gibt zwar Situationen, in denen Sie ein Problem nur so lösen können, aber im Allgemeinen gilt, dass es einen Grund dafür gibt, dass Access-Modifier den Zugriff untersagen. Auch wenn es mit Reflection möglich ist, diese Restriktionen zu umgehen, besteht immer das Risiko, dass Sie das Zielobjekt in einen inkonsistenten Zustand bringen, der an einer ganz anderen Stelle des Programms Probleme verursacht. Wenn es sich um Ihre eigenen Klassen handelt, dann schaffen Sie lieber eine legale Methode, um Ihr Ziel zu erreichen. Handelt es sich um fremde Klassen, dann denken Sie daran, dass es wahrscheinlich einen Grund gab, den Zugriff einzuschränken.

18.3.1 Übung: Templating

Es gibt viele weitere Anwendungsfälle, in denen Reflection allgemeingültige Lösungen möglich macht. Ein Beispiel ist sogenanntes *Templating*, also das Erzeugen eines Textes aus einer Vorlage. Sie können in der Vorlage Feldnamen verwenden und zum Erzeugen des Textes ein beliebiges Objekt übergeben, aus dem die entsprechenden Feldwerte ausgelesen und in den Text eingesetzt werden. Eine Vorlage kann zum Beispiel so aussehen:

```
$$vorname$$ $$nachname$$
$$strasse$$ $$hausnummer$$
$$plz$$ $$ort$$

        Sehr geehrte(r) $$anrede$$ $$nachname$$,\n\t wir sind ein
        weltbekannter Anbieter von ...
```

Listing 18.10 Ein Beispiel-Template

Feldnamen sind hier durch doppelte Dollarzeichen gekennzeichnet, wodurch sie leicht zu finden sind und fast keine Gefahr besteht, dass die Zeichenfolge zufällig mit einer anderen Bedeutung vorkommt. Diese Vorlage kann nun auf ein beliebiges Objekt angewendet werden, das die verwendeten Felder enthält, und produziert so eine Ausgabe, in der die Feldnamen durch Werte ersetzt sind.

Schreiben Sie eine Klasse `Template`, die im Konstruktor einen String wie den gezeigten als Vorlage nimmt. Außerdem hat Template eine Methode `wendeAn`, die ein `Object` als Parameter entgegennimmt, die Vorlage auf dieses Objekt anwendet und den daraus resultierenden Text zurückgibt. Die Lösung zu dieser Übung finden Sie im Anhang.

18.4 Zusammenfassung

Damit haben Sie das Ende Ihrer Einführung in Java erreicht. Von den einfachen Anfängen mit Variablen über Dateien, Threads bis hin zu grafischen Oberflächen und sogar einem HTTP-Server haben Sie die wichtigsten Bereiche von Java und des JDKs kennengelernt und in diesem Kapitel sogar noch ein wenig hinter die Kulissen geschaut.

Aber auch wenn Sie mit diesem Wissen und etwas Fantasie jede Anwendung schreiben können, die Ihnen einfällt, ist das Lernen niemals zu Ende. Im nächsten, dem letzten Kapitel werden Sie eine Reihe von Vorschlägen finden, in welche Richtung Sie Ihr Java-Wissen ausweiten können. Natürlich kann eine solche Liste niemals vollständig sein, aber bestimmt finden Sie darin Anregungen, welches weitergehende Wissen sich für Sie zu entdecken lohnt.

Kapitel 19
Und dann?

Wenn Sie an dieser Stelle im Buch angekommen sind und von Anfang an gelesen haben, dann haben Sie jetzt ein sehr gutes Grundwissen in Java. Und es ist genau das: ein Grundwissen. Und wie geht es weiter?

An dieser Stelle kennen Sie die Sprachkonstrukte von Java, die Datentypen, den Unterschied zwischen Klassen und Interfaces und viele der wichtigsten Klassen der Standardbibliothek. Sie kennen all diese Dinge, und Sie können sie zu funktionsfähigen und nützlichen Programmen zusammensetzen.

Aber es gibt noch viel mehr, schon in den verschiedenen Java-Distributionen, und noch viel, viel mehr im Ökosystem, das um Java herum existiert. Auch nach vielen Jahren Arbeit mit Java entdecke ich noch regelmäßig neue Open-Source-Projekte, die interessante, neue Ideen umsetzen, neue Lösungen für Probleme, die ich immer wieder selbst lösen musste, oder manchmal auch Projekte, die komplett neue Arten von Programmen ermöglichen. Und dann gibt es auch noch eine ganze Reihe anderer Sprachen und Technologien, die sich großartig mit Java ergänzen, um noch bessere Anwendungen hervorzubringen.

Womit Sie sich als Nächstes beschäftigen sollten, hängt natürlich immer davon ab, welche Art von Programm Sie entwickeln möchten. Wenn Sie das nächste große Browserspiel schreiben wollen, brauchen Sie dafür natürlich andere Voraussetzungen, als wenn Sie wirklich einen neuen Musikplayer entwickeln wollen oder ein Programm, das Sie an Ihre liebsten TV-Serien erinnert.

Die nächsten Seiten sollen Ihnen daher Anregungen geben, in welche Richtung Sie Ihre Fähigkeiten weiterentwickeln können. Es ist keine Anleitung, wie Sie zum perfekten Java-Entwickler werden. Die einzige Möglichkeit dazu ist viel, viel Übung. Suchen Sie sich aus den Vorschlägen deshalb die aus, die Ihnen für die Projekte, die Ihnen vorschweben, am ehesten weiterhelfen. Suchen Sie sich Dinge aus, die Ihnen Spaß machen, und beschäftigen Sie sich damit, so lernen Sie am besten.

Aber suchen Sie sich ein weiterführendes Thema, und beschäftigen Sie sich damit, denn es gibt kein wahreres Sprichwort als »Übung macht den Meister.« Wenn Sie dieses Buch vom Anfang bis zu diesem Punkt durchgearbeitet haben, dann haben Sie das Talent zum Programmieren bewiesen. Kultivieren Sie es.

19.1 Java Enterprise Edition

Sie haben mit Servlets und JPA bereits zwei Elemente der Java Enterprise Edition kennengelernt, aber das Gesamtpaket ist viel größer. JEE ist vorwiegend für Enterprise-Anwendungen entwickelt, Programme, die in Unternehmen eingesetzt werden, mit vielen parallelen Benutzern, gehobenen Sicherheitsansprüchen und auf verteilten Serverlandschaften installiert – ein Umfeld, in dem sich diejenigen unter Ihnen, die eine Karriere als Java-Entwickler anpeilen, vielleicht bewegen werden. Aber manche Module von JEE haben auch außerhalb dieser Umgebung Einsatzzwecke, wie Sie an Servlet und JPA gesehen haben. Hier sehen Sie kurz die wichtigsten JEE-Technologien.

19.1.1 Servlet

Sie kennen die Servlet-API jetzt schon recht gut und können mit Servlets und JSPs Anwendungen entwickeln, die in einem Servlet-Container ausgeführt werden. Aber auch hier gibt es noch weitere Technologien, die Ihnen das Leben erleichtern und Ihre Arbeit beschleunigen können. Vor allem für JSPs gibt es noch zwei Technologien, die einen Blick wert sind. (Außerdem sollten Sie sich, wenn Sie mit Webanwendungen arbeiten, auch weiter mit HTML und den dazugehörigen Sprachen CSS und JavaScript befassen, sehen Sie dazu Abschnitt 19.3.2, »HTML, CSS und JavaScript«).

Tag-Libraries

Scriptlets in JSPs sind ein nützliches Werkzeug, mit dem Sie Webseiten dynamisch erzeugen, Werte aus Java-Objekten einbinden und Teile der Seite nach Bedarf ein- und ausblenden oder wiederholen. Aber sie machen die Seite nicht unbedingt übersichtlich. Außerdem sind zwar die meisten Java-IDEs in der Lage, eine Seite mit Scriptlets zu validieren, HTML-Editoren aber nicht unbedingt. Das ist ein Problem, wenn Sie mit einem Webdesigner zusammenarbeiten, denn er kann dann seine Werkzeuge nicht einsetzen.

Abhilfe schaffen Sie durch *Tag-Libraries*, Sammlungen von Tags, die wie HTML-Tags aussehen, die aber beim Kompilieren der JSP in Java-Code umgesetzt werden. Sie kennen schon ein solches Tag, `<jsp:useBean/>`, aber es gibt viele weitere Tags, die Logik umsetzen können, für die Sie sonst Scriptlets schreiben würden. Die vom Servlet-Standard definierten Tag-Libraries heißen eher fantasielos *JSTL*, für *Java Server Pages Standard Tag Library*, und stellen grundlegende Operationen zur Verfügung.

```
<%@ taglib prefix="c" uri="http://java.sun.com/jsp/jstl/core" %>
...
```

```
<ul>
    <c:forEach items="${requestScope.personen}" var="person">
        <li>
            <c:out value="${person.vorname}"/>
            <c:out value="${person.nachname}"/>
        </li>
    </c:forEach>
</ul>
```

Listing 19.1 Eine Schleife in JSTL

Das `forEach`-Tag ersetzt ein Scriptlet mit einer `for`-Schleife. Der Code wird durch den Einsatz der Tag-Library zwar länger, aber dafür ist die resultierende JSP ein gültiges HTML-Dokument und kann von jedem Webeditor bearbeitet werden. Die gezeigte *core*-Bibliothek enthält Tags für Entscheidungen, Schleifen und Ausgabe. Daneben gibt es die *fmt*-Bibliothek, die Zahlen- und Datumsformate in der JSP zur Verfügung stellt. (Es gibt zwei weitere Bibliotheken, die Zugriff auf XML-Dokumente und durch SQL auf Datenbanken aus der JSP ermöglichen, beides hat aber bei sauberer Trennung von Programmlogik und Anzeige nichts auf der JSP zu suchen.)

Für größere Anwendungen kann es auch sinnvoll sein, eigene Tag-Libraries anzulegen und so immer wiederkehrende JSP-Teile auszulagern und zentral zu pflegen.

Java Server Faces

Eine spezielle Sammlung von Tag-Libraries, die Bestandteil von JEE ist, geht noch einen Schritt weiter. Mit *Java Server Faces* (JSF) können Sie JSPs fast vollständig ohne den Einsatz von HTML schreiben, die gesamte Ausgabe wird durch Tags generiert. Das hat natürlich Vorteile, wenn Sie kein HTML lernen möchten, und garantiert außerdem, dass alle Seiten Ihrer Anwendung das gleiche Design haben.

```
<%@ taglib uri="http://java.sun.com/jsf/html" prefix="h" %>
<%@ taglib uri="http://java.sun.com/jsf/core" prefix="f" %>
<f:view>
    <h:form id="person">
        <h:inputText id="vorname" label="Vorname"
            value="#{person.vorname}">
        </h:inputText>
        <h:inputText id="nachname" label="Nachname"
            value="#{person.nachname}">
        </h:inputText>
        ...
        <h:commandButton id="submit"
            action="speichern" value="Speichern" />
```

```
        </h:form>
</f:view>
```

Listing 19.2 Ein Formular in JSF

JSF ersetzt nicht nur das HTML in Ihren Seiten, es bietet auch ein ganzes Framework, um die Formulare mit Servlets zu verbinden und Aktionen auszulösen.

Der Preis dafür ist, dass JSF nicht leicht zu erweitern ist. Wenn es keine Komponente gibt, die Ihren Anforderungen entspricht, müssen Sie sich tief in JSF einarbeiten, um eigene zu entwickeln. Aber für Anwendungen mit vielen ähnlichen Seiten ist JSF ein schneller Weg zum fertigen Formular.

19.1.2 JPA

Wie bereits am Ende von Kapitel 15, »Datenbanken und Entitäten«, erwähnt, gibt es gerade im Bereich JPA noch viel Tiefe zu entdecken. Dem ist hier nichts hinzuzufügen. Vor allem in JPQL gibt es noch viele Möglichkeiten, Ihre Anwendung zu beschleunigen, indem Sie Arbeit auf die Datenbank auslagern.

Wenn Sie sich in der Tiefe mit Datenbanken beschäftigen wollen, sollten Sie sich auch mit DDL und SQL auseinandersetzen (sehen Sie dazu Abschnitt 19.3.1). Das Verständnis, wie JPQL letztendlich auf der Datenbank ankommt, kann Ihnen helfen, bessere JPQL-Abfragen zu schreiben. Außerdem haben Sie von JPA aus die Möglichkeit, direkt mit SQL zu arbeiten, in den seltenen Fällen, in denen JPQL nicht das leisten kann, was Sie brauchen.

19.1.3 Enterprise Java Beans

Enterprise Java Beans ist ein JEE-Modul, für das Sie außerhalb der oben genannten Enterprise-Anwendungen nur selten ein Einsatzgebiet finden. EJBs sind Anwendungseinheiten, die für wiederverwendbare Serverfunktionalität verwendet werden. Typischerweise werden sie in einer Drei-Schichten-Architektur (*Three Tier Architecture*) eingesetzt, in der Servlets die Interaktion mit dem Benutzer übernehmen (Schicht 1), EJBs die Geschäftsprozesse abbilden (Schicht 2) und eine Datenbank als Datenspeicher angeschlossen ist (Schicht 3). Eine typische Aufgabenteilung zwischen den drei Schichten sieht so aus:

1. Der Benutzer eines Webshops interagiert mit dem Servlet, um Artikel zu finden, sie anzusehen und zu vergleichen, seinen Einkaufswagen zu füllen und letztendlich zu bestellen.
2. Das EJB wird beim Abschluss des Kaufs angestoßen. Es trägt die Bestellung in eine Bestelldatenbank ein, von wo aus ein anderes System den Versand veranlasst,

trägt die Zahlungsanweisung in eine andere Datenbank ein, von wo aus ein weiteres System mit der Bank oder Kreditkartenfirma des Benutzers interagiert, und was sonst noch nötig ist, bis der Benutzer sein Paket in den Händen hält.

3. In der Datenbank (oder den Datenbanken) werden Bestellungen verwaltet und Zahlungen dokumentiert. Alle Daten, die keinesfalls verloren gehen dürfen, werden hier abgelegt. (Das bedeutet auch, dass der Einkaufswagen, eines der Beispiele aus Kapitel 15, »Datenbanken und Entitäten«, es gar nicht unbedingt bis auf diese Ebene schafft. Wenn er verloren ginge, müsste der Benutzer seinen Einkauf wiederholen, aber es entstünde kein Geschäftsschaden dadurch. Wenn dagegen die fertige Bestellung verloren geht, dann wird sich ein zu Recht aufgebrachter Benutzer beschweren, warum sein Geld abgebucht wurde, aber sein Paket nicht ankommt.)

Viele EJB-Features sind auf Sicherheit und Skalierbarkeit ausgelegt. So kann ein EJB-Container bei Bedarf weitere Instanzen des EJBs auf anderen Servern starten und kann Transaktionen verwirklichen, die mehrere Datenbanken oder andere Ressourcen umfassen, also sicherstellen, dass entweder alle Ressourcen geändert werden oder keine davon.

EJBs hatten lange den Ruf, zu komplex für Anwendungen zu sein, die diese Features nicht unbedingt brauchten – was häufig zu aufwendigen Umbauten führte, wenn die Anwendungen so lange weiterwuchsen, bis sie die Features doch brauchten. Die aktuelle Version EJB 3.0 hat aber vieles vereinfacht, um auch in kleinen Anwendungen sinnvoll einsetzbar zu bleiben.

19.1.4 Java Messaging Service

Der Java Messaging Service (JMS) ist ein sogenannter Message Broker, eine Softwarekomponente, die Nachrichten zwischen zwei oder mehr Prozessen austauscht. Effekt und Einsatzgebiet sind sehr ähnlich wie die Kommunikation zwischen Threads über eine Queue (siehe Kapitel 13, »Multithreading«), aber auf einer höheren Ebene: Der JMS dient der Kommunikation zwischen verschiedenen Prozessen, die auf verschiedenen Servern ausgeführt werden können.

Genau wie bei der Kommunikation zwischen Threads wird der JMS genutzt, um eine *lose Kopplung* zwischen Prozessen zu verwirklichen. Sie können Nachrichten austauschen, müssen aber nicht auf Antwort warten oder darauf, dass der Empfänger seine vorherige Aufgabe abgeschlossen hat. Auch erlaubt der JMS, die Anzahl von Sendern und Empfängern dynamisch anzupassen, um den besten Gesamtdurchsatz zu erzielen.

Darüber hinaus kennt der JMS aber einige weitere Tricks. So können Nachrichten eine Zustellgarantie haben, es wird dann sichergestellt, dass die Nachricht irgendwann bei einem Empfänger ankommt, selbst im Fall von Systemausfällen. Nachrichten können auch ein Verfallsdatum erhalten.

Neben der Zustellung von Nachrichten an einen Empfänger durch eine Queue beherrscht der JMS ein weiteres Kommunikationsmodell, *Topics*, bei dem Nachrichten an jeden Empfänger zugestellt werden, der für das Topic registriert ist.

Vor allem für verteilte Systeme bietet der JMS einen sehr mächtigen und trotzdem einfach zu benutzenden Kommunikationsmechanismus.

19.1.5 Java Bean Validation

Im Gegensatz zu den anderen vorgestellten JEE-Modulen, die Softwarearchitekturen bestimmen, bietet dieses Modul eine kleine, aber sehr nützliche Querschnittsfunktion.

Die *Java Bean Validations* erlauben es, durch Annotationen Regeln für Felder anzugeben, die deren Inhalt erfüllen muss.

```
public class Terminanfrage {
    @NotNull
    @FutureDate
    private LocalDateTime startzeit;
    @NotNull
    @NachZeit(feld="startzeit")
    private LocalDateTime endzeit;
    @NotNull
    @Size(min=2, max=100)
    private String name;
    ...
}
```

Listing 19.3 Klasse mit Java Bean Validations

In der Klasse `Terminanfrage` darf keines der Felder `null` sein, außerdem muss `startzeit` in der Zukunft liegen und `name` mindestens 2 und höchstens 100 Zeichen lang sein. `@NachZeit` ist eine selbst geschriebene Validierung, die verlangt, dass `endzeit` später als `startzeit` ist.

Sie können ein so annotiertes Objekt selbst auf Gültigkeit hin prüfen, indem Sie einen `javax.validation.Validator` benutzen. Aber das Framework hat einen noch viel nützlicheren Aspekt: Es ist mit anderen JEE-Modulen wie JPA und JSF integriert, die die definierten Constraints auswerten. So lässt JSF keine Eingaben zu, die nicht den Annotationen entsprechen, ohne dass Sie sich weiter darum kümmern müssen.

Die Bean Validations sind ein kleines Modul, aber sie lösen ein Problem, in das vorher in jedem neuen Projekt Energie geflossen ist.

19.2 Open-Source-Software

Es gibt im Umfeld von Java ohne Übertreibung Tausende von Open-Source-Bibliotheken und Programmen, für jede Situation, für jedes Problem und für viele Probleme auch ein Dutzend von Bibliotheken zur Auswahl. Einige der interessantesten werde ich in Anhang A kurz vorstellen.

Aber Open-Source-Software kann Ihnen nicht nur die Arbeit erleichtern, sie bietet auch viele Möglichkeiten, zu lernen. Es ist die Definition von Open Source, dass Sie den Quellcode einsehen können. Das gibt Ihnen die Möglichkeit, eigene Anpassungen vorzunehmen, und ein gewisses Maß an Sicherheit, dass keine Hintertüren in der Software enthalten sind. Aber es bietet Ihnen noch etwas viel Besseres: die Chance, zu studieren, wie andere Programmierer ein Problem gelöst haben.

Es gibt zwar keine Garantie dafür, dass die dort verwendete Lösung die beste ist, aber Sie können in einer verbreiteten Open-Source-Bibliothek davon ausgehen, dass es zumindest eine gute Lösung ist, schließlich haben schon andere Entwickler in den Code gesehen und ihn für gut genug befunden, dass sie ihn nicht geändert haben. Wenn Sie eine quelloffene Bibliothek einsetzen oder einfach nur interessant finden, werfen Sie also ruhig auch einen Blick in den Code, es lohnt sich.

Und wenn Sie überzeugt sind, doch eine bessere Lösung bieten zu können, oder wenn Sie ein neues Feature hinzufügen wollen, das auch für andere nützlich sein kann, dann scheuen Sie nicht davor zurück, sich im Projekt zu engagieren. Open-Source-Projekte sind im Allgemeinen sehr freundlich gegenüber Neulingen und freuen sich über engagierte Entwickler. Machen Sie sich mit den Richtlinien des Projekts vertraut, stellen Sie sicher, dass Ihre Änderungen es wirklich verbessern und keine neuen Fehler einbauen – jedes gute Open-Source-Projekt hat Testfälle –, und lassen Sie Ihre Änderungen ans Projekt zurückfließen. Wenn Ihre Kontribution akzeptiert wird, sehr gut. Und falls nicht, seien Sie bitte respektvoll, und setzen Sie sich mit den Gründen auseinander. Die meisten Entwickler in diesen Projekten wirken dort freiwillig und in ihrer Freizeit mit, also machen Sie ihnen das Leben nicht schwer, wenn sie Ihre Änderung nicht annehmen.

Mitarbeit an Open-Source-Projekten ist ein guter Weg, Ihre Java-Fähigkeiten weiterzuentwickeln und mit anderen Java-Entwicklern in Kontakt zu kommen. Außerdem, ganz pragmatisch, ist regelmäßiges Mitwirken an einem solchen Projekt auch ein Eintrag in Ihrem Lebenslauf, der Sie bei einer Bewerbung als Softwareentwickler von vielen anderen Kandidaten absetzt.

19.3 Ergänzende Technologien

Je nachdem, für welche Bereiche von Java Sie sich besonders interessieren, gibt es ergänzende Technologien, die es Ihnen ermöglichen, bessere, schönere, schnellere Anwendungen zu schreiben.

19.3.1 SQL und DDL

Wie bereits mehrfach erwähnt, ist es beim Einsatz von JPA hilfreich, auch die zugrunde liegenden Technologien zu beherrschen. Zum einen können Sie mit SQL und DDL immer noch einige Dinge tun, die durch JPA nicht ohne weiteres möglich sind, zum anderen können Sie mit relativ einfachen Mitteln Ihre Datenbankabfragen erheblich beschleunigen.

Eine sehr häufige Aufgabe, die mit SQL und DDL leicht zu lösen ist, mit JPA aber nur über komplexe Umwege, ist die Migration von Datenbanken. Damit ist die Änderung des Datenbankschemas gemeint, ohne die enthaltenen Daten zu verlieren. In Kapitel 15, »Datenbanken und Entitäten«, haben wir dieses Problem umschifft, indem wir die Datenbank neu angelegt haben, wenn die JPA-Entitäten geändert wurden. Im wahren Leben ist es aber keine Option, bei jeder Datenbankänderung alle Daten zu verlieren. Dabei ist es mit DDL nicht schwer, Änderungen auch auf der Datenbank durchzuführen, ohne dabei den Datenbestand zu gefährden.

```
CREATE TABLE Adresse (
    id INT,
    strasse VARCHAR(100),
    hausnummer VARCHAR(5),
    plz VARCHAR(5),
    ort VARCHAR(100),
    person_id INT
);
ALTER TABLE Adresse ADD PRIMARY KEY (id);
ALTER TABLE Adresse
  ADD CONSTRAINT FK_Person
  FOREIGN KEY (person_id)
  REFERENCES Person(id);
```

Listing 19.4 Datenbankmigration

Mit diesem kurzen DDL-Skript können Sie die Adresstabelle anlegen und mit der Tabelle `Person` verbinden, ähnlich wie es auch in der von JPA erzeugten Datenbank der Fall wäre. In den JPA-Entitäten können Sie Tabellen- und Spaltennamen so einstellen, dass sie mit diesem Schema funktionieren. Und so einfach bleiben die vorhandenen Daten erhalten. Es existiert zwar nicht automatisch zu jeder Person eine Adresse, aber zumindest sind die Personen noch da.

Um Ihre Datenbankanwendungen zu beschleunigen, ist es ein guter Anfang, sich mit dem Konzept des *Index* auseinanderzusetzen. Mit einem Index beschleunigen Sie die Suche in einer Datenbanktabelle bei großen Tabellen ganz erheblich, aber auf Kosten von langsameren Schreibvorgängen. Einen Index anzulegen, ist ganz einfach:

```
CREATE INDEX IDX_Vorname ON TABLE Person(vorname);
```

Aber die Kunst liegt darin, die richtigen Indizes für Ihre Anwendung anzulegen, denn ein falscher Index beschleunigt die Anwendung nicht nur nicht, er kann sie sogar verlangsamen.

Dazu kommen noch die Möglichkeiten, die komplexe SQL-Queries eröffnen. SQL ist kein ganz leichter Lernstoff; um es effektiv einzusetzen, müssen Sie auf eine ganz andere Art über Daten denken. Aber wenn Sie Anwendungen mit Datenbankanschluss entwickeln, ist es in jedem Fall gut investierte Zeit, SQL zu lernen.

19.3.2 HTML, CSS und JavaScript

Sie haben bei der Servlet-Entwicklung die Grundlagen von HTML kennengelernt, aber es ist Ihnen sicher auch aufgefallen, dass die erzeugten Formulare sehr minimalistisch, um nicht zu sagen hässlich, aussehen.

Wenn Sie sich mit Servlet-Entwicklung und Webanwendungen in Java befassen wollen, dann sind Kenntnisse in den drei Sprachen der Webentwicklung – HTML, CSS und JavaScript – sehr nützlich.

HTML

Sie haben in Kapitel 14, »Servlets – Java im Web«, die Struktur eines HTML-Dokuments gesehen und die wichtigsten HTML-Tags kennengelernt. An der Struktur gibt es nichts Weiteres mehr zu lernen, aber es gibt noch viele weitere Tags, die viele verschiedene Aufgaben erfüllen.

Es gibt viele weitere Formular-Tags, Auswahlfelder, Datumseingabefelder, Checkboxen, die eine Option an- und ausschalten können, und Felder zum Hochladen von Dateien. Sie können in HTML Audio- und Videodaten einbinden. Und Sie haben viel mehr Gestaltungsmöglichkeiten, als die kurze Einführung zeigen kann.

HTML-Kenntnisse sind sehr nützlich, auch wenn jemand anders das Design übernimmt, denn wenn das HTML gut ist, kann das Aussehen der Seite weitgehend mit CSS angepasst werden.

CSS

Cascading Stylesheets sind eine weitere Sprache des Webs. Sie legen in ihr das Aussehen einer Webseite fest. Dazu sind keine Änderungen am HTML-Dokument notwendig, so können Inhalt und Struktur der Seite (HTML) vom Design der Seite (CSS) getrennt werden, und beides kann unabhängig voneinander bearbeitet werden.

Abbildung 19.1 HTML ohne CSS

Zum reinen Seiteninhalt, einem Eingabefeld mit dazugehöriger Beschriftung (siehe Abbildung 19.1), fügen Sie CSS-Code hinzu, um das Design zu bestimmen.

```
label {
  margin-right: 10px;
  font-family: sans-serif;
  color: #333366;
  font-style: italic;
}
input {
  border-radius: 10px;
  border: 1px solid black;
  box-shadow: 2px 5px gray;
  padding-left: 10px;
}
```

Listing 19.5 Ein wenig CSS-Code fürs Design

Die Selektoren `label` und `input` bestimmen, dass die dazugehörigen Regeln für alle Elemente vom Typ `label` (Feldbeschriftung) bzw. `input` (Eingabefeld) gelten. So werden Feldbeschriftungen blau und kursiv, Eingabefelder erhalten runde Ecken und einen Schatten. Das Ergebnis sieht aus wie in Abbildung 19.2.

Abbildung 19.2 HTML mit CSS

Es sind Ihnen kaum Grenzen gesetzt, wie Sie Ihre Seite mit CSS gestalten können.

JavaScript

Die dritte Sprache des Webs ist *JavaScript*, eine Programmiersprache. Mit JavaScript können Sie Programme schreiben, die im Browser des Benutzers ausgeführt werden. Das können einfache, einzelne Methoden sein, die Benutzereingaben überprüfen, bevor ein Formular abgeschickt wird. Sie können aber auch komplexe Programme in JavaScript schreiben, vollwertige Spiele und Office-Anwendungen.

Trotz der Namensähnlichkeit ist JavaScript eine eigenständige Sprache und nicht verwandt mit Java. Es gibt Gemeinsamkeiten in der Syntax, so werden Entscheidungen und Schleifen ganz ähnlich umgesetzt wie in Java. Aber Variablen haben in JavaScript keine festen Typen, das gesamte Typensystem basiert nicht auf Klassen, sondern auf Prototypen, und Anwendungen werden von Events angetrieben, die von Benutzeraktionen ausgelöst werden.

19.4 Andere Sprachen

Immer wieder hört man die Aussage, dass ein guter Programmierer jedes Jahr eine neue Sprache lernt. Das ist vielleicht etwas übertrieben, aber es ist richtig, dass man mehrere Sprachen kennen sollte. Man kann zwar in allen Sprachen dieselben Probleme lösen, aber alle haben ihre eigenen Stärken und Schwächen, und es kommt auch immer auf den persönlichen Geschmack an. Jeder Programmierer hat andere Vorlieben, und Ihre finden Sie nur, indem Sie verschiedene Sprachen ausprobieren. Ich hoffe zwar und bin auch sicher, dass das für viele von Ihnen Java sein wird, aber viele werden auch eine andere Sprache entdecken, die ihnen sympathischer ist.

Wenn Sie andere Sprachen austesten möchten, wird Ihr Wissen über Java deswegen nicht überflüssig. Die meisten verbreiteten Sprachen haben große Ähnlichkeiten, und was Sie über Java gelernt haben, können Sie dort weiterverwenden. Für eine Reihe von Sprachen ist Wissen über Java aber noch nützlicher, denn sie werden genau wie Java auf der JVM ausgeführt, und Sie können Ihr Wissen über diese weiternutzen.

19.4.1 Scala

Scala ist eine JVM-Sprache, die einige Unterschiede zu Java aufweist. So hat Scala ein sehr viel mächtigeres case-Konstrukt, als Sie es aus Java kennen.

```
song match {
    case Song(_, "Hold on") =>
        println("Häufigster Top-100-Songtitel.")
    case Song("The Beatles", _) =>
        println("Band mit den meisten Top-Ten-Titeln.")
    case Song("Queen", "Bohemian Rhapsody") =>
        println("Bester Song aller Zeiten!")
}
```

Listing 19.6 Pattern-Matching in Scala

Sie können in einem case-Block in Scala prüfen, ob ein Song den häufigsten Top-100-Titel hat (»Hold on«, 16 verschiedene Songs mit diesem Titel waren in den Top 100), von der erfolgreichsten Band aller Zeiten stammt (keine Band hat mehr Top-Ten-Titel als die Beatles) oder der beste Song aller Zeiten ist – alles, indem Sie Pattern angeben, die verschiedene Felder von Song befüllen.

Das ist natürlich bei weitem nicht alles, was Scala von Java unterscheidet, aber es gibt Ihnen einen Eindruck davon, wie andere Sprachen andere Konstrukte zur Verfügung stellen.

19.4.2 Clojure

Wenn Sie nach einer Sprache suchen, die komplett anders aufgebaut ist als Java, aber trotzdem auf der JVM ausgeführt wird, könnte Clojure für Sie interessant sein, ein Dialekt von Lisp. Clojure-Code sieht völlig anders aus als Java-Code und kann anfangs etwas verwirrend sein.

```
(defn fibonacci []
  ((fn rfib [a b]
     (cons a (lazy-seq (rfib b (+ a b)))))
   0 1))
```

Listing 19.7 Die Fibonacci-Reihe in Clojure

Diese Funktion in Clojure erzeugt eine »faule« Liste von Fibonacci-Zahlen. Sie können sie behandeln wie eine herkömmliche Liste, aber ein Wert wird erst in dem Moment berechnet, in dem Sie darauf zugreifen.

Clojure-Syntax sieht fremdartig aus, nachdem Sie gerade Java gelernt haben, aber mit ein wenig Umgewöhnung ist Clojure eine sehr mächtige und ausdrucksstarke Sprache.

19.4.3 JavaScript

Scala und Clojure haben den Vorteil, dass Sie auf der JVM ausgeführt werden, aber nur weil das auf andere Sprachen nicht zutrifft, ist das kein Grund, diese auszuschließen.

Sie haben oben schon von JavaScript als der Sprache gelesen, in der Sie Programmlogik in Webseiten einbetten können. Das war lange Zeit der einzige Nutzen von JavaScript, aber heute ist das nicht mehr so. Mit node.js gibt es eine Implementierung von JavaScript, die außerhalb des Browsers lebt und ebenso mächtig ist wie jede andere Sprache.

```
var http = require('http');
http.createServer(function (req, res) {
  res.writeHead(200, {'Content-Type': 'text/plain'});
  res.end('Halloooooo Java-Welt\n');
}).listen(8080, '127.0.0.1');
```

Listing 19.8 Ein Webserver in node.js

Wenn Sie den Code betrachten, dann sehen Sie, dass dem Methodenaufruf create-Server eine Funktion als Parameter übergeben wird. Das ist eine große Stärke von JavaScript, Funktionen sind Bürger erster Klasse, Sie können sie als Parameter übergeben, in Variablen speichern und sie später immer noch aufrufen.

Okay, es ist nicht mehr so eindrucksvoll, Java leistet dasselbe mit Lambdas, aber wie Sie am Beispiel sehen, ist das in JavaScript ein sehr einfacher Weg, Funktionalitäten an Frameworks zu übergeben. Die ganze Logik, die ein Webserver ausführen soll, wird als eine Funktion übergeben.

19.5 Programmieren Sie!

Egal, in welcher Richtung Sie weiterlernen wollen, wichtig ist, dass Sie programmieren. Genau wie bei jeder anderen Tätigkeit ist Übung der einzige Weg, besser zu werden. Suchen Sie sich ein Projekt, das Ihnen Spaß macht, und arbeiten Sie daran. Egal, wie ambitioniert das Projekt erscheint, arbeiten Sie daran, lösen Sie ein Problem nach dem anderen. Machen Sie sich keine Gedanken darüber, ob Sie im ersten Versuch die beste Lösung finden – finden Sie eine Lösung. Mit jedem gelösten Problem lernen Sie, und so werden Sie nicht nur mit jedem gelösten Problem besser, Sie werden auch eines Tages überrascht feststellen, dass Ihr ambitioniertes Projekt fertig ist.

Programmieren Sie, lernen Sie, aber vor allem: Haben Sie Spaß dabei!

Anhang

A Java-Bibliotheken 585

B Lösungen zu den Übungsaufgaben 593

C Glossar 705

D Kommandozeilenparameter 721

Anhang A
Java-Bibliotheken

Kaum ein Programmierer, egal, ob in Java oder einer anderen Sprache, schreibt heute noch seine Programme völlig ohne fremde Hilfe. Für ziemlich jedes wiederkehrende Problem gibt es schon eine Bibliothek oder ein Framework aus dem Open-Source-Bereich, fertig für den Einsatz und von Tausenden anderen Entwicklern erprobt. Einige der verbreitetsten und nützlichsten lernen Sie in diesem Anhang kennen.

A.1 Apache Commons

http://commons.apache.org/

Die Apache Foundation bietet eines der größten Repositories an Open-Source-Bibliotheken für Java an. Dazu gehören, neben vielen großen Projekten, auch die Apache Commons.

Die Apache Commons sind kein einzelnes Projekt, sondern eine Sammlung von Open-Source-Bibliotheken, die Ihnen jeweils in einem ganz bestimmten, eng umrissenen Bereich die Arbeit erleichtern. Manche dieser Funktionen werden früher oder später in die Klassenbibliothek von Java aufgenommen, aber andere müssen Sie nach wie vor herunterladen und Ihrer Anwendung hinzufügen. Hier nur eine kleine Auswahl der Komponenten, die Sie von dort verwenden können.

A.1.1 Apache Commons Net

Commons Net enthält Implementierungen von verbreiteten Netzwerkprotokollen. Sie finden hier Klassen, mit denen Sie FTP, SMTP, POP3, IMAP, Telnet und weitere Dienste als Client verwenden.

Das eine verbreitete Protokoll, für das Sie hier keinen Client finden werden, ist HTTP. Auch das gibt es von Apache, aber als eigene Bibliothek, nicht als Teil der Commons, sondern unter dem Namen Apache *HttpComponents* (siehe Abschnitt A.2).

A.1.2 Apache Commons Compress

In Commons Compress finden Sie Tools für den Umgang mit allen verbreiteten Archivformaten: ZIP, JAR, TAR, bzip, gzip und mehr, alle einfach zu verwenden.

```
JarArchiveOutputStream jarOut = new JarArchiveOutputStream(fileOutputStream);
JarArchiveEntry eintrag = new JarArchiveEntry(name, size);
jarOut.putArchiveEntry(entry);
jarOut.write(eintragsinhalt);
jarOut.closeArchiveEntry();
```

Listing A.1 Eine Datei in ein JAR schreiben mit Commons Compress

A.1.3 Apache Commons Math

Grundlegende mathematische Funktionen finden Sie zwar in Javas eigener Math-Klasse, aber für mathematische Anwendungen stoßen Sie sehr schnell an deren Grenzen. In Commons Math finden Sie für die meisten mathematischen Probleme, auf die Sie treffen könnten, Lösungen.

Von einfacher Bruchrechnung und komplexen Zahlen über Vektoren, Matrizen und Wahrscheinlichkeitsverteilungen bis hin zu Werkzeugen zur Lösung linearer Gleichungssysteme und zur Fast Fourier Transformation.

Sogar ein Framework für genetische Algorithmen ist enthalten. Die haben zwar nicht direkt mit Mathematik zu tun, sind aber ein faszinierendes Themengebiet. Sie finden Lösungen für viele verschiedene Klassen von Problemen durch Zufall und »natürliche« Auslese.

A.2 Apache HttpComponents

https://hc.apache.org/index.html

Ursprünglich auch ein Projekt der Apache Commons, sind die Apache HttpComponents inzwischen so umfangreich und ausgereift, dass sie als eigenes Top-Level-Projekt zur Verfügung stehen.

Von den verschiedenen Modulen von HttpComponents ist für die alltägliche Arbeit HttpClient das wichtigste. Es bietet alle HTTP-Funktionen, die Sie für einen Webbrowser brauchen. Sie können alle Arten von HTTP-Requests (GET, POST ...) damit ausführen, Cookies verwalten, Authentifizierung gegen einen HTTP-Server ausführen und mehr.

```
HttpGet httpGet = new HttpGet("http://targethost/homepage");
CloseableHttpResponse response = httpclient.execute(httpGet);
try {
    System.out.println(response.getStatusLine());
    HttpEntity entity = response.getEntity();
    System.out.println(EntityUtils.toString(entity));
```

```
} finally {
    response.close();
}
```
Listing A.2 Ein GET-Request mit HttpClient

HttpClient ist zwar kein Webbrowser – es kann weder HTML darstellen noch JavaScript ausführen –, aber um aus Ihrer Anwendung heraus per HTTP mit einem Server zu kommunizieren, ist alles da, was Sie brauchen.

A.3 Google GSON

http://code.google.com/p/google-gson/

JSON ist zwar ursprünglich ein von JavaScript verwendetes Format, es wird aber inzwischen auch in anderen Sprachen häufig eingesetzt, um Konfigurationsdateien zu schreiben, um Daten in einer sprachunabhängigen Weise auszutauschen oder um einfach Daten in einem für Menschen lesbaren Format zu speichern.

```
{
    title: "Singing in JSON",
    interpret: "Jim JavaScript",
    laengeInSekunden: 180
}
```
Listing A.3 Ein »Song« als JSON

Google GSON ist eine kleine, sehr einfach zu bedienende Bibliothek, die Java-Objekte in JSON und JSON in Java-Objekte umwandeln kann. Das obige JSON wird so einfach aus einem Objekt erzeugt:

```
Song song = new Song("Singing in JSON", "Jim JavaScript", 180);
GsonBuilder builder = new GsonBuilder();
Gson gson = builder.create();
String json = gson.toJson(albums);
```
Listing A.4 Umwandlung eines Objekts nach JSON

Genauso einfach wird aus dem JSON-String wieder ein Objekt. In JSON wird keine Klasseninformation angegeben, Sie müssen deshalb die Zielklasse selbst angeben.

```
Song song = gson.fromJSON(songAlsJSON, Song.class);
```
Listing A.5 Umwandlung von JSON in ein Java-Objekt

A.4 Projekt Lombok

http://projectlombok.org/

Projekt Lombok ist ein weiteres kleines, aber sehr nützliches Werkzeug. Es erspart Ihnen, typischen Boilerplate-Code zu schreiben, und ersetzt ihn durch Annotationen. Betrachten Sie zum Beispiel diesen Code für eine typische Eigenschaft eines Java-Objekts:

```java
private int zahl;
public int getZahl(){
    return this.zahl;
}
public void setZahl(int zahl){
    this.zahl = zahl;
}
```

Mit Lombok sieht Code, der die gleiche Funktionalität bietet, viel kompakter aus.

```java
@Getter
@Setter
private int zahl;
```

Aus den Annotationen erzeugt Lombok zur Compilezeit die gewohnten Zugriffsmethoden. So haben Sie alle Vorteile der Encapsulation, doch der Quelltext bleibt angenehm kurz. (Damit diese Methoden auch in NetBeans gefunden werden, müssen Sie Lombok auch dort einrichten. Wie das geht, finden Sie hier: *http://projectlombok.org/setup/netbeans.html*.)

Neben Gettern und Settern können Sie mit Lombok auch die Methoden `toString`, `equals` und `hashCode` generieren, indem Sie die Klasse annotieren:

```java
@ToString(exclude="ausgenommenesFeld")
@EqualsAndHashCode(exclude="ausgenommenesFeld")
public class Song{
    ...
}
```

Listing A.6 Methoden generieren mit Lombok

Ohne weitere Einstellung werden alle Felder der Klasse für die generierten Methoden herangezogen, aber mit dem `exclude`-Attribut können Sie Felder gezielt ausnehmen.

Eine Warnung nur zu Lombok: Finger weg von `@SneakyThrows`. Mit dieser Annotation an einer Methode kann diese Checked Exceptions werfen, ohne dass Sie sie in einer `throws`-Klausel angeben. Da es aber gute Gründe dafür gibt, dass Sie manche Exceptions dort angeben müssen, sollten Sie das auch tun, anstatt diese Angabe absichtlich zu unterdrücken.

A.5 Struts

http://struts.apache.org/

Es gibt für Java eine unüberschaubare Zahl an Web-Frameworks, die alle die Arbeit mit Servlets und Co. erleichtern wollen. Von diesen Frameworks ist Struts eines der ältesten und verbreitetsten.

Struts übernimmt die Handhabung von Request und Response für Sie und sorgt auch dafür, dass die String-Parameter aus dem HTTP-Request in den benötigten Datentyp konvertiert werden. Dazu registrieren Sie Struts in *web.xml* als Filter. Dann schreiben Sie nur noch einfache Java-Klassen, für die Sie in *struts.xml* das Mapping auf URL-Kontexte angeben.

```
public class HalloWelt {
    private String nachricht;
    private String name;
    public String execute() {
        setNachricht("Hallo " + getName());
        return "SUCCESS";
    }
    public String getNachricht() {
        return nachricht;
    }
    public void setNachricht(String nachricht) {
        this.nachricht = nachricht;
    }
    public String getName() {
        return name;
    }
    public void setName(String name) {
        this.name = name;
    }
}
```

Listing A.7 Diese Klasse hat alles, um mit Struts zu arbeiten.

Wichtig ist an dieser Klasse die execute-Methode. Sie muss vorhanden sein, und schon klappt's mit Struts. Die Felder werden automatisch aus den Request-Para-

metern befüllt und stehen über eine eigene Tag Library auch in der Ausgabe noch zur
Verfügung.

```
<%@taglib uri="/struts-tags" prefix="s" %>
    <html>
        <head>
            <title>Hallo Welt!</title>
        </head>
    <body>
        <h1><s:property value="nachricht" /></h1>
    </body>
</html>
```

Listing A.8 Struts-Ausgabe mit JSP

Und ebenso einfach können Sie auch dafür sorgen, dass Parameter validiert werden, dass bei Fehleingaben eine entsprechende Meldung angezeigt wird und vieles mehr, was Sie in einem Servlet selbst implementieren müssten.

A.6 GWT

In modernen Webanwendungen wird häufig nicht mehr das traditionelle Muster von Request und Response benutzt, in dem der Benutzer ein Formular abschickt und dafür eine Ergebnisseite erhält. Es wird stattdessen viel Programmlogik im Browser ausgeführt. Und obwohl die Kommunikation mit dem Server durch Request und Response stattfindet – das ist schließlich das Grundmuster von HTTP –, wird dies vor dem Benutzer versteckt, indem es im Hintergrund geschieht und empfangene Daten in die angezeigte Seite integriert werden, anstatt diese zu ersetzen.

Wenn Sie solche fortschrittlichen Anwendungen entwickeln, aber nicht nur dafür zum JavaScript-Profi werden wollen, bietet das *Google Web Toolkit* (GWT) eine Lösung dafür.

Mit GWT setzen Sie die gesamte Programmlogik, auch den Teil, der im Browser laufen soll, in Java um. Ihr Code wird dann von GWTs eigenem Compiler nach JavaScript *cross-kompiliert* und in eine vollständige Webanwendung übersetzt.

GWT sorgt auch für die Kommunikation zwischen Client und Server. Sie können in Ihrem Clientcode eine Servermethode aufrufen, und Request, Response und Transport von Parametern passieren ganz ohne Ihr Zutun.

Sie können auch ganz ohne Kenntnisse von HTML und CSS Webanwendungen entwickeln, indem Sie die Benutzeroberfläche aus Komponenten zusammensetzen, ähnlich wie Sie es auch in der Programmierung mit JavaFX tun.

```java
public class UDNotes implements EntryPoint {
    private VerticalPanel mainPanel = new VerticalPanel();
    public void onModuleLoad() {
        mainPanel.add(new Label("Hallo Welt!"));
        RootPanel.get().add(mainPanel);
    }
}
```

Listing A.9 Eine Oberfläche mit GWT erzeugen

Sie können natürlich auch HTML und CSS verwenden und so mehr Einfluss auf das Design der Oberfläche nehmen, aber wenn Sie das nicht möchten, können Sie eine Webanwendung mit GWT in reinem Java programmieren.

A.7 Velocity

http://velocity.apache.org/

Sie haben in Kapitel 18, »Hinter den Kulissen«, eine eigene, kleine Template-Engine entwickelt, die aus einer Vorlage und einem Datenobjekt einen Ausgabetext erzeugt. Das sollte das einzige Mal sein, dass Sie diese Aufgabe selbst erfüllen, denn es gibt für Java einige sehr ausgereifte Template-Engines, und ganz vorn dabei ist Velocity.

Ganz grundlegend tut Velocity nichts anderes als Ihre selbst programmierte Template-Engine, aber es bietet alle Funktionen, die Sie für komplexe Ausgaben benötigen: Entscheidungen, Schleifen, berechnete Variablen, Zugriff auf verschachtelte Eigenschaften in Objekten usw.

```
#if (person.geschlecht == "m")
    #set($anrede = "Herr")
#else
    #set($anrede = "Frau")
#end
Guten Tag $anrede $person.nachname,
    Sie erhalten diesen Brief, weil Sie sich für unser Programm "Templates für
    Fortgeschrittene" angemeldet haben
```

Listing A.10 Eine Vorlage in Velocity

In Java müssen Sie nichts Weiteres tun, als diese Vorlage mit einem Objekt zusammenzuführen, das die verwendeten Eigenschaften enthält.

```
Velocity.init();
VelocityContext context = new VelocityContext();
context.put("person", new Person(…) );
```

```
Template template = Velocity.getTemplate("mytemplate.vm");
StringWriter sw = new StringWriter();
template.merge( context, sw );
```

Listing A.11 Der Aufruf von Velocity

Anhang B
Lösungen zu den Übungsaufgaben

Lösungen zu 2.2.4: Ausdrücke und Datentypen

	Ausdruck	Datentyp	Wert
1.	7	int	7
2.	7.0	double	7.0
3.	7L	long	7
4.	5 + 9	int	14
5.	5 + 9.0	double	14.0
6.	5 + 9.0f	float	14.0
7.	5d + 9.0f	Double	14.0
8.	(byte) 5 + (short) 9	int	14
9.	17 << 2	int	68
10.	7L * 2	long	14
11.	5 / 2	int	2
12.	5 / 2.0	double	2,5
13.	int i = 0; i--;	int	−1

Tabelle B.1 Ausdrücke und Datentypen

Lösung zu 3.1.3: Body-Mass-Index

```
package de.kaiguenster.javaintro.bmirechner;
import java.io.*;
import java.text.DecimalFormat;
import java.text.NumberFormat;
```

```java
public class BMIRechner {

    public static void main(String[] args) throws IOException {
        //Zuerst werden die Nutzereingaben gelesen
        BufferedReader reader =
         new BufferedReader(new InputStreamReader(System.in));
        System.out.println("Bitte geben Sie Ihre Größe in cm an");
        int groesseCM = Integer.parseInt(reader.readLine());
        System.out.println("Bitte geben Sie Ihr Gewicht in kg an");
        int gewicht = Integer.parseInt(reader.readLine());

        //Dann wird gerechnet
        double groesse = (double) groesseCM / 100;
        double bmi = gewicht / (groesse * groesse);

        //Zuletzt wird das Egebnis ausgegeben
        // Mit DecimalFormat wird der BMI für die Augabe formatiert
        NumberFormat formatter = new DecimalFormat("##.##");
        System.out.println("Ihr BMI ist " + formatter.format(bmi));
        if (bmi < 18.5){
            System.out.println("Damit haben Sie Untergewicht");
        } else if (bmi < 25){
            System.out.println("Damit haben Sie Normalgewicht");
        } else if (bmi < 30){
            System.out.println("Damit haben Sie Übergewicht");
        } else {
            System.out.println("Damit haben Sie schweres Übergewicht");
        }
    }
}
```

Listing B.1 BMI-Rechner

Das Programm verwendet fast ausschließlich Dinge, die Sie bereits kennen. Die einzige Ausnahme davon stellt die Klasse NumberFormat dar. Sie formatiert Zahlen für die Ausgabe und ist für die Lösung der Aufgabe nicht notwendig, es wird dadurch nur der ausgegebene Text verschönert. Sie werden sie in Kapitel 8, »Die Standardbibliothek«, näher kennenlernen.

Interessanter ist an dieser Stelle die Reihenfolge der if-Bedingungen: Es wird von der ersten Kategorie zur letzten geprüft. So ist garantiert, dass nur der richtige Codeblock ausgeführt wird.

Lösung zu 3.2.3: Boolesche Operatoren

▶ Fragment 1

```
if (i > 0 || j > 5){
    k = 10;
}
```

i ist zwar nicht größer als 0, aber j ist größer als 5, somit ist die OR-Verknüpfung der beiden Bedingungen wahr, und der Rumpf des if-Konstrukts wird ausgeführt. Der Endzustand ist i = 0, j = 7, k = 10.

▶ Fragment 2

```
if (i > 0 && j > 5){
    k = 10;
}
```

Hier sind beide Bedingungen AND-verknüpft, der Gesamtausdruck ist falsch, da i > 0 falsch ist. Endzustand: i = 0, j = 7, k = 13.

▶ Fragment 3

```
if ((i > 0 && j > 5) || k < 15){
    k = 10;
}
```

Die AND-Verknüpfung i > 0 && j > 5 ist zwar falsch, aber der geklammerte Teilausdruck wird mit k < 15 OR-verknüpft, also ist der Gesamtausdruck wahr. Endzustand: i = 0, j = 7, k = 10.

▶ Fragment 4

```
if ((i > 0 || j > 5) && k > 15){
    k = 10;
}
```

Die OR-Verknüpfung in Klammern ist wahr, weil j > 5 wahr ist. Der Wert wird aber mit k > 15 (falsch) AND-verknüpft, der Gesamtausdruck ist damit falsch. Endzustand: i = 0, j = 7, k = 13.

▶ Fragment 5

```
if (i == 0 & j++ < 5){
    k = 10;
}
```

Die beiden Bedingungen werden mit dem kurzschlussfreien &-Operator verknüpft, der Seiteneffekt j++ wird deshalb in jedem Fall ausgeführt. Die Gesamtbedingung ist aber falsch, denn j++ ist nicht kleiner als 5. Endzustand: i = 0, j = 8, k = 13.

▶ **Fragment 6**

```
if (i == 0 && j++ < 5){
    k = 10;
}
```

In diesem Fragment wird zwar der &&-Operator mit Kurzschluss verwendet, da aber auf der linken Seite eine wahre Bedingung steht, muss die rechte Seite mit ihrem Seiteneffekt ausgeführt werden, um den gesamten Ausdruck auszuwerten. Endzustand: i = 0, j = 8, k = 13.

▶ **Fragment 7**

```
if (i != 0 && j++ < 5){
    k = 10;
}
```

Jetzt steht auf der linken Seite des &&-Operators eine falsche Bedingung, deshalb wird die rechte Seite nicht ausgeführt. Außerdem ist der Gesamtausdruck falsch. Endzustand: i = 0, j = 7, k = 13.

▶ **Fragment 8**

```
if (i != 0 & j++ < 5){
    k = 10;
}
```

Im letzten Fragment ist zwar die Gesamtbedingung falsch, da aber der &-Operator benutzt wurde, wird der Seiteneffekt j++ ausgeführt. Endzustand: i = 0, j = 8, k = 13.

Lösung zu 3.2.4: Solitaire

```
package de.kaiguenster.javaintro.solitaire;

public class Solitaire {

    public static boolean kannAnlegen(String farbeAlt, int wertAlt,
      String farbeNeu, int wertNeu){
        boolean altRot = "Herz".equals(farbeAlt) || "Karo".equals(farbeAlt);
        boolean neuRot = "Herz".equals(farbeNeu) || "Karo".equals(farbeNeu);
        return altRot ^ neuRot && wertNeu + 1 == wertAlt;
    }

    public static void pruefeKarte(String farbeAlt, int wertAlt,
      String farbeNeu, int wertNeu, boolean erwartet){
        ...
```

```
    }

    public static void main(String[] args) {
        …
    }
}
```
Listing B.2 Die Lösung der Solitaire-Übung

Der größte Teil des Codes war in diesem Fall vorgegeben und enthielt auch nur wenig Neues gegenüber den anderen Beispielen. Zwei Dinge sind aber einer Erwähnung wert. Das ist zum einen die Methode `System.out.print`. Sie macht genau wie `System.out.println` eine Ausgabe auf die Kommandozeile, erzeugt aber im Anschluss keinen Zeilenumbruch. So können mehrere Ausgaben in eine Zeile geschrieben werden. Zum anderen ist es der Vergleich `erwartet == ergebnis`. `boolean`-Werte sind vergleichbar wie alle anderen primitiven Typen auch, hier ist es aber das erste Mal, dass in den Beispielen davon Gebrauch gemacht wird.

Der interessantere Teil ist natürlich die Methode, die zu entwickeln war. Es müssen zwei Bedingungen geprüft werden: ob der Wert der neuen Karte um genau eins niedriger ist als der Wert der alten Karte und ob die neue Karte rot ist, falls die alte Karte schwarz war, oder umgekehrt.

Beginnen wir mit der zweiten Bedingung. Sie lässt sich einfacher ausdrücken als: »wenn beide Karten unterschiedliche Farben haben«. Gemeint sind Farben im herkömmlichen Sinn, nicht Kartenfarben, also Rot oder Schwarz. So lässt sich die Bedingung noch anders ausdrücken: »Wenn genau eine der beiden Karten rot ist.« Im Alltag würde man es zwar so nicht sagen, aber es ist dennoch auf den ersten Blick korrekt: Um die Karte anlegen zu können, muss eine der beiden Karten rot sein und die andere schwarz. In dieser dritten Formulierung klingt die Bedingung schon sehr ähnlich wie der XOR-Operator ^: Eine Karte muss rot sein, aber nicht beide.

Mit diesen Vorüberlegungen gewappnet, können Sie eine der Bedingungen in Programmcode umsetzen. Zunächst müssen Sie feststellen, ob eine Karte rot ist. Das ist der Fall, wenn Ihre Kartenfarbe entweder Herz oder Karo ist, in Code ist das mit dem OR-Operator umzusetzen:

```
boolean altRot = "Herz".equals(farbeAlt) ||
                 "Karo".equals(farbeAlt);
```
Listing B.3 Prüfen, ob eine Karte rot ist

Diese Prüfung führen Sie für beide Karten durch und speichern das Ergebnis jeweils in einer `boolean`-Variablen. Beachten Sie dabei, dass die Strings wie beschrieben mit der `equals`-Methode verglichen werden und dass der OR-Vergleich mit Kurzschluss verwendet wird. Wenn schon bekannt ist, dass die Kartenfarbe Herz ist, ist der Vergleich mit Karo überflüssig.

Im nächsten Schritt ist noch zu prüfen, ob die Farben der Karten unterschiedlich waren. Im Beispiel ist diese Prüfung mit dem ^-Operator umgesetzt als altRot ^ neuRot, Sie könnten die beiden Variablen aber ebenso gut auf Ungleichheit prüfen, das Ergebnis wäre dasselbe: altRot != neuRot.

Die andere Bedingung ist schneller umzusetzen. Es gibt keinen Vergleichsoperator, der prüft, ob ein Wert um genau eins größer ist als der andere. Ersatzweise müssen Sie prüfen, ob ein Wert gleich dem anderen plus eins ist: wertNeu + 1 == wertAlt. Da beide Bedingungen zutreffen müssen, sind sie noch mit AND zu verknüpfen und das Ergebnis dann wie gezeigt zurückzugeben:

```
boolean ergebnis = (altRot ^ neuRot) && wertNeu + 1 == wertAlt;
return ergebnis;
```

Listing B.4 Das Endergebnis der Prüfung berechnen und zurückgeben

Lösung zu 3.3.2: »Rock im ROM«

```
package de.kaiguenster.javaintro.rockimrom;
import java.io.*;
public class RockImROM {
    public static void main(String[] args) throws IOException {
        System.out.println("An welchem Tag kommst du?");
        BufferedReader in = new BufferedReader(
         new InputStreamReader(System.in));
        String wochentag = in.readLine();
        String headliner = null;
        double preis = 0;
        switch(wochentag){
            case "Montag":
                headliner = "Rage against the Compiler";
                preis = 37.5;
                break;
            case "Dienstag":
                headliner = "if/else";
                preis = 22;
                break;
            ...
            default:
                System.out.println("Den Tag kenn ich nicht: " + wochentag);
                System.exit(1);
```

```
        }
        System.out.println("Der Headliner am " + wochentag + " ist "
          + headliner);
        System.out.println("Kartenpreis: " + preis + "€");
    }

}
```
Listing B.5 »Rock im ROM«

Aus Platzgründen fehlen hier die Tage Mittwoch bis Sonntag, es passiert dort aber nichts anderes als auch schon am Montag und Dienstag. Wie Sie Text zum Benutzer ausgeben und Benutzereingaben einlesen, ist inzwischen ein alter Hut, der interessante Teil kommt danach. Zunächst werden für Headliner und Preis Variablen definiert. Da lokale Variablen keinen Default-Wert haben, muss ihnen ein initialer Wert von null bzw. 0 zugewiesen werden.

Anschließend wertet ein switch-Statement aus, welchen Tag der Benutzer eingegeben hat, und setzt die beiden Variablen entsprechend dem Programm. Der default-Block wird ausgeführt, wenn der Benutzer keinen gültigen Wochentag eingegeben hat. In diesem Fall gibt das Programm eine Fehlermeldung aus und beendet sich sofort.

Nach dem Ende von switch wird aus den gesetzten Variablen eine Ausgabe zusammengesetzt. Anstatt Variablen zu setzen und die Ausgabe erst am Ende zu machen, könnten Sie auch in jedem case die Ausgabe machen. Die gezeigte Variante hat den Vorteil, dass der Code zur Ausgabe, der ja in allen Fällen gleich ist, nur einmal aufgeschrieben wird. Doppelten Code zu vermeiden, ist ein weiterer Aspekt von gutem Programmierstil: Das Programm wird kürzer und übersichtlicher, und wenn Sie später etwas ändern wollen, zum Beispiel einen anderen Text ausgeben, müssen Sie die Änderung nur einmal machen und nicht siebenmal.

Lösung zu 3.3.5: »Rock im ROM« bis zum Ende

```
package de.kaiguenster.javaintro.rockimrom;
import java.io.*;
public class RockImROM {
    public static void main(String[] args) throws IOException {
        System.out.println("An welchem Tag kommst du?");
        BufferedReader in = new BufferedReader(
          new InputStreamReader(System.in));
        String wochentag = in.readLine();
        String headliner = "";
```

```java
            double preis = 0;
            switch(wochentag){
                case "Montag":
                    headliner += "Rage against the Compiler\n";
                    preis += 37.5;
                ...
                case "Sonntag":
                    headliner += "Delphi and the Oracles\n";
                    preis += 35;
                    break;
                default:
                    System.out.println("Den Tag kenn ich nicht: " + wochentag);
                    System.exit(1);
            }
            System.out.println("Die Headliner sind:\n" + headliner);
            System.out.println("Kartenpreis: " + preis + "€");
        }
}
```

Listing B.6 »Rock im ROM« die Zweite

Viel hat sich gegenüber der Vorversion gar nicht geändert. Die beiden Variablen werden nun nicht mehr an jedem Wochentag gesetzt, es wird zu ihrem Wert addiert bzw. sie werden konkateniert. Ein kleiner, aber gemeiner Fallstrick ist dabei, dass die Variable headliner nun nicht mehr mit null initialisiert wird, sondern mit dem leeren String "". Diese Änderung ist notwendig, da sonst das Wort »null« im zusammengesetzten Ergebnis auftaucht.

Außerdem sind fast alle break-Befehle verschwunden. Aber nur fast alle, am letzten Tag muss die Ausführung noch immer unterbrochen werden, sonst fällt sie auch in den default-Block durch und beendet das Programm mit einer Fehlermeldung.

Lösung zu 3.3.6: »Rock im ROM« solange ich will

```java
package de.kaiguenster.javaintro.rockimrom;
import java.io.*;
public class RockImROM {
    public static void main(String[] args) throws IOException {
        System.out.println("An welchem Tag kommst du?");
        BufferedReader in = new BufferedReader(
         new InputStreamReader(System.in));
        String starttag = in.readLine();
        System.out.println("Und bis wann bleibst du?");
```

Lösung zu 3.3.6: »Rock im ROM« solange ich will

```java
        String endtag = in.readLine();
        String headliner = "";
        double preis = 0;
        switch(starttag){
            case "Montag":
                headliner += "Rage against the Compiler\n";
                preis += 37.5;
                if ("Montag".equals(endtag)){
                    break;
                }
            case "Dienstag":
                headliner += "if/else\n";
                preis += 22;
                if ("Dienstag".equals(endtag)){
                    break;
                }
            ...
            case "Sonntag":
                headliner += "Delphi and the Oracles\n";
                preis += 35;
                break;
            default:
                System.out.println("Unbekannter Tag oder Endtag liegt vor
                 Starttag: " + starttag + " - " + endtag);
                System.exit(1);
        }
        System.out.println("Die Headliner sind:\n" + headliner);
        System.out.println("Kartenpreis: " + preis + "€");
    }
}
```

Listing B.7 »Rock im ROM« die Dritte

Auch diesmal hat sich nicht viel geändert gegenüber der vorherigen Version. Am Anfang des Programms werden An- und Abreisetag abgefragt. In jedem `case`-Block befindet sich nun ein `break`, das nur ausgeführt wird, wenn der Tag der Endtag ist.

Jetzt wird auch das `break` am Sonntag nicht mehr immer ausgeführt, sondern nur, wenn Sonntag der Endtag ist. Es gibt nur zwei Fälle, in denen die Ausführung hier noch zum `default`-Block durchfallen kann: Entweder es wurde ein ungültiger Start- oder Endtag eingegeben, oder der Endtag liegt vor dem Starttag. In beiden Fällen ist es richtig, das Programm mit einer Fehlermeldung zu beenden. Die Fehlermeldung hat sich entsprechend geändert und weist auf beide Fehlermöglichkeiten hin.

Lösung zu 4.1.2: Das kleinste gemeinsame Vielfache

```
private static int kgv(int zahl1, int zahl2) {
    if (zahl1 <= 0 || zahl2 <= 0)
        throw new IllegalArgumentException("Beide Zahlen müssen >0 sein.");
    if (zahl1 < zahl2){
        int temp = zahl1;
        zahl1 = zahl2;
        zahl2 = temp;
    }
    int multiplikator = 1;
    while ((zahl1 * multiplikator) % zahl2 != 0){
        multiplikator++;
    }
    return zahl1 * multiplikator;
}
```

Listing B.8 Das kleinste gemeinsame Vielfache

Da Sie die Kommunikation mit dem Benutzer inzwischen oft genug gesehen haben, ist hier nur die wichtige Methode abgedruckt: die Berechnung des kgV.

Als Erstes wird auch hier wieder geprüft, ob beide Zahlen positiv sind, falls nicht, wird ein Fehler geworfen.

Der darauffolgende if-Block sieht zunächst überflüssig aus und bedarf einer kurzen Erklärung. Er soll dafür sorgen, dass zahl1 immer die größere der beiden Zahlen enthält. Deshalb werden, falls zahl1 die kleinere ist, die Werte der beiden Variablen vertauscht. Leider braucht man dazu wirklich drei Zeilen Code und eine temporäre Variable.

Um das kgV zu finden, wäre es nicht zwingend notwendig, die Zahlen zu vertauschen, aber es beschleunigt den Algorithmus. In der gleich folgenden Schleife werden Vielfache von zahl1 daraufhin geprüft, ob sie auch Vielfache von zahl2 sind. Wenn zahl1 die größere der beiden Zahlen ist, werden weniger Schleifendurchläufe benötigt.

Dann geht die eigentliche Suche nach dem kgV los. Es werden Vielfache von zahl1, angefangen bei zahl1 * 1, daraufhin getestet, ob sie ohne Rest durch zahl2 teilbar sind. Falls sie es nicht sind, wird der Multiplikator um 1 erhöht und erneut geprüft, bis ein gemeinsames Vielfaches gefunden wurde, das dann zurückgegeben wird.

Auch bei dieser Schleife ist sichergestellt, dass sie endet, denn spätestens zahl1*zahl2 ist ein gemeinsames Vielfaches der beiden Zahlen.

Lösung zu 4.1.4: Zahlen raten

```java
package de.kaiguenster.javaintro.zahlenraten;
import java.io.*;
import java.util.Random;
public class Zahlenraten {
    public static void main(String[] args) throws IOException {
        Random wuerfel = new Random();
        int rateMich = wuerfel.nextInt(100) + 1;
        BufferedReader in = new BufferedReader(
          new InputStreamReader(System.in));
        int tipp = 0;
        do {
            System.out.println("Geben Sie einen Tipp ab");
            tipp = Integer.parseInt(in.readLine());
            if (tipp > rateMich) {
                System.out.println("Das ist zu hoch");
            } else if (tipp < rateMich){
                System.out.println("Das ist zu niedrig");
            }
        } while (tipp != rateMich);
        System.out.println(tipp + " ist richtig!");
    }
}
```

Listing B.9 Zahlen raten

Als Erstes wird mit Hilfe von Random eine zufällige Zahl ausgewählt. Der Aufruf wuerfel.nextInt(100) liefert eine Zahl zwischen 0 und 99, aber benötigt wird eine Zahl zwischen 1 und 100, deshalb das +1.

Dann geht es ans Raten. In jedem Schleifendurchlauf wird der Spieler aufgefordert, einen Tipp abzugeben. Wenn dieser Tipp größer oder kleiner ist als die gesuchte Zahl, wird eine entsprechende Meldung ausgegeben. Ist der Tipp richtig, endet die Schleife, und der Spieler sieht eine Erfolgsmeldung.

Lösung zu 4.2.1: Zahlen validieren

```java
private static boolean validiereZahl(String zahl) {
    for (int i = 0; i < zahl.length(); i++){
        char ziffer = zahl.charAt(i);
        if (ziffer != '0' && ziffer != '1' && ziffer != '2'
        && ziffer != '3' && ziffer != '4'  && ziffer != '5'
```

```
            && ziffer != '6' && ziffer != '7' && ziffer != '8'
            && ziffer != '9'){
                return false;
            }
        }
        return true;
    }
```

Listing B.10 Zahlenprüfung mit Schleife

Die Schleife läuft durch alle Zeichen des Strings, von 0 bis `zahl.length()`. Im Gegensatz zu Arrays ist `String#length` eine Methode, vergessen Sie also nicht die Klammern.

Das Zeichen an der `i`-ten Stelle lesen Sie mit der Methode `charAt`, und zur Prüfung vergleichen Sie dieses Zeichen mit den möglichen Ziffern. Da es sich aber um ein `char` handelt, nicht um eine Zahl, müssen Sie auch die Ziffern, mit denen Sie vergleichen, in einfache Anführungszeichen setzen.

Sobald ein Zeichen gefunden wird, das keine Ziffer ist, wird die Methode noch in der Schleife mit `return false` unterbrochen. Das funktioniert in der Schleife genau wie außerhalb, die aktuelle Methode wird sofort unterbrochen und dem Aufrufer der Rückgabewert übergeben. Die verbleibenden Schleifendurchläufe werden nicht ausgeführt und müssen es auch nicht. Ein falsches Zeichen reicht, um eine fehlerhafte Eingabe zu erkennen. Ob weitere Zeichen falsch sind, ist egal.

Wenn die Schleife zu ihrem natürlichen Ende kommt, bedeutet das, dass keine falschen Zeichen gefunden wurden, deshalb wird `true` zurückgegeben.

Lösung zu 5.4.1: Eine erste Methode

```
package de.kaiguenster.javaintro.music;
public class Song {
    public String titel;
    public String interpret;
    public int laengeInSekunden;

    public void drucke(){
        System.out.println(this.titel + " (" + this.interpret + ") " +
            this.laengeInSekunden);
    }
}
```

Listing B.11 Die Klasse »Song«

```java
package de.kaiguenster.javaintro.music;

public class Musicplayer {
    public static void main(String[] args){
        Song song = new Song();
        song.interpret = "if/else";
        song.titel = "Entscheid' dich!";
        song.laengeInSekunden = 247;
        song.drucke();
    }
}
```
Listing B.12 Die Klasse »Musicplayer«

In dieser Übung schreiben Sie zum ersten Mal zwei getrennte Klassen. Beachten Sie, dass beide Klassen in ihrer eigenen Datei deklariert werden müssen, die den Namen der Klasse trägt. Da beide Klassen im selben Package liegen, sind keine import-Anweisungen notwendig, die Klassen können einander sehen.

In Musicplayer wird ein neues Objekt vom Typ Song erzeugt, und mit dem Punktoperator werden dessen Felder gesetzt. Anschließend wird die drucke-Methode des Objekts aufgerufen.

In Song werden die drei Felder deklariert, und die Methode drucke wird implementiert. Sie gibt die drei Felder auf die Kommandozeile aus. Zum Zugriff auf die Felder wäre hier das Schlüsselwort this nicht nötig, da sie nicht von lokalen Variablen verdeckt werden. Der Zugriff über this hat aber auch keine Nachteile.

Lösung zu 5.4.3: Jetzt mit Rückgabewerten

An der Klasse Musicplayer mussten Sie gegenüber der Vorübung nichts ändern. Es kann aber nicht schaden, dort einige weitere Songs mit unterschiedlichen Zeiten hinzuzufügen, um die Zeitformatierung etwas ausführlicher zu testen. Die neuen Methoden, die für die Übung zu implementieren waren, gehören aber alle in die Song-Klasse.

```java
package de.kaiguenster.javaintro.music;
public class Song {
    public String titel;
    public String interpret;
    public int laengeInSekunden;

    public String formatiereZeit(){
```

```
        int minuten = laengeInSekunden / 60;
        int sekunden = laengeInSekunden % 60;
        return (minuten < 10 ? "0" + minuten : minuten) + ":" +
            (sekunden < 10 ? "0" + sekunden : sekunden);
    }

    public String toString(){
        return this.titel + " (" + this.interpret + ") " +
            this.formatiereZeit();
    }

    public void drucke(){
        System.out.println(this);
    }
}
```

Listing B.13 Zeitformatierung und String-Ausgabe

Die anspruchsvollste Logik war in der Methode `formatiereZeit` zu implementieren. Als Erstes müssen Sie die Sekundenzahl in Minuten und verbleibende Sekunden umrechnen. Wenn Sie sich erinnern, dass Java für Ganzzahlen auch ganzzahlige Division anwendet, dann ist das schnell erreicht: Die Minuten berechnen Sie, indem Sie `laengeInSekunden` durch 60 teilen, die Sekunden erhalten Sie mit dem Modulo-Operator.

Als Nächstes ist aus diesen beiden Zahlen ein `String` zusammenzusetzen. Auch das ist an sich nicht schwer, aber wenn Sie einfach `minuten + ":" + sekunden` verwenden, erzeugen Sie unschöne Ergebnisse wie »4:6«. Das hier ist die Goldrandlösung: Für Minuten und Sekunden wird jeweils der ternäre Operator verwendet, um eine 0 davorzuschreiben, wenn der Wert einstellig ist. Wichtig ist hierbei, dass diese 0 im Code als `String` steht. Stünde sie als Zahl, dann würde sie zum Wert addiert, mit einem nicht gerade zufriedenstellenden Ergebnis.

Die `toString`-Methode ist danach sehr einfach. Genau wie vorher schon in `drucke` werden die Felder konkateniert. Der einzige Unterschied ist, dass die Zeit nun mit Hilfe der gerade implementierten Methode formatiert wird. Das Ergebnis wird nicht mehr ausgegeben, sondern mit `return` zurückgegeben.

In `drucke` erfolgt nach wie vor die Ausgabe. Sie hätten ebenso gut `System.out.println(toString());` verwenden können, aber an diesem Beispiel sehen Sie, wozu Sie die `this`-Referenz noch benutzen können. Das Objekt übergibt »sich selbst« als Parameter an `System.out.println`, die JVM sorgt dafür, dass für die Ausgabe `toString` gerufen wird.

Lösung zu 5.4.6: Zugriffsmethoden

```java
package de.kaiguenster.javaintro.music;

public class Song {
    private String titel;
    private String interpret;
    private int laengeInSekunden;

    public String getTitel() {
        return titel;
    }

    public void setTitel(String titel) {
        if (titel == null)
            throw new IllegalArgumentException("Titel ist null");
        this.titel = titel;
    }

    public String getInterpret() {
        return interpret;
    }

    public void setInterpret(String interpret) {
        if (interpret == null)
            throw new IllegalArgumentException("Interpret ist null");
        this.interpret = interpret;
    }

    public int getLaengeInSekunden() {
        return laengeInSekunden;
    }

    public void setLaengeInSekunden(int laengeInSekunden) {
        if (laengeInSekunden < 0 )
            throw new IllegalArgumentException("Laenge ist negativ");
        this.laengeInSekunden = laengeInSekunden;
    }

    public void setLaenge(int stunden, int minuten, int sekunden){
        int laengeSekunden = sekunden + 60 * minuten + 3600 * stunden;
        this.setLaengeInSekunden(laengeSekunden);
    }
```

```java
    public int getStunden(){
        return this.laengeInSekunden / 3600;
    }

    public int getMinuten(){
        return (this.laengeInSekunden % 3600) / 60;
    }

    public int getSekunden(){
        return this.laengeInSekunden % 60;
    }

    public String formatiereZeit(){
        int stunden = this.getStunden();
        int minuten = this.getMinuten();
        int sekunden = this.getSekunden();
        String zeit = "";
        if (stunden > 0){
            zeit += (stunden < 10 ? "0" + stunden : stunden) + ":";
        }
        zeit += (minuten < 10 ? "0" + minuten : minuten)+ ":";
        zeit += (sekunden < 10 ? "0" + sekunden : sekunden);
        return zeit;
    }
    ...
}
```

Listing B.14 »Song« mit Zugriffsmethoden

Die Beispiellösung fällt dieses Mal etwas länger aus, deshalb werden in den weiteren Übungen nicht mehr alle Getter und Setter abgedruckt. Sie sind zwar ein wichtiges Element von Java, aber nach dem ersten Mal nicht mehr sonderlich spannend.

Ganz oben sehen Sie, dass alle Felder nun den Access-Modifier `private` tragen, so sind sie von außen nicht mehr zugänglich. Darauf folgen die einfachen Zugriffsmethoden für diese Felder. In den Gettern passiert nichts Bemerkenswertes, aber in den Settern findet jeweils eine Validierung statt. Genau wie im Beispiel gezeigt, wird bei ungültigen Werten mit `throw IllegalArgumentException` ein Fehler geworfen.

Die Methode `setLaenge` berechnet aus ihren drei Parametern die Länge in Sekunden und ruft mit diesem Wert den Setter für das Feld auf. Sie könnten das Feld auch direkt setzen, aber auf diese Weise wird der berechnete Wert validiert, ohne dass Sie den Validierungscode in die Methode `setLaenge` kopieren müssen.

Die Methoden, die die einzelnen Anteile der Dauer ausgeben, kehren diese Berechnung lediglich um. getSekunden verwirft mit dem Modulo-Operator alle vollen Minuten und gibt die verbleibenden Sekunden aus. getStunden teilt durch 360, um die vollen Stunden als int-Wert zu berechnen. Die Methode getMinuten ist etwas komplexer: Zuerst verwirft sie mit this.laengeInSekunden % 360 die vollen Stunden, dann wird dieser Divisionsrest durch 60 geteilt, um die vollen Minuten zu ermitteln.

In formatiereZeit hat sich auf den ersten Blick einiges geändert. Zunächst werden Stunden, Minuten und Sekunden nicht mehr selbst berechnet, es gibt nun Methoden für diese Rechnungen, also sollten Sie sie auch benutzen. Der Rückgabewert wird nun in einer String-Variablen zusammengesetzt, weil die vorherige Lösung durch die hinzugekommenen Stunden sehr unübersichtlich geworden wäre. Durch das if-Statement if (stunden > 0) wird der Stundenanteil nur ausgegeben, wenn das Stück auch länger als eine Stunde ist, ansonsten wird dieser Teil in der Ausgabe ausgelassen.

Lösung zu 5.6.2: Konstruktoren

```
public class Song {

    public Song(String titel, String interpret, int laengeInSekunden) {
        this.setTitel(titel);
        this.setInterpret(interpret);
        this.setLaengeInSekunden(laengeInSekunden);
    }

    public Song(String titel, int laengeInSekunden) {
        this(titel, "Unbekannter Künstler", laengeInSekunden);
    }

    public Song(String titel, String interpret, int stunden, int minuten,
      int sekunden) {
        this(titel, interpret, sekunden + 60 * minuten + 3600 * stunden);
    }
    ...
}
```

Listing B.15 Konstruktoren

In dieser Übung war nichts allzu Schwieriges zu tun. Der Konstruktor Song(String, String, int) steht am Ende der Kette, er ruft die Zugriffsmethoden auf, um die Feldwerte zu setzen.

Der Konstruktor Song(String, int) ruft diesen ersten Konstruktor mit this auf und übergibt als Interpreten den Default-Wert »Unbekannter Künstler«.

Der dritte Konstruktor muss aus den drei getrennten Teilen der Länge die Sekundenzahl berechnen. Da der Aufruf von this die erste Anweisung sein muss, können Sie nicht zuerst die Berechnung durchführen und das Ergebnis einer Variablen zuweisen. Deshalb wird die Sekundenzahl direkt bei der Parameterübergabe berechnet.

Lösung zu 5.7.1: Statische Felder und Methoden

```
public class Song {
    private static long gesamtLaenge;

    public static long getGesamtLaenge(){
        return Song.gesamtLaenge;
    }
    …
    public void setLaengeInSekunden(int laengeInSekunden) {
        Song.gesamtLaenge -= this.laengeInSekunden;
        Song.gesamtLaenge += laengeInSekunden;
        this.laengeInSekunden = laengeInSekunden;
    }
    …
}
```

Listing B.16 Die Gesamtlänge im Auge behalten mit statischen Elementen

Das Feld und die Zugriffsmethode für die Gesamtlänge aller Songs waren im Codebeispiel schon vorgegeben und enthielten auch außer dem Schlüsselwort static nichts Neues. Zu ihnen gibt es nicht viel zu sagen.

Sie sehen in der Lösung einen weiteren Vorteil, Felder durch Zugriffsmethoden zu verbergen und die Zugriffsmethoden auch innerhalb der Klasse konsequent zu nutzen: Die Berechnung der Gesamtlänge muss nur an genau einer Stelle im Code eingefügt werden, nämlich im Setter. Änderungen des Feldwertes geschehen ausschließlich durch diese Methode.

Die Berechnung selbst gestaltet sich auch einfacher, als man zunächst annehmen könnte. Jede Instanz von Song muss nur ihre eigene Länge zum Feld gesamtLaenge addieren. Da das Feld statisch ist, greifen alle Instanzen auf denselben Wert zu, und es steht immer die Gesamtlänge aller Songs darin.

Ein wenig anspruchsvoller ist es nur, das Feld auch auf dem richtigen Stand zu halten, wenn die Länge eines Songs nachträglich geändert wird. In diesem Fall müssen Sie zunächst die alte Länge von der Gesamtlänge abziehen und dann die neue Länge wieder addieren oder umgekehrt. Die Reihenfolge der Operationen ist hier egal, wichtig ist nur, dass in der Gesamtlänge am Ende nur eine Länge für diesen Song enthalten ist und nicht die Summe von alter und neuer Länge. Beachten Sie den Unterschied zwischen dem Feld this.laengeInSekunden bei der Subtraktion und dem Parameter laengeInSekunden bei der Addition!

Dass die Subtraktion auch beim ersten Aufruf des Setters erfolgt, macht nichts, das Feld laengeInSekunden ist mit dem Default-Wert 0 vorbelegt und kann gefahrlos von der Gesamtlänge abgezogen werden.

Lösung zu 6.1.2: Tierische Erbschaften

Interessant in dieser Übung sind eigentlich nur zwei Klassen: Tier und die Testklasse.

```java
public class Tier {

    public static final char MAENNLICH = 'm';
    public static final char WEIBLICH = 'w';

    private String name;
    private int gewicht;
    private char geschlecht;

    ...

    public void setGewicht(int gewicht) {
        if (gewicht <= 0){
            throw new IllegalArgumentException("Gewicht muss größer 0 sein");
        }
        this.gewicht = gewicht;
    }

    public void setGeschlecht(char geschlecht) {
        if (geschlecht != MAENNLICH && geschlecht != WEIBLICH){
            throw new IllegalArgumentException("Geschlecht muss m oder w sein.");
        }
        this.geschlecht = geschlecht;
    }

    @Override
    public String toString() {
```

```
            return this.name + ", " + this.geschlecht + ", " + this.gewicht + "g";
        }
    }
```

Listing B.17 Die Klasse »Tier« in Auszügen

Auch in `Tier` gibt es nicht viel Besonderes zu sehen. Die Felder und Konstanten sind genau so deklariert, wie Sie es aus Kapitel 4, »Wiederholungen«, schon kennen. Auch die Zugriffsmethoden sehen aus wie erwartet. Der einzige Grund, dass hier zwei Setter abgedruckt sind, ist die Prüfung der gesetzten Werte. Auch wenn es nicht Gegenstand der Aufgabe ist, ist es einfach eine gute Angewohnheit, Werte auf Gültigkeit hin zu prüfen. Die restlichen Klassen sind völlig ohne Inhalt, ihr Rumpf ist leer, nur ihre extends-Klausel ist von Interesse. An einem Beispiel:

```
public class Katze extends Tier{}
```

Listing B.18 Eine »Katze« ist ein »Tier«.

Interessant wird es erst wieder im Testprogramm, denn hier kommt ein Sachverhalt zum Tragen, den ich noch nicht im Detail angesprochen habe. Zunächst das Programm mit einer der drei Testmethoden:

```
public class TestProgramm {
    public static void main(String[] args){
        testeDobermann();
        testeDackel();
        testeKatze();
    }

    private static void testeDobermann() {
        Dobermann dobermann = new Dobermann();
        dobermann.setName("Heinrich");
        dobermann.setGeschlecht(Tier.MAENNLICH);
        dobermann.setGewicht(12);
        System.out.println(dobermann);
    }
    ...
}
```

Listing B.19 Der will nur spielen ...

An der Klasse `Dobermann` sind weder die Setter noch die `toString`-Methode deklariert. Dennoch können Sie sie ohne Fehler aufrufen. Das liegt daran, dass ein Dobermann in jeder Beziehung ein Tier ist. Das bedeutet, wie Sie oben schon gesehen haben, dass

Sie ihn einer Variablen vom Typ Tier zuweisen können. Aber es bedeutet eben auch, dass er alle Member enthält, die auch Tier hat. Ein Dobermann **ist** ein Tier, deshalb hat er dieselben Eigenschaften und Methoden. Genau darum geht es auch im nächsten Abschnitt.

Lösung zu 6.1.5: Konstruktoren und Vererbung

Die eigentliche Aufgabe war hier natürlich nicht, Felder in Tier unveränderlich zu machen und einen Konstruktor hinzuzufügen. All das kennen Sie ja bereits. Trotzdem hier noch einmal der relevante Auszug aus dem Code:

```
private final String name;
private final char geschlecht;
private int gewicht;
public Tier(String name, char geschlecht, int gewicht) {
    if (geschlecht != MAENNLICH && geschlecht != WEIBLICH)
        throw new IllegalArgumentException("Geschlecht muss m oder w sein.");
    this.name = name;
    this.geschlecht = geschlecht;
    this.gewicht = gewicht;
}
```

Listing B.20 Änderungen an »Tier«

Sie sehen, dass die zwei Felder mit final unveränderlich gemacht wurden. Nicht zu sehen ist, dass die Setter für diese Felder entfernt wurden, sie können mit einem unveränderlichen Feld nicht funktionieren. Alle Felder werden nun im Konstruktor gesetzt.

Die eigentliche Aufgabe war es, den Konstruktor in allen Unterklassen richtig anzuwenden. Das sieht in allen Unterklassen gleich aus, hier sehen Sie den Konstruktor von Hund:

```
public Hund(String name, char geschlecht, int gewicht) {
    super(name, geschlecht, gewicht);
}
```

Listing B.21 Ein »Hund« mit Konstruktor

Aber es reicht nicht, nur die nächste Ebene in der Hierarchie um den Konstruktor zu erweitern. Alle Unterklassen müssen einen gültigen Konstruktor ihrer Superklasse aufrufen, das heißt, dass auch die einzelnen Hunderassen um einen Konstruktor erweitert werden müssen.

Lösung zu 6.3: Objektorientierte Modellierung

Bei dieser Übung hat es wenig Sinn, den Code in Gänze abzudrucken. Interessant sind vorwiegend die Klassen und Interfaces und die Beziehungen zwischen ihnen. Welche Elemente es gibt und in welcher Beziehung sie zueinander stehen, können Sie dem Klassendiagramm entnehmen (Abbildung B.1).

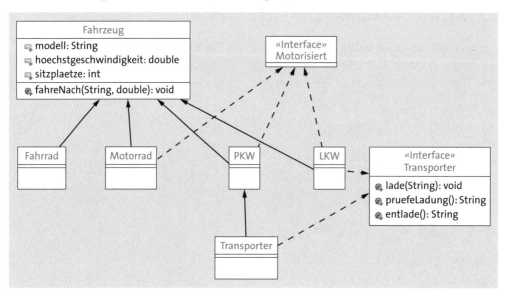

Abbildung B.1 Klassendiagramm der Fahrzeuge

Viel wichtiger ist aber, wieso es so modelliert wurde. Fangen wir am Anfang an: Ein Fahrzeug hat Eigenschaften und Methoden, dabei kann es sich nur um eine Klasse handeln. Genau wie schon bei Tier kann man mit einem Fahrzeug ohne weitere Informationen wenig anfangen, deshalb ist Fahrzeug abstrakt. Es gibt verschiedene Arten von Fahrzeugen, das deutet darauf hin, dass es Spezialisierungen von Fahrzeug geben muss: LKW, PKW, Motorrad, Fahrrad. Außerdem ist von einer speziellen Art von PKW die Rede, dem Lieferwagen. Der wird unter PKW zu einer weiteren Spezialisierung.

Man könnte in die Versuchung geraten, zwischen Fahrzeug und den verschiedenen Ausprägungen noch eine weitere Ebene von Klassen einzuführen, zum Beispiel Zweirad und Vierrad. Dafür gibt es keinen zwingenden Grund. Da sich alle Arten von Fahrzeugen gleich verhalten, ist diese Zwischenschicht technisch nicht nötig. Es ist aber auch nicht falsch, diese Schicht zu haben. Wenn in Ihrer Sicht der Realität Fahrräder und Motorräder enger zusammengehören als Motorräder und Autos, dann können Sie diese Unterscheidung machen.

Als Nächstes gibt es das Interface Motorisiert. In der Beispiellösung ist es als Interface umgesetzt, das keine Methoden implementiert, ein sogenanntes *Marker Interface*, weil es eine Klasse lediglich markiert. Es wäre aber ebenso richtig, dies als boolean-Attribut an Fahrzeug umzusetzen, das von den Unterklassen konstant gesetzt wird. Das könnte zum Beispiel so aussehen:

```
public Fahrzeug(String modell, double hoechstgeschwindigkeit, int sitze,
    boolean motorisiert) {
    …
    this.motorisiert = motorisiert;
}
…
public Fahrrad(String modell, double hoechstgeschwindigkeit, int sitze) {
    super(modell, hoechstgeschwindigkeit, sitze, false);
}
```

Listing B.22 Alternative Umsetzung von »Motorisiert«

In dieser Lösung wird das letzte Konstruktorargument für Fahrzeug von den Unterklassen entweder als true oder false übergeben. Beide Lösungen haben Vor- und Nachteile. So können Sie mit der gezeigten Lösung per Marker Interface Methoden schreiben, die nur motorisierte Fahrzeuge als Parameter annehmen. Andererseits können Sie in der Alternativlösung mittels einer boolean-Methode prüfen, ob ein Fahrzeug motorisiert ist oder nicht, anstatt auf den weniger eleganten instanceof-Operator zugreifen zu müssen. In der Praxis hinge diese Entscheidung davon ab, was Ihr Programm letztendlich tun soll.

Im Gegensatz dazu war es für Transporter eindeutig, was benötigt wird. Ein Transporter hat zusätzliche Operationen, lässt sich aber nicht in der Klassenhierarchie unterbringen, also muss es ein Interface sein, das von LKW und Lieferwagen implementiert wird. Sie hatten die Möglichkeit, eine der Methoden als Default-Methode im Interface zu implementieren:

```
public interface Transporter {

    public void lade(String ladung);
    public String pruefeLadung();
    default public String entlade(){
        String ladung = pruefeLadung();
        lade(null);
        return ladung;
    }

}
```

Listing B.23 Das Transporter-Interface

Die Methode `entlade` muss nicht direkt auf das Feld zugreifen können, in dem die Ladung gespeichert ist, es kann seine Aufgabe durch die beiden anderen Methoden wie gezeigt erfüllen.

Wie Sie sehen, gibt es bei der Modellierung nicht immer eine richtige Lösung, viele Sachverhalte lassen sich auf verschiedene Arten darstellen, die alle Vor- und Nachteile haben. Die Entscheidung, welche Variante sich für Ihre Anforderungen besser eignet, wird mit zunehmender Erfahrung leichter. Machen Sie sich also keine Sorgen, wenn Sie hin und wieder denken, dass Sie etwas besser anders modelliert hätten.

Eine spezielle Methode soll aber doch noch mit Code erklärt werden. Die Berechnung der Fahrzeit ist nicht trivial und rechtfertigt einen näheren Blick:

```
protected String berechneFahrzeitAlsString(double entfernung){
    double zeitInStunden = entfernung / this.hoechstgeschwindigkeit;
    int tage = (int)(zeitInStunden / 24);
    zeitInStunden %= 24;
    int stunden = (int) zeitInStunden;
    int minuten = (int) ((zeitInStunden - stunden) * 60);
    String ergebnis = "";
    if (tage > 0){
        ergebnis += tage + " Tag(e) ";
    }
    if (stunden > 0){
        ergebnis += stunden + " Stunde(n) ";
    }
    ergebnis += minuten + " Minute(n)";
    return ergebnis;
}
```

Listing B.24 Die Berechnung der Fahrzeit mit String-Ausgabe

Zunächst muss natürlich berechnet werden, wie lange die Fahrt überhaupt dauert. Indem Sie die (übergebene) Entfernung durch die Höchstgeschwindigkeit des Fahrzeugs teilen, erhalten Sie die Fahrzeit in Stunden. Für die Ausgabe muss dieser Wert in Tage, Stunden und Minuten umgerechnet werden.

Für Tage bedeutet das, die Stunden durch 24 zu teilen. Da hier nur ganze Tage gewünscht sind, wird das Ergebnis der Division nach `int` gecastet, so werden die Nachkommastellen verworfen. Für den Rest der Methode werden nur noch die Stunden benötigt, die keinen ganzen Tag ergeben, deshalb wird mit dem Divisionsrest weitergerechnet.

Um auf die auszugebende Stundenzahl zu kommen, ist lediglich ein weiterer Cast notwendig, der die Nachkommastellen abschneidet.

Bleiben noch die Minuten. Diese liegen in den Nachkommastellen der berechneten Stunden. Zuerst benötigen Sie also *nur* die Nachkommastellen, einfach zu berechnen, indem Sie die gerade vorher berechneten ganzzahligen Stunden von zeitInStunden abziehen. Da eine Stunde 60 Minuten hat, multiplizieren Sie den Nachkommaanteil mit 60, um die Minutenzahl zu erhalten. Auch dieser Wert wird wieder nach int gecastet, da nur ganzzahlige Minuten von Interesse sind.

Damit ist die Berechnung abgeschlossen, es bleibt nur noch, die Ausgabe zusammenzusetzen. Wenn Tage oder Stunden gleich 0 sind, werden sie nicht ausgegeben, ansonsten ist alles reine String-Konkatenation.

Lösung zu 7.1.4: Den ggT-Algorithmus ändern

```
public static int ggt(int zahl1, int zahl2) {
    if (zahl1 < 0 || zahl2 < 0 )
        throw new IllegalArgumentException("Keine negativen Zahlen erlaubt.");
    if (zahl1 == 0 && zahl2 == 0)
        throw new IllegalArgumentException("Mindestens eine Zahl muss größer
            0 sein.");
    if (zahl1 == 0) return zahl2;
    while (zahl2 != 0){
        if (zahl1 > zahl2){
            zahl1 = zahl1 - zahl2;
        } else {
            zahl2 = zahl2 - zahl1;
        }
    }
    return zahl1;
}
```

Listing B.25 ggT-Berechnung nach Euklid

Die Berechnung in Java zu implementieren, war sicherlich kein großes Problem für Sie, der Algorithmus ließ sich wie gezeigt umsetzen. Aber es ging in dieser Übung auch nicht um eine komplexe Implementierung, sondern darum, Ihnen zu vermitteln, wie Testfälle Ihnen bei Änderungen Sicherheit geben.

Trotzdem sei der Algorithmus in Java noch einmal Schritt für Schritt erläutert. Zunächst werden die Fehlerfälle geprüft: Wenn eine der Zahlen kleiner als 0 ist oder beide Zahlen 0 sind, wird ein Fehler geworfen.

Anschließend wird geprüft, ob der erste Parameter 0 ist. Falls ja, wird der andere Parameter (zahl2) als Ergebnis zurückgegeben. Die darauffolgende Schleife läuft so lange, bis zahl2 0 ist. Da es sich um eine kopfgesteuerte Schleife handelt, kann dies auch schon am Anfang der Fall sein, und der Schleifenrumpf würde in diesem Fall nicht ausgeführt. Deswegen ist es nicht notwendig, vorher zu prüfen, ob `zahl2` 0 ist, um dann `zahl1` als Ergebnis zurückzugeben – die Schleife deckt diesen Fall bereits ab.

In der Schleife wird in jedem Durchlauf verglichen, welche der beiden Zahlen die größere ist. Von ihr wird die kleinere Zahl abgezogen. Die mathematische Korrektheit dieses Algorithmus zu beweisen würde hier zu weit gehen, wichtig ist, dass der beschriebene Algorithmus in Java korrekt umgesetzt ist. Dass er das ist, wissen Sie, sobald die Testfälle wieder grün sind. Und wo wir schon von Testfällen sprechen, hier sind die neuen Tests, in ihrer ganzen Einfachheit:

```
public class GGTTest {
    ...
    @Test
    public void param1Ist0() {
        assertEquals(3, GGT.ggt(0, 3));
    }

    @Test
    public void param2Ist0() {
        assertEquals(3, GGT.ggt(3, 0));
    }
}
```

Listing B.26 Zwei neue Testfälle für den ggT

Zu den Testfällen gibt es nicht viel zu sagen. Sie konnten der Beschreibung des Algorithmus entnehmen, dass der ggT jeweils die Zahl ist, die ungleich 0 ist. Genau das wird in diesen Testfällen geprüft.

Lösung zu 7.1.5: Tests schreiben für das kgV

```
public class KGVTest {
    @Test
    public void testZahl1Ist1() {
        assertEquals(17, KGV.kgv(1, 17));
    }

    @Test
    public void testZahl1IstVielfaches() {
        assertEquals(24, KGV.kgv(24, 6));
    }
```

```
    @Test
    public void testZahl2IstVielfaches() {
        assertEquals(24, KGV.kgv(4, 24));
    }

    @Test
    public void testTeilferfremdeZahlen() {
        assertEquals(221, KGV.kgv(17, 13));
    }

    @Test
    public void gemeinsamerTeiler() {
        assertEquals(36, KGV.kgv(9, 12));
    }

    @Test
    public void testGleicheZahlen() {
        assertEquals(17, KGV.kgv(17, 17));
    }
}
```

Listing B.27 Testfälle für das kgV

Die Testfälle zu implementieren, war in diesem Fall wohl kaum eine Schwierigkeit, die interessantere Frage ist, welche Testfälle zu implementieren waren.

Die ersten beiden Testfälle prüfen Grenzwerte der Methode: 1 ist der kleinste erlaubte Parameter, deshalb wird mit 1 in beiden Positionen getestet. Da Sie die Implementierungsdetails der Methode kennen, würde einer dieser beiden Tests ausreichen, aber sicher ist sicher.

Die nächsten Tests prüfen den Fall, dass eine Zahl bereits ein Vielfaches der anderen ist. Für das kgV ist dies ein Sonderfall, den die Berechnung erkennen muss.

Als Nächstes werden zwei »Standardfälle« getestet. Entweder ist das kgV der Zahlen ihr Produkt, oder es gibt ein kleineres gemeinsames Vielfaches.

Zum Schluss wird noch getestet, dass der Algorithmus ein richtiges Ergebnis liefert, wenn beide Parameter gleich sind.

Wenn Sie den Empfehlungen aus dem Kasten »Sinnvolle Testfälle« gefolgt sind, ist Ihnen vielleicht ein Problem der kgV-Berechnung aufgefallen: Was, wenn das kgV der beiden Zahlen außerhalb des Wertebereichs von int liegt? In diesem Fall kommt es zu einem Überlauf, und die Schleife wird niemals beendet. Genau das ist die Art von Problem, die Sie finden wollen, indem Sie Grenzwerte testen. Wie Sie mit diesem Problem umgehen, wird Gegenstand des nächsten Abschnitts.

Lösung zu 7.3.1: Testfälle für den BMI-Rechner

Die Testfälle zu implementieren, war jetzt wirklich nur noch eine Fingerübung, Sie wissen ja inzwischen, worauf Sie achten müssen. Deshalb hier auch nur noch ein Auszug aus dem Testcode:

```
public class BMIRechnerTest {

    @Test(expected = IllegalArgumentException.class)
    public void kategorieUngueltig() {
        BMIRechner.bmiZuKategorie(0);
    }

    @Test
    public void kategorieUntergewicht() {
        assertEquals("Untergewicht", BMIRechner.bmiZuKategorie(0.1));
        assertEquals("Untergewicht", BMIRechner.bmiZuKategorie(18.49));
    }

    ...

    @Test(expected = IllegalArgumentException.class)
    public void berechnungGroesseUngueltig() {
        BMIRechner.berechneBMI(0, 100);
    }

    @Test(expected = IllegalArgumentException.class)
    public void berechnungGewichtUngueltig() {
        BMIRechner.berechneBMI(180, 0);
    }

    @Test
    public void berechnungExtraschwer() {
        assertEquals(185.54, BMIRechner.berechneBMI(185, 635), 0.01);
    }

    @Test
    public void berechnungExtrasgross() {
        assertEquals(27.03, BMIRechner.berechneBMI(272, 200), 0.01);
    }
}
```

Listing B.28 Testfälle für den BMI-Rechner

Sie sehen sofort, dass sich durch die Testfälle noch weitere Änderungen ergeben haben: Beide Methoden wurden um eine Prüfung erweitert, ob ihre Parameter überhaupt gültig sind.

Das Testen von Grenzwerten ist in diesem Fall nicht ganz einfach. Es ist offensichtlich nicht sinnvoll, die Berechnung des BMI mit `Integer.MAX_VALUE` für Gewicht und Größe zu testen. Dieser Mensch wäre ca. 20.000 km groß, wöge etwas über 2 Megatonnen und hätte mit einem BMI von ca. 4,7 absolut tödliches Untergewicht. Aber welche Werte sind realistisch? Es gibt keine klare Obergrenze für menschliches Gewicht. Wikipedia hilft hier, wir können testen, dass der BMI des schwersten bekannten Menschen (635 kg) sowie des größten bekannten Menschen (2,72 m) korrekt berechnet wird. Letzterer hatte perfektes Normalgewicht. Ersterer nicht.

Lösung zu 8.1.3: Satz des Pythagoras

Die Eingabe der beiden Katheten enthält nichts Neues mehr. Für den Moment ist es leider die traurige Realität, dass Sie Kommazahlen mit einem Punkt eingeben müssen. Das werden wir, wie schon gesagt, später in diesem Kapitel beheben.

Auch an der Berechnung findet sich nichts Kompliziertes:

```java
public static double berechneHypotenuse(double katheteA, double katheteB){
    if (katheteA <= 0 || katheteB <= 0){
        throw new IllegalArgumentException(
          "Beide Katheten müssen Längen > 0 haben.");
    }
    double aQuadrat = Math.pow(katheteA, 2);
    double bQuadrat = Math.pow(katheteB, 2);
    return Math.sqrt(aQuadrat + bQuadrat);
}
```

Listing B.29 Pythagoras in Java

Als Erstes wird, wie immer, sichergestellt, dass die Eingabewerte gültig sind. Katheten mit einer negativen Länge sind es nicht, und wenn eine Kathete die Länge 0 hat, dann gibt es kein Dreieck.

Die Berechnung ist ebenso unproblematisch. Es werden zunächst die Quadrate der beiden Katheten berechnet. Sie könnten ebenso gut die Längen mit sich selbst multiplizieren, aber da ja Methoden aus `Math` genutzt werden sollen, wird hier mit `Math.pow` quadriert.

Die beiden Quadrate werden schließlich addiert und die Wurzel aus der Summe gezogen.

Lösung zu 8.1.5: Fakultäten

Zunächst müssen Methoden implementiert werden, die die Fakultät einer Zahl berechnen. Diese Berechnung ist sowohl für long als auch für BigInteger in wenigen Zeilen umgesetzt:

```
protected static long fakultaetLong(long argument){
    if (argument < 1){
        throw new IllegalArgumentException(
          "Fakultät ist nur für positive Zahlen definiert");
    }
    long fakultaet = argument;
    for (long zaehler = argument - 1; zaehler > 0; zaehler--){
        fakultaet = fakultaet * zaehler;
    }
    return fakultaet;
}

protected static BigInteger fakultaetBigInteger(BigInteger argument){
    if (argument.compareTo(BigInteger.ONE) < 0){
        throw new IllegalArgumentException(
          "Fakultät ist nur für positive Zahlen definiert");
    }
    BigInteger fakultaet = argument;
    for (BigInteger zaehler = argument.subtract(BigInteger.ONE);
            zaehler.compareTo(BigInteger.ONE) > 0;
            zaehler = zaehler.subtract(BigInteger.ONE)){
        fakultaet = fakultaet.multiply(zaehler);
    }
    return fakultaet;
}
```

Listing B.30 Fakultäten berechnen mit »long« und »BigInteger«

Bei beiden Berechnungen werden in einer Schleife die Zahlen vom übergebenen Parameter bis hinunter zur Eins multipliziert. Für BigInteger sieht das etwas unhandlicher aus, weil anstelle der Rechenoperatoren Methoden verwendet werden müssen, aber der Algorithmus ist in beiden Methoden derselbe. Die Konstante BigInteger.ONE ist eine von drei Konstanten, die BigInteger anbietet (die anderen sind ZERO und TEN). Alle drei dienen dazu, für diese häufig benötigten Werte nicht immer wieder neue Objekte erzeugen zu müssen.

> **Warum nicht rekursiv?**
>
> Die Berechnung der Fakultät ist sonst ein klassisches Beispiel, um Rekursion einzuführen. Bei einer rekursiven Berechnung wird die Wiederholung umgesetzt, indem die Methode sich selbst mit anderen Parametern erneut aufruft. Warum habe ich hier stattdessen die etwas längere Lösung mit einer Schleife (iterativ) gewählt?
>
> In Java kann Rekursion nicht beliebig weit betrieben werden, auf dem Call Stack steht nur begrenzt Platz zur Verfügung. Dadurch ist limitiert, wie viele rekursive Methodenaufrufe möglich sind. Berechnen Sie Fakultäten mit long-Werten, wird das niemals zum Problem, aber mit BigInteger können Sie Fakultäten berechnen, die mit dem rekursiven Algorithmus den Stack überfüllen, es kommt zu einer StackOverflowException. Auf meinem System passiert das zwischen 6.000! und 7.000!, aber auch 6.000! ist schon eine Zahl mit 20.068 Stellen ...

Es bleibt noch die Ausgabe aller Fakultäten bis 100. An sich kein Problem, müsste nicht für die Berechnung mit long die Prüfung auf einen Überlauf eingebaut werden:

```java
System.out.println("Fakultaeten mit Long");
for (int zaehler = 1; zaehler <= 100; zaehler ++){
    long fakultaet = fakultaetLong(zaehler);
    if (fakultaet < 0){
        System.out.println(zaehler + "! = ÜBERLAUF");
        break;
    } else {
        System.out.println(zaehler + "! = " + fakultaet);
    }
}
```

Listing B.31 Fakultäten ausgeben mit Überlaufprüfung

Diese Prüfung auf Überlauf ist zwar nicht perfekt, schöner wäre es, Math.multiplyExact zu verwenden, aber wie Sie die dabei auftretende ArithmeticException behandeln, lernen Sie erst in Kapitel 9, »Fehler und Ausnahmen«. Und auch diese Prüfung erfüllt den Zweck, ein Überlauf wird festgestellt. Die Überraschung ist, bei welchem Wert es zum Überlauf kommt. Schon 21! lässt sich mit long nicht mehr berechnen. Mit BigInteger ist auch 10.000! noch kein Problem. Deswegen ist es manchmal günstig, mit unbegrenzt großen Zahlen zu rechnen.

Lösung zu 8.2.3: Namen zerlegen

Es gibt mehrere sinnvolle Möglichkeiten, mit einer falschen Anzahl Kommata im String umzugehen. Einen Fehler zu werfen, wenn nicht genau ein Komma vorkommt, ist eine vollkommen richtige Lösung, Sie können aber versuchen, mit mehr oder weniger Kommata umzugehen.

Die Beispiellösung wählt den zweiten Weg. Wenn kein Komma im String vorkommt, dann wird der String unverändert zurückgegeben. Wenn mehrere Kommata vorkommen, dann wird der String an allen Kommata getrennt und die Reihenfolge der so entstehenden Teile umgekehrt. So wird »Watson, John, Dr.« zu »Dr. John Watson«.

```
public static String dreheNamen(String eingabe){
    if (eingabe == null){
        throw new IllegalArgumentException("null ist keine gültige Eingabe.");
    }
    int index = eingabe.length();
    String ausgabe = "";
    do {
        int naechsterIndex = eingabe.lastIndexOf(",", index - 1);
        ausgabe += eingabe.substring(naechsterIndex + 1, index).trim();
        ausgabe += " ";
        index = naechsterIndex;
    } while (index > -1);
    return ausgabe.trim();
}
```

Listing B.32 Namen zerlegen und umkehren

Der Code der Beispiellösung ist zwar kompakt, aber bedarf vielleicht einer kurzen Erklärung. In der Schleife wird der Eingabe-String von hinten nach vorn gelesen, deswegen werden Kommata mit `lastIndexOf` gesucht. So kann jeder gefundene Teil-String sofort an den Ausgabe-String gehängt werden, die Reihenfolge der Teile wird so automatisch umgekehrt.

Im ersten Schleifendurchlauf wäre es zwar nicht notwendig, einen Startindex für die Suche anzugeben, aber hier die letzte Stelle im String zu übergeben, hat den gleichen Effekt, es wird vom Ende des Strings an gesucht. Der Startindex der Suche steht in der Variablen `index`, der Index des gefundenen Kommas wird in einer zweiten Variablen `naechsterIndex` gespeichert. So steht der nächste Namensbestandteil immer zwischen `naechsterIndex` und `index`. Im nächsten Schritt wird genau dieser Teil mit `substring` aus dem Eingabe-String herauskopiert und an den Ausgabe-String gehängt. Zum Startindex für `substring` wird immer eins addiert, weil sonst das gefundene Komma mit kopiert würde.

Das funktioniert in allen Fällen:

- Im ersten Schleifendurchlauf steht in `index` die Länge des Strings, es wird somit vom letzten Komma bis zum Ende kopiert.

- In weiteren Durchläufen steht in beiden Variablen die Position eines Kommas. Zum Startindex wird wie beschrieben eins addiert, der Endindex wird sowieso nicht von substring erfasst, es wird also genau der Text zwischen den Kommata kopiert.
- Im letzten Durchlauf wird kein Komma mehr gefunden, naechsterIndex enthält –1, substring beginnt also an Index 0, dem Anfang des Strings.
- Wenn kein Komma vorkommt, sind schon im ersten Durchlauf der Startindex gleich 0 und der Endindex gleich der Länge des Strings, substring findet also den gesamten String.

Das trim nach dem substring sorgt dafür, dass keine Leerzeichen mit in das Resultat kopiert werden, es wird aber nach jedem Teil-String ein einzelnes Leerzeichen eingefügt, um die Namensteile ordentlich zu trennen. Als Letztes wird der Wert von naechsterIndex nach index kopiert. Da index außerhalb der Schleife deklariert wurde, behält die Variable diesen Wert auch im nächsten Schleifendurchlauf, die Suche nach dem nächsten Komma beginnt deshalb vor dem zuletzt gefundenen.

Nach der Schleife wird der Ausgabe-String, bevor er mit return zurückgegeben wird, noch einmal mit trim() getrimmt, weil in der Schleife ein überflüssiges Leerzeichen angehängt wurde.

Lösung zu 8.2.4: Römische Zahlen I

Wie immer gibt es auch für diese Aufgabe viele Lösungen. Für die Beispiellösung habe ich mich entschieden, die möglichen Symbole in einer enum aufzuzählen:

```
public enum RoemischeZahl {
    M(1000, -1, 0),
    CM(900, 1, 3),
    D(500, 1, 1),
    CD(400, 1, 1),
    C(100, 3, 0),
    XC(90, 1, 3),
    L(50, 1, 1),
    XL(40, 1, 1),
    X(10, 3, 0),
    IX(9, 1, 3),
    V(5, 1, 1),
    IV(4, 1, 1),
    I(1, 3, 0);
    private int wert;
    private int wiederholungen;
```

```
        private int ueberspringeStellen;

        private RoemischeZahl (int wert, int wiederholungen,
          int ueberspringeStellen){
            this.wert = wert;
            this.wiederholungen = wiederholungen;
            this.ueberspringeStellen = ueberspringeStellen;
        }
        ...
}
```

Listing B.33 Die »enum« der römischen Zahlen

Wie in der Starthilfe erwähnt, sind die möglichen Kombinationen von Ziffern als eigene Einträge in der enum aufgeführt. Mit diesen erweiterten Ziffern müssen keine Fälle berücksichtigt werden, dass eine Ziffer vor oder nach einer anderen stehen kann, die aufgeführten Symbole können nur in genau dieser Reihenfolge vorkommen. Das ist leichter zu prüfen als »ein I darf nach einem X stehen oder vor einem X, aber dann darf kein weiteres X folgen«.

Die enum-Werte werden mit drei int-Werten initialisiert. Die Bedeutung des ersten, wert, ist offensichtlich, hier steht der Zahlenwert des Symbols. Die beiden weiteren Werte werden für die Prüfung benötigt, ob eine römische Zahl den Regeln entspricht. wiederholungen gibt an, wie oft ein Symbol vorkommen darf:

- Symbole mit mehreren Ziffern dürfen grundsätzlich nur einmal vorkommen.
- Fünfersymbole dürfen höchstens einmal vorkommen.
- Einersymbole dürfen höchstens dreimal vorkommen.
- Als Ausnahme von der vorherigen Regel darf die Ziffer M beliebig oft vorkommen, da es keine größere Ziffer mehr gibt. Fünftausend lässt sich nur als MMMMM darstellen. Dies wird durch den Wert −1 für wiederholungen dargestellt.

Der letzte Wert, ueberspringeStellen, dient dazu, festzustellen, welche Symbole nicht gemeinsam vorkommen dürfen. Wenn in einer römischen Zahl das Symbol CM vorkommt, dürfen die Symbole D, CD und C nicht vorkommen, denn in all diesen Fällen wäre die Summe der Symbole >= 1.000 und müsste mit einem führenden M dargestellt werden. Deshalb werden, wenn ein CM gefunden wird, die nächsten drei Symbole übersprungen. Sollten sie doch vorkommen, wäre das ein Fehler. Ebenso darf nach einem D kein CD vorkommen, denn beides zusammen wäre 900 und müsste als CM geschrieben werden, nach D wird also ein Symbol übersprungen usw. Mit diesen Werten können wir nun eine kurze Methode schreiben, die römische Zahlen lesen und auf Fehler hin prüfen kann. Diese kann als statische Methode direkt in der Enumeration deklariert werden:

Lösung zu 8.2.4: Römische Zahlen I

```java
public static int zuZahl(String roemisch){
    int zahl = 0;
    roemisch = roemisch.toUpperCase();
    RoemischeZahl[] alleZiffern = RoemischeZahl.values();
    for (int i = 0; i < alleZiffern.length; i++){
        RoemischeZahl ziffer = alleZiffern[i];
        int wiederholungen = 0;
        while(roemisch.startsWith(ziffer.name())){
            wiederholungen++;
            if (ziffer.wiederholungen != -1 && wiederholungen >
              ziffer.wiederholungen)
                throw new IllegalArgumentException(
                  "Zu viele Wiederholungen von Symbol " + ziffer);
            zahl += ziffer.wert;
            roemisch = roemisch.substring(ziffer.name().length());
        }
        if (wiederholungen > 0){
            i = i + ziffer.ueberspringeStellen;
        }
    }
    if (roemisch.length() > 0){
        throw new IllegalArgumentException(
          "Zahl konnte nicht vollständig geparst werden. Verbleibende Zahl: " +
          roemisch);
    }
    return zahl;
}
```

Listing B.34 Römische Zahlen prüfen und parsen

Die Lösung ist zwar nicht übermäßig lang, aber das komplexeste Stück Java-Code, das Sie in diesem Buch bisher gesehen haben. Eine Erklärung Schritt für Schritt ist also angebracht. Zunächst wird mit zahl eine Variable deklariert, in der das Ergebnis summiert wird. Der übergebene Parameter wird in reine Großbuchstaben umgewandelt, um auch mit Zahlen wie XIV umgehen zu können.

Die Hauptarbeit der Methode erfolgt dann in einer Schleife über alle möglichen Symbole. Die values-Methode einer Enumeration liefert ein Array aller Werte in der deklarierten Reihenfolge, also hier mit M an erster Stelle. Dadurch, dass Kombinationen wie CM als eigene Symbole in der Enumeration enthalten sind, können valide römische Zahlen niemals Symbole in einer anderen Reihenfolge enthalten.

Für jedes Symbol wird nun in einer while-Schleife geprüft, ob die Zahl mit diesem Symbol beginnt. Falls ja, wird zahl um dessen Wert erhöht und das Symbol vom Anfang des Strings entfernt: `roemisch = roemisch.substring(ziffer.name().length())` schneidet so viele Zeichen am Anfang des Strings ab, wie das Symbol Zeichen enthält. In der Variablen `wiederholungen` wird gezählt, wie oft das aktuelle Symbol vorkam. Wenn dieser Wert die erlaubten Vorkommen für das Symbol, zu finden in `ziffer.wiederholungen`, überschreitet, dann wird ein Fehler geworfen. So werden alle Vorkommen eines Symbols gelesen und zu `zahl` addiert.

Anschließend wird geprüft, ob es mindestens ein Vorkommen des aktuellen Symbols gab, denn nur dann müssen die nächsten Symbole übersprungen werden. Überspringen ist einfach dadurch umgesetzt, dass die Zählvariable der `for`-Schleife manipuliert wird. So wird nicht versucht, diese Symbole zu lesen.

Sollte eines der übersprungenen Symbole dennoch vorkommen, so kommen alle weiteren Symbole nicht mehr am Start des Strings vor, denn dort steht jetzt ein übersprungenes Symbol, das nicht mehr entfernt werden kann. Die Zahl wird so zwar nicht komplett gelesen, aber am Ende der Methode, nachdem versucht wurde, alle Symbole bis hinunter zur I zu lesen, bleibt in `roemisch` ein Rest stehen.

War die Zahl dagegen valide, kann `roemisch` am Ende nur noch einen Leer-String enthalten. Daran lässt sich bestimmen, ob in der römischen Zahl ungültige Symbolkombinationen vorkamen oder vielleicht sogar Zeichen, die gar nicht erlaubt sind. Wenn also `roemisch` am Ende nicht die Länge 0 hat, also kein Leer-String ist, dann muss mit der Zahl etwas falsch gewesen sein, und es wird ein Fehler geworfen. Anderenfalls wird der korrekte Wert der Zahl zurückgegeben.

Dass so wirklich alle richtigen Zahlen gelesen werden und alle fehlerhaften Zahlen zurückgewiesen, ist natürlich eine große Behauptung. Aber genau dafür gibt es Testfälle, und die Testfälle sagen, dass genau das der Fall ist.

Lösung zu 8.2.6: Römische Zahlen II

Im Vergleich zum umgekehrten Problem, römische Zahlen zu lesen, war diese Übung wesentlich leichter umzusetzen. Vor allem mussten Sie sich nicht mit fehlerhaften Eingaben beschäftigen. Entsprechend fällt der Code auch wesentlich kürzer aus. Ausgangspunkt ist die Enumeration aus Römische Zahlen I:

```
public static String zuRoemisch(int zahl){
    StringBuilder ergebnis = new StringBuilder();
    if (zahl < 0){
        ergebnis.append("-");
        zahl *= -1;
    }
```

```
        RoemischeZahl[] alleZiffern = RoemischeZahl.values();
        for (int i = 0; i < alleZiffern.length; i++){
            RoemischeZahl ziffer = alleZiffern[i];
            while (zahl >= ziffer.wert){
                zahl -= ziffer.wert;
                ergebnis.append(ziffer.name());
            }
        }
        return ergebnis.toString();
    }
```

Listing B.35 Römische Zahlen schreiben

Auch in diese Richtung werden alle Symbole der Reihe nach ausgewertet. Solange die übergebene Zahl größer ist als der Wert des Symbols, wird der Wert von der Zahl abgezogen und das entsprechende Symbol an den `StringBuilder` gehängt. Das ist auch schon alles. Sie müssen sich keine Gedanken über Wiederholungen von Symbolen machen oder darüber, welche Symbole nicht zusammen verwendet werden können, diese Fehler können in dieser Umwandlung nicht auftreten. Wenn zu viele Wiederholungen eines Symbols nötig würden, dann wäre das vorherige, höherwertige Symbol zuerst verwendet worden. Aus demselben Grund können auch sich ausschließende Symbole nicht gemeinsam vorkommen, müssten sie vorkommen, wäre stattdessen ein höherwertiges Symbol gefunden worden.

Lösung zu 8.3.4: Flugnummern finden

Diese Übung war wieder eher auf der einfachen Seite, solange der reguläre Ausdruck stimmt.

```
public class Flugfinder {
    private static final Pattern FLUGNUMMER = Pattern.compile(
    "[A-Z]{2}-[0-9]+");

    public static String findeFlugnummer(String[] texte) {
        for (int i = 0; i < texte.length; i++){
            String text = texte[i];
            Matcher matcher = FLUGNUMMER.matcher(text);
            if (matcher.find()){
                return matcher.group();
            }
        }
```

```
            return null;
    }
}
```

Listing B.36 Flugnummern im Postfach aufspüren

Der reguläre Ausdruck wird auch hier wieder als Konstante deklariert, um das teure `Pattern`-Objekt nicht mehrmals zu erzeugen. Der Ausdruck `[A-Z]{2}-[0-9]+` passt auf Teil-Strings mit zwei Großbuchstaben, einem Bindestrich und beliebig vielen Ziffern, aber mindestens einer.

Die Schleife, die durch das `String`-Array läuft, kennen Sie inzwischen zur Genüge. In der Schleife wird für jeden String geprüft, ob darin ein zum Pattern passender Text vorkommt, und falls ja, wird dieser zurückgegeben. Wenn in keinem String eine Flugnummer steht, dann wird nach der Schleife `null` zurückgegeben.

Lösung zu 8.4.3: Der Fernsehkalender

Die beiden Datenklassen `Fernsehserie` und `Folge` sind wirklich genau das: Datenklassen. Sie enthalten die beschriebenen Felder, aber keine Logik. Wichtig war allerdings, dass Sie für die Ausstrahlungsdaten den Datentyp `ZonedDateTime` verwenden, denn Sie müssen Zeitzonen umrechnen.

Die Logik der Lösung liegt in `Fernsehkalender.erzeugeKalender`, und sie ist zwar nicht übermäßig umfangreich, hat aber den einen oder anderen Fallstrick:

```
public static Folge[] erzeugeKalender(Fernsehserie[] serien){
    return erzeugeKalender(serien, ZoneId.systemDefault());
}
public static Folge[] erzeugeKalender(Fernsehserie[] serien, ZoneId zeitzone){
    if (serien == null || zeitzone == null){
        throw new IllegalArgumentException("serien und zeitzone dürfen nicht
            null sein.");
    }
    Folge[] ergebnis = new Folge[zaehleAlleFolgen(serien)];
    int index = 0;
    for (int i = 0; i < serien.length; i++){
        Fernsehserie serie = serien[i];
        ZonedDateTime ausstrahlungOriginal = serie.ersteFolge;
        for (int j = 0; j < serie.folgen; j++){
            ZonedDateTime ausstrahlungLokal
                = ausstrahlungOriginal.withZoneSameInstant(zeitzone);
            ergebnis[index++] = new Folge(serie.name, j+1, ausstrahlungLokal);
```

```
            ausstrahlungOriginal = ausstrahlungOriginal.plusWeeks(1);
        }
    }
    Arrays.sort(ergebnis, COMPARATOR_AUSSTRAHLUNGSZEIT);
    return ergebnis;
}
```

Listing B.37 Fernsehserien sehen – komplizierter, als man denkt

Als Erstes fällt natürlich auf, dass es nicht eine, sondern zwei Methoden namens erzeugeKalender gibt. Die erste ist die geforderte, die alle Daten in die lokale Zeitzone umrechnet, also in ZoneId.systemDefault. Dass die ganze Berechnung in einer zweiten Methode passiert, die die Zeitzone als Parameter erwartet, dient hauptsächlich der besseren Testbarkeit: Würden Sie die Methode ohne Zeitzonenparameter testen, dann würden Ihre Testfälle nicht mehr funktionieren, wenn Sie im Urlaub in einer anderen Zeitzone sind und Ihr Notebook entsprechend umstellen. Dann wäre ZoneId.systemDefault eine andere Zone, und die Zeiten, mit denen Sie im Testfall vergleichen, würden nicht mehr stimmen. So wie gezeigt können Testfälle eine konstante Zeitzone übergeben und arbeiten so weltweit zuverlässig.

Kommen wir aber zum Algorithmus. Zunächst werden, wie eigentlich immer, Vorbedingungen geprüft. Dann wird mit zaehleAlleFolgen (nicht abgedruckt) berechnet, wie groß das Ergebnis-Array sein muss, denn die Array-Größe muss bei Erstellung des Arrays feststehen. Dazu werden die Folgenzahlen aller Serien addiert.

Nun werden aus den Serien die Folgen erzeugt. Die äußere for-Schleife iteriert über alle übergebenen Serien. Die innere Schleife läuft über alle Folgen dieser Serie und erzeugt Folge-Objekte. Die erste Folge läuft am Premierendatum der Serie, alle weiteren Folgen jeweils genau eine Woche später. Dieser Fortschritt von Woche zu Woche wird durch die Zeile ausstrahlungOriginal = ausstrahlungOriginal.plusWeeks(1) am Ende der Schleife erreicht.

Aber diese Zeiten sind in der Zeitzone, in der die Serie original ausgestrahlt wird. Sie brauchen aber Zeiten in Ihrer lokalen Zeitzone. Die Umrechnung nimmt Ihnen ZonedDateTime zum Glück ab, alles, was Sie tun müssen, ist ZonedDateTime ausstrahlungLokal = ausstrahlungOriginal.withZoneSameInstant(zeitzone) zu schreiben.

Die Versuchung ist groß, die Zeitzone nur für das Premierendatum umzurechnen und dann die Wochen auf der Basis dieses Datums weiterzuzählen. Es ist keine Schande, wenn Sie diesen Weg gewählt haben, auch mir fiel zunächst nicht auf, dass er zu einem subtilen Fehler führt: Es kommt zu Problemen, wenn die Serie in einer Zeitzone ausgestrahlt wird, die nicht den gleichen Regeln für Sommer- und Winterzeit folgt wie Ihre Zeitzone. Ein Beispiel aus dem März 2014: In den USA wurde am 9. März auf Sommerzeit umgestellt, in Deutschland erst am 30. März. Wenn eine Folge einer

Serie in America/Chicago am 5. März um 20:00 ausgestrahlt wurde, dann war sie in Europe/Berlin um 3:00 Uhr am 6. März zu sehen, der Abstand zwischen beiden Zeitzonen beträgt 7 Stunden. Wenn Sie nun auf Basis der deutschen Zeit eine Woche weiterrechnen, dann läuft die nächste Folge um 3:00 Uhr am 13. März. Durch die Zeitumstellung in den USA hat sich aber der Abstand zwischen den beiden Zeitzonen geändert, er beträgt nur noch 6 Stunden. Die richtige Ausstrahlungszeit der nächsten Folge ist also nach deutscher Zeit um 2:00 Uhr. Erst nach der deutschen Zeitumstellung am 30. März sind weitere Folgen wieder um 3:00 zu sehen. Der Testfall FernsehkalenderTest.mitSommerzeitUmstellung deckt diese Situation ab. Der Wechsel von Sommer- auf Winterzeit ist ein Fall, den Sie beim Umgang mit Zeiten und Daten immer mit einem Testfall versehen sollten.

Zur Lösung der Aufgabe fehlt noch die Sortierung. Sie erinnern sich an die Methode Arrays.sort und das Interface Comparator, das Sie in Kapitel 6, »Objektorientierung«, kennengelernt haben? Damit ist es ganz einfach, hier sehen Sie den Comparator dazu:

```
private static final class FolgenComparatorNachAusstrahlungszeit implements
Comparator {
    public int compare(Object o1, Object o2) {
        Folge f1 = (Folge)o1;
        Folge f2 = (Folge)o2;
        return f1.ausstrahlung.compareTo(f2.ausstrahlung);
    }
}
```

Listing B.38 Folgen vergleichen nach Ausstrahlungszeit

Lösung zu 9.1.2: Fangen und noch einmal versuchen

Natürlich wäre die Aufgabe auch ganz ohne Exceptions lösbar gewesen, aber darum geht es in diesem Kapitel ja nicht. Betrachten Sie zunächst die Methode halbiere, sie enthält für Sie noch nichts Neues:

```
private static int halbiereZahl(int zahl) {
    if (zahl % 2 != 0){
        throw new IllegalArgumentException(zahl + " ist ungerade");
    } else {
        return zahl / 2;
    }
}
```

Listing B.39 Die Methode »halbiere«

Lösung zu 9.1.2: Fangen und noch einmal versuchen

Ob die Zahl gerade ist oder nicht, prüfen Sie mit dem Modulo-Operator. Falls beim Teilen durch 2 kein Rest bleibt, dann halbieren Sie die Zahl, sonst werfen Sie eine IllegalArgumentException. Wie ein Fehler geworfen wird, wissen Sie bereits seit einiger Zeit.

Neu ist, wie Sie den Fehler behandeln. Das sehen Sie in der main-Methode des Programms:

```java
public static void main(String[] args) throws IOException {
    BufferedReader in = new BufferedReader(new InputStreamReader(System.in));
    Integer haelfte = null;
    while (haelfte == null){
        System.out.println("Bitte geben Sie eine gerade Zahl ein: ");
        try {
            haelfte = halbiereZahl(Integer.parseInt(in.readLine()));
        } catch (IllegalArgumentException e){
            System.out.println(e.getMessage());
        }
    }
    System.out.println("Die Hälfte Ihrer Zahl ist " + haelfte);
}
```

Listing B.40 Exceptions fangen und noch einmal versuchen

Es gibt kein Sprachkonstrukt, das eine Operation, bei der ein Fehler aufgetreten ist, automatisch wiederholt. Die Wiederholung müssen Sie also selbst schreiben, und das bedeutet, dass Sie eine Schleife brauchen. Aber welche Abbruchbedingung eignet sich für die Schleife?

Sie können hier ausnutzen, dass eine Methode keinen Wert zurückgibt, wenn sie einen Fehler wirft. Die Variable haelfte, in der der Rückgabewert von halbiere gespeichert wird, ist kein primitiver int, sondern ein Integer-Objekt. Wenn halbiere einen Fehler wirft, dann bleibt haelfte null, weil kein anderer Wert zugewiesen wird. Wenn aber einmal ein Ergebnis zurückkam, dann enthält haelfte diesen Wert – bei der Zuweisung wird ausgenutzt, dass int automatisch in Integer konvertiert werden kann –, und die Schleife wird beendet.

Der catch-Block könnte in diesem Beispiel sogar leer bleiben, die dort geschriebene Ausgabe hat keinen Einfluss auf den Programmablauf. Aber Ihr Benutzer sollte einen Hinweis erhalten, warum seine Zahl nicht akzeptiert wurde. Ihr Benutzer wird nun so lange nach Zahlen gefragt, bis er eine gerade Zahl eingibt. Die von Integer.parseInt geworfene NumberFormatException ist übrigens eine Spezialisierung von IllegalArgumentException; wenn Ihr Benutzer also etwas anderes als eine Zahl eingibt, wird die resultierende Exception vom selben catch-Block verarbeitet.

> **Leere »catch«-Blöcke**
>
> Außerdem sind leere catch-Blöcke ein weiteres Merkmal schlechten Stils, da ein Fehler nicht behandelt, sondern lediglich geschluckt wird. Sollten Sie einen Fehler wirklich einmal nur fangen, aber nicht behandeln wollen, dann schreiben Sie einen Kommentar, um klarzumachen, dass es mit Absicht so ist.
>
> ```
> String name = null;
> try {
>     name = liesNameAusDatei();
> } catch (IOException ioe){
>     //Exception wird ignoriert und mit null weitergemacht
> }
> ...
> ```

Lösung zu 10.1.2: Primzahlen

Sie wissen beim Start der Methode findePrimzahlen noch nicht, wie viele Primzahlen Sie letztendlich finden werden. Der Algorithmus ist demnach in zwei Teile untergliedert. Der erste Teil führt die Primzahlsuche nach dem Sieb des Eratosthenes durch und zählt mit, wie viele Primzahlen gefunden wurden. Der zweite Teil erzeugt dann das Ergebnis-Array aus diesen Informationen.

Betrachten Sie zunächst nur den ersten Teil des Algorithmus:

```java
public static int[]  findePrimzahlen(int limit){
    if (limit < 0 || limit > 100000){
        throw new IllegalArgumentException(
          "Limit muss zwischen 0 und 100.000 liegen");
    }
    boolean[] teilbar = new boolean[limit + 1];
    int gefunden = 0;
    for (int i = 2; i < teilbar.length; i++){
        if(!teilbar[i]){
            gefunden++;
            for (int j = 2 * i; j < teilbar.length; j += i){
                teilbar[j] = true;
            }
        }
    }
    ...
}
```

Listing B.41 Teil 1 des Algorithmus: das Sieb des Eratosthenes

Es wird ein boolean-Array erzeugt, in dem festgehalten wird, ob eine Zahl teilbar ist. Die Zahl ist dabei der Array-Index. An der Stelle teilbar[17] steht also, ob die Zahl 17 durch eine kleinere Ganzzahl teilbar ist oder nicht. Da boolean-Werte als Default false sind, sind anfangs alle Werte als nicht teilbar markiert. Das Array wird mit der Größe limit + 1 angelegt, damit die übergebene Obergrenze noch Teil des zu prüfenden Bereichs ist.

Um das Sieb auszuführen, werden dann in einer Schleife alle Werte von 2 bis zur Obergrenze geprüft. 0 und 1 werden ausgelassen, da sie per Definition keine Primzahlen sind.

Ist i nicht durch eine kleinere Zahl teilbar, ist also teilbar[i] == false, dann ist i eine Primzahl. Es wird dann zum einen die Anzahl gefundener Primzahlen erhöht, zum anderen werden in einer weiteren for-Schleife alle Vielfachen von i als teilbar markiert.

Die innere for-Schleife verdient eine ausführlichere Erklärung, da sie etwas vom Standardschema für solche Schleifen abweicht. Die Laufvariable j wird als 2i initialisiert, da das der kleinste Wert ist, der als teilbar markiert werden muss. Mit jedem Durchlauf wird i ein weiteres Mal zu j addiert, so dass j nacheinander die Werte 2i, 3i, 4i, ... annimmt. Die innere Schleife wird abgebrochen, wenn j über die Länge von teilbar hinausläuft, denn diese Werte interessieren uns nicht.

Ist die äußere Schleife beendet, dann sind alle teilbaren Zahlen in teilbar als true markiert, als false verbleiben nur die Primzahlen (und 0 und 1, die wir aber ignorieren). Nun können die Ergebnisse gesammelt werden:

```
public static int[]  findePrimzahlen(int limit){
    ...
    int[] ergebnis = new int[gefunden];
    int ergebnisIndex = 0;
    for (int i = 2; i < teilbar.length; i++){
        if (!teilbar[i]){
            ergebnis[ergebnisIndex++] = i;
        }
    }
    return ergebnis;
}
```

Listing B.42 Teil 2 des Algorithmus: Ergebnisse sammeln

Da beim Ausführen des Siebs mitgezählt wurde, wie viele Primzahlen vorkamen, können Sie das Ergebnis-Array mit der korrekten Größe instanziieren. Dann werden in einer weiteren Schleife alle Primzahlen in dieses Array eingetragen. 0 und 1 werden auch hier wieder ignoriert, ansonsten werden alle nicht teilbaren Zahlen in ergebnis übernommen. Da Arrays über keine Methode verfügen, die einen Wert am Ende anhängt, müssen Sie den nächsten Index selbst festhalten. Die Anweisung ergebnisIndex++ in der Schleife stellt sicher, dass dieser Index um eins weitergezählt wird, nachdem eine Primzahl hinzugefügt wurde.

Sie erhalten so das Array aller Primzahlen <= der übergebenen Grenze, das Sie dem Aufrufer zurückgeben.

Lösung zu 10.1.4: Das pascalsche Dreieck

Sie werden bemerkt haben, dass die Hauptaufgabe zwar ein wenig Jonglieren mit Array-Indizes erfordert, die Lösung aber am Ende weder komplex noch umfangreich ist:

```
public class PascalsDreieck {
    private final int[][] dreieck;

    public PascalsDreieck(int zeilen){
        dreieck = new int[zeilen + 1][];
        berechneDreieck();
    }

    public int[] getZeile(int zeile){
        if (zeile >= dreieck.length){
            throw new IllegalArgumentException(
              "Zeile liegt außerhalb dieses Dreiecks");
        }
        return dreieck[zeile];
    }

    private final void berechneDreieck() {
        if (dreieck.length == 0) return;
        dreieck[0] = new int[]{1};
        for(int i = 1; i < dreieck.length; i++){
            dreieck[i] = berechneNaechsteZeile(dreieck[i-1]);
        }
    }

    private final int[] berechneNaechsteZeile(int[] vorzeile) {
        int[] zeile = new int[vorzeile.length + 1];
```

```
            for (int i = 0; i < zeile.length; i++){
                int vorLinks = (i == 0 ? 0 : vorzeile[i - 1]);
                int vorRechts = (i >= vorzeile.length ? 0 : vorzeile[i]);
                zeile[i] = vorLinks + vorRechts;
            }
            return zeile;
        }
    }
```

Listing B.43 Das pascalsche Dreieck berechnen

Der Konstruktor selbst legt mit dem übergebenen Parameter nur das Array in der richtigen Länge an. Die Länge jeder einzelnen Zeile ist noch nicht definiert, sie wird erst während der Berechnung gesetzt. Die findet in berechneDreieck statt. Dort wird zunächst die erste Zeile des Dreiecks initialisiert, sie enthält nur den Wert 1. Danach werden in einer Schleife alle weiteren Zeilen jeweils aus ihrer Vorzeile berechnet.

Die Methode berechneNaechsteZeile benötigt als Parameter nur diese Vorzeile, denn alle benötigten Informationen sind ihr zu entnehmen. Die zu berechnende Zeile ist um genau ein Element länger als die vorherige. Dann werden die Werte der Zeile berechnet. Der Index 0 dieser Zeile befindet sich für diese Berechnung zwischen dem (nicht existenten) Index –1 und Index 0 der Vorzeile. Daraus ergibt sich die allgemeine Vorschrift, dass der erste Summand für jede Zahl, also die Zahl links aus der Vorzeile, am Index i-1 steht. Falls dieser nicht existiert, ist dieser Summand gleich 0. Der zweite Summand, die Zahl rechts aus der Vorzeile, steht demnach am Index i (nicht etwa i+1, so würden Sie eine Zahl überspringen) und ist 0, wenn Sie am rechten Rand ankommen.

Es ist an dieser Stelle keine Schande, kurz zu skizzieren, wie die Summanden gefunden werden. Denken Sie dabei daran, dass jede Zeile nur so lang ist, wie sie sein muss. Die erste Zahl jeder Zeile findet sich also an Index 0, obwohl es in der nächsten Zeile eine Zahl gibt, die weiter links steht. Das Dreieck, wie berechnet, ist linksbündig:

1
1 1
1 2 1
1 3 3 1
1 4 6 4 1

Die Bonusaufgabe, das Dreieck in der gewohnten Form auszugeben, gestaltet sich danach schwieriger als die eigentliche Berechnung. Jede Zeile muss so aufgefüllt werden, dass sie dieselbe Länge hat wie die letzte Zeile des Dreiecks, und so, dass ihr Inhalt in der Mitte steht. Den Code dazu entnehmen Sie bitte den Downloads zum Buch (*www.rheinwerk-verlag.de/4096*).

Lösung zu 10.1.6: Sequenziell und parallel sortieren

Die Klasse Quader ist eine einfache Klasse mit drei Feldern, die außerdem Comparable implementiert, um die natürliche Ordnung von Quadern herzustellen:

```
public class Quader implements Comparable{
    public final int laenge, breite, hoehe;

    public Quader(int laenge, int breite, int hoehe) {
        this.laenge = Math.abs(laenge);
        this.breite = Math.abs(breite);
        this.hoehe = Math.abs(hoehe);
    }

    public int getVolumen(){
        return laenge * hoehe * breite;
    }

    @Override
    public int compareTo(Object o) {
        Quader other = (Quader)o;
        return getVolumen() - other.getVolumen();
    }
}
```

Listing B.44 Die Klasse »Quader«

Nachdem Sie die Datenklasse implementiert haben, kann es an den Vergleich der Sortiermethoden gehen. Dazu müssen zunächst die zufälligen Test-Arrays erzeugt werden, das erledigt diese Methode:

```
private static Quader[] erzeugeTestArray(int arraygroesse){
    Quader[] ergebnis = new Quader[arraygroesse];
    Random zufall = new Random();
    for (int i = 0; i < ergebnis.length; i++){
        ergebnis[i] = new Quader(
          zufall.nextInt(100), zufall.nextInt(100), zufall.nextInt(100));
```

```
    }
    return ergebnis;
}
```

Listing B.45 Zufällige Quader-Arrays erzeugen

Um zufällige Quader zu erzeugen, werden für alle drei Dimensionen Zufallswerte übergeben. In einer Schleife wird so ein ganzes Array erzeugt. Das Programm, das diese Methode verwendet, folgt:

```
public static void main(String[] args) {
    for (int i = 10; i < 10000000; i *= 10)
        vergleicheSortierung(i);
}

private static void vergleicheSortierung(int arraygroesse) {
    Quader[] sortiereSequentiell = erzeugeTestArray(arraygroesse);
    Quader[] sortiereParallel = Arrays.copyOf(sortiereSequentiell,
      sortiereSequentiell.length);
    long vorSequentiell = System.currentTimeMillis();
    Arrays.sort(sortiereSequentiell);
    long zwischen = System.currentTimeMillis();
    Arrays.parallelSort(sortiereParallel);
    long nachParallel = System.currentTimeMillis();
    System.out.println("Sequentielle Sortierung (" + arraygroesse+ "): " +
      (zwischen - vorSequentiell) + " ms");
    System.out.println("Parallele Sortierung (" + arraygroesse+ "): " +
      (nachParallel - zwischen) + " ms");
}
```

Listing B.46 Geschwindigkeitsvergleich für Sortieralgorithmen

Die main-Methode führt in einer Schleife den Vergleich für die verschiedenen Array-Größen aus. vergleicheSortierung beginnt damit, ein Array der benötigten Größe zu erzeugen und gleich eine Kopie von diesem anzulegen. So wird sichergestellt, dass für die beiden Sortiermethoden die gleichen Voraussetzungen gelten. Sie sortieren das gleiche Array. Anschließend werden beide Arrays sortiert, eins mit sort und eins mit parallelSort. Die Zeitmessung ist so umgesetzt, dass vor und nach der Sortierung die aktuelle Zeit in Millisekunden ausgelesen wird. Daraus wird bei der Ausgabe berechnet, wie lange die Operation gedauert hat.

In meinem Testlauf sah das Ergebnis so aus wie in Abbildung B.2.

```
Sequentielle Sortierung (10): 0 ms
Parallele Sortierung (10): 0 ms
Sequentielle Sortierung (100): 0 ms
Parallele Sortierung (100): 0 ms
Sequentielle Sortierung (1000): 0 ms
Parallele Sortierung (1000): 5 ms
Sequentielle Sortierung (10000): 5 ms
Parallele Sortierung (10000): 53 ms
Sequentielle Sortierung (100000): 35 ms
Parallele Sortierung (100000): 20 ms
Sequentielle Sortierung (1000000): 583 ms
Parallele Sortierung (1000000): 232 ms
```

Abbildung B.2 Sequenzielle und parallele Sortierung

Ihre Ergebnisse können von diesen abweichen, sie hängen stark von der Hardware ab. Sie können aber sehen, dass auf meinem Testrechner parallele Sortierung erst ab 100.000 Einträgen im Array schneller ist. Überraschend ist, dass die parallele Sortierung für 10.000 Einträge länger dauert als für 100.000. Ich habe leider keine zufriedenstellende Erklärung dafür, möglicherweise musste die JVM an dieser Stelle zusätzliche Ressourcen anfordern und verlor dadurch Zeit.

Lösung zu 10.4.3: Musiksammlung und Playliste

Sie haben es wahrscheinlich schon anhand der Aufgabenstellung erraten: Wenn explizit die Aufgabe gestellt wird, doppelten Code zu vermeiden, dann lässt sich in der Lösung etwas mit Vererbung machen.

Und in der Tat lässt sich die gesamte Funktionalität in eine Oberklasse auslagern. Der einzige Unterschied zwischen Musiksammlung und Playliste ist nämlich, ob ein Element nur einmal oder mehrmals enthalten sein darf. Das entspricht genau dem Unterschied zwischen `List` und `Set`, und die geforderten Methoden stammen alle aus dem `Collection`-Interface, es ist also außer bei der Erzeugung der Collection egal, um welchen speziellen Typ es sich handelt. So kommt es dann zu folgender Oberklasse:

```
public abstract class SongCollection implements Iterable<Song>{
    protected final Collection<Song> songs;
    protected SongCollection(Collection<Song> songs) {
        this.songs = songs;
    }
    public boolean addSong(Song s){
        return songs.add(s);
    }
```

```
    public boolean removeSong(Song s){
        return songs.remove(s);
    }
    public int size(){
        return songs.size();
    }
    @Override
    public Iterator<Song> iterator() {
        return songs.iterator();
    }
}
```

Listing B.47 Die gemeinsame Oberklasse der Musiksammlung

Die abstrakte Oberklasse enthält ein Feld vom Typ Collection<Song> und macht keine Annahmen darüber, um welche Art von Collection es sich dabei handelt. Die Collection wird im Konstruktor übergeben, so dass erst die Spezialisierungen entscheiden, welche Art benutzt wird.

Die geforderten Methoden addSong und removeSong sind unter diesen Voraussetzungen leicht zu implementieren, sie delegieren lediglich an die entsprechenden Collection-Methoden. Dasselbe gilt für die size-Methode, die zwar nicht gefordert war, aber für die Testfälle nützlich ist.

Etwas schwieriger war die Aufgabe, dass Playlist und Musiksammlung mit einer for-each-Schleife funktionieren sollen. Wenn Sie sich aber an den Abschnitt zur for-each-Schleife erinnern, stand dort, dass das mit Implementierungen des Interface Iterable möglich ist. Ein kurzer Blick ins Javadoc zeigt, dass dieses Interface nur eine Methode hat, nämlich iterator. Diese Methode existiert aber wiederum auch in Collection, also kann sie auch weiterdelegiert werden.

So würde die Schleife schon funktionieren, aber Sie würden nur über Objekte vom Typ Object iterieren können. Um über Songs zu iterieren, können Sie in die Typisierungs-Trickkiste vorgreifen und statt Iterable das typisierte Interface Iterable<Song> implementieren. Aber das lernen Sie erst im nächsten Abschnitt.

Nachdem die ganze Arbeit schon von SongCollection erledigt wird, müssen die beiden Spezialisierungen nur noch eins tun: die Collection erzeugen.

```
public class Playlist extends SongCollection{
    public Playlist() {
        super(new ArrayList<>());
    }
}
```

Listing B.48 Die Spezialisierung zur Playliste

In der Unterklasse ist nichts anderes zu tun, als eine Collection des richtigen Typs zu erzeugen und an den super-Konstruktor zu übergeben. Sie könnten das auch mit new ArrayList<Song>() tun, aber die Angabe des Typs Song ist nicht notwendig, der Compiler kann ihn aus der Umgebung herleiten: Der super-Konstruktor erwartet eine Liste vom Typ Song, es reicht hier also der Diamant <>, um zu markieren, dass diese Liste typisiert ist. Die Klasse Musiksammlung weicht von Playlist nur insofern ab, als sie ein HashSet an super übergibt.

Lösung zu 10.5.3: Generisches Filtern

Für diese Übung war sehr wenig Code zu schreiben, aber für die Typangaben war ein wenig Nachdenken erforderlich. Treibende Anforderung war, dass die wendeFilterAn-Methode sicherstellen sollte, dass nur zueinander passende Collections und Filter übergeben werden können. Dadurch ist es nötig, dass auch das Filter-Interface typisiert wird:

```
public interface Filter<T> {
    public boolean filter(T element);

    public static <U> void wendeFilterAn(Collection<U> collection,
     Filter<U> filter){
        Iterator<U> it  = collection.iterator();
        while (it.hasNext()){
            if (filter.filter(it.next())) it.remove();
        }
    }
}
```

Listing B.49 Das Filter-Interface

Das Interface selbst wird mit dem generischen Typ T typisiert, die Filtermethode arbeitet auf einem T.

Die statische Methode wendeFilterAn benutzt die Typvariable U, die nur für diese Methode gilt, und stellt sicher, dass Collection und Filter den gleichen generischen Typ verwenden. Sie iteriert über die Elemente der Collection und ruft für jedes Element die filter-Methode des übergebenen Filters. Dazu wird ein Iterator verwendet, weil er es ermöglicht, Elemente sofort mit remove zu entfernen, für die der Filter anschlägt.

Die beiden konkreten Filterklassen waren danach nur noch eine Fingerübung:

```
public class UngeradeZahlenFilter implements Filter<Integer>{
    public boolean filter(Integer element) {
        return element % 2 != 0;
    }
}
```

Listing B.50 Der »UngeradeZahlenFilter«

```
public class KurzeStringsFilter implements Filter<String>{
   public boolean filter(String element) {
        return element.length() < 10;
    }
}
```

Listing B.51 Der »KurzeStringFilter«

Beide Filter sind mit einer Zeile Code erledigt. Plus vier Zeilen Boilerplate drumherum. Freuen Sie sich auf Kapitel 11, wo Sie sehen werden, wie mit Lambda-Ausdrücken alles kürzer wird.

Lösung zu 10.6.1, »Lieblingslieder«

Für diese Lösung brauchen Sie nur die gerade gelernten Map-Methoden anzuwenden, es sind keine weiteren Schwierigkeiten versteckt. Der Code ist kurz genug, um ihn hier komplett abzudrucken:

```
public class Lieblingslieder {
    private Map<String, List<Song>> daten = new HashMap<>();

    public void fuegeHinzu(String benutzer, Song song){
        findeListeFuerBenutzer(benutzer).add(song);
    }

    public List<Song> getListeFuerBenutzer(String benutzer){
        List<Song> ergebnis = daten.get(benutzer);
        return ergebnis == null ?
         null : Collections.unmodifiableList(ergebnis);
    }

    public List<Song> entferneListeFuerBenutzer(String benutzer){
        return daten.remove(benutzer);
    }
```

```
        private List<Song> findeListeFuerBenutzer(String benutzer){
            List<Song> ergebnis = daten.get(benutzer);
            if (ergebnis == null){
                ergebnis = new ArrayList<>();
                daten.put(benutzer, ergebnis);
            }
            return ergebnis;
        }
    }
```

Listing B.52 Die Klasse »Lieblingslieder«

Als erstes fällt die Deklaration des Feldes Daten als Map<String, List<Song>> ins Auge. Es wurde zwar nirgends explizit erwähnt, aber natürlich lassen sich auch typisierte Collections ineinander verschachteln. Sie sehen hier eine Map, deren Werte Listen von Songs sind.

Wenn ein Lieblingslied eines Benutzers hinzugefügt wird, müssen zwei grundlegende Fälle unterschieden werden: Entweder die Liste für diesen Benutzer existiert bereits, oder sie muss angelegt werden. Die Methode fuegeHinzu delegiert diese Unterscheidung an findeListeFuerBenutzer. Wenn für den Benutzer noch keine Liste existiert, wird sie erzeugt und der Map hinzugefügt. In jedem Fall wird eine Liste zurückgegeben, niemals null, so ist in fuegeHinzu keine Prüfung darauf notwendig, und der Song kann mit add hinzugefügt werden.

getListeFuerBenutzer ruft diese Hilfsmethode nicht auf, denn hier soll auch dann keine Liste angelegt werden, wenn noch keine existiert. Stattdessen wird null zurückgegeben. Falls eine Liste existiert, wird sie durch Collections.unmodifiableList so verpackt, dass sie nicht bearbeitet werden kann. Dies ist eine übliche Praxis, um zu verhindern, dass der innere Zustand eines Objekts von außerhalb verändert werden kann. Stellen Sie sich den einfachen Fall vor, dass für jeden Benutzer auch die Gesamtlänge seiner Lieblingslieder gespeichert wird. Wäre die zurückgegebene Liste veränderbar, könnten Sie einen Song direkt an dieser Liste hinzufügen, aber die Gesamtlänge würde nicht angepasst, und der Zustand des Objekts wäre fehlerhaft. Durch eine unveränderliche Liste wird dies verhindert.

Zuletzt kann mit entferneListeFuerBenutzer die Liste eines Benutzers entfernt werden. Diese Liste wird dem Aufrufer zurückgegeben, weil dies der remove-Methoden von Map entspricht und dieses Verhalten nach außen weitergegeben wird. In diesem Fall wird die zurückgegebene Liste nicht mit Collections.unmodifiableList verpackt, weil sie durch das Entfernen nicht mehr Teil des Zustands des Lieblingslieder-Objekts ist, und Änderungen an der Liste haben keinen Einfluss mehr darauf.

Lösung zu 11.1.3: Zahlen selektieren

Es ging bei dieser Übung darum, Ihnen das Konzept der funktionalen Interfaces und die Syntax von Lambda-Ausdrücken näherzubringen. Daher war die algorithmische Seite nicht allzu schwierig. Das funktionale Interface `ZahlenSelektor` sieht so aus:

```java
@FunctionalInterface
public interface ZahlenSelektor {
    public boolean pruefe(int zahl);
}
```

Listing B.53 Das Interface »ZahlenSelektor«

Die Annotation `@FunctionalInterface` ist zwar nicht notwendig, aber wenn Sie ein Interface schon mit der Absicht anlegen, es mit Lambda-Ausdrücken zu verwenden, dann sollten Sie die Annotation auch verwenden. Außerdem schützt sie davor, dass jemand später ohne nachzudenken eine weitere Methode im Interface deklariert: Ist ein Interface als funktional gekennzeichnet, dann darf es auch nur eine Methode enthalten, sonst kommt es zu einem Compilerfehler. Der Algorithmus, mit dem Zahlen gefunden werden, ist direkt im Interface mit der statischen Methode `findeErsteN` implementiert.

```java
public static int[] findeErsteN(ZahlenSelektor selektor, int n) {
    if (n < 0 || selektor == null){
        throw new IllegalArgumentException(
            "Selektor darf nicht null und n nicht <0 sein.");
    }
    int[] ergebnis = new int[n];
    int index = 0;
    for (int i = 1; i <= 1000000 && index < n; i++){
        if (selektor.pruefe(i)){
            ergebnis[index++] = i;
        }
    }
    if (index < ergebnis.length){
        ergebnis = Arrays.copyOf(ergebnis, index);
    }
    return ergebnis;
}
```

Listing B.54 Zahlen nach dem Selektor finden

Den Hauptteil der Methode bildet eine `for`-Schleife, deren einzige Besonderheit es ist, dass sie zwei mit `&&` verknüpfte Bedingungen hat. Die Schleife läuft weiter, solange die Laufvariable kleiner als 1.000.000 ist und solange noch nicht die gewünschte Anzahl an Treffern gefunden wurde. In beiden Fällen soll die Schleife unterbrochen werden.

Innerhalb der Schleife wird für jede Zahl geprüft, ob sie für den Selektor akzeptabel ist, und falls sie das ist, wird sie dem Ergebnis-Array hinzugefügt.

Da die Schleife zwei Abbruchbedingungen hat, kann es vorkommen, dass sie endet, ohne genügend Ergebnisse gefunden zu haben. In dem Fall ist das anfangs erzeugte Array zu lang und enthält am Ende einige 0-Werte. Mit `Arrays.copyOf` wird es auf die richtige Länge gekürzt und dann zurückgegeben.

Bleibt noch, die Methode mit den richtigen Lambdas aufzurufen. Für zwei der drei Aufgaben reicht dafür die kurze Lambda-Schreibweise. Die Zahlen von 1 bis 10 erhalten Sie, indem Sie für jede Zahl `true` zurückgeben und die ersten zehn Treffer suchen. Zahlen, die durch 7 teilbar sind, finden Sie mit dem Modulo-Operator.

```
ZahlenSelektor.findeErsteN(zahl -> true, 10);
ZahlenSelektor.findeErsteN(zahl -> zahl % 7 == 0, 10));
```

Die Suche nach Primzahlen ist in einem Ausdruck nicht umzusetzen (es sei denn, Sie haben die Prüfung auf Primzahlen in eine Methode ausgelagert, die Sie hier nur noch aufrufen), deshalb kommt die Blockschreibweise für Lambdas zum Einsatz:

```
ZahlenSelektor.findeErsteN(zahl -> {
        if (zahl < 2) {
            return false;
        }
        for (int i = 2; i < zahl; i++) {
            if (zahl % i == 0) {
                return false;
            }
        }
        return true;
    }, 10));
```

Listing B.55 Primzahlen finden mit Lambda

Die kleinste Primzahl ist per Definition 2, deshalb werden kleinere Zahlen sofort abgewiesen. Für alle anderen Zahlen wird geprüft, ob es eine kleinere Zahl gibt, die sie teilt.

Sie sehen, wie einfach es ist, selbst Methoden zu schreiben, die Lambdas als Parameter akzeptieren. Sie müssen dafür fast nichts über Lambdas wissen, sondern nur das richtige Interface anlegen, und schon kann jeder Aufrufer Ihrer Methoden Lambdas übergeben.

Lösung zu 11.1.5: Funktionen

Dies ist eine weitere Methode, die zwar kurz, aber dank Lambdas sehr vielseitig ist. Dieser kurze Code reicht aus, um ein komplettes int[] mit einer Funktion in ein neues Array umzurechnen:

```
public static int[] berechne(int[] eingabe, IntUnaryOperator echenvorschrift){
    if (eingabe == null || rechenvorschrift == null)
        throw new IllegalArgumentException("Keine null-Werte erlaubt");
    int[] ausgabe = new int[eingabe.length];
    for (int i = 0; i < eingabe.length; i++){
        ausgabe[i] = rechenvorschrift.applyAsInt(eingabe[i]);
    }
    return ausgabe;
}
```

Listing B.56 Funktionen auf Arrays anwenden

Auch war diese Methode nicht anspruchsvoll zu implementieren, in einer Schleife wenden Sie die Funktion auf alle Elemente des übergebenen Arrays an. Die kleine Schwierigkeit war, aus den vielen möglichen funktionalen Interfaces das richtige auszuwählen, um es hier als Parameter zu deklarieren. Da Sie einen int-Wert auf einen int-Wert abbilden, ist hier IntUnaryOperator die richtige Wahl. Drei der geforderten Funktionen sind als Lambda trivial zu implementieren, lediglich die Rundungsfunktion war etwas schwieriger umzusetzen:

```
//Verdoppeln
Funktionen.berechne(new int[]{1, 2, 3}, i -> 2*i);
//Quadrieren
Funktionen.berechne(new int[]{1, 2, 3}, i -> i*i);
//Betrag bilden
Funktionen.berechne(new int[]{-1, 2, -3}, Math::abs);
//Runden auf den nächsten Zehner
Funktionen.berechne(new int[]{13, 17, 94, 166}, i -> {
            int letzteZiffer = i % 10;
            if (letzteZiffer < 0){
                letzteZiffer += 10;
            }
            if (letzteZiffer < 5){
                return i - letzteZiffer;
            } else {
                return i + (10 - letzteZiffer);
```

```
        }
    });
```
Listing B.57 Funktionen übergeben

Die Rundungsfunktion lässt sich nicht mit rein mathematischen Mitteln umsetzen, es muss eine Entscheidung getroffen werden, ob Sie auf- oder abrunden. Das wäre zwar auch mit einem ternären Operator möglich, würde aber sehr unübersichtlich, deswegen wird für den letzten Fall das Lambda in Blockschreibweise übergeben. Damit die Rundung auch für negative Zahlen funktioniert, wird in diesem Fall 10 zur letzten Ziffer addiert. Denken Sie darüber nach, warum das funktioniert.

Lösung zu 11.2.2: Temperaturdaten auswerten

Die `main`-Methode tat in diesem Beispiel nichts anderes, als die drei Methoden aufzurufen, die die eigentliche Arbeit machen. Diese drei Methoden sind voneinander unabhängig. Zunächst die Methode, die die höchste Monatstemperatur findet:

```
private static void findeHeissestenMonat(String dateiname) throws IOException
{
    try (BufferedReader reader = new BufferedReader(
      new FileReader(dateiname))){
        reader
                .lines()
                .flatMapToDouble(line -> Arrays.stream(line.split("\\s+"))
                    .skip(1)
                    .mapToDouble(Double::parseDouble))
                .reduce(Math::max)
                .ifPresent(t -> System.out.println(
                    "Der heißeste Monat der letzten 50 Jahre hatte " +
                    t + " Grad."));
    }
}
```
Listing B.58 Die höchste Monatstemperatur

Das Lesen der Datei Zeile für Zeile war vorgegeben und auch nicht besonders anspruchsvoll, danach geht es aber ans Eingemachte. Für die Lösung dieser Aufgabe sind nur die einzelnen Temperaturwerte interessant, nicht aus welchem Jahr oder welchem Monat sie stammen. Deshalb wird der Stream von Zeilen zunächst mit `flatMapToDouble` in einen Stream umgewandelt, der nur die einzelnen Messwerte enthält. Im Lambda für `flatMapToDouble` wird die Zeile mit der String-Methode `split` in ihre Spalten zerlegt. Der reguläre Ausdruck \s+ passt auf alle Vorkommen von einem oder mehr Whitespaces, also auch auf Tabulatoren. Es entsteht so für jede Zeile ein String[] mit 13 Einträgen: die Jahreszahl und zwölf Temperaturen. Die Jahreszahl ist nicht interessant, sie wird mit skip übersprungen, aus den restlichen Werten werden durch mapToDouble mit der Methodenreferenz auf Double::parseDouble Fließkommawerte. Da flatMap alle erzeugten Streams wieder in einen Stream zusammenführt, entsteht so ein langer Stream von double-Werten. Aus ihnen wird mit reduce das Maximum gefunden und aus dem so entstehenden Optional ausgegeben. Kommen wir zu Methode Nummer zwei, die das im Schnitt heißeste Jahr findet:

```
private static void findeHeissestesJahr(String dateiname) throws IOException {
    try (BufferedReader reader =
  new BufferedReader(new FileReader(dateiname))){
        reader
                .lines()
                .mapToDouble(line -> Arrays.stream(line.split("\\s+"))
                    .skip(1)
                    .mapToDouble(Double::parseDouble)
                    .average()
                    .getAsDouble())
                .reduce(Math::max)
                .ifPresent(t -> System.out.println(
                    "Das heißeste Jahr der letzten 50 Jahre hatte im Schnitt " +
                    t + " Grad."));
    }
}
```
Listing B.59 Das heißeste Jahr

Gegenüber findeHeissestenMonat hat sich nicht viel geändert. Es wird nicht jede Zeile mit flatMapToDouble auf einen DoubleStream abgebildet, sondern mit mapToDouble auf einen einzigen double-Wert: die Durchschnittstemperatur des Jahres, die mit average berechnet wird.

Richtig schwierig wurde es bei der dritten Methode. Sie war nur mit den Stream-Methoden, die Sie bisher kennen, nicht umzusetzen. Wichtig war es, das zu erkennen und das Problem anders zu lösen.

Es muss nicht mehr nur die heißeste Temperatur gefunden werden, Sie müssen auch noch wissen, welches Jahr und welcher Monat dazu gehören. Um diese Daten zu gruppieren, ist die beste Methode, sie in ein Objekt zu verpacken:

```
private static Stream<Monatswert> erzeugeMonatswertStream(
  final BufferedReader reader) {
```

```
        return reader.lines()
            .flatMap(zeile -> parseZeile(zeile));
}

private static Stream<Monatswert> parseZeile(String zeile) throws NumberFormat
Exception {
    String[] spalten = zeile.split("\\s+");
    int jahr = Integer.parseInt(spalten[0]);
    return IntStream.
            rangeClosed(1, 12).
            mapToObj(i -> new Monatswert(i, jahr,
                Double.parseDouble(spalten[i])));
}

private static class Monatswert {
    private final int monat;
    private final int jahr;
    private final double temperatur;

    public Monatswert(int monat, int jahr, double temperatur) {
        this.monat = monat;
        this.jahr = jahr;
        this.temperatur = temperatur;
    }

    public int getMonat() {
        return monat;
    }

    public int getJahr() {
        return jahr;
    }

    public double getTemperatur() {
        return temperatur;
    }
}
```

Listing B.60 Temperaturdaten in Modellobjekten lesen

Die Klasse `Monatswert` gruppiert eine Datumsangabe zur passenden Höchsttemperatur; die Methoden `erzeugeMonatswertStream` und `parseZeile` lesen die Datei ein und erzeugen für jeden Monat einen `Monatswert`.

Jede Zeile wird wie gehabt in parseZeile mit String.split in ihre Spalten getrennt. Die erste Spalte enthält die Jahreszahl. Die Werte der weiteren Spalten werden jeweils in ein double konvertiert und zusammen mit Monat und Jahr in ein Monatswert-Objekt verpackt. Anstelle von IntStream.rangeClosed(1, 12) könnten Sie auch eine Schleife verwenden, es geht lediglich darum, die Zahlen von 1 bis 12 zu durchlaufen. Die Methode erzeugeMonatswertStream macht aus den Streams, die von parseZeile je Zeile erzeugt werden, durch flatMap einen einzigen Stream von Monatswerten. Damit ist der schwierige Teil der Arbeit erledigt, es fehlt aber noch der Code, der die Klasse benutzt:

```
private static void findeHeissestesJahrUndMonat(String dateiname) throws
IOException{
    try (BufferedReader reader =
 new BufferedReader(new FileReader(dateiname))){
        erzeugeMonatswertStream(reader)
                .reduce((x, y) ->
                x.getTemperatur() > y.getTemperatur() ? x : y)
                .ifPresent(t ->
                System.out.println("Der heißeste Monat der letzten 50 Jahre
                war "
                + t.getMonat() + "/" + t.getJahr() + " mit "
                + t.getTemperatur() + " Grad."));
    }
}
```

Listing B.61 Wann war es am heißesten?

Im Stream ist nur noch die höchste Temperatur zu finden. Das funktioniert einmal mehr mit reduce; es werden Höchsttemperaturen verglichen, und das Jahr mit der höchsten Höchsttemperatur wird gefunden. Jetzt haben Sie alle benötigten Daten in einem Objekt, es fehlt nur noch die Ausgabe.

Lösung zu 11.2.4: Endlose Fibonacci-Zahlen

Diese Lösung ist wirklich sehr kurz, Sie müssen lediglich einen Supplier schreiben, der Fibonacci-Zahlen erzeugt, etwa so:

```
Stream.generate(new Supplier(){
    BigInteger vor1 = BigInteger.ZERO, vor2 = BigInteger.ONE;
    @Override
    public Object get() {
        BigInteger zahl = vor1.add(vor2);
```

```
            vor1 = vor2;
            vor2 = zahl;
            return zahl;
        }
}).limit(1000).forEach(System.out::println);
```

Listing B.62 Fibonacci, endlos

Es werden `BigInteger` verwendet, weil die 1.000ste Fibonacci-Zahl schon zu groß ist für die primitiven Typen. Der Supplier merkt sich die beiden letzten Zahlen, vorbelegt mit 0 und 1, und gibt die neu berechnete Zahl zurück.

Warum musste dafür eine anonyme Klasse verwendet werden? Weil Lambdas keinen Zustand halten können. Um die `Fibonacci`-Zahlen zu berechnen, müssen Sie aber die beiden vorherigen Zahlen kennen. Deshalb wird der `Supplier` als anonyme Klasse mit Instanzvariablen implementiert.

Eine Lösung mit Lambda-Ausdrücken ist möglich, nur nicht sofort offensichtlich. Sie könnte zum Beispiel so aussehen:

```
private static void fibonacciLambda() {
    Stream.iterate(new Pair<BigInteger>(ZERO, ONE),
      p -> new Pair<>(p.getSecond(), p.getFirst().add(p.getSecond())))
        .map(Pair::getFirst)
        .limit(1000)
        .forEach(System.out::println);
}

private static class Pair<T>{
    private final T first, second;
    private Pair(T first, T second){
        this.first = first;
        this.second = second;
    }
    public T getFirst() {
        return first;
    }
    public T getSecond() {
        return second;
    }
}
```

Listing B.63 Fibonacci-Zahlen mit Lambda-Ausdrücken

Lösung zu 11.2.6: Wetterstatistik für Fortgeschrittene

Wie schon beim letzten Teil der vorherigen Wetterübung brauchten Sie eine Klasse, die Jahr, Monat und Temperatur einander zuordnet, um die Daten auswerten und ausgeben zu können. Um keine Langeweile aufkommen zu lassen, enthält diese Klasse diesmal keine Logik, sondern lediglich drei Felder:

```java
private static class Monatswert {
    final int monat;
    final int jahr;
    final double temperatur;
    public Monatswert(int monat, int jahr, double temperatur) {
        this.monat = monat;
        this.jahr = jahr;
        this.temperatur = temperatur;
    }
}
```

Listing B.64 Eine Modellklasse

Unter Verwendung dieser Modellklasse waren große Teile der Lösung für beide Teilaufgaben gleich: Es musste ein Stream von Monatswerten erzeugt werden. Diese gemeinsame Funktionalität ist in eine Methode ausgelagert:

```java
private static Stream<Monatswert> erzeugeMonatswertStream(final BufferedReader reader) {
    return reader.lines()
        .flatMap(zeile -> parseZeile(zeile));
}
private static Stream<Monatswert> parseZeile(String zeile)
 throws NumberFormatException {
    String[] spalten = zeile.split("\\s+");
    int jahr = Integer.parseInt(spalten[0]);
    return IntStream
            .rangeClosed(1, 12)
            .mapToObj(i -> new Monatswert(i - 1, jahr,
            Double.parseDouble(spalten[i])));
}
```

Listing B.65 Einen Stream von Monatswerten erzeugen

Genau wie vorher wird die Zeile in Spalten geteilt, und es wird für jeden Monat ein Monatswert erzeugt. Da der Monat sich aus dem Array-Index ergibt, passiert das in einem Integer-Intervall oder einer Schleife.

Die beiden geforderten Statistiken berechnen Sie dann jeweils mit einem Collector:

```
private static void monatsdurchschnitt(String dateiname) throws
IOException {
    System.out.println("Temperaturen im Monatsdurchschnitt");
    try (BufferedReader reader = new BufferedReader(
      new FileReader(dateiname))){
        Map<Month, Double> statistik = erzeugeMonatswertStream(reader)
          .collect(Collectors.groupingBy(mw -> Month.of(mw.monat + 1),
            TreeMap::new,
            Collectors.averagingDouble(mw -> mw.temperatur)));
        for (Map.Entry<Month, Double> entry : statistik.entrySet())
            System.out.println(entry.getKey() + ": " + entry.getValue() + " Grad");
    }
}
```

Listing B.66 Berechnung der Monatsdurchschnitte

Sie suchen nach dem Durchschnitt pro Monat, also müssen Sie die Werte zunächst gruppieren. Der entsprechende groupingBy-Collector gruppiert nach Monatsobjekten, nicht nach den int-Werten, einfach um anschließend die Ausgabe des Monatsnamens zu vereinfachen. Er macht außerdem von der Möglichkeit Gebrauch, mittels eines Suppliers (TreeMap::new) eine Map-Implementierung vorzugeben. TreeMap ist eine SortedMap, für die anschließende Ausgabe muss deshalb nur über die Map iteriert werden, und die Monate werden in der richtigen Reihenfolge ausgegeben. Außerdem wird ein weiterer Collector übergeben, der auf die Gruppe angewendet wird und ihren Durchschnitt berechnet. So entsteht eine Map<Month, Double> mit zwölf Einträgen.

Um den Jahresdurchschnitt zu berechnen, muss lediglich eine andere Gruppierungsfunktion übergeben werden: mw -> mw.jahr. Das heißt, dass Sie sogar noch mehr Gemeinsamkeiten in eine Methode hätten auslagern können, aber die Methode erzeugeMonatswertStream ist wie gezeigt vielseitiger, mit einem Stream von Monatswert-Objekten können Sie mehr tun, als nur Statistiken zu generieren.

Lösung zu 12.1.3: Dateien kopieren

In dieser Aufgabe war ein wenig von allem drin: File-Objekte aus String erstellen, Existenz und Rechte prüfen, Verzeichnisse anlegen und Files-Methoden nutzen. Der grobe Ablauf des Programms war klar:

```
public static void main(String[] args) {
    if (args.length != 2){
        endeMitFehler("Sie müssen 2 Dateien angeben");
    }
    try {
        File quelle = new File(args[0]);
        File ziel = new File(args[1]);
        pruefeQuellDatei(quelle);
        ziel = pruefeUndErzeugeZiel(ziel, quelle.getName());
        File kopie = Files.copy(quelle.toPath(), ziel.toPath()).toFile();
    } catch (Exception e){
        endeMitFehler(e.getMessage());
    }
}
```

Listing B.67 Der Ablauf des Kopierprogramms

Zuerst wird selbstverständlich auch hier geprüft, ob die richtigen Aufrufparameter übergeben wurden. Falls dem nicht so ist, wird mit der Hilfsmethode endeMitFehler eine Fehlermeldung ausgegeben und das Programm beendet. Dieselbe Methode wird auch verwendet, um eine Ausgabe zu machen, falls beim Kopieren der Datei Exceptions auftreten. In diesem Fall ist es auch in Ordnung, allgemeine Exceptions zu fangen und nicht nur bestimmte Spezialisierungen, schließlich soll für jeden Fehler eine Ausgabe gemacht werden.

Stimmt die Anzahl der Parameter, werden aus Quelle und Ziel Files erzeugt. Für beide wird geprüft, ob die Angaben gültig sind – Code folgt sofort –, und dann die Kopie ausgeführt. Der Rückgabewert von Files.copy wird ignoriert, denn wäre die Kopie fehlgeschlagen, dann hätte die Methode eine Exception geworfen, es muss also nicht geprüft werden, ob die neue Datei wirklich existiert.

Bei der Prüfung der Quelldatei ist nicht viel zu tun, Sie müssen lediglich sicherstellen, dass die Datei gelesen werden kann:

```
private static void pruefeQuellDatei(File quelle) throws Exception {
    if (!quelle.exists()){
        throw new Exception("Quelle nicht vorhanden");
    }
    if (!quelle.isFile()){
        throw new Exception("Quelle ist keine Datei");
    }
```

```
        if (!quelle.canRead()){
            throw new Exception("Quelle nicht lesbar");
        }
}
```

Listing B.68 Die Quelldatei prüfen

Die Datei muss existieren, es muss sich um eine Datei handeln, nicht um ein Verzeichnis, und sie muss lesbar sein. Wenn diese Voraussetzungen erfüllt sind, dann kann die Kopie von diesem Ende aus losgehen. Etwas mehr zu tun gibt es auf der Zielseite:

```
private static File pruefeUndErzeugeZiel(File ziel, String name) throws
Exception {
    if(ziel.exists() && ziel.isFile()){
        throw new Exception("Zieldatei existiert bereits");
    } else if (ziel.exists() && ziel.isDirectory()){
        if (!ziel.canWrite()){
            throw new Exception("Zielverzeichnis nicht schreibbar");
        } else {
            return new File(ziel, name);
        }
    } else {
        //Ziel existiert nicht
        ziel.getParentFile().mkdirs();
        return ziel;
    }
}
```

Listing B.69 Die Zieldatei vorbereiten

Für die Zieldatei ist zu prüfen, welcher der beschriebenen Fälle zutrifft. Existiert das Ziel bereits und ist es eine Datei, wird ein Fehler geworfen. Existiert es als Verzeichnis und ist schreibbar, dann ist das wahre Ziel der Kopie eine Datei in diesem Verzeichnis, die den Namen der Quelldatei hat. Dieses Ziel ist mit `new File(ziel, name)` leicht zu erzeugen.

Für den Fall, dass die Zieldatei noch nicht existiert, müssen Sie sicherstellen, dass das Elternverzeichnis existiert. Hier zahlt es sich aus, wenn Sie ein wenig im Javadoc gestöbert haben, denn die Methode `mkdirs` nimmt Ihnen diese Arbeit ab: Sie legt alle Verzeichnisse eines Pfades an, die noch nicht existieren. So wird das übergeordnete Verzeichnis des Ziels angelegt, denn das letzte Pfadelement soll in diesem Fall der neue Dateiname sein, nicht ein weiteres Verzeichnis.

Lösung zu 12.1.5: Musik finden

Dass Sie Files.find nicht benutzen können, klingt zunächst tragisch, aber die Rekursion durch sämtliche Unterverzeichnisse ist zum Glück nicht sehr aufwendig selbst zu implementieren:

```
public class Musikfinder {
    final private File start;
    public Musikfinder(String start){
        this(new File(start));
    }
    public Musikfinder(File start){
        if (!start.exists() || !start.isDirectory() || !start.canRead()){
            throw new IllegalArgumentException("Startverzeichnis muss ein
              lesbares Verzeichnis sein");
        }
        this.start = start;
    }

    public void findeMusik(Consumer c){
        findeMusik(start, c);
    }

    private void findeMusik(File verzeichnis, Consumer c) {
        File[] unterverzeichnisse = verzeichnis.listFiles(f ->
          f.isDirectory() && f.canRead());
        if (unterverzeichnisse != null){
            Arrays.stream(unterverzeichnisse).forEach(f ->
              this.findeMusik(f, c));
        }
        File[] musikDateien = verzeichnis.listFiles(f->
         f.getName().endsWith(".mp3"));
        if (musikDateien != null){
            Arrays.stream(musikDateien).forEach(c);
        }
    }
}
```

Listing B.70 Die Klasse »Musikfinder«

Ein Musikfinder-Objekt bekommt im Konstruktor entweder einen String oder ein File-Objekt, das ist ein sehr häufiger Fall von *Constructor Chaining*, wenn Sie mit Dateien arbeiten. Der Konstruktor prüft, ob ein lesbares Verzeichnis übergeben wurde, sonst tut er nichts. Zum Start der Suche wird die Methode findeMusik(Consumer) gerufen, aber sie delegiert nur an findeMusik(File, Consumer) mit dem Startverzeichnis.

In dieser Methode passiert die Arbeit. Zunächst findet sie vom übergebenen Verzeichnis alle lesbaren Unterverzeichnisse und ruft für jedes rekursiv wieder findeMusik. Danach sucht sie alle Dateien mit der Endung *.mp3* und ruft für jede Datei den übergebenen Consumer auf.

Die null-Prüfung für das Ergebnis von listFiles ist leider notwendig, denn die Methode kann null zurückgeben, wenn bei der Ausführung eine IOException auftrat. Das kann zum Beispiel wieder für fehlende Rechte passieren und muss deshalb abgefangen werden.

Lösung zu 12.2.2: Playlisten – jetzt richtig

Die gesamte Klasse abzudrucken, ist inzwischen wohl nicht mehr notwendig; die Methoden, die Songs hinzufügen und die Liste auslesen, enthalten nichts Neues. Konzentrieren wir uns lieber auf die neuen Themen, zunächst das Schreiben:

```
public void schreibe(File ziel) throws IOException {
    schreibe(new FileWriter(ziel));
}

public void schreibe(Writer ziel) throws IOException {
    try (BufferedWriter buffered = new BufferedWriter(ziel)) {
        for (String song : songs) {
            buffered.write(song.toString());
            buffered.newLine();
        }
    }
}
```

Listing B.71 Playlistendateien schreiben

Dass es zwei schreibe-Methoden gibt, ist ein häufiges Muster: Die schreibe-Methode mit einem Writer-Parameter ist gut testbar, die Methode mit File-Parameter ist praktischer für den Gebrauch aus einem Programm. Der Schreibvorgang ist sehr einfach, es wird für jeden Pfad aus der Liste eine Zeile ausgegeben. Vergessen Sie nicht, den Writer zu schließen.

Als Nächstes sollen so erzeugte Dateien wieder eingelesen werden:

```
public static Playlist lese(File quelle) throws IOException{
    return lese(new FileReader(quelle));
}
```

```java
public static Playlist lese(Reader quelle) throws IOException{
    try (BufferedReader reader = new BufferedReader(quelle)){
        Playlist playlist = new Playlist();
        reader.lines().forEach(playlist::addSong);
        return playlist;
    }
}
```

Listing B.72 Playlistendateien lesen

Auch hier gibt es wieder zwei Methoden, eine mit `File`-Parameter und eine mit `Reader`. Auch diese Methoden sind kurz und einfach, sie erzeugen eine neue Playliste und fügen Zeile für Zeile Einträge hinzu. Für das Erzeugen der Playliste aus einem Verzeichnis war ein großer Teil der Arbeit schon getan, der Musikfinder hat alles, was Sie dafür brauchen:

```java
public static Playlist ausVerzeichnis(File startVerzeichnis) {
    Playlist playlist = new Playlist();
    new Musikfinder(startVerzeichnis).findeMusik(datei ->
     playlist.addSong(datei.getAbsolutePath()));
    return playlist;
}
```

Listing B.73 Playliste aus einem Verzeichnis erstellen

Da der Musikfinder vorausschauend so entwickelt war, dass Sie mit einem `Consumer` übergeben können, was mit gefundenen Dateien passiert, ist nur ein solcher `Consumer` zu übergeben, der der Playliste Einträge hinzufügt. Fehlt als Letztes noch die Methode zur Verifikation:

```java
public int verifiziere(){
    int vorher = songs.size();
    songs = songs.stream()
            .filter(song -> new File(song).exists())
            .collect(Collectors.toList());
    return vorher - songs.size();
}
```

Listing B.74 Die Playliste ausmisten

Hier gab es sehr viele Methoden, die Anforderung umzusetzen. Wie gezeigt werden alle nicht mehr gefundenen Dateien aus der Liste herausgefiltert, und das Filterergebnis wird als neue Liste gesetzt.

Für die beiden Programme, die Playlisten erzeugen und überprüfen, waren nur noch Aufrufparameter zu prüfen und Playlist-Methoden aufzurufen. Sie sehen den Quellcode der Programme in den Downloads (*www.rheinwerk-verlag.de/4096*). Schauen Sie sich dort auch die Testfälle an, die die beschriebenen Techniken zum Testen von I/O-Operationen demonstrieren.

Lösung zu 12.2.4: ID3-Tags

Diese Übung war recht anspruchsvoll, umso überraschender ist es, wie kurz die Lösung schlussendlich ist. Wie die Song-Klasse mit all ihren Feldern aussieht, ist nichts Neues mehr, interessant ist der Code, der die Felder befüllt:

```java
private static final Charset ISO_8859_1 = Charset.forName("ISO-8859-1");
private static final byte[] TAG = "TAG".getBytes(ISO_8859_1);
public static Song ausMP3(File mp3) throws IOException {
    if (mp3 == null || !mp3.exists() || !mp3.isFile() || !mp3.canRead())
        throw new IllegalArgumentException("mp3 muss eine lesbare Datei sein.");
    Song song = new Song();
    song.pfad = mp3.getAbsolutePath();
    try (InputStream in = new BufferedInputStream(new FileInputStream(mp3))){
        in.skip(mp3.length() - 128);
        byte[] buffer = new byte[3];
        in.read(buffer);
        if (Arrays.equals(buffer, TAG)){
            fuelleSongAusStream(song, in);
        }
    }
    return song;
}

private static void fuelleSongAusStream(Song song, InputStream in) throws
IOException {
    byte[] buffer = new byte[30];
    in.read(buffer);
    song.setTitel(new String(buffer, ISO_8859_1).trim());
    in.read(buffer);
    song.setInterpret(new String(buffer, ISO_8859_1).trim());
    in.read(buffer);
    song.setAlbum(new String(buffer, ISO_8859_1).trim());
    in.read(buffer, 0, 4);
```

```
    String jahrAlsString = new String(buffer, 0, 4, ISO_8859_1);
    if (jahrAlsString.matches("\\d{4}")){
        song.setJahr(Integer.parseInt(jahrAlsString));
    }
    in.read(buffer);
    if (buffer[28] == 0){
        //Track-Nummer vorhanden
        song.setKommentar(new String(buffer, 0, 28, ISO_8859_1).trim());
        song.setTrack(Integer.valueOf(buffer[29]));
    } else {
        //Track-Nummer nicht vorhanden
        song.setKommentar(new String(buffer, ISO_8859_1).trim());
        song.setTrack(null);
    }
    song.setGenre((byte) in.read());
}
```

Listing B.75 Informationen aus dem ID3-Tag auslesen

In der Methode `ausMP3` selbst passiert noch nicht viel, es wird der Pfad der Datei gesetzt und geprüft, ob überhaupt Tag-Daten vorhanden sind. Dazu wird der Dateiinhalt übersprungen bis zur Stelle 128 Byte vor dem Ende, dann werden 3 Byte gelesen und diese mit einer Konstanten verglichen, die das `byte[]` zum String "TAG" enthält. Steht an dieser Stelle wirklich die Zeichenfolge TAG, so werden in `fuelleSongAusStream` die Felder des Objekts befüllt, ansonsten passiert nichts, und die Felder bleiben leer.

In `fuelleSongAusStream` werden die einzelnen Feldinhalte in ein `byte[]` gelesen und mit dem vorgegebenen Encoding ISO-8859-1 in einen String umgewandelt. Alle so erzeugten Strings werden noch mit `trim` gekürzt, da sie sonst in einer Reihe von Leerzeichen enden.

Zusätzliche Prüfungen sind an zwei Stellen nötig. Das Jahr kann nur als Zahl geparst werden, wenn es auch im Tag vorhanden war. Stand dort nur ein Leer-String, würde `Integer.parseInt` fehlschlagen, deshalb wird vorher mit einem regulären Ausdruck geprüft, ob wirklich eine vierstellige Zahl gelesen wurde.

Das Kommentarfeld wird immer mit 30 Zeichen eingelesen. Erst dann wird geprüft, ob an vorletzter Stelle der Wert 0 steht, und entsprechend reagiert.

Die Änderungen an `Playlist`, um die zusätzlichen Felder zu schreiben und zu lesen, sind danach mehr Fleißarbeit und enthalten nichts Neues mehr. Schauen Sie bei Fragen in den Beispielcode.

Lösung zu 12.4.1: Dateitransfer

Neben dem Aufbau der Netzwerkverbindung gab es in dieser Übung nichts wirklich Neues, aber alles Gelernte aus dem Kapitel musste zu einem recht komplexen Programm zusammengeführt werden. Deshalb wollen wir beide Programme, Client und Server, etwas detaillierter betrachten. Ausgespart wird dabei die Verarbeitung der Aufrufparameter, die Sie inzwischen zur Genüge kennen. Beginnen wir auf der etwas einfacheren Clientseite:

```
public void sendeDatei(File datei) throws IOException {
    try (Socket verbindung = new Socket(hostname, port)) {
        BufferedOutputStream out =
          new BufferedOutputStream(verbindung.getOutputStream());
        sendeDateinamen(out, datei);
        sendeInhalt(out, datei);
    }
}
```

Listing B.76 Datei versenden

Hostname und Port sind als Felder des Clientobjekts gesetzt, nur die Datei wird als Parameter der sendeDatei-Methode übergeben. Sie könnten so denselben Client benutzen, um mehrere Dateien zu versenden. Es wird zuerst ein Socket zum Server geöffnet. Dabei müssen Sie sich keine Gedanken darüber machen, ob als Hostname eine IP-Adresse, ein DNS-Name oder ein fester Name wie »localhost« übergeben wurde, die Socket-Klasse übernimmt diese Arbeit für Sie. Es wird ein BufferedOutputStream in den Socket erzeugt und dann zunächst der Dateiname und anschließend der Dateiinhalt in den Strom geschrieben. Im Detail sieht das so aus:

```
private void sendeDateinamen(BufferedOutputStream out, File datei) throws
IOException {
    String name = datei.getName();
    if (name.length() > 255) {
        name = name.substring(0, 255);
    }
    out.write(name.getBytes(ISO_8859_1));
    out.write(0);
}
```

Listing B.77 Den Dateinamen senden

Hier passiert nichts Besonderes; der Dateiname wird, falls notwendig, auf 255 Zeichen gekürzt und dann als byte[] in den Stream geschrieben. Der Name wird im Encoding ISO-8859-1 übertragen, weil dort praktischerweise jedes Zeichen einem Byte entspricht und die Längenbegrenzung in Zeichen und Byte somit gleich ist. Ein Nachteil davon ist, dass Sie nur Dateinamen in mitteleuropäischen Schriftsystemen übermitteln können, was aber für unsere Zwecke reichen sollte. Sie könnten auch ein anderes Encoding, wie UTF-16, verwenden. Dann würde die Längenprüfung zwar ein wenig komplizierter, aber wichtig ist am Ende nur, dass beide Programme dasselbe Encoding benutzen. In diesem Fall ist es aber wichtig, dass Sie ein Encoding angeben und sich nicht auf das Default-Encoding verlassen. Die Programme könnten auf unterschiedlichen Systemen laufen, die unterschiedliche Encodings verwenden. Um den Dateiinhalt zu senden, müssen Sie anschließend nur Daten aus der Datei in den Socket schreiben:

```java
private void sendeInhalt(BufferedOutputStream out, File datei) throws
IOException {
    try (InputStream in = new BufferedInputStream(
      new FileInputStream(datei))) {
        byte[] buffer = new byte[4096];
        int gelesen = 0;
        while ((gelesen = in.read(buffer)) != -1) {
            out.write(buffer, 0, gelesen);
        }
    }
}
```

Listing B.78 Den Dateiinhalt senden

Es werden jeweils 4 kB aus der Datei gelesen und in den Socket geschrieben, bis als Zahl gelesener Bytes −1 zurückkommt, das Signal, dass der Datenstrom am Ende ist. Das Lesen auf der Serverseite ist etwas schwieriger, aber auch nicht problematisch:

```java
public void erwarteVerbindung() throws IOException {
    ServerSocket server = new ServerSocket(port);
    try (Socket verbindung = server.accept()) {
        BufferedInputStream in =
          new BufferedInputStream(verbindung.getInputStream());
        String dateiname = liesNameAusStream(in);
        File datei = erzeugeSichereDatei(dateiname, verzeichnis);
        schreibeDatei(datei, in);
    }
}
```

Listing B.79 Datei empfangen auf der Serverseite

Im groben Ablauf des Programms ist alles, wie erwartet. Sie erzeugen einen ServerSocket und warten auf Verbindung. Sobald eine Verbindung eingeht, öffnen Sie den

InputStream, lesen den Dateinamen aus, erzeugen eine sichere Datei – gleich mehr, warum sie sicher sein muss – und schreiben die eingehenden Daten in diese Datei.

```
private String liesNameAusStream(BufferedInputStream in) throws
IOException {
    byte[] buffer = new byte[255];
    int i;
    for (i = 0; i < 255; i++) {
        int gelesen = in.read();
        if (gelesen == -1) {
            throw new IllegalStateException("Unerwartetes Ende des Datenstroms");
        }
        if (gelesen == 0) {
            break;
        }
        buffer[i] = (byte) gelesen;
    }
    return new String(buffer, 0, i, ISO_8859_1));
}
```

Listing B.80 Den Dateinamen auslesen

Hier werden, entgegen früheren Empfehlungen, Daten Byte für Byte aus einem Stream gelesen. Da es sich aber um einen BufferedInputStream handelt, leidet die Performance nicht darunter, und es ist so die einzige Möglichkeit, sicherzustellen, dass nur der Dateiname gelesen wird und nicht auch der Anfang des Inhalts. Sobald ein Byte mit dem Wert 0 gelesen wird, ist der Dateiname komplett, und aus den gelesenen Bytes wird ein String erzeugt. Es wäre theoretisch, durch einen Fehler auf der Clientseite, möglich, dass der Datenstrom beendet wird, bevor der Dateiname komplett ist. Das wäre daran zu erkennen, dass eine –1 aus dem Strom gelesen wird. Es gibt dann keine Chance, das Problem zu korrigieren. Das Serverprogramm wird mit einer Exception beendet. Als Nächstes wird aus dem Namen eine Datei erzeugt:

```
private File erzeugeSichereDatei(String dateiname, File verzeichnis) throws
IOException {
    File datei = new File(dateiname);
    datei = new File(verzeichnis, datei.getName());
    datei.createNewFile();
    return datei;
}
```

Listing B.81 Datei auf dem Server erzeugen

Sobald Sie eine Netzwerkverbindung akzeptieren, wird Sicherheit zum Problem. Jede offene Netzwerkverbindung kann missbraucht werden, und vor Missbrauch zu schützen, ist eine wichtige Aufgabe des Programmierers. Ein einfach auszunutzendes Problem mit dem übergebenen Dateinamen ist, dass jemand auch böswillig einen Pfad übergeben könnte und so aus dem Zielverzeichnis ausbrechen. Das wird hier verhindert, es wird explizit nur der Namensanteil des übergebenen Pfades verwendet. Wenn es nur ein Dateiname war, ändert sich dadurch nichts, wenn es aber ein Pfad mit Verzeichnisangabe war, dann wird nur der Dateiname verwendet, und die Verzeichnisse werden ignoriert. Bleibt nur noch, die Daten aus dem Strom in diese neue Datei zu schreiben. Der Code dafür entspricht genau dem, mit dem der Client in den Socket schreibt:

```
private void schreibeDatei(File datei, BufferedInputStream in) throws
FileNotFoundException, IOException {
    try (OutputStream out = new BufferedOutputStream(
      new FileOutputStream(datei))) {
        byte[] buffer = new byte[4096];
        int gelesen = 0;
        while ((gelesen = in.read(buffer)) != -1) {
            out.write(buffer, 0, gelesen);
        }
    }
}
```

Listing B.82 Aus dem Socket in die Datei schreiben

Und damit ist das Programm komplett. Jeder Teil für sich ist nicht komplex, aber zusammen übertragen sie eine Datei über eine Netzwerkverbindung – alles andere als eine triviale Aufgabe, die Sie damit gemeistert haben.

Lösung zu 13.1.2: Multithreaded Server

Schon die erste Klasse, der Client, startet mehrere Threads. Das ist nicht sonderlich komplex, aber notwendig, um beide Server richtig testen zu können. Sie werden im Code keine Überraschungen finden, es ist alles wie gehabt, mit einigen neuen Klassen:

```
public class Client implements Runnable{

    private final String hostname;
    private final int port;
    private final int id;
```

```java
    public static void main(String[] args) throws IOException {
        //Parameter prüfen
        String host = args[0];
        int port = Integer.parseInt(args[1]);
        for (int i = 0; i < 20; i++){
                new Thread(new Client(host, port, i)).start();
        }
    }

    public Client(String hostname, int port, int id) {
        this.hostname = hostname;
        this.port = port;
        this.id = id;
    }

    public void run(){
        long startzeit = System.currentTimeMillis();
        try (Socket verbindung = new Socket(hostname, port)) {
            BufferedReader reader = new BufferedReader(
            new InputStreamReader(verbindung.getInputStream()));
            System.out.println(id + ": " + reader.readLine());
            long zeitInSekunden = (System.currentTimeMillis() - startzeit)
            / 1000;
            System.out.println(id + ": " + (zeitInSekunden) + " Sekunden" ); }
        catch (IOException ex) {
            System.out.println(id + ": " + ex.getMessage());
        }
    }
}
```

Listing B.83 Der Netzwerkclient mit mehreren Threads

Die Klasse `Client` selbst implementiert `Runnable`. In der `main`-Methode werden, nach der nicht abgedruckten Prüfung der Parameter, 20 Threads gestartet, die einen Client ausführen. Die Threads dürfen nicht als Daemons gestartet werden, da sie, auch wenn der Haupt-Thread beendet ist, noch auf Nachricht vom Server warten sollen. In der `run`-Methode von `Client` passiert nichts, was Sie nicht schon kennen. Es wird ein `Socket` geöffnet, darauf ein `BufferedReader` konstruiert und eine Zeile Text gelesen. Die `readLine`-Methode blockiert so lange, bis sie Text liefern kann, genau wie Sie es für diese Übung brauchen. Wenn die Zeile angekommen ist, wird ausgerechnet, wie lange es gedauert hat.

Der `SinglethreadedServer` entspricht fast genau dem, was Sie in Kapitel 12, »Dateien, Streams und Reader«, schon geschrieben haben, und hat nichts mit Threads zu tun.

Deshalb hier nur der Vollständigkeit halber die Methode, die die Netzwerkkommunikation handhabt:

```java
private void erwarteVerbindung() throws IOException {
    ServerSocket server = new ServerSocket(port);
    while (true) {
        try (Socket sock = server.accept()) {
            try {
                Thread.sleep(10000);
            } catch (InterruptedException ex) {
            }
            BufferedWriter out = new BufferedWriter(
                new OutputStreamWriter(sock.getOutputStream()));
            out.write("Verbindung angenommen\n");
            out.flush();
        }
    }
}
```

Listing B.84 Requests beantworten in einem Thread

Für jede akzeptierte Verbindung wird 2 Sekunden gewartet, dann eine Ausgabe gemacht und erst danach die nächste Verbindung akzeptiert. Die Ausgabe des `Client`, wenn er mit diesem Server ausgeführt wird, sieht etwa so aus wie in Abbildung B.3.

```
10: Verbindung angenommen
10: 2 Sekunden
 7: Verbindung angenommen
 7: 4 Sekunden
 9: Verbindung angenommen
 9: 6 Sekunden
19: Verbindung angenommen
19: 8 Sekunden
 4: Verbindung angenommen
 4: 10 Sekunden
11: Verbindung angenommen
11: 12 Sekunden
 5: Verbindung angenommen
```

Abbildung B.3 Server mit einem Thread

Sie sehen, dass zwischen den Ausgaben je 2 Sekunden liegen, genau die Zeit, die der Server wartet, bevor er eine weitere Anfrage beantwortet. Sie sind davon sicherlich nicht überrascht. Was tut nun, im Gegensatz dazu, der `MultithreadedServer`?

```java
public class MultithreadedServer {
    private final int port;
    ...
```

```java
    private MultithreadedServer(int port) {
        this.port = port;
    }

    private void erwarteVerbindung() throws IOException {
        ServerSocket server = new ServerSocket(port);
        while (true) {
            try {
                final Socket sock = server.accept();
                new Thread(new AntwortProzess(sock)).start();
            } catch (IOException ioe){
                System.err.println("Fehler bei accept: ");
                ioe.printStackTrace();
            }
        }
    }

    private static class AntwortProzess implements Runnable {
        private final Socket socket;

        public AntwortProzess(Socket socket) {
            this.socket = socket;
        }

        @Override
        public void run() {
            try (Socket socket = this.socket) {
                try {
                    Thread.sleep(2000);
                } catch (InterruptedException ex) {
                }
                BufferedWriter out = new BufferedWriter(
                  new OutputStreamWriter(socket.getOutputStream()));
                out.write("Verbindung angenommen\n");
                out.flush();
            } catch (IOException ex) {
            }
        }
    }
}
```

Listing B.85 Server mit mehreren Threads

Wenn der ServerSocket eine neue Verbindung angenommen hat, dann wird diese nicht mehr im selben Thread bearbeitet, sondern ein neuer Thread gestartet, der einen AntwortProzess ausführt. Dieser tut nichts anderes, als im SinglethreadedServer mit dem Socket getan wurde, lediglich das Exception-Handling sieht anders aus, da run keine Checked Exceptions werfen darf. Mit diesem Server kann der Client nun alle seine Antworten in nur 2 Sekunden erhalten (siehe Abbildung B.4).

```
14: Verbindung angenommen
14: 2 Sekunden
7: Verbindung angenommen
18: Verbindung angenommen
16: Verbindung angenommen
18: 2 Sekunden
7: 2 Sekunden
10: Verbindung angenommen
16: 2 Sekunden
10: 2 Sekunden
11: Verbindung angenommen
11: 2 Sekunden
6: Verbindung angenommen
```

Abbildung B.4 Server mit mehreren Threads

Lösung zu 13.3.4: Zufallsverteilung

Das Problem in dieser Übung war natürlich, das zählende Objekt in einem konsistenten Zustand zu halten. Hätten Sie nicht alle 5 Sekunden den Durchschnitt ausgeben müssen, wäre die Lösung dafür gewesen, in jedem Thread die eigenen Daten zu sammeln und sie erst am Ende zusammenzuführen, denn der einfachste Weg, mit geteilten Ressourcen umzugehen, ist, keine zu brauchen. Da Sie diese Möglichkeit aber nicht hatten, mussten Sie einen konsistenten Zustand Ihrer statistischen Werte durch Synchronisation gewährleisten. Das kann dann insgesamt zum Beispiel so aussehen:

```java
public class Zufallsverteilung {
    private int zaehler;
    private long summe;
    private int[] einzelwerte;

    private final IntSupplier zufallszahlen;
    private final AtomicInteger versuche;
    private final int threads;

    public Zufallsverteilung(int hoechstwert, int threads, int versuche) {
        Random rnd = new Random();
        this.zufallszahlen = () -> rnd.nextInt(hoechstwert);
```

```java
            this.versuche = new AtomicInteger(versuche);
            this.threads = threads;
            einzelwerte = new int[hoechstwert];
        }

        public void teste() {
            starteMonitorThread();
            Thread[] alleThreads = starteThreads();
            warteAufAlleThreads(alleThreads);
            druckeErgebnis();
        }

        private Thread[] starteThreads() {
            Thread[] alleThreads = new Thread[threads];
            for (int i = 0; i < threads; i++) {
                alleThreads[i] = new Thread(new Wuerfel());
                alleThreads[i].start();
            }
            return alleThreads;
        }

        private void warteAufAlleThreads(Thread[] alleThreads) {
            for (Thread t : alleThreads) {
                while (t.isAlive()) {
                    try {
                        t.join();
                    } catch (InterruptedException ex) {
                    }
                }
            }
        }

        private void druckeErgebnis() {…}

        private void starteMonitorThread() {
            Thread t = new Thread(() -> {
                while (true) {
                    try {
                        Thread.sleep(5000);
                    } catch (InterruptedException ex) {
                    }
                    synchronized (this) {
                        System.out.println("Durchschnitt nach " +
```

```
                    zaehler + ": " + ((double) summe / zaehler));
            }
        }
    });
    t.setDaemon(true);
    t.start();
}

private synchronized void zahl(int zahl) {
    zaehler++;
    summe += zahl;
    einzelwerte[zahl]++;
}

private final class Wuerfel implements Runnable {
    public void run() {
        while (versuche.decrementAndGet() > 0) {
            zahl(zufallszahlen.getAsInt());
        }
    }
}
}
```

Listing B.86 Zufallszahlen in mehreren Threads

Es werden zwei verschiedene Arten von Threads gestartet: mehrere Würfel und ein Monitor, der regelmäßig den Durchschnitt ausgibt. Dass genau die richtige Anzahl Zahlen erzeugt wird, wird durch einen geteilten Zähler sichergestellt. Jeder Thread läuft, solange dieser Zähler nicht 0 erreicht hat. Da es sich um einen AtomicInteger handelt, ist noch keine externe Synchronisation nötig. Diese erfolgt erst im nächsten Schritt, wenn die synchronisierte (und einfallslos benannte) Methode zahl gerufen wird. Bei einer synchronisierten Methode wird das umgebende Objekt als Monitor verwendet, es können deshalb niemals zwei Threads gleichzeitig eine Zahl hinzufügen. Sowohl die Manipulation des Zählers als auch das Erzeugen der nächsten Zufallszahl passieren aber außerhalb des Locks, die Methode zahl ist der kleinstmögliche synchronisierte Bereich, der die Konsistenz des Objekts noch gewährleistet.

Diese Konsistenz ist wichtig für den Monitor-Thread, denn der verlässt sich darauf, um den Durchschnitt zu berechnen. Der Monitor-Thread wird als Daemon gestartet, denn er soll weiterlaufen, bis die anderen Threads mit ihrer Arbeit fertig sind. In einer Endlosschleife wartet er 5 Sekunden, nimmt dann das Lock auf this, also dasselbe Lock, das auch die synchronisierte Methode benötigt, und berechnet den Durchschnitt, während das Objekt gesperrt ist.

Wie gezeigt können keine Deadlocks auftreten. Es gibt zwar zwei Monitore, einen expliziten auf dem Objekt Zufallsverteilung und einen für Sie unsichtbaren innerhalb des AtomicInteger, aber diese beiden Monitore werden nie gleichzeitig benötigt – einer wird immer freigegeben, bevor der andere genommen wird. Auf diese Art sind Sie völlig sicher gegen Deadlocks.

Der Rest ist einfach: Es werden alle Threads gestartet; der Haupt-Thread wartet, bis alle Würfel-Threads beendet sind, und gibt dann das Ergebnis aus.

Lösung zu 14.3.3: Das Rechen-Servlet implementieren

Wie in der Ausgabe bereits angemerkt, ging es bei dieser Übung eher darum, Sie mit der Servlet-API vertraut zu machen, als darum, ein komplexes Problem zu lösen. Dementsprechend ist auch der Code der Lösung knapp und übersichtlich:

```java
@WebServlet(name = "Rechenservlet", urlPatterns = {"/rechne"})
public class Rechenservlet extends HttpServlet {
    @Override
    public void doGet(HttpServletRequest request, HttpServletResponse response)
            throws ServletException, IOException {
        int zahl1 = 0;
        int zahl2 = 0;
        boolean fehler = false;
        try {
            zahl1 = Integer.parseInt(request.getParameter("zahl1"));
            zahl2 = Integer.parseInt(request.getParameter("zahl2"));
        } catch (Exception ex){
            fehler = true;
        }
        response.setContentType("text/html;charset=UTF-8");
        try (PrintWriter out = response.getWriter()) {
            out.println("<!DOCTYPE html>");
            out.println("<html>");
            out.println("<head>");
            out.println("<title>Ergebnis</title>");
            out.println("</head>");
            out.println("<body>");
            if (fehler){
                out.println(
                    "Eingaben konnten nicht in Zahlen umgewandelt werden!");
            } else {
```

```
                out.println(zahl1 + " + " + zahl2 + " = " + (zahl1 + zahl2));
            }
            out.println("</body>");
            out.println("</html>");
        }
    }
}
```

Listing B.87 Das Rechen-Servlet

Der erste wichtige Punkt ist die Zuordnung des Servlets zu einem URL-Pattern. Das in `@WebServlet` konfigurierte `urlPattern` muss zum `action`-Attribut des HTML-Formulars passen. Wenn Sie also das Formular wie gezeigt übernommen haben, dann muss das Pattern `/rechne` lauten. Haben Sie als `action` etwas anderes angegeben, dann muss der hier eingetragene Wert dazu passen. Wichtig ist, dass Sie als Pattern **nicht** `/*` angeben, denn dann würde es auf alle Aufrufe reagieren, und die Datei *index.html* würde dadurch unzugänglich.

Im Servlet überschreiben Sie die Methode `doGet`. Die überschriebene Methode muss zum `method`-Attribut des Formulars passen, das als `get` vorgegeben war. Für die gestellte Aufgabe ist es korrekt, einen `get`-Request zu verwenden und nicht eine der anderen HTTP-Methoden, denn es werden nur Daten gelesen. Der Request führt nicht dazu, dass sich der Zustand der Anwendung ändert, indem zum Beispiel Daten gespeichert würden. Die übergebenen Parameter werden verwendet, um die Ausgabe zu berechnen, und danach verworfen.

In `doGet` werden die beiden übergebenen Zahlen zunächst als Strings aus dem Request-Objekt gelesen und mit der altbekannten `parseInt`-Methode in Zahlen umgewandelt. Wenn bei dieser Umwandlung ein Fehler auftritt, so wird er gefangen, und in einer booleschen Variablen wird gespeichert, dass es einen Fehler gab. Man könnte denken, dass die Fehlerbehandlung nicht notwendig ist, weil die Eingabefelder nur Zahlen zulassen. Aber bedenken Sie den Kasten »Vertraue niemandem!« in Abschnitt 14.3.3. Vertrauen Sie niemandem. Nicht alle Browser unterstützen Eingabefelder vom Typ `number`, und die, die es nicht tun, stellen es als einfaches Textfeld dar, das jede Eingabe zulässt. Außerdem wäre es ein Leichtes, das Formular zu umgehen und das Servlet mit einer handgeschriebenen URL aufzurufen. Auch in diesem Fall können beliebige Daten in den Parametern stehen. Deshalb hier noch einmal: Vertrauen Sie niemals darauf, dass die übergebenen Parameter korrekt sind.

Der Rest der Methode dient nur der Ausgabe des Ergebnisses. Es wird ein kurzes HTML-Dokument in das Antwortobjekt geschrieben, dessen Inhalt entweder das Ergebnis der Berechnung ist oder eine Fehlermeldung, wenn die Zahlen nicht geparst werden konnten.

Lösung zu 14.4.1: Playlisten anzeigen

Unter Verwendung der `Playlist`-Klasse aus Kapitel 12, »Dateien, Streams und Reader«, war diese Aufgabe schnell und mit wenig Code zu lösen. Ein Servlet liest die `Playlist`-Datei ein, mit der Methode, die `Playlist` schon zur Verfügung stellt, und legt das Resultat in einem Request-Attribut ab. Eine JSP zeigt in einer Schleife alle Einträge der Datei an. Beides ist nicht sehr komplex. Betrachten Sie zunächst das Servlet:

```
@WebServlet(name = "MP3Liste", urlPatterns = {"/"})
public class MP3ListenServlet extends HttpServlet {

    @Override
    protected void doGet(HttpServletRequest request,
      HttpServletResponse response)
            throws ServletException, IOException {
        File listfile = new File("C:\\tmp\\playlist.play");
        if (!listfile.exists() || !listfile.canRead()){
            response.sendError(
              HttpServletResponse.SC_INTERNAL_SERVER_ERROR,
              "Kann Playlist-Datei nicht lesen.");
            return;
        }
        Playlist playlist = Playlist.lese(listfile);
        request.setAttribute("playlist", playlist);
        getServletContext().getRequestDispatcher(
          "/WEB-INF/liste.jsp").forward(request, response);
    }
}
```

Listing B.88 Das Servlet zur Playlistenanzeige

Der Pfad zur Playlistendatei ist noch fest im Code eingetragen. Das ist unschön, und im nächsten Abschnitt des Kapitels werden wir dieses Problem noch lösen, aber für den Moment kennen wir im Servlet keine andere Möglichkeit, woher dieser Pfad kommen sollte. Ihn als Request-Parameter zu übergeben ist, nicht sinnvoll, denn das wäre nicht nur ein Sicherheitsproblem, sondern würde auch voraussetzen, dass der Aufrufer weiß, wo im Dateisystem die Datei zu finden ist – also besser nicht.

Als Nächstes wird geprüft, ob die Datei vorhanden und lesbar ist. Falls sie es nicht ist, wird mit der `sendError`-Methode ein Fehlerstatus zum Aufrufer gesendet. Es handelt sich hierbei um die weiter oben angesprochenen HTTP-Fehlercodes. Für alle Codes gibt es in `HttpServletResponse` Konstanten, hier wird `SC_INTERNAL_SERVER_ERROR` verwendet und ein Status 500 gesendet. Der als zweiter Parameter übergebene Text wird dem Benutzer als Fehlerbeschreibung angezeigt. Nach dem Senden des Fehlercodes wird die Methode mit `return` beendet. Ohne die Datei kann keine weitere Verarbeitung stattfinden, und nachdem ein Fehlercode gesendet wurde, ist auch keine weitere Ausgabe mehr möglich.

Ist die Datei mit der Playliste hingegen vorhanden, wird sie eingelesen, das resultierende `Playlist`-Objekt in ein Request-Attribut gelegt und die JSP */WEB-INF/liste.jsp* zur Anzeige aufgerufen.

JSP-Pfade

Es wird Ihnen aufgefallen sein, dass die JSP in diesem Beispiel, im Gegensatz zu den vorherigen Beispielen in Kapitel 14, »Servlets – Java im Web«, nicht im Wurzelverzeichnis der Applikation liegt, sondern im Verzeichnis *WEB-INF*. Beides ist möglich, der Unterschied ist der, dass JSPs unter *WEB-INF* nicht direkt aufgerufen werden können. JSP und andere Dateien an anderen Speicherorten können direkt aufgerufen werden, indem man ihren Namen anstelle eines Servlet-Patterns in der URL angibt. Der Ordner *WEB-INF* ist vor solchen Zugriffen geschützt, dort gespeicherte JSPs können nur von einem Servlet aus mit `forward` oder `include` verwendet werden.

Auch die JSP enthält keine Hexerei, es wird nur in einer Schleife HTML ausgegeben:

```jsp
<%@page import="java.util.List"%>
<%@page import="de.kaiguenster.javaintro.playlist.Song"%>
<%@page contentType="text/html" pageEncoding="ISO-8859-1"%>
<jsp:useBean id="playlist" scope="request"
            type="de.kaiguenster.javaintro.playlist.Playlist"/>
<!DOCTYPE html>
<html>
    <head>
        <meta http-equiv="Content-Type" content="text/html; charset=UTF-8">
        <title>Meine Musik</title>
    </head>
    <body>
        <h1>Meine Musik</h1>
        <ul>
            <%
                List<Song> songs = playlist.getSongs();
                for (Song song : songs){
            %>
                <li><%=song.getTitel()%></li>
            <%}%>
        </ul>
```

```
        </body>
</html>
```

Listing B.89 Die JSP zur Playlistenanzeige

Das Drumherum enthält nichts Neues, die `Playlist` wird mit einem `useBean`-Tag aus dem Request geholt, dann wird eine HTML-Seite mit dem üblichen Rahmen aus `<html>`, `<head>` und `<body>` ausgegeben. Dies ist zwar das erste Mal, dass in einer JSP eine Schleife zum Einsatz kommt, aber mit den bekannten Regeln, wie Java-Code und HTML in einer JSP interagieren, ist offensichtlich, was passiert: Für jeden Song wird ein `<li>`-Tag mit dem Titel des Songs ausgegeben. Und schon ist alles fertig.

Lösung zu 14.4.2: Musik abspielen

MP3-Dateien selbst abzuspielen – andere Musikformate ebenso –, ist kein einfaches Unterfangen. Zum Glück müssen wir das aber nicht tun, sondern nur die richtige Datei an den Browser ausliefern. Es sei an dieser Stelle gewarnt, dass nicht alle Browser MP3s abspielen können. Chrome, Safari 3.1+ und Internet Explorer 9+ können das auf allen Systemen, für die sie verfügbar sind, Firefox kann es unter Windows Vista oder höher sowie unter Linux, nicht aber unter Windows XP oder Mac OS. Wenn Sie also den Eindruck haben, Ihre Datei werde zwar geladen, aber nicht abgespielt, dann probieren Sie es zuerst mit einem anderen Browser.

Als Erstes müssen Sie die Liste aus der vorherigen Übung so erweitern, dass der Benutzer eine Datei durch Klick auswählen kann. Mit dem in der Übung beschriebenen `<a>`-Tag kein großer Umbau:

```
<ul>
    <%
        List<Song> songs = playlist.getSongs();
        for (int i = 0; i < songs.size(); i++){
            Song song = songs.get(i);
    %>
        <li><a href="play/<%=i%>"><%=song.getTitel()%></a></li>
    <%}%>
</ul>
```

Listing B.90 Die geänderte MP3-Liste

Nur der Inhalt der Liste hat sich gegenüber der vorherigen Übung geändert. Anstelle einer `for-each`-Schleife wird jetzt eine herkömmliche `for`-Schleife benutzt. Das ist notwendig, weil der Index des Eintrags in der Playliste an das `href`-Attribut des hinzugekommenen <a>-Tags gehängt wird. So werden Links auf das PlayServlet erzeugt, die das Format */play/37* haben.

Damit ist das in der Aufgabe angesprochene Sicherheitsproblem gelöst, denn wenn kein Dateipfad übergeben wird, dann kann Ihnen auch niemand einen manipulierten Pfad unterjubeln. Die schlimmste Manipulation, die so möglich wäre, wäre die Angabe eines Index, der außerhalb der Liste liegt. Das ist im PlayServlet leicht abzufangen; und auch wenn Sie den Index vor Zugriff nicht prüfen, kann es nur zu einer IndexOutOfBoundsException kommen, keinesfalls zu unbefugten Zugriffen auf Ihre Daten.

Jetzt müssen Sie im Servlet mit dieser URL umgehen können. Das PlayServlet enthält dazu nur bereits bekannte Bestandteile:

```
@WebServlet(name = "PlayServlet", urlPatterns = {"/play/*"})
public class PlayServlet extends HttpServlet {

    @Override
    protected void doGet(HttpServletRequest req,
     HttpServletResponse resp) throws ServletException, IOException {

        int index = Integer.parseInt(req.getPathInfo().substring(1));
        File listfile = new File("C:\\tmp\\playlist.play");
        if (!listfile.exists() || !listfile.canRead()){
            resp.sendError(
              HttpServletResponse.SC_INTERNAL_SERVER_ERROR,
              "Kann Playlist-Datei nicht lesen.");
        }
        Playlist playlist = Playlist.lese(listfile);
        File musikdatei = new File(playlist.getSongs().get(index).getPfad());
        if (!musikdatei.exists() || !musikdatei.canRead()){
            resp.sendError(
              HttpServletResponse.SC_INTERNAL_SERVER_ERROR,
              "Kann Musikdatei nicht lesen.");
        }
        resp.setContentType("audio/mp3");
        try (BufferedInputStream in = new BufferedInputStream(
         new FileInputStream(musikdatei))){
            byte[] buffer = new byte[1024];
            int read = 0;
            while ((read = in.read(buffer)) >= 0){
                resp.getOutputStream().write(buffer, 0, read);
            }
```

            }
        }
}

Listing B.91 Das »PlayServlet«

Als Allererstes wird der Index der gesuchten Datei aus der Request-URL extrahiert: `req.getPathInfo()` liefert einen String wie */45*, `substring(1)` schneidet den führenden Slash davon ab, und `Integer.parseInt` wandelt das Resultat in eine Zahl um. Eine Prüfung, ob überhaupt eine gültige Zahl übergeben wurde, wäre noch wünschenswert und fehlt hier nur aus Platzgründen.

Dann wird die Playlistendatei eingelesen, der Eintrag am übergebenen Index nachgeschlagen und geprüft, ob diese Datei ebenfalls existiert und lesbar ist. Sind diese Voraussetzungen erfüllt, wird der Content-Type gesendet, denn nur dadurch weiß der Browser, dass die folgenden Daten Musik im MP3-Format sind. Dann wird die Datei geöffnet und, genau wie in Kapitel 12, »Dateien, Streams und Reader«, gelernt, Stück für Stück gelesen und in den `OutputStream` der `HttpServletResponse` geschrieben. Der Rest ist Sache des Browsers, er empfängt die Audiodaten und spielt sie ab.

Verbesserungsfähig ist noch die Handhabung der Playliste. Würde sie sich zwischen den Aufrufen der Liste und dem `play`-Aufruf ändern, würde ein falsches Musikstück abgespielt. Um das zu verhindern und um die Datei nur einmal lesen zu müssen und nicht bei jedem Request teure I/O-Operationen ausführen zu müssen, wäre es wünschenswert, dass die Playliste nur einmal gelesen und dann im Speicher gehalten wird. Sie kennen aber im Servlet noch keine geeignete Stelle, um sie zu speichern. Eine Möglichkeit dafür werden Sie auf den nächsten Seiten des Kapitels kennenlernen.

Lösung zu 14.5.2: Daten in der Session speichern

Die Erweiterung benötigt erstaunlich wenig Code, ein paar Zeilen reichen völlig aus. Als Erstes erhalten die beiden Servlets der Anwendung eine gemeinsame Oberklasse. Dort wird die Methode angesiedelt, die den Zähler aus der Session holt, denn sonst müssten Sie beide Servlets implementieren:

```java
public abstract class MusikServlet extends HttpServlet {

    protected static final String SESSION_SONGZAEHLER = "songzaehler";

    protected Map<Song, Integer> getZaehlerMap(HttpServletRequest req) {
        Map<Song, Integer> zaehler =
```

```
            (Map<Song, Integer>) req.getSession().getAttribute(
            SESSION_SONGZAEHLER);
        if (zaehler == null) {
            zaehler = new HashMap<>();
            req.getSession().setAttribute(SESSION_SONGZAEHLER, zaehler);
        }
        return zaehler;
    }
}
```

Listing B.92 Die neue Oberklasse »MusikServlet«

Der Zähler ist nichts weiter als eine `Map<Song, Integer>`. Die Methode, die sie aus der Session holt, tut etwas mehr als ein üblicher Getter: Wenn die `Map` noch nicht existiert, wird sie angelegt und in der Session gespeichert. Der Aufrufer der Methode muss sich so nicht darum kümmern, ob die `Map` schon existiert oder nicht, er bekommt in jedem Fall ein Ergebnis zurück.

Das Zählen, wie häufig ein Song bereits abgespielt wurde, geschieht im `PlayServlet`: nachdem ein Song aus der Liste geholt wurde, bevor die Binärdaten zum Browser gestreamt werden.

```
@WebServlet(name = "PlayServlet", urlPatterns = {"/play/*"})
public class PlayServlet extends MusikServlet {

    @Override
    protected void doGet(HttpServletRequest req, HttpServletResponse resp)
            throws ServletException, IOException {
        …
        zaehleSong(song, req);
        resp.setContentType("audio/mp3");
        …
    }

    protected void zaehleSong(Song s, HttpServletRequest req){
        Map<Song, Integer> zaehler = getZaehlerMap(req);
        zaehler.put(s, zaehler.getOrDefault(s, 0) + 1);
    }
}
```

Listing B.93 Abgespielte Songs zählen

Die Methode `zaehleSong` hat nur zwei Zeilen: Die erste benutzt die Methode der Oberklasse, um die `zaehler`-Map aus der Session zu holen, die zweite erhöht den Zähler. Die

Map-Methode `getOrDefault` vermeidet ein `if`-Konstrukt, das prüft, ob es schon einen Wert für den übergebenen Song gibt. Falls es keinen gibt, beginnt die Zählung mit dem Default-Wert 0.

Die Anzeige der meistgespielten Songs besteht aus zwei Teilen: Zuerst müssen die zehn Top-Songs in der Zähler-`Map` gefunden werden. Das wird im `MP3ListenServlet` erledigt:

```
request.setAttribute("topsongs", getZaehlerMap(request).entrySet().stream()
        .sorted((e1, e2) -> e2.getValue() - e1.getValue())
        .limit(10)
        .collect(Collectors.toList()));
```

Listing B.94 Die zehn meistgespielten Songs herausfiltern

So entsteht eine Liste von `Map.Entry`-Objekten mit den meistgespielten zehn Einträgen, die unter der ID `topsongs` im Request abgelegt wird. Die JSP zeigt diese Liste an:

```
<h1>Top Songs</h1>
<ul>
    <%
        for (Map.Entry<Song, Integer> entry : topsongs){
    %>
    <li><%=entry.getKey().getTitel()%> (<%=entry.getValue()%>)</li>
    <%}%>
</ul>
```

Listing B.95 Die meistgespielten Songs anzeigen

Lösung zu 14.6.2: Die Playliste nur einmal laden

Für diese Aufgabe mussten Sie zuerst entscheiden, in welchem Scope die Playliste liegen soll. Da sie für alle Benutzer gleich ist und nur genau einmal, beim Start der Anwendung, geladen werden soll, ist der Application Scope der richtige. Zum Laden der Playliste implementieren Sie also einen `ServletContextListener`:

```
@WebListener
public class PlaylistLader implements ServletContextListener{

    public static final String PLAYLIST = "playlist";

    @Override
    public void contextInitialized(ServletContextEvent sce) {
        File listfile = new File("C:\\tmp\\playlist.play");
```

```
            Playlist playlist = null;
            if (listfile.exists() && listfile.canRead()) {
                try {
                    playlist = Playlist.lese(listfile);
                } catch (IOException ex) {
                    ex.printStackTrace();
                }
            }
            if (playlist == null){
                playlist = new Playlist();
            }
            sce.getServletContext().setAttribute(PLAYLIST, playlist);
    }

    @Override
    public void contextDestroyed(ServletContextEvent sce) {
    }
}
```

Listing B.96 Die Playliste beim Start der Anwendung laden

Der Code zum Laden hat sich nicht nennenswert verändert, nur die Fehlerbehandlung ist eine andere. Ideal wäre es, den Start der Anwendung zu verhindern, wenn die Playliste nicht geladen werden kann. Das ist aber leider nicht möglich. Um nicht bei jedem Zugriff auf die Liste prüfen zu müssen, ob sie erfolgreich geladen werden konnte, wird eine leere Playliste im Application Context abgelegt. So kommt es später nicht zur NullPointerException.

Die Änderungen an den vorhandenen Servlets sind minimal. Das MP3ListenServlet hat nichts anderes getan, als die Playliste für die JSP vorzubereiten. Das entfällt jetzt, es wird nur noch auf die JSP weitergeleitet. Im PlayServlet wird das Laden der Playliste durch einen Zugriff auf den Application Context ersetzt.

Lösung zu 15.3.2: Personen speichern

Die Lösung setzte einiges Wissen aus Kapitel 14, »Servlets – Java im Web«, voraus, war aber damit schnell zu lösen. Betrachten Sie zunächst das Formular in der JSP:

```
<%@page contentType="text/html" pageEncoding="UTF-8"%>
<!DOCTYPE html>
<html>
    <head>
        <meta http-equiv="Content-Type" content="text/html; charset=UTF-8">
```

```
            <title>Neue Person</title>
        </head>
        <body>
            <h1>Neue Person</h1>
            <form method="post" action="person">
                Titel: <input type="text" name="titel"/><br/>
                Vorname: <input type="text" name="vorname"/><br/>
                Nachname: <input type="text" name="nachname"/><br/>
                <button type="submit">Speichern</button>
            </form>
        </body>
</html>
```

Listing B.97 Das Formular in der JSP

Hier gibt es nichts wirklich Neues zu sehen. Die Felder des Formulars haben allesamt den Typ text, denn sie können beliebigen Text enthalten. Das Formular wird mit der Methode post an das PersonServlet gesendet. Alles Interessante passiert dort:

```
@WebServlet(name = "PersonServlet", urlPatterns = {"/person"})
public class PersonServlet extends HttpServlet {
    @Override
    protected void doGet(HttpServletRequest request,
      HttpServletResponse response)
            throws ServletException, IOException {
        getServletContext().getRequestDispatcher(
          "/WEB-INF/person.jsp").forward(request, response);
    }

    @Override
    protected void doPost(HttpServletRequest request,
      HttpServletResponse response)
            throws ServletException, IOException {
        EntityManager manager = createEntityManager();
        Person p = new Person();
        p.setTitel((String) request.getParameter("titel"));
        p.setVorname((String) request.getParameter("vorname"));
        p.setNachname((String) request.getParameter("nachname"));
        try {
            manager.getTransaction().begin();
            manager.merge(p);
            manager.getTransaction().commit();
        } catch (Exception e){
```

```
            manager.getTransaction().rollback();
        }
        getServletContext().getRequestDispatcher(
          "/WEB-INF/person.jsp").forward(request, response);
    }

    private EntityManager createEntityManager() {
        EntityManagerFactory emf =
          (EntityManagerFactory) getServletContext().getAttribute(JPAListener.KEY);
        return emf.createEntityManager();
    }
}
```

Listing B.98 Entitäten speichern im Servlet

Alles Wichtige passiert in doPost: Es wird eine neue Instanz von Person erzeugt, ihre Felder werden aus den Request-Parametern gefüllt, und sie wird, genau nach dem eben beschriebenen Muster, in der Datenbank gespeichert.

Lösung zu 15.4.2: Personen auflisten

Die Aufgabenstellung verschwieg dieses Mal, welcher Request-Typ zu verwenden war. Das war die erste Entscheidung, die Sie zur Lösung treffen mussten. Wenn Sie sich an die Faustregel erinnern, wann ein Request mit GET und wann mit POST getätigt werden sollte, dann ist ein POST-Request immer dann angebracht, wenn dadurch der Zustand des Servers verändert wird, zum Beispiel indem Daten gespeichert werden. Hier wird der übergebene Parameter nur zur Suche verwendet, der Request sollte daher mit GET ausgeführt werden. Das Servlet sieht dann so aus:

```
@WebServlet(name = "PersonenServlet", urlPatterns = {"/personen"})
public class PersonenServlet extends HttpServlet {

    @Override
    protected void doGet(HttpServletRequest request,
      HttpServletResponse response)
            throws ServletException, IOException {
        EntityManager manager = createEntityManager();
        Query q;
        final String queryString = request.getParameter("query");
        if (queryString != null){
            q = manager.createQuery("SELECT p FROM Person p "
                            + "WHERE LOWER(p.vorname) LIKE :name "
```

```
                                    + "OR LOWER(p.nachname) LIKE :name");
            q.setParameter("name", queryString.toLowerCase() + "%");
            request.setAttribute("query", queryString);
        } else {
            q = manager.createQuery("SELECT p FROM Person p", Person.class);
            request.setAttribute("query", "");
        }
        List<Person> personen = q.getResultList();
        request.setAttribute("personen", personen);
        getServletContext().getRequestDispatcher(
          "/WEB-INF/personen.jsp").forward(request, response);

    }
    ...
}
```

Listing B.99 Die Klasse »PersonenServlet«

Es wird im Request nach dem Parameter gesucht. Ist er vorhanden, wird eine Query mit einer WHERE-Klausel erzeugt, wie oben beschrieben. Wenn Sie die LOWER-Funktion verwenden, denken Sie daran, den übergebenen Parameter ebenfalls in Kleinbuchstaben umzusetzen. Vergessen Sie auch nicht das Prozentzeichen für die LIKE-Suche. Ist der Parameter nicht vorhanden, wird die Query ohne Bedingungen gebaut. Sie hat in beiden Fällen denselben Ergebnistyp, deswegen wird die erzeugte Query, egal welche, ausgeführt und ihr Ergebnis im Request abgelegt. Von dort wird es auf der JSP angezeigt:

```
<%@page import="de.kaiguenster.javaintro.jpa.persistence.Person"%>
<%@page contentType="text/html" pageEncoding="UTF-8"%>
<jsp:useBean id="personen" scope="request" type=
"java.util.List<de.kaiguenster.javaintro.jpa.persistence.Person>"/>
<jsp:useBean id="query" scope="request" type="java.lang.String"/>
<!DOCTYPE html>
<html>
    <head>
        <meta http-equiv="Content-Type" content="text/html; charset=UTF-8">
        <title>Kontakte</title>
    </head>
    <body>
        <h1>Ihre Kontakte</h1>
        <form action="personen" method="get">
            <input type="text" name="query" value="<%=query%>">
```

```
            <button type="submit">Suche</button>
        </form>
        <ul>
            <%for (Person p : personen){%>
            <li>
                <%=p.getVorname()%> <%=p.getNachname()%>
            </li>
            <%}%>
        </ul>
    </body>
</html>
```

Listing B.100 Die JSP mit der Personenliste

Das Suchformular enthält nur ein Eingabefeld, in dem die Suchanfrage eingegeben wird. Das `value`-Attribut gibt einen Wert an, mit dem das Feld vorbelegt sein soll. So können Sie den Suchparameter wieder anzeigen und damit dem Benutzer klarmachen, was gerade angezeigt wird. Dazu muss der Wert natürlich im Servlet in den Request geschrieben werden.

Wie die Ergebnisliste ausgegeben wird, ist dagegen ein alter Hut, in einer Schleife gehen Sie über alle Ergebnisse und zeigen jedes in einem Listenelement an.

Lösung zu 15.4.4: Personen bearbeiten

An der Personenliste waren nur kleine Änderungen vorzunehmen. Es musste ein neuer Link eingefügt werden, und die Listeneinträge müssen jeweils mit einem Link versehen werden:

```
<a href="person">Neuer Kontakt</a>
<ul>
    <%for (Person p : personen){%>
    <li>
        <a href="person?id=<%=p.getId()%>">
          <%=p.getVorname()%> <%=p.getNachname()%></a>
    </li>
    <%}%>
</ul>
```

Listing B.101 Anpassungen an der Personenliste

An die Zieladresse für die Bearbeiten-Links in der Liste wird ein Parameter gehängt. Dazu folgen wir einfach selbst der URL-Syntax für Parameter: Ein Fragezeichen leitet die Parameter ein, jeder Parameter ist ein Schlüssel-Wert-Paar. Weitere Parameter könnten Sie mit einem & anhängen, wenn sie nötig wären.

Die Hauptarbeit war im `PersonServlet` zu erledigen. Sowohl bei der Anzeige als auch beim Speichern gilt es nun, zwei Fälle zu berücksichtigen: ein neues Objekt anzulegen oder ein bestehendes Objekt zu bearbeiten. Für die Anzeige sieht das so aus:

```java
@Override
protected void doGet(HttpServletRequest request, HttpServletResponse response)
        throws ServletException, IOException {
    String id = request.getParameter("id");
    Person p = null;
    if (id != null){
        EntityManager manager = createEntityManager();
        p = manager.find(Person.class, Long.parseLong(id));
    }
    request.setAttribute("person", p);
    getServletContext().getRequestDispatcher(
      "/WEB-INF/person.jsp").forward(request, response);
}
```

Listing B.102 Die Anzeigelogik in »PersonServlet«

Es wird jetzt, falls eine ID übergeben wurde, das entsprechende Objekt aus der Datenbank geladen. Dann wird wie gehabt zu *person.jsp* weitergeleitet.

```jsp
<%@page import="de.kaiguenster.javaintro.jpa.persistence.Person"%>
<%@page contentType="text/html" pageEncoding="UTF-8"%>
<jsp:useBean id="person" scope="request" class=
"de.kaiguenster.javaintro.jpa.persistence.Person"/>
<!DOCTYPE html>
<%
    String titel;
    if (person.getId() != null){
        titel = person.getVorname() + " " + person.getNachname();
    } else {
        titel = "Neuer Kontakt";
    }
%>
<html>
    <head>
        <meta http-equiv="Content-Type" content="text/html; charset=UTF-8">
        <title><%=titel%></title>
    </head>
```

Lösung zu 15.4.4: Personen bearbeiten

```
    <body>
        <h1><%=titel%></h1>
        <form method="post" action="person">
            <%if (person.getId() != null){%>
                <input type="hidden" name="id" value="<%=person.getId()%>"/>
            <%}%>
            Titel: <input type="text" name="titel"
             value="<%=person.getTitel()%>"/><br/>
            Vorname: <input type="text" name="vorname"
             value="<%=person.getVorname()%>"/><br/>
            Nachname: <input type="text" name="nachname"
             value="<%=person.getNachname()%>"/><br/>
            <button type="submit">Speichern</button>
        </form>
    </body>
</html>
```

Listing B.103 Das Bearbeiten-Formular

Eine subtile, aber wichtige Änderung gleich am Anfang der Seite: Das useBean-Tag verwendet statt des Attributs type nun das Attribut class. Sie unterscheiden sich dadurch, dass ein Bean mit dem class-Attribut erzeugt wird, wenn es im angegebenen Scope nicht vorhanden ist. Wenn also keine Person geladen wurde, dann wird für den Rest der Seite eine frische Instanz erzeugt. So müssen Sie nicht bei jedem Zugriff prüfen, ob person null ist oder nicht, sondern können sich darauf verlassen, dass immer ein Objekt vorhanden ist.

Das Scriptlet am Anfang der Seite berechnet den Seitentitel: entweder den Namen der Person oder den Text »Neuer Kontakt«. Weiterhin wichtig ist das versteckte Eingabefeld mit der ID. Dieses Feld wird überhaupt nur angelegt, wenn die angezeigte Person schon eine ID hat, sonst gibt es das Feld nicht. Der Wert aller Felder wird gesetzt, indem er im value-Attribut angegeben wird. Jetzt muss nur noch in doPost unterschieden werden, ob es sich um einen neuen oder einen bestehenden Datensatz handelt. Dies kann danach unterschieden werden, ob eine ID übergeben wurde oder nicht.

```
@Override
protected void doPost(HttpServletRequest request, HttpServletResponse response)
        throws ServletException, IOException {
    EntityManager manager = createEntityManager();
    Person p = new Person();
    String id = request.getParameter("id");
```

```
        if (id != null)
            p.setId(Long.parseLong(id));
        p.setTitel(request.getParameter("titel"));
        p.setVorname(request.getParameter("vorname"));
        p.setNachname(request.getParameter("nachname"));
        try {
            manager.getTransaction().begin();
            if (id == null){
                manager.persist(p);
            } else {
                manager.merge(p);
            }
            manager.getTransaction().commit();
        } catch (Exception e){
            manager.getTransaction().rollback();
            request.setAttribute("error", e);
        }
        response.sendRedirect("personen");
    }
```

Listing B.104 Eine Person speichern

Die einzige Änderung ist hier, dass jetzt eine ID in das zu schreibende Person-Objekt gesetzt wird, wenn sie im Request vorhanden ist. Die ID reicht für die JPA aus, um zu erkennen, dass ein bestehender Eintrag aktualisiert werden soll.

Am Ende der Methode wird nicht mit einem RequestDispatcher an die Personenliste zurückverwiesen, sondern mit der sendRedirect-Methode der HttpServletResponse. Das ist in diesem Fall notwendig, weil wir uns gerade in einem POST-Request befinden, das PersonenServlet aber nur GET-Requests verarbeiten kann. Durch sendRedirect wird der Browser des Benutzers angewiesen, die angegebene Adresse in einem neuen GET-Request zu laden.

Lösung zu 15.6.2: Kontakte mit Adressen

Die neue Entität Adresse ist sehr einfach, sie enthält ihre vier Felder und die ID:

```
@Entity
public class Adresse {
    @Id
    @GeneratedValue(strategy = GenerationType.AUTO)
```

```
    private Long id;
    private String strasse = "";
    @Column(length = 5)
    private String hausnummer = "";
    @Column(length = 5)
    private String plz = "";
    private String ort = "";
    ...
}
```

Listing B.105 Die neue Entität »Adresse«

Die einzige Neuerung ist, dass zwei der Felder eine Längenbeschränkung haben. Das Attribut `length` setzt für einen String, wie viele Zeichen die Datenbankspalte maximal aufnehmen kann. Dadurch wird in der Datenbank Platz gespart, und für deutsche Adressen sind jeweils fünf Zeichen ausreichend für Hausnummer und Postleitzahl. Auch diese Einschränkung wird im Programm nicht automatisch geprüft, Sie können eine längere Postleitzahl angeben, und es kommt erst beim Schreiben in die Datenbank zu einem Fehler. Die neue Entität muss in der Persistence Unit hinzugefügt werden:

```
<persistence …>
  <persistence-unit name="Adressbuch" transaction-type="RESOURCE_LOCAL">
   <provider>org.eclipse.persistence.jpa.PersistenceProvider</provider>
    <class>de.kaiguenster.javaintro.jpa.persistence.Person</class>
    <class>de.kaiguenster.javaintro.jpa.persistence.Adresse</class>
...
</persistence>
```

Listing B.106 Die neue Entität in der Persistence Unit

In `Person` muss nun ein Adressfeld hinzugefügt werden:

```
@OneToOne(cascade = CascadeType.ALL, orphanRemoval = true)
private Adresse adresse = new Adresse();
```

Die Adresse wird als Bestandteil der Person behandelt, jede Operation auf der Person wirkt sich auch auf die Adresse auf. Die Adresse muss nun noch mit der Person zusammen bearbeitet werden können. In der JSP werden dafür neue Felder angelegt, die sich nur in Namen und Wert von den bereits vorhandenen unterscheiden:

```
Strasse: <input type="text" name="strasse"
value="<%=person.getAdresse().getStrasse()%>"/>
```

```
Nr: <input type="text" name="hausnr" length="5"
value="<%=person.getAdresse().getHausnummer()%>"/><br/>
PLZ: <input type="text" name="plz" length="5"
value="<%=person.getAdresse().getPlz()%>"/>
Ort: <input type="text" name="ort"
value="<%=person.getAdresse().getOrt()%>"/><br/>
```

Listing B.107 Neue Eingabefelder

Mit den Werten dieser Felder gehen Sie im Servlet ebenso um wie mit den bereits vorhandenen und übertragen sie in das Adressobjekt:

```
p.getAdresse().setStrasse(request.getParameter("strasse"));
p.getAdresse().setHausnummer(request.getParameter("hausnr"));
p.getAdresse().setPlz(request.getParameter("plz"));
p.getAdresse().setOrt(request.getParameter("ort"));
```

Listing B.108 Die Felder des Adressobjekts setzen

Am Speichervorgang selbst sind keine Anpassungen notwendig. Dadurch, dass alle Operationen von Person zu Adresse kaskadieren, wird das Adressobjekt automatisch in die Datenbank geschrieben, wenn Sie die Person speichern.

Lösung zu 16.12.1: Eine kleine To-do-Anwendung

Das zu erstellende Formular besteht aus fünf Komponenten: ein Textfeld für die Eingabe der Aufgabenbeschreibung (Klasse TextField), ein Feld zur Auswahl des Datums, bis zu dem die Aufgabe durchgeführt sein soll (Klasse DatePicker), jeweils ein Label für jedes der beiden Eingabefelder (Klasse Label) sowie eine Schaltfläche für das Speichern der Aufgabe (Klasse Button).

Zur horizontalen Anordnung der Formularkomponenten eignet sich die Layoutklasse HBox, Über die Methode hbox.getChildren().addAll() lassen sich dabei relativ einfach alle zuvor erstellten Objektinstanzen in einem Aufwasch hinzufügen.

Die Realisierung der Tabelle wiederum geschieht über die Klasse TableView, wobei zwei Spalten definiert werden: eine für die Anzeige der Aufgabenbeschreibung und eine für die Anzeige des Datums.

Die Tabelle und die in der HBox angeordneten Formularelemente werden anschließend in einer VBox vertikal untereinander angeordnet und diese wiederum dem Scene-Objekt als Wurzelkomponente übergeben. Fertig ist das Layout (siehe Abbildung B.5).

Abbildung B.5 Das fertige Layout

```
package de.philipackermann.java.javafx.uebung001;

import javafx.application.Application;
import javafx.geometry.Insets;
import javafx.scene.Scene;
import javafx.scene.control.Button;
import javafx.scene.control.DatePicker;
import javafx.scene.control.Label;
import javafx.scene.control.TableColumn;
import javafx.scene.control.TableView;
import javafx.scene.control.TextField;
import javafx.scene.layout.BorderPane;
import javafx.scene.layout.HBox;
import javafx.scene.layout.VBox;
import javafx.stage.Stage;

public class TodoApplication extends Application {

  public static void main(String[] args) {
    launch(args);
  }

  @Override
  public void start(Stage stage) throws Exception {
    // Initialisierung des Formulars zum Anlegen von Aufgaben
    HBox hbox = new HBox();
```

```
        hbox.setPadding(new Insets(15, 15, 15, 15));
        hbox.setSpacing(15);
        final TextField textFieldDescription = new TextField();
        Label labelDescription = new Label("Aufgabe: ");
        final DatePicker datePickerUntil = new DatePicker();
        Label labelUntil = new Label("Erledigen bis: ");
        Button button = new Button("Hinzufügen");
        hbox.getChildren().addAll(
        labelDescription,
        textFieldDescription,
        labelUntil,
        datePickerUntil,
        button);

        // Initialisierung der Tabelle zum Auflisten der Aufgaben
        final TableView table = new TableView();
        TableColumn columnDescription = new TableColumn("Aufgabe");
        columnDescription.setMinWidth(300);
        TableColumn columnUntil = new TableColumn("Erledigen bis");
        columnUntil.setMinWidth(300);
        table.getColumns().addAll(columnDescription, columnUntil);

        VBox vbox = new VBox();
        vbox.getChildren().addAll(
          hbox,
          table
        );

        // Initialisierung der Scene
        Scene scene = new Scene(vbox, 900, 500);
        stage.setScene(scene);
        stage.show();
    }
}
```

Listing B.109 Eine kleine To-do-Anwendung, Teil 1

Lösung zu 16.12.2: Logik für die To-do-Anwendung

Das Objektmodell für die Aufgabenverwaltung ist relativ einfach. Benötigt wird lediglich eine Klasse (Todo) mit zwei Eigenschaften: eine, die die Aufgabenbeschreibung enthält, sowie eine, die das Datum enthält (siehe Listing B.110). In der Anwendungsklasse (TodoApplication, siehe Listing B.111) sind zudem einige Anpassungen notwendig: Die einzelnen Todo-Instanzen werden in einer ObservableList gespeichert und über table.setItems() der Tabelle als Datenmodell hinterlegt.

Werden nun einzelne Objektinstanzen der ObservableList hinzugefügt, tauchen sie automatisch in der Tabelle auf. Damit hierbei in den Spalten bzw. Zellen sinnvolle Werte angezeigt werden, wird zudem über die Aufrufe columnDescription.setCellValueFactory(); bzw. columnUntil.setCellValueFactory(); eine entsprechende Verknüpfung definiert.

Über die Methode addEventHandler() fügen wir der Schaltfläche zudem einen Event-Handler hinzu, der aufgerufen wird, wenn die Schaltfläche geklickt wurde. Innerhalb des Event-Handlers brauchen wir nun nur noch eine Objektinstanz von Todo zu erstellen und der ObservableList hinzuzufügen. Fertig ist die Mini-Anwendung (siehe Abbildung B.6).

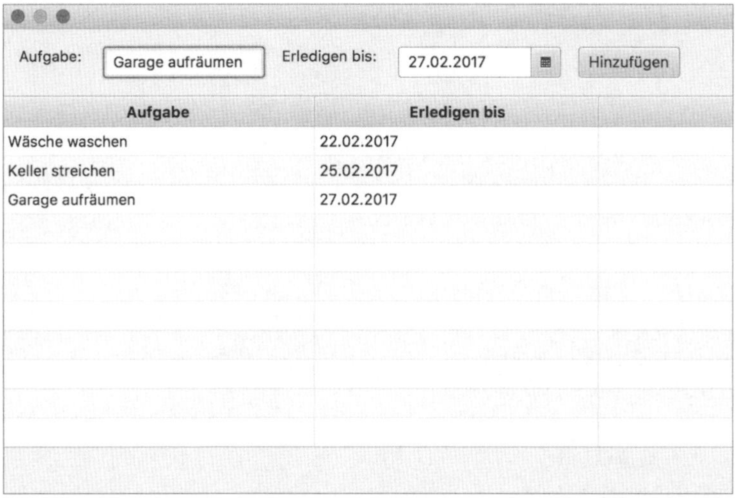

Abbildung B.6 To-do-Anwendung mit implementierter Anwendungslogik

```java
package de.philipackermann.java.javafx.uebung002;

public class Todo {
  private String description;
  private String until;

  public Todo() {
  }

  public Todo(String description, String until) {
    this.description = description;
```

```
    this.until = until;
  }

  public String getDescription() {
    return this.description;
  }

  public void setDescription(String description) {
    this.description = description;
  }

  public String getUntil() {
    return this.until;
  }
  public void setUntil(String until) {
    this.until = until;
  }
}
```

Listing B.110 Objektmodell für die To-do-Anwendung

```
package de.philipackermann.java.javafx.uebung002;

import java.time.format.DateTimeFormatter;

import javafx.application.Application;
import javafx.collections.FXCollections;
import javafx.collections.ObservableList;
import javafx.event.ActionEvent;
import javafx.event.EventHandler;
import javafx.geometry.Insets;
import javafx.scene.Scene;
import javafx.scene.control.*;
import javafx.scene.control.cell.PropertyValueFactory;
import javafx.scene.layout.*;
import javafx.stage.Stage;

public class TodoApplication extends Application {

  private ObservableList<Todo> todos = FXCollections.observableArrayList();

  public static void main(String[] args) {
```

Lösung zu 16.12.2: Logik für die To-do-Anwendung

```java
    launch(args);
  }

  @Override
  public void start(Stage stage) throws Exception {

    // Initialisierung des Formulars zum Anlegen von Aufgaben
    HBox hbox = new HBox();
    hbox.setPadding(new Insets(15, 15, 15, 15));
    hbox.setSpacing(15);
    final TextField textFieldDescription = new TextField();
    Label labelDescription = new Label("Aufgabe: ");
    final DatePicker datePickerUntil = new DatePicker();
    Label labelUntil = new Label("Erledigen bis: ");
    Button button = new Button("Hinzufügen");
    hbox.getChildren().addAll(
      labelDescription,
      textFieldDescription,
      labelUntil,
      datePickerUntil,
      button);

    // Initialisierung der Tabelle zum Aufliste der Aufgaben
    final TableView<Todo> table = new TableView();
    TableColumn columnDescription = new TableColumn("Aufgabe");
    columnDescription.setMinWidth(300);
    columnDescription.setCellValueFactory(new PropertyValueFactory<Todo,
    String>("description"));
    TableColumn columnUntil = new TableColumn("Erledigen bis");
    columnUntil.setMinWidth(300);
    columnUntil.setCellValueFactory(new PropertyValueFactory<Todo,
    String>("until"));
    table.getColumns().addAll(columnDescription, columnUntil);
    table.setItems(this.getTodos());

    // Registrieren der Listener
    final DateTimeFormatter formatter = DateTimeFormatter.ofPattern(
    "dd.MM.yyyy");
    button.addEventHandler(ActionEvent.ACTION,
      new EventHandler<ActionEvent>() {
    @Override
      public void handle(ActionEvent actionEvent) {
```

```java
      Todo todo = new Todo();
      todo.setDescription(textFieldDescription.getText());
      todo.setUntil(datePickerUntil.getValue().format(formatter));
      table.getItems().add(todo);
    }
   }
  );

  VBox vbox = new VBox();
  vbox.getChildren().addAll(
    hbox,
    table
  );

  // Initialisierung der Scene
  Scene scene = new Scene(vbox, 900, 500);
  stage.setScene(scene);
  stage.show();
 }

 public ObservableList<Todo> getTodos() {
   return this.todos;
 }
}
```

Listing B.111 Logik für die To-do-Anwendung

Lösung zu 17.2.4: Ein ganz einfacher Rechner

Aus algorithmischer Sicht ist diese Aufgabe schon fast eine Beleidigung für Sie. Schließlich haben Sie so viel mehr gelernt als einfache Addition. Aber um den Algorithmus ging es ja auch nicht, sondern darum, eine einfache Android-Anwendung zu bauen.

Wenn Sie das neue Projekt so angelegt haben wie auch das Beispielprojekt, dann hat Android Studio schon eine Activity und ein dazugehöriges Layout für Sie generiert. Für die Benutzeroberfläche ordnen Sie nur die Komponenten im Design-Editor an. Um die Lösung kurz und einfach zu halten, sind im Beispiel alle Widgets untereinander angeordnet. Da könnte man wesentlich mehr machen, aber seien wir ehrlich, in den Google Store packen wir diese Anwendung sowieso nicht.

Abbildung B.7 Die Oberfläche – einfach, aber hässlich

Das Pluszeichen steht in einer TextView, das Gleichheitszeichen in einem Button. Die beiden Eingabefelder haben den Typ number, in der Text-Ansicht markiert durch das Attribut android:inputType="number". Dadurch können nur Zahlen eingegeben werden. Im Bild unsichtbar ist eine weitere TextView unterhalb des Buttons. Sie enthält anfangs keinen Text und wird zur Anzeige des Ergebnisses genutzt werden.

Für den Knopf wird als onClick-Handler die Methode add angegeben. Diese gilt es dann in der Activity zu implementieren. Der Rest der Klasse bleibt so wie generiert, es sind keine anderen Änderungen notwendig.

```
public void add(View view) {
    EditText numberOneField = (EditText) findViewById(R.id.numberOne);
    EditText numberTwoField = (EditText) findViewById(R.id.numberTwo);
    TextView sumField = (TextView) findViewById(R.id.sum);
    try {
        int numberOne = Integer.parseInt(numberOneField.getText().toString());
        int numberTwo = Integer.parseInt(numberTwoField.getText().toString());
        int sum = numberOne + numberTwo;
        sumField.setText(Integer.toString(sum));
    } catch(NumberFormatException e){
        sumField.setText("Fehler!");
    }
}
```

Listing B.112 Die »add«-Methode

Es ist, denke ich, nicht viel Erklärung notwendig. Die ersten drei Zeilen holen Referenzen auf die benötigten Widgets: die beiden Eingabefelder und die TextView zur Ausgabe. Auch wenn die Eingabefelder nur Zahlen als Eingabe zulassen, geben sie im Code einen String zurück, Sie müssen also die Summanden selbst mit Integer.parseInt in Zahlen umwandeln. Diese können Sie dann addieren und als neuen Text der Ergebnis-TextView zuweisen. Einen kleinen Fallstrick gibt es dabei: TextView hat auch eine setText-Methode mit einem int-Parameter. Dieser gibt aber dann nicht etwa eine Zahl an, die angezeigt werden soll, sondern die ID einer anderen Komponente. Um das richtige Ergebnis anzuzeigen, müssen Sie also unbedingt das Ergebnis wieder in einen String umwandeln, anders als zum Beispiel bei einem Writer.

Das Parsen der Zahlen steht in einem try-catch-Block, um eine mögliche NumberFormatException zu fangen. Diese sollte zwar nicht auftreten, weil das Eingabefeld nur die Eingabe von Zahlen zulässt, aber bei so geringem Aufwand gibt es wirklich keine Entschuldigung, nicht etwas defensiv zu programmieren.

Lösung zu 17.4.4: Die Samuel-Morse-Gedenkübung

Es gab in dieser Aufgabe eher wenig Android-Spezifisches zu tun, dafür war sie aber algorithmisch nicht ganz uninteressant. Von den Android-Anteilen war die onCreate-Methode schon in der vorhergehenden Erklärung vorgegeben, Sie mussten nur noch die Benutzeroberfläche mit einem Eingabefeld und einem Knopf bauen und den Knopf mit einem Click-Handler verbinden. Dieser Handler sieht dann ganz einfach so aus:

```
public void morse(View view) {
    EditText textEdit = (EditText) findViewById(R.id.textInput);
    String text = textEdit.getText().toString();
    new Thread(new Morser(vibrator, text)).start();
}
```

Listing B.113 Der Click-Handler

Im Gegensatz zu den vorherigen Beispielen wurde hier die Berechnung in einen anderen Thread verlagert. Das wäre wahrscheinlich nicht notwendig gewesen, selbst die Umsetzung eines langen Textes in Morse-Code ist nicht sehr aufwendig, aber andererseits ist es eine gute Praxis, die Sie sich allgemein angewöhnen können. Die Klasse Morser ist eine einfache Runnable-Implementierung mit dieser run-Methode:

```
public void run() {
    try {
        long[] morse = MainActivity.stringToMorse(text);
```

```
            vibrator.vibrate(morse, -1);
        } catch (Exception e) {
            vibrator.vibrate(2000);
        }
}
```

Listing B.114 Die run-Methode von »Morser«

Es wird mit einer statischen Methode der String in ein `long[]` umgewandelt und dieses mit der `vibrate`-Methode ausgegeben. Achten Sie auf die -1 für den Wiederholindex, hier soll nichts wiederholt werden. Wenn ein Fehler auftritt, wird er durch eine lange Vibration gemeldet.

Fehlt nur noch der Algorithmus. Dafür müssen zunächst Grundlagen geschaffen werden, denn Java kennt das Morse-Alphabet nicht von Haus aus.

```
public static final Long DOT = 200l;
public static final Long DASH = 3 * DOT;
public static final Long SIGNAL_GAP = DOT;
public static final Long CHARACTER_GAP = 3 * DOT;
public static final Long WORD_GAP = 7 * DOT;

public static final Map<Character, long[]> MORSE_ALPHABET;
static {
    Map<Character, long[]> tmp = new HashMap<>();
    MORSE_ALPHABET.put('A', new long[]{DOT, DASH});
    MORSE_ALPHABET.put('B', new long[]{DASH, DOT, DOT, DOT});
    ...
    MORSE_ALPHABET = Collections.unmodifiableMap(tmp);
}
```

Listing B.115 Grundlagen für das Morsen

Konstanten für die Morse-Signale und Pausen machen den folgenden Code lesbarer, und da alle als Vielfache von `DOT` deklariert sind, müssen Sie nur `DOT` ändern, um die Geschwindigkeit anzupassen. Das Morse-Alphabet wird in einer `Map` abgelegt, die in einem `static`-Block gefüllt wird. Die `Map` wird unveränderlich gemacht, so dass niemand das Alphabet verändern kann. (Es wäre immer noch möglich, die in der `Map` gespeicherten `long`-Arrays zu ändern, aber das wäre schon böswillige Sabotage und kein Versehen mehr.) Nachdem die Vorarbeit geleistet ist, geht es an die Umsetzung.

```
private static long[] stringToMorse(String in){
    String[] words = in.toUpperCase().split(" ");
    List<Long> collector = new ArrayList<>();
    for (int i = 0; i < words.length; i++) {
```

```
            appendMorseWord(words[i], collector);
            if (i != words.length - 1){
                collector.add(WORD_GAP);
            }
        }
        return listToLongArray(collector);
    }
```

Listing B.116 String in Morse-Signale umwandeln

Im Morse-Alphabet gibt es keinen Unterschied zwischen Groß- und Kleinbuchstaben, der gesamte String wird also zunächst in Großbuchstaben umgesetzt, passend zur den Schlüsseln der Map, und dann in Wörter aufgespalten. Da Zeichen im Morse-Code keine feste Länge haben, für ein Array aber die Länge von Anfang an feststehen muss, werden die Signale zunächst in einer Liste gesammelt. Wort für Wort wird in Signale umgesetzt und an die Liste angehangen, nach jedem Wort außer dem letzten wird außerdem eine Wortpause hinzugefügt.

```
private static void appendMorseWord(String word, List<Long> collector) {
    char[] characters = word.toCharArray();
    for(int i = 0; i < word.length(); i++){
        long[] morse = MORSE_ALPHABET.get(characters[i]);
        if (morse == null){
            throw new IllegalArgumentException("Not a morse character: " +
            characters[i]);
        }
        appendMorseCharacter(collector, morse);
        if(i != word.length() - 1){
            collector.add(CHARACTER_GAP);
        }
    }
}
```

Listing B.117 Worte in Morse-Code umwandeln

Jedes Wort wird nun wiederum in Zeichen zerlegt. Für jedes Zeichen wird der entsprechende Morse-Code herausgesucht und dessen Ausgabe an appendMorseCharacter weiterdelegiert. Für Zeichen, die es im Morse-Code nicht gibt, wird eine Exception geworfen. Nach jedem Zeichen außer dem letzten wird eine Zeichenpause eingefügt.

```
private static void appendMorseCharacter(List<Long> collector, long[] morse) {
    for (int j = 0; j < morse.length; j++) {
        long tap = morse[j];
        collector.add(tap);
```

```
            if (j != morse.length - 1){
                collector.add(SIGNAL_GAP);
            }
        }
    }
}
```
Listing B.118 Ein Morse-Zeichen anhängen

Hier passiert nun endlich die Magie: Die Morse-Signale werden an die Liste angehängt. Nach jedem außer dem letzten folgt die Signalpause. Die Behandlung der Pausen ist in dieser Anwendung wichtig, denn wenn eine fehlt, wird dadurch nicht nur der Morse-Code unverständlich sondern im Muster werden Vibrationen und Pausen vertauscht. Achten Sie deshalb darauf: Nach jedem Signal wird eine Signalpause eingefügt, außer es ist das letzte Signal im Zeichen. Nach jedem Zeichen wird eine Zeichenpause eingefügt, außer es ist das letzte im Wort. Nach jedem Wort wird eine Wortpause eingefügt, außer es ist das letzte in der Nachricht. Es folgen nie zwei Pausen aufeinander. Die gesamte Nachricht muss am Ende nur noch in ein long[] umgepackt werden. Dafür gibt es überraschenderweise keine praktische Hilfsmethode, und Sie müssen es selbst machen.

```
private static long[] listToLongArray(List<Long> collector) {
    long[] out = new long[collector.size() + 1];
    int idx = 0;
    out[idx++] = 0;
    for (Long l : collector){
        out[idx++] = l;
    }
    return out;
}
```
Listing B.119 Die Liste in ein »long[]« umpacken

Das Umpacken passiert einfach in einer Schleife. Beachten Sie, dass an erster Stelle des Arrays noch eine 0 hinzugefügt wird. Das passiert, weil der Vibrator eine Pause an erster Stelle erwartet, die Nachricht aber mit einem Signal anfängt. Es wird also eine Pause von 0 Sekunden eingefügt. Das ist ein kleiner Schnitzer in der Eleganz des Algorithmus: Alles andere wäre auch von Android unabhängig nutzbar, aber diese eine 0 wird nur eingefügt, weil der Vibrator sie erwartet, und zerstört so die Allgemeingültigkeit. Da die Alternative aber wäre, ein weiteres Array anzulegen und die Werte ein weiteres Mal umzukopieren, siegt hier einmal der Pragmatismus.

Und damit ist die Anwendung fertig, Sie können nun Texte in Morse-Code umwandeln. Als Nächstes können Sie diese Anwendung erweitern, so dass sie Ihre Nachrichten lesen darf und sie Ihnen vormorsen kann. Extrem praktisch für Hörsäle und Arbeitsmeetings, in denen Sie nicht aufs Handy schauen sollten, funktioniert aber leider nicht mit Smileys.

Lösung zu 18.3.1: Templating

Der Teil der Lösung, der wirklich Reflection verwendet, ist vergleichsweise gering. Die Feldnamen in der Vorlage zu finden, ist mehr Aufwand, als die passenden Werte aus einem Objekt zu extrahieren:

```
public class Template {

    private static final Pattern FELD_PATTERN =
      Pattern.compile("\\$\\$([a-z][a-zA-Z0-9]*)\\$\\$");

    private String templateText;
    private List<String> felder;

    public Template(String filename) throws FileNotFoundException, IOException{
        this(new File(filename));
    }

    public Template(File file) throws FileNotFoundException, IOException{
        this(new BufferedReader(new FileReader(file)));
    }

    public Template(Reader reader) throws IOException{
        this.templateText = liesTemplate(reader);
        this.felder = parseTemplate(templateText);
    }

    private final String liesTemplate(Reader reader) throws IOException {
        char[] buffer = new char[1024];
        int read;
        StringBuilder builder = new StringBuilder();
        while ((read = reader.read(buffer)) >= 0){
            builder.append(buffer, 0, read);
        }
        return builder.toString();
    }
```

```java
    private List<String> parseTemplate(String templateText) {
        List<String> felder = new ArrayList<>();
        Matcher matcher = FELD_PATTERN.matcher(templateText);
        while(matcher.find()){
            felder.add(matcher.group(1));
        }
        return felder;
    }

    private String zuGetterNamen(String feld){
        return "get" + feld.substring(0, 1).toUpperCase() + feld.substring(1);
    }

    public String wendeAn(Object eingabe) throws Exception{
        String ausgabe = templateText;
        for (String feld : felder){
            Method getter = eingabe.getClass().getMethod(zuGetterNamen(feld));
            String wert = getter.invoke(eingabe).toString();
            ausgabe = ausgabe.replace("$$" + feld + "$$", wert);
        }
        return ausgabe;
    }
}
```

Listing B.120 Die Template-Klasse

Die verschiedenen Konstruktoren sind nicht wirklich wichtig, aber das Template aus einer Datei zu lesen, ist der realistischste Anwendungsfall, deshalb sind alle Möglichkeiten berücksichtigt. Am Ende wird die Vorlage immer aus einem Reader gelesen, dadurch wird die Klasse leicht zu testen, denn Sie können im Testfall einen StringReader übergeben.

Wie das Template aus einem Reader gelesen wird, ist ein alter Hut. Danach werden noch im Konstruktor die in der Vorlage verwendeten Felder identifiziert. Auch das ist nichts Neues, ein regulärer Ausdruck macht diesen Teil der Übung sehr einfach. Wichtig ist dabei, dass $ in regulären Ausdrücken ein reserviertes Zeichen ist und Sie es deshalb zu \\$ escapen müssen. Die Feldnamen werden in einer Liste gespeichert.

Es ist nicht unbedingt notwendig, die Felder schon so früh zu identifizieren, aber unter der Annahme, dass das Template mehr als einmal angewendet wird, ist diese Lösung performanter, als bei jeder Anwendung nach ihnen zu suchen.

Wenn das `Template` dann angewendet wird, ist nicht mehr viel zu tun. Für jeden vorher identifizierten Feldnamen wird der Name des dazugehörigen Getters abgeleitet, dieser auf dem übergebenen Objekt aufgerufen und alle Vorkommen des Feldes (inklusive der Dollarzeichen) durch den Wert ersetzt. Und so einfach erzeugen Sie mit Reflection aus beliebigen Objekten Texte.

Anhang C
Glossar

abstract Schlüsselwort, das → abstrakte Klassen und → abstrakte Methoden deklariert

Abstract Window Toolkit API und Bibliothek für das Entwickeln grafischer Oberflächen (→ GUIs). Ist im JDK enthalten.

Abstrakte Klasse Eine → Klasse, die nicht instanziiert werden kann. Sie kann aber als → Oberklasse verwendet werden.

Abstrakte Methode Eine → Methode, die zwar deklariert, aber nicht implementiert wird. Eine → Methodensignatur ohne Rumpf. Nur in → abstrakten Klassen möglich, die Methode muss in Unterklassen → überschrieben werden.

Access-Modifier Eine Einschränkung, von wo auf ein → Feld oder auf eine → Methode einer → Klasse zugegriffen werden kann. Es gibt die Access-Modifier public (von überall zugreifbar), protected (von Klassen im selben → Package und → Unterklassen zugreifbar), kein Modifier (aus demselben Package zugreifbar) und private (nur aus der Klasse selbst zugreifbar).

Algorithmus Eine Abfolge von endlich vielen Anweisungen zur Lösung eines Problems

Android Betriebssystem für Mobiltelefone von Google. Anwendungen für Android werden zwar in der Sprache Java geschrieben, aber von einer eigenen → Laufzeitumgebung ausgeführt.

Annotation Ein Syntaxelement von Java, mit dem Sie Metainformationen direkt im Code angeben können. Annotationen sind zu erkennen am vorangestellten @-Zeichen. Beispiele sind → JUnits @Test und @Entity der → Java Persistence API.

Anonyme Klassen → Klassen, die keinen Namen haben, sondern nur zum Erzeugen eines einzelnen Objekts genutzt werden, direkt an der Stelle, an der dieses Objekt benötigt wird. In diesem Beispiel wird eine anonyme Implementierung von Comparator erzeugt:

```
Arrays.sort(einArray, new Comparator(){
    public int compare(o1, o2){
        ...
    }
});
```

API Application Programming Interface. Die öffentliche Schnittstelle eines Subsystems oder einer Bibliothek, typischerweise umgesetzt mit → Interfaces. Wenn Sie eine Softwarebibliothek nutzen, interagieren Sie allgemein nur mit ihrer API.

Application Context Datenablage in einer Servlet-Anwendung (→ Servlet). Dort gespeicherte Daten sind immer und für alle Benutzer sichtbar.

Array Datenstruktur, in der viele Daten des gleichen Typs gespeichert werden. int[] zahlen = new int[5] deklariert ein int-Array der Größe 5, zahlen[0] greift auf dessen erstes Element zu.

Assoziatives Array → Map

Atomar Unteilbar. Im Bereich → Multithreading bedeutet atomar, dass eine Operation nicht von Operationen eines anderen → Threads unterbrochen werden kann.

Autoboxing/Autounboxing Die automatische Umwandlung eines → primitiven Datentyps (int, boolean, ...) in den dazugehörigen Objekttyp (Integer, Boolean ...) heißt Autoboxing, die umgekehrte Umwandlung Autounboxing.

AWT → Abstract Window Toolkit

Binding Verknüpfung zweier Komponenten, so dass Änderungen an einer Komponente von der anderen automatisch übernommen werden (einseitiges Binding). Wirken sich Änderungen in beide Richtungen aus, spricht man von wechselseitigem Binding.

Blocking I/O Ein- und Ausgabeoperationen, die einen → Thread blockieren, bis sie abgeschlossen sind

boolean → Primitiver Datentyp für Wahrheitswerte. Mögliche Werte sind true und false.

Bootstrap-Classloader Der oberste → Classloader der Java-Laufzeitumgebung. Er lädt die Klassen der Java-→ Klassenbibliothek.

break Schlüsselwort, das eine → Schleife oder ein switch-Statement (→ switch) abbricht

byte → Primitiver Datentyp für Ganzzahlen. Wertebereich: –128 bis 127

Bytecode Das Ausgabeformat → Compilers von Java. Wird von der → Laufzeitumgebung interpretiert und ausgeführt.

Call Stack → Stack

CamelCase Konvention zur Namensgebung in Java. In Bezeichnern, die aus mehreren Wörtern bestehen, werden die Anfangsbuchstaben aller Wörter außer dem ersten großgeschrieben, aber keine Trennzeichen eingefügt. Die Großschreibung des ersten Wortes hängt davon ab, was bezeichnet wird. Beispiele: MeineKlasse, meinFeld, meineMethode.

Cascading Style Sheets Abgekürzt CSS. Sprache für das Gestalten von HTML-Dokumenten. Vorteil: Trennung von Layout und Inhalt. In → JavaFX kommt das speziellere → JavaFX-CSS zum Einsatz.

case → switch

Cast Explizite Umwandlung eines Typs in einen anderen. → Primitive Datentypen können so wirklich umgewandelt werden: int ganzzahl = (int)einFloat macht aus einer Kommazahl eine Ganzzahl. Objekttypen können nur vom deklarierten Typ auf eine → Unterklasse dieses Typs gecastet werden, wenn sie schon → Instanzen dieses Typs sind. Das folgende Beispiel funktioniert also nur, wenn eineListe bereits auf eine ArrayList verweist.

```
List eineListe = …;
ArrayList gecastet = (ArrayList) eineListe;
```

char → Primitiver Datentyp. Speichert ein einzelnes → Unicode-Zeichen bzw. eine Ganzzahl im Bereich 0 bis 65.535.

Character Encoding Eine Abbildung von Zahlen auf Zeichen, um Buchstaben und andere Zeichen im Computer zu verarbeiten, der intern ja nur mit Zahlen umgehen kann. Java verwendet als Default → Unicode.

Checked Exception Eine → Exception, die in der → Methodensignatur angegeben werden muss, wenn sie in der Methode geworfen werden kann. Beispiel:

```
public String liesDatei(File f)
  throws IOException;
```

Classloader Classloader sind dafür verantwortlich, Klassen aus dem Dateisystem oder aus Archiven zu laden. In einer typischen Java-Anwendung gibt es mindestens drei Classloader, die in einer hierarchischen Beziehung zueinander stehen.

Closure Durch einen → Lambda-Ausdruck erzeugtes Speicherabbild, das die Werte der sichtbaren → lokalen Variablen zum Zeitpunkt seiner Erzeugung festhält

Collections Objekte, die ähnlich wie → Arrays Sammlungen von Objekten aufnehmen, aber eine komfortablere Schnittstelle bieten. Die wichtigsten Arten von Collections sind → Lists, → Sets und → Maps.

Comparable Ein → Interface, das Klassen implementiert, deren Instanzen miteinander vergleichbar sein sollen. `Comparable` zu implementieren, etabliert die → natürliche Ordnung für Instanzen der Klasse.

Comparator Ein → Interface, dessen Implementierungen zum Sortieren von Arrays und Collections verwendet werden. Ein `Comparator` muss nur entscheiden, welches das größere von zwei Objekten ist. Comparators werden verwendet, wenn Objekte nicht nach ihrer → natürlichen Ordnung sortiert werden.

Compiler Ein Programm, das → Quellcode in ein für den Computer verständliches Format übersetzt. In den meisten Sprachen ist das der Maschinencode eines speziellen Systems. Der Java-Compiler javac erzeugt aus dem Quellcode den plattformunabhängigen → Bytecode, der zur → Laufzeit vom → Interpreter ausgeführt wird.

Constructor Chaining Eine Technik, bei der ein → Konstruktor eines Objekts einen anderen durch `this(…)` aufruft. Dies kann über mehrere Ebenen fortgesetzt werden. Wird häufig verwendet, um einen Konstruktor mit mehr Parametern aufzurufen und für die zusätzlichen Parameter Default-Werte zu übergeben.

Container Eine Ausführungsumgebung für bestimmte Arten von Softwarekomponenten. Diese Komponenten haben keine → `main`-Methode, das ausgeführte Hauptprogramm ist der Container, der den Lebenszyklus der Komponente kontrolliert und über ein definiertes → Interface mit dieser interagiert. Vor allem anzutreffen im Bereich → Java Enterprise Edition, zum Beispiel der → Servlet-Container.

continue Schlüsselwort, das in einer Schleife sofort zum nächsten Durchlauf springt

Cookie Ein kurzes Textfragment, das von einer Webseite im Browser des Benutzers gespeichert werden kann. Wird zum Beispiel vom → Servlet-Container verwendet, um die Session (→ Session Context) zuzuordnen.

Cross Site Scripting Ein Angriff auf Webanwendungen, bei dem JavaScript in die Anzeige eines anderen Benutzers injiziert wird. Kann auftreten, wenn Benutzereingaben nicht ausreichend geprüft werden.

CSS → Cascading Style Sheets

Daemon Ein → Thread, der nicht verhindert, dass der Java-Prozess beendet wird

Data Definition Language Abgekürzt DDL. Eine Sprache, um das Format einer relationalen Datenbank festzulegen und zu ändern

Datenkapselung → Implementation Hiding

Datenstruktur Ein komplexer Datentyp, der mehrere zusammengehörige Datenfelder zusammenfasst. Ist in Java fast immer synonym mit → Objekt.

DDL → Data Definition Language

Decorator Ein → Entwurfsmuster. Das Decorator-Pattern lässt Sie Funktionalitäten zusammenstellen, indem Sie Objekte mit gleichen Interfaces ineinander verschachteln. In der → Klassenbibliothek wird das Pattern zum Beispiel bei `InputStream`/`Reader` und `OutputStream`/`Writer` angewendet.

C Glossar

default Schlüsselwort, das eine → Default-Methode kennzeichnet

default Schlüsselwort, das den »anderenfalls«-Zweig eines → `switch`-Statements markiert

Default-Konstruktor Ein → Konstruktor ohne → Parameter. Hat eine Klasse keine anderen Konstruktoren, wird der Default-Konstruktor automatisch angelegt.

Default-Methode Implementierung einer → Methode in einem → Interface. Diese Methode wird verwendet, wenn eine implementierende → Klasse keine eigene Implementierung der Methode bereitstellt.

Defaultpackage Das → Package ohne Namen. Klassen ohne `package`-Anweisung landen hier.

Deklarative GUI Hierbei wird die → GUI nicht programmatisch (das heißt mit einer Programmiersprache) erstellt, sondern deklarativ (das heißt mit einer Auszeichnungssprache wie → FXML).

Deployment Descriptor Eine Datei, die angibt, wie eine Komponente in einen → Container zu installieren ist. Typischerweise im Kontext der Java Enterprise Edition verwendet, zum Beispiel die Datei *web.xml* einer Servlet-Anwendung (→ Servlet).

Deprecation Klassen und Methoden, die nicht mehr verwendet werden sollten, werden mit der Annotation `@Deprecated` versehen, normalerweise mit einem Hinweis auf bessere Alternativen. In späteren Versionen können diese Elemente ohne weitere Warnung verschwinden.

Deserialisierung Gegenoperation zur → Serialisierung. Aus einem Datenstrom werden Java-Objekte erzeugt.

Design Pattern → Entwurfsmuster

Diamantoperator Eine leere Typangabe `<>` an einem generischen Objekt (→ Generics). Nur erlaubt, wenn der Compiler den Typ selbst ermitteln kann, wie in diesem Beispiel:

`List<String> strings = new ArrayList<>();`

double Datentyp für Kommazahlen mit doppelter Genauigkeit nach IEEE 754. Ein `double` ist 64 Bit groß.

Early Return Eine → `return`-Anweisung vor dem Ende der Methode

Eden Speicherbereich, in dem neue Objekte angelegt werden. Wird am häufigsten von der Garbage Collection aufgeräumt.

effectively final → Lokale Variablen, die in einem → Lambda-Ausdruck verwendet werden, müssen nicht → `final` sein, sie dürfen aber dennoch nach dem Lambda nicht mehr verändert werden. Sie sind also final, obwohl sie nicht als final deklariert wurden. Im Englischen: »effectively final«.

Encapsulation → Implementation Hiding

Entität Eine mit `@Entity` annotierte (→ Annotation) → Klasse. Wird durch die → Java Persistence API auf eine Datenbanktabelle abgebildet. Instanzen der Klasse können in dieser Tabelle gespeichert und daraus geladen werden.

Entwurfsmuster Muster, nach denen bestimmte wiederkehrende Probleme in der Software gelöst werden (engl. *design pattern*). Geben einfache Problemlösungen an die Hand und machen Code durch einheitliche Namensgebung leichter lesbar, wenn das verwendete Entwurfsmuster bekannt ist.

Enumerierte Datentypen Objekttypen ähnlich → Klassen, die alle möglichen Werte auflisten. Beispiel:

```
public enum Mahlzeit {
    FRUEHSTUECK, BRUNCH, MITTAGESSEN,
    ABENDESSEN;
}
```
Eine Variable vom Typ `Mahlzeit` kann nur genau diese vier Werte oder `null` annehmen. Werte der `enum` existieren garantiert systemweit nur einmal und können deshalb mit == verglichen werden.

equals → Methode, die zwei Objekte auf Gleichheit prüft. Wird von → `Object` an alle → Klassen vererbt. Wenn Sie sie → überschreiben, überschreiben Sie immer auch → `hashCode`.

Erben → Vererbung

Event Eine Nachricht, die von einem Framework an einen → Event-Listener gesendet wird, um ihn zu informieren, dass ein Ereignis eingetreten ist. Verbreitet in → JavaFX, wo die Anwendung durch Events unter anderem über Maus- und Tastatureingaben informiert wird. Die Behandlung eines Events geschieht in der Regel über einen oder mehrere → Event-Handler.

Event-Handler Komponente, die bestimmte (Nutzer-) Events (wie Mausklicks, Tastatureingaben etc.) abfängt und darauf reagiert, sprich die entsprechende Anwendungslogik im Programm anstößt (siehe auch → Event-Listener)

Event-Listener Ein Objekt, das → Events empfängt und auf sie reagiert (siehe auch → Event-Handler)

Exception Ein Fehlerobjekt. Aufgetretene Fehler werden als Exceptions geworfen (→ throw) und können zur Behandlung gefangen (→ try-catch-finally) werden. Man unterscheidet zwischen Exceptions, die in der Methodensignatur angegeben werden müssen (→ Checked Exception), und solchen, die nicht deklariert werden müssen (→ Unchecked Exception).

extends → Vererbung

Extensible Markup Language Kurz XML. Auszeichnungssprache zur Auszeichnung hierarchisch strukturierter Daten (im Fall von → JavaFX kann über → FXML die hierarchische Struktur der GUI-Komponenten beschrieben werden)

Extension-Classloader Ein → Classloader. In der Standardhierarchie oberhalb des → Bootstrap-Classloaders, aber unterhalb des → System-Classpath-Classloaders angesiedelt. Er lädt systemweite Erweiterungen aus Javas *lib/ext*-Verzeichnis.

Feld → Array

Feld Variable in einem → Objekt. Felder speichern den Zustand eines Objekts.

final Schlüsselwort, macht ein Element unveränderlich. Die genaue Auswirkung hängt vom Elementtyp ab. Finalen → Variablen kann nach der Deklaration kein neuer Wert zugewiesen werden, finale → Methoden können nicht überschrieben werden, finale → Klassen können nicht erweitert werden.

float Datentyp für Kommazahlen mit einfacher Genauigkeit nach IEEE 754. Ein `float` ist 32 Bit groß.

for-Schleife Schleifenkonstrukt (→ Schleife). Kann in der Syntax `for (int i = 0; i < 10; i++)` verwendet werden, um eine bestimmte Anzahl von Durchläufen zu erzielen, oder in der Syntax `for(Object item: items)`, um alle Elemente eines Arrays oder einer Collection zu verarbeiten.

FQN → Voll qualifizierter Klassenname

fully qualified class name → FQN

Funktionales Interface Ein → Interface, das nur eine Methode vorschreibt. Solche Interfaces können mit → Lambda-Ausdrücken implementiert werden.

Fußgesteuert Eine while-Schleife, deren Bedingung am Ende der Schleife geprüft wird, ist fußgesteuert.

FXML XML-basierte Sprache zur deklarativen Gestaltung grafischer Oberflächen

Garbage Collector Ein Bestandteil der → Laufzeitumgebung. Sorgt dafür, dass nicht mehr benötigte Objekte automatisch aus dem Speicher entfernt werden.

Generics Generische Datentypen, für die Sie angeben können, welche Art von Daten sie enthalten. Vor allem, aber nicht nur im Zusammenhang mit → Collections verwendet. Eine List<String> kann nur Strings enthalten, und ihre Methoden geben String zurück bzw. erwarten String als Parameter statt des allgemeineren Object.

Getter Lesende → Zugriffsmethode

Graphical User Interface Grafische Bedienoberfläche

GUI → Graphical User Interface

Hashcode Kurzer und »fast eindeutiger« Schlüssel eines Objekts. Durch die → Methode → hashCode berechnet; wird unter anderem von → Maps verwendet, um Zugriffe zu beschleunigen.

hashCode → Methode zur Berechnung des → Hashcodes eines Objekts. Wird von → Object an alle → Klassen vererbt. Wenn Sie die Methode → überschreiben, müssen Sie immer auch → equals überschreiben.

Header Bestandteil des → HTTP-Protokolls. Transportiert in → Request und → Response Daten, die zusätzlich zu → URL und Inhalt der Ressource übermittelt werden, zum Beispiel Cookies und bevorzugte Sprache.

HTTP Hypertext Transfer Protocol. Das Kommunikationsprotokoll des World Wide Web, in Java vor allem durch → Servlets abgebildet

IDE Integrierte Entwicklungsumgebung. Ein Programm speziell zum Schreiben von Programmcode

if Sprachkonstrukt zum Treffen von Entscheidungen. Der Rumpf des if-Statements wird nur ausgeführt, wenn dessen Bedingung erfüllt ist. Ein optionaler else-Zweig wird ausgeführt, wenn die Bedingung nicht erfüllt ist.

```
if (zahl > 10){
    System.out.println("Zahl größer 10")
} else {
    System.out.println("Zahl kleiner oder gleich 10")
}
```

Implementation Hiding Die Praxis, technische Details eines Objekts vor der Außenwelt zu verbergen. Andere Objekte sollen nur die öffentliche Schnittstelle eines Objekts verwenden und niemals auf dessen Implementierung, zum Beispiel → Felder, direkt zugreifen. So können die Interna geändert werden; solange die Schnittstelle unverändert bleibt, sind keine Änderungen am Rest des Programms notwendig.

implements → Interface

import Durch einen Import werden → Klassen aus einem anderen → Package bekannt gemacht, so dass sie mit dem einfachen Namen verwendet werden können. Möchten Sie eine Klasse verwenden, ohne sie zu importieren, müssen Sie immer ihren → voll qualifizierten Klassennamen verwenden.

`import.java.util.ArrayList;`

Inner class Eine → Klasse, die innerhalb einer anderen Klasse deklariert wird. Sie wird als Bestandteil der umgebenden Klasse behandelt und hat Zugriff auf deren → Felder und → Methoden.

InputStream Ein Datenstrom, aus dem Binärdaten in den Java-Prozess gelesen werden

instanceof Operator zur Prüfung, ob ein Objekt eine → Instanz einer → Klasse oder eines → Interface ist

```
if (einObjekt instanceof List){…}
```

Instanz Ein Objekt ist eine Instanz einer → Klasse, wenn es einer → Variablen vom Typ der Klasse zugewiesen werden kann.

Instanzvariable → Feld

int Datentyp für Ganzzahlen. Wertebereich: -2^{31} bis $2^{31}-1$

Interface Ein Typ ähnlich einer → Klasse, in dem aber nur → abstrakte Methoden enthalten sind. Eine Klasse, die das Interface implementiert, muss diese Methoden bereitstellen. Genau wie → abstrakte Klassen können Interfaces nicht instanziiert werden. Im Gegensatz zu Klassen ist unter Interfaces → Mehrfachvererbung erlaubt.

Interface:
```
public interface MeineSchnittstelle {
    public int zaehle();
}
```

Implementierende Klasse:
```
public class MeineImplementierung
 implements MeineSchnittstelle {
    public int zaehle(){…}
}
```

Intermediäre Methode → Methode der → Stream-API, die wieder einen Stream zurückgibt, so dass Sie sofort weitere Methodenaufrufe daran verketten können (siehe → terminale Methode)

Interpreter Bestandteil der Laufzeitumgebung. Übersetzt Javas Bytecode in ausführbaren Maschinencode, während das Programm ausgeführt wird.

JAR Java Archive, eine Archivdatei, in der eine Java-Anwendung oder -Bibliothek verpackt ist. Ein JAR kann durch Doppelklick ausführbar sein, wenn das in seinem → Manifest konfiguriert ist.

javac → Compiler

Java Community Process Kurz JCP. Ein offener Prozess, in dem jeder über die Zukunft von Java mitdiskutieren kann. Änderungen und Erweiterungen von Java werden in → Java Specification Requests niedergelegt und diskutiert.

Java Database Connectivity Kurz JDBC. API zur Verbindung von Java-Anwendungen mit relationalen Datenbanken, unabhängig vom genauen Typ der Datenbank

Java DB Eine Version der relationalen Apache-Derby-Datenbank, die seit Version 8 Bestandteil von Java ist

Java Development Kit Kurz JDK. Die Entwickleredition von Java. Sie enthält neben der → Laufzeitumgebung und der → Klassenbibliothek alle nötigen Werkzeuge zum Entwickeln von Java-Programmen.

Javadoc Dokumentation von → Klassen und → Methoden, die direkt im Code geschrieben wird. Daraus kann Dokumentation im HTML-Format generiert werden. Beispiel:
```
/**
 * Eine Klasse, die Dinge tut
 */
public class DingTuer {…}
```

Auch der Name des Tools, das die HTML-Dokumentation erzeugt.

Java Enterprise Edition Kurz JEE. Eine Sammlung von fortgeschrittenen APIs, die vor allem in Unternehmensanwendungen zum Einsatz kommen. Dazu gehören unter anderem → Servlets und die → Java Persistence API.

JavaFX Framework zur Entwicklung von Anwendungen mit grafischer Oberfläche

JavaFX-CSS Cascading Style Sheets für → JavaFX, die es ermöglichen, GUI-Elemente einer JavaFX-Anwendung zu gestalten (zum Beispiel bezüglich Schriftgröße, Farben, Größenangaben)

Java Micro Edition Die Ausgabe von Java, die auf Java-fähigen Mobiltelefonen zur Verfügung steht. Nicht zu verwechseln mit → Android!

Java Native Interface Kurz JNI. Technologie, mit der native Softwarekomponenten in einem Java-Programm benutzt werden können

Java Persistence API Kurz JPA. Eine API, die Java-Anwendungen mit einer → relationalen Datenbank verbindet. JPA verwendet JDBC (→ Java Database Connectivity), um die Verbindung mit einer Datenbank aufzubauen, umfasst aber darüber hinaus das → Object-Relational-Mapping.

Java Persistence Query Language Kurz JPQL. Bestandteil der → Java Persistence API. Eine Sprache, die Anfragen an die Datenbank ausdrückt, mit denen bestimmte Objekte gefunden werden sollen. Beispiel:
```
SELECT p FROM Person p
 WHERE p.vorname = 'Kai'
```

Java Runtime Environment Die Anwendervariante von Java. Enthält die → Laufzeitumgebung und → Klassenbibliothek, aber keine Werkzeuge zur Entwicklung. Diese sind nur im → Java Development Kit enthalten.

Java Server Page Kurz JSP. Eine HTML-Seite mit eingebettetem Java-Code (→ Scriptlet), die in einer → Servlet-Anwendung zur Ausgabe verwendet wird

Java Specification Request Kurz JSR. Ein Dokument, in dem eine Erweiterung oder Änderung an der Sprache Java oder der → Klassenbibliothek im → Java Community Process diskutiert wird

Java Standard Edition Die Standardausgabe von Java im Gegensatz zur → Java Enterprise Edition oder zur → Java Micro Edition

JDBC → Java Database Connectivity

JDK → Java Development Kit

JEE → Java Enterprise Edition

JME → Java Micro Edition

JNI → Java Native Interface

JPA → Java Persistence API

JPQL → Java Persistence Query Language

JRE → Java Runtime Environment

JSE → Java Standard Edition

JSP → Java Server Page

JSR → Java Specification Request

JUnit Framework für Tests und → Test-Driven Development in Java

Klasse Grundlegende Einheit jedes Java-Programms. Eine Klasse ist eine Blaupause für → Objekte, sie definiert die → Felder und → Methoden, die ihre → Instanzen enthalten.

Klassenbibliothek Insgesamt eine Sammlung von Klassen, die Sie in Ihrer Anwendung einsetzen können. Im Buch ist aber meist die Klassenbibliothek von Java gemeint, eine große Klassensammlung, die Ihnen in jeder Java-Installation zur Verfügung steht.

Klassendiagramm Ein Diagramm, das Vererbung und Beziehungen zwischen Klassen darstellt

Klassenpfad Der Pfad, der vom → System-Classpath-Classloader durchsucht wird, um die → Klassen Ihrer Anwendung zu finden

Kommentar Text im → Quellcode, der nicht in → Bytecode übersetzt wird, sondern nur dem Leseverständnis dient. Einzeilige Kommentare beginnen mit //, mehrzeilige Kommentare beginnen mit /* und enden mit */. Eine spezielle Art von Kommentar ist das → Javadoc.

Konstante Ein statisches (→ static) und finales (→ final) → Feld, also ein unveränderlicher Wert auf Klassenebene. Wird verwendet, um immer wieder benötigte Zahlen, Strings oder Objekte nur einmal zu definieren und sie nicht an jeder Stelle im Code wieder explizit angeben zu müssen, weil das fehleranfälliger wäre und Änderungen erschweren würde. Üblicherweise nur in Großbuchstaben benannt. Beispiel:

```
public static final int DUTZEND = 12;
```

Konstruktor Eine spezielle → Methode, durch die eine neue → Instanz einer → Klasse erzeugt wird. Ein Konstruktor unterscheidet sich von anderen Methoden dadurch, dass er keinen Rückgabetyp deklariert.

Kopfgesteuert Eine while-Schleife, deren Bedingung am Anfang der Schleife überprüft wird, heißt kopfgesteuert.

Lambda-Ausdruck Eine in Java 8 neu eingeführte, stark verkürzte und lesbarere Syntax, die anonyme Implementierungen (→ anonyme Klasse) von → funktionalen Interfaces angibt. Beispiel:

```
Collections.sort(liste, (o1, o2) ->
o1.laenge - o2.laenge);
```

Laufzeit »Zur Laufzeit« bedeutet, dass etwas passiert, während das Programm ausgeführt wird, und nicht etwa beim Kompilieren (→ Compiler) oder in einem anderen vorbereitenden Schritt.

Laufzeitumgebung Im Gegensatz zu Programmen in Sprachen wie C ist ein Java-Programm nicht selbst ausführbar, es benötigt die Laufzeitumgebung dazu. Sie umfasst unter anderem den → Interpreter und den → Garbage Collector.

Lebendig Ein → Thread ist lebendig, wenn er gestartet wurde und noch nicht beendet ist.

List Eine Art von → Collection, deren Elemente sich wiederholen dürfen und in der Reihenfolge bleiben, in der sie hinzugefügt werden

Lock Ein Objekt, mit dem Sie kontrollieren, ob und wie mehrere → Threads den gleichen Programmbereich betreten dürfen. Mächtiger, aber schwieriger zu benutzen als → Synchronisation

Lokale Variable Eine Variable, die innerhalb einer Methode verwendet wird. Sie kann außerhalb dieser Methode nicht verwendet werden, sie existiert dort nicht.

long Datentyp für Ganzzahlen. Wertebereich: -2^{63} bis $2^{63}-1$

Lower Bound Eine Einschränkung auf den generischen Typ (→ Generics) eines Objekts. Ein Lower Bound gibt an, dass der Typ die angegebene → Klasse oder eine ihrer → Oberklassen sein muss. So lassen sich einer Variablen vom Typ List<? super Integer> eine List<Integer>, List<Number> oder List<Object> zuweisen.

main-Methode Die → Methode einer → Klasse, die ausgeführt wird, wenn Sie diese Klasse in einem Java-Prozess starten. Sie muss immer die → Methodensignatur public static void main(String[] args) haben.

Manifest Der Packzettel eines → JARs. Das Manifest muss immer unter *META-INF/Manifest.mf* zu finden sein und enthält Informationen über das Archiv, zum Beispiel welche Klasse ausgeführt werden soll, wenn das Archiv gestartet wird.

Map Eine → Datenstruktur, die einem Objekt, dem Schlüssel, ein anderes Objekt, den Wert, zuordnet. Mit dem Schlüssel kann der passende Wert sehr performant gefunden werden.

Marker-Interface Ein → Interface, das keine Methoden fordert. Es sagt nicht aus, dass implementierende → Klassen etwas tun können, sondern dass etwas mit ihnen getan werden darf. Zum Beispiel dürfen Klassen, die → `Serializable` implementieren, in einen Datenstrom geschrieben werden.

Mehrfachvererbung Liegt vor, wenn eine Klasse von mehreren anderen Klassen erbt. In Java ist Mehrfachvererbung für Klassen nicht möglich, nur Interfaces können mehrere Oberinterfaces haben.

Member ein → Feld oder eine → Methode einer Klasse

Method overloading → überladene Methode

Methode Eine Operation auf einem → Objekt. Eine Methode kann einen oder mehrere → Parameter entgegennehmen, die sie verarbeitet. Dabei kann sie auf den internen Zustand ihres Objekts zugreifen und ihn verändern. Außerdem kann sie einen → Rückgabewert zurückgeben.

Methodenreferenz Eine Referenz auf eine → Methode, die anstelle eines → Lambda-Ausdrucks verwendet werden kann. Man unterscheidet zwischen ungebundenen Methodenreferenzen wie `Song::getLaenge`, die auf eine beliebige → Instanz einer → Klasse angewendet werden können, und gebundenen Methodenreferenzen wie `meinSong::getLaenge`, die zu einer bestimmten Instanz gehören.

Methodensignatur Die Signatur einer → Methode besteht aus ihrem Namen, Rückgabetyp (→ Rückgabewert), den Typen ihrer → Parameter und den geworfenen → Checked Exceptions.

Model View Controller Architekturmuster, bei dem die Datenhaltung (Model) unabhängig von der Präsentation der Daten (View) ist und die Anwendungslogik, die Model und View bei Bedarf aktualisiert, über eine dritte Komponente (Controller) gesteuert wird

Monitor Ein → Objekt, das zur → Synchronisation verwendet wird

Multithreading Bezeichnet die Ausführung eines Programms in mehreren → Threads.

MVC → Model View Controller

Nachbedingung Bedingung, die am Ende einer → Methode erfüllt sein muss. Ist sie nicht erfüllt, wird typischerweise eine → Exception geworfen.

Named Query Eine JPQL-Query (→ Java Persistence Query Language, → Query), die an der dazugehörigen → Entität deklariert und mit einem Namen versehen ist

Nativer Speicher Speicherbereich, in dem von Java geladene native Ressourcen sowie `Class`-Objekte abgelegt werden

Natürliche Ordnung Die Reihenfolge von `Comparable`-Objekten nach ihrer eigenen `compareTo`-Methode

New I/O → Non-Blocking I/O

Non-Blocking I/O Ein- und Ausgabeoperationen, die keinen → Thread blockieren, verwirklicht mit den → Klassen aus `java.nio`

null Nichts. Der Wert einer Objektvariablen, die kein Objekt referenziert

Oberklasse Eine Klasse A ist Oberklasse einer anderen Klasse B, wenn B von A erbt (→ Vererbung).

Object Die → Oberklasse aller anderen Klassen in Java. Jedes → Objekt ist eine Instanz von `Object`.

Object-Relational-Mapping Kurz ORM. Die Abbildung einer Zeile aus einer → relationalen Datenbank in ein Objekt und umgekehrt

Objekt Grundlegende → Datenstruktur der → objektorientierten Programmierung. Ein Objekt bündelt zusammengehörige Daten, gespeichert in → Feldern mit Operationen, die auf diesen Daten arbeiten, den → Methoden.

Objektorientierte Programmierung Ein Programmierparadigma, in dem ein Programm aus einer Reihe von → Objekten besteht, die Nachrichten miteinander austauschen (→ Methoden anderer Objekte aufrufen)

Operator Eine objektunabhängige Operation, die typischerweise in Infixschreibweise geschrieben wird. Java kennt arithmetische Operatoren (+, -, *, /), Vergleichsoperatoren (<, <=, ==, >=, >, !=), boolesche Operatoren (&, |, ^, &&, ||, !), Bitoperatoren (&, |, <<, >>, <<<) und den Zuweisungsoperator =.

ORM → Object-Relational-Mapping

OutputStream Ein Datenstrom, in den der Java-Prozess Binärdaten schreibt

Package Organisationseinheit für → Klassen, analog zu und abgebildet durch ein Verzeichnis im Dateisystem

package access → Access-Modifier

Parameter Ein Wert, der einer → Methode beim Aufruf übergeben wird

Pass by Reference Beschreibt, wie Objekttypen als → Parameter übergeben werden. Es wird keine Kopie des → Objekts erstellt, sondern eine Referenz auf das Objekt übergeben. So wird inner- und außerhalb der Methode dasselbe Objekt referenziert. Dadurch sind Änderungen, die in der Methode am Objekt durchgeführt werden, auch außerhalb sichtbar.

Persistence Unit Definitionseinheit von → Entitäten in der → Java Persistence API. Zu einer Persistence Unit gehören typischerweise alle Entitäten, die Tabellen eines → Schemas abbilden.

Polymorphie Eine Eigenschaft der → objektorientierten Programmierung. An jeder Stelle, an der eine → Instanz einer → Klasse erwartet wird, kann auch eine Instanz einer → Unterklasse verwendet werden. Wenn in dieser Unterklasse Methoden → überschrieben werden, kann sich das Verhalten des Gesamtsystems ändern, ohne dass am Aufrufer etwas geändert werden muss.

Post-Condition → Nachbedingung

Pre-Condition → Vorbedingung

Primitiver Datentyp In Java gibt es neben Objekten auch die primitiven Datentypen, die Ganzzahlen (`byte`, `short`, `int`, `long`), Kommazahlen (`float`, `double`), booleschen Werte (`boolean`) und einzelnen Zeichen (`char`). Sie unterscheiden sich von Objekttypen dadurch, wie sie gespeichert werden (direkt, nicht als → Referenz).

private → Access-Modifier

protected → Access-Modifier

public → Access-Modifier

Quantifier Eine Klasse von Sonderzeichen in → regulären Ausdrücken, die festlegt, wie oft vorhergehende Zeichen vorkommen müssen

Quellcode Der Java-Code, in dem Sie Ihre Programme schreiben. Wird vom → Compiler in → Bytecode umgesetzt.

Query Eine Abfrage, typischerweise an eine Datenbank. Direkt an eine Datenbank fragen Sie mit einer SQL-Query (→ SQL), durch die → Java Persistence API verwenden Sie eine JPQL-Query (→ JPQL).

Reader Ein Datenstrom, aus dem Textdaten in den Java-Prozess gelesen werden

Referenz Ein Zeiger auf ein → Objekt. Objektvariablen speichern nicht direkt das Objekt, sondern die Speicheradresse, an der dieses Objekt zu finden ist: eben eine Referenz auf das Objekt. Wenn Sie deshalb den Wert einer Objektvariablen einer anderen zuweisen, dann referenzieren beide dasselbe Objekt. Änderungen, die durch eine → Variable vorgenommen werden, sind durch die andere sichtbar.

Reflection Eine → API, durch die Sie mit unbekannten → Objekten arbeiten können, indem Sie erst zur Laufzeit → Methoden und → Felder des Objekts finden

Regulärer Ausdruck Ein Suchmuster, das → Strings nach Vorkommen bestimmter Zeichenfolgen durchsucht, mit viel weitreichenderen Möglichkeiten als eine einfache Textsuche

Regular Expression → regulärer Ausdruck

Rekursion Ein → Algorithmus, der sich selbst wiederholt aufruft, um ein Problem zu lösen, heißt rekursiv.

Relationale Datenbank Die verbreitetste Art von Datenbanken. Daten werden in Tabellen gespeichert.

Request Anfrage eines Clients an einen Server in einem dialogbasierten Protokoll wie → HTTP

Request Context Datenablage in einer Servlet-Anwendung (→ Servlet). Dort gespeicherte Daten werden nur für die Dauer eines → Requests gespeichert.

Response Antwort von einem Server an einen Client als Reaktion auf einen → Request

return Schlüsselwort, mit dem eine → Methode beendet und ein → Rückgabewert zurückgegeben wird

Rückgabewert Das Ergebnis einer Methode, das an den Aufrufer übergeben wird

Scene Graph Über den Scene Graph werden innerhalb einer JavaFX-Anwendung (→ JavaFX) die einzelnen Komponenten der Anwendung verwaltet.

Schema Organisationseinheit einer → relationalen Datenbank. Tabellen, die zu einer Anwendung gehören, werden in einem → Schema zusammengefasst.

Schleife Sprachkonstrukt, das Codeblöcke wiederholt ausführt. In Java gibt es → `for`- und → `while`-Schleifen.

Scope Gültigkeitsbereich einer Variablen

Scriptlet Java-Code, der in eine → Java Server Page (JSP) eingebettet ist. Wird in der JSP durch `<%...%>` vom Rest der Seite abgesetzt.

Serialisierung Das Schreiben eines → Objekts in einen → `OutputStream`. Gegenoperation zur → Deserialisierung. Ist nur mit Objekten möglich, die das → Interface → `Serializable` implementieren.

Serializable Ein Marker-Interface, das eine Klasse implementieren muss, um serialisiert werden zu können (→ Serialisierung)

Servlet Eine Klasse, die in einem → Servlet-Container ausgeführt wird, um Anwendungen für dialogbasierte Netzwerkprotokolle, vor allem → HTTP, umzusetzen

Servlet-Container Ein → Container, der Servlet-Anwendungen (→ Servlet) ausführt

Session Context Datenablage in einer Servlet-Anwendung (→ Servlet). Dort gespeicherte Daten sind nur für einen Nutzer zugänglich, aber über mehrere → Requests hinweg. Eine Session wird einem Benutzer meist durch ein → Cookie zugeordnet.

Set Eine → Collection, die die Eindeutigkeit der enthaltenen Elemente garantiert

Setter → Zugriffsmethode für schreibenden Zugriff

short → Primitiver Datentyp für Ganzzahlen. Wertebereich: –32.768 bis 32.767

Signatur → Methodensignatur

Spezialisierung → Unterklasse

SQL → Structured Query Language

SQL Injection Ein Angriff auf Anwendungen mit Datenbankanbindung, bei dem spezielle Benutzereingaben dazu führen, dass SQL-Queries (→ SQL, → Query) abgeändert werden und Daten zugänglich gemacht werden, die dieser Benutzer nicht sehen darf, oder Schaden auf der Datenbank angerichtet wird

Stack Bestimmung, durch welche Methodenaufrufe die aktuelle Stelle des Programms erreicht wurde. Oben auf dem Stack liegt die Methode, die gerade ausgeführt wird, darunter die Methode, diese Methode aufgerufen hat usw. Unten auf dem Stack liegt immer entweder die → `main`-Methode oder die `run`-Methode eines → Threads.

Stacktrace Ausgabe des → Stacks bei einer → Exception, die genau verortet, wo der Fehler auftrat und wie das Programm zu dieser Stelle gelangt

Standard Widget Toolkit API und Bibliothek für das Entwickeln grafischer Oberflächen. Ist nicht im JDK enthalten.

static Schlüsselwort, das ein → Member einer → Klasse als direkt zur Klasse gehörend auszeichnet, nicht zu einer → Instanz. Zugriff auf ein `static`-Member ist möglich, ohne ein Objekt zu erzeugen, direkt über die Klasse: `MeineKlasse.statischesFeld`.

Static Import → Statischer Import

Static Initializer Ein Codeblock, der beim Laden einer → Klasse Initialisierungsaufgaben erledigt

Statischer Import Ein → Import, der → `static` → Member einer anderen Klasse direkt zugänglich macht

Stream-API Eine → API zum Verarbeiten von Listen von Elementen. Macht extensiven Gebrauch von → Lambda-Ausdrücken.

String Eine Zeichenkette

Structured Query Language Eine Sprache zum Formulieren von → Queries an eine → relationale Datenbank

Subclass → Unterklasse

Superclass → Oberklasse

Survivor Space Speicherbereich, in dem Objekte liegen, die die → Garbage Collection überleben

Swing Ein Framework für Anwendungen mit grafischer Oberfläche. Ist im JDK enthalten.

switch Statement für Entscheidungen mit mehreren Möglichkeiten. Beispiel:

```
switch (gefundeneElemente){
    case 0:
        ergebnis = null;
        break;
    case 1:
        ergebnis = elemente[0];
        break;
    default:
        waehleElement(elemente);
}
```

SWT → Standard Widget Toolkit

Synchronisation Absicherung eines Codeblocks dagegen, dass mehrere → Threads ihn gleichzeitig betreten können. Bevor ein Thread den Block betreten kann, muss er ein Monitorobjekt halten, das nur jeweils von einem Thread gehalten werden kann. Alle anderen Threads müssen warten.

synchronized Schlüsselwort, das die → Synchronisation für eine → Methode oder einen Codeblock aktiviert

System-Classpath-Classloader Der → Classloader, der die Klassen Ihrer Anwendung aus dem → Klassenpfad lädt

Tenured Space Speicherbereich, in dem Objekte landen, die auch nach mehrfacher → Garbage Collection noch immer überleben

Terminale Methode Eine Methode der Stream-API, die keinen neuen Stream mehr zurückgibt und damit die Aufrufkette abschließt

Test Driven Development Testgetriebene Entwicklung. Entwicklungsmethodik, bei der → Testfälle vor den produktiven Klassen geschrieben werden. Dadurch sollen Anforderungen und eventuelle Probleme klarwerden, bevor Sie mit der Arbeit beginnen.

Testfall Eine → Klasse, die andere Klassen und Methode Ihrer Anwendung auf Korrektheit hin testet

Testsuite Eine spezielle Art von → Testfall, die mehrere andere Testfälle zusammenfasst

Thread Ein Ausführungsstrang des Programms. Durch → Multithreading kann ein Programm mehrere Dinge gleichzeitig tun.

Threadsicher → Methoden und Objekte heißen threadsicher, wenn Sie von mehreren → Threads gleichzeitig verwendet werden können, ohne dass dadurch Fehler entstehen.

throw Schlüsselwort zum Werfen von → Exceptions

Tot Ein Thread ist tot, wenn er das Ende seiner run-Methode erreicht hat.

Transaktion Fasst Operationen in einer Datenbank zusammen, so dass garantiert entweder alle von ihnen durchgeführt werden oder keine.

transient Schlüsselwort, mit dem Felder markiert werden, die bei → Serialisierung nicht geschrieben werden sollen

try-catch-finally Sprachkonstrukt zur Fehlerbehandlung. Im try-Block wird Code ausgeführt, der eine → Exception werfen könnte, der catch-Block enthält Code, der im Fehlerfall auszuführen ist, der finally-Block enthält Code, der in jedem Fall ausgeführt werden muss, ob vorher ein Fehler auftrat oder nicht.

try-with-resources Eine spezielle Form von → try-catch-finally, die übergebene Ressourcen am Ende automatisch schließt

Typsicher → Generics

Typumwandlung → Cast

Überladene Methoden → Methoden in einer → Klasse, die denselben Namen haben und sich nur durch ihre → Parameter unterscheiden

Überlauf Ein Fehler bei arithmetischen Operationen, bei dem das Ergebnis größer ist, als der Datentyp erlaubt

Überschreiben Eine → Unterklasse kann eine Methode mit derselben → Methodensignatur haben, wie sie bereits in der → Oberklasse existiert. Die Methode der Oberklasse wird damit überschrieben. Dadurch wird das Verhalten der Unterklasse geändert, ohne dass sich an ihrer Verwendung etwas ändern muss (siehe auch: → Polymorphie, → Vererbung).

Unchecked Exception Eine → Exception, die geworfen werden darf, auch wenn sie nicht in der → Methodensignatur aufgeführt ist. Eine → Unterklasse von `RuntimeException`

Unicode Von Java verwendetes → Character Encoding, das den Anspruch hat, die Zeichen aller verbreiteten Schriftsysteme der Welt zu enthalten

Unified Resource Locator → URL

Unit Test → Testfall

Unterklasse Eine Klasse A ist eine Unterklasse einer anderen Klasse B, wenn Instanzen von A einer Variablen vom Typ B zugewiesen werden können (→ Vererbung).

Upper Bound Eine Einschränkung auf den generischen Typ (→ Generics) eines Objekts. Ein Upper Bound gibt an, dass dieser die angegebene → Klasse oder eine ihrer → Unterklassen sein muss. So lassen sich einer Variablen vom Typ `List<? extends Number>` eine `List<Number>`, `List<Integer>` oder `List<Short>` usw. zuweisen.

URL Eine Webadresse

UTF → Unicode

Validierung Prüfung auf Korrektheit, zum Beispiel von Benutzereingaben. Dort unter anderem wichtig, um Angriffe wie → Cross Site Scripting und → SQL Injection zu vermeiden.

Varargs → Variable Parameterliste

Variable Abstrakter Behälter für ein Objekt oder einen Wert eines primitiven Datentyps. Eine Variable hat einen Datentyp und einen Namen; beides wird bei der Deklaration festgelegt.

Variable Parameterliste Eine → Methode kann durch eine variable Parameterliste eine beliebige Anzahl gleichartiger → Parameter entgegennehmen. Innerhalb der Methode werden sie als → Array behandelt. Beispiel:

`public int findeMaximum(int… zahlen){…}`
`findeMaximum (3, 6, 83, 45);`

Vererbung Eine der Grundlagen der → objektorientierten Programmierung. Eine → Klasse kann von einer anderen erben, indem sie sie mit dem Schlüsselwort `extends` angibt. Dadurch erhält die neue Klasse (die Unterklasse) alle → Member der anderen Klasse (der Oberklasse), kann aber eigene Member hinzufügen und vorhandene Member → überschreiben.

`public class Hund extends Saeugetier {…}`

void Eine → Methodensignatur muss formal den Typ des → Rückgabewertes enthalten, auch wenn sie keinen Wert zurückgeben möchte. Für solche Methoden wird der Typ `void` angegeben. Beispiel:

`public void run(){…}`

volatile Schlüsselwort, mit dem → Felder markiert werden, deren Wert sofort zwischen allen → Threads abgeglichen werden muss, wenn er in einem Thread verändert wird

Voll qualifizierter Klassenname Der Name einer → Klasse mit vorangestelltem Package. Beispiel: `java.util.List`

Vorbedingung Bedingung, die zu Beginn einer → Methode erfüllt sein muss. Ist sie nicht erfüllt, wird typischerweise eine → Exception geworfen.

while-Schleife Schleifenkonstrukt (→ Schleife), deren Rumpf so lange wiederholt wird, wie eine Bedingung erfüllt ist. Wird die Bedingung am Anfang geprüft, ist die Schleife kopfgesteuert, findet die Prüfung am Ende statt, ist sie fußgesteuert. Beispiele:

```
while (zaehler > 0){
    //kopfgesteuert
}
do {
    //fussgesteuert
} while (zaehler > 0)
```

Writer Ein Datenstrom, in den der Java-Prozess Textdaten schreibt

XML → Extensible Markup Language

Zeiger → Referenz

Zugriffsmethoden → Methoden, die den Wert eines Feldes lesen (Getter) oder schreiben (Setter). Wird in Java oft bevorzugt gegenüber direktem Zugriff auf die → Felder eines → Objekts von außen, weil die Interna des Objekts verborgen werden (→ Implementation Hiding).

Anhang D
Kommandozeilenparameter

In diesem Anhang finden Sie eine Übersicht über die vier wichtigsten Kommandozeilenwerkzeuge von Java – java, javac, jar, javadoc – und deren häufigste Parameter.

D.1 Die Laufzeitumgebung »java«

Das java-Kommando startet die Laufzeitumgebung, in der sämtliche Java-Programme ausgeführt werden. Ein Aufruf von java hat grundsätzlich diese Form:

java [Optionen] Klasse [Parameter]

Dabei muss eine Klasse immer angegeben werden, außer wenn die Option -jar übergeben wird. Optionen und Parameter sind optional. Der Unterschied zwischen ihnen ist, dass Optionen an die Laufzeitumgebung selbst gerichtet sind, Parameter an Ihr Programm. Die nach dem Klassennamen übergebenen Parameter werden Ihrem Programm in der main-Methode zur Verfügung gestellt. Es gibt dadurch auch keine Liste von »Standardparametern«, denn jedes Programm bestimmt selbst, auf welche Parameter es reagiert.

Auf die Optionen hat Ihr Programm dagegen keinen Zugriff. Sie werden von der Laufzeitumgebung ausgewertet und beeinflussen deren Verhalten. Es gibt eine Reihe von Standardoptionen, die von jeder JVM verstanden werden. Die wichtigsten sehen Sie gleich im Anschluss. Daneben gibt es aber auch Nichtstandardoptionen – zu erkennen daran, dass sie mit -X oder -XX beginnen –, die sich in verschiedenen Java-Versionen unterscheiden können und die teils tiefen Einfluss auf die Funktionsweise der Laufzeitumgebung nehmen können. Durch sie können Sie zum Beispiel das Speichermanagement der JVM beeinflussen, die Funktionsweise des Garbage Collectors und mehr.

Neben java gibt es noch das Kommando javaw, das dieselbe Funktion hat und dieselben Optionen kennt. Der Unterschied zwischen beiden Kommandos ist, dass javaw nicht automatisch ein Terminal-Fenster zur Ausgabe öffnet. Das ist natürlich egal, wenn Sie selbst den Befehl in der Kommandozeile ausführen, macht aber einen Unterschied, wenn Sie zum Beispiel ein JavaFX-Programm aus einer Batch-Datei aufrufen, die der Benutzer per Doppelklick starten kann. Mit java öffnet sich ein Konsolenfenster, in dem die Ausgabe von Java zu sehen ist, mit `javaw` öffnet sich nur die grafische Oberfläche Ihres Programms.

D.1.1 Die wichtigsten Standardoptionen

-classpath, -cp

Mit dieser Option geben Sie den Klassenpfad an, in dem die Laufzeitumgebung nach den Klassen Ihres Programms sucht. Der Klassenpfad kann Verzeichnisse oder JAR-Archive enthalten. Mehrere Einträge werden mit dem Pfadtrenner Ihres Betriebssystems, also ; für Windows und : für alle anderen Systeme, getrennt. Im folgenden Beispiel enthält der Klassenpfad die Archive *lib1.jar* und *lib2.jar* sowie das Verzeichnis *classes*.

- Windows:

  `java -cp lib1.jar;lib2.jar;classes …`

- Alle anderen:

  `java -cp lib1.jar:lib2.jar:classes …`

Als Kurzschreibweise, um alle JARs in einem Verzeichnis zum Klassenpfad hinzuzufügen, können Sie den Stern verwenden. So sind mit `-cp lib/*` alle JARs im Verzeichnis *lib* im Klassenpfad.

Beachten Sie zuletzt noch, dass das aktuelle Verzeichnis zwar der Default-Klassenpfad ist, dieser aber durch die Option `-cp` ersetzt wird. Wenn der Klassenpfad also neben weiteren Einträgen das aktuelle Verzeichnis enthalten soll, dann müssen Sie dies explizit angeben, indem Sie . in den Klassenpfad aufnehmen: `-cp .;classes;lib/*`

-Dschlüssel=wert

Mit der `-D`-Option können Sie der Laufzeitumgebung Schlüssel-Wert-Paare übergeben, die im Programm durch die Methode `System.getProperty` gelesen werden können. Auf diesem Weg werden häufig Konfigurationswerte für verwendete Bibliotheken übergeben. Über diese Optionen können Sie beispielsweise die Adresse eines HTTP-Proxys angeben, den Java für Internetzugriffe verwenden soll:

`java -Dhttp.proxyHost=192.168.1.1 -Dhttp.proxyPort=8888 …`

Mit diesem Kommando wird als HTTP-Proxy die URL 192.168.1.1:8888 verwendet. Auch viele Open-Source-Bibliotheken können auf diese Art konfiguriert werden, die jeweiligen Schlüssel dazu entnehmen Sie deren Dokumentation. Wenn der übergebene Wert Leerzeichen enthält, dann muss er in Anführungszeichen stehen.

-disableassertions, -da, -enableassertions, -ea

Mit diesen Parametern steuern Sie, ob `assert`-Anweisungen ausgeführt werden. Ohne Angabe eines Parameters sind sie deaktiviert, Asserts werden also nicht ausgeführt. Sie können Asserts entweder global aktivieren/deaktivieren, indem Sie die Optionen ohne weitere Angabe verwenden, Sie können aber auch für einzelne Packages oder Klassen steuern, ob Asserts aktiv sind.

```
java -ea:de.kaiguenster.mitasserts …
```

Werden mehrere solcher Angaben gefunden, werden sie in der angegebenen Reihenfolge verarbeitet. So werden mit dem folgenden Befehl Assertions für das Package `de.kaiguenster.mitassertions` aktiviert, für das Sub-Package `dochnicht` aber wieder deaktiviert:

```
java -ea:de.kaiguenster.mitassertions -da:de.kaiguenster.mitassertions.dochnicht
```

-jar

Gibt ein ausführbares JAR an, das ausgeführt werden soll. In diesem Fall geben Sie beim Aufruf keine Klasse an, ausgeführt wird die Klasse, die im Manifest des JARs als `Main-Class` eingetragen ist.

-verbose:class, -verbose:gc

Diese Optionen aktivieren ausführliche Ausgaben über Classloading bzw. über den Garbage Collector. Beide Optionen produzieren große Mengen an Ausgaben, können aber gelegentlich sehr hilfreich bei der Fehlersuche sein.

-mp

Wenn Sie mit Modulen arbeiten, geben Sie mit diesem Parameter den Pfad an, aus dem zusätzliche Module geladen werden sollen. Module der JDK-Klassenbibliothek stehen immer zur Verfügung.

D.2 Der Compiler »javac«

Der Compiler `javac` übersetzt Ihren Quellcode in Bytecode, der von der Laufzeitumgebung ausgeführt werden kann. Sie geben beim Aufruf des Compilers zunächst die Optionen an, danach alle Klassen, die kompiliert werden sollen.

```
javac de/kaiguenster/Klasse1.java de/kaiguenster/Klasse2.java
```

Dieser Befehl kompiliert zwei Klassen, ohne dass spezielle Optionen angegeben würden. Wenige Quelldateien können Sie wie gezeigt auf der Kommandozeile auflisten, für größere Mengen können Sie alle zu kompilierenden Dateien in einer Textdatei auflisten, eine Datei je Zeile, und diese mit dem @-Zeichen an javac übergeben:

javac @dateiname

In diesem Fall sollten Sie aber eher darüber nachdenken, Ihr Programm in der Entwicklungsumgebung zu kompilieren oder ein Build-Werkzeug wie Ant oder Maven zu verwenden. Alle diese Möglichkeiten machen Ihnen das Leben leichter.

Auch javac kennt eine Reihe von Standardoptionen. Hier die wichtigsten.

D.2.1 Die wichtigsten Standardoptionen

-cp, -classpath

Genau wie beim java-Befehl können Sie auch für javac angeben, wo nach verwendeten Klassen gesucht werden soll. Alle Klassen, die Sie in Ihrem Programm benutzen, müssen auch zur Compilezeit im Klassenpfad liegen, und so sollte der Compileklassenpfad einfach dieselben Klassen enthalten wie der Ausführungsklassenpfad.

Auch die zu kompilierenden Quelldateien werden im Klassenpfad gesucht, es sei denn, Sie haben mit -sourcepath einen eigenen Pfad für die Quelldateien angegeben.

-d

Legt den Ausgabepfad fest, in dem die erzeugten *.class*-Dateien abgelegt werden. Fehlt diese Option, so werden die Dateien neben der jeweiligen *.java*-Datei gespeichert, mit -d können Sie Quell- und Bytecode sauber trennen. Das angegebene Verzeichnis muss bereits existieren, Unterverzeichnisse für die Package-Struktur werden aber automatisch angelegt.

Wenn Sie -d setzen, dann sollten Sie das Ausgabeverzeichnis auch dem Klassenpfad hinzufügen, so dass bereits kompilierte Klassen gefunden werden, wenn sie von anderen Klassen benötigt werden.

javac -cp .;classes;lib/* -d classes de.kaiguenster.Klasse1 …

-source

Gibt die Java-Version an, in der die Quelldateien vorliegen. Werden Sprachfeatures aus einer höheren Version verwendet, schlägt das Kompilieren fehl. Diese Option kann nützlich sein, wenn Sie für eine ältere Zielplattform kompilieren müssen. In diesem Fall geben Sie auch -target an. Die Version wird immer in der Schreibweise 1.x angegeben, verfügbare Versionen sind 1.3 bis 1.8.

-sourcepath

Gibt den Pfad an, in dem Quelldateien gesucht werden. Fehlt diese Option, so werden Quelldateien im Klassenpfad gesucht.

-target

Gibt die Zielversion von Java an, für die kompiliert wird. Der erzeugte Bytecode kann von der angegebenen Version und allen neueren Versionen ausgeführt werden. Beachten Sie aber, dass zum Kompilieren dennoch die Klassenbibliothek der installierten Java-Version verwendet wird, nicht die der angegebenen Zielversion. Um sicherzustellen, dass das erzeugte Programm von der angegebenen Version ausgeführt werden kann, müssen Sie auch deren Klassenbibliothek verwenden, indem Sie sie mit der Option `-bootclasspath` angeben.

-release

Diese Option geht weiter als `-target`, der Compiler wird angewiesen, nicht nur Bytecode für die angegebene Zielversion zu erzeugen, sondern auch die dazu passende Klassenbibliothek zu verwenden. So können Sie endlich – **endlich** – ein Programm mit nur einem Schalter für eine andere Zielplattform kompilieren.

-mp

Wenn Sie mit Modulen arbeiten, geben Sie mit diesem Parameter den Pfad an, aus dem zusätzliche Module geladen werden sollen. Module der JDK-Klassenbibliothek stehen immer zur Verfügung.

D.3 Das Archivtool »jar«

JAR-Archive können zwar mit jedem Werkzeug bearbeitet werden, das ZIP-Archive erstellen kann, aber mit `jar` bietet Java ein eigenes Werkzeug dafür an. Gegenüber den anderen Werkzeugen hat es den Vorteil, dass es automatisch ein Manifest erzeugt, wenn Sie ein Archiv erstellen.

Sie übergeben dem `jar`-Befehl einen Kommando-String, der festlegt, was zu tun ist, gefolgt von dazu notwendigen Parametern.

D.3.1 Inhalt eines JARs auflisten

`jar -tf Archiv.jar`

Mit dem Kommando t weisen Sie `jar` an, den Inhalt eines Archivs aufzulisten. Die zusätzliche Option f gibt an, dass eine Datei gelesen werden soll. Fehlt sie, dann liest `jar` von der Standardeingabe. Wenn Sie die Option f angeben, müssen Sie als weiteren Parameter den Namen der JAR-Datei übergeben, im Beispiel *Archiv.jar*. Es werden Pfade und Namen aller im Archiv enthaltenen Dateien ausgegeben.

D.3.2 Ein JAR entpacken

`jar -xf Archiv.jar`

Durch das Kommando x wird ein JAR entpackt, die enthaltenen Verzeichnisse und Dateien werden im aktuellen Verzeichnis erzeugt. Die f-Option gibt auch hier das Archiv an, auf das der Befehl angewendet werden soll.

D.3.3 Ein JAR erzeugen

`jar -cf Archiv.jar .`

Mit dem c-Kommando erzeugen Sie ein Archiv, das die angegebenen Dateien und Verzeichnisse enthält. Im Beispiel wird ein Archiv mit dem Namen *Archiv.jar* erzeugt, das alle Inhalte des aktuellen Verzeichnisses enthält, angegeben durch den Punkt.

Sollen Dateien aus einem Unterverzeichnis hinzugefügt werden, gibt es dazu zwei unterschiedliche Wege. Geben Sie das Unterverzeichnis einfach im Pfad an, zum Beispiel als `jar -cf Archiv.jar classes/*`, dann werden zwar alle Dateien aus *classes* in das Archiv gepackt, sie liegen aber auch im Archiv noch im Unterverzeichnis *classes*. Da der Verzeichnisname immer dem Package der enthaltenen Klassen entsprechen muss, können die Klassen wahrscheinlich nicht richtig geladen werden – es sei denn, sie liegen wirklich im Package *classes*.

Möchten Sie Dateien aus einem Unterverzeichnis in ein JAR packen, das Unterverzeichnis aber nicht im Archiv anlegen, gelingt dies mit der Option -C. Durch diese Option wechselt jar in das angegebene Verzeichnis und nimmt die folgenden Dateien von dort.

`jar -cf Archiv.jar -C classes . -C moreclasses de`

Dieser Befehl wechselt zunächst in das Verzeichnis *classes* und fügt dessen gesamten Inhalt dem Archiv hinzu, anschließend wechselt es nach *moreclasses* (nicht *classes/moreclasses*) und fügt das Verzeichnis *de* hinzu. Im Archiv tauchen weder *classes* noch *moreclasses* auf, sondern nur deren Inhalte.

Sie können zusätzlich mit der Option e eine Klasse angeben, die im Manifest als Main-Class eingetragen wird.

`jar -cfe Archiv.jar de.kaiguenster.Main -C classes .`

Auch hier gilt aber, dass Sie vieles einfacher und schneller erledigen können, wenn Sie ein Build-Werkzeug einsetzen.

D.3.4 Ein JAR aktualisieren

`jar -uf Archiv.jar` .

Mit dem Kommando u wird ein JAR aktualisiert. Es werden dieselben Optionen akzeptiert, die auch c kennt. Es wird aber kein neues Archiv erzeugt, sondern es werden nur Dateien hinzugefügt oder ersetzt.

D.4 Die Dokumentation mit »javadoc«

Das `javadoc`-Kommando nimmt die Javadoc-Kommentare aus Ihren Quelldateien und erzeugt daraus eine Dokumentation im HTML-Format. Sie übergeben beim Aufruf die Packages, für die die Dokumentation erzeugt werden soll, getrennt durch Leerzeichen, gefolgt von weiteren Optionen.

`javadoc de.kaiguenster de.rheinwerk_verlag -subpackages`

Dieser Befehl erzeugt die Dokumentation aller Klassen in `de.kaiguenster`, `de.rheinwerk_verlag` und aller Sub-Packages dieser beiden Packages.

`javadoc` unterstützt eine besonders lange Liste von Optionen, um zu steuern, welche Elemente dokumentiert werden sollen und wie die Ausgabe aussieht. Die wichtigsten finden Sie hier.

D.4.1 Die wichtigsten Optionen

-sourcepath

Gibt an, welche Verzeichnisse nach Packages durchsucht werden. Es ist wichtig, Pfade und Package-Namen zu trennen. Wenn Sie Klassen des Packages `de.kaiguenster` dokumentieren wollen und die Quelldateien im Verzeichnis */home/kaiguenster/java* liegen, dann lautet der korrekte Befehl:

`javadoc -sourcepath /home/kaiguenster/java de.kaiguenster`

-classpath

Auch das `javadoc`-Kommando muss Klassen finden können, die von Ihren Klassen referenziert werden. Diese werden im hier angegebenen Klassenpfad gesucht. Wenn `-sourcepath` nicht angegeben ist, dann werden auch die zu dokumentierenden Klassen im Klassenpfad gesucht.

-d

Gibt den Pfad an, unter dem die erzeugten Dokumentationen abgelegt werden sollen. Fehlt die Option, wird alles im aktuellen Verzeichnis gespeichert.

-subpackages

Dokumentation wird nicht nur für die angegebenen Packages erzeugt, sondern auch für alle deren Sub-Packages.

-public, -protected, -package, -private

Es werden nur Elemente dokumentiert, die den angegebenen Access-Modifier oder einen öffentlicheren haben.

Index

--	78
^ (Bit-Operator)	79
^ (boolescher Operator)	102
!	102
!=	82
& (Bit-Operator)	79
&, && (boolesche Operatoren)	102
++	78
<	82
<<	79
<=	82
==	82
>	82
>>	79
>=	82
| (Bit-Operator)	79
|, || (boolesche Operatoren)	102
@After	200
@AfterClass	200
@Before	200
@BeforeClass	200
@Column	432
@ElementCollection	445
@Entity	432
@GeneratedValue	432
@Id	432
@ManyToOne	445
@NamedQueries	440
@OneToMany	444
@OneToOne	442
@Override	161
@Test	193
@WebServlet	399

A

abstract	169
Abstract Window Toolkit	449
Abstrakte Klasse	170
Abstrakte Methode	171
Access-Modifier	128
ACID	423
Algorithmus, euklidscher	197
AnchorPane-Layout	471
AND, bitweises	79
Android	
Activity	515
Activity Stack	536
Emulator	516
Animation	504
Annotation	193
Anonyme Klasse	183
Apache Tomcat	382
Anwendungen installieren	392
beenden	386
in Netbeans	386
Installation	382
Manager	392
Start	383
ArithmeticException	252
Array	91, 259
mehrdimensionales	263
Utility-Methoden	264
ART	511
Assert (JUnit)	194
assert (Schlüsselwort)	257
Atomare Datentypen	359
Atomare Operation	358
AtomicInteger, AtomicLong etc. → Atomare Datentypen	
Ausnahme	243
Autoboxing	90
Autounboxing → Autoboxing	
AWT	449

B

BiConsumer	302
Bidirectional Binding	490
BiFunction	302
BigDecimal	211
BigInteger	211
Binding	490
Bindung	
einseitige	490
wechselseitige	490
BiPredicate	302
Bit-Operator	78
Bitweise Negation	79
Bitweises AND	79
Bitweises OR	79
Bitweises XOR	79
Blocking I/O → java.io	

BlockingQueue	371	DDL	422, 576
boolean	82	Deadlock	365
Boolesche Operatoren	102	Decorator-Pattern	336
BorderPane-Layout	464	default	174
Branch Node	452	Default-Implementierung	174
break	121	Default-Konstruktor	143
BufferedReader	335	Deployment Descriptor	416
byte	70	Deprecation	52
		Domäne	177
		double	72

C

Cascading Style Sheets → CSS			
case → switch			
Cast	73, 87		
char	81		
Character Encoding	213		
Checkbox	456		
Checked Exception	253		
Choicebox	457		
Class Loading	547		
class → Klasse			
ClassCastException	88, 252		
Classloader	548		
Clojure	580		
Closure	296		
Collection	271		
Collector → Stream.collect			
Comparable	266		
Comparator	265		
CompletableFuture	376		
Constructor Chaining	145		
Consumer (Interface)	300		
continue	121		
Controls	453		
Cosinus	209		
CSS	497, 578		
Eigenschaft	497		
Regel	497		
Selektor	497		
Style-Deklaration	497		

E

Early Return	134
Effektiv final	293
Eingabe	97
Einseitige Bindung	490
EJB → Enterprise Java Beans	
else	96
Enterprise Java Beans	572
Entität	425
anlegen	432
Beziehungen	441
Entscheidung	95
Entwurfsmuster	336
enum	111, 185
Enumeration → enum	
Enumerierte Datentypen → enum	
equals	152
Ereignisse	479
Errors	255
Euklidscher Algorithmus	197
Event	479
Event-Handling	478
Exception	243
ExceptionInInitializerError	256
extends	157

F

Fehler	243
Feld	130
Feld, verdecktes → Variable Shadowing	
File	326
File I/O → Datei	
Files	329
final	149, 165
float	72
FlowPane-Layout	469
Fluent Interface	220
for	119

D

Dalvik	511
Date	229
Datei	325
temporäre	338
Datenbank	419
Datentyp, atomarer	359
DateTimeFormatter	239
Datum	229

Index

for-each-Schleife ... 269
Foreign Key → Fremdschlüssel
FQN ... 33
Fremdschlüssel ... 421
fully qualified class name ... 33
Function (Interface) ... 298
Funktionales Interface ... 294
Future ... 374
FXML ... 491

G

Garbage Collection ... 555
Generation ... 556
Generator ... 314
Generics ... 276
   Lower Bounds ... 283
   Upper Bounds ... 281
getClass ... 168
Getter → Zugriffsmethode
Gleichheit
   von Klassen ... 550
   von Objekten ... 85
GridPane-Layout ... 468
GUI-Komponenten ... 453

H

hashCode ... 154
HBox-Layout ... 466
HTML ... 397, 577
   Formulare ... 402
   Links ... 411
   Listen ... 411
HTTP ... 381
   Header ... 394
   Request ... 393
   Response ... 398
   Statuscodes ... 399

I

I18N → Internationalisierung
if ... 95
Implementation Hiding ... 137
implements ... 172
import ... 31
Import, statischer ... 148
IndexOutOfBoundsException ... 252
Initialisierung, statische → Static Initializer
Innere Klasse ... 178
   anonyme ... 183

Innere Klasse (Forts.)
   nichtstatische ... 180
   statische ... 178
InputStream ... 332
instanceof ... 167
Instant ... 230
Instanzvariable ... 33
int ... 70
Integrationstest ... 190
Interface ... 171
   funktionales ... 294
Internationalisierung ... 234
Invariante ... 256
Iterator ... 275

J

jar ... 55, 725
Java Bean Validation ... 574
Java Community Process ... 23
Java Enterprise Edition ... 23
Java Messaging Service ... 573
Java Micro Edition ... 23
Java Server Faces ... 571
Java Server Page ... 406
   Import ... 408
Java Specification Request ... 24
Java Standard Edition ... 23
java.io ... 325
java.nio ... 325
javac ... 38, 723
javadoc ... 49, 727
JavaFX ... 449
javafx.application.Application ... 451
javafx.event.Event ... 479
javafx.event.EventHandler ... 479
javafx.fxml.FXMLLoader ... 494
javafx.scene.control.Control ... 453
javafx.scene.control.Label ... 454
javafx.scene.layout.Region ... 453
javafx.scene.Node ... 453
javafx.stage.Stage ... 451
JavaFX-CSS ... 498
JavaFX-Properties ... 485
JavaScript ... 578, 580
javax.scene.Scene ... 452
JDBC ... 424
JMS → Java Messaging Service
JPA ... 425, 572
   Persistence Unit ... 429

JPQL 435
   benannte Queries 439
JSP → Java Server Page
jsp:useBean 408
JSTL 570
JUnit 190
JVM 21

K

Klasse 126
   abstrakte 170
   anonyme 183
Klassenbibliothek 22, 207
Klassenname, voll qualifizierter 33
Klassenpfad 547
Konstante 151
Konstruktor 35, 142
Kubische Wurzel → Wurzel
Kurzschluss 103

L

L10N → Lokalisierung
Label 122
Lambda-Ausdruck 290
Laufzeitumgebung 21
Leaf Node 452
Liste 272
LocalDate 230
Locale 215
Logarithmus 209
Logische Verknüpfung 102
Lokalisierung 234
long 70

M

Marker-Interface 344
Matcher 226
Math 208
MAX_VALUE 208
Mehrfache Verzweigung 99
Member 126
Member, statischer → static
Menü 458
MessageFormat 237
Method Overloading 136
Methode 131
   abstrakte 171
Methode, überladene → Method Overloading
Methodenreferenz 293

Methodensignatur 136
MIN_VALUE 208
Modellierung, objektorientierte ... 177
Monitor 363
Multithreading 351

N

Nachbedingung 256
Negation, bitweise 79
Netzwerkkommunikation 347
new 127
NoClassDefFoundError 255
Node 452
Non-Blocking IO → java.nio
null 85
Number 207

O

Oberklasse 156
Objektorientierte Modellierung ... 177
Objektorientierung 155
Objekt-Wrapper 88
OneToMany 445
OneToOne 442
Open-Source-Software 575
Operation, atomare 358
Operator, ternärer 101
Optional 319
OR, bitweises 79
ORM 425
OutOfMemoryError 255
OutputStream 332

P

package 31
Parameter 135
Pass by Reference 135
Passwortfeld 458
Pattern 226
persistence.xml 430
Pfad 326
Polymorphie 162
Post-Condition → Nachbedingung
Potenz 209
Pre-Condition → Vorbedingung
Predicate (Interface) 298
Primärschlüssel 421
Primary Key → Primärschlüssel
Primitivtyp 70

private → Access-Modifier
Producer-Consumer-Pattern 371
Properties-Format 235
protected → Access-Modifier
public → Access-Modifier

Q

Quadratwurzel → Wurzel
Queue 371

R

Radiobutton 455
Reader 332
Rechenoperator 75
Referenz 84
Reflection 561
Region 453
Regular Expression → Regulärer Ausdruck
Regulärer Ausdruck 222
ResourceBundle 235
return 133
Rotation 501
Rückgabewert → return
Runnable 352
RuntimeException → Unchecked Exception

S

Scala 579
Scene Graph 452
Schaltfläche 454
Scherung 501, 502
Schleife 115
Scope → Variablenscope
Scriptlet 408
Serialisierung 344
Serializable 344
ServerSocket 349
Servlet 381, 570
    Application Context 414
    Initialisierungsparameter 416
    Listener 415
    Request-Parameter 403
    Session 412
    Sicherheit 405
Servlet-Container 382
Set 273
Setter → Zugriffsmethode
Shift-Operator 79
short 70

Signatur → Methodensignatur
Sinus 209
Skalierung 501, 502
Socket 347
Spezialisierung → Vererbung
SQL 423, 576
SQL Injection 436
StackOverflowError 256
StackPane-Layout 467
Stacktrace 244
static 146
Static Import → Statischer Import
Static Initializer 147
Statische Initialisierung → Static Initializer
Statischer Import 148
Statischer Member → static
Stream 302
    abbilden 308
    Einmaligkeit 308
    Elemente überspringen 307
    filtern 307
    intermediäre Methode 304
    limitieren 307
    Parallelität 310
    reduzieren 313
    sortieren 306
    spicken 310
    stateful Methoden 305
    Stream.collect 316
    suchen 312
    terminale Methode 304, 311
Stream.collect 316
String 213
    charAt 214
    contains 216
    endsWith 216
    indexOf 217
    join 218
    lastIndexOf 217
    length 214
    replace 216
    replaceAll 225
    replaceFirst 225
    split 226
    startsWith 216
    substring 217
    toLowerCase 215
    toUpperCase 215
    trim 218
StringBuilder 219
StringTokenizer 221

Subclass	156	Unterklasse	156
Superclass	156	Unveränderlicher Wert	149
Supplier (Interface)	300		

Survivor Space → Garbage Collection

V

Swing	449		
switch	108	Varargs → Variable Parameterliste	

Synchronisation → synchronized

		Variable	67
synchronized	360	Variable Parameterliste	269
synchronized-Statement	362	Variable Shadowing	132
		Variablenname	67
		Variablenscope	69
		VBox-Layout	466

T

Verdecktes Feld → Variable Shadowing

Tag-Library	570	Vererbung	156
Tangens	209	Vergleichsoperator	82
Temporäre Dateien	338	Verknüpfung, logische	102
Ternärer Operator	101	Verzeichnis	330
Test-Driven Development	206	Verzweigung, mehrfache	99
Textfeld	458	void	131
einzeiliges	458	volatile	378
mehrzeiliges	458	Voll qualifizierter Klassenname	33
this	131	Vorbedingung	256
Thread	352		
Daemon	355		

W

geteilte Ressourcen	356		
Lebenszyklus	354	WAR-Datei	391
notify	368	web.xml	416
Signalisierung	368	Wechselseitige Bindung	490
wait	368	Wert, unveränderlicher	149

Wiederholung → Schleife

Throwable	243	Writer	332, 337
TilePane-Layout	470	Wurzel	209
Timeline-Animation	504, 506	Wurzel, kubische → Wurzel	
Toggle-Button	455		

Tomcat → Apache Tomcat

X

Transaktion	423		
Transformation	501	XML	493
Transition	504	*Attribute*	493
Translation	501, 503	*Deklaration*	493
try-catch	245	*Elemente*	493
try-catch-finally	248	XOR, bitweises	79
try-with-resources	249		

Typumwandlung → Cast

Z

U

		Zählvariable	119

Überladene Methode → Method Overloading

Zeiger → Referenz

Überschreiben	159	Zeit → Datum	
Unchecked Exception	251	Zeitzone	233
Unicode	81, 213	ZonedDateTime	233
Unidirectional Binding	490	ZoneId	233
Unit Test	189	Zugriffsmethode	137
UnsupportedClassVersionError	256	Zuweisungsoperator	69
UnsupportedOperationException	252		

»Ein Kultbuch.«

iX – Magazin für professionelle
Informationstechnik

Ab Ende Oktober 2017

Christian Ullenboom

Java ist auch eine Insel
Einführung, Ausbildung, Praxis

Aktuell zu Java 9! Die »Insel« ist die erste Wahl, wenn es um aktuelles und praktisches Java-Wissen geht. Java-Einsteiger, Studenten und Umsteiger profitieren von diesem Lehrwerk gleichermaßen. Das Buch behandelt die Sprachgrundlagen von Java und bietet zusätzlich kompakte Einführungen auch in Spezialthemen: Threads, Netzwerkprogrammierung, NetBeans, RMI, XML und Java, Servlets und Java Server Pages. Kurz: Dieses Buch gehört in das Regal jedes Java-Programmierers.

1.300 Seiten, gebunden, 49,90 Euro
ISBN 978-3-8362-5869-2
www.rheinwerk-verlag.de/4468

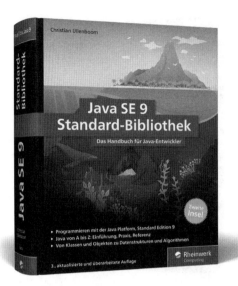

»Verführt zum Schmökern, Selbst-Ausprobieren und zur intensiven Suche.«

iX – Magazin für professionelle Informationstechnik

Ab Ende November 2017

Christian Ullenboom

Java SE 9-Standard-Bibliothek
Das Handbuch für Entwickler

Die Profi-Insel bietet umfassendes Praxiswissen zu den Bibliotheken und Technologien von Java in einem Band. Ob Swing, JavaFX, RMI und Webservices, XML, JDBC, Reflection und Annotationen oder Logging und Monitoring: Hier ist alles drin, was Sie für die Arbeit an Java-Projekten benötigen. Zum Lernen und Nachschlagen bei allen Fragen rund um Bibliotheken und Technologien von Java. Ein Buch, das an den Arbeitsplatz jedes Java-Entwicklers gehört!

1.440 Seiten, gebunden, 49,90 Euro
ISBN 978-3-8362-5874-6
www.rheinwerk-verlag.de/4469

Jetzt bei uns im Rheinwerk-Shop: Buch, E-Book und Bundle